大船掉头

修订版

电改十八年反思与展望

刘纪鹏改革论著三部曲之三

刘纪鹏 著

人民东方出版传媒

東方出版社

CONTENTS
目　录

再版前言

是金子总会发光

《大船掉头》于2013年12月首次印刷，未上市即已售罄，它的纪实性、全面性、超前性以及鲜明的改革理念受到电力界普遍好评。本次再版根据东方出版社马艳芳、袁园两位编辑的意见，把书名《大船掉头——我与国电公司的五年》更改为《大船掉头——电改十八年反思与展望》。这不仅能使读者从更新、更高的视野回顾我国电力体制改革史的艰难历程，有助于大家理解2015年3月颁发的《关于进一步深化电力体制改革的若干意见》（中发［2015］9号文件）即“9号文”，用“大船慢掉头”的改革方法论推进我国电力改革的现实意义，同时也让我本人走出了褊狭的五年国电情结。

将《我与国电公司的五年》更改为《电改十八年反思与展望》的另一个重要意义是我国电力改革绝不能以2002年3月颁发的《电力体制改革方案》（国发［2002］5号文件）即“5号文”的颁布作为起点，而应以1997年1月国家电力公司的组建作为标志。

我认为中国电力改革的18年可划分为三个阶段：

第一阶段，从1997年1月国家电力公司成立并与电力部双轨运行起到2002年3月，电力改革是由国电公司主导，提出了四步走战略，即，第一步，成立国电公司，撤销电力部，政企分开；第二步，实行公司制改组，实体化，厂网分开，进行竞价上网试点；第三步，全国联网，全面推开厂网分开、竞价上网，形成电力市场；第四步，完全实现配售放开，国电公司变成国家输电网公司。

第二阶段，2002年3月到2015年3月，2002年3月国务院颁发《电力体制改革方案》（国发［2002］5号文件），“5号文”取消了国家电力公司，新设成立了由国网和南网两家电网公司以及五家发电集团和四家辅业集团组成的电力组织体系。

第三阶段，2015年3月15日至今，中共中央、国务院颁发《关于进一步深化电力体制改革的若干意见》（中发［2015］9号文件），“9号文”扬弃了“5号文”，把重点放在拆分输配存量电网的改革思路。亮点有三：第一，明确提出“管住中间，放开两头”，即，管住输配电价，放开发电和售电侧市场；第二，改变电网盈利模式，让电网公司从以往的购售电差价转变为成本加成合理利润的价格模式；第三，在电网售电侧对社会资本开放，构建多元化售电主体，组建售电公司。

欣闻深圳市作为电力改革的试点城市已成立了中国第一家民营售电公司，即深圳市深电能售电有限公司，书写了我国电力改革史的重要篇章。

至此，我国电力改革历经多年徘徊，终于避免了“休克疗法”拆分电网的“破碎式”改革，驶入了从增量售电侧入手推进电力改革逐步走向深入的大船慢掉头的正确航道。我多年的电力改革主张终于实现，这无论是从十几年来我发表的一系列关于中国电力改革的文章来看，还是从《大船掉头》这本书来说，都将得以充分证明。

纵观国际电力改革，并不存在千篇一律的普适模式，但正确的电力改革方法论至关重要，各国必须根据国情借鉴国际经验进行探索。从这个意义上来说，《大船掉头》又是一部写改革方法论的著作，它在很多方面提出的方法和结论、提供的反思与展望不仅适用于未来较长时期的电力改革，对其他垄断行业，如电讯、石油，尤其是中国铁路管理体制的改革都具有极为重要的借鉴意义。认真研读这本书可使我国铁路管理体制为代表的垄断行业体制改革少走许多弯路。

本次再版除了更改书名的副标题和引言增加了《巨轮沉没与电改谜团》这一标题外，还在第四篇电力体制改革理论篇增补了写于2014年2月的《从售电侧深化改革：组建私人售电公司与电力期货交易所》和2014

年4月的《从售电侧看电力增量改革的思考》两篇文章。

读者可从这两篇文章中看出，我多年来始终不渝坚持所提的电力改革观点和这次“9号文”提出的电力改革方向相合，我的电力改革思想经住了18年电力改革历程的检验。是金子总会发光，欣慰之余，愈加坚信我国电力改革只要尊重国情和电力产业的自然规律，批判借鉴国际经验的同时，掌握正确的改革方法论，就一定会成功。

刘纪鹏

2015年4月16日

写于朝阳幸福一村

自序

《大船掉头》与中国梦

一

从1979年起，我完整经历了中国经济体制改革这30多年的历史。这期间，我的研究主要集中在三个领域：国企和国资改革、资本市场探索和电力体制改革。从2009年起，我开始整理我的研究成果并准备写成三本书，分别取名为《大道无形》、《路径选择》和《大船掉头》。本计划在2010年前完成，然而由于种种原因，只完成了前两部，而第三部《大船掉头》一直拖到了今天。

《大船掉头》是我付出精力最大、费时最长的一部。如果从2002年7月13日我在国电公司党组会议上宣布要把我参与电力改革的过程写成一本书算起，至今已整整过去了11个年头，中间几度我都想放弃，原因是我对这部书的写作结构和表现方式难以把握。我既要像前两部著作那样体现我参与中国电力改革的学术水平，又想把这一段亲力亲为的电改经历展现给大家并佐证我的电力改革观。展现前者易，体现后者难，要实现这两方面的有机结合就更难。因为无论是真实描绘中国电力人还是客观表达电力改革中发生的事不仅需要作者的能力，更需要勇气。我希望在引起人们关注中国电力改革的同时，又能使人们对电力工业这艘大船所驶过的航线和它前进的方向有所了解，客观评价这段历史并希望在此基础上能对明确探索未来中国电力、铁路、石油等垄断行业改革的正确方向有所裨益。

十年磨一剑，在讲述我与国电公司五年的历史时，我不想隐瞒自己的观点，也不想隐瞒自己的情感，我只想真实地披露这段历史和我学术观点的形成过程。尽量做到真实客观讲述与评价中国电力改革的成败与对错，目的是要反思，为建立中国经济体制的反思与纠错机制而尽力，使我们在今后能少犯错误，最终得让中国经济体制改革和电力体制改革更加平稳地向理想目标过渡。

国家电力公司从 1997 年 1 月成立到 2002 年 12 月解体历经五年。这五年发展史是中国电力改革的缩影，它涉及了中国政治与经济、政府与企业全方位的改革环节，其牵涉面之广、改革之复杂是中国电力史上前所未有的。即使把国电公司五年发生的问题与争论看作中国经济体制改革具有代表性的缩影也毫不为过。

从国电五年电力改革的方法与实际发生的路径选择经验看，改革不可能一蹴而就，只能渐变调整。因此，《大船掉头》又是一本写改革方法论的书。中国梦的实现必须依赖正确的改革方法论，必须坚定不移地继续从中国国情出发，从中国国家基本经济制度和经济安全出发，从大国崛起的中国梦出发，跳出简单地把国家电网拆分并私有化的狭隘思路，走出一条在法人所有权背景下，在保持国家电网整体化的基础上，通过市场化改革和资本化重组走上现代公司制度的创新之路，通过资本市场和公众公司的途径实现中国国有企业的凤凰涅槃，让电力、铁路这样的国家基础产业像大船慢掉头那样平稳地在市场化海洋中实现转型。实现中华民族的伟大复兴这个中国梦，必须以这些基础产业的平稳转型为基础。这正是我将本书定名为《大船掉头》，将自序的题目定为“《大船掉头》与中国梦”的缘由所在。

二

纵观世界各国，在其经济发展中有两个行业的改革尤为敏感和艰难，这就是电力和铁路。它们既要以市场化改革为方向，又不能完全按照市场化准则去进行私有化和自由化，因为其改革不仅直接影响国家和社会发展中公平保障与效率的平衡，而且事关国家与社会的和谐与稳定。一日无电，天下大乱；一天无车，国家瘫痪。正因如此，当今世界在电力与铁路这两个领域的改革并没有放之四海而皆准的标准和模式，各国迄今为止都在摸索之中。

中国历经30年市场化改革，虽然在经济总量上一跃而为世界第二大经济体，然而只能在劳动力密集型的低端制造业用“6亿件衬衫换一架波音飞机”的方式赚取可怜的“血汗利润”。令人骄傲的是，近10年来，中国在电力和铁路两个领域异军突起，走在世界制造业前列，特高压电网和高铁技术是当今中国能被欧美发达国家所瞩目和看得起的不多的两项制造业高端技术，可以说，这两项技术是当今中国在市场化发展方向与道路上的国之利器。

从特高压电网来说，中国的特高压项目技术上达到了很高的水平。当今世界各主要国家都面临着中国这样的远距离、大容量输送问题，需要发展像中国电网这样的特高压技术。2009年7月美国能源部和商务部两位部长同时造访国家电网公司，对中国的特高压输电工程赞叹不已。美国从需要中国的市场破天荒地转到需要中国的技术。美国人重视中国特高压电网的原因不仅是因为技术优势，而且是因为其新能源需要在更大范围内进行优化配置和平衡。曾经的美加大停电恰恰暴露了美国分散的电网管理体制之弊。美国已把建设一个“可实现电力在东西海岸传输的更坚强、更智能的电网”上升为国家战略。

而在中国发展特高压电网之路却不平坦，当美国人为其分散的电网体制无法在更大范围通过联网应用特高压技术来配置能源资源而悲叹时，中国的一些人却总喜欢简单地从发展特高压电网会巩固国家电网公司垄断体制而强烈反对，而不从这是事关国家经济发展和经济安全的战略高度上去思考。

再从中国的高铁技术看，当中国高铁以时速350公里的高速列车技术平台为基础，成功研制并生产出新一代高速列车时，这标志着中国高铁建设技术水平已超过日本、德国和法国等国家。早在2010年3月，中国就已经与美国、俄罗斯、巴西、沙特、委内瑞拉等国家达成应用中国高铁技术和建设能力在这些国家建设高铁的意向，这表明中国高铁建设技术开始领跑全球。

然而当中国进入以特高压电网、高铁取得的辉煌成就，迅速实现从劳动密集型到技术密集型的产业结构转型并开始占领世界市场的关键时期时，就因为这两项技术都产生于自然垄断行业中的保持集中统一运营的大型央企，造成这两项制造业高端产品和技术出现了“墙内开花墙外香，墙内反而愁断肠”的奇怪现象。一些人不懂也不愿区分自然垄断与经济垄断和行政垄断的不同，看不到问题出在电价行政垄断的本质，只是一味强调电网自然垄断的拆分。特高压电网被批为国家电网公司为保护其垄断而建，而其建设的目的就是为了给拥有垄断特权的电力特殊利益阶层谋取私利。而高铁速度则成了贪大求洋、头脑发热的产物，不仅在理论上被批判，在现实中也借着“温甬事故”被强制降速。2012 年 3 月在武汉召开的全国高新技术发展及产业化工作会议上，科技部副部长曹健林说“‘温甬事故’撞车时点速度仅为 99 公里/小时，事故与速度无直接关系”。国家十二五高铁创新技术专家组组长贾利民教授则说今天我国“高铁是奔驰跑夏利速度”。为何国人要大批高铁速度并自将“奔驰变夏利”，进而导致与数十个需要中国高铁技术和建设的国家（包括美国、英国、俄罗斯、巴西以及中东）的合作中止，中国大部分在建的高铁项目也一度瘫痪，损失巨大，令人深思。

中国的特高压电网和高铁这两项在世界上领先的高端技术在国内被批得如此灰头土脸，除了日本人高兴还有谁呢？个别经济学家无视被欧美发达国家瞩目的两项制造业高端技术产生于没有被拆分的国家电网和铁路两家大型央企之中的事实，借批“高铁速度”大批中国模式，更令人匪夷所思的是，他们借批“国进民退”说中国 30 年改革成果与国有资本无关。事实上，在中国的市场化改革中，中国的国有企业并没有沿袭西方经济学家给前苏东国家开出的国有独资企业变私人控股企业的私有化之路，而是沿着把国有企业变成股份制现代大公司之路前行，这样的发展思路就像西方国家从私人独资必然向股份公司发展一样，我国则是从国有独资企业向现代股份公司过渡，怎可简单地用“国进民退”这一伪概念来以偏概全呢？至于谈到中国30年改革成果与国家资本主义无关就更禁不住推敲，因为前提是今天的中国是否存在“国家资本主义”。如果不存在，这一说法就没有意义；如果存在，那国家资本主义能离开国有资本吗？说中国30年改革成果与国有资本无关是站不住脚的，它从根本上否定了30年来中国国企与国资改革的成就和向现代股份公司制度演进的正确方向。

近10年来，无论是在特高压电网、高铁还是航空航天等尖端技术都得到了超常发展。其奥秘正在于中国国有企业通过现代股份公司制度实现了“凤凰涅槃”，它代表的“举国体制”是实现技术创新成功的国家战略优势，对此必须坚定不移。难怪有些外国人讲防止中国崛起的最好办法就是把中国的国有股份公司变成私人控制企业，对此，我们必须保持清醒的头脑。

三

我把电力誉为国民经济的第一基础产业，对这个产业，电力人通常说它具有基础性、安全性、网络性、规模性和统一性的五个基本特征。由于电力的产业特征极为特殊，因此对局外人来说电力是一个神秘的产品和产业。从我走进电力大门的第一天起，就知道电力既是最危险的又是人们生活中最亲密的特殊商品，无法储存，供产销、发输配售一次完成。而正是由于电力的产品和产业特征，决定了电力的产业使命责任重大，电力产业的工人阶级最有组织性和纪律性。无论是在电荒时期打硬仗，还是在国民经济中的电力超前发展都屡建功勋，无论是南方雪灾还是舟曲泥石流，无论是汶川还是雅安地震，人们总能看到两种人冲锋在前，这就是地上跑的解放军和杆子上爬的电力人。电力线是国家安全、企业发展、人们生活一日不可或缺的生命线。无论是在保证国民经济的正常运转，承担奥运会、世博会的重大活动还是在特高压电网极具挑战性的技术创新和繁重的电网铺设中，中国电力人都在默默无闻地辛勤耕耘着。电力这支产业铁军是经得住考验的，多年来150万电力人形成了中国产业工人队伍的中坚，他们是党和国家最值得信赖的基础力量。近10年来，无论是发达国家的美国、加拿大、英国和日本，还是金砖四国中的俄罗斯、印度和巴西，重大电力事故都接连不断，只有中国电力连续十几年保持电力的稳定运行。从电力人履行的社会责任看，中国电力的优质服务让“电老虎”这一词汇几乎被人们忘却，取而代之的则是名副其实的“电老牛”。

在中国全国联网的战略目标越来越被认知的基础上，中国电网在特高压电网的远距离输电技术上也日渐成熟，这对我国能源结构调整意义重大。无论是大型燃煤基地的电力输送，还是清洁能源的大规模并网以及配置到能源负荷中心都越来越离不开特高压技术背景下的全国联网，而这又与一个集中统一的国家输电网体制密切相关。多年来我一直强调，如果中国电力改革成功一定成功在电价改革上，如果失败则一定失败在对国家电网的盲目拆分上。历史已经、并将证明从十几年前反对全国联网到近10年来反对全国一张大网，再到今天反对特高压电网技术创新并一味强调打破垄断对电网进行拆分的观点和主张是缺乏远见的、是愚昧的、是错误的。抚今追昔，我深深地为自己在11年前的那场电力体制改革中坚决主张和倡导全国联网而骄傲。

无论是在特高压电网与高铁的技术创新中还是在保证国民经济和社会稳定运行的保障中，中国电力人和铁路人默默无闻、任劳任怨的工作精神理应得到整个社会的尊重，这两大产业的职工队伍应是实现中国梦的重要基础力量。国家稳定靠他们，人民安居靠他们，150万电力人、220万铁路人是中国社会最应受到尊敬的人。

然而这些年来，有些人却把这两个行业批得一无是处。它们似乎成了垄断腐败的温床，中国的电力人和铁路人也成了特殊利益阶层。然而迄今为止，电力人却没有总结自己历史的习惯和传统。尽管多少年来，电力改革走过的道路在某种意义上说教训并不比经验少，但长期以来，电力人习惯于在封闭的电力系统里以老大自居，与外界老死不相往来，无论是沉浸在自己小富即安的日子里，还是被批判为特殊利益集团和腐败利益阶层时，他们都仅仅以顺其自然、保持沉默、心里明白嘴上不说的传统思维和应答方式作回应。即便在电力系统内部，十几年来，也没有留下一部真实客观的书籍来把我国的电力体制改革经历的曲折说清楚。

当前为打破垄断而推进的铁路改革又提上了议事日程，实际上今天取消铁道部成立中国铁路总公司，和当年成立国家电力公司几乎一模一样。中国铁路总公司的改革究竟该如何推进？从表面看，是按网运分离的纵向功能分离，还是按区域分割的横向分切推进改革似乎是热点，但实际关键点是谁才是主导这场改革的主体，改革的责权利是否统一。

这本《大船掉头》几乎把上述敏感点都涉及了。尽管中国电力改革的过去已真正成为历史，无法从头再来，但中国铁路的改革才刚刚开始，从1997年电力部撤销，国家电力公司组建算起，已整整16个年头过去，16年电力改革经验应该在铁路改革中继承，所走过的弯路则不应在铁路改革中重演。应该借鉴电力改革的经验教训，力争比电力改革做得好些。因此从这个意义上说，这本书也是写给中国铁路人的。本书通过回顾中国电力改革的成败，不仅对总结中国经济体制改革，而且对探讨中国垄断行业特别是铁路、邮政、石油工业的改革也颇具现实意义。

四

我有幸与中国电力工业史上最具争议、最有魅力又最大起伏跌宕的国电公司五年结伴而行，这五年在波澜壮阔的中国电力工业发展史中虽然短暂，但这本书却弥补了新中国电力工业史上最重要一段时期的空白。

这是一部外行写不出来、内行不敢写的书，写这本书有两个风险：风险之一是风险，风险之二是平淡。就前者来说，本书所描述的个别人物十分敏感，比如高严。从人性的角度看，人无完人，既不可能是完整的好人，也不可能是完整的坏人。在判断好人和坏人的标准上，如果再把人性品质和政治连在一起，好人坏人就更难分清楚，道理很简单，因政治和用人判断好人与坏人的标准常常是不统一的。其实在人类文化的历史题材中，对人性的描述，远远比政治性、道德性更为久远。只有在人性为主基调的前提下，我们对人的描述才更加真实和客观，所以我在本书中也偶尔大胆采用了按人性的标准去作判断。我希望读者能本着宽容的态度看待我书中客观描述的高严。他不过就是一个患有严重腰疾的年过六旬的电力老人。尽管不排除高严在云南等地方工作期间有历史问题，但我对高严出走原因的判断更倾向是由于国电公司解体理想破灭、仕途不顺和家庭不睦。

而就风险之平淡来说，如同大多数电力人严肃的标准表情一样，你很难捕捉到他们特别兴奋、特别愤怒或者特别忧虑的时刻，即使天塌下来，他们也一样的自然和平静，前提是保证电力的安全稳定运营。因此写电力的书将面临必然的选择，要么选择风险，要么选择平淡，二者必居其一。至于对本书的评价，我将尊重电力人的评判。

这本书正是写就于这样的历史定位。我真诚地希望人们能以包容的心态，容忍这本书难以避免的错误和我本人由于种种历史情感、友谊、爱情的种种情结和原因而产生的偏激的评论和观点。若能如此，我将不胜感激每一位抱着这样心态读这本书的读者。不排除我在书中的学术观点和对人的描述可能会在不觉中有某种程度的偏爱或偏怨。但我可以扪心自问地讲，我在书中无论对人还是对事的描述都是真实的，我愿意对此而承担责任。

刘纪鹏

2013 年 6 月 10 日写于北京昌平

引言

巨轮沉没与电改谜团

一、告别国电公司

2002年7月13日，在新落成的西单国家电力公司大厦，国家电力公司党组会议按两个月以前就确定好的议程讨论5号文背景下国电公司的拆分方案。下午3点整，我带着助手准时走进会议室，在国电公司总经理高严简短的开场白后，我开始讲解《国电公司资产重组方案框架设计》，给我的时间是75分钟。

这是一本厚厚的方案，内容分为五部分，分别是：一、方案制作背景与改革风险提示；二、网厂分开后的电源重组；三、网厂分开后的电网重组；四、辅业与多经产业重组；五、重组难点与亟待明确的十个问题。

会议的主持人是时任国电公司党组书记、总经理高严，参加人有刘振亚、赵希正、陆延昌、周大兵、谢松林、李小鹏、贺恭等人，他们是在国电公司被大卸八块（两家电网、五大集团和四家辅业集团）拆分后各领兵一方的电业巨子，他们分别在国家电网、五大电力集团任一把手，其中赵希正和刘振亚是第一任和现任国网公司总经理。李小鹏担任华能集团总经理，周大兵担任国电公司集团总经理，贺恭担任华电集团总经理……

为在一小时左右的时间里清晰表达这本拆分具体、财务数字颇多的方案，我事先已演练了两遍，因为要做到在时间掌握上分秒不差实属不易。会上高严两次撑着桌子缓慢地站起来，在秘书的耳语下步履艰难地走出去处理事情，一会儿又拖着病态的身子步履蹒跚地走进来，众所周知，他长期患有极严重的腰病，以致到了站起和坐下都要靠人搀扶的程度。

在我介绍完具体拆分方案之后，在结束语中我夹带了一分钟的“私货”，大致讲了这样几句话：

“1998年以来，我几乎每年都给国电公司党组做一次关于电力改革和发展的报告，这是最后一次了。如果最终方案国家电网与国家电力公司不是承继关系，而是国家电力公司在历史上彻底消失，那么我将把这五年来为国电公司制作改革发展与这次资产重组报告的历程写成一本书，并公开发表。因为到那时，随着国电公司的消失，在国电公司和北京标准公司之间已经不再存在甲、乙双方的权利义务关系，双方合同的约束条款也将随着国电公司的消亡而消失。而国电公司这五年艰苦卓绝、短暂辉煌的历史应该被世人所知晓，希望各位领导届时予以理解和认知。”与以往我给国电公司党组讲解改革方案时大家提问截然不同的是，对我的这番话，当时在座的国电公司领导一片沉默，每个人的表情都十分凝重，既没有人表示任何异议，也没有人提问。最后在高严代表国电公司对我和标准公司团队所付出的辛勤工作表示肯定和感谢后，我和我的助手离场了。

至今，我也不知道在我走后他们是如何评价我所讲解的拆分方案的。虽然事情已经整整过去了十年，但每当我翻开尘封已久的工作日记，回忆起与国电公司一同走过的五年，总会有一种仿佛就发生在昨天、清晰在目的感觉；所经历每一件事、所熟悉的每一个人，还有那命运多舛、幼年早逝的国电公司，一幕幕都会在我脑海中浮现，并连接成一幅起伏跌宕的历史画面。

二、巨轮沉没与电改谜团

国电公司存在的短暂五年一直伴随着巨大的争议，或许从诞生那天起，“沉没”就成为了这艘“电力巨轮”无法改写的宿命。在与国电公司携手同行的五年中，我一共为其制作了八本方案，总字数在百万字以上；它们凝结了我与助手的辛勤劳动，也大致勾勒出了国电公司改革与发展的坎坷历程。我把国电公司的五年划分为三个阶段：第一阶段是雄心勃勃的改革，在这一阶段我领导的北京标准咨询公司为其设计了组织战略和财务管理模式；第二阶段是其彷徨地面对压力与挑战，我们为其提出了应对的策略和建议；第三阶段是其无奈执行自己的“死刑”，需要我们设计拆分方案。这绝不仅仅是一家大公司从隆重登场到悲情谢幕的简单历史，而是众说纷纭、莫衷一是的五年中国电力改革种种纷争内幕的真实写照。

许多人试图一窥中国电力改革真容，却总感觉如雾里看花、水中望月般看不真切。种种观点的交锋与利益的纠葛，使得本就敏感而复杂的电力改革更显扑朔迷离。唇枪舌剑的背后，人们争论的焦点究竟是什么？意图平衡争论双方妥协的“5号文”，为何却又陷入各方都不满意的尴尬境地？它到底是深思熟虑后的改革方案，还是妥协让步下的无奈选择？只有揭开这一个个未解的谜团，才能真正掀起中国电力改革的“盖头”来。

从国电公司被拆分的2002年算起至今已有11个年头，然而令人遗憾的是，无论是电力行业的专家学者还是亲历电改的业内人士，囿于种种原因都未能从电改历程中抽象出一条清晰的线索以释中国电力体制改革的种种争论和疑团。唯有“胆大妄为”的笔者敢从一个电力外行和经济学家的角度，在电力行业改革争论的旋涡中，通过“被迫”的潜心研究，抽象出了了解电改谜团的线索——即这场电力改革的焦点归根到底是代表三种电改思路的“三组数字”之争：“0+4”、“1+6”和“2+5”。

客观说，在中国电力改革之中，“厂网分开”属于共识，而对电网改革的不同思路才是争论的焦点。电改之初，“0+4”和“1+6”正是其中最有代表性且撞击最激烈的两种电网改革模式：

“0+4”模式是国家计委在2000年最早提出的改革方案，其主张取消国电公司（或当时的国网公司），不搞全国统一联网。而是组建东北、北方、长江和南方四大区域电网公司，在发、输、配、售四大纵向功能拆分的同时还对电网进行横向的区域性拆分，这实际上是一种“破碎式改革”。

“1+6”模式是国家电力公司为应对“0+4”模式提出的改革方案，即在保留国网公司（把国电公司改组成国网公司）的基础上，同时组建东北电网公司、华北电网公司、华东电网公司、华中电网公司、西北电网公司和南方电网公司六个区域电网分公司（或子公司），推行从功能入手、按发、输、配、售四大环节纵向分离的电改模式。

而“5号文”最终确定的改革方案则是“2+5”模式，是“1+6”和“0+4”两种模式妥协的产物，即：将国电公司撤销，重新组建国家电网和南方电网两家电网公司，同时由国家电网公司负责组建华北（含山东）、东北（含内蒙古东部）、西北、华东和华中（含重庆、四川）五个相对独立的区域电网公司。

抓住了这三组数字，也就抓住了中国电力改革的核心所在。

此外，电力改革的复杂性也根源于其自身的重要性和敏感性。电力是社会经济发展中最为重要的基础行业，从某种意义上说电力行业可谓是国民经济的第一基础产业，电力改革也因此成为了国家经济、政治、社会改革的缩影。尽管电信等其他基础行业同样面临改革问题，但涉及面如此之广、环节如此之多、争论如此之激烈的，唯有电力改革。

胡鞍钢曾明确表示，“我们现在那些大的垄断行业的领导，既是企业家又是政治家，这不行。必须实行政治和经济分离，这些领导行业的领导既不能当中央委员，也不能当中央候补委员，也没有必要当党的代表，一定要使他们非政治化，因为这些利益集团最大的特点就是要千方百计地影响政治”，“在处理垄断行业特殊利益集团的过程中，既要有经济手段，更重要的是要用政治手段，所谓政治手段就是要使他们从政治与经济的联系中彻底脱钩，就是让他们非政治化，让他们从真正意义上变成只是一个行业、一个企业，最终让他们向行业协会的方向发展”。[①] 从这些言论不难看出，电力改革早已超出单纯经济的范畴，甚至与政治有着千丝万缕的联系。

而我自己的一段亲身经历也充分印证了这一点：2004年笔者赴深圳参加一个证券行业的会议，会后一位央行领导把我叫到了他的房间，开口便问：“听说你是李鹏总理的人？”听罢此言，我十分错愕，哭笑不得，回答说“我连他的面也没见过，此言实乃无稽之谈”。由于说者毕竟身份特殊，

① 胡鞍钢：《垄断行业的领导人应该换马》，2002年4月2日《赢周刊》。

令我不得不冥思苦索缘由何生。其实说没见过面并不准确，因为我出生和成长在石景山发电厂的一个电力世家，1968 年前后，在我十一二岁时，有一次我和几位小朋友见到人们都往电厂的大礼堂走，以为是演电影，于是偷偷溜进去，结果却发现台上一人正在做国际形势方面的报告，讲的都是听不懂的美帝、苏修的事，后来听说作报告的人是北京电管局局长，名字叫李鹏。如果这一面不算的话，绝对是素昧平生，从未谋面，甚至和李小鹏也仅是在国电公司党组会上有过两面之缘，此前从未单独交谈过。因此说我是“李鹏总理的人”，实在是某些人电改争论的瞎编故事。

后来我才知晓，原因就是我曾撰写《国电公司生存的理论基础与近期发展建议》一文，文中主张全国一张大网，反对拆分电网；而我的这些学术观点恰或为某些领导赞同而已，但经过“谗言加工”，就把简单问题复杂化了。

在中国，人们在探讨某些重要领域的学术问题时，总是习惯于将简单问题复杂化，经济问题政治化，给学者贴标签，认为学者学术观点的不同就直接标志着其背景与立场，甚至在政治上排队。于是我也就被想当然地贴上了某领导人的标签。这既让我对社会的这种学术风气感到无奈，也使我深切感到电力改革的复杂性，电力改革的敏感性和波及面可见一斑。

三、往者不可谏，来者犹可追

我生于电力世家，又有幸亲历电力改革，与电力行业可谓情缘深厚；当我迫不得已应邀主刀拆分国电公司时，那种无奈、酸楚与痛苦实难言喻。每当我回想起这段历史，就有如触碰一道久未愈合的伤口般心痛难耐，但我又必须去回忆，去记录，去反思；不仅因为这是我人生中的一段重要经历，更是因为这段历史对未来中国垄断行业改革乃至全国经济改革和政治体制改革的借鉴意义。

中国改革面对的是一条前无古人的未知之路，无先例可依，无经验可循。而电力、铁路、邮政、石油、电信等基础行业的改革问题则尤为复杂，改革方法的选择、理论观点的争鸣与各方利益的争夺交织其中，令人无所适从。于是，反垄断大旗下的“拆字诀”就被当成了顺应民意、化解难题的灵丹妙药，仿佛一“拆”可解千般愁，但现实事与愿违。

一“拆”了之后，人们没有看到各行业的蓬勃发展，却“享受”了全世界最昂贵的宽带费、节节攀升的油价与一次又一次的电荒；人们满怀对不公与腐败的愤怒向所谓的“垄断国企”开刀，最后却发现企业不知何处去，垄断依旧笑春风；人们期待的本是改革带来的丰硕成果，最后却收获了一场南辕北辙的黑色幽默；人们懊悔、不甘、失落，却又在现实面前无可奈何。或许电信行业的改革尚能从头再来，但电力行业实在太过基础而重要，我们无法将它推回历史的原点，只能承认结果，即使失败，也只能将走过的路当成一次无奈的试错。

往者不可谏，来者犹可追。我也曾不止一次地设想，如果当初是按国家计委的思路去搞既纵向分拆又横向分切的“0+4”模式，没保留国家电网，那么随之而来的电荒和南方雪灾应对效果又是如何？今天的电网格局又会呈现怎样的格局？还会有今天让美国人也刮目相看的全国联网和特高压电网技术的诞生吗？再进一步联想，如果十年前铁路网也一分为多，会有后来高铁技术的诞生吗？如果未来再搞个“0+4”模式，把中国铁路总公司也进一步拆分，中国的高铁技术和质量还能进一步提高，继续领跑美欧日等世界发达国家吗？对此我没有结论，只有联想。历史无法重复，更不可能更改，我们只能忠实地记录曾经发生的一切，并作一些理论的推测和假设。以往事为诫，为电力和铁路等国家基础产业未来沿着市场化方向寻找正确的改革路径；汲取这场起伏跌宕、非议颇多、旷日持久、进展缓慢的电力改革之经验教训，力求在未来的电力及其他垄断行业改革中我们能够做得更好，这也是我写就本书的主要目的之一。

中国电力改革如此引人注目，然而令人遗憾的是，迄今为止既没有外行人能，也没有内行人敢系统地描绘这段历史。天将降大任于斯人也，对国电公司的前世昨生、对中国电力改革的前因后果的记录看来非我这一外行电力专家莫为。为此，我将亲历往事写成本书，以飨读者。这既是对我人生经历的一次写实回忆，也是对电力改革历程的客观记录；既是对电改经验教训的归纳总结，也是对电力发展方向的研究探索；既是一个准电力人的反思与自省，也为从事各垄断行业改革的同仁提供历史经验和教训。我希望本书能帮读者走进中国电力改革的大门，也希望我的电业老师、朋友以及“不同见解者”，都能通过我的文字留下鲜活的历史影像；我不能保证本书观点和结论的正确性，但我绝对能保证本书对历史描述的真实性，至于本书的是非对错，就像中国电力改革的成败功过一样，一任后人评说。

恭请读者跟随我的回忆，去感受中国电力改革的蹉跎岁月，回到国电公司这艘巨轮起航和沉没的地方，去观察和思考。

导论

大船掉头——改革方法论选择

如果要为30多年来的中国选择一个主题词，我想应该非“改革”一词莫属。从1979年邓小平在南海的贫穷小渔村画了一个“圈”搞特区，到如今十八大后改革引发社会热议，中国在一条前无古人的道路上与改革携手相伴，在飞速发展中逐步从亚洲一隅走向世界舞台的中央。

尽管成就令人自豪，但是在发展之路的探索中，我们也同样遭遇了困惑和波折，电力改革正是最佳的例证。电力堪称一国最为重要的基础产业，这使得电力改革与一国全局改革密切相关。电力工业的基础性和重要性决定了它在国家经济安全和社会稳定方面的独特地位，其改革的复杂性与敏感性更是牵一发而动全身。电力这艘大船的改革“掉头”，早已超出了一般行业和产业改革的范畴，而是一国全局性改革的关键所在。

总体来看，电力改革的争论主要集中于两大主题，即市场竞争自由化与市场竞争主体私有化，而这也正是各国在推进电力市场化改革中需要面对的两大难点。

要在市场经济条件下打破垄断，实现竞争，就必须有不同的商品生产者和交换者发生商品交换关系，参与竞争；如果仅有一个市场主体，即是垄断。因此，要实现市场竞争自由化就需要构造不同的竞争者，并通过竞争实现繁荣。对此大家并无争议，本书所谈的厂网分开等一系列问题探讨的出发点也正源于此。

但在探讨如何构造市场多元化的竞争主体时，就不可避免地遇到竞争主体私有化的问题。在中国国有经济体量大、电力产业规模大的现实背景下，究竟以何种方法、何种路径实现电力市场主体的多元化，既颇多争议，也至关重要。未来市场经济的发展中，法人所有制将成为主导；在这一发展趋势下，要实现市场主体的多元化，构造既战胜国有独资也战胜私人独资、既突破私人垄断也突破国有垄断的全新模式，就需要以总结历史、展望未来的发展眼光，为电力工业这一第一国民经济基础产业的“大船掉头”选择正确的方法和路径，而这也正是本书将改革方法论的阐述作为大船掉头的艺术置于开篇的缘由所在。

囿于篇幅所限，我对我国三年电荒后“市场煤”与“计划电”间价格传导失灵迫使民资与外资退出发电领域的史实不再赘述，但2013年2月保加利亚多地爆发的抗议高电价游行，又一次提醒着我们对改革的方法论必须高度重视。2013年2月17日，保加利亚35个城市的数万人举行示威游行，并且在首都索菲亚爆发冲突，人们抗议高电价，要求要么政府下台，要么电网企业必须重新国有化；19日民众破坏政府建筑，警民冲突，25人受伤，1人自焚；总理鲍里索夫20日宣布政府总辞职，社会陷入动荡。在我印象中，这开辟了因电价问题导致政府辞职的先例，当年制定全面私有化方案的人不负责任，而电网私有化中暴富者无法撼动，引人深思。

在20世纪90年代，以苏联为代表的一大批国家都制定了一揽子的私有化改革方案、路线图和时间表；但在激进、力求一蹴而就的改革方法论的指导下，这个过程变成了瓜分国有资产的过程，并最终使原本的国有垄断变成了私人垄断，保加利亚亦是如此。保加利亚能源行业的私有化始于2000年，截至2003年年底，该国近83%的国有资产已完成私有化。在此之后，保加利亚通过公开拍卖、证券交易等方式，持续地对能源行业实行私有化。2004年该国完成1371宗私有化交易，私有化总收入为20.48亿列弗（注：1列弗约合4元人民币）。2012年11月，保加利亚政府通过证券交易所，以1.15亿列弗的价格出售了其持有的电网运营企业CEZ公司33%的国有股，从而不再持有保加利亚三大电网运营企业CEZ公司、Energy－Pro公司和EVN公司的股份。

至此，保加利亚供电市场全部被捷克和奥地利的三家私人公司控制。

他们凭借私人垄断的便利频频涨价：2012 年夏季，保加利亚电价上涨 14%，加之 2012 年冬季异常寒冷，使得居民的电费账单平均增加了 18%～20%。目前，保加利亚人均月支出合 3328 元人民币，养老金平均每月只有 1090 元人民币，属欧盟的贫穷国家，交电费要花掉民众收入的很大一部分。因此，电价上涨、电费占收入比例过高不仅是经济问题，也是非常敏感的政治话题。而盲目、快速私有化的改革方法，正是造成这一现状的根本原因。

电力人是引领我了解电力行业的老师，但我希望能够站在电力人的肩膀上看得更远。从方法论的层次纵观电力改革，无论是自由化还是私有化，方法论的选择都是第一重要的；方法论的正确与否关乎改革成败，不仅将被历史所证明，也将被现实所证实，因为方法论与普世价值观不同，其正确与否一试便知。因此，在回顾电力改革的峥嵘岁月前，我们有必要分析、总结中国 30 年改革的经验教训，在对电力“大船掉头”经验教训与改革方法论的研究总结中，使电力，也使中国的全局性改革，在进行方向性探索的同时更不忘正确的改革方法与路径的选择。

一、中国改革经验总结与风险分析

（一）中国改革的成功经验

迄今为止，中国改革已经走过 33 年的风雨历程。在这波澜壮阔的 33 年中，有得有失，有喜有悲；总的说来，改革成就有目共睹，取得了举世公认的成功。但我始终认为，中国改革的成功只是阶段性成功，路漫漫其修远兮，很多艰难险阻仍在等待着我们战胜。如何在改革之路上继往开来，如何从阶段性的成功走向最终的胜利，是摆在我们面前最迫切、最重要的使命。

中国改革之路充满了坎坷和迷茫，前方没有先行者的足迹为我们指明方向。我们必须以自己为师，从自身的成功经验中去寻找未来改革的方向。因此，总结 30 多年改革的成功经验，研究中国改革成功的方法论至关重要。

环视世界，我们会发现转型国家的改革与发展路径是如此多样；同样是市场化、民主化的改革方向，却出现了不同的三种路径选择：有在西方国家直接推动下的东欧、西亚、北非的“颜色革命”，也有由美国经济学家全面为俄罗斯改革制定的“休克疗法”式的系统改革方案，更有中国人自己主导的渐变、稳定、逐步推进的“渐进式”改革模式。事实证明，几乎所有发生“茉莉花革命”的国家都陷入动乱而不能自拔，而“休克疗法”更让俄罗斯尝尽苦果。只有中国，在稳定、繁荣的30多年中逐渐崛起，享受着经济发展、社会进步带来的成果。而这一切，与邓小平“摸着石头过河”改革方法论指导下的强调稳定、尊重国情密不可分。

中国改革开放之初，邓小平同志提出两个著名的理论：“摸”论——摸着石头过河；“猫”论——不管白猫黑猫，会捉老鼠就是好猫。简单而实用的理论，却蕴含着巨大的观念更新、思想解放的哲理。就是这两个理论恰恰解决了中国的现实问题，中国经济改革就这样摸着石头走过了30多年，取得了举世公认的成功。

中国改革成功之处绝不仅是市场化目标的确立，更重要的是在小平同志“摸着石头过河”精神的指导下所遵循的“渐变稳定，逐步转轨”的成功方法论。在坚持市场化、民主化改革大方向的同时把正确的改革认识论和方法论相统一，既是中国改革实践最宝贵的经验总结，也是中国改革在未来所必须坚持的指导思想。

2008年美国金融危机后，欧洲又进入财政危机，世界在开始关注和比较中国模式，尽管中国的主流经济学家否认中国模式的存在，但我认为，30多年来中国改革取得的成就证明，中国模式是客观存在的，尽管这一模式还在完善中。

总结中国改革成功的方法论，我认为主要包括以下四个方面。

1. 渐变稳定，摸着石头过河

邓小平家乡四川，山区多小河。为了过河，人们通常会在水浅流缓的河间每隔一步摆一方石，平日方石露出水面，人们踩着石头过河，当地人称“跳墩”。夏日山洪，方石没于水下，此时，人们就要挽起裤腿，循着

“跳墩石”的位置，小心翼翼地摸着石头过河。

知道了“摸着石头过河”，就触摸到邓小平的改革思想；理解了邓小平的改革思想，就可发现中国改革30多年成功的奥秘。

“摸着石头过河”无疑是中国改革的成功方略。在改革之初，改革面临的阻力很大，如果盲目追求改革的一蹴而就、搞系统规划，只会引起无谓的争论和损失。中国的改革有两大前提：一是在经济上探索新型公有制形态与市场的结合，前无古人，需要摸着石头过河；二是在市场经济管理体制框架上，坚持在共产党的领导下稳步推进经济和社会政治体制变革。只要在这两个前提下，我们就很难按照所谓的“普世价值”去照搬照抄西方国家开出的“药方”。因此，无论是从战略上还是策略上，“摸着石头过河”就都成了最佳的选择。事实证明，在“摸着石头过河”的渐变改革思想的指导下，中国的改革成效卓著。

以股份制为例：从1987年到2008年这20年期间，中国股份制的发展经历了三个阶段：第一阶段是探索搞企业集体股基础上的股份制，第二阶段是建立在法人股基础上的定向募集股份制，第三阶段才是以公众公司和上市公司为特征的公募股份公司阶段。这三个阶段我都亲身经历了。

在中国股份制产生之初，我们要推进股份制和股市的建立，就必须要面对很多的理论问题和争议。首先，社会公众对股份制存在误解，比如认为股份制是私有化、流动就是流失等。其次，一开始就搞全流通模式是不现实的，因为流通的前提是股权清晰，如果产权都不清晰，流动之后的收益归谁？损失由谁负担？再次，当时国资管理体系、国有资本经营预算体系也没有形成，如果我们要搞全流通，就得像俄罗斯一样立刻把财产向私人、政府分掉。可我们的《宪法》始终坚持国有资产中央唯一主体论，现实中则是由中央到地方三级所有。因此，在当时这些问题不解决，是不能搞全流通的。

正是考虑到这些情况，我们根据“摸着石头过河”的方针，在进行股份制改造时，将国有资产存量不变，界定为国家股或国有法人股，同时向社会募资扩股，实现增量扩充，将国有企业改组为股份公司；在国家体改委联合15个部委共同出台的《股份有限公司规范意见》里，将股份划分为国家股、法人股、外资股和个人股四种；在设计A股市场时，则采取了“国有存量股份不动，增量股份募集转让”的股权分置暂行模式，在增量发行的股票上，既没有采用海外流行的公募，也没有采用私募的形式，而是创造了定向募集的概念，即增量发行的股票向企业内部职工募集，向社会法人募集。

然而公有的股份也要流动，因为流通是股份的天性。因此，我就在STAQ系统中建立国库券的市场承购包销模块，提议在这个系统里也交易定向募集的法人股股份。所以，STAQ、NET系统和深沪交易所形成了两所两网的格局。这就是中国改革和俄罗斯改革的一个重大区别，遵循的是“老树发新芽”，也就是存量股份不变，增量股份募集加流通。

在新兴尚未转轨的中国，渐变改革的思路使中国能够稳健持续地前行，如果说通过存量不变增量募集，老树发新芽，实现国家公有为主多种并存到企业公有为主多种并存是我国企业改革的第一个创新，那么在存量变革中采用内部多元化而非外部多元化的方式就是我们成功方法论的第二个成功应用，而这也正是“渐变稳定，摸着石头过河”方法论的最佳体现。

2. 从易到难、由浅入深的正确改革顺序

一直有人认为中国改革的一大问题是回避政治体制改革。其实我们从来不曾回避，只是选择了更加精妙的改革顺序。

在北京大学悼念经济学家杨小凯时，有人赞扬其“现代产权制度只能建立在民选政府下”的改革思想。对于这种言论我不知该如何作答，改革者要研究的是在既定约束条件下寻求最优的实现途径，而不是不顾其他变量畅谈自己的改革理想。

杨小凯曾和萨克斯共同撰写了《经济改革和宪政转轨》，他提出，落后国家模仿发达国家的技术容易，而模仿发达国家的制度难。后发国家应该由难而易，在进行较易的技术模仿前，要先完成较难的制度模仿，并认为后发国家在模仿好先进国家的制度前是没有资格讲“制度创新”的。他认为改革应当先难后易，也即先政治体制改革，再谈经济体制改革。我认为这不但不符合中国国情，也失去了改革的真谛。

中国改革是从经济体制入手，经济体制又从价格入手；当市场运行环境建立后，再着手推进市场运行载体即企业的改革。先是通过承包和租赁方式扩大企业经营自主权，再通过股份制进行企业所有权变革；企业产权变革上采用“存量不变，增量募集”的模式。待时机成熟，即中央财权和地方财权基本划清、“股份制就是私有制”的理论环境消失，再实现股份的全流通。

在中国，采用由易到难、由浅入深的改革顺序，随着经济体制改革的深化会逐步带动政治体制改革，柔性的改革方式更能使我国稳健前行。经济基础决定上层建筑，经济体制的变化会带动政治体制的变化。政治体制最终决定于经济体制。中国渐变稳定的改革是最柔性的改革，一步一步地向彼岸走，表面上看慢，实际上并不慢，实际上也是最彻底的改革。改革中遇上了什么问题就设法解决，各个突破，使之臻于完善。看似没有一蹴而就，也被很多人批判为不彻底，但这就像摸着石头过河中的“跳墩”，我们前一步的改革总是在为后一步的改革创造更宽松的环境，因而每一步都走得平稳、走得踏实，而且是坚定不移地向前迈进。

3. 尊重国情，批判借鉴国际经验和规范

中国的经济改革获得了举世公认的成功，但在一些经济学家的眼中处处充满了不规范。从 20 世纪 90 年代开始，就有人批评中国改革没有一个系统的改革一揽子计划。他们对比美国的市场经济和由萨克斯之类的美国经济学家指导的俄罗斯、波兰的改革，总觉得中国改革不系统、不彻底、不规范。

但我认为，中国改革的成功就在于没有盲目遵守所谓的“规范”。美国等西方发达国家的“规范”并非放之四海而皆准的真理，是我们的人受了美国的教育，看了美国的实践，以为这就是市场经济唯一发展模式的规范，才产生了必须要遵守这个规范的想法。俄罗斯改革遭遇挫折，正是由于其盲目遵守美国人制定的规范。国情不一样，何来千篇一律的规范？

可是，照搬照抄西方的方法论在各个领域仍然有很大的阵地和影响，在社会上拥有很强大的话语权。其主要危害有两个：第一，影响决策者对中国改革方案的制定，容易不顾国情，照搬照抄西方，结果欲速不达，损失过大；第二，在教育上重视西方现成的理论，而忽视解决中国实际问题能力的培养。

转型国家的改革没有固定的章法可循，各国要有不同的模式，才能以最小的代价取得转型成功。而所谓的西方“普世价值”和“规范”，也绝非学者想象得那样尽善尽美。美国国家信用评级的降级、两党决策中的扯皮与低效，已经让西方开始总结其制度中的不足与缺陷；废除死刑、禁止堕胎、自由持枪等“人权”的表现也已经遭受巨大的争议。如果无视中国国情，在“没有中国模式而只有普世价值和规范”的教条下照搬这些制度，显然是不妥当的。到底是中国的改革不规范，还是“规范”出了问题？我看这倒是值得经济学家反思和怀疑的。按照西方的尺子量中国的布，结论很容易失之毫厘，谬之千里。

因此，尊重国情、不盲目照抄西方既是中国改革实践最宝贵的经验总结，也是中国改革在未来所必须坚持的指导思想和方法论。如果不合西方的标准与“普世价值”就是“不规范”，那么中国改革的成功恰恰就在于“不规范”，这一点毋庸置疑。

4. 内部主体主导改革

围绕改革由何者主导的问题，存在两种不同的改革思路：一种主张外部主体主导改革，另一种主张内部主体主导改革。

主张外部主体主导改革者主观认为，由于改革者革别人的命积极，革自己的命消极，改革进入攻坚阶段必须借助外力，通过推翻现有的体制才能成功。在这种观点的主导下，内部主体主动的改革将变成外部主体推动的“革命”，进而导致一是失控，二是失控时却找不到风险控制主体和责任主体。

而中国改革是在改革者内部主体主导的基础上，按照“老树发新芽”的思路不断推进。回顾中国改革的历史进程，“老树发新芽”的方法是成功的。执政党作为老树，在国有基础上推动国有经济自身社会化、民营化的过程，无论是推进国有企业的股份制改造还是破除垄断行业的变革以及逐步调整国有企业和政府部门的关系，都表明它在艰难却又稳定、不情愿却又必须要推进的改革中前行。

一般而言，源于内部改革主体主导下的改革，内部改革主体责任承担者明确，通常采用微调的方式逐步推进。这虽不易失控，但往往动力不足，通常要求外部环境具备较大的改革压力，且改革者自身具有“继续留恋自己手中的行政权力冥顽不化只有死路一条的意识”和“置之死地而后生”的觉悟。这样的改革方式对统一的改革和被改革者来说会很痛苦，但改革的进程会相对平稳，改革责任主体明确。而外部力量主导的激烈变革却极易演化为革命，改革变成你死我活的对决，风险发生失控却找不到责任主体和控制主体。

因此，改革主体与客体相统一，内部主体主导改革是目前中国改革阶段性成功的特征之一；在国家经济体制转轨和电力、石油、铁路等重要的国民经济基础产业改革时，在强调给改革客体保持强大压力的同时，又注重调动其积极性，在稳定不失控基础上渐变改革和转型，不仅是过去，也是未来确保中国改革成功的较优选择。

（二）中国改革风险因素分析

1. 激进改革者是当前改革的最大风险

面对改革的路径选择，现阶段中国存在各种人群和观点，有尊重国情、强调渐变稳定的稳健改革者，也有否定国情、简单照抄西方的激进改革者，还有一些崇尚空谈并无实际可行改革举措的假改革者，当然也有一些固守既得利益和腐败的不改革者。实际上，如果我们对中国的改革做一个阶段性风险分析，可以看出激进改革者是今天改革最大的危险。

目前，学界对于改革的讨论仍然十分热烈，激进的观点也屡见不鲜。经济学家吴敬琏在2002年《财经》杂志第15期的一篇名为《改革成就与经济学进展》的文章中开篇就说：“‘摸着石头过河’常常被称作‘中国经济改革的成功战略’。以中国改革的实际来检验，我认为这个论断很值得怀疑。”“‘摸着石头过河’充其量是在改革初期改革的领导人和一般参与者普遍缺乏现代经济学知识的情况下的一种不得已的选择。”对此说法我是颇不认同的。

其实，邓小平提出“摸着石头过河”，讲的正是方法论。论资历，他是中国最大的“海归”，应该知道何为规范，何为不规范；论智慧，他的心里比谁都明白。可为什么还要提出“猫”论和“摸”论，“走一步看一步”呢？设想30多年前就提出一个向市场经济迈进的全面系统的总体规划，明智吗？可能吗？

在中国的整个改革过程中，我们并没有制定一个像某些经济学家所希望的系统的总体改革方案。不是因为我们请不到一个美国的专家来制定一个系统的改革方案，而是在那个时候提出一个系统的总体改革方案是极不明智的。试想在20世纪70年代末连麻酱、粉丝都要凭本儿供应的背景下，怎么可能制定一个很完整的系统改革方案？即使能制定，那又是一个什么样的改革总体方案设计呢？若是全盘照抄美国和西方，一是能通过吗？二是适合中国吗？那么结果也必然难逃像俄罗斯那样的“休克疗法”结局，在十几年动荡中把国家几十年积累的财富在不公平的私有化中损失殆尽。

因此，我们必须清醒地认识到，激进改革者是今天改革最大的危险。他们总要将少数人的言论极端化，制造出反对改革者与特殊利益集团再大加挞伐。但是，几乎所有的中国人都享受了改革的成果，有谁还想退回到30多年之前计划体制的老路上？又有谁想再次经历“文革”时代的动乱和不安？如果真按照激进改革者们的要求照搬西方国家所谓的普世价值，才会真的让中国陷入混乱。我们应当在确立正确的改革方向基础上，遵循中国改革成功的方法论，坚持稳定、渐变、尊重国情的改革思路，在执政党改革主导的原则下，尊重国情，稳步实现中国市场化、民主化的目标。

2. 保守和腐败的不改革者是激进革命的领路人

我强调激进改革的风险，绝不意味着可以容忍腐败和保守的不改革者致使改革停滞不前。改革的停滞会导致改革风险的转变；如果任由腐败和保守的不改革者一味地延误改革时机，他们自己最终将成为革命的对象，并取代激进改革派而成为改革的最大风险。改革的大势不可逆转，改革者必须要有推进改革的决心与自我革命的勇气，否则也只能是被动地接受外力推动的改革，直至引发激进革命。

我们强调稳定和注重国情的目的是坚持更快更平稳地推进改革；因此，渐变稳定的改革方法论绝不应成为某些人和某些部门只“革别人的命”而不肯“革自己的命”的口实。近年来，中国某些领域的改革特别是政府职能的转变进展缓慢，甚至出现倒退。这些人和部门无论在改别的部门还是拆分垄断型国有企业时调门都很高，但一涉及自身的权力和利益，就要么转移方向，要么步步为营，部门既得利益至上，没有站在党和国家、人民总体利益的战略高度去考虑全局问题，这样做最终会使由执政党主导的改革陷入被动，丧失中国改革的主导权。

历史潮流，浩浩荡荡，顺之者昌，逆之者亡，这已经被转型国家的历史教训所证明。正如上文所述，目前我国的激进改革者们提出了一些较为极端的观点；令人忧心的是，这些极端观点总是能够得到一部分民众的呼应，甚至成为传媒中的主流声音。尽管这一现象成因众多，但不可否认的是，对于改革推进缓慢的失望情绪才是其形成的内在主因。如果不能改变改革停滞不前的现状，民众的负面情绪只会不断滋长，最后必将影响到社会的稳定与健康发展。

因此，从这个意义上说，尽管中国前30多年的改革获得了重大的成功，但这充其量仅是阶段性的成功，未来的中国在通过政府职能转换这一关上，风险在呈加大的趋势。如果不能继续推进改革，只会导致改革主导权的丧失，带来激进革命风险，并可能引发社会动荡，令我国多年改革发展的成果毁于一旦。

二、掉头过急大船沉没——苏联教训

俄新社2013年4月1日以《戈尔巴乔夫：苏联解体我没责任》为题报道了苏联首位总统也是苏联最后一位领导人戈尔巴乔夫在题为《人类改变历史还是历史改变人类》的一次公开讲座中，对于人们将苏联解体归咎于他的看法大呼冤枉。将苏联解体一股脑儿归罪于他是十分不负责任的，也是毫无依据的。他认为改革中下放权力和“重建”是必需的，但他主张保留苏维埃联盟，他说：“苏联解体的责任应由俄罗斯联邦的第一任总统叶利钦负责，因为叶利钦所主张的改革方针是‘不负责任的’。”

然而戈尔巴乔夫真的没有责任吗？他在1986年7月31日的一次讲话中就说过：“我要在改革和革命两个词之间划一个等号。”1987年1月他在苏共中央全会报告中进一步说：“改革就是指对社会进行真正革命的和全面的改造。”正是他的这种“改革就是革命”的破坏性思维使其在1989年后苏联的党和国家领导制度的推进中完全模仿西方的普世价值，不讲改革方法论，导致在“革命”中全面失控。1991年3月27日，戈尔巴乔夫在全苏进行了是否继续保留联盟的全民公投，78%的苏联公民赞同保留联盟。但戈尔巴乔夫并没有利用公投优势抵制联盟解体，反而站在叶利钦一方，导致苏联局势急转直下。直至同年12月戈尔巴乔夫宣布辞职，苏联正式解体，叶利钦成为首任俄罗斯总统。俄罗斯人认为，戈尔巴乔夫和叶利钦一个是为苏联掘墓的，一个是给棺材盖上盖子的，二人在苏联解体上一脉相承。

20世纪90年代，无论从1700多万平方公里的国土面积还是从得天独厚的资源禀赋，无论是从高素质的人口数量还是从当时的经济总量看，苏联都可当之无愧地称为世界“巨轮”；但在面临改革“大船掉头”的关键时刻，苏联选择的却是在政治、经济体制上“急掉头”的“休克疗法”，继而使其沉没。迄今为止20多年过去了，俄罗斯仍未能重振雄风。从表面上看，苏联的改革与中国电力改革间似乎并无直接关联；但事实上，无论中国的改革还是中国电力行业的改革，都同样面临“大船”如何掉头的改革方法与路径选择。从这个意义来说，苏联改革的教训极具现实借鉴意义。

（一）俄罗斯的“休克疗法”改革

1. 俄罗斯“休克疗法”回顾

1985年3月，戈尔巴乔夫上台后就着手推行全面私有化，苏共和苏联政府相继制订了私有化纲领和法令。其从1987年开始逐步取消了中央和地方政府的各职能部门，各级官员利用手中的行政权力建立起股份公司形式的康采恩，股份则在各工业部的领导人之间分配。到1991年戈尔巴乔夫作为首任也是最后一任苏联总统下台前，国家所有制已严重变形，管理人员变成了所有者。党、共青团和政府的官员及国有企业的厂长、经理成为了20世纪90年代初最早的俄罗斯企业家和第一批亿万富翁。

1991年叶利钦成为俄罗斯总统，同年12月戈尔巴乔夫下台，苏联解体。当时，35岁的盖达尔被叶利钦破格提拔为俄罗斯政府总理，在美国经济学家杰弗里·萨克斯的点拨下，盖达尔炮制了一套激进的“休克疗法”经济改革方案，并在1992年初在俄罗斯联邦全面铺开。

“休克疗法”的第一步是放开物价。头三个月，似乎立竿见影，收效明显，购物长队不见了，货架上的商品琳琅满目。可到了第四个月，消费品价格比1991年12月上涨65倍，同时由于燃料、原料价格过早放开，企业生产成本骤增，纷纷压缩生产，市场供求进入了死循环。

“休克疗法”的第二步是财政、货币“双紧”政策，以抑制通货膨胀。由于税负过重，企业生产进一步萎缩，失业人数激增，政府不得不加大救济补贴和直接投资，财政赤字不降反升。紧缩信贷造成企业流动资金严重短缺，企业间相互拖欠，三角债日益严重。政府被迫放松银根，1992年增发货币18万亿卢布，是1991年发行量的20倍。

“休克疗法”的第三步是大规模推行国有财产的私有化。盖达尔认为，改革险象环生，危机重重，主要在于国有企业不是市场主体，竞争机制不起作用，所以要动产权，把国有企业的资产私有化。当时的俄罗斯把企业分成小企业和大中型企业，小企业私有化方式是拍卖，大中型企业的私有化是股份化。但国有企业的股份用现金是买不到的，需要凭私有化证券才能买到。

当时评估俄罗斯的国有企业财产总值15万亿卢布，而其人口是1.5亿。童叟无欺，人人有份，每个俄罗斯人只要象征性地支付25卢布，即可领到一张面值1万卢布的私有化证券，可以凭此券购买企业股票或入股投资基金，也可有偿转让或出卖。

苏联解体后俄罗斯的通货膨胀十分严重，当时的1万卢布只够买一双高档皮鞋。广大民众迫于生计，纷纷出卖私有化证券。私人大亨和经理们乘机廉价收买，私有化证券集中到了私人手上。这些所谓的股份制企业实质上落入了富翁和经理们的手中。当时调查表明，这些所谓的股份制企业中90%的小股东共持股不到10%，1%的大股东却持股85%以上。

需指出的是，由于私有化中市场秩序混乱，政府管理部门失职，资产评估机构职能扭曲，股份制改造成了权势者瓜分国有资产的一次盛宴。政府在出售国有企业产权时，企业经理和部分地方官员或者其他暴发户通过钱权交易，按照大大低于实际价值的价格收购。在估价中，以俄罗斯各公司1992年7月的账面价值作为公司的基础价值，既未考虑无形资产的因素，也未根据通货膨胀对价值进行调整。所以，俄罗斯出售的12.5万家国有企业，平均售价仅为1300美元，其价格之低廉创世界纪录。例如，拥有34000多名职工的大型国有机器制造企业乌拉尔机械制造厂仅卖了372万美元，拥有10500多名职工的科夫罗夫军工厂只卖了270万美元，而欧洲国家一个中型面包厂价值就达200万美元。据统计，俄罗斯500家大型国有企业实际价值超过1万亿美元，但只卖了72亿美元，给国家造成的损失高达上万亿美元。私有化在1994年6月结束时，俄罗斯的工业总值已不到120亿美元。

2. 俄罗斯人谈“休克疗法”教训

俄罗斯专家尖锐地指出：回过头看，俄罗斯人的悲剧在于，他们一夜间告别了过去，却不知道今后路在何方；他们向往西方，却不知道如何从此岸到达彼岸。当时代表社会主流的“改革派”认为，只要照搬西方的自由市场模式，就能够在短时间内（例如盖达尔的500天“休克疗法”计划）实现俄罗斯民族的快速振兴。他们认为，激进的改革虽然会带来经济下降，但下降将是短暂的，长痛不如短痛。结果，“休克疗法”把俄罗斯推向了经济没落的边缘。

“休克疗法”的始作俑者盖达尔承认，俄罗斯私有化是“权贵阶层将国家财产私有化”，是“权力转化为资本”，“播下龙种却收获跳蚤”。叶利钦也承认，改革使“大多数居民生活条件恶化”，发生“不公正的生活分化”，“发财的人往往是那些丧失了文明社会准则的人”。

普京总统取代叶利钦执政后明确指出，“‘休克疗法’的教训表明：将外国课本上的抽象模式和公式照搬到俄罗斯，不可能进行真正的改革”。随后，俄罗斯在普京的领导下又开始将部分石油、资源类企业重新收归国有。由此可见，“休克疗法”在俄罗斯的失败已是不争的事实。它表明：脱离本国国情、盲目仿效西方的经济模式和理论是无法医治俄罗斯经济病症的，俄罗斯回过头来还得像中国一样走一条适合本国国情的改革之路。尽管普京的“回头”和专制并不招激进改革者和西方待见，但的确符合俄罗斯国家的利益，也必然受到人民的支持。更重要的是，无论在经济上还是政治上，俄罗斯的大国地位正在恢复。

2013 年 3 月，中国国家主席习近平的首次出访选择了俄罗斯，习近平和普京二人在改革和发展的问题上达成共识，双方坚定支持对方走符合本国国情的发展道路。

（二）中俄改革对比启示

尽管我们不能现在就下结论说中国的改革会永远比俄罗斯成功，但至少迄今为止，我们付出的代价比他们低，进步比他们大。当世界各国的学者专家在总结社会主义国家向市场经济过渡的进程时，无一例外地都把中国放在改革成功的首位。

近年来，普京总统重新国有化的政策和俄罗斯独特的石油、天然气资源禀赋使其经济开始复苏。但俄罗斯自 1990 年以来采用“休克疗法”的改革失误使其耽误了近 20 年的发展进程。即使在今天，俄罗斯的 GDP 值也仅及中国的 1/4。这对 20 世纪 60 年代的“苏联老大哥来说”，内心是何等痛楚和不平衡应是可想而知的。

从改革的方法与路径选择看，无论中国还是俄罗斯，他们选择的改革道路均没有重复性，但这并不妨碍我们做这样的一种推测和换位思维，即如果当年的中国没有按照邓小平“摸着石头过河”的渐变、稳定改革思路，而是采用俄罗斯“休克疗法”的模式，那今天的中国会是什么样？同样，如果当年的俄罗斯没有选择盖达尔和萨克斯的“休克疗法”，而是采用中国渐变、稳定基础上“摸着石头过河”的改革模式，又将会是什么样？这值得深思。

俄罗斯中国问题专家德费利乌认为，中国的改革与俄罗斯相比，“成功的秘密在于机构和制度的稳定。没有机构的稳固和政治的稳定，任何重大的经济体制和政治体制改革都不可能获得成功”。对比中俄两国的改革思路与方法，主要有以下差异。

1. 国有资产上：俄罗斯分存量，中国扩增量

苏联和东欧国家对国有企业资产普遍采用分或卖存量的私有化方式，动国有资产的存量部分，实际上是重新分配产权。社会存量产权的分配就是革命，产权革命必须考虑财富分配的公平和社会的承受力。

对于俄罗斯“休克疗法”式的存量产权私有化过程，我将其比喻为“砍掉老树重栽新树”。改革伊始，俄罗斯就选择了萨克斯给其开的“休克疗法”药方，把国有企业除掉、国有资产分掉。而砍掉老树十分痛苦，新树成长过程漫长，二者衔接不上就要产生社会动荡，并且这种盲从的休克还会引发诸多腐败、分配不公、两极分化等社会问题。

而中国在国企改革上则遵循“老树发新芽”的准则。国有企业产权存量不动，增量募集，让“老树营养滋润新枝”，以后再逐步扩大新枝比例，改革之初依靠老树，由老树主导，最终老树退出历史舞台。

2. 改革顺序上：俄罗斯先难后易，中国先易后难

改革顺序上，中俄两国截然不同。俄罗斯是先从政治体制改革入手，改国家体制，导致国家消亡；改政党体制，导致共产党下野。在失控和混乱中，改革经济体制，一上来就从私有化入手分国有资产存量，直接导致腐败、不公和社会动荡。

而中国则是从经济入手，经济是从价格入手，再推进到企业的经营权和所有权，再从国有企业的所有者政府体制入手，转变政府职能，最

后再改革与完善政党体制。显然，二者改革顺序截然不同，效果当然就不同。

3. 改革主导上：俄罗斯外部主体，中国内部主体

推动俄罗斯改革的主导力量是来自俄罗斯共产党外部甚至是俄罗斯外部的西方国家，依靠西方国家的力量，从外部发起一场革命，把原执政党和政府权威都推倒重来。而中国改革的主导力量则是来自中共和中国内部。“老树”掌握着改革的主导权。用老树的营养在滋润着新芽，并在改革中不断地扩充“新芽”比例，最后老树再退出。这是两国改革的最重要差别。

三、大船慢掉头——中国电力改革启示

国电公司五年发展史是中国电力改革的缩影，它涉及了中国政治与经济、政府与企业全方位的改革，其牵涉面之广、改革之复杂是前所未有的。国电公司自身遇到的问题与争论，同样是中国改革的缩影。无论是从电力组织体制出发改“体”，还是从电价改革入手推进改“制”，都涉及改革方法论的正确运用。

国电公司从成立之初起就注定了其大公司的雏形，其注册资本高达1600亿元，这在1998年的中国企业中是首屈一指的，称其为“大船”可谓名副其实。但由于其是行政手段捆绑和打造的大船，其自身如何在市场经济的大海中航行，必然要有一个摸索的过程。国电公司大船在建成之时，就必须在组织结构、功能定位、战略目标的制定上找准定位，任何失误都可能导致其颠覆。因此，它唯有在起航、慢行和风浪的击打中，在步履维艰的驶向前方中，寻求外力支持和自身摸索的双桨支撑。

在中国电力体制改革进程中，5号文主导下分拆并终结的国电公司就像是泰坦尼克号一样，起航不久就在大海中沉没了，重新设立的国网公司和原国电公司不是一种继承关系，这是一种间断的、法律上互不搭界的“休克疗法”式的变革。如果国电公司和国网公司之间是继承和升华关系，而不是简单的“砍掉老树重栽新树”的做法，中国电力体制改革或许会是

另一番景象。可当时为什么偏要灭掉国电公司而新设国网公司，是我一直百思不得其解的最核心问题。也许有人不理解我为何会如此介意这个问题，但如果我把继承模式和新设模式的选择放到中国国家和政党体制的改革中，也许多数人都可以悟出其中道理的要害所在了。

回顾历史，我能够在国电公司成立之初就以“外力”的角色进入，在其功能定位、战略目标的制定上发挥作用并逐步形成了我对电力改革的系统思路。正因如此，我对电力体制的改革也就有了更深刻的认识。从这个意义上看，我与国电公司的五年并行经历弥足珍贵。

回头看我自 1998 年以来为国电公司制作的几本咨询方案，其深刻的内涵和由此带给我的对电力行业认知水平和能力的提高，使我具备了掀起国电公司“面纱”和“盖头”的勇气。本书旨在运用我与国电公司五年相伴赋予我的能力和勇气，来把国电公司的五年发展史真实客观地展现在读者面前，在引起人们关注中国电力改革的同时，又能使人们对这艘大船所驶过的航线和它前进的方向有所了解，并在此基础上客观评价这段历史并探索未来中国电力改革的正确方向。

当前，为打破垄断而推进反垄断改革又将铁路提上了议事日程，实际上今天取消铁道部而成立了中国铁路总公司，是和当年成立国电公司几乎一模一样的翻版，16 年前电力部改成国电公司，五年后国电公司厂网分离解体，但保留了全国一张大网，留下许多经验和教训。16 年后的今天铁道部解散，五年后会否中国铁路总公司网运分离也解体，那时能否同样守住全国一张大网？中国铁路总公司的改革究竟如何推进，从表面看，是按网运分离的纵向功能分离还是按区域分割的横向分切似乎是热点，但实际上真正的关键点在于谁才是主导这场改革的主体，改革的责权利是否统一，风险由谁承担。这些问题的答案尚在茫然探索之中。

由此来看，这本书几乎把这些敏感点都涉及了，因此，它也是写给中国铁路人的。因为中国电力改革的过去已真正成为历史，无法从头再来，而中国铁路人才刚刚开始，他们应该比中国的电力改革走得更好。

因此，总结国电公司系统改革的成败，不仅对我们总结迄今为止的中国改革的经验教训大有裨益，而且对中国下一步的改革，特别是铁路、石油、邮政、电网等垄断行业的改革也颇具指导意义。从未来看，我们要继续坚持内部主体改革主导，遵循大船慢掉头、循序渐进的方法论，在中国今后的政治和经济体制改革的深化中加以运用。这不仅是中国人聪明才智的发挥，也必将是世界发展中国家转型的一笔宝贵财富。

开篇

国电公司的短暂一生

导语：本书的写作是希望根据作者本人在国电公司和电力体制改革过程中的亲身经历，从个人视角，对国电公司五年的历史进行全面的回顾和评论，以向读者展示我国电力改革的复杂原貌和艰难历程。但是，国电公司“昙花一现”的五年也并非孤立地存在于历史长河之中，因此，在讲述了我和国电公司的故事之前，我想有必要对自新中国成立以来我国电力工业的整体发展历程向读者进行一个简短客观的介绍和总结，从历史渊源中寻找国电公司成立前中国电力工业发展的线索脉络，重现国电公司短暂“一生”所处的宏观背景和历史阶段。同时，本篇也会对国电公司存在五年中发生的主要事件进行客观的概述，以帮助读者构建起对国电公司五年历史的框架性认识，增进对全书后续内容的理解。

第一章　国电公司前的中国电力工业

电力工业是我国国民经济的第一基础产业，是资金、技术密集型和网络性行业，也是社会公用事业的重要组成部分。自新中国成立以来，党中央、国务院十分重视电力工业的改革和发展，先后提出“电力是先行官”、“能源工业的发展要以电力为中心”和“电力工业要适度超前发展”等指导方针，并一直在摸索和实践着更佳的电力工业管理体制，推动了我国电力工业快速发展。

综合来看，我国电力工业发展大体可以分为三个阶段（详见图 1—1 和表 1—1）：

第一阶段是 1949—1988 年。这一阶段我国属于计划经济体制时期，为了适应国民经济恢复和发展的需要，我国的电力工业主管机构经历了多次变动，全国电力建设由电力部或水利水电部独家承办，管理方面也采取政企合一的垂直垄断管理体制。

第二阶段是1988—1996年。这一阶段，随着我国改革开放进程的推进，由计划经济体制向市场经济体制转型，电力行业也在发电端开始放开，组建公司，采取集资、多渠道办电模式。同时，伴随着我国电力工业的迅速发展和国务院机构改革的进行，作为国务院机构组成部分之一的电力管理部门经历了更为频繁的机构设置变迁，开始探索政企分开和市场化管理体制改革，实现了电力工业的行政管理、企业管理和行业自律性管理职能的初步分开，并且明确提出了电力工业体制重大调整的基本模式。

第三阶段是从1997年至今。这一阶段，我国电力工业向市场经济转型，先后成立了国电公司，撤销了电力部，成立了电监会，国电系统被拆分重组为由国网公司和南方电网2家电网公司、5家发电集团以及4家辅业集团形成的电力企业组织的新体系，中国电网形成“2＋5”形式的分布格局。在不断探索电力工业市场化监管体制的新模式的背景下，2013年3月，国务院机构改革和职能转变方案指出，国务院将重新组建国家能源局，完善能源监督管理体制，不再保留电监会，由重组后的国家能源局拟订并组织实施能源发展战略、规划和政策，研究提出能源体制改革建议，负责能源监督管理等。我国电力工业的管理体制随之步入一个仍需不断探索的新时期。

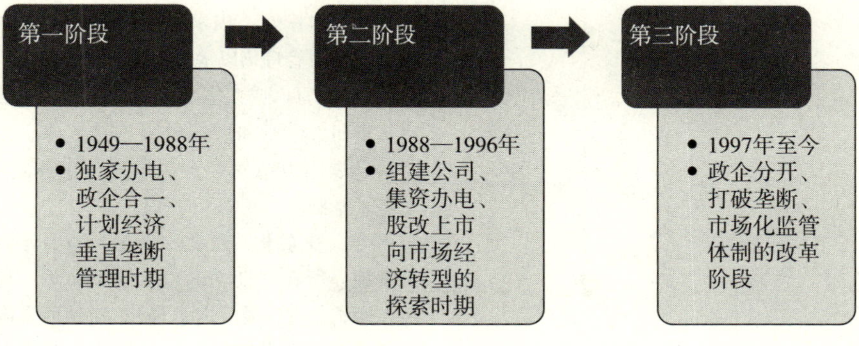

图1—1　我国电力工业发展的三个阶段

表 1—1 我国电力工业各个时期管理体制变迁表

历史阶段	时间	主管部门	管理体制变迁
第一阶段 1949—1988 年独家办电政企合一、计划经济垂直垄断管理时期	1949—1955 年	燃料部	设东北、华北、华东、中南、西南和西北六大区电业管理局，归燃料部统一领导
	1955—1958 年	电力部	各省（市、自治区）的电力工业由电力部直接领导
	1958—1966 年	水利电力部	成立水利电力部管理的东北、华东、中原、西北四个跨省电业管理局，以及山西、内蒙古、广东、四川、贵州、云南等省区电业管理局和北京电力公司，形成京津唐、东北、华东、中原和西北五大电网的管理体系
	1966—1978 年	“文革”时期	1966—1975 年，电力管理权下放给地方政府，由各级“革委会”领导。1975 年 10 月，水利电力部再次上收了跨省电网和跨省电网所属的各省（市、自治区）电业管理权；形成中央管理为主、大区电业管理局分片管理的体制
	1979—1982 年	电力部	恢复电力部直接领导华北、西北、华中、西南、华东和东北六大区电业管理局；福建、新疆、广东、广西、内蒙古和西藏等六省区电力工业仍由各省（区）领导
	1983—1988 年	水利电力部	1983—1984 年间，上收福建、新疆、广西电力局，但广东、内蒙古、西藏及海南四省区的电力管理仍以地方为主。 1984 年 12 月，成立华南电网办公室，将云南、贵州、广西和广东电网连接起来，为日后发展南方电网和大规模“西电东送”奠定了基础。 1988 年，在东北、西北、华东、华中等大区管理局所在省设立电力工业局（华中局所在的湖北省已成立电力局），撤销西南电业管理局，分设四川、云南和贵州三省电力局，由水利电力部直接领导

（续表）

历史阶段	时间	主管部门	管理体制变迁
第二阶段 1988—1996 年组建公司、集资办电、股改上市向市场经济转型的探索时期	1988—1993 年	能源部	1988 年 7 月进行华东电网体制改革试点，成立了华东电力联合公司以及上海、江苏、浙江和安徽电力公司，同时保留华东电业管理局和省（市）电力工业局名称，双轨制运行。 1988 年年底，成立中国电力企业联合会，同年组建中国华能集团公司。 1988—1990 年间，大区电业管理局改组为联合电力公司，由能源部管理；非跨省电网的省电力工业局改组为省电力公司，由能源部和省人民政府双重领导并接受委托行使所在地区电力工业行业管理职能；到 1993 年，组建华北、东北、华东、华中和西北五大电力集团
	1988—1993 年	能源部	1991 年，撤销华南电网办公室，由云南、贵州、广西、广东四省区出资成立中国南方电力联营公司，以实现四省区联网、“西电东送”。 实现了电力工业的行政管理、企业管理和行业自律性管理职能的初步分开
	1993—1996 年	电力部	1993 年 1 月，成立国务院三峡工程建设委员会，同时成立中国长江三峡工程开发总公司。 1994 年，成立葛洲坝水利水电工程集团，同年年底三峡工程正式开工建设。 推动电力企业股份制改制和重组上市，1994 年 8 月，山东华能发电股份公司股票在纽约证券交易所挂牌上市，成为中国首家直接境外上市的大型电力企业。 1995 年 12 月，八届人大十七次会议通过《电力法》，规定了我国电力工业体制模式：国务院管理部门和县以上地方人民政府经济综合主管部门负责电力行政管理；电力企业自主经营，自负盈亏，接受电力管理部门监督。 1996 年 12 月，国务院下发《关于组建国电公司的通知》（国发 48 号文）

（续表）

历史阶段	时间	主管部门	管理体制变迁
第三阶段 1997年至今 政企分开、打破垄断、市场化监管体制的改革阶段	1997—2002年	国电公司	1997年1月，国电公司正式成立，与电力部双轨运行。 1998年3月，电力部撤销，电力行政管理职能移交给国家经贸委；同年10月，国电公司提出“四步走”的改革方略；11月，国务院下发《关于深化电力工业体制改革有关问题的意见》（即146号文），“两改一同价”正式启动；12月，浙江、山东、上海、辽宁、吉林、黑龙江等6省（直辖市）成为“厂网分开、竞价上网”的改革试点。 1999年5月，国家经贸委发布《关于做好电力工业政企分开改革工作的意见》，就改革省级电力行政管理体制、实现政企分开提出具体要求
	1997—2002年	国电公司	2000年10月，国务院发出通知，成立电力体制改革协调领导小组，改革主导权从国电公司转移到国家计委。 2001年6月，广东省电力体制政企分开，厂网分开改革实施方案出台，成立广东电力集团公司和粤电资产经营公司分管电网和发电资产。 2002年国务院5号文出台，国电体制改革方案最终确定，取消了国电公司，新设成立了由国网公司和南方电网2家公司以及5家发电集团和4家辅业集团组成的电力企业组织体系

（续表）

历史阶段	时间	主管部门	管理体制变迁
第三阶段 1997 年至今 政企分开、打破垄断、市场化监管体制的改革阶段	2002 年 3 月—2013 年 3 月	电监会	2003 年 3 月，国家电监会成立，开始履行电力市场监管者的职责，实现“政监分开”。 2003 年 6 月，《电价改革方案》下发。 2004 年 12 月，国家发改委确定实行“煤电联动”机制，以不少于 6 个月为一个煤电价格联动周期，若周期内平均煤价较前一个周期变化幅度达到或超过 5%，便将相应调整电价。 2005 年 2 月，《电力监管条例》颁布。 2007 年 4 月，经国务院同意转发电力体制改革工作小组《关于“十一五”深化电力体制改革的实施意见》，确定“十一五”时期电力体制改革工作重点。 2008 年初，雪灾对全国范围的电力设施造成较大冲击，电网公司提出应将设备制造、电力勘察设计和送变电作为电网重要业务保留的意见。 2010 年 2 月，国网获批收购电气设备制造龙头许继集团和平高集团。 2011 年 4 月，《电网主辅分离改革及电力设计、施工企业一体化重组方案》推出

（续表）

历史阶段	时间	主管部门	管理体制变迁
第三阶段 1997年至今 政企分开、打破垄断、市场化监管体制的探索阶段	2002年3月—2013年3月	电监会	2011年4月下旬到5月上旬，国网公司在西北电网、华中电网、华东电网、东北电网分别加设西北分部、华中分部、华东分部和东北分部。12月，拆分华北电网为国网华北分部和国网冀北子公司。 2011年9月，中国电力建设集团公司（中电建）和中国能源建设集团公司（中能建）分别成立。中电建由中国水利水电建设集团公司、中国水电工程顾问集团公司，以及国网公司、南方电网公司河北、吉林、上海等14个省（区、市）公司所属辅业单位重组而成；中能建则由中国葛洲坝集团公司、中国电力工程顾问集团公司，以及国网公司、南方电网公司北京、天津、山西等15个省（区、市）公司所属辅业单位重组而成。这是5号文后电力主辅分离的重大举措，原四大辅业集团合并为两家。 2012年1月，国家电监会以电监政法［2012］7号文印发了《2012年推进电力改革工作方案》，首次启动对电网企业输配电成本专项检查，成立“推进电力改革领导协调小组”，启动电改顶层设计。 2012年3月，国务院批转发改委《关于2012年深化经济体制改革重点工作的意见》，其中两次提及“输配电”，一是提出“稳步开展输配分开试点”，二是要求“开展竞价上网和输配电价改革试点”
	2013年3月至今	国家能源局	2013年3月，《国务院机构改革和职能转变方案》将原国家能源局、国电监管委员会的职责整合，重新组建国家能源局，由国家发展和改革委员会管理，不再保留国电监管委员会

第二章　国电公司五年生平纪事

国电公司虽然在中国的电力发展史上仅仅存在了五年，但这五年是中国电力体制新旧转轨时期承上启下的重要的五年，它的产生柔性地链接了从计划经济体制下的电力部行政管理模式到市场经济体制下的现代大公司管理模式，而避免了从传统统一管理向市场化分散管理过程中经常会发生的“休克疗法”的风险和动荡。因此，这五年是中国电力人成功运用我国改革方法论的一个缩影。认真总结这段历史，不仅对于总结我国电力工业发展的历史经验十分重要，而且无论是对未来电力改革的深化，还是对我国铁路、邮政等垄断行业的改革，均具有重大的借鉴意义。

总结国电公司五年的历史，可以划分为三个阶段。第一阶段是国电公司与电力部双轨运行时期，两种体制在一套班子的统一管辖下柔性对接；第二阶段是撤销电力部，国电公司单轨运行时期，在内部改革主体主导的背景下，以四步走的发展战略向现代大公司过渡；第三阶段是改革思路发生变化，电改主导权从内部主体到外部主体主导改革易手，国电公司被取消式拆分，原国电系统形成了“2+5+4”格局，中国电网形成了“2+5”分布。

第一阶段是国电公司与电力部双轨运行时期。1996年12月，国务院《关于组建国电公司的通知》（48号文）发布，决定组建国电公司。该通知明确规定：国电公司由国务院出资设立，采取国有独资的形式，是国务院界定的国有资产出资者和国务院授权的投资主体及资产经营主体，是经营跨区送电的经济实体和统一管理国网的企业法人，按企业集团模式经营管理。

国电公司成立后，电力工业部继续行使对电力工业的行政管理职能，原由该部承担的国有资产经营职能和企业经营管理职能移交给国电公司；国电公司不具有政府行政管理职能，接受电力工业部等有关部门的行政管理与监督；中国电力企业联合会履行对电力工业的行业管理与服务职能，初步实现政企分开。

文件同时还对各地方电力工业管理体制改革做出要求：根据政企分开和精兵简政的原则，各省、自治区、直辖市电力局（公司）按照国务院的部署，在条件成熟时，将承担的行政管理职能移交给地方政府综合经济管理部门，同时接受地方政府的指导与监督。地方各级政府均不再设电力专业管理部门。随同文件一起印发的还有《国电公司组建方案》和《国电公司章程》。

1997 年 1 月国电公司正式成立，与电力部双轨运行。与其他部委的改革不同，由于电力部掌握着下面电力集团的产权，因而就能够顺理成章地过渡到电力公司。当时除了五大电力集团外，还有一些独立的省区公司，与电力部有产权关系的是福建、云南、贵州、广西、四川等五省区；与之没有产权关系的有四家，包括广东、海南、西藏和内蒙古中西部。在最后的国电公司重组厂网分开时，广东、海南划归南方电网，西藏由国网代管，内蒙古中西部仍然独立。

第二阶段，撤销电力部，国电公司单轨运行。在 1998 年新一届政府成立后进行的机构改革过程中，1998 年 3 月电力部被撤销。原电力部一部分人员进入国电公司，另一部分人员进入国家经贸委电力司，除审批立项和电价之外的行业管理职能随之移交给经贸委电力司。国电公司在国家经贸委的领导下，开始了新一轮的公司化改制和电力工业市场化改革。

1998 年 10 月，国电公司颁布《国电公司系统公司制改组实施方案》，确定了“政企分开、省为实体”和“厂网分开”的主要改革思路，并确定了实施的四个具体步骤。第一步，1997—1998 年，成立国电公司，撤销电力部，政企分开；第二步，1998—2000 年，国电公司制改组，实体化，

“厂网分开”，进行竞价上网试点；第三步，2001—2010年，全国联网并全面推开，“厂网分开、竞价上网”，形成电力市场；第四步，2010年后，配电和售电放开，最终形成国家输电网公司。

1998年12月，国务院办公厅转发《关于深化电力工业体制改革有关问题的意见》（146号文），“厂网分开、竞价上网”开始在上海、浙江、山东、辽宁、吉林和黑龙江省（市）推行；同时，建立省级电力公司的工作全面铺开，东北三省率先成立省级公司。

第三阶段，国电公司被取消式拆分阶段。2000年10月17日，国务院办公厅印发《关于电力工业体制改革有关问题的通知》（69号文），对1998年12月国家经贸委《关于深化电力工业体制改革有关问题的意见》（146号文）进行了一定调整，明确提出电力体制改革工作“由国家计委牵头，会同国家经贸委等有关部门和单位，组成电力体制改革协调领导小组负责”。协调领导小组由当时的国务院副总理吴邦国领导，时任国家计委主任曾培炎担任组长，国家计委副主任张国宝、国家经贸委副主任欧新黔、国电公司副总经理陆延昌等担任副组长。原本由国电公司提出的“厂网分开、竞价上网”试点工作不再扩大范围，除原有的企业公司化改制以外，国电公司省市一级的体制改革工作都宣告暂停。

2001年4月30日，由国家计委领衔的电力体制改革协调领导小组制定出电力改革方案（征求意见稿）并上报国务院，方案核心内容是：第一，根据厂网分开的原则，在国电公司管理的发电资产中，组建四五个发电公司；第二，设立国网公司（仅为出资人）及华北、东北、西北、华东、华中和南方六个区域电网公司（即“0+6”模式），当条件具备时，将西北与华北、华中与华东合并，与东北和南方最终形成四大区域电网公司（即“0+4”模式）；第三，国务院下设电监会，并尽早建立电力交易中心；第四，修改电力法和其他行政法规，尽快制定发电排放的环保折价标准，与竞价上网同时实施。

由于这一方案以做虚国网公司并最终取消国网公司为主要特征，故也被称为“0+6”或“0+4”模式。该模式一经提出，便引发巨大争论，并因此搁浅。

2001年12月，国家计委经过8个月的修改论证，重新上报了新的电力体制改革方案，经过中央最高决策层同意，获得国务院批准。

2002年2月10日，国务院颁布了《电力体制改革方案》（5号文），国电公司被重组为一个国网公司和华北、东北、西北、华东、华中五个具有独立法人地位的大区电网子公司，五大区网公司不再在国家计划单列。同时，国网公司用云、贵、桂三省区电网资产参股以广东电力公司为主的南方电网公司，由此形成了“2+5”模式下的中国电网格局。

与此同时，国电公司还拆分出5家发电集团和4家辅业集团，至此，5号文背景下的中国电力体制改革方案最终确定。

2002年3月15日，国电体制改革工作小组成立，具体负责电力体制改革的实施工作，工作小组组长由时任国家发改委主任马凯担任。其中，中组部负责确定电监会、国网公司、南方电网公司及五家发电集团公司领导班子的筹备和组建；国电公司负责制定发电资产重组方案；中央企业工委、国家经贸委、中编办、财政部和国家计委等部门各司其职，同时开展工作。

2002年10月15日，电力体制改革工作小组第四次会议召开。国家计委上报的《关于发电资产重组划分的请示》获得国务院领导批复。时任国家计委主任曾培炎等在讲话中称，电力体制改革进入实施阶段。按照国务院统一部署，国网公司、南方电网公司和各发电集团公司于2002年12月挂牌并正式运转。1997年成立的国电公司在经历五年运转之后，最终退出了历史舞台。

第三章　国电公司五年“大事记”

表 3—1　国电公司五年“大事记”

时间	事　件
1996 年 12 月	国务院《关于组建国电公司的通知》(48 号文)发布，决定组建国电公司
1997 年 1 月	国电公司正式成立，与电力部双轨运行
1998 年 1 月	国电公司谢松林发表《抓住机遇，推进改革》一文，提出我国当时的电力平衡是低水平的、局部的、短期的平衡，而非与未来国民经济高速增长相匹配的、全面的、长期的均衡，主张继续超常发展电力。该文章亦是在后来“三年不上新项目”之前对我国电力供求关系进行深入分析的代表性文章之一
1998 年 3 月	电力部被撤销，电力行政管理职能移交给国家经贸委，双轨制结束。国电公司在国家经贸委的领导下，开始公司化改制和电力工业市场化改革新征程
1998 年 8 月	国电公司向国家经贸委上报了《实行厂网分开，建立发电侧电力市场的实施方案框架（试行）》并获得通过
1998 年 9 月	国务院批转《关于停止执行买用电权等有关规定的意见》，标志长达 20 年的电力短缺局面结束
1998 年 10 月	国电公司颁布《国电公司系统公司制改组实施方案》，确定“政企分开、省为实体”和“厂网分开”的主要改革思路，并确定了实施的“四步走”改革方略
1998 年 10 月	国务院转发国家计委《关于改造农村电网改革农电管理体制实现城乡同网同价请示》的通知，“两改一同价”正式启动
1998 年 12 月	国务院办公厅转发《关于深化电力工业体制改革有关问题的意见》(即 146 号文)，“厂网分开、竞价上网”开始在上海、浙江、山东、辽宁、吉林和黑龙江推行；同时，建立省级电力公司即“省为实体”的工作也全面铺开，东北三省率先成立省级公司

（续表）

时间	事 件
1999 年 1 月	国务院批转国家经贸委《关于加快农村电力体制改革加强农村电力管理意见》的通知，提出用三年时间完成农电体制改革
1999 年 5 月	国家经贸委发布《关于做好电力工业政企分开改革工作的意见》，就改革省级电力行政管理体制、实现政企分开提出具体要求
2000 年 1 月	国电公司召开国电公司改革研讨会，征求专家对国电公司与农电管理发展的意见
2000 年 4 月	胡鞍钢在《中国国情分析研究报告》第 27 期发表《西部开发三大原则——二滩水电项目严重亏损的调研报告》，批评国电公司垄断导致二滩弃水
2000 年 4 月	国电公司面对反垄断压力和拆分的改革趋势，召开广州会议
2000 年 5 月	国家计委基础产业司王骏在《经济学消息报》发表《令人沮丧的电力改革》一文，严厉批判国电公司
2000 年 7 月	国电公司总经理高严在人民大会堂主持“进一步深化电力体制改革研讨会”，听取各界对电力改革的意见
2000 年 6 月	国务院三峡建设委员会召开第九次会议，在充分肯定“省为实体”电力体制历史作用的同时，指出“省为实体”在当前电力供过于求的新形势下必须改革，否则将阻碍电力工业的发展
2000 年 10 月	国务院办公厅印发《关于电力工业体制改革有关问题的通知》（69 号文），成立电力体制改革协调领导小组，协调领导小组由时任国务院副总理吴邦国领导，时任国家计委主任曾培炎担任组长，副组长有时任国家计委副主任张国宝、国家经贸委副主任欧新黔、国电公司副总经理陆延昌等，成员有王骏等人，改革主导权从国电公司转移到国家计委
2001 年 4 月	国家计委领衔的电力体制改革领导小组将综合各方意见的电力改革方案（征求意见稿）以《电力体制改革方案（草案）》形式上报国务院
2001 年 6 月	广东省电力体制政企分开、厂网分开改革实施方案出台，成立广电集团公司和粤电资产经营公司分管电网和发电资产
2001 年 12 月	国家计委经过 8 个月的调研论证，重新上报新的电力体制改革方案，并经过中央最高决策层同意，获得国务院批准，电力体制改革步伐加快
2002 年 2 月	国务院颁布《电力体制改革方案》（5 号文），决定把国电公司拆分为 2 家电网公司、5 家发电集团和 4 家辅业集团，电力体制改革方案最终确定

（续表）

时间	事　件
2002 年 3 月	国电体制改革工作小组成立，具体负责电力体制改革的实施工作，工作小组组长由时任国家发改委主任马凯担任。由中组部负责确定电监会、国网公司、南方电网公司及五家发电集团公司领导班子的筹备和组建；国电公司负责制订发电资产重组方案；中央企业工委、国家经贸委、中编办、财政部和国家计委等部门各司其职，同时开展工作
2002 年 10 月	国电体制改革工作小组第四次会议召开，国家计委上报的《关于发电资产重组划分的请示》获得国务院领导批复。时任国家计委主任曾培炎、国家经贸委副主任欧新黔等讲话称电力体制改革进入实施阶段
2002 年 12 月	按照国务院统一部署，国网公司、南方电网公司和各发电集团公司挂牌并正式运转。国电公司被撤销，形成 2 家电网公司、5 家发电集团和 4 家辅业集团公司新格局

第二篇
我与国电公司的五年

第一章　走进国电公司大门

我出生在电力世家，从小就对电力有着深厚感情，从部队复员后就在石景山发电厂工作，这是我和电力不解之缘的开始。1998 年 7 月，正值国电改革风起云涌之时，我第一次走进国电公司的大门，带领课题组开始为国电公司制作第一个咨询项目，我与国电公司从此结缘。从最初对这个垄断行业的一知半解，到后来对这个行业产生浓厚的兴趣和感情，在这五年中，我总共为国电公司制作了总字数达百万字的八份方案，见证了国电公司从出生时的豪情壮志，到拆分时无奈执行自己死刑的全过程。在这期间，我与众多国电人不断接触，发生了许许多多的故事，这其中包括国电公司“掌门人”高严、四个部长级副总和“五大金刚”式助理，他们既是我进入电力行业的引路人，也是这段历史的重要参与者。

第一节　我与电力的历史情缘

1956 年 4 月，我出生在石景山发电厂医院，从小在石景山发电厂和高井电厂的电力环境中长大。我的父亲刘松龄是石景山发电厂的工程师，也是当时检修车间的主任。在那个时期，电厂重要且数量少，是国家重点保卫单位，有解放军站岗，孩子们进不去。为保证发电，电厂的工作非常紧张，也特别艰苦。我的父亲一直是厂里的劳模，工作中的废寝忘食导致过度劳累，在他 50 岁时就罹患肝癌过世了。我的母亲一个人带着 5 个孩子，我当时只有 10 岁，弟弟也才 8 岁，父亲的老朋友杨其淦于是肩负起替老朋友抚养遗孤的任务，他也是石景山电厂的高级工程师。以后我的杨叔叔成了我的继父，他 1948 年毕业于国立中央大学，修的是电力专业，学问渊博，是我了解电力的启蒙老师。

石景山发电厂的前身是京师华商电灯有限公司，成立于清朝末期（1905 年），是中国最早的发电厂，主要为清朝宫廷里的照明发电。1980 年石景山发电总厂成立，下设石景山发电厂、高井发电厂、京西发电厂等，成为北京市最早的主力发电厂，被喻为北京的“动力之源”。

石景山发电厂曾涌现了很多电力行业的名人，后来向全国输送了大量骨干力量，像李锡铭（1957 年任石景山发电厂党委书记）、张桂楠（1953 年任石景山发电厂厂长，原北京电管局党委书记、局长）、张震（1978 年任石景山发电厂厂长）以及听母亲讲的我父亲曾经的“徒弟”潘燕生（原华能集团副总经理）等，他们在全国电力行业中都是为人熟知的。李锡铭是清华大学毕业的老大学生，20 世纪 50 年代初就到了石景山发电厂，在那里一工作就是 20 几年，对电厂和工人们的感情都很深。1975 年后他就从石景山发电厂直接调到了水利电力部担任副部长，后来他还做了国家领导人。每当我回顾小时候那段历史，往事依然历历在目，那时我经常在家门口或楼梯上看到李锡铭、张震他们从厂里下班回家。记得我的母亲曾经指着在楼下路过的李锡铭书记说：“你看他连走路都在思考。”这句话给我留下很深刻的印象。

1975 年我高中毕业入伍参军，1978 年复员回京后就分配在北京石景山的高井发电厂输煤车间工作过一年，做了一年多的电气检修工，这样的环境和经历使我对电力有了进一步的了解和感情。

石景山发电厂在当时装机容量并不是很大，我印象里也就是 20 万千瓦的装机容量，后来我工作过的高井电厂也只有 4 台机组，每台 10 万 ~ 15 万千瓦的装机容量，总计不超过 60 万千瓦的容量，但这在当时算是规模比较大的了。在我的记忆中，刘少奇、朱德等很多国家领导人都来视察过石景山电厂。1962 年国家主席刘少奇曾经视察了当时名气很大的石景山发电厂红旗民兵团，视察时他说：“我们要跑步进入共产主义，到那时你们手里的枪就可以去打野鸭子了。”“打野鸭子”这句话出自一个名为《千万不要忘记》的话剧，这个话剧在当时非常有名，我就是在石景山发电厂的礼堂里看的，剧情主要是一个工人阶级的后代丁少纯谈恋爱后忘了本，不努力工作去打野鸭子，资产阶级思想严重的岳父岳母还给他买了一条 148 元的毛料裤子，这 148 元在当时相当于一级工程师的月薪。而我在石景山发电厂工作时拿的是二级工的工资，也就 42.5 元。因此，有句话叫作“穿着毛料子，去打野鸭子”，意思是说这个人忘本，警示我们千万不要忘记阶级斗争和普天下受苦人。国家领导人的重视也说明了石景山发电厂在当时举足轻重的地位。

由于电力的重要性，有史以来电力系统职工的待遇就是产业工人中最高的，记得 20 世纪 70 年代，我转业到石景山发电厂，拿的是二级工的工资，标准是月薪 42.5 元，这比邻居的首钢二级工人的工资还高出 1 块钱。发电厂不仅有自己漂亮的医院、篮球场，还有很大的礼堂。记得我们当时经常去礼堂看电影，每张票只要 5 分钱。有一次看见很多人都往礼堂涌，我以为又要放电影，于是就偷偷地溜进去，之后才发现是时任北京电管局局长的李鹏同志来视察，并在礼堂里给全厂的干部做报告。我至今难以忘却，他当时在报告里讲的都是国际形势，好像谈的是第三世界人民团结起来反对美帝、苏修等内容。后来有一次在深圳参加会议，一位央行领导问起我：“有人说你是李鹏总理的人?”我听后愕然，随之笑道：“我跟他连面都没见过，这从何说起啊?”这位领导之所以这样问我，一定是他听到了我与国电公司之间有过多次咨询合作，看到了我写的一些有关电力的文章，所以才有此推论。今天回忆起来，如果说我跟李鹏总理连面都没见过并不准确，儿时我在台下确实是见过他一面。

回顾这段历史是要向读者表明，如果在本书中大家觉得我对电力系统有特别的观点倾向，对电力人有特别的情感，那是因为我在走进国电公司大门之前，相比一般人就和“电”有了这样的特殊历史情缘。

第二节　应邀制作职能机构改革方案

一、背景介绍

国电公司诞生于新旧体制激烈碰撞的交替时期，这一时期的显著特征是政府机构大改革和企业组织结构深度调整。1996 年 12 月 7 日，国务院下发《关于组建国电公司的通知》（48 号文件），同时公布了《国电公司组建方案》及《国电公司章程》。1997 年 1 月 6 日，国电公司正式成立，并与电力部“一套人马，两块牌子”双轨运行，由于是原电力部改制的公司，在管理体制上承袭了电力部，仍然履行着政府对电力行业的管理职责，其管辖范围内的装机容量和发电量占全国电力行业的半数以上，在行业内占据绝对主导地位。因此，国电公司的改革走向直接关系着中国电力工业发展的前景和趋势，引起了各界的广泛关注。

原电力部的电力改革设想曾提出“老四步走”的规划：第一步，成立国电公司，短时期与电力部以“小部大公司”模式“双轨”运行，一套人马、两块牌子，电力部暂代行无法甩出的行政职能，并逐步萎缩；第二步，在双轨制模式下，国电公司则进一步明确与所属东北、华北、西北、华中、华东 5 大区域集团、7 家独立的省公司和系统内 3000 多家（包括发电、电网等辅业）企业之间的产权归属关系，并在转型后按公司运转方式进行组织结构设计；第三步，完成国电公司实体化；第四步，建成符合国际惯例的国电公司。

1998 年 3 月 19 日，电力部将其最后的科技、安全、基建等行业管理职能移交给经贸委电力司，随后被正式撤销。而国电公司制作脱离政府序列并开始单轨运转模式，在市场经济的轨道中以陌生的企业思维方式和行为方式探索前行。

1998 年 7 月我接到给国电公司咨询方案的邀请时，国电公司已完成第一步运作，电力部被撤销，国电公司开始以独立的公司身份进行第二步改革前的理论探索，踏上公司化改组和实体化运作的市场化改革新征程。

我当时是北京标准咨询公司的总经理，北京标准咨询公司是原中国国际信托投资公司董事长荣毅仁先生亲自批准组建，由原国家体改委下属中国证券市场研究设计中心、中信（集团）公司等八家机构出资设立的一家咨询公司，专门从事企业股份制改造、大公司管理和企业投融资等咨询工作。我本人1986年中国社科院工业经济研究所研究生毕业后即留在该所担任学术秘书，1989年4月后调离工经所，先后担任中信国际研究所公司与市场制度研究室主任、首都经贸大学公司研究中心主任等职，在此期间一直从事股份制和大公司管理方面的研究。

我接到国电公司咨询方案的邀请时，还是一个电力及其改革领域的"门外汉"，从未制作过电力方面的咨询方案。但是两段重要的情缘成就了我与国电公司的缘分：一是如上所述我生于电力世家，我的父亲、继父、哥哥都在电力系统工作；二是与此相关我结识了一些电力系统的朋友，他们促成了我与国电公司的咨询合作。

二、领我走进国电公司大门的两个人

直接促成我接受国电公司咨询方案的，还是我在电力系统中结识的一些朋友。1998年前后，国家正值电力改革快速推进之际，我也认识了一些从事电力工作的朋友，其中有两个人对我走进国电公司大门特别重要：一个是时任国电公司人事部的刘宝华处长，另一个是原华北电力集团的杜志明同志。他们都身处国电系统内部，了解到当时国电公司要制定电力改革方案，也知道国电公司由于担心国电系统内部自己给自己制订方案不够客观，所以决定寻找外部咨询机构进行设计的情况，于是他二人就想起了我。说起与他们洽谈第一次给国电公司做咨询，还有一段几乎失之交臂的插曲。

杜志明是我在华能集团工作的哥哥介绍给我的，很快我就与小杜成为了好朋友。1998年7月，经杜志明安排，国电公司人事劳动局许世辉、俞学豪两位处长来到我的办公室，正式委托我所在的北京标准咨询公司进行国电公司组织机构改革方案设计，由于当时我们对电力行业特别是电力体制改革并没有深入研究，加上这么大的国电公司，咨询费只给8万元，所以我并不情愿接受这个项目。但杜志明一番话打动了我，他说："从长远看这是一个可以从高层熟悉电力这个国民经济最重要的垄断行业的难得机会，电力对研究一个国家的改革与发展太重要了，也切实关系到每个中国人的日常生活，具有极大的研究价值。"他的话说服了我，于是我答应了，这就是我最初走进电力体制改革大门、参与国电公司改革的历史原因，从此也开始了我参与电力体制改革的一段重要的人生经历。

1998 年 7 月 14 日，标准公司项目组正式启动了国电公司的咨询项目，组建了以我为组长的四人咨询小组，从此拉开了我与国电公司的合作的序幕，并且在随后五年里经历了一场令人难忘的参与电力工业市场化改革的历史。

第三节　1998 年时的国电公司

1998 年 7 月 23 日，我首次走进国电公司大门。国电公司的前身是电力部，坐落在府右街 137 号，一个很大的院落，全是平房，它的邻居就是中组部，和中南海仅一墙之隔。我从 1992 年到 1998 年期间一直从事股份制和大公司管理的咨询工作，按照我的习惯和风格，首先要拜这些企业中最优秀的人为老师，通过他们的介绍了解企业的情况，发现企业的问题，并共同探讨解决问题的对策。在这一过程中调研是基础，因此，针对国电公司方案的写作要求，我制定了详细周密的调研计划。此后，我在国电公司度过了人生中最紧张忙碌的两周，我和我的调研组与国电公司 25 位中高层领导进行了面对面会谈，所有职能部门的一把手都参加了。

最早接待我的是主管此次咨询方案的国电公司副总经理赵希正，随后我又与国电公司的"三师两助"有"五大金刚"之称的总经济师谢松林、总工程师冉莹、总会计师叶继善以及总经理助理邵世伟和刘忱进行了会谈，听取了国电公司的纪委书记李雪莹对国电公司党委机构的情况介绍和改革建议，之后又调研了信息中心、机关事务局财务处、车队等所有职能部门的负责人，最后是直属子公司的负责人，如华能集团的总经理刘金龙和龙源电力的总经理朱永芃。

他们都是在电力行业各自领域里极负盛名的专家，对我研究电力给予了莫大的帮助。在和国电公司各部门的调研中，我认识到国电公司是一个藏龙卧虎之地，连车队的张队长都跟我大谈电力的重要性和国有企业的政治使命。当时我曾开玩笑地说，别看电力系统封闭，与外界老死不相往来，可国电公司的人个个都是“政治家”！

经过整整七天一系列的调研和座谈，我了解了当时国电公司系统的概况以及职能部门的每一个环节，也深深理解了这个课题的重要性，这为我们完成这一方案设计奠定了基础。

一、国电公司系统概况

（1）1998 年时的国电公司有在编人员 400 多人，职能部门 15 个，包括办公厅、企业思想政治办公室、计划投资部、财务与资产经营部、人事劳动局、政策与法律事务局、安全运行与发输电部、工程建设局、农电发展局、水电与新能源开发局、科技教育局、国际合作局、审计局、机关事务局、国电调度通信中心。从这些主要职能部门的名称就可看出，不是安全局、科技局就是工程局、农电局或者能源局，国电公司虽为公司之名，但其基本上仍然沿用的是电力部的组织体系。

此外，国电公司系统有 20 家直属子公司（其中全资子公司 16 家，控股子公司 4 家），5 家大区集团网公司（管辖范围涉及 21 个省区市），7 个直属的独立省区市网公司［山东、福建、广西、贵州、云南、四川、重庆，其中云南、贵州、广西在当时的南方电力联营公司网内（简称南电联），四川、重庆则构成川渝电网］，以及 2 家直属发电集团公司（华能集团和葛洲坝集团）。

国电公司及其所属子公司、控股公司和关联公司组成了国电公司系统，详见图 1—1。

（2）事实上，国电公司系统已具备大型企业集团的规模和架构，至 1999 年年底，国电公司系统拥有各类企业 11000 多家（注：含下属厂网公

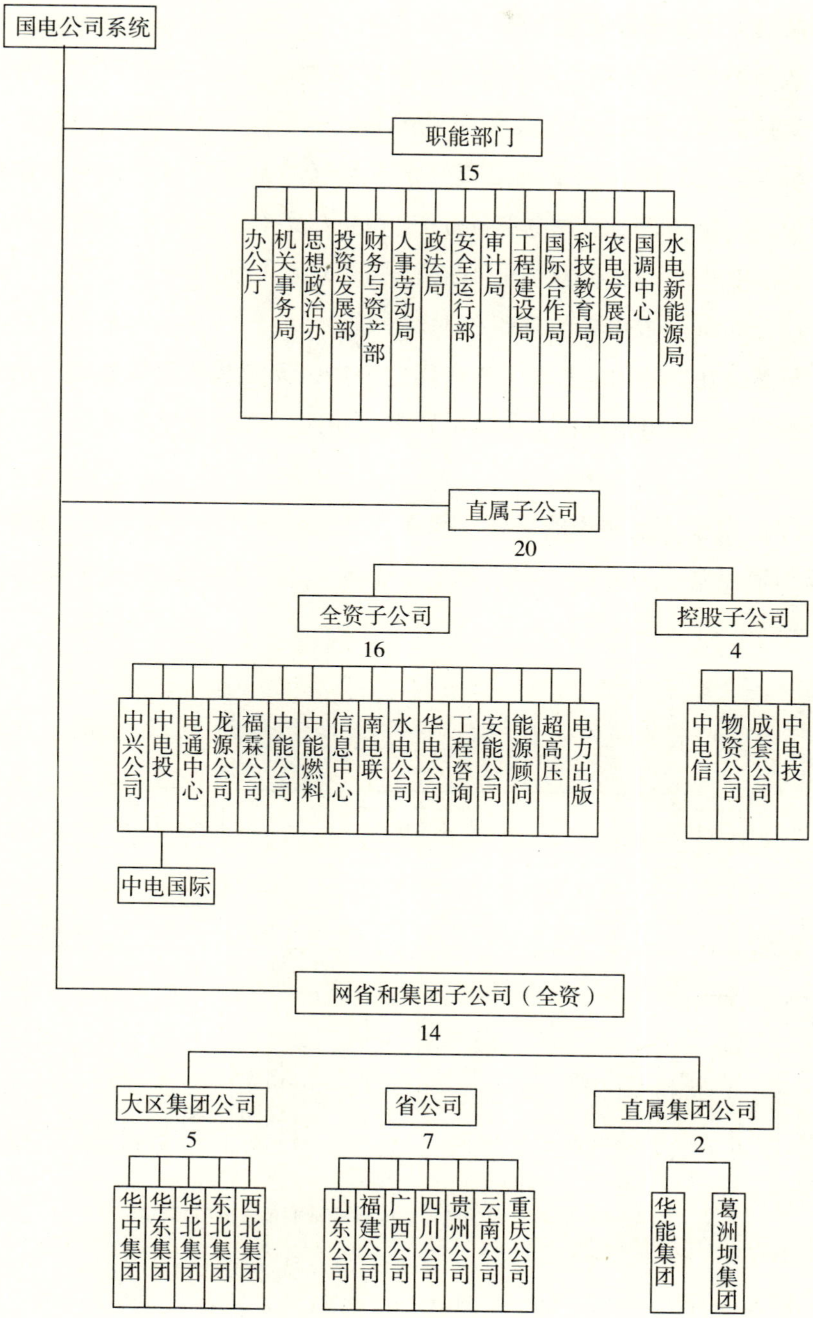

图 1—1　国电公司系统组织结构图

司所属的三产和多经企业9000多家），职工约150万人。

截至1998年年底，国电公司总资产为7582亿元，净资产为3460亿元，负债为4122亿元，负债率为54%。

国电公司1999年年底固定资产净值为3600亿元，其中供电单位资产2223亿元（占62%），发电单位资产1144亿元（占32%），其他单位资产233亿元（占6%）；在发供电单位所占的3367亿元固定资产中，供电单位资产占66%，发电单位资产占34%。

显然，在当时国电公司系统的固定资产，无论是从整体看还是从网省公司局部看，供电资产都大于发电资产。而这一重要比值却往往被“重发轻供”的电力人所忽视。

（3）出于方案制作的需要，我在大量调研统计的基础上专门按电网、电源和辅业单位为国电公司绘制了一张独一无二的组织结构分类图（见图1—2）。

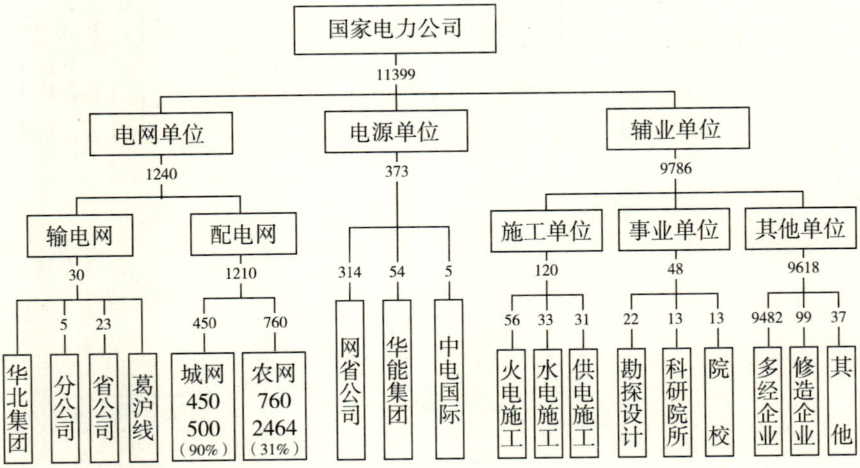

图1—2 国电公司的电网、电源和辅业单位分类结构图

根据课题组统计，1998年国电公司有11399个单位，分为三类；第一类是电网单位，共1240个，包括30个输电网单位与1210个配电网单位；第二类是电源单位，共373个，包括省网公司所属发电厂314个、华能集团所属发电厂54个和中电国际公司所属发电厂5个；第三类是辅业单位，共计9786个，包括施工单位120个、事业单位48个和国电公司下属公司所属9618个多经等其他企业。

二、国电公司成立时的电网情况

由于电力行业是一个专业性很强的领域，因此要想制作出一个满意的咨询方案，就必须具备相应的专业背景知识。进一步而言，在电力行业中，电网又是难点和重中之重，因此了解电网的特点就成了我在调研中的重点之一。

为此，我曾专门向国电公司的总工程师冉莹请教输配电网的划分、标准和种类，并在焦亿安（国电公司总经济师）、张绍贤（中电联前理事长）、魏昭峰（国网部主任）、郭国川（国电调度中心副总工程师）等同志的帮助下查阅了大量资料，这些都为我了解电力行业并为国电公司制作出合理的咨询报告奠定了基础。

（一）国电公司输配电网的基本情况

众所周知，电网由输电网和配电网组成。输电网络是电力系统的主要网络，它将电能从发电厂输送到负荷中心的配电网上，由跨地区、电压等级比较高、输送容量比较大的电力线路组成。电能从发电厂升压变压器出口端输出后，即进入输电环节。输电网按照电压等级分为高压输电电压（220千伏）、超高压输电网（350千伏、500千伏、750千伏）、特高压输电网（交流1000千伏、直流正负800千伏以上）。

配电网络是电力系统中直接与用户相连，并向用户分配电能的线路。配电环节的主要功能是把电能不断从高压降至低压，以满足不同电压等级用户的需要。配电环节的电压等级一般较低，在线路上的损耗也一般较大。

1998年国电公司时期，我国输电网大多数是220千伏、500千伏的线路，我记得只有西北地区是330千伏。而配电网则分为低压配电网（380/220伏）、中压配电网（10千伏）、高压配电网（35千伏、66千伏、110千伏）三个等级。当时，国电公司系统共有1240个供电单位，其中输电网单位30个，六大区网集团公司、省网公司（和葛沪线）23家；配电网单位1210个，其中包括450个城网单位和760个农网单位。

（二）1998年国电系统电网分布概况

国电公司成立时，除了1989年投运的葛沪直流输电工程实现了华中电网和华东电网跨大区互联，中国的电网体系仍是分散的12块电网，即华北、东北、华东、华中、西北、南方、川渝7个跨省电网和山东、福建2个国电公司系统内独立省网以及海南、西藏、内蒙古3个国电公司系统外的独立省网。当时电网的分布如图1—3所示。

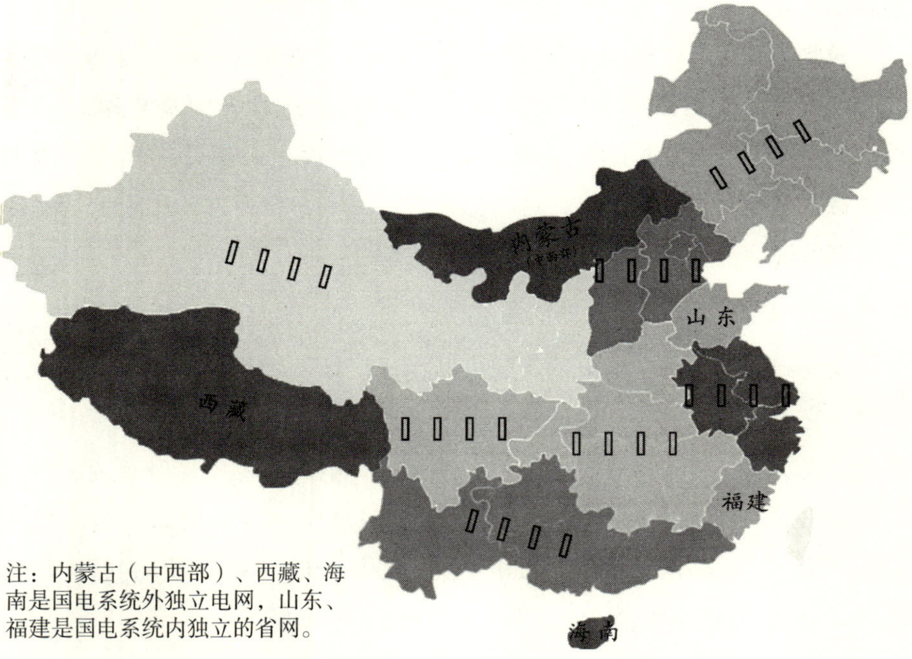

注：内蒙古（中西部）、西藏、海南是国电系统外独立电网，山东、福建是国电系统内独立的省网。

图1—3　全国12块分割的电网分布图

当时的电网呈现出12块互不相连的分割局面，跨大区之间的交换电量非常少，各省、各区域基本上是自求平衡。

中国资源分布和地区间用电负荷不均衡，水资源中心在西南部，煤炭资源中心在北部，而能源和电力需求的负荷中心却在东南，互不相连的区域电网不能跨区调剂电力，电力资源优化配置无法实现。

在了解了电网的基础知识和我国电网的基本情况后，我就产生了一个想法：中国的电力改革就是要实现跨区联网，最后达到全国联网的目标，这对于解决我国资源和负荷分布不均衡的现实、提高输电效率、促进电力资源优化配置都具有重大意义。全国联网将不仅打破诸侯割据的分割体制，而且必然成为中国电力发展史上的一座里程碑，具有时代意义。

三、国电公司成立时的电源情况

初建时期的国电公司是一个涵盖电网和电源的庞大系统，它不仅经营管理着全国的输电网和主要配电网，还拥有大量电源企业。

1998 年国电公司系统共拥有电源单位 373 个，其中包括省网公司所属发电厂 314 个，华能集团所属发电厂 54 个，中电国际公司所属发电厂 5 个。当时国电公司系统装机容量为 1.3 亿千瓦，约占全国总装机容量 3 亿千瓦的 43%。

国电公司电源企业情况如表 1—1 所示：

表 1—1　国电公司电源企业汇总表

名称	分类	电厂数量（个）	装机数量（万千瓦）	总资产（亿元）	净资产（亿元）
网省公司	直属	131	5480	1604	311
	独资	8	304	70	8
	控股	85	2856	1888	288
	参股	90	1215	1764	464
	小计	314	9855	5326	1071
华能集团	独资	13	542		
	控股	33	1851		
	参股	8	303		
	小计	54	2696		
中电国际	中外合资	5	487	137	85
合　计		373	13038	5463	1156

四、国电公司“三级法人、五级调度”模式

国电公司成立后改革的基本目标是推进电力体制改革进程，推进国电公司实体化，在公司系统内建立起完善的现代企业制度，按照“三级法人、五级调度”模式，加快公司化改组和电力市场的改革步伐。“三级法人”是指国电公司、五大电力集团和各省电力公司三级公司，“五级调度”是指国调、网调、省调、地调、县调五级电力调度系统。

（一）“三级法人”下的“1 模式”、“N 模式”和“N +1 模式”

1998 年国电公司成立时的国电公司系统形成了国电公司、五大区域集团公司和省公司“三级法人”，这“三级法人”在组织和管理模式上又形成了三种模式：

第一种模式是“1”模式。大区内只有一个集团公司，集团下面没有省一级的子公司法人实体。以东北为代表，只在辽宁省成立一个东北电力集团公司，管辖范围包括辽宁、吉林、黑龙江和内蒙古东部，集团公司所辖各省均无子公司；吉林和黑龙江虽然有分公司，但非独立法人，辽宁省和内蒙古东部连分公司也没有。

第二种模式是“N”模式。大区内有一个集团公司，除集团公司所在省或直辖市没有省公司外，其他各省均有省一级的子公司法人实体，集团公司和省公司联系紧密，共构成 N 个独立法人。以华北、西北为代表，华北电力集团设在北京，北京就没有省级电力公司，而集团公司管辖的天津、河北、山西省各自都有省公司；西北电力集团设在陕西，陕西就没有省公司，但西北电力集团管辖的甘肃、青海、宁夏、新疆都有省公司。

第三种模式是“N +1”模式。大区内除有一个集团公司外，各省都设有省公司，集团公司和省公司共构成 1 + N 个独立法人。以华中和华东为代表，华中电力集团设在湖北，其所辖湖北、湖南、河南、江西四省都有省公司；华东电力集团设在上海，其管辖的上海、江苏、安徽、浙江也各有省公司。这种模式下，集团公司的主要资产都在各省公司里，其自身的资产除即将划归的长期投资外基本再无其他，产权归属不清，各省公司的权力通常较大，集团公司只充当了财务公司的角色。

（二）五级电力调度

电力调度是指由电网调度机构对电力传输运行进行组织、指导和协调。电力调度在调峰、调频以及事故发生时区域之间的电力调配上发挥着重要作用。

在电力部和国电公司体制下，我国实行五级电力调度的模式，“五级调度”是指按照“统一调度、分级管理”的原则，电力调度机构分为国调、网调、省调、地调、县调五级：

国调——国家调度中心，是我国电网公司调度的最高级，以国电公司的国调中心为核心，通过计算机数据通信与各大区调度中心相连接，协调确定各大区之间的联络线潮流和运行方式，监视、统计和分析全国电公司网的运行情况。

网调——东北、华北、华中、华东、西北五大电力集团公司及南电联是跨省、自治区、直辖市电力调度机构，负责超高压网的安全运行并按规定的发电计划及监控原则进行管理，提高电能质量和经济运行水平。

省调——省、自治区、直辖市级的电力调度中心，职能基本与网调相同，但范围仅限于省内。

地调——地区调度中心，由各省地级市电力局、电业局、供电局、供电公司等采集当地电网的各种信息，进行安全检测，进行有关站点开关的远方操作、变压器分接头的调节、电力电容器的投切等。

县调——县级调度中心，设在各县级市供电局，为我国电网公司调度的最低级，主要监控 10kV 及以下农村电网的运行。

当时，全国共有国家调度机构 1 个（国调中心），网级调度机构 6 个，省级调度机构 30 个，地区级调度机构 310 个，县级调度机构 2000 多个，“五级调度”管理系统初步形成。

（三）电力调度的两种模式

电力调度在调峰、调频以及事故发生时区域之间的电力调配上发挥着重要作用。对于电力调度机构和电网运营机构的关系，存在“调度和运营合一”与“调度和运营分离”两种不同模式。

在计划体制下，电力的调度主要依靠行政手段，电力调度机构和电网运营机构是一体的。但是在市场经济条件下，电力调度和电网运营是该由不同机构分别实施，还是该由电网运营机构来从事电网的调度，是电力体制改革争论的焦点问题。

从国际经验看，各国由于电力工业历史沿革和体制改革路径存在较大差异，选择的电力调度和电网运营模式也不尽相同。以美国、加拿大、澳大利亚、阿根廷等国家为代表，由于这些国家一些大的企业集团同时经营电源和电网，出于公平的保证，调度往往独立于输电公司，采用分离模式。而欧洲大多数国家则采取的是合一的模式，即输电系统运营商模式（TSO）。此即调度系统与输电公司为同一个机构，而电力市场交易则由独立的交易机构负责。

就中国电力工业和电力发展的历史和现实情况来看，电网运营和电网调度都包容于国电公司之中，属于两者合一的模式。随着2000年后电改争论的深入，关于国电（网）公司该不该继续保持这种合一模式，依然存在较大争论。在这里，我所要表达的意思是，对于国电（网）公司电网运营和调度的问题，如果学习美国模式，把电网调度机构与国电（网）公司彻底分离，国电（网）公司不再承担电力系统安全责任，则电网调度机构很难建立起相应的权威，容易导致电网运营责任模糊，调度机构和国电（网）公司在安全问题上相互推诿扯皮，无人对事故的不当后果承担责任，最终导致电力安全隐患和成本增加。将电网调度机构和国电（网）公司彻底分离实际上是一种“休克疗法”的思路，这种改革风险太大，成本太高。

因此根据我国实情，我认为，正确的改革思路应该是在厂网分开、国电（网）公司放弃电源、确保调度公平的背景下，实行“调度和运营一体”的模式。在这种模式下，电力调度机构同样也是电力运营责任的承担者，这种二体合一的模式有利于电网的安全运营实现电力资源的统一调配，提高调度和决策的效率。同时，电网朝着独立收过网费方向发展，而电力市场的交易则主要采用售电公司牵线用户和厂商直接面对面交易实现。

五、当时曾有个“国网公司”

电网是电力工业发展的生命线，也是整个电力改革过程中争论的核心问题，实际上关于电网的第一次争论就产生在国电公司内部。早在1996年6月就有一个被称为“国网公司”的公司存在，此公司是当时的国务院总理考虑三峡建设的需要决定成立的，其全称为“国网建设有限公司”（简称“国网公司”）。但当时的彼“国网公司”绝非今天的此国网公司（即5号文后成立的国网公司）。

1997年应国务院48号文和国电公司的要求，该“国网公司”更名为“中国电网建设有限公司”。中国电网建设有限公司作为电网工程建设公司，主要负责三峡输变电工程的投资、建设和管理，保证三峡输变电工程与工程电站枢纽建设同步进行；同时保障进行跨大区电网、跨独立省网的联网工程和全国联网等工程的顺利建设和完工，待电网建好后再交付给国电公司。

中国电网建设有限公司的总经理是周小谦，副总经理是姜绍俊，在为国电公司制作组织机构方案设计时，我主要是和姜绍俊同志对接。绍俊同志口才很好，思路也很清晰，但我跟他的会谈是比较困难的，因为他坚决反对我撤销这个“国网公司”。在与他的交谈中，他提到了电网经营管理与发展现状、对于打破垄断的看法，我们也一起讨论了电力投资多元化、全国电网平台的建设与地方电网的关系以及对全国联网的规划与展望，尽管很多看法一致，但他坚决反对撤销这个中国电网建设有限公司，他提出了“国电公司是控股公司，其管理模式应是资本经营＋调度＋国网，输电建设与管理让国网建设公司来搞”的意见。

但我深深觉得如果不撤销这个中国电网建设有限公司，国电公司实体化就成了一句空话，很难站住脚：第一，国电公司是由原电力部改组成立的，该中国电网建设有限公司作为电力部管理的公司，理应纳入国电系统；第二，因为国电公司的改革方向是要成为一个产业型的营业控股公司，营业就表明其并非纯粹的控股公司，在“厂网分开”后，应直接从事电网建设和经营；第三，国电公司内部可设立相对独立的电网建设部和电网运营部来区分二者，这要比设两个公司好，考虑到当时跨大区经营的电网资产规模并不大的局限，无设立电网子公司的必要，电网建设和经营部甚至均可采用分公司或事业部的模式，既使其相对独立，拥有较大自主权，又可减少公司之间交易成本和合理避税；第四，国电公司要迅速扩充电网资产和经营规模，可通过存量资产的重组，变大区子公司的资产（国电公司的长期投资）为国电公司的固定资产，中国电网建设有限公司若一直保持子公司地位，作为独立法人须通过合同等方式承包国电公司的电网建设工程，然后再发包给施工单位，这显然会增加外部交易成本和纳税额。

因此，我不顾绍俊同志的反对，在 1998 年年底的《国电公司职能部门及部分直属公司改革方案设计》中建议把中国电网建设有限公司取消，在我主持的方案中将其改组为“国电公司电网建设分公司”，由于国电公司的主营业务是电网，在机构设置上必须突出这一功能，所以在方案中重点设计了电网建设部、电网运营部来负责跨区电网建设和运营，电网建设部与国电公司电网建设分公司合署办公。

中国电网建设公司被取消后，国电公司总经理高严同志并没有因为绍俊同志的不同意见而排斥他，高严的领导艺术非常高明，这是有口皆碑的，他给绍俊做了很好的安排，将他安排到国电公司战略研究与规划部担任主任一职，这可以说是“狡猾”，但更多的是一种领导艺术。而我和姜绍俊也成了好朋友。

第四节　从理论入手统一国电领导认识

1998 年 7 月底承接方案设计的任务后，北京标准咨询公司四人小组便开展了调研工作，在与国电公司“五大金刚”、15 个职能部门以及中国电网建设有限公司、华能公司、华北电力集团公司等三个子公司的负责人进行座谈，广泛听取各方情况介绍后，经过一个多月的艰苦奋战，《国电公司组织结构方案设计》终于完成。

1998 年 8 月 26 日，我应国电公司要求，赴国电公司给党组扩大会议成员讲解本次机构设置方案，国电公司党组成员和副总经理以上的领导决策层成员全部到会。

会上我提出，如果不解决思想问题、统一领导认识，仅就机构改革方案论方案，是不可能做好国电公司职能部门方案设计的，一定要先统一国电公司领导的认识才好出方案。因此，在这份组织结构方案设计中，我首先从全局出发，重点阐述了关于国电公司未来改革与发展的 15 个认识问题，以取得大家共识。

一、非均衡是国电公司生存的理论基础

我国电力供求平衡的表象掩盖着深层次不平衡的实质。经济上的原因包括电力的结构不合理、需求量较低、输变电网成为发展的瓶颈以及区、省自求平衡严重垄断和极不合理的电价；自然原因主要是资源分布、地域辽阔造成的东西时差、南北温差、不同流域的不同干枯水期和地区间用电负荷不均衡等。非均衡论是要求建立一个全国统一的大市场，在全国范围内实现电力资源的优化配置，实现全国联网是构造一个全国统一市场的前提，而全国联网就要一个全国性的国电公司的存在。当非均衡理论支持下的全国联网被人们承认并要求付诸实现时，国电公司的存在价值才能真正为人们所不争。

二、全国联网是国电公司发展的首要目标

我重点分析并提出了全国联网的重要性，包括：（1）全国联网是国电公司的首要目标，它既是国电公司生存的物质基础，也是国电公司改革和发展的方向；（2）全国联网是竞价上网的基础，实际上是构造市场；（3）要用动态的眼光看待全国联网的经济性；（4）全国联网是中国电力发展史

上的里程碑，具有划时代意义。只有全国联网，国电公司才可能生存，因此，从战略眼光看，全国联网将不仅打破诸侯割据的分割体制，而且必然成为中国电力公司发展史上的一座里程碑。

三、营业控股是国电公司的功能定位

国电公司的功能定位应防止步入两个误区：一是授权不实，走不出行政性公司的误区；二是授权虽实，但演变为一个纯粹控股的投资公司的误区。

国电公司要改革成为一个全国性的电网公司，配合并构造全国联网的平台，其未来的发展方向是要成为一个从事电网经营的产业性营业控股集团公司，主要有以下特征：（1）直接从事电网建设和经营的电力公司；（2）国务院授权对电力系统企业实行资本经营的控股公司；（3）是拥有众多子公司的集团公司。

四、独立报表是国电公司法人财产权的重要标志

独立的财务报表是企业法人拥有独立法人财产权的重要表现形式，而独立的法人财产权又是企业法人存在的前提。国电公司虽已改组为具有完整法律地位的企业法人，但仍无独立的资产负债表，并非真正意义上的企业法人。因此，国电公司的高层必须重视自身法人财产权的实质和财务报表的独立性，加快制定三层次报表体系：第一层是国电公司自身独立的财务报表；第二层是国电公司及其15家直属子公司的合并报表体系；第三层是制作包括五大区域网集团公司、七家独立省公司在内的集团合并报表体系。

五、通过授权经营实现从管人到管资本的飞跃

国电公司与原电力部相比，对下属单位管理的最大差别在于前者以管资本为主，后者则以管人为主：首先，国电公司应尽快将下属企事业单位的国有资本金变为国电公司的国有法人资本金；其次，国电公司应对下属

企业普遍进行清产核资，摸清净资产和股本数量并颁发授权书，作为绩效考核的依据之一；第三，授权体制下母公司对下属子公司的管理应尽快在认识和行动上完成从管人到管资本的飞跃。

六、统一结算是国电公司重要的利润来源

截至1997年末，国电公司账面货币资金均分散在系统内各层次企业中，因此依托主办银行组建财务结算中心或财务公司，建立国电系统内银行和财务管理结算体系十分必要。在具体运作上应结合事业部制的推行，首先可在分公司事业部和直属全资子公司范围内试行，随后可考虑推广到区、省一级全资子公司中，还可考虑在五大集团公司中选取一个财务公司统一结算。这样一方面可以集中分散资金，形成规模效应；另一方面可以科学核定、管理和使用企业内部资金。

七、合并纳税是国电公司实体化的标志

缴纳所得税和收取子公司投资收益是国电公司迈向实体化的重要步骤，但会产生同一利润要双重纳税的矛盾。因此，应向国家税务部门申请按大型企业集团合并纳税的方式缴纳所得税，即由国电公司统一缴纳，各独资子公司不再单独缴纳所得税。这样做的优点包括：（1）落实国电公司实体化，完善法人形态；（2）实现全系统纳税登记上以丰补歉，互相调剂，使母子公司得到双赢；（3）有利于探索集分权相结合的科学管理体制，如子公司事业部制。

八、“三权分立”是国电公司电网经营的目标模式

国电公司实体化改革中，放开电源、经营电网已成为共识，但从国际惯例和中国电力工业发展目标来看，电网建设与电网经营、电网经营与电网所有也必须分开。

前者应建立相对独立的电网建设与经营部门，采取独资子公司或分公司、事业部的模式，利用有限的存量资产迅速扩充电网资产和经营规模；

后者在国电公司统一经营管理电网的基础上，通过发行优先股广泛集资办网，实现电网经营与电网所有权的分离。“三权分立”应成为国电公司电网经营的目标模式。

九、资本经营是经营方式还是管理手段

国电公司以经营电网为主，大量资产可能仍以长期投资的形式存在，资本经营将是国电公司自身发展的重要内容之一。而资本经营到底是经营方式还是管理手段，抑或二者兼而有之？资本经营在国电公司的发展中可能被视为营业控股公司的经营手段，包括从事具有短期投机性的金融运作，但仅把资本经营看作一种短期的营利方式是不够的，资本经营还是在股份制企业集团内母子公司体制下的重要管理手段，其核心是以资本为纽带的董事派驻制度和财务监控制度。

十、实体化是否一定要子公司分公司化

国电公司的成立可谓“平地起高楼”，是在五大电力集团之上凭空构造起来的，当时可以说是一个空壳，国电公司想摆脱这种空壳局面就面临如何实体化的问题，这就涉及子公司分公司化，然而是仅仅把五大区域集团公司分公司化，还是七个独立省公司也要分公司化，在理论和现实中都存在争议。子公司分公司化涉及面极广，其任务之艰巨亟须理论阐释。这也是在我接触国电公司的五年中，始终困扰国电公司的一个难题，即如何处理“爷爷”——国电公司、“儿子”——大区集团公司、“孙子”——各省公司的关系。在 1998 年我第一次接触国电公司的时候，我的直观感受是不能急于把各集团公司和省公司分公司化，所以我提出“爷爷”的实体化，不一定要把“儿子”和“孙子”都分公司化。

在实体化认识中应走出两大误区，一是要走出长期投资不是自有资产，直接从事生产、贸易经营才是经济实体，而从事资本经营活动的投资公司不是经济实体的误区；二是要走出母公司拥有长期投资不是实体化，只有将子公司转为分公司才是实体化的误区。

实体化过程的目标就是经营，不管是产品经营、资产经营还是资本经营，都是经营。因此，只要公司是经营体，就可以称为实体。我们不能认为银行不是实体，也不能认为从事投资业务的投资公司不是实体，更不能认为国电公司的资产主要是由长期投资构成，它就不是实体。在国电公司实体化过程中，长期投资无疑是最重要、最庞大的资产，这意味着国电公司的集团架构中不仅会有分公司、事业部等非法人单位，而且更多的是子公司甚至子集团，这是“省为实体”政策决定的，与国电公司的实体化是完全统一的。

十一、事业部制是集权还是分权

尽管事业部不具有法人地位，但事业部在一定制度的保障下是能够自主经营且拥有与具备法人地位的企业相当的权力的，因此被称为企业中的“企业”。但事业部制在财务管理方面实行集权，各事业部财务部门必须绝对接受集团公司财务部门的控制。因此，事业部制是以高度分权为基础，集分权有机结合的科学管理制度。对国电公司的分公司和全资子公司实施集分权相结合的分公司事业部制和子公司事业部制是值得探讨的。结合国电公司现状，对其分公司和全资子公司实行事业部制的管理方式会更为合理有效。

十二、中电联是国电公司的“儿子”还是“孪生兄弟”

国电公司的组织结构设计必须将其现有职能进行分解，即政府职能归到经贸委，企业职能归自己，行业管理职能交到中电联，但现实中会发生要么改革由于政府职能和行业管理职能难以完全分离而不彻底，要么由于彻底改革而无人接替行业管理职能，中电联便是其中的重要一环。所以，中电联的改革必须与国电公司机构改革同步进行。从某种程度上说，其配套改革的成败将直接关系到国电公司改革的成败和顺利转制，二者是一对同生同长的“孪生兄弟”。

十三、法人治理结构是国电公司化解决策风险的重要保证

国电公司应按照《公司法》建立科学规范的法人治理结构，产权逐步实现清晰化，在自身拥有独立法人财产权的基础上，向国务院申请成立公司董事会作为战略决策机构。董事会成员有政府部门的代表、电力金融领域的专家和公司系统内的代表。其成立目的主要是实现决策科学化和减少公司高级管理人员的经营风险。从长远看，不应排除将国电公司从国有独资改组成有限责任公司或股份有限公司的可能，建立健全公司股东会、董事会、监事会三大机关，使其真正成为具有民事权利能力和行为能力统一的企业法人。

十四、考核指标体系是国电公司人力资源管理的重要内容

国电公司当前的一项基本任务是在新形势下对产权结构、组织结构、经营战略和管理方法进行调整，在管理手段上必须有一套完整先进的方法，与新建立的组织管理模式相配套。在企业管理中，财务管理是龙头，经营考核指标体系是财务管理的重要内容。通过制定国电公司对所属事业部、分公司和子公司及其负责人的考核指标体系，能够把国电公司、子分公司、经营者和公司员工的利益挂起钩来，充分调动各方面的积极性，这对于人力资源管理具有实用性和有效性。

十五、未来三至五年是国电公司发展的关键时期

国电公司的经营方向虽然是成为经营电网的公司，然而目前的现状却陷入无网经营的窘境。在被定位于营业控股集团公司后，国电公司近期的主营业务为何？单纯消极地等待 2007 年三峡电站建好后再去突击电网经营是绝对不可取的。必须积极创造条件，在电网建设的增量投资和存量重组上主动出击。未来三至五年，国电公司必须下决心拓展电网主营业务，争取 1998 年开始产生电网经营收入，逐年提高电网经营收入的比例，形成主营业务收入的增长点和利润增长点，这与国电公司是否能够持续生存密切相关。

在详细阐述这15个问题的基础上，课题组设计出了一个职能制、事业部制和矩阵制相结合的组织结构模式，而战略目标是将国电公司打造成“控股型、经营型、现代化、集团化管理的国际一流电力公司”。其实体化的实现主要采取三方面措施：一是从公司本部层面建立起公司系统的资本纽带，通过做实国电公司、牢牢把握下属各子公司的控股权来实现；二是加强经营，包括投资电厂建设和电网建设，同时对已有的电厂和电网子公司进行重组；三是推进“省为实体”改革，取消大区集团公司，将其改组成为国电公司的分公司。

由于这一方案有理论高度，又有具体实施方案，因此最终获得了非常高的评价，与清华大学魏杰教授的项目组为国电公司所设计的组织模式比较，我们的方案得了最高分，二取一，我们的方案获得了通过。

第五节　外来和尚好念经，但要念好经

一、要做一个念好经的外来和尚

1998年7月，我受聘为国电公司制作职能机构设计方案，但是在国电公司调研两周后我发现，国电公司作为部改公司，生存发展面临一系列观念上的制约，如果不首先转变思想、解决困扰国电公司发展的15个理论问题，就无法进行具体的职能机构设计。因此，我的咨询工作实际上是分两阶段进行，第一阶段重点是论述国电公司组织机构设计必须正视的15个重大理论问题。

在我们提交的第一阶段咨询方案——《国电公司组织结构方案（第一稿）设计》经国电公司总经理办公会讨论并获得好评后，邵世伟同志和刘忱同志找到我，提出国电公司要进一步委托我们制作第二阶段咨询方案——国电公司职能部门及部分直属公司改革的咨询方案。经过第一个方案近两个月对电力的研究，此时的我已经对电力的改革与发展产生了浓厚的兴趣，尽管只有25万元，但我还是答应了下来。

但我深深意识到，由于第二个方案进一步涉及组织结构调整以及部门

利益的分配问题，困难和阻力是可想而知的。因此，在制作方案前我向国电公司相关负责人强调了我从事本方案设计的几个基本原则：

（1）方案制作的独立性。由于组织机构设置涉及有关各方责权利关系的再分配，十分敏感，因此请外人咨询制作组织机构设计通常有两种情况：一种是外来的和尚好念经，内部领导有思路，但身在其中不好说，所以要借助外来和尚把话说出来；另一种是外来的和尚能念好经，肚子里有好经，嘴上能念好经。

我希望自己成为能念好经的外来和尚，因此我来到这里，提的条件不是经济上的，而是每个部门我都要找相关人员会谈，任何人可以不和我谈，但我不能不找，一是充分了解公司情况，二是对每一位领导表示尊重，但最后的报告我不会受任何人影响，否则国电公司找我咨询就失去了意义。对于我们提供的报告，你们可用可不用，但我要坚持我的方案的独立性。我决心做一个能念好经的和尚，尽量使我的方案保持独立性。

（2）第二阶段方案制作的继承性。第二阶段的方案和第一阶段的方案具有继承性，论述完15个理论问题以后，国电公司内部统一了思想，才能从技术上设计国电公司职能部门。因此，第二阶段方案要在第一阶段方案对国电公司功能定位的基础上开展，在这里有必要再次强调第一阶段报告对国电公司的功能定位。

国电公司应成为一个产业性的营业控股集团公司。这一定位包括四个方面：第一，是一个公司，而不是政府部门。它必须符合现代企业追求利润的特征，从而强化了盈利功能，同时也意味着必须彻底进行政企分开，实现思想观念和组织结构的双重转变；第二，是一个直接从事电网建设和经营的电力公司，从而强化了电网功能，同时也意味着必须放弃直接投资电厂获利的冲动；第三，是对国电公司系统内企业进行资本经营的控股公司，从而强化了资本经营的功能，同时也意味着管理者观念和管理方式需要转变；第四，是一个拥有众多子公司的集团公司，从而强化了建立在产权基础上的董事管理功能，同时也意味着在集权与分权的处理上对管理层有了更大的考验。

两位总经理助理当即表态，赞成并支持我提的两项原则，并决定第二阶段咨询在首先对每一个现有职能部门的一把手调研的基础上，同时听取四位公司副总的意见。

（3）从工程师思维转向经济师思维。1998 年 12 月，我应邀在国电公司礼堂给 100 多位处以上干部讲了一次话，这次讲座我强调了从工程师思维转向经济师思维的重要性。工程师追求的是产品性能最大化，经济师追求的是产品性能价格比最大化，前者是单向思维，后者是双向思维，二者截然不同。就国电公司从部向公司转轨来说，如果说过去作为政府部门主要考虑的是国电工业的管理，那么今天国电公司除了管好本系统企业外，还必须考虑管理的成本，探索捷径，在思维方式上从单向思维转向双向思维，并以独立厂商的姿态，在追求自身利润创造符合社会需要的产品和劳务的基础上，完成国务院领导交办的有关工作，这一思维方式的转变是至关重要的。

同时我们也再次强调了方案的设计思路：第一，今天的改革不能为明天的改革设障碍；第二，从关键调整、最大稳定原则出发，预留接口，逐步向理想模式推进；第三，该方案仍然是过渡模式和过渡模式中的过渡模式，应不断调整，逐步向目标模式逼近。

二、斩断国电人的恋“权”和恋“源”情结

在《国电公司职能部门及部分直属公司改革方案设计》的制作和执行过程中，我发现了曾被其他部委所羡慕的国电公司“部改公司整体变更的改革模式”严重的“后遗症”——那就是国电公司上下普遍存在的恋“权”情结和恋“源”情结。

（一）恋“权”情结

国电公司的前身是原电力部，电力部拥有对全国电力公司行业进行管理和监督的行政权力。国电公司成立之初实行双轨制运行，国电公司与原电力部“一套人马、两块牌子”。1998 年 3 月电力部被撤销，在电力部被撤销之后，原电力部一部分人员进入国电公司，审批立项和电价的职能留

在了国电公司。由于改革配套措施未能及时跟上，国电公司仍继续行使了一段时间的行政管理和行业管理职能，旧的行政权力带来了巨大的优惠和便利，国电公司及其员工自然容易产生恋“权”情结，仍沉浸在权力情节之中。

我在方案中强调，国电公司的目标定位是产业性的营业控股集团公司，这种定位是国电公司生存的基础。然而国电公司的领导都是过去电力部的司局长，在抽象探讨国电公司的定位时，大家都明白政企不分最终行不通，但要接受权力被削弱的事实存在巨大困难。往往一遇到具体问题，习惯性思维就开始作祟，回到行政部门处理事情的老路子。当时我为了让他们斩掉恋“权”情结、甚至使用了这样的文字表述：旧的行政权力就像无比诱人的罂粟花，令人欣羡、喜欢并且吸食成瘾。但在大刀阔斧精兵简政的背景下，政企分开已经成为改革目标，此时国电公司迷恋行政权力无异于慢性自杀，只会招致不改革的骂名，丧失改革的主导权，最终使自己成为被改革的对象。恋“权”情结已经成为影响国电公司生存的重要因素，克服恋“权”情结，更新观念、调整思路是国电公司面临的重大课题。

因此，我提出国电公司在改革中必须勇于向自我宣战，逐步清扫旧体制的痕迹，果断让出政府行政权力。我在方案中的首要的两条原则就是“政企分开，轻装上阵”和“转变观念，以大公司行为取代政府行为”，在痛陈利弊之后，国电公司领导层最终接受了我们的建议，最大限度地把国电公司的行业管理职能移交给了刚顺利换届的中电联，从而彻底实现了政企分开。

（二）恋“源”情结

当我深入接触电力行业的特点后，我就认准了“厂网分开”是国电公司的改革目标，“厂网分开”就是指把电源企业从国电公司系统中剥离出去，割断电源企业与电网的资产纽带关系。电厂按照市场经济规律参与竞争，而国电公司则自然演变为一个只管全国输电网的国网公司。要做到这一步，就必须斩断恋“源”情结，这也是国电公司唯一的发展出路。但是要说服国电公司放弃电源异常艰难，一是因为电力系统普遍存在“重电源、轻电网”、“重发轻供”的思想，更重要的还在于恋“源”情结更多地出于对国电公司生存的经济基础的考虑。

首先，国电公司对电源的依恋情结极其严重。如果说对于恋“权”的倾向，国电公司系统上下还对其有所警惕的话，那么恋“源”的倾向则远未为人所察觉。对传统计划体制下培养出来的电力人来说，电源是基础，电网仅是辅助性的服务，一谈到电，就是指发电。因此，无论是在人们的主观意识中，还是在现实的价格制定、利润分配、人事安排中，都普遍存在着“重发轻供”的倾向，在整个电力系统内，不管是国家层面还是网省层面，常务副总一定是分管发电。因此，让国电公司让出电源，保留电网，成为一个纯粹的电网公司，在电力人眼中是难以想象的。这个过程本身和电力人的思维方式相冲突。所以，关键时刻想让他们斩掉恋“源”情结何其之难？这也是国电公司迟迟不肯放弃电源建设和投资的主要原因。

其次，1999 年我在制定国电公司财务管理模式方案时发现，在整个国电系统中，国电公司系统内部电源的上网电价比系统外部电厂的上网电价平均每度电要低 0.11 元，而在我国的电价配比中，发电占 80%，而输配电只占 20%。如果消费电价无差异的话，电源就成了国电系统的重要利润来源，如果把电源从国电公司分离后，电网会处于亏损状态，所以这也是斩不断的恋“源”情结的原因。

然而尽管异常艰难，对国电公司来说，如果不斩断恋“源”情结，国电公司不仅会在改革形象上失分，而且还面临被横向拆分的风险，很难守住电网的统一格局。因此，必须用理智战胜情感，斩断电源情结，维护电网完整。

这也是我与国电公司最主要的分歧。后在 2000 年，我又在后续的咨询报告中明确提出国电公司必须“厂网彻底分开，实现电网新生”的观点，主张将电厂资产全部剥离，不留“自留地”，不给外部改革者攻击的靶子。因为我十分清楚，如果国电公司不能真正进行“厂网分开”，摆脱恋“源”情结，仍保留自己的“自留地”——部分电源，这将会成为外界攻击国电公司的一个口实，国电公司就注定会被指责为依靠自己控制的电网给自己的电源吃偏食，搞不平等竞争和垄断，影响其健康生存和发展。没有想到后来竟然一语成谶，这真的为2002年改革主导权易主后国电公司被撤销埋下了伏笔。

第六节　被采用70%的咨询方案

尽管此次方案是关于国电公司的内部组织结构设计，但其涉及面极广，几乎与国电工业体制的所有重大理论和实践相关，方案的内容主要包含本次机构改革相关的重大理论和实践问题、国电公司组织结构设计的指导思想和原则、国电公司组织结构模式设计。

一、咨询前的国电公司职能机构

从1997年1月国电公司正式挂牌到1998年3月，国电公司处于改革“四步走”的第一步，即“小部大公司”的双轨运行时期。随着1998年3月19日电力部的撤销，国电公司进入了按“独立公司方式运转”的第二阶段，但当时国电公司的很多形式和内容基本上还是政府部门的框架，这一阶段的重要任务之一就是改革按双轨运行时设立的公司职能部门，尤其是将其承担的行政职能剥离，以便最终根据国电公司“营业控股集团公司”的功能定位，顺利实现既符合国际惯例又适应国电公司实情的现代大公司机构的重新设置。图1—4为咨询前的国电公司职能机构状况，图1—4所列出的15个职能部门均在本次改革之列。

二、咨询前的国电公司政工组织系统

当时国企的机构设置还是偏重为政治服务，大型国有企业的部门设置也都很政治化。这里应特别说明部机关对口问题，除了诸多职能部门以外，国电公司还拥有庞大的政工系统，特别是国电公司作为部改公司，内部设立了诸多和上级政府部门、党委部门、宣传部门、纪检部门所对接的

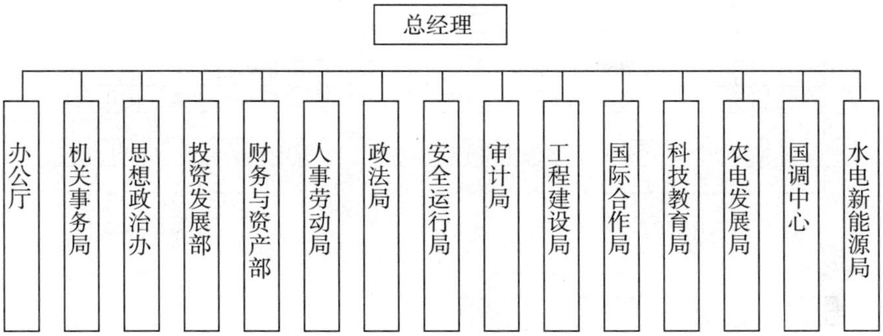

图 1—4　国电公司系统组织结构现状图

机构，这些部门的名称又非常有意思，如“企廉办”、“纠风办”、“社精办”等，“社精办”的全称叫作社会主义精神文明建设办公室，被人们简称为“社精办”，我在调研中要看到这样政治色彩浓厚的部门设置，就当作笑话来谈。而我记得当时经贸委电力司的刘宝华同志就不以为然地说：“这有什么奇怪的呢？国家经贸委下面设立的‘破产协作办公室’，还叫‘破协（鞋）办’呢！经贸委上有‘破协（鞋）办’，国电公司为何不能下有‘社精办？’”国企职能部门如此政治化，我深深感到按照现代公司的组织结构对国电公司职能部门进行重新设计的确非常重要。

需说明的是，国电公司当时与中央和国务院系统对口管理的党的机构和有关部门（见图 1—5），除政工办和国电公司机关党委合署办公并以政工办名义参加这次机构改革外，其余不在本次改革调整之列。

三、我主持的咨询方案

（一）我主持设计的国电公司职能部门

在方案中，我设计了 16 个职能部门，其中重点设计了电网建设部、电网运营部以负责跨区电网建设和运营，设计了投资部来考察和制定电网、电厂等相关项目投资计划，设计了产权管理部来管理子公司的资产负债情况以及资本运作方案，设计了外派董事部来负责各子公司的管理层人事任免以实现对公司运营的控制。

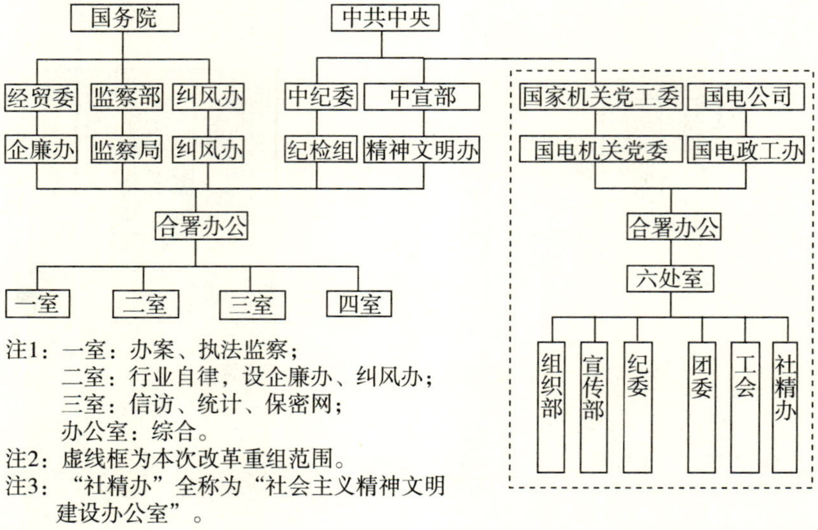

图 1—5 国电公司政工系统组织结构图

咨询前国电公司有着庞大的政治隶属关系，政治化的机构设置和国电公司转变为现代化大公司的目标不相适应，而对其进行调整的关键是处理好和旧体制的柔性衔接。比如企廉办、监察局分别是和国务院经贸委、国务院监察部对接的机构，立即取消在当时根本不现实，因此暂时保留。另外，与党委、共青团、工会对接的职能部门也是国电公司作为国企所必须兼顾的，所以在设计上我采用了合署办公、统一接待的模式。

图 1—6 为我设计的国电公司职能部门设计图。

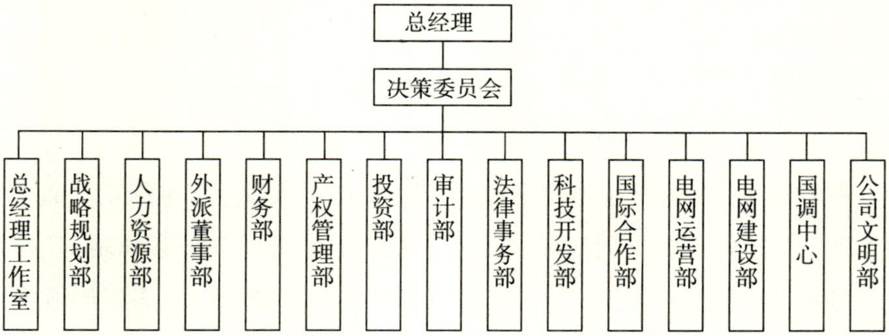

图 1—6 国电公司职能部门设计图

（二）职能机构设计中的四个创新之处

对比图1—6与图1—4可知，我在国电公司职能部门设计上按市场化要求做了大幅度调整，提出了诸多大胆设想，其中有四个创新之处我认为值得一提。

1. 电网建设部与电网运营部

国电公司的主营业务是电网，国电公司的产品经营是以电网建设和经营为核心，以全国联网为目标，在机构设置上必须突出这一功能。为此，本方案设计了电网运营部和电网建设部两个相对独立的部门，使之和国调中心三位一体，共同与国电公司的功能定位相匹配。

设立相对独立的电网建设部门，其主要任务是负责公司电网工程项目的建设，主要建设省间或区间的联络线和保证安全必要的网架，具体职能如下：（1）管理公司投资的电网工程项目建设，协调系统内电力境内外建设中的重大问题；（2）制定公司送变电建设的基础性、综合性标准及定额、规程、规范等，指导电力建设技术经济定额管理工作；（3）电网建设项目的招标工作。

设立相对独立的电网经营部门，其主要任务是经营电网建设部门移交过来的建成线路，具体职能包括：（1）保障电网安全；（2）负责电网运营；（3）参与城网改造和农网改制的工作；（4）电价管理。

2. 投资管理部与投资银行部分开

从理论上讲，投资可分为长期投资和交易性投资，这两者存在巨大差别，长期投资是为了“厮守终身”，而交易性投资无异于“一夜风流”。我在机构设置中将这两种职能分开，长期投资由投资管理部管理，交易性投资由投资银行部管理。

国电公司作为一家大型营业控股集团公司，长期投资在其总资产中占有很大比例，投资收益也是国电公司的重要收入来源，能否管理好长期投资直接关系到国电公司的生存与发展。投资管理部是专门从事现有资本经营和管理以及今后非电源、电网投资项目的经营管理部门，兼具管人和管资产两大功能，是一个非常重要的新设部门。同时，国电公司作为一个大型控股集团公司，又属资本密集型行业，存在众多投资银行业务的运作可能。为此，我们建议在国电公司新机构中设立投资银行部，与中电信密切配合，从事交易性投资，一方面为国电公司创造收益，另一方面培养金融投资和管理人才。

此外，我在方案设计中还将投资和产权管理（即“播种”和“耕耘”）分开，投资由投资管理部和投资银行部管理，同时设置专门的产权管理部来管理子公司的资产负债情况以及资本运作方案。产权管理部的主要职责，一是管理各子公司的股权登记和授权，确保国电公司的资产保值增值；二是开展资本经营，在资本流动中实现国电公司系统资产的优化配置。

3. 外派董事部的创新

国电公司对子公司实施管理的基础是资本管理，资本管理的核心是建立在资本纽带基础上的董事派驻制度。根据国电公司系统的特点，在本次机构设计中我们提出了外派董事的概念，并对其作如下分类：常驻董事是由国电公司派往子公司担任重要职务的外派董事，或者说是由现在子公司的主要领导人被就地任命的外派董事。他们由国电公司直接任命和管理，其中国电公司全资子公司（包括七大集团公司和七家省公司）、控股子公司的法定代表人（董事长、总经理）和财务总监是当然董事，这些外派董事的人事关系和除基本工资外的奖励都应转到国电公司。非常驻董事是由国电公司派往子公司不担任重要职务且在国电公司本部办公的外派董事。即为保证国电公司在其参股公司中的权益和出于对子公司派驻的董事不可能都是常驻董事的实情，国电公司还向其子公司和参股公司派驻非常驻董事，非常驻董事要定期参加董事会和不定期地到被派驻公司检查工作。

非常驻董事又可分为名誉性董事和执行性董事。名誉性董事是国电公司高层领导出于工作需要，在其全资、控股子公司和参股公司中担任的董事，一般只参加被派驻单位的重大决策会议，而不参加一般董事会议，也不需要对被派单位的经营活动负责。执行性董事是指被任命的董事虽然在被派驻单位中不担任具体的管理职务，但必须定期参加被派驻单位的股东会议、董事会议，并通过参加董事会的方式直接参与被派驻单位的经营决策，且承担相应的责任。

由于外派董事的工作性质与在公司本部的工作性质明显不同，因此对外派董事的管理也要有所区别，这是设立专门的外派董事部的原因。

4. “社精办”改为了公司文明部

后来，“社精办”在我设计的调整方案中被取消了，经过反复比较，新组建的部门我倾向于叫“公司文明建设部”，这既是课题组的一个创新，也适合国电公司作为一个大型企业的特点。公司文明包括两个内容：其一是道德建设，其二是文化建设，而这两方面又与现代企业的哲学理念（指世界观——如何做有道德的人——道德经商，方法论——如何做有效益的事——学会赚钱）和企业文化（国电公司要形成自己特有的公司文化，这是增强企业凝聚力、建立良好社会形象的重要手段）密切相关。公司文明建设部不像社会主义精神文明办公室那样抽象和全国千篇一律，而是带有国电公司自己的特色。这一部门可考虑与机关党委、团委、工会等机构合署办公，以减少人员，提高效率。

四、对方案只采用70%的抱怨

国电公司方面对我制订的方案很满意，方案顺利通过，国电公司领导也向我表示祝贺。

但遗憾的是，最终我制订的方案只被执行了70%，而对没采纳的30%我是有牢骚的，尤其是最后实行中对财务与产权管理部、计划与投融资部的设置与我的方案设计相去甚远。

我的计划财务部和投资与产权管理部被重新做了交叉组合，即把我原来设计的计划财务部改成了财务与产权管理部。我原来的方案是希望在原计划部和财务与资产经营部基础上形成计划财务部。在企业中，计划与财务分而置之的最大不足就是管计划（年度和项目）的很少考虑成本和效益指标，计划做得越大越好、越漂亮越好，往往脱离公司实际需要和支付能力。对国电公司来说，无论是计划部门还是财务部门，过去都不是企业意义而是行业管理的概念，以财务管理为龙头的企业管理体系要求计划与财务一体化，通过紧密配合与协作，共同实现企业目标。把计划与财务合二为一，成立计划财务部，可以避免责任不清、相互扯皮的低效率。此外，计划又和投融资部放到了一起，成立了计划与投融资部；而投资银行部则没有成立。

最终国电公司采用的职能部门机构设置如图 1—7 所示。

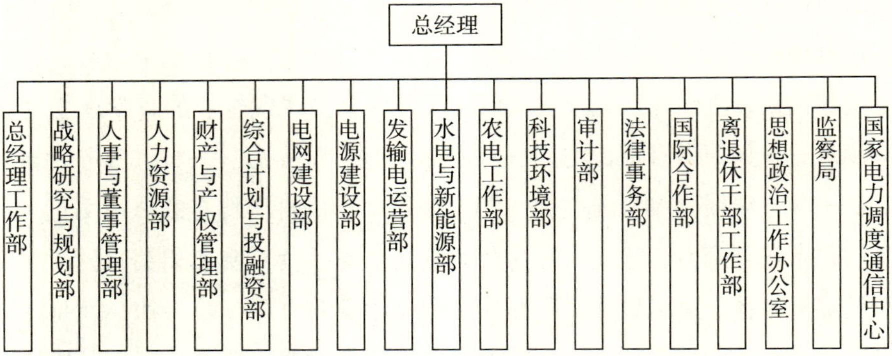

图 1—7　国电公司职能部门机构设置图

当我看到他们做了这样的组合和设置后，我感到很失望。当时我就去找主管国电公司的赵希正副总经理和谢松林总经济师抱怨，他们对我说：“我们这么大的公司，能用你 70% 已经是奇迹了！”后来，国电公司的同志也悄悄对我说，最后的部门设置主要涉及了赵总和谢总两个副总之间的分工问题，是“因人设职”的结果，“你从专家的角度是看不到的，就不要再去争取了”。

而作为咨询专家，从我的专业角度看，组织机构是最忌讳“因人设职”的，但从当时的现实看，又很少有大公司特别是国企能做到不“因人设职”。虽然对方说这么大的公司，能执行 70% 已经是值得庆贺的事情了，可对于我来讲，坚持己见是一个咨询专家的职业习惯。十几年来我已经为近百家公司、机构设计了他们的组织机构和职能部门，这一方案是我对企业管理研究成果的集中体现，因此我又怎能不发牢骚呢？

第七节 应邀制定国电公司财务模式

一、国电公司财务管理模式方案背景

在我 1998 年 7 月初次走进国电公司大门时，国电公司已成立一年半，然而当时的国电公司虽然叫“公司”，但是基本上还是原来电力部的组织结构，最说不过去的是竟然连一张企业的财务报表都没有，只有一张国家各部委都能整理出的本系统财务汇总报表。当时国电公司的资产体现只有两组统计数字或汇总数字：其一，承接原电力部直接投资的 15 家子公司的资产，即总资产 110 亿元，净资产 31 亿元；其二，国电公司系统内的 4000 多个企业的汇总报表数字，即总资产 7420 亿元，净资产 3028 亿元（摘自《国电 1997 年财务汇总报表》）。

所以从严格意义上讲，从 1996 年 3 月国电公司成立直到 1998 年年底，国电公司作为一个企业法人是不合格的。甚至国电公司是否已经存在也值得商榷，因为没有独立的资产负债表，就无从确定国电公司作为企业法人必备的产权边界。因此，必须高度重视国电公司法人财产权的边界和资产负债表的表现方式。国电公司要成为真正意义上的企业法人，就必须要有一张独立的企业资产负债表。独立的企业法人资产负债表是国电公司获得企业法人地位的立身之本。尽快制定出国电公司独立与合并的资产负债表就成了当务之急。

此外，在 1999—2000 年间，一方面，华东、华中以及西北电力集团公司先后改组为国电公司分公司。另一方面，国电公司还在探索省电力公司投资主体的多元化：将江苏省电力公司由原华东电力集团的全资子公司改组为华东电力集团公司和江苏省政府出资机构合资经营的有限责任公司；将内蒙古电力总公司改组为由国电公司和内蒙古自治区政府出资机构等合资经营的有限责任公司。这一改革的关键点就是如何处理权力和利益在各级别公司的分配问题，国电公司如何控制下属的大区网公司和省公司，国电公司、区域网公司和省公司的利益怎么平衡，这些都需要尽快建立统一的国电公司的财务管理模式。

实际上，我在制作第一个咨询方案《国电公司组织结构方案设计》时，就提出了制定独立与合并的资产负债表是确认国电公司法人财产权的重要标志，建议尽快制定三个层次的报表体系：第一层次，国电公司自身独立的财务报表（资产负债表、损益表、现金流量表），这是重中之重，是国电公司生存的基础和独立纳税的依据；第二层次，国电公司及其15家直属子公司的合并报表体系；第三层次，根据国家授权的范围，制作包括五大区域集团公司、七家省公司在内的集团合并报表体系。我的这一主张得到了国电公司总经济师谢松林的全力支持。

二、国电公司财务管理模式设计

国电公司迅速把我的建议提上日程，1999年11月我受托为国电公司设计全新的财务管理模式。国电公司决定由谢松林副总经理负责，由财务部对接制定这一方案。

对于这个方案，我仍然采用了先调研再集中听取各方意见的制作方式，2000年的新年刚过不久，我们就投入到紧张的调研中，在国电公司财务部资产处吴骏处长的陪同下，我们前往华东电力集团、湖南省电力公司、四川省电力公司、中国电力财务公司等单位调研。此后就是断断续续长达两年的方案制作过程。可以说，这本方案的制作是标准公司为国电公司所制作的全部八本方案中过程最为波折的一个，从2000年的1月一直持续到2002年2月。期间经历了几次改革思路的重大调整，方案总体思路一直难以确定。

方案共分为三部分：第一部分是对国电公司现状的分析；在第二部分国电公司财务管理模式总论中，我首先重申了国电公司的改革方向和功能定位，将国电公司的发展目标概括为四个字："两型"、"两化"，提出国电公司财务管理的三大目标，同时区分了财务管理的三个层次和三种经营活动，对企业集团和事业部做了详细的介绍，提出全面预算管理的理念；随后对国电公司资金结算管理、投资管理与产权管理、融资模式管理、会计核算和财务报告、成本管理进行了设计。方案的最后一部分是财务管理模式的配套系统设计。

三、此方案的意义和遗憾

此方案由我牵头，由标准公司、德勤公司和国电公司三方鼎力合作，倾注了两年心血制作而成。方案回答了几个最敏感的问题：

（1）制定出独立财务报表的重大意义；

（2）如何从统计与汇总报表过渡到完整企业财务与合并的资产负债表；

（3）全面预算管理与计划管理的关系；如何建立有效的资金管理等。

然而遗憾的是，方案还没制作完，电改主导权易手，国电公司被拆分的消息满城风雨，国电公司连自身的命运都已无法掌握，成立之初的心气和干劲也随之烟消云散。

该方案在5号文颁布的同时结题，尽管国电公司总会计师兼财务与产权管理部主任陈月明对这个报告给予了高度评价，但“皮之不存，毛将焉附”，没有了国电公司，何谈国电公司的财务管理模式？

这个方案可能是我200多个咨询方案中最厚的一本，但这本中国最大公司的财务管理模式方案，却被尘封在我的档案中。每当我看着这本倾注无数心血的厚厚的方案，心中不禁充满无限哀伤。

11年前的2002年国电公司被拆分解体，而国电公司解体11年后的今天，中国铁路总公司刚刚成立，他们在走着同样的道路，人人都说要防止历史悲剧重演，可悲剧却又从未停止重现过，谁又能保证国铁公司不会重蹈国电公司覆辙呢？不过是从昨天的电力到今天的股市，再到明天的铁路罢了。我想其实深层次的原因只有一个，那就是我们缺乏有效的反思机制。而为什么中国没有反思机制呢？因为在这个体制中，反思是要被问责和追究责任的。在新中国的政治文化中，下一届对上一届的领导人几乎没有问责的惯例，也就自然不会有这种反思的传统和机制。

第八节　与中电联结缘

在为国电公司作完“职能机构”与“财务模式”设计后，已经有人称我为“电力专家”了，当时找我探讨电力体制改革的国电系统的单位和朋友也开始增多。其中，中电联就成为我为国电公司系统制作的一系列咨询方案中的第三个具体对象。

综上所述，我在进行国电公司组织结构设计时，便认为中电联的角色十分重要，需要重新定位。因为国电公司的改革要做到彻底，就必须把政府职能和行业管理职能从国电公司分离出来，而一旦实现这一步，电力的行业管理职能就需要中电联来承接，因此中电联的改革能否配套进行就成为关键。当时国电公司的副总经理赵希正同时还兼任中电联理事长，基于国电公司领导对我方案的高度认可，他向中电联推荐了我。

1998 年 11 月的一天，我接到中电联常务副理事长刘宏的邀请，来到位于北京市宣武区白广路的中电联大楼，第一次见到了刘宏常务副理事长——他曾是西北电力集团的总经理，被人称为“西北王”，与会的还有叶荣泗副理事长和秘书长王永干，见面后才知道，刘宏常务副理事长代表中电联请我制作一个中电联管理体制与组织结构的设计方案与国电公司的改革相配套。因为他们知道我给国电公司制作的方案中，主张要把国电公司与中电联的“父子”关系变为“兄弟”关系，从国电公司领导中电联，变为中电联为国电公司服务，就像中电联为其他企业服务一样。而我的这些观点恰与刘宏等同志的观点不谋而合，于是有了这次会面。

会面后刘宏副理事长请我吃饭，席间说中电联经费不多，只能支付咨询费 15 万元，希望我能接受。我和刘宏常务副理事长虽然是初次见面，但一见如故，他“西北王”的豪爽给我留下很好的印象，加上酒后我也难以拒绝。

随后我们进入中电联开始了紧张的调研工作，并先后与张绍贤理事长、叶荣泗副理事长、乌力吉副理事长和中电联各职能部门的一把手进行了会谈，听取他们对本部门和中电联总体改革思路的意见。

一、中电联组织结构方案设计

经过近五个月调研写作的紧张工作，课题组终于完成了中电联组织结构方案设计。

该方案设计的指导思想是：以中电联在市场经济下的职能定位为基础，力争做到既符合行业协会一般国际规范，又能适应我国工业经济和电力工业管理体制实情。我们认为，当前生存环境的转变已使中电联的改革迫在眉睫，思想观念的转变尤为重要，不解决观念问题，中电联的改革只能是流于形式，走走过场，对未来的生存和发展于事无补。

我提出了中电联改革方案设计成功的三条标准：第一，中电联是否能成为电力行业无可替代的、具有广泛代表性的民间中介组织，既不是国电公司的附属机构，也不是“二政府”；第二，中电联的作用是否有利于电力行业市场经济体制的建立，是否有利于形成良好的市场秩序；第三，中电联的存在是否有利于国家产业政策的顺利执行，是否有利于维护电力企业的合法权益。

要达到这三条标准，中电联必须转变观念，走出三个认识误区：一是热衷于“官办”的误区；二是自身定位“二线机构”的误区；三是过分强调“客观困难”的误区。

在方案中，我们基于对未来竞争性电力市场形成后“政府管电职能必将逐步弱化，而行业自律管电将呈强化之势”的基本判断，将中电联的组织定性为一个民办的、非盈利的、具有社团法人地位的中介组织，而不是仅仅依附在国电公司的卵翼之下。同时，应该把自立、自主、自律作为中电联办会的三大宗旨，这是中电联能否办好，能否有效发挥行业中介组织作用的关键所在。我们设计了中电联组织结构的目标模式和过渡模式，使中电联能迅速完成从国家事业单位到具有社团法人地位的行业中介组织的转变；把国电公司的行业管理职能移交给刚顺利换届的中电联 ，从而彻底实现政企分开，不仅解决中电联自身的定位问题，也使国电公司能够清晰其自身的企业属性。

二、向张绍贤求教——坚定大电网理念

在中电联咨询方案制作过程中我的一大意外收获就是与中电联前理事长张绍贤的相识。我很小的时候就知道张绍贤，因为张绍贤曾经担任过北京电管局局长，我从小生活的石景山发电厂正好归北京电管局管。石景山发电厂是北京市主力发电厂，张绍贤经常来石景山发电厂视察，石景山发电厂的很多人对张绍贤都非常熟悉，我也经常听我的父辈们提到他的名字，所以从小就对他充满了敬意。

中电联很多部门从事着和电网安全技术有关的咨询和认证工作。这些部门的一把手大多来自国电系统电网和电源的工作一线，普遍具有丰富的电力知识和工作经验。因此在调研中，我除了向他们了解中电联体制组织方面的情况，认真听取他们对中电联改革的好思路和建议外，也会经常向他们请教困惑我的有关电、电力工业和电力体制方面的问题。

全国联网是我的一贯主张，我认为有必要把整个电力改革争论的焦点，从国电公司管理体制之争，转移到全国联网的技术之争上来。只要能够从技术上论证全国联网的必要性和重要性成立，国电公司生存的自然基础也就毋庸置疑了。然而我在最初提出全国联网时就遇到一些同志的反对，他们认为电网越大越不经济，电网越大越不安全。即使支持我的人，当我问他们是否电网越大越不经济、电网越大越不安全时，他们给我的答复也都十分含糊。因此，全国一张大网的安全性和经济性成了一直困扰我的一个问题。

由于绍贤同志长期在北京供电局任局长，是电力系统公认的供电专家，因此我在和绍贤同志见面时，除了听取他对我制定中电联改革方案的建议，同时也顺便向他提出了全国联网的安全性和经济性问题。令我意想不到的是，他当时毫不犹豫地就回答我说："全国联网是非常必要的，电网的安全问题可以解决，在某种程度上电网越大越安全。"这是第一次有人如此明确地给我回答这个问题，这个回答无疑是给了我莫大的鼓励。与他的交流，不论对于制作中电联的咨询报告还是在全国联网的安全性和必要性方面，都令我深受启发，因此让我对其充满了敬意。

他讲解得很细致，十几年过去了，我至今仍然清楚地记得他说过：“在交流输电线路中，任一项发生长久性故障，必须全线停电，的确存在不安全问题。但针对这一问题，已发明了‘背靠背’的输电技术，并已经在现实中成功运用，因此大规模联网的安全问题从技术上已经得到解决。”

所谓的“背靠背”就是采用交直交（交流电—直流电—交流电）的输电方式，发电站发出的电和用户用的电仍然是交流电，只是在远距离输电中采用换流设备，把交流高压变成直流高压。“背靠背”就是为了大规模联网而产生的一项技术，跨区电网之间采用直流输电可以避免一个电网出现故障波及其他电网。因为在直流输电线路中，各极是独立调节和工作的，彼此没有影响，当一极发生故障时，只需停运故障极，另一极仍可输送不少于一半功率的电能。因此，建立在“背靠背”基础上的全国联网是安全的。

在解决了电网的安全问题后，我对全国联网的疑虑就只剩下一个了，即建电网是不是比建电源经济？电网是不是越大越经济？

为此，2002 年 8 月我曾专程去请教了国电公司电网运营部魏昭峰主任。他尽管很年轻，却对电网的情况非常熟悉。魏昭峰从专业的角度向我介绍了电网越大越经济的道理：从电网和电源建设的周期和成本上看，全国联网的经济性更加明显。为此，他给我举了华北与东北双北联络线的案例，以此证明建电网比建电源更经济。

2001 年建成的双北联络线，使得电荒期间北京四环以内并没有出现停电的现象，这条 60 万千瓦容量的线路对北京顺利度过电荒发挥了重要作用。

双北线是在山海关、秦皇岛连接华北电网和东北电网，线路全长 150 公里，线路容量是 60 万千瓦。由于在北京的用电高峰时期这 60 万千瓦是关键，因此这条线路如果不建，就还要建 60 万千瓦的发电备用容量，在夏天用电高峰时期投进去，因此不联网就得建电厂。而在选择联网的过程中，建设双北线只用了一年多时间，4.5 亿元的投资总额。而要建一个 60 万千瓦装机容量的电厂，按 2001 年的建设成本平均 4000 元/千瓦计算，装机容量需要24亿元，是建电网的将近6倍，建设周期要4年，是建电网的4倍。

因此，解决同样的矛盾和问题，一个是1年时间，4.5亿元资金；另一个是4年时间，24亿元资金。无论是从经济性上来看，还是从时效性上来看，建电网都比建电源划算。

会面后，我们二人一致认为，从经济上看，全国联网就是构造全国化的大市场，在这个平台上的发电商、用户和售电公司之间的竞争更充分；而从电网的自然属性看，市场越大，电力商品交换和资源配置就越优化，这是不争的事实。

正是张绍贤从全国联网的安全属性、魏昭峰从全国联网的经济属性上看所得出的分析结论坚定了我要全国联网的主张和理念。有意思的是，至2003年，魏昭峰又成了中电联的专职副理事长，我听到这一消息，就萌发了要再次去拜访他的念头，其意义不仅是与我的这位电网老师延续友谊，更重要的是我看好中联电在未来中国电力改革与发展中的地位和作用，一定要与中电联再续前缘。

第二章　我印象中的国电人

在第一个咨询方案的制作过程中，我花了大量的时间进行调研，如果说后来我对中国的电力改革和发展有了一定的发言权，那么主要就是在这个时期积累的。

在这个时期，我几乎对国电公司每一个部门的一把手和公司的副总们都进行了访谈。正是在与这群可爱的国电人的沟通和交流中，我得以正确地认识和理解了电力产品的特点以及电力行业的特征。可以说他们是真正带我走入电力改革大门的引路人，我与他们有着天然的缘分，如果没有他们，我是写不出这本书的，因此我对他们都心存感激。而且直到今天，我也仍与他们中的很多人都保持着良好关系。

本章将要提及的是：国电公司总经理高严，公司成立初期四个部长级的副总经理，以及当时在国电系统内被称为国电公司“五大金刚”的“三师两助”五才子。他们在国电公司五年改革以及我国电力工业的发展进程中均发挥了重要的作用和影响。因此，要谈我与国电公司的五年，无论是仅就工作而言，还是从我与他们的私人情感出发，都有必要在本书中对他们予以描述和介绍。

在此需要特别说明的是，尽管本书只对这十位较有代表性的国电人进行介绍，但其实在为国电公司制作咨询方案的过程中，曾先后给予我帮助的国电人绝不仅限于此，由于篇幅所限，加上本书的敏感性，我不愿给他人尤其是现职的朋友添麻烦，因此未能逐一列举，但对他们曾经给予我的无私帮助，我在内心深表谢意。

第一节　国电公司“掌门人”——高严

国电公司从成立到被拆分虽然只存在了短暂的五年，但这五年是中国电力体制改革从传统的大部制向新体制的公司制过渡的重要转折期，它在电改历程中发挥承上启下的重大作用。本书既然要对国电公司这五年历史进行描述和评价，就不能不提到时任国电公司总经理高严。

一、初识高严

1998 年 10 月在国电公司第一次党组汇报中，我见到了高严这位国电公司的一把手。当时是我先代表北京标准咨询公司做了《关于国电公司职能机构改革的方案》的讲解，高严对我所阐述的关于国电公司改革的 15 个问题给出了较高评价，也对应谈了八点意见，令我至今记忆犹新。记得他是这样开场白的：“纪鹏同志给我们做了一个很好的报告，对此我谈以下几点意见：第一，这个报告不仅为我们进行电力改革提出了切合实际的设想，而且在改革思路上，确实指出了我们自己难以克服、难以自我革命之处。比如他讲我们要克服恋‘权’与恋‘源’两种情结，长期以来我们所讲的电力就是指电源，而今后我们要摆脱原有思路的束缚，敢于推进厂网分开；第二，从前我们电力系统比较封闭，万事不求人，电力人一谈电力就仅仅在技术上论证其可靠性和合理性，而现在我们从电力部变成了国电公司，就要转变思维方式，要从过去单一从技术角度考虑问题的思维转变到从经济和技术两个角度考虑问题的思维，也就是要从工程师思维转到经济师思维；第三，报告指出了我们必须从国家政府机构的电力部向现代大公司的模式转变，按照现代公司的发展特点，向这个方案设计的‘两型两化’（控股型和经营型、集团化和现代化）方向发展，不再搞行业审批，减少行政审批，就管好公司内部；第四，这个咨询报告所提出的 15 个认识问题为我们制定未来五年的发展规划奠定了理论基础……”

这是我和高严第一次见面。对于他的发言，我印象最深的就是他倡导的“国电人要从工程师思维向经济师思维转变”的提法。我事后也曾多次引申这一提法，我认为，工程师思维和经济师思维的最大差异是前者考虑的是单一性能和效率指标，而轻视实现高性能指标的成本支出，而后者注重的是建立在性能价格比上的效益指标，即不仅考虑性能，还要考虑实现高性能的价格支出。如果把这一道理进一步引申到经济体制改革和电力体制改革，就是不仅要考虑改革的目标，还要考虑改革的成本支出和承受力，让任何一项改革措施的推出都具有回旋余地，时刻保持可进可退的主动地位。因此，“休克疗法”式的革命方式不可取，而渐变改革逐步向目标逼近的改革方式应成为常态。

此后，由于工作关系，我和高严有了进一步接触，1998 年到 2002 年的五年中，我几乎每年都给国电公司党组或部机关做一次关于电力改革或大公司组织与管理战略方面的报告。记得有一次他对我说：“我在电力系统外有两个学者朋友，一个是上海的黄奇帆，一个是北京的刘纪鹏，都是有水平又敢于直言的朋友。”

高严主持国电公司工作以后，与以往领导同志在工作方法上最大的不同之处就是经常在全国性的国电公司会议上邀请一些学者参与。我自己就曾参加了在上海和天津的两次国电公司会议，在这两次会议上他都给我留下了深刻的印象。

1999 年在上海我第一次参加国电公司年度工作会议，时任上海市委书记的黄菊同志代表上海市出席了会议，他肯定了国电公司对上海市的贡献和积极支持。高严表现得非常谦虚，他在妥善处理跟上海市政府的关系上表现出的高超管理艺术令我十分钦佩。第二次是 1999 年在天津召开的国电系统工作会议。天津会议召开之时国电公司正处在关键转型时期，令我印象最深的是高严在谈到国电公司的改革与发展方向时，强调必须在加速实现纵向“厂网分开”的同时，向西方国家的城市公用公司学习，横向大力拓展非电领域业务，朝着全面覆盖水、电、气、热的城市网络性公司发展。在天津会议上，高严还提出了努力把国电公司建设成控股型、经营型、现代化、集团化管理的国际一流企业的战略构想。应该说，他对国电公司长远发展规划的认识还是十分清晰的。

此外，高严的领导艺术也体现在从大局着眼、化解小异，成功组建福建电力公司就是一例。1998 年电力部正式改组成国电公司后，各地方相应改组成立了各省的电力公司，但就国电公司系统而言，只有华东地区的福建电力公司一直无法成立起来，国电公司多次派人和地方探讨此事，却一直谈不妥。原因有二：其一是福建省想留一点资产给自己，不接受中央把资产全部拿走，而且电力局有行政职能，有一定发言权；其二，国电公司认为作为中央资产的代表，没有理由把资产留给地方管理，因此产生了分歧，导致福建省电力公司的组建进展缓慢。

高严闻知此事，首先想到的是国电公司的组建不照顾地方利益是不行的，他当时提出："中央资产和地方资产都是国家资产，不存在国有资产流失，要学会换位思维，站在他们的角度考虑问题，尽量照顾地方的利益。"因此他去福建调研的时候，主动与福建省主要领导见面，两位领导凭借高超的领导艺术三言两语就把这个难题化解了。最后决定把当时属于中央资产的福建水口电厂的 1/3 股权划给福建省，由于福建省水利资源丰富，福建就可以通过分红获得很好的收益，这可以说是中央资产划给地方的一项创举；而改组后的福建电力公司的资产在福建电力总资产中连 10% 都不到，根本不影响大局，福建方面也做出了很好的安排。于是，一个长期得不到解决的难题就迎刃而解了，福建电力公司很快得以顺利组建。

2000 年，国电公司遇到了发展过程中的最大难关，即国务院有关领导要求国电公司重新把农电用行政手段管起来，挂上国家农业电业管理局的牌子。1996 年后中国电力体制改革所走的轨迹是：电力部先从组建国电公司，与电力部双轨运行，到取消国电部，国电公司单轨运行。高严等人一心想让国电公司朝着现代化、国际化的一流大公司方向发展，然而在此关键时刻，有关领导却要求其挂上农电管理局的牌子，重新回到政企不分的老路，国电公司的领导普遍意识到此事关重大，关乎国电公司的发展前途和命运，一旦挂上这块牌子，就离国电公司被拆分，最终演变为农电管理局为期不远了，这是一条不归路。

为此，高严指示国电公司赵希正副总经理在 2000 年 1 月专门组织召开了一次研讨会，征求国务院发展中心和有关专家意见，我也在邀请之列。经过讨论，这次会议大家达成的共识是，国电公司对农电可以代管，但是农电管理局这块牌子坚决不能要。

然而国电公司这次直接的抗命不遵，在一定时间内虽保证了其免挂农电管理局的牌子，避免了重新回到政企不分的老路而最终被取消的命运，但其最终还是未摆脱被反垄断所取消的另一种拆分、消亡的命运，而这另一种拆分更是为高严本人政治生命的完结埋下了伏笔。

二、高严失踪——未解之谜

高严的失踪至今已 11 个年头了，但仍是一个谜，他是新中国成立以来中国失踪的级别最高的“企业家”，至今人们并不知道他失踪的真正原因，因此如何评价高严已超出了我的能力。本书之所以提到他实属无奈，因为不提及他就无法详尽地对国电公司五年的发展历程予以客观描述。当然，高严的问题至今在司法上仍无完整公开的定论，更多的是网络上关于其生活作风、贪污腐化的夸张之词。那些内容大多数是在中国传统文化墙倒众人推的心理作用下为博取新闻卖点而由民间任意想象的未经查证之词。在中国的官场上，一个坏男人背后总要有一个或几个坏女人，编也要编出来，传也要传出来，这似乎已成了铁律。譬如高严，他的女友有人说是吉林电视台的主持人，还有人说是云南电视台的主持人，然而到底有没有这个主持人，她对高严的品质败坏到底产生了多大作用，却没有官方定论。而熟悉高严的人都知道他的腰病几乎已经到了无法长时间坐立的程度，他甚至连生活作风败坏的基本身体条件也不具备。据我所知，2000 年前后国电公司党组有的会议是在空军医院他的病房里召开的，高严本人只能躺着听汇报、作指示。有人说他记忆力好，讲话条理清晰，就是因为他虽然躺在病床上不能做笔记，但在会议最后总结时能做到头头是道，无一遗漏。我在这里无意美化高严的领导能力，仅想表达，我不忍心读者被网上那些夸张之词继续蒙骗，当人们在网上看到那些描述这位年过六旬、身患严重腰疾老人的作风败坏错误时，应该给予更客观的甄别。

此外，在写作本书时，无论是根据我本人，还是根据我征求很多国电系统朋友和熟人的看法，他们对高严在国电公司发展、转型过程中所体现的能力及其敬业程度，普遍是予以肯定的。即便今天人们提到高严，也大多没有恶感，有人甚至认为他是电力系统领导中多年来最优秀的领导之一。

正因为如此，只要国家司法机关还没有对高严以权谋私、贪污腐败的问题作出正式的司法判决，那么任何一个人都有真实客观地根据本人对高严的了解对其进行描述的权利。

在国电公司 1999 年的天津会议上，高严曾对我说过：“我是从电力部门的工作走出来的，现在又回到电力岗位，领导同志多次对我说，你当过两个省的党政主要领导，国电公司对你来说庙小了点，但是我说，我余生为党工作的岗位就在电力系统了，哪都不去了。”由此可以看出他对电力系统、对电力行业是有感情的，而面对电力改革 5 号文对国电公司的拆分决定，他倾注了很大心血的国电公司即将解体。在 2002 年 7 月我参与制定出拆分国电公司的具体方案，并在国电公司会议上进行报告时，高严那凝重的神态、疲惫的身躯给我留下了尤为深刻的印象，我知道他的情绪非常低落，便产生了拜访他的念头。

于是在 2002 年 9 月初的一天，我给他的秘书打电话说要去看看他。秘书很快就安排了时间。在拜访他的过程中，当我问及“您的腰怎么样了”的时候，他给我讲了个故事。他说：“2002 年 7 月份，香港回归五周年。江主席在香港接见了驻港的这些中资机构和大型企业的代表，我也去了。在轮到我和江主席握手的时候，江主席问我腰怎么样？我对总书记说，我的腰直不起来了啊。”我意识到他这是一语双关，接着他又缓缓地说：我到电力这么多年，给党干这个工作，扪心自问，为党为国，尽心尽力，现在腰也不行了……他说着说着，竟然语塞，眼睛也湿润了。那悲伤的场景令我至今难以忘怀。我丝毫不怀疑那是真实感情的流露，因为他没必要在我面前伪装。

事后我关心地问他的秘书这是怎么回事，他说：“高总和总经理工作部的某某某也说过同样的话，还掉了泪。能感觉到他真的是非常委屈。心灰心冷，还老跟我念叨什么‘官大官小都有烦恼，人生苦闷何时是了’……”

虽然我不知道其他原因，但从他的神情和我的直观感觉看，无论如何，国电公司以这种方式解体对他的打击是巨大的。事实上高严的这种郁闷心情在他人的回忆中也可得到印证，如张国宝副主任在《电改十年的回顾与思辨》一文中就写道：“电力部门和其他部门的一些同志对厂网分开，还要拆分电网觉得挺心疼，难以接受。新中国成立以来都是这样的体制，并且发展成现在这样一个有相当规模的电力工业，现在给拆了，心里不好受。当时组织上让我去找高严谈过一次，他没有当着我的面说不同意或者表现出对改革有抵触，但只寒暄了几句就推说身体有病，让别人和我谈。你说他心里痛快吗？他不会愿意电力被进一步拆散。”是啊，这样一个把自己终生托付给电力的人，把国电拆了，他又去哪里呢？

平常每次临走时他都会送我到门口，但这次由于他严重的腰病、身体不好，只是勉强站起来在会议室的桌前与我告别，并送了我一本中国电力工业120周年的纪念册，秘书则送了我一本电力邮票集。

对于高严的人品以及其他方面的问题，我无从了解，也无法评价，但仅就工作而言，我认为他高超的领导能力和对电力事业的敬业精神令我敬重。我在一些场合也都提到过高严对电力改革做出的努力和贡献，但当我2002年10月听到高严失踪的消息后，感情上确实接受不了。当你突然发现你原本非常尊敬的一个人，却对国家和社会造成了伤害时，你会感觉受到了欺骗。这样一个忍着巨大的腰痛还要从全行业发展角度出发坚持主见的人，怎么一下就成了腐败分子并且一下就失踪了呢？我只能说他实在掩藏得太深了，或者说他是一个极富欺骗性的人，直到今天我仍然不能把他和坏人联系在一起。

为高严的事我还曾与老朋友发生过不愉快。我曾经是国电电力的独立董事。高严失踪后，一次我去国电电力开董事会，会间休息时，国电电力的一位负责人跟我抱怨高严给国电电力带来了多大多大麻烦，对公司各方面产生了不利影响。我当时就很不爱听，一股无名火升起，严肃地说：“你这样说话就不对了，高总对国电电力做出了多大贡献啊，使国电电力成为股市上的一支绩优股，再说高严的事到现在也还没有正式的司法定论，怎么能这样说呢!”由于种种原因，不久我辞去了国电电力的独立董事职务。今天回想起来，我当时的确是太冲动了。

当然，我深知像我这样一个“局外”人，站在中国电力改革的角度评价高严的观点并不是谁都赞同，每个人内心的评判标准不同，最终的看法就会不一样。由于我在不同场合无论是对电力改革还是高严，都直言不讳地发表过我的看法，因此会与一些人争论也是不可避免的。

2012年3月我参加了中国能源协会关于《电力改革十周年回顾与反思》的研讨会，会上我作了发言。然而会后一位叫李其谚的财经杂志记者居然在微博上说：“今天我听了一段不可思议的公开发言。某专家在会议上将携款潜逃、为国家造成巨额损失的原国电公司总经理高严称为‘同志’。理由是高严案件并未进入司法程序。会后听说高严出逃前，曾对专家的项目进行巨额资助。此后，这位专家就十年如一日地反对电力改革。”

她和另一位记者还一唱一和地说：“刘专家，世上没有不透风的墙。不要以为业界不知道你拿高严3000万元，要你鼓吹反电力改革论调的事情。胡搅蛮缠地反了十年电力改革，现在还在捧高严的臭脚，还称他为同志，认为他反对电力改革的思想是最正确的。怎么，你知道高严还活着，怕他问你要回3000万元吗？你们的合同期限还蛮长的嘛!”

这是我有生以来唯一一次遭人如此恶毒诽谤，所以至今我仍把网上的这些材料保留着。身正不怕影子斜，当时我就在网上回复：我可以和你们这些诽谤我的人在任何场合讨论电力改革的十年。作为电改的亲身经历者，我只是从中国电力改革发展的客观角度对高严进行了一些可能与他人观点不同的评价，就遭如此诽谤。事后我就此事电话约谈了这次会议的组织者《中国能源协会》于新阳副会长和朱宏光同志，在他们的“要求”下，这两条不负责任的微博立即由本人删掉了，我则放弃了要她到我办公室当面说清楚赔礼道歉的要求。

有必要讲清楚的是，我所在的北京标准咨询公司在给国电公司咨询的五年中独立给国电公司所作方案中的最大一笔就是制作国电公司最后分家时的资产重组方案，咨询费是100万元人民币，记得当时国电公司的赵希正副总经理还对我说："我们知道，作这一如此庞大的咨询项目，这个价格可能低了，但希望你能理解此刻的国电公司。"这些合同、协议至今都有案可稽，人证物证都在，怎么就被无理地放大到了3000万元呢？

所以我想，在这种"三人成虎"的恶劣风气下，我们方案协议中的100万元尚能被放大到3000万元，我作为一个学者尚且遭受这样的经历，恐怕针对高严的夸张之词也少不了，幸运的是我还拥有对此事进行解释的机会，而他却永远没有了发言权。

我认为，每一个人如何公平地看待历史，如何公平地评价他人，是很严肃的事情。至于如何看待高严这个人，也许未来会有结论，也许永远都是一个谜。我真诚希望大家能本着宽容的态度看待我书中客观描述的高严。他不过就是一个患有严重腰疾的年过六旬的电力老人。值得指出的是，高严在国电公司的五年间竟连一个财务条子都没有批过，当上级部门到国电系统正式传达高严出走的情况并就此在国电系统内征求大家对高严的意见时，整个系统内除极少数同志对高严提出了与个人相关的工作意见外，并无其他批评和指责，最终在北京国电公司总部并无一人因高严受到牵连，哪怕是他的秘书和工作人员，也主要是因为对其失踪一事处置不当的工作失误而受到组织处分，今天一样在堂堂正正做人。当今的中国，不是任何一个单位领导都能做到这一点的。尽管不排除高严在云南等地方工作期间有历史问题，但我对高严出走原因的判断更倾向于是由于国电公司解体理想破灭、仕途不顺和家庭不睦。所以，我认为对历史还没有定论的事，不可人云亦云，尤其是对那些非正式渠道的"广州雪花大如席"的传言要保持足够的分辨力。任凭网上夸大其词的传言满天飞对党、对央企、对电力工业的健康发展与改革都是不利的。

我之所以在这里谈我所认识的高严以及我所经历的这段历史，在中国电力改革史上应该是有意义的。也许今后人们检索国电公司的发展历程时，只有我写到了这一段。也许在对高严的认识上我与他人的观点会存有偏差，但是对于这段史料的真实性我是能够负责任的，至少人们会知道，在中国电力改革、国电公司这五年的生存史上到底发生了什么，我相信它对人们以后研究电力改革是弥足珍贵的。

第二节　国电公司的四位部长级副总

国电公司由于是从电力部改组而来，所以当时的四位副总经理都是原国电部的副部长，这样的人事安排可以说是我国组建的公司中级别最高的一个。

在我为国电公司制作的第一个方案——《国电公司组织结构方案设计》被肯定而获得成功后，国电公司又将其职能部门及部分直属公司的改革方案设计交给了我，而给我的咨询费也从第一本方案的 8 万元提高到了 25 万元，代表国电公司与我签协议的是当时办公厅主任邵世伟和人事部主任刘忱这两位助理。

针对国电公司在转型过程中职能机构应如何设置的问题，在第二轮调研过程中，以我与国电公司这四位部长级副总经理和两个典型的直属子公司，即华能集团的刘金龙以及龙源电力集团的朱永芃的调研为主。在接触过程中，他们全都与我非常认真地进行了交流，对相应问题进行了详细探讨，均给我留下了深刻印象。

一、汪恕诚副总经理

汪部长是我国电力系统的老一辈专家，作为当时国电公司的副总经理，在我与他接触的过程中，令我印象最深的是他在向朱镕基总理汇报电力改革时提出的中国农电改革应遵循的“两改一同价”（农电体制改革、农网建设与改造和实现城乡用电同网同价）的思路，尤其是其中城网用电“两网同价”改革的相关内容，后来我国的农电体制改革也确实是按照这一思路推行的。

当时我找汪部长探讨的是国电公司机构设置的问题，但大部分时间是他给我阐述他“两改一同价”理论的内涵及其意义。所以，他给我留下的一个较为复杂的印象就是，他既像一位政府官员，又像一位学者，但他又确实是在扮演着企业家的角色。后来国电公司的同志对我说，难怪你对他得出这样一个“三合一”的印象，汪部长是毕业于清华大学的，是胡锦涛总书记的同学。后来国电公司唯一一位副部长级的副总经理，之后又当了部长的就是汪恕诚副总经理，他担任了我国水利部部长。

1998 年 10 月 5 日，我在制作国电公司职能部门及部分直属公司改革方案的过程中，与汪部长就国电公司管理范围、机构调整、电价问题、“厂网分开、竞价上网”、电网规模、省为实体等问题进行了长时间的交流和探讨。事实上，“厂网分开”这个主张最先是汪部长与谢松林总经济师在 1998 年的考察报告中提出的，之后“厂网分开”才成为我国电力体制改革的关键词。随着当时我国独立电厂的蓬勃发展，厂网不分严重地阻碍着公平竞争和自由交易。按照汪部长的话说，此时的电力工业“必须通过调整和变革那些不适应生产力发展的生产关系，达到发展和解放生产力的目的”，也就是必须深入进行电力工业市场化改革，使得发电端能够建立起公平合理的交易制度，斩断电厂和电网之间的产权关联，让电厂能够在上网这个环节充分竞争，通过生产质优价廉的电力产品来获得上网销售的资格。

在我和汪部长 1998 年的长谈后，时隔 14 年的 2012 年 6 月 13 日，全国人大财经委主办了一次有关国企改革下一步发展方向的会议，广泛听取各方关于国企改革的意见。作为《国资法》起草小组成员，我也应人大财经委办公厅苏军主任之邀出席了该次会议，在会上再次遇到已是全国人大财经委副主任委员的汪部长。他见面就说：“刘纪鹏，我们十几年后又见面了。”会议中，我从下一步国企改革的核心问题是解决政府职能转变和国资委定位等方面提出了自己的观点和看法。中午在吃饭时他又对我说：“尽管你提的观点很尖锐，执行起来也有难度，但我还是同意你的观点。”

二、赵希正副总经理

1998 年 8 月，当时国电公司赵希正副总经理先后两次约见我，我们就国电公司机构改革充分交换了意见，其中包括国电公司特征、与电力部的关系、职能部门的调整意见及原则建议、电价等若干问题，为下一步实施改革提供了理论依据和实践指导。随后，在 10 月 8 日与谢松林总经济师、刘忱和邵世伟两位主任共同讨论国电公司职能部门调整设计时，赵总就提出了对产权管理和安全管理以及电网经营的一些想法，认为国电公司的职能机构改革除了目标模式外，还应该从实际出发搞一个过渡模式，以使国电公司组织结构的方案设计更具可操作性。我们随后又对最终稿的目标模式和过渡模式进行了深入探讨。

在进行国电公司组织设计时，我认为对中电联的角色需要重新定位。中电联原是电力部的下属机构，在电力部转变成为国电公司后，其又成为国电公司的下属机构，但是在我的方案中，我始终认为中电联是一个行业组织，归在一个大公司名下是不顺的，因此我提出要把国电公司与中电联的“父子”关系变成市场经济下的“兄弟”关系，甚至在某种意义上，国电公司也要接受中电联这个行业组织的领导和服务。可以说，国电公司改革要解决的一大关键问题就在于中电联的改革能否配套进行并顺利完成。

由于赵总当时还担任着中电联第三届理事会理事长的职务，基于对中国电力工业管理体制面临的新形势和中电联面临的新任务的分析，他提出要聘请我在制作完国电公司方案后，再帮助中电联进行组织结构的重新设计，以使中电联的改革与国电公司的改革保持同步。于是在 1998 年 11 月 20 日，中电联常务副理事长刘宏同志正式代表中电联聘请我担任总经理的北京标准咨询公司结合国电公司的改革，为中电联设计组织结构改革方案，详细内容将另行论述。

随后的几年中，我又应邀先后参加了国电公司的多场会议，听取了赵总通报的国电公司工作会议情况，就国电公司改革发展事宜进行了多次探讨。

在与国电公司相处的五年中，我与赵总的接触相对最多，但其实我们在讨论中的观点经常不一致，然而赵总人很随和，每次他都能以其特有的亲和力在我们友好的探讨过程中，使我不得不放弃我的观点，无奈地选择妥协，例如在国电公司职能部门的设计上、国电公司最后拆分方案的内容及协议的有关条款上等。

三、陆延昌副总经理

1998 年 9 月 30 日，我在主管发电业务的陆延昌部长处进行调研。当时我们针对关于国电公司发展的理论认识、中国电力目前的供需现状、电力工业的基本特征进行了讨论，提出了有关职能部门调整的意见以及对未来发展会产生影响的各种因素。

陆部长是一位在电力系统口碑很好，业务能力极强，并对电力工业充满感情、对电力改革的未来充满希望的领导同志。陆部长性格开朗，十分随和，是对我制定国电公司方案帮助最大的一位领导。2000 年 10 月 17 日，国务院办公厅印发了《关于电力工业体制改革有关问题的通知》（69 号文），电改主导权易手，其中要求电力体制改革工作由国家计委牵头，组成电力体制改革协调领导小组负责，由于原国电公司主管改革的副总对电力改革的观点总是变来变去，而陆部长这个人能坚持原则，因此国电领导安排他进入电力改革领导小组。

陆部长接受国电公司党组委托，与张国宝、石万鹏同任国电体制改革协调领导小组的副组长，由他们制定电力体制改革总体方案，并报国务院审批，而地方各级政府不得再自行制定或出台本地区电力体制改革方案。

陆部长经常代表国电公司出席各种电改工作会议，在我与陆部长接触的过程中，给我留下最深印象的是关于在国电公司厂网分开的问题上国电公司要不要保留部分电源的问题。由于当时国电系统改制的过程中厂网并未全部分开，国电公司保留了部分电源，留下了改制的“尾巴”，我对此表示出了不解。我在国电公司的会议上经常是以不留情面著称，因此 2000 年在国电公司报告会议上我提出了“厂网彻底分开，实现电网新生”的观点，主张将电厂资产全部剥离，不留自留地，不应给外部改革者留下可进行攻击的靶子。在方案中我明确指出，国电公司一定要“脱了裤子割尾巴”，克服恋“源”情结，一个千瓦的自有电源都不能要。

陆总是从事发电出身，是我国在这方面的专家，我知道这种改革思路在感情上他肯定会有些难以接受，需要一个过程，但是若要国电公司实现长远发展，我就不得不用这样的言辞来刺激他。尽管陆总也在会上和会下都嫌我说话太损，但其实他也理解和同意我的观点，为了国电公司能够续航，他还是从大局出发，统一思想，即国电公司不再发电。并且在会议结束后，他就去找国家计委的同志如此表了态，称国电公司可以一个千瓦的电源都不要，要一心一意搞电网。

然而如果国电公司彻底放弃电源，国电公司按照自己的运行模式，即真正成为电网公司，那么要对其进行破碎式分割的人就很难再实现其目的了。因此，在陆部长表态后，国家计委领导的电力改革小组的同志仍然坚持国电公司一定要保留部分电源。因为他们一是担心厂网一旦彻底分开，承担不了安全调度、调峰调频的责任，有风险；但更重要的是，一旦国电公司在纵向上彻底实现厂网分开，以后要想再将国电公司横向分切就是难上加难了。

2002 年，国电公司解体，陆部长退休，退之前按高严的安排曾想给陆部长推荐申报工程院院士，他却主动提出年纪大了要让给年轻人而谢绝了，但后来国电公司还是推荐他去做了中国科协的副主席。

四、查克明副总经理

在国电公司的四位副总经理中，我只接触过一次的是当时主管基建和农电等部门的查克明部长。我与他的第一次接触是在 1998 年 9 月 21 日，当时我到国电公司与他就国电公司组织机构改革及子公司重组等问题进行会谈，并详细交换了意见。

查部长是当时对国电公司机构改革准备得最充分、最认真的部长，在探讨过程中，他甚至专门写了一份他自己设计出的方案给我，他反复为我讲解了他个人关于国电公司机构设置问题的思路和看法，其中应保留哪些部门，特别是他主管的部门应该怎样设计等。他当时希望我这样改，但是同时也嘱咐我这只是他的个人意见，仅供我参考。

然而坦率地说，对于他主管的基建部门，其实我在方案设计中是想把它们全都裁掉的，但我心里也确实有些矛盾。一是查部长对这一问题很认真，他是我印象中唯一一位对机构改革有文字版建议的副总经理；二是查部长主管的基建部的刘本粹主任在我的调研过程中对我特别热情，专门为我提供了方案设计中所需的电网图，对我的调研工作总是尽最大努力支持。

在 1998 年 8 月 4 日与刘本粹主任的座谈中，他就一直向我强调电力基础设施建设的重要性以及电力本身安全性的重要意义。他提到中国电力的设计、施工、调试一定要有人管，标准和定额都要有人制定，特别是电力的安全问题以及环保问题，都决定了开工审批必须强化，因此他认为国电公司的基建部门应该保留。但是我的心情也很矛盾，因为从国电公司的发展方向以及电力改革的角度出发，今后国电公司已不再是国电部，不再是政府的一个审批部门，要向一个实实在在的公司发展，因此它就没有必要再对整个电力工业的基本建设履行基建审批职能和行政管理职责。所以最终在《国电公司组织结构方案设计》中，我没有采纳查部长的建议，还是把本粹同志的基建部给砍掉了。虽然从一个咨询专家的职业角度讲我这么做是对的，但以后在国电公司的几次会议上再见到本粹同志，他已经少了过去对我的热情，而我也从个人感情角度感到非常对不起本粹主任当时对我的一番重托。

而对于查部长，后来听说他因为浙江嘉兴火电厂二期项目的投标问题出了事，我从此也就再也没有见过他。

第三节　国电公司的“五大金刚”

在国电系统转型的过程中，国电公司的“五大金刚”是当时公认的五大才子，他们对我国电力行业未来的创新和发展都有自己十分独到、深刻的见解，也都对我当时提出的改革方案寄予了厚望。在与他们的逐步交往过程中，他们从我的老师先后变成了我十分要好的朋友，对他们曾经给予我的帮助我深表感谢，希望通过下文对我与他们的接触，以及他们在我国电力体制改革中所做贡献的简要描述，从另一个角度向读者重现当时改革中的一些具体片段。

一、总经济师——谢松林

1998 年和谢松林总经济师第一次见面，他儒雅的学者风度和造诣很深的经济学、会计学知识就给我留下深刻印象，在他第一次接待我畅谈他对国电公司未来的发展方向时，我问到了国电公司的财务与资产状况及其法律归属问题，谢总立刻对我表示了好感，用他当时的话说："刘纪鹏一下就抓住了问题的实质。"谢总对业务非常熟悉，当下就向我提供了两组数字：其一，当时国电公司自己的净资产只有承接原电力部直接投资的 15 家子公司的资产 31 亿元；其二，国电公司系统内的 4000 多个企业的汇总报表数字，即总资产 7420 亿元，净资产 3028 亿元。

我们都意识到了问题的严峻性，因为按这两组数字，国电公司从总体看还不是一个真正的企业法人，连法人执照注册资本也是极不规范和真实全面的，甚至国电公司在成立一年半之后是否已经真的存在也是值得商榷的。因此，谢总对我说，要想让国电公司从电力部的角色转化到一个实体性的公司上来，首先要从财务报表做起进行转变。因此，如何把电力部的汇总报表转到现代大公司的资产负债表上来，就必须尽快按现代大公司的要求制作出国电公司的第一张合并资产负债表。

我当时已经具有了注册会计师的资格，在做企业的股改融资上市和管理咨询时已养成了财务与资产负债表的思维，而谢总又主管国电公司财务部工作，也正是共同的思维方式使得我深刻意识到我必须拜谢总为老师，才能做好国电公司的咨询工作。

谢总给我留下的第二个深刻印象是他对电力行业特点及多年来电力对国民经济的作用和影响都有着深刻的见解。1998 年正值我国电力工业经过几十年的奋斗终于摆脱了电力紧缺的局面，出现了全国电力供求第一次平衡的局面。当时围绕着电力是要继续超前发展还是暂不上新（大）项目，是相对过剩还是绝对过剩，是局部过剩还是全面过剩，在电力系统内外曾有过一场激烈的争论。当时我就读了他在1998年初发表的一篇文章，他提道：我国电力虽然短期达到了均衡，但我国当时的电力平衡是低水平的、局部的、短期的平衡，而非与未来国民经济高速增长相匹配的、全面的、长期的均衡。电力是个周期性很强的产业，一般都在三四年，电力投资周期与国民经济周期应该相匹配，我们不能只看眼前，更应着眼于长远，随着经济软着陆、经济的恢复以及新一轮经济的增长，未来必将形成对电力供应新一轮的高需求，如果不提前准备，经济发展上去的时候我们就会变得十分被动。然而他和持有这一观点者的正确意见并没有被采纳，而正是在1998—2000年这三年没有上新（大）项目，成为导致2003—2005年电荒的直接原因，国民经济遭受了巨大损失。

我和谢总交往的第三件事是在2001年3月，那时他已被提升为国电公司的副总经理。那一年，国电公司的年度工作会议在广州召开，会议期间的一天，我接到谢总的电话，他希望我能就这三年来对国电公司的理解，客观、公正、真实地写一篇文章，我在同年5月写了一篇近万字的《国电公司生存的理论基础与近期发展建议》的长文。该文提出了国电公司生存的三个基础理论——非均衡论、大循环论、有限竞争论，而这三个理论也是我多年来坚持在全国联网基础上，从发、输、配、售四个纵向功能分解，推进厂网分开的电力改革模式，最终将国电改组为国网公司的理论依据所在。事实上我这篇文章在发表后也的确发挥了一定作用。正如2006年，有一次我在云南国资委碰到的云南电力公司的一位同志对我所说，他和国家发改委电力改革小组的一位同志出国时，那位同志对他说："电力改革本来进行得好好的，结果被一个叫刘纪鹏的搞乱了。"回想起来当时主要是因为我公开发表了这篇文章。实际上，这篇文章在电力界影响较大，获得了广泛的好评。我想这是和我两年来了解中国电力的发展情况，向国电人特别是向谢总这样的电力专家学习分不开的。

二、总经理助理——邵世伟

邵世伟同志是当时国电公司总经理助理兼政策与法律事务部的主任，进入国电，我最先认识的人就是他。1998 年 7 月，我所带领的四人课题组与邵局长就如何认识资本经营、电力公司的特性、国电公司定位及现有管理体制的模式等问题进行了探讨。

在我们提交的第一份咨询方案——《国电公司组织结构方案设计》经国电公司总经理办公会讨论并获得好评之后，8 月底的一天，政策法规局邵世伟局长和人事局刘忱局长又一次找到我，提出国电公司要进一步委托我们制作有关国电公司职能部门及部分直属公司改革的咨询方案。经过第一个方案近两个月对电力的研究，我对电力、对国电早已充满兴趣，因此在还没谈收费标准的情况下，我就毫不犹豫地答应了他们。10 月 8 日，我与当时国电公司副总经理赵希正以及谢松林、刘忱、邵世伟三位同志就国电公司组织结构设计的具体方案进行了一次座谈。

邵世伟同志是国电系统公认的“才子”，也是我国电力系统的专家，具有丰富的改革创新意识。在调研过程中，他用“N”模式、“1”模式和“N＋1”模式就把整个电力公司的组织体制描述得清清楚楚。同样，他针对我国农电管理体制的三种模式，即直供直管、自供自管与趸售“三分天下”的农电格局为我们进行了深入的讲解和描述。经过他的讲解，我对中国农电的发展情况有了更为清晰的了解。此外，邵局长当时还专门给我讲解了区域电力的情况，使我备受启发。可以说我的成长与邵局长的直接帮助是密不可分的。

此后，不论是我在设计国电公司财务管理模式方案的过程中，还是在国电公司资产重组方案的制作阶段，我常常会与邵局长进行讨论。并且我发表的文章也经常请邵局长提修改意见，而他每次总能对我的文章给予恰如其分的指导，而发表后也证明了他指导我补充和修改的意见是正确的。后来，在电力改革重组后，他到了华东电网公司担任董事长，我也经常到上海看他，我们也一同担任了华能集团的独立董事职务，到今天我们仍然保持着社会、经济、政治、文化等各方面的交流。他应该是我国人才辈出的电力工业的突出代表，他和谢松林总经济师都是我在电力系统中结交到的“良师益友”。

三、总经理助理——刘忱

我进入国电公司第一天的调研就是由国电公司总经理助理兼人事劳动局局长刘忱同志讲解的，他谈了国电公司发展的历史沿革，以及自 1997 年 1 月挂牌以来，一直到 1998 年 3 月 19 日实行国电公司和电力部双轨运行期间公司的管理概况。同时，他还向我介绍了电力工业的两个特点（一个是发、供、用一次完成，没有库存；另一个是具有国家公用事业的特点）和五级调度（国调、网调、省调、地调、县调）。

在与刘局长接触的过程中，他对方法论的把握令人钦佩。当时他谈到国电公司的特点是先有“儿子”，再有“老子”。电力基础产业改革不可能一步到位，要分四个阶段进行。第一阶段从搞小部大公司开始，双轨运行，利用一年多时间进行过渡；第二阶段搞单一的公司改组，取消电力部，实现公司的规范化；第三阶段实现国电公司的实体化；第四阶段再考虑在功能上实现发输配售以及电力调度之间的职能划分。

当时他还向我讲了这次改革的指导思想：首先，国电公司不能搞成行政性的翻牌公司，只能向经济实体发展；其次，国电公司一定要直接经营，有自己的利润，不要沿袭吃管理费和折旧费的老路子；再次，国电公司不要政府职能，要引入竞争机制；最后，国电公司除了生产经营外，还要搞资本经营。之后在国电公司职能部门及部分直属公司改革咨询方案的制作过程中，刘局长也与我进行了讨论。

后来听说他到东北电力集团担任总经理职务，对东北电力集团的改革与发展规划做出了重要贡献。

四、总工程师——冉莹

冉莹同志是当时我接触的国电公司高层领导里唯一的一位女性，而这位优秀的女性正是国电公司的总工程师。显然在此岗位上，冉总在电力技术方面应该是国电系统中的佼佼者，也是最懂电的人。

要研究电力改革，若对电力产品的基本特点，对电力工业在技术、安全、质量等方面的特点没有基本了解的话，是很难制定出合格的电力改革方案的。因此，在对“五大金刚”的走访中，与冉总在1998年7月30日的会面对我后来制定电力改革方案来说是至关重要的。会谈中，她为我介绍了国电公司成立的背景、特点，电网及独立省公司的职能和管理现状，竞价上网及电网调度的管理模式及对国电公司改革的几点原则。而我向她提出的第一个问题就是发、输、配、售这四个环节如何划分。在输电和配电方面，由于电力工业的技术发展非常快，到底应如何划分，这个节点也是在变化中的。冉总因此专门图文并茂地为我讲解了输电网和配电网之间区别与关系的电路图，这张图纸我至今仍保留着，并一直视其为我初进国电公司大门，以冉总为代表的电力精英们作为我老师的明证。

她介绍，我国的标准电压等级有500千伏（西北电网为330千伏）、220千伏、110千伏、35千伏、10千伏（20千伏）、380/220伏。各电网主网架的电压等级为500千伏（西北为330千伏）、220千伏。其中，在部分大城市，220千伏电网开始进入市区，成为高压配电网的一部分。110千伏及以下电网属于配电网。其中，110千伏（包括35千伏）属于高压配电网，10千伏属于中压配电网，380/220千伏属于低压配电网。也正是由于对发、输、配、售四个环节的划分有了充分了解，我才一直坚持国电公司要放开发电环节，而在具有自然垄断属性的输电环节保持一张全国统一的大网。

冉总当时对国电公司的改革也提出了自己的看法与见解，提到方案设计既要转变观念，又要能与现有体制对接。她还提示我要注意国电公司不能简单地搞总分公司体制，防止由于国电公司太大而出现分公司会吃总公司大锅饭的现象，这些都给我留下了深刻的印象。

五、总会计师——叶继善

叶继善同志是当时国电公司的总会计师，兼任财务与资产经营部主任。在我 1998 年 7 月走进国电公司大门后，在制作第一份咨询方案——《国电公司组织结构方案设计》的过程中，7 月 30 日，我针对国电公司财务管理现状、子公司财务报表、产权管理、资金结算等问题与叶继善主任进行了一次会谈，同时就国电公司机构设置改革进行了初步的探讨，这使我对国电公司的财务状况有了较为全面的认识。随后在 8 月 10 日，我们标准公司的四人咨询组与他又就国电公司的资产、经营、结算、设立财务公司的必要性和可行性以及各直属子公司的管理情况进行了座谈。正是基于这些了解，我们在方案中对国电公司财务管理的原则和相应组织机构设置进行了设计。

1998 年 9 月 17 日，我又赴国电公司与刘忱局长、叶继善总会计师就有关国电公司职能部门的设计问题交换了意见，这也为我们当时第二个咨询方案——《国电公司职能部门及部分直属公司改革方案设计》的制作和设计提供了帮助。他在工作中的认真和严谨给我留下了深刻的印象。

第三章　国电公司改革是否令人沮丧

第一节　序曲——农电管理局挂牌之难

2000年1月，正当国电公司踌躇满志地按自己的四步走战略推进自身变革以向现代大公司迈进的关键时刻，出现了农电价格居高不下，农民抱怨，矛盾突出，领导指示要求国电公司代行农电管理职责的难题。国电公司对于接不接农电管理局这块牌子而重新回到政企不分的老路，处于两难境地。

一、“三分天下”的农电乱局

我国通常按行政区划把县级以下的电力供应和消费称为农电。在改革之前，我国的农电管理体制极其混乱，各个地方各自为政，缺乏一个全国统一的农电管理机构。

按照企业资产关系、管理关系和电力交易关系的不同，当时在我国近2500个县级农电单位中，大体可分为三种模式，即直供直管模式、趸售模式和自供自管模式。

所谓直供直管就是省电网公司直接管理县级农电企业，县供电企业是省电力公司的子公司或者分公司，人、财、物由省电力公司直接管理，其配电网资产主要属于中央财政。

自供自管就是在一些水力资源比较发达的地方，县里不仅有自办的小水电厂，而且还有独立小电网，逐渐形成了发供电一体化经营的县供电企业，这些小电网与大电网不联网，自己独立运行。

而趸售模式则指的是各趸售县有自己所有的供电公司，它从国电公司所属的省电力公司那里把电按批发价买过来，然后再卖给本县的消费者和用户。

趸售县及自供自管县供电企业，其配电网资产主要属于地方财政。

在国电公司成立的1997—2002年间，我国县级农电管理的三种模式大致形成了“三分天下”的局面，即在全国约2500个县级供电企业中，由国电公司所属各省电力公司直供直管的有760个左右，由地方县级所属采取趸售方式供电的有1040个，而由地方县级所属采取自供自管模式供电的县级供电企业则有600多个。

二、农电价格居高不下

“三分天下”的农电格局管理体制分散，导致电力这样一个国民经济和民生刚性需求的产品，其农电价格远不像城市居民用电价格那样实行统一管理，这导致一是各地农电价格差异大，二是普遍价格水平较高。当时城市用电只有0.4元左右，而农电的平均价格却高达0.67元，个别管理不善的地方甚至出现过1元1度的电。农电价格高于城市，农民意见很大，矛盾非常突出。农电价格的居高不下是由诸多因素造成的。

首先，农网投资成本高，设施简陋。农村居民点分散，农供电半径长、负荷密度低，从110千伏等级到各村，设备线路都要自己解决，投资成本非常高。农村电网建设往往因陋就简，加上管理不善、设备陈旧，导致线损很高。其次，农电管理层级多，层层加价。农村大部分地区都是通过村电工对农户卖电，售电中间环节太多，这是农网改造前电价居高不下的症结之一。第三，“以电养人”现象突出。农电管理机构臃肿，人员乱进造成严重超编，“以电养人”的现象普遍存在。第四，偷电漏电现象严重。农村偷电很难控制，一般能占到农村电量的15%左右，有的甚至高达40%，偷的电最后都加到了农民头上。

这些问题的存在，一方面抬高了农电价格，加剧了农民的用电负担，阻碍了农村和农业经济的发展；另一方面也引起广大农民日益加剧的不满情绪，急需解决。

正是在这样的背景下，农电改革拉开了序幕。1998 年 10 月，国务院做出了“加快农村电力体制改革，加强农村电力管理，实现城乡用电同网同价”（简称“两改一同价”）的战略决定。

三、“烫手山芋”接不接两难

要解决农电管理体制分散混乱问题，实现两网一同价和落后的农村电网改造重任，仅靠市场化的发展，对电力这样一个特殊商品显然是不行的，在农电管理体制改革和发展过程中必须有政府的指导和扶持才行。然而电力部已经取消了由谁来履行这一具有明显政府管理性质的职能，国务院有关领导和部门提出让国电公司接过农电这块牌子，成立“农电管理局”。对刚刚从电力部转型、战胜恋“权”情结、摆脱政企不分羁绊的国电公司领导班子来说，是拒绝新的政企不分，按照既定的四步走发展战略向现代大公司迈进，还是重新回到政企不分的老路，最终国电公司再搞一次政企分开，演变成农电管理局和若干个区域电网公司，如何选择十分关键。

首先，当时把电力部改为国电公司就是要实现政企分开，把国电公司建立成一个真正的现代大公司。为此，国电公司自己已经剥离了旧的行政权力，如果再把农电管起来而成立一个“农电管理局”，国电公司和有些地方农电本来就没有投资关系，只能又形成行政主管关系。如果在国电公司下面设一个有行政职能的局，岂不是又退回到了政企不分的老路？因此，无论是有关部门有意让国电公司政企不分，为拆分国电公司埋下伏笔，还是仅仅作为处理农电问题的权宜之计，农电管理局这块牌子都成了“烫手山芋”要不要都两难。

其次，接过农电管理的牌子而重新回到政企不分的老路，不仅会损害国电公司的形象，同样也会在经济上影响国电公司的效益。因为全国一千七八百家趸售县和自供自管县，经营效益、管理水平等各方面普遍落后，并存在较大差异。仅农网改造一项，没有几千亿投资是不可能完成的，因此，如果把这些明显带有政府公共产品、补贴特征的产品，一次性划给国电公司代管，则无论是现代大公司的发展取向还是四步走的实施战略，国电公司都将很难实现。

当时，国务院领导和有关部门要求国电公司能上收农电，接受农电管理局的牌子，把农电统一管起来。国电公司非常为难，一面是上级领导和部门的安排，另一面是国电公司的发展前途。鉴于此事重大，国电公司总经理高严考虑再三，决定一方面与国电公司党组成员集体讨论来一起商量决定给上级回复，另一方面广泛征求国务院有关研究部门和社会各界专家的意见。

于是2000年1月23日在国电公司会议室召开了一次论证与研讨会，我应邀也参加了这次会议。会议由国电公司赵希正副总经理主持，参加者除了国电公司的高级管理人员外，还有国务院发展研究中心李伯溪、丁宁宁以及社科院等有关部门的近10位专家。会上，主持人首先介绍了国电公司遇到的这个难题，并指出，国电公司从电力部而来，从最初与电力部双轨运行，到1998年终于摆脱双轨制运行，朝着政企分开的现代化大公司的方向迈进，并准备进一步把科技、基建管理等方面的政府和行业管理职能转出去，具体把政府职能交给经贸委电力司，把行业管理职能逐步交给中电联。可在这如此关键时刻，若再挂上一块农电管理局的牌子，将逼使国电公司重回到政企不分的老路上去。面对这样的情况，国电公司怎么办？如何既能贯彻国务院领导的指示，把农电改造的任务担起来，同时又不致回到新的政企不分的老路上，因此听取各位专家的意见。与会者普遍都不赞成国电公司挂上农电管理局的牌子而重新回到政企不分的老路。我在这次会上发言提到，把城市用电和农村用电拢到一起，按照一个模式管理是不现实的。

因此，解决我国农电问题一定要新事新办，国电公司的投融资部可以向好的、有效益的县办电力公司投资，用经济办法来管，用股东的身份来管，而不是用政府电力主管部门的身份来管，否则既保持了行政垄断而无法成为真正的企业，又会背上沉重的包袱而降低公司效益。

最终国电公司党组集体讨论决定，农电改革可以代管，但是“农电管理局”这块牌子不能要。尽管如此，国电公司当时为理顺农电管理体制还是采取了以下方式：趸售和自供自管的县级供电企业，原则上应“上划”给省电力公司直接管理；暂时不能上划的，先委托省电力公司“代管”，逐步改组为省电力公司控股的公司制企业，但是绝对不能在国电公司下面设一个“农电管理局”。到2001年12月底，国电公司通过代管、上划和股份制改革，一共管理了1856个县级供电企业。

如果说“厂网分开”改革的不彻底将会为国电公司和国网公司的解体埋下伏笔，那么今天回过头来看，其实当时无论国电公司挂不挂“农电管理局”的牌子，都很难摆脱被拆分的结局，都注定了国电公司童年夭折的命运。

拒绝挂“农电管理局”牌子在国电公司被拆分中究竟起了多大作用，没有人能说清楚。但无论从半年后电力改革领导小组成立电改主导权易手的时间上看，还是以拆分国电公司的“0+6”或“0+4”改革方案草案的推出看，把这件事称为电力改革的序曲都不为过。

第二节　导火索——二滩事件始末

一、二滩弃水引发体制之争

2000年前后，就在国电公司主导的电力体制改革按自己思路向前推进之时，却发生了一件招致国电公司被国务院领导批评、被各界诟病的事件，这就是二滩弃水事件，有人甚至将之称为国电公司从改革主导者变成被拆分对象的电改主导权易手的改革导火索。

起因是2000年4月清华大学胡鞍钢教授发表的一篇《二滩水电项目严重亏损的调研报告》，该报告认为，“二滩项目目前的这种举步维艰的局面，完全是人为因素所致，是典型的政策失效、计划失效和制度失效。这表明各种既得利益集团包括行业垄断的地方保护主义已经成为中国经济发挥潜在增长需求的严重障碍。有关负责人对此负有不可推卸的责任”；“从治本的角度来看，核心是要打破国电公司独家垄断电力市场的格局，加速我国电力体制的改革”。（载于《中国国情分析研究报告》2000 年第 27 期）总之一句话，二滩弃水事件的症结在于国电公司垄断。正是这篇报告将二滩弃水事件引向了公众，并进一步升级到关于国电公司垄断、电力体制改革方向的大辩论，这给国电公司带来了巨大的压力。

二、二滩弃水的真正原因是上网电价超过消费电价

了解二滩弃水事件对于今天回顾我国电力体制改革至关重要，实际上二滩弃水亏损事件的发生有着深刻的内在原因，绝不能简单地归结于国电公司搞垄断而不给二滩发的电上网。其中最主要的原因是二滩水电站发的电上网电价竟然高于消费电价，无论是承负输电任务的国电公司还是消费者都难以承担。

二滩水电站的上网电价为 0. 45 元/千瓦时，这不仅高于国电公司系统 0. 25 元/千瓦时的平均上网电价，甚至比当时全国到户城市居民 0. 42 元/千瓦时的平均消费电价还要高。在这种情况下，如果国电公司让二滩的电上网，谁来承担这高昂的费用？这只有两种可能：一种是让使用二滩水电的消费者承担，这种状况下，如果强令消费者使用二滩的电，使他们承受远超过其可接受范围的电价，是不符合市场经济规律的，也是不可能的。另外就是让国电公司承担，这意味着国电公司不仅无法获得正常情况下能够获得的 0. 17 元/千瓦时的价差，而且还要倒贴二滩水电站 0. 03 元/千瓦时的上网电价。也就是说二滩每发 1 度电，国电公司里外里要倒贴 0. 2 元。这应该是导致二滩弃水事件的直接原因。

而国电公司面对的绝不仅仅是二滩一家，而是全国的发电企业，如果国家计委批出来的成本加成的电价既不考虑国电公司的承受能力，也不给二滩这样的项目财政补贴，而是让国电公司补贴，国电公司就难以生存。更何况国电公司是一个国家对其有盈利要求的企业。

三、二滩上网电价之高引人深思

二滩水电站位于四川省攀枝花市，1991 年 9 月正式开工建设，1999 年 12 月全面投产发电，总装机容量为 330 万千瓦，总投资 360 亿元，年发电能力可达 170 亿度。然而二滩水电站建成之后却面临投产即亏损的困境。这具体有以下几点原因。

（一）负债率畸高导致财务成本过高

二滩水电站属于世行贷款项目，在 360 亿元总投资中，负债高达 350 多亿元，所有者权益只有 11 亿元，仅占 3%，这与国家基建项目的自有资本金应达 20% 的要求相比相差甚远。而为保证还款，世行要求二滩必须达到 12% 的净资产利润率，如此高的指标使得二滩面临非常大的还款付息压力。此外，根据合同，二滩水电站的还款期限只有 15 年，这与美国、巴西等国类似项目的还贷期限一般为 50 年相比压力极大。这进一步加重了二滩水电站的还款负担。正因如此，面对巨大的还本付息压力，二滩只有将上网电价定为 0.45 元/千瓦时才行。而国家计委审批上网电价只是简单地按照企业项目建设“成本加成”的标准来核定，结果将二滩的上网电价核定在了如此畸高的水平。

所以，无论是国家计委不按政策规定核定二滩水电站 20% 的自有资本金，还是高来高走，简单按“成本加成”来行政审批电价，国家计委都应对二滩弃水事件承担责任。

（二）同期川渝投产项目过多

二滩弃水事件的发生还与国家计委同期批准的川渝开工电力项目过多，使得电力过剩相关。例如 1996 年开工、1998 年投产的装机容量为 70 万千瓦的重庆珞璜二期项目，1997 年开工、1999 年投产的装机容量为 60 万千瓦的四川广安电厂项目，以及 2000 年投产的装机容量为 35.9 万千瓦的成都嘉陵热电厂项目，几乎都是与二滩同步进行的。在 1999 年年底，川渝地区发电总装机容量为 2026 万千瓦，年发电量 650 亿千瓦时，发电设备平均利用数仅为 3200 小时，大大低于全国发电设备 4100 小时的平均利用数。电力过剩使得市场竞争激烈，二滩水电站由于上网电价太高，以致在市场经济条件下竞争上网时没有竞争力，这同样是导致二滩弃水事件的原因。

（三）川渝分立无法消纳二滩电量

当时除了电价畸高和电力过剩两个原因以外，最初计划的需求方重庆也因为与四川分立为直辖市的原因，而无法按原定计划消纳二滩电量。按照最初的设计，二滩水电站发电量的1/3是供向重庆的。1997年川渝分立，重庆作为直辖市单列之后无法消纳那么多电量。这是因为重庆市有自己的珞璜电厂（火电）和煤炭产业，如果要求其珞璜电厂不发电而使用二滩的电，则意味着重庆的煤也会受影响，煤炭工人将面临失业，这会引发重庆电力、煤矿产业链的一系列问题，将导致其产业结构失衡和社会不稳定。同时重庆市还要为此支付高额的电价，重庆自己电厂的上网电价每度仅0.2元/度，而二滩水电站的上网电价为0.45元/度，如此大的价格差也是重庆不愿意按计划消纳二滩的电的重要原因。

（四）结论

综合来看，导致二滩弃水事件发生的主要责任人应该是国家计委，简单归责于国电公司搞垄断，不给二滩上网而导致弃水至少是不全面的。然而二滩弃水的责任为何“板子”要打在国电公司的“屁股”上，甚至后来被人称为国电公司解体的导火索，是颇令人深思的。

第三节　揭幕——《令人沮丧的电力改革》

一、一篇导致电改主导权易手的文章

2000年5月5日，《经济学消息报》发表了一篇题为《令人沮丧的电力改革》的文章。这是继二滩弃水事件后射向国电公司的第二颗“重磅炸弹”，这篇文章不仅把电力的反垄断改革推向了顶峰，而且真正拉开了电力体制改革主导权从国电公司易手并将国电公司肢解的序幕。

这篇文章认为："（国电公司成立）两年来的实践已经证明，电力工业的结构调整和体制改革步履艰难，电力消费者至今叫苦不迭，而国电公司以外的独立电力企业更是怨声载道，那么问题何在呢?"作者随即指出了现行电力体制存在的一系列弊端，包括"传统的一体化垄断经营的电力工业已不能适应经济市场化的进程"，"省为实体的发展方针导致各省以邻为壑，电力市场关闭"，"成为阻碍市场竞争和跨省资源优化配置的主要原因"；该文还以"电力企业隐性超额利润巨大，对国民经济发展造成负面影响"以及"国家没有把电力管理体制改革作为大事来抓"为题指出，"对于目前的改革，大家形容为（国电公司）裁判员同时又是运动员，改革无法深入"。

因此作者认为，由国电公司主导的电力改革是令人沮丧的。

最后这篇文章得出评价说："这个改革必须从上到下，必须由政府发起推动，必须立法当先，必须有专门的领导和监督机构，必须有详尽的方案和时间表，国务院应把电力体制改革列为重要工作议程，专人负责。"

该文的作者是国家计委基础产业司电力处的处长王骏，一直代表国家主管部门参与电力体制改革。按常理而论，作者身份的特殊性本应慎言。然而在电力改革的关键时刻，其如此公开撰文发表内容十分敏感且观点如此鲜明、火药味甚浓的文章，极不寻常。因此，该文一发表就引起了社会各界和国电公司上下的高度关注，人们普遍认为这篇文章代表的绝不仅仅是作者个人，而是更高层在通过这篇文章释放电改方向转向的重要信号。

后来发生的事实也证明了这一点。该文发表的一个月后，高层即拍板决定由国家计委牵头成立电力体制改革协调领导小组，"开门搞改革"。随即国家计委主导的电改小组刻不容缓地开始着手酝酿以拆分国电公司为主的新的电力体制改革方案。从此，电改主导权从国电公司转向了国家计委主导的电改小组。

二、国电公司 86 亿元利润招来非议

1999 年即国电公司单轨运行的第二年，我国电力市场处于局部短期饱

和状态，增长缓慢。国电公司克服了城网、农网大规模改造所形成的负债与资产规模迅速扩大所带来的巨额财务费用和折旧压力，并豁免了一些高能耗国有企业长期拖欠的4亿元电费，全年实现利润86亿元。这一利润的实现，对刚组建不久的国电公司来说实属不易。

然而王骏在2000年5月发表的《令人沮丧的电力改革》一文中却说："最近国电公司宣布了进入世界'500强'的目标，很多人提出，按国电公司8000多亿元资产和86亿元盈利，在国际上应是破产企业，和'500强'有什么联系?"由于其是电力体制改革小组的成员，身份特殊，因此这篇文章影响很大。

同年9月，国电公司财务部主任陈月明给我转来了一篇批评国电公司的文章，这篇文章题目是《电力改革能否再快一些》，发表在2000年第36期《瞭望新闻周刊》上，作者是胡鞍钢的夫人赵忆宁，该文堪称是《令人沮丧的电力改革》的姊妹篇，两篇文章遥相呼应。观点可以各自表达，但文中引用的很多数据却明显失实，如果不对这些失实的数据进行解释，则会直接误导电力改革。

例如，该文要求把打破国电公司的经济垄断作为电力改革的唯一目标。而全文最核心的观点是认为电力行业存在巨额"隐性利润"，该文在"垄断经营下的漏洞"一节中提到："电力行业集中了我国1/6（约8000亿元）的国有资产，1999年仅向中央财政上缴86亿元，资金利润率只有2.3%。"

然而这里所说的"电力行业集中了我国1/6（约8000亿元）的国有资产"是一个常识性的错误。1999年年底，国家所有的境内外各类企业、行政事业单位占用的国有资产为90964亿元（约为9.1万亿元），其中经营性国有资产为66748亿元（约为6.7万亿元），而国电公司2000年6月底总资产为8544亿元，净资产仅为3881亿元，而8544－3881＝4663亿元则是负债，国电公司当年的负债率约为60%。

所以，若要比较国电公司占用的国有资产比例，只能采用净资产数额，即：（1）国电公司占用的国有资产与国家国有资产总额的比例为

3881/90964 =4.2%（约1/24）；（2）国电公司占用的国有资产与经营性国有资产总额的比例为3881/66748 = 5.8%（约1/17）。作者显然搞混了总资产和净资产的概念，再加上对国家真实国有资产数字和种类划分的不了解，必然发生1/6与1/17和1/24的巨大偏差，而绝对额则差了几千亿甚至近万亿。资深记者没写出资深文章事小，而对当时处于重要时期的电力体制改革产生的误导则事大。因此，我在这里必须对此类不实报道予以纠正。

三、国电公司改革真的令人沮丧吗?

尽管国电公司今天已“人去楼空”，从历史上消失了，但我还是想从客观的角度给存在五年的国电公司一个真实的历史评价。回首过去，无论今天的人们如何评价国电公司主导的电力改革是否令人沮丧，我都想强调国电公司的五年是中国电力工业发展史上十分重要的一页，不仅是因为国电公司在我国电力新旧转轨时期发挥了承上启下的重要作用，而且客观评价它对我国未来的经济体制改革具有深远的历史和现实意义。

首先，从国电公司的改革方略上看，1998年年底，国电公司就在国电系统的文件中提出了“四步走”战略：

第一步（1997年1月—1998年3月）：成立国电公司，撤销电力部，政企分开；

第二步（1998—2000年）：公司制改组，实体化，厂网分开，进行竞价上网试点（沪、浙、鲁、辽、吉、黑）。

第三步（2001—2010年）：全国联网，全面推开厂网分开，竞价上网，形成电力市场。

第四步（2010—）完全实现配售放开，形成输电网公司。

如果将它与后来的国家计委的改革思路相对比，则可以看出：第一，国电公司的改革是在兼顾国际电力改革经验、电力产业特点、中国国情的基础上，按功能性分离推进的，其目标是最终成为输电网公司。按它的上述时间表，在2010年已经开始把配售放开了，同时这意味着继承性地将国电公司演变成了国家输电网公司。我想，如果按照国电公司的改革思路，今天中国电力体制可能已经走到了输配分开这一步，无论是从国际经验来看，还是与5号文指导下的中国电改现实相比，这样的改革速度都不慢。然而令人遗憾的是，国电公司根本没有实施其改革四步走战略的时间，它还没迈开脚步，就已经被“令人沮丧的电力改革”之定性宣判了死刑。第二，国电公司是作为内部改革主体推进改革的，直接承担改革和发展的重任及改革失误的风险，实现责权利的相统一，因此不管改革最终是否会成功，都有人为此负责，而在国家计委主导的电改小组的改革模式下，无人为改革的后果承担责任。实际上，后来事实也证明了三年的电荒的确无人负责。

其次，再从国电公司的经营成绩上看，国电公司的五年是2002年以前中国电力发展最快、市场化改革力度最大的五年。2001年，国电公司进入世界企业500强，名列第77位。五年期间，国电公司共投产发电装机6183万千瓦，占全国新增加机组的66.7%；电网建设、全国联网和西电东送发展迅速，通过电网建设与改造，解决了2500多万人口的用电问题。电力结构调整明显加快，压缩小火电952万千瓦，占全国关停总量的80%。投入资金2600多亿元，改造了269个城网和2500多个农网，城市电价平均每度电降低0.05元，减轻用户负担400亿元；农村电价平均每度电降低0.13元，减轻农民负担350亿元。供电煤耗每度电平均降低12～15克，相当于节约煤炭600万～700万吨；线损率降低0.38个百分点，相当于全国可节约电量32亿千瓦时，折合标准煤119亿吨。

显然，无论是从改革创新还是取得的经营成就看，国电公司五年的改革与发展都并非令人沮丧。

第四节　电网中是否隐藏着超额垄断利润

赵忆宁的那篇《电力改革能否再快一些》还引用了“一位不愿意透露姓名的资深业内专家的话”，批评国电公司垄断电网经营，获得超额垄断利润："电网的供电成本一般应在每度电 0.1 元左右，但是现在电厂上网价与销售价之差一般都超过 0.15 元，国电公司每年至少供 10000 亿度电，取得的利润何止 86 亿元?""国电公司的隐性利润是人们想象不到的。"这番话的弦外之音无非是每度电盈利 5 分钱，10000 亿度电则应盈利 500 亿元，而国电公司只盈利 86 亿元，因此得出了"国电公司的隐性利润是人们想象不到的"这一结论。

我们暂且仅就这位无名资深专家所引用的数字作一分析，即可得出 500 亿元利润的两个自变量都是缺乏现实依据的，只是主观臆测。

首先，"至少 10000 亿度电"是失实的。1999 年，国电公司实际完成售电量 8179 亿度（事实上全国售电量也仅 9498 亿度），二者相差约 1900 亿度。

其次，"上网价与销售价之差一般都超过 0.15 元"的推测更是缺乏依据。分析这一问题并作出切合实际的回答不仅可澄清事实以正视听，更重要的是，这是我国电力工业深化改革无法回避的问题，意义重大。

因此，有必要从国电公司的利润构成入手，对电厂和电网的价格与利润进行科学合理的解析。1998—2002 年间，我在参与国电公司的改革与管理咨询中接触到了大量的一手财务资料，比较全面地了解了国电公司的财务状况和数据，我对国电公司收入与利润来源的分析与该文是完全不同的。我在《"隐性利润"还是"隐性亏损"——国电公司电网经营解析与思考》一文中仔细剖析了国电公司的利润及电价构成情况，通过分析发现，国电公司如果没有内部电厂利润的支撑，仅就电网经营来说，实际上存在的不是隐性利润而是隐性亏损。

一、国电公司电力产品利润与盈利能力解析

（一）利润总额构成

国电公司 1999 年实现的 86 亿元盈利由三部分构成：电力产品的经营利润 15 亿元；投资收益 54 亿元；辅业、财务收入等其他利润性收入 17 亿元。

（二）从国电公司售购电价差来计算其盈利能力

1. 售购电价差的计算

1999年，国电公司系统累计购电量6037亿度，发生购电成本1502.7亿元，购电平均单价为0.249元/度。同年，国电公司完成售电量8179亿度，实现电力产品销售收入2504亿元，售电平均单价为0.382元/度，其中含：增值税55.54元/千度；上缴财政的电建基金、三峡基金20.6元/千度。两项合计0.076元/度。用户消费平均电价由电网购电价（发电）、售购电价差（供电）与税费三部分组成，即用户消费电价=电网购电价+售购电价差（供电）+税费。由此得出，1999年国电公司平均单位售购电价差为0.057元/度。1999年国电公司电价构成如表3—1所示：

表3—1　1999年国电公司电价构成

单位：元

	发电	供电（输配）	税费	消费价
每度电	0.249	0.057	0.076	0.38
比例	65%	15%	20%	100%

事实上，国电公司每度电的售购电价差只有0.057元，这与那位不愿透露姓名的资深专家所言的“国电公司每度电售购电差价一般都超过0.15元”的主观臆测相差甚远。

2. 单位供电成本计算

1999年按照国电公司售电量8179亿度折合每千度电的成本构成为：直接供电费用54.9元、利息支出8.56元、税金1.28元及供电线损19.36元。上述四项合计，1999年国电公司单位供电成本折合每度电0.084元。

由此可知，0.084元/度电的售购电价差是国电公司电网经营的盈亏平衡点，价差大于0.084元/度电，供电单位才可能实现盈利；价差小于0.084元/度电，供电单位就会亏损。如前所述，1999年国电公司的售购电价差仅为0.057元/度电，供电单位亏损额为0.027元/度电。

二、国电公司15亿元主营利润从何而来

假设厂网分开，国电公司网属电厂上网电价也按独立电厂平均上网价每度电0.248元结算，1999年，国电公司的售电量为8179亿度，按上述供电单位每千度电亏损27元计算，国电公司电网亏损补贴额应为220亿元。而实际上国电公司1999年的主营即电力产品销售却产生了15亿元利润。其原因有三：

一是国电公司内部电厂自发电量上网电价（0.176元/度）低于外购电量上网电价（0.248元/度）。1999年国电公司网属电厂自发电量为2778亿度，综合发电成本为490.93亿元，平均单位发电成本为0.176元/度，与外购电量平均电价0.248元/度相比降低了0.072元/度，因此总共减少发电成本201亿元。电网单位220亿元的模拟亏损额因此就减少到19亿元。

二是资金收益。1999年，国电公司利息净收入等资金运作收益为27.42亿元。弥补亏损19亿元后，电网实际盈利8.42亿元左右。

三是线损统计偏差。以《1999年电力工业统计资料提要》提供的线损率7.22%为依据，国电公司1999年财务报表中反映的实际线损率为6.92%，二者相差0.3%，导致线损电量偏差26亿度，按0.248元/度计算就比国电公司1999年财务报表中反映的利润数字少了6.47亿元。

上述三项合计约为235亿元，在弥补220亿元模拟亏损后恰有15亿元利润。

由于国电公司没有把电网隐性亏损这一真相向社会披露，所以这两篇文章引导人们认为国电公司由于垄断导致隐性利润黑洞，而这一黑洞又都被电力这一特权阶层腐败掉了。每当看到这个缺乏现实依据的“500亿元”盈利的数字时，我都深深感到电力人不重视理论的宣传和对电力事实真相的宣传和引导，即使在12年后的今天，这一问题都仍然存在，因此对下一步改变电网的统购包销、推进厂商和大用户直接见面、国网只收过网费的价格的合理测算、利润率的合理核定都具有现实意义。

所以，赵忆宁文中的这位无名资深专家所引用的数字是缺乏现实依据

的，电网垄断经营隐藏着巨大的利润漏洞只是其主观臆测，是不符合事实的。国电公司的电网经营根本不存在那位无名资深专家所言的“人们想象不到的隐性利润”，而是深藏着隐性亏损。国电公司1999年8179亿度售电量中有2778亿度网属电厂的自发电量（占33.97%），这是掩盖国电公司电网经营巨额隐性亏损的根本原因。

国电公司的巨额隐性亏损被其厂网不分的体制所掩盖，这种亏损只要国网把内部电厂全部剥离就会暴露。而一旦我们下定决心实现厂网分开，就会发现我们将陷入“要么电网发生巨额亏损，要么消费者承受电网回归市场的涨价负担”的两难选择。电网隐性亏损而不是隐性利润所引发的电网价格问题，已成为深化我国电力工业体制改革的第一障碍。

第五节　我们最应该反什么样的垄断

2001年，胡鞍钢在《地方电力管理》第4期发表了《电力体制改革的核心目标是打破垄断》一文，他在文中说：“我国电力体制改革的核心应打破国电公司垄断电力市场的格局，建立公平竞争、公正竞争、公开竞争的统一市场格局。”

看完这篇文章后我一直在思考，难道电力体制改革的目标就是打破垄断吗？如果以打破垄断为目标，我们的电力体制改革将走向何方？又会带来什么后果？

为了详细论述我国电力改革反垄断的目标与手段，2001年5月17日，我在《中国经济时报》上发表了《电力反垄断必须正视的几个焦点问题》一文。这篇文章明晰了三种电力改革思路的比较与选择；反垄断不能与全国联网相对立；全国联网需要一个实实在在的国网公司；明确推进电力改革的责任主体；电力垄断源头在于审批制度，电力反垄断的重要内容是摒弃旧的行政审批制度；改革旧的行政审批制是当前电力改革反垄断的重中之重。可以说，这是我一贯观点的全面呈现。

实际上，在中国电力体制改革过程中，出现了三种改革思路：

第一种是横向分割，即按区域形成分割成若干个发、输、配电一体化的电力公司集团。就中国的实情来说，横向分割也就是要承认目前互不相连的东北、华北、华东、华中和西北等五大区域网和五六个独立省公司网共十一二个各自分割的电网格局，以五六个局域网为独立的法人实体，让它们互相自由竞争。

第二种则是纵向分切，即按电力本身的特点将发、输、配、售电四环节彻底分开，国电公司不要既搞发电又搞电网，而是先把厂网分开，让电厂彻底分出去，再将输电网和配电网分开，同时培育私人售电公司，最终国电公司自然演变为一个只管全国输电网的国网公司，统一规划建设各大独立网间的联络线，最终实现全国联网，在全国联网的基础上实现资源的优化配置，让电源竞价上网，而输电作为自然垄断行业采取收过网费的方式，最终构造一个电源竞价上网的竞争平台，让发电商相互竞争，形成全国市场，成立国网公司，打破区域垄断，实现资源优化配置，最终将消费电价降下来。

第三种是既横向分割又纵向分切的“破碎式”改革模式。前两种方式在其他国家的电力体制改革中都能找到实例，然而我们却非常痛苦地发现当时中国出现了第三种思路，即既纵向分切又横向分割的“破碎式”改革。它将国电公司的经济垄断当成我国电力行业垄断的根源，要求拆分国电公司，一下子把整个电力行业从垄断状态推进到肢解状态。这看起来很过瘾，迎合了人们反垄断的心理，但实际上是非常不可取的，改革的风险非常大。

我认为，在探讨中国电力体制下一步改革方向这一重要问题时，一定要根据电力企业的特点，要以对电力工业垄断属性的正确认识为前提。中国“破碎式”改革模式的出现正是由于对中国电力工业垄断属性的认识出现偏差造成的。

在我看来，中国电力行业存在三种既要明确界定又要加以区分的垄断形态，即自然垄断、经济垄断和行政垄断，只有在了解这三种垄断的基础上才能进一步界定中国电力行业的垄断属性，从而找出中国电力体制改革的正确方向。

自然垄断是指在某一行业中一个厂商生产的产品总成本低于两个或两个以上厂商生产该产品的成本之和，即我们常说的“1 大于 2”。

经济垄断是指经济主体在市场中拥有绝对或者相对经济优势地位，从而产生限制其他经济主体进入市场的可能。它的主要组织形式包括卡特尔、辛迪加、托拉斯以及康采恩四种。

行政垄断是地方政府或国家经济管理部门凭借政府行政权力所形成的垄断，具有强制性，主要表现为地方保护主义和行业垄断。

这三种垄断形态各有特点，必须明确加以区分，这对于正确界定我国电力行业的垄断属性非常关键，对确立我国电力体制改革的正确方向也至关重要。三种垄断形态的区别如表 3—2 所示：

表 3—2　三种垄断形态的区别

	自然垄断	经济垄断	行政垄断
行为主体	一般为政府授权企业	企业及企业联合体	政府及其所属部门
动因	获取规模经济效益	获取垄断利润	权力寻租
法律性质	合法	一般为非法	无法
影响	积极，带来效率经济	依据垄断组织是否滥用垄断地位而定	消极，带来腐败和市场扭曲

在上述三种垄断中，自然垄断是“好”垄断，不能反也不必反。对电力行业来说，输电网属于自然垄断行业，我们不能为了刻意反垄断而违背其自然垄断属性，简单盲目地在发、输、配、售四个环节都来制造不同的利益主体。实现全国联网才是电力体制改革的正确方向，就是要构造一个竞争平台，这个平台做得越大，电力产业效率就越高，电厂也就能在更大范围内进行竞争。也就是我们平时所说的电力联网，网越大越经济，网越大越安全。一个统一的电网对于保证电力供应系统的稳定非常关键，电力供求平衡必须在电网的每一个环节上保持不变，否则将造成大规模电力供应的中断。

国电公司企业组织的经济垄断仅是表象，政府的行政垄断才是根源，尤其是电价形成机制和投资项目审批方面的行政性垄断。企业的经济垄断无非是为了获取高额垄断利润，而保证最大限度地获取利润则要依赖于企业能够依靠自身的经济地位和市场控制力量决定较高的垄断价格。但国电公司并不具有电力产品和服务的定价自主权，长期以来我国的电力项目和电价都是由政府某一部门审批出来的，其下属经济运行调节局组织电的紧急调度和协调，基础产业司审核重大电力建设项目，价格司组织拟订、调整电价和收费标准。电价的核定成为能否赚钱的关键，现实中，一厂一价甚至是一机一价十分普遍，中国的电价不知有几百种，为核定优惠电价，企业“跑部钱进”，政府部门的行政权力得到极大的发挥，这是当前电力体制中最为敏感的电价问题的症结所在。由于电价的形成机制不合理，国电公司又必须按照这一不合理电价购买，因此国电公司尽管资产很多，利润却不理想，在这种扭曲的体制下，它一切信号的反应都是不真实的。

因此，从电力工业的特点来说，中国电力改革应当做到保留自然垄断，打破经济垄断，废除行政垄断，即通过厂网分开，把发电和售电环节推入竞争领域，把输电和配电环节保持在自然垄断领域；同时，在监管环节，废除旧体制形态下以电价及投资立项方面的行政审批为核心内容的行政垄断。

“破碎式”改革思路的出现是有些经济学家揣摩领导人的思路，认为打破垄断是经济上反垄断、政治上反腐败的需要，把反垄断当成电力体制改革的目标。这样的目标定位是要误事的，他们片面否定国电公司主导的电力改革，认为电力是垄断行业“四大家族”之首，电网里藏着巨大的利润黑洞，但实际上这些说法都不是经过客观理性分析的结果。

那么电力体制改革的目标到底是什么？反垄断究竟是目标还是手段？在我看来，市场经济是消费者主导的经济，电力改革的终极目标理应定位于为消费者和用户提供质优价廉、安全的电力产品和服务，使消费者得到实惠，同时促进经济效益。而打破垄断、引入竞争、培育完善市场、降低电力成本和提高电力工业效率仅仅是实现这一终极目标的手段而已。如果单纯以打破垄断为改革目标，不顾输电环节的自然垄断属性，不计成本和代价地人为制造若干竞争主体，进行破碎式改革，一味强调拆分国电公司系统的组织体，无人触及打破电价行政性垄断这一实质性问题，电力体制改革的后果将不堪设想！再者，如果某些领域、某些形态的垄断有助于实现这一终极目标，那么为什么不能作为改革的一种手段而保留呢？为什么一定要为了反垄断而反那些“好”的垄断呢？分清楚电力改革的手段和目标至关重要，二者不能混淆，更不能替代。

第六节　对妖魔化电力的非议

随着美国加州电力危机和“西电东送”计划遇到困难，广东宁可用自己的高价电，也不用西部廉价输送来的电的情况接连发生，舆论妖魔化电力领域的倾向愈演愈烈。

2001 年 6 月，尽管建立在拆分国网基础上的以“0 + 4”或“0 + 6”模式为特征的《电力体制改革方案（草案）》在国务院没有通过，然而这并没有对这场反垄断大辩论产生实质影响，一些人对国电公司、对电力系统的非议还在继续，甚至连地方电力系统的同志也深深感到了这种危机。

2001 年 7 月 18 日，为了设计国电公司改革方案，我来到了湖南进行调研。当时湖南电力公司刘友夫总会计师、财务处李荣华处长向我谈到，社会舆论对电力有一种妖魔化的倾向，说电力系统是一个“特殊利益集团”。中央电视台甚至在报道国电公司在湖南的一次会议时，把不同场面移花接木（会议是在湖南召开的，但是电视里的画面整个都是从深圳某地的一个大酒店里转切过来的），大谈电力系统如何腐败。这造成了极坏的社会影响，成为人们妖魔化电力行业的典型事件。当时上至国家有关部门下至舆论媒体，都大批国电公司搞垄断和腐败，是特殊利益集团。即使国电公司对此提出严肃抗议，中央电视台也既无歉意又无更正，国电公司有苦无处诉。

离开湖南后，我又直接去了上海、四川电力调研。2001 年 7 月 25 日，我离开上海飞往成都，陪同我的是国电公司资产处吴骏处长。他在上海机场买了一本杂志——《新经济》（2001 年第 7 期），看到的第一篇文章便是胡鞍钢接受记者采访的报道《胡鞍钢激辞反垄断》。胡鞍钢在文章中明确提到，“在长期的计划经济体制中形成的行政性垄断，已经成为一个庞大的既得利益集团”，“电力系统累计投资额达 8000 亿～12000 亿元，但仅有 200 万从业人员，每年仅象征性地向国家上缴利润 70 多亿元”，而“电力行业的垄断租金是 900 亿～1200 亿元，占 GDP 的 0.5%～0.75%”，“在所有行业中最高”，“与行政性腐败相比，官员的个人腐败只能算是九牛一毛”，“我们现在那些大的垄断行业的领导，既是企业家又是政治家”，“这些利益集团最大的特点就是要千方百计地影响政治”，因此，“要限制垄断利益集团的特权，把它们从‘贵族’降为‘平民’，从经济人与政治人的双重身份变为纯粹的经济人”，“这些垄断行业的领导人要换马”。

他还认为：“垄断行业的改革方案必须由国家综合部门，譬如国家计委或国家体改办来设计，那些垄断部门只有执行权。只有这样设计出的改革方案，才可能照顾到全体消费者的利益，而不仅仅是围着利益集团转。”

第二天我在给四川电力公司做的《守正出奇　深化电力体制改革》的讲座中，向四川电力的同志们详细解释了三种垄断和三种不同的改革思路等问题。毕竟，系统内的同志要对电力改革的目标和方向有一个正确的认识！

在我看来，之前的电力改革太急于求成，电力改革与政治反腐败、经济反垄断联系过于紧密。而这种电力的反垄断，不是从消费者的角度进行反垄断，而是从行政或政府的角度进行反垄断，于是其中就掺杂了很多非市场的因素。也就是说，不顾电力自然垄断的特点，忽视中国经济发展的新兴转轨时期和电力这个国民经济第一基础产业的特点及对国民经济的影响，忽视对电力的规划、预测及与国民经济之间的协调发展关系，不从消费者的角度以最终能够为消费者和用户提供质优价廉的电力产品为改革的目标去采用“大船慢掉头”的渐变方式打破垄断，而过多地从政府和政治的角度用“休克疗法”式的方式拆分国电公司，最终导致电荒的发生，这一教训是应该进行总结的。

对此，应如何看待个别媒体和舆论对我国电力行业的妖魔化误导？实事求是地说，中国电力工业无论从电价水平、电力产品供应还是电力公司的售后服务看，各方面都是具有比较优势的。首先，我国的电价水平并不高，在世界各主要国家排名中，长期以来排在世界倒数第二位，仅比印度高；其次，长期以来，中国在供电上没有出现大事故，对比之下，同时期国际上各主要国电事故频频发生，例如美国加州的大停电、纽约的大停电以及欧洲国家和俄罗斯的大停电等；第三，在中国，对于供电和电力服务的投诉数量远远低于民航和电信等领域的投诉，“电老虎”的帽子基本已甩掉。所以，将电力行业妖魔化为腐败“大窟窿”、“特殊利益集团”，在很大程度上抹杀了国电公司成立以来一直在提供质优价廉、安全的电力产品这一最重要事实。

因此，把电力系统当作“特殊利益集团”的提法是极为错误的。这样做是人为地在我国社会各阶层中制造矛盾，是与我们要建立和谐社会的目标格格不入的，也是极为危险的，在今后的铁路、邮政的改革中尤其要注意。

第四章　面对非议的国电公司

在电力改革主导权易手以及媒体舆论质疑的双重压力下，国电公司十分忧虑，不得不采取各种措施积极应对。首先，国电公司改变了其万事不求人的一贯态度，开门求声，于2007年7月12日召开了“进一步深化电力体制改革研讨会”。

第二，进一步邀请课题组和专家进行论证。于是，我在2000年9月3日国电公司召开的党组会议上，做了关于《国电公司近期改革与发展方案设计》的报告，提出了国电公司面对非议应该“守正出奇”，厂网彻底分离，组建国网公司，在资本市场实现电网新生，抢占改革制高点等一系列有创新性的主张，这都在本章有所论述。

不仅如此，2001年4月，国电公司还主动到系统外的广州开会。鉴于社会上对国电公司的非议和误解，谢松林副总经理希望我以客观、公正的态度写一篇文章，以正视听。《国电公司生存的理论基础与近期发展建议》正是在这样的背景下发表的，它为国电公司或国网公司生存和发展以及推进全国一张大网奠定了理论基础。然而始料未及的是，这篇文章也给我带来了非议……

第一节　国电公司终于开门求声

2000年5月王骏《令人沮丧的电力改革》一文发表后不久，以国家计委为主导的电力体制改革领导小组成立，电力改革的主导权从国电公司转到了国家计委手上，69 号文的颁布又冻结了国电公司对内对外的各种资产重组、对外合资、融资上市等涉及所有资产转让的资产经营活动。此时，丧失了电力改革主导权的国电公司，用“人为刀俎，我为鱼肉”来形容丝毫不为过。同时，媒体配合电力改革质疑国电公司垄断，应予拆分的声音越来越大。面对领导和舆论双重压力，多少年来自我封闭、万事不求人、不善言辞的国电人，不愿也不知如何应对。记得当时谢松林副总经理曾对我说过：“面对这一切，对立、辩论不可取。我们要做的只有顶着压力进一步改革，既要负责电网安全，还要保证经济效益，更要保护国家财产和企业员工不受损失，要用我们的业绩给予回答，同时也应该与社会各界沟通，广泛听取各界对电力改革的意见。”

正是在这种背景下，2000 年 7 月 12 日，国电公司在人民大会堂海南厅召开进一步深化电力体制改革研讨会。在我印象中，这是国电公司第一次召开听取社会各界改革意见的会议。实际上，这也是我与国电公司同行五年中唯一的一次。会议由高严主持，他希望大家对国电公司改革积极献策，多提批评建议。我记得与会者有北京大学萧灼基、中国社科院工经所所长金碚等人。

我在会上第一个发言，在给予国电公司召开这样一次会议，首开开门办公司之先河的高度评价后，我说道，改革是大势所趋，关键是如何改，当前厂网分开是共识，大家没有争议，关键是电网该不该分拆，我主张必须尊重电力产品和产业的特点，作为自然垄断行业的输配电网不属竞争领域，全国联网仅是搭建市场化竞争的大平台，电网越大越经济，越大越安全。无论电网分拆的自由化还是私有化，均应三思而后行。

金碚的发言给我留下深刻印象，他说：“电网拆分了就能打破垄断么，电网是自然垄断环节，不属竞争领域，应该无人质疑，因此，为了打破垄断而拆分电网，不过是把大垄断变成了小垄断，事实上，小垄断不利于资源的有效配置，比大垄断更坏。”

与会者普遍赞成厂网分开的电力体制改革，而不赞成对电网的盲目拆分。

最后有一幕给与会者留下深刻印象，萧灼基教授因事提前离开，他走到了会议桌对面的高严身边告别，高严由于患有严重的腰病，竟连起身都做不到，只有坐在椅子上和萧教授握手告别。

第二节　面对非议，守正出奇，主动出击

2000年下半年以来，电力供应在广东、沿海省份再度出现供应紧张的状况，国电公司的改革只能在市场紧运行的状况下进行。电力紧运行提供的机遇是一把双刃剑。

2000年9月，我在国电公司党组会议上做了关于《国电公司近期改革与发展方案设计》的报告，主要提出国电公司应该"守正出奇"，厂网彻底分离，通过股份制在资本市场实现电网新生，抢占改革制高点。

所谓"正"，就是改革的正道，国电公司要坚定改革的决心，始终站在主张和推进改革的立场上，不能成为改革的对立面。"守正"，就是要坚持:（1）市场化的发展方向；（2）现代企业制度创新；（3）电网特别是输电网统一经营；（4）保证电力安全稳定运行；（5）确保党和国家执政的稳定经济基础。

所谓"奇"，就是国电公司要在改革的策略上出奇制胜——在大家都以为他们不愿放手电厂资源时主动放手，而且是一步全部放手，"脱了裤子割尾巴"，一次全割完，这样既表达了自身改革的决心和理念，洗脱了国电公司阻碍改革的罪名，又抢占了改革的制高点，争取了主动。所谓"出奇"，就是敢想那些认为国电公司改革太慢的人之不敢想，追求自我变革，敢为天下先，建立主动进攻型改革意识。

在报告中我还指出，国电公司面临两个外部挑战和一个内部挑战，必须予以高度重视。

两个外部挑战：一是来自国家计委行政横向分割国电公司的挑战。长期以来，我们在改革计划经济体制的进程中总不能走出一个误区，这就是明明旧体制的源头在主掌行政审批大权的某些政府部门，然而改革中总是

这些部门去改企业，就电力体制来说，不管是电力项目的审批还是千奇百怪的电价问题，归根结底是在国家计委。但令人不可思议的是，舆论导向使人“只看树木不看森林”，在电业管理体制上，国电公司作为一个企业却成了旧体制的“挡箭牌”和众矢之的；今天如果我们积极推进改革，调整到位，旧体制的源头很快就会在国家计委暴露出来。因此，我们必须认清国电公司改革与国家计委旧体制堡垒二者之间的关系，主动出击，摆脱被动局面。二是来自广东地方电力市场竞争的挑战，当时广东省正在制定电网融资上市方案和粤电电力整合广东电源方案，这不是一个广东电网资产独立上市，进行资本运作，套取资本利润的简单孤立问题，而是一个谁来占领改革制高点和电网市场主动权的大问题，因此应引起国电公司领导的高度重视。

一个内部挑战是国电人难以割舍的恋“源”情结的挑战。恋“源”情结在国电公司表现得尤为突出，国电公司的恋源情结和政企不分情结差不多，老觉得丧失可惜。然而恋“源”情结不斩断，就难以守住电网的统一格局。如果恋“源”情结难以割舍，在电网上市问题上犹豫不决，国电公司不仅会在改革形象上失分，而且可能引发一系列无法预料的问题，打乱国电公司对电网总体改革一盘棋的综合考虑，因此必须理智战胜情感，斩断恋“源”情结，维护电网的完整与统一。

第三节　脱裤子割尾巴，厂网彻底分开

对计划管理传统体制下培养出来的电力人来说，电力公司没有电厂是不可想象的，电源才是电力，而电网不过是辅助性的，因此国电公司大部分人有强烈的恋“源”情结，对放弃电厂就向离弃他们的儿子一样难以割舍。同样，电力人传统上认为整个电力行业都是垄断行业，是一体的。但在新的市场经济体制下，又要求在电力行业的纵向功能上重新划分垄断和竞争的边界，把电力行业从功能上分为发、输、配、售四个环节，首先把发电和售电两侧从垄断行业里分出来以进入竞争领域。这个过程本身也是

与电力人传统思维方式相冲突的，因此在关键时刻想让他们斩掉这种恋“源”情结何其之难！

由于不容易说服他们，无论在我的方案里还是在我的报告中，我都采用了比较尖酸刻薄的用词即“脱裤子割尾巴”来表达希望国电人“弃电源，保电网”、厂网彻底分开的用意。我甚至针对当时电源供大于求的表象说：“如果满大街都是猪，我们又何必非要养猪呢？除非和猪有特别的感情。”（详见第五篇中《国电公司近期改革与发展方案设计》部分）记得当时代表国电公司参加电力体制改革会议的是陆延昌副总经理，在电改上具体由他负责与电力改革协调领导小组对接。当他听完我这段“脱了裤子割尾巴”的建议和“猪之情”的挖苦后，第一句话就是：“纪鹏，你说话可真够损的啊！”尽管陆部长嘴上这么说，但实际上他完全理解且不反对我的建议。记得他还对我说过：“如果有必要，1 千瓦电源都可以不要。”要知道，对他这个长期搞电的人来说，扭转这个思想弯子就像放弃他一手养大的儿子，是多么的不容易。事实上他最终也的确听取了我的意见，他后来对我说，当他在电力体制改革小组工作会议上真的按照我这个建议去跟国家计委的同志表示如果有关部门决定要把所有电厂都割出去，国电公司没有意见时，国家计委的同志却没有同意，坚持要让重组后的国网公司保留 20% 的电源。

我常常在想，国家计委主导的电改小组坚持让国电公司保留 20% 的发电资产，究竟是出于什么样的考虑？这有两种可能：一是由于用电存在一定的不稳定性，电网存在波峰和波谷，留下一部分发电资产进行调峰调频，如抽水蓄能电站可在用电低谷时发电蓄水，到用电高峰的时候再把蓄水用来发电，这样便有很强的调节能力，以维护电网的安全和稳定运行。二是也不排除另外一种可能，就是坚持让国网公司保留一部分电源，使其仍然处在厂网不分的状态下，为今后继续分割国网埋下伏笔。为此，我曾咨询过时任江苏省电力公司副总经理费圣英，这是一位业务能力超强且有强烈市场化意识的电力财务专家，他认为，从一般规律看电网的调峰调频完全可以在电网的外部性中实现，况且国网还有强大的统一电力调动能力，因此不一定非要保留如此庞大的自备电源。但为什么国网公司又偏好保留部分电源呢？除了恋“源”情结外，更重要的是，留下的这部分“好电源”可以用其之丰弥补电网亏损之欠。（详见本篇第三章第四节）

然而保留这部分电源也就保留了被批评的隐患，事实上这种纵向分割不彻底，留下“改制尾巴”的方案的确被后来的几大电力集团所说的不公平竞争所诟病，也的确为对国电（网）公司进一步横向拆分埋下了伏笔。

综上所述，我要表明的是，起始于1998年国电公司主导的“厂网分开”改革在2000年被叫停，以后国家计委主持的电改小组制定的69号文又冻结了国电公司重组的资产。因此无论从改革的角度还是从发展的角度，国电公司的手脚已经被完全束缚。因此，无论是说国电公司不改革还是说其改革是令人沮丧的都不符合实际情况，对此，我愿意和任何不同意我看法的同志进行探讨。

实际上，从1998年7月起，无论在我给国电公司做的几次报告中的反复强调，还是国电公司的同志已经意识到，在厂网分开问题上一定要抢占改革先机，与其最终被行政化分割处理不如自己主动抢先以市场化手段把发电资产提前卖出，将电源资产变现，然后用回笼资金支持电网发展。最终国电公司逐步演变为电网公司。然而这一切随着电改主导权的易手，全都成了纸上谈兵。

第四节　厂网分开后的国网公司

在2000年9月《国电公司近期改革与发展方案设计》的报告中，我在谈到国电公司“守正出奇”的创新改革时，首先对厂网分开后的国电（网）公司进行了如下的分析。

一、国电公司应改组为具有营业控股公司属性的国网公司

（一）关于国网公司的名称与性质

将电源剥离后的国电公司改组为国网公司，其功能定位为既从事自身

产品经营、资本运作，又拥有大量子公司股权的营业控股公司。就其经营来说，其是既从事自身电网产品经营，又从事电力通讯和城市水和气等基础管网的城市公用商，同时还应是进行资本运作，实现产业资本和金融资本相结合的产融公司。

就国网公司的名称来说，可以继续叫国电公司，也可以叫国网公司，英文名称为 SG（State Grid）。二者各有好处：

叫国电公司的好处是：（1）这一名称已被国内外所熟悉，现有的无形资产可以充分利用；（2）就国电公司的体制改革来说，它标志着续存下来的国电公司是母体公司，而厂网分开是在原国电公司的体制内分出了电源，改革具有强烈的继承性和国电公司的主体性。

叫国网公司的好处是：（1）标志国电公司的战略性转型和新生；（2）电网概念明确，有利于上市；（3）改革力度大，形象好。

但应指出的是，必须注意几点：第一，不要为了保住国电公司的牌子，就在职能上继续保留电源，似乎保留调峰调频电源的目的与保住国电公司的名字有关。第二，叫国网公司必须避免一种错觉，即原国电公司已被取消，而是新成立了一个电网公司。对此，必须在法律上严格界定，厂网分开后的国网公司是国电公司的续存公司，而绝不是一新设公司，如果有造成这一错觉的可能，宁愿不更改国电公司的名称。第三，厂网分开后的电网叫什么名字并不重要，关键是要有利于国电公司职能的转换与今后的长远发展。

在分离电源单位后，对国电公司的 1200 多个供电单位做进一步分解和重组，使其在组织体制上形成有分公司、子公司的营业控股公司。在经营领域上，今后国网公司要形成有庞大的电力网、电讯网及其他基础管网和电网建设队伍的现代大公司。我设计的国网公司组织结构如图 4—1 所示。

（二）国网公司的特征决定了其自然垄断属性

我在这份报告中强调了国网公司的五大特征和五大功能，五大特征是基础性、安全性、网络性、规模性、统一性。五大功能是电网统一运营和管理功能、电网统一调度功能、电力市场组织与运作功能、全国联网构筑市场功能、全国电网公司统一规划与建设一盘棋功能。特别指出的是中央电网调度与国网公司经营统一，这是中央对第一基础产业实施国有经济控制力的集中表现。

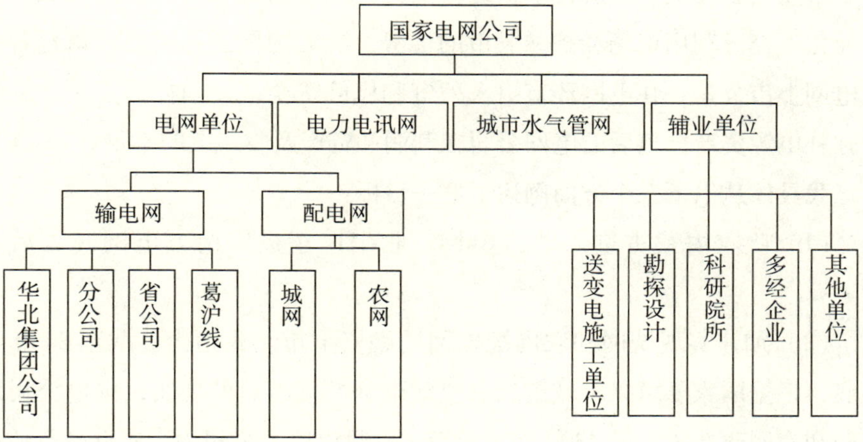

图4—1 国家电网公司组织结构图

（三）厂网分开后国网公司三层法人、五级管理的模式

国网公司、各省公司和县级公司是独立的法人，国网公司和省公司之间形成统一结算中心，大区分公司、地区分公司及国网公司的直属全资子公司可考虑实行事业部制管理，由此形成三级法人、五级管理的模式，如图4—2所示：

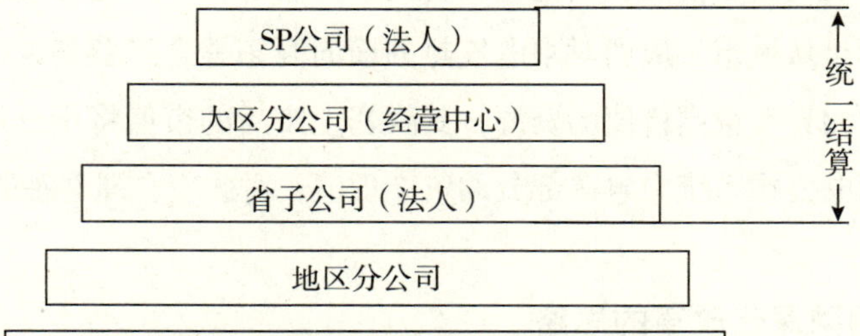

图4—2 国电系统三层法人、五级管理模式图

二、通过股份制保证国网公司世界500强的地位

厂网分开后，保证国电（网）公司资产和效益实力不减的措施，就是在这次国电公司改组为国网公司过程中，利用股份制的现代公司制度和在资本市场上融资上市，既在垄断经营上把计划体制的政策要足，又在产权多元化上充分利用市场经济和股市的优势，扩大国网公司实力。培育若干家电网上市公司，在电网环节引入外资和民间资金，以同样甚至更多的资产弥补电源资产分离后的电网公司在利润和资产及收入上的不足。

我具体从以下三个方面阐述了这一目标：

（1）吸收内蒙古进入北方电网，收编广东进入南方电网（见后文详述）。

（2）加速实现城网和农网配电网的融资上市。我指出，截至2000年年底，根据国家要求以及城市和农村配电网严重滞后的现实，国电公司对城网和农网改造投入了2800亿元，而这都是以国电公司为主对财政负债体现的，这笔钱要想用好并快速回收，就要将配电网的改造与股份制及融资上市相结合。先做到城网、农网改造的产权清晰化，然后再使其具备日后流动性的可能，实现股改融资、股改上市。配电网的改造，不仅要抓直管的直供直管县，而且要抓代管的趸售县，改制后可视时机捆绑上市，向外资开放，县级公司没有什么不可以开放的，况且我们还可以在技术上利用优先股加以控制。

（3）在重视电网建设的经营、进一步发展国电公司的电网建设队伍的同时，还要拓展电力通信网和其他基础管网，无论是从今后电力通讯网发展的前景看，还是从城市供应商对水电气热的横向开拓整合经营来说，这都是一块亟待开发的具有很高价值的资源，其融资上市后的市值将十分可观，甚至超过目前国电公司系统内电源部分的资产现值，对此应立即着手研究。

三、国网深化改革的思路

（一）发、输、配、售，守住中央，放开两厢

守住中央，输配合一，暂不分离，由国电公司自然垄断经营，这无论

从国电公司的改革策略还是从现实可能性来看，都是十分重要的。

放开两厢，是指放开发电侧和受电侧，发电侧一边没有问题，关键是售电一边，成立售电公司并成为国电公司改革中的亮点，具有形象意义。

（二）处理好输配电关系，成立私人售电公司

输配电关系分为过渡模式和目标模式，过渡模式期间除一些试点外，输配暂时合一；目标模式是输配分离，最终实现国电公司输电网经营型，并运用股份制探索配电网控股型的格局，形成建立在产权纽带基础上的母子公司关系。

私人售电公司必须有特许经营权，经营者应有十年以上的电力从业经验，既可以让其冲击旧体制，又可以发挥老同志的作用，目的在于促使电源全部或部分尽快完成竞价上网。

输配电网则收过网费，实现大用户用电选择权，结束旧电价统治电力市场的体制，为电网实现独立的价格开拓空间。在市场经济“无形之手”的操作下，私人售电公司总能找到市场最低廉的资源提供给客户，这既为它们赢得了经济效益，又为确立独立的电网价格拓展了空间。

此外重要的是，私人售电公司对国电公司输配合一的垄断电网格局不致产生过大影响，其意义就是在国电公司改革形象上得分。

（三）关于农网改造

在农网改造中，注重发挥政策和市场两个优势，市场的优势差的农网配电网向国家要补贴，农网改造就是在国电公司资金投入后，通过股份化引入增量资金，利用特许经营权在时机成熟时在国内上市，具体分为：中小城镇用电负荷集中的农网进行民营化融资并上市；偏远地区用电负荷分散的农网申请相应政策。根据电力法，要政策，测算出需要的补贴金额，要么国家直接补贴，要么由国家政策扶持。

第五节　组建十个发电集团

虽然大家都同意厂网分开，但国家计委主导的电改小组和国电公司的分开内涵最初是有差异的，特别是电源分开后是先搞一个还是搞几个，是先装在一个篮子里逐步再分成几个，渐变稳定分步到位，还是一步到位。国电公司最初是想先在上面成立两个大的集团，一个发电，一个电网。而我则一开始就主张厂网一次性彻底分开，“脱了裤子割尾巴”，组建十个发电集团，并就这一观点在2000年9月的国电公司党组会议上进行了阐述。

一、从国电公司系统分出十个左右电源企业

我在《国电公司近期改革与发展方案设计》中曾明确提出，从有利于分家后的电网和电源关系出发，从有利于我国电力市场电源的竞争和竞价上网出发，国电公司系统内的电源在厂网分开后，应以保持华能集团、中电国际、国电电力、大唐电力、中国水电集团公司、东北发电、西部发电、华北发电、华中发电、华东发电十个中央直属发电企业为宜。之所以要成立中央直属的电力公司，是因为电力是国家基础产业中的第一基础产业，事关国家经济稳定，不允许出半点差错。因此，电力行业中必须有中央直属的电力公司。

待时机成熟时，再由这些集团公司进行跨区的电源开发，并自主决定本集团内电源的重组、优化配置和出售；逐步降低由这些集团所属的电源企业的国有资产比例，尽快实现公众化、市场化进程。

二、组建中央直属发电公司的意义和目的

国电公司厂网分开，一分为二，形成中央直属的国网公司和中央发电控股公司的格局至关重要。

首先，电力作为第一基础产业，关涉国家经济稳定。新兴产业的涌现使许多传统产业发生重大变化，只有电力在一个多世纪以来作为一个重要产业不断与新经济对接，可见这个产业的重要性。因此，电力事关国家经济稳定，必须有中央直属的电力公司。

其次，电力第一基础产业的地位决定了其产业队伍的稳定。钢铁搬家、机械出家、纺织改嫁、电力当家是我国经济结构调整的真实写照。在

新经济时代，只有电力这样强有力的产业，才能拥有一支组织形态稳定、组织纪律严明的产业队伍。因此，形成中央直属的国网公司和中央发电控股公司的格局，将直接影响社会主义市场经济的经济基础，甚至影响党的执政基础，于经济和政治意义重大。

立足于这样的分析，对制定本次国电公司的改革方案有重要意义，在全面推进市场经济中保持重要产业的工人阶级队伍由中央控制是十分必要的，改革中不讲政治是不行的。

综上所述，在厂网分开时，构造中央直属的中央发电资产经营管理公司和国网公司，既是社会主义市场经济条件下中国党情和国情的需要，又在体制上简便易行，容易化解难题。

三、组建中央发电资产经营管理公司——纯粹控股公司

我在该报告中还指出，对国电公司所属电源企业进行剥离，与供电单位实现人员、资产、机构、职能四分开。在剥离出的十个电源企业之上再组建一个中央直属的“中央发电资产经营管理公司”，英文名称为“CP”(China Power Holdings)，该公司为纯粹控股公司，代表国家持有这十大发电企业的股份，如图4—3所示。

该公司具有以下特征：（1）不叫总公司或集团公司，是一家纯粹控股公司；（2）履行所有者职能——管财，当好股东；（3）履行企业工委职能——管人，当好“政委”（注：当时只有企业工委而国资委尚未成立）。

因此，应果断地将电源部分从国电公司一次分出去，并成立在京注册的由中央直接控制的发电资产经营管理公司。这个公司今后要不要分解，如何重组，中央和公有制在发电行业占多大比例合适等问题，都可由其自身解决。

四、中央发电资产经营管理公司的运作

中央发电资产经营管理公司可自主决定所属电厂价值形态和使用价值形态的转换，收回的资金可向国网公司再投资，拓展电网瓶颈。

资产经营管理公司实际上是一种控股公司。若当前组建控股公司在法

律上和政策上有障碍，也可就叫资产经营公司。但其本质都是进行中央发电资产经营管理的控股公司。

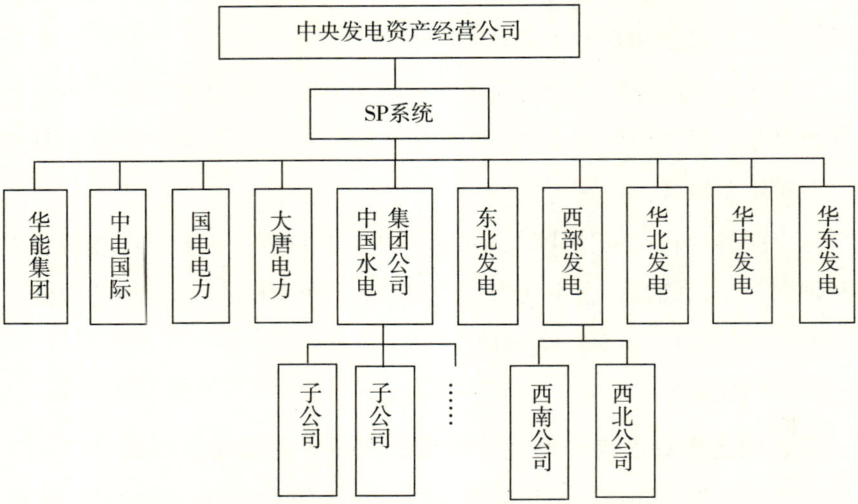

图 4—3　中央发电资产经营管理公司结构图

第六节　在资本市场中实现电网新生

一、发现电网价格和利润，实现电网新生

厂网分开，电网独立，既要靠国家的改革政策，也要顺应市场化大趋势。在资本市场上获得中国电网公司新生、国网在资本市场融资上市的前提就是要取悦投资人，让投资人有良好的回报。而其走上资本之路的前提，就是确立国网的独立人格，发现电网的独立价格和利润，而这就要求国家在国电公司的厂网分开改革完成后，给予电网一系列政策扶持。只有这样才能实现电网上市，使之获得新生。

二、国电公司搞股份制的思路

（一）搞股份制的好处：三级放大、画饼变真

为了让国电人感受到搞股份制的好处，我特别用了三级放大、画饼变

真的比喻。一级放大是叫资产评估，例如，国电公司在重组过程中，其价值发现的办法是资产评估，资产评估是就总资产而言的，如电网的特许经营就包含在其中。如，净资产评估后从1亿元增至1.8亿元，这是一级放大。二级放大是溢价发行，如果增发5000万股，每股5元，可筹资2.5亿元，这是溢价发行。重要的是存量资产评估到1.8亿元的股份二次放大。它随着每股5元的发行，本身升值为9亿元。三级放大是挂牌上市，公司股票上市，股价若从每股5元涨到10元，存量1.8亿股就变为18亿元，实现了三级放大，就真的实现了卖100万股就回来1000万元，这就叫画饼变真。例如，电网的特许经营权就可以被评估为有价值的资产。在这个过程中，应“产品经营为体，资本运作为用”，虚实结合，快速发展。

（二）国电公司应能获得上市公司和上市公司股东双重好处

上市的技术问题不能忽视，既然要做资本运作主体，国电公司的高层领导必须先成为分析资产负债表的专家，成为资本运作的专家。

在此，上市模式设计得好不好，会不会为日后的发展设置障碍尤为重要。国电公司本身不能上市，国电公司要成为上市公司的持股主体，在上市公司和国家之间打一隔断。总之，不仅要搞子公司上市融资，而且国电公司作为股东能在资本市场运作，这既符合国电公司营业控股公司的功能定位，又符合以国电公司为主体的改革思路。

三、电网融资上市举例

我在《国电公司近期改革与发展方案设计》报告中指出，厂网分开后，电网上市的进程不能慢，必须看到国际上电网垄断是事实，而电网上市也是事实。就国电公司的电网上市来说，更重要的是通过电网融资上市，尽快解决电网的合理定价，实现电网新生。

当时外资都在追中国电网上市，美国的雷曼兄弟公司、英国的瑞银华宝公司到国电公司搞公关，尽快掌握电网市场对外开放的先机，通过股份制和资本市场，无论是中央政府还是国电公司都应重视广东省电网想独立上市的问题，必须将其纳入国电公司电网上市的总体方案中，把广东的局部电网纳入国电公司电网对外开放的统一布局之中。

（一）南方电网上市模式初探

国电公司应把南方电网上市作为电网公司制度创新的突破口。无论是中央政府还是国电公司，都应重视广东省电网想独立上市的问题，必须将其纳入国电公司电网上市的总体方案中。

1. 上市公司雏形

初步分析：截至2000年年底，国电五方的供电资产（包括输配电）如下：南方公司82亿元，云南公司64亿元，贵州公司38亿元，广西公司54亿元，为保持对广东的控股地位，可以考虑把福建公司的74亿元也划进来，五方合计是312亿元；而同期广东的供电资产（包括输配电）是295亿元。从账面数字直观看，合在一起是607亿元，国电公司略占优势（51%），可作为上市公司的雏形，如图4—4所示。

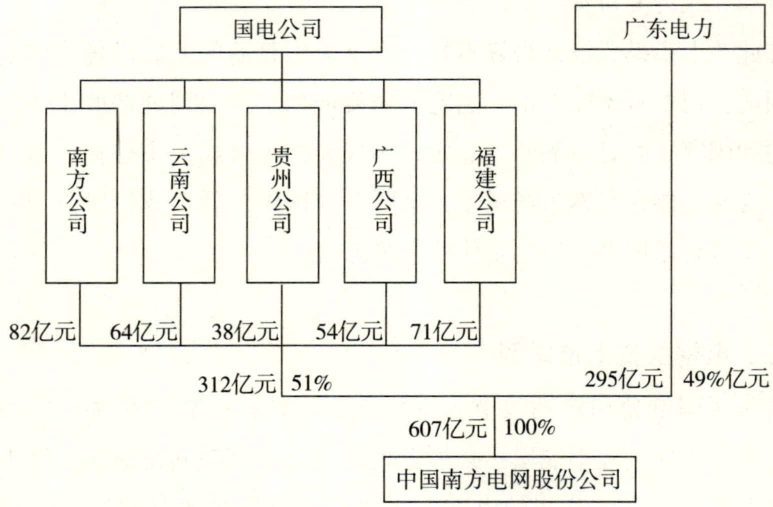

图4—4 南方电网上市模式构造图

2. 股份制改造

在股份制改造过程中，我站在国电公司的立场上，建议最好不要让广东电力的股份占那么高，以其不超过25%为宜。如何解决这个问题，第一种模式是双方入股资产剔除配电资产，只要输电资产，广东省的持股比例就会下降。这是可能的。也可考虑输配资产全进的第二种模式，但前提是先让广东转让 150 亿元资产给国电公司。在这个过程中，广东要的是利益而不是电网的控制权，这正好和国电公司互补，双方可各取所需，又何乐而不为？重要的是发现并满足对方的利益和兴奋点，如果广东的投资能够一次且高溢价回收，怎可能实现不了呢？

因此，可考虑让广东一次转让给国电公司 150 亿元的股份，国电公司的收购资金的筹措有几种方式：一是为其承担 316 亿元债务；二是先贷款平价支付，然后通过南方电网股份公司上市后，在股市上溢价卖出一部分国电所持的股份，用所获溢价收入偿还贷款；三是从 2001 年至 2005 年国电南方公司的其他未入到南方股份公司的在建工程资产将按年增加 23 亿元、37 亿元、25 亿元、26 亿元、10 亿元（从 82 亿元上升到 193 亿元），如表 4—1 所示。

表 4－1　南电联直属电网资产情况表

年度	截至 2000	2001	2002	2003	2004
累计资产（亿元）	82	105	142	167	183

因此，国电（网）公司可以把未来五年形成的资产逐步往上市公司里装，上市公司给国电公司钱，国电公司就可以逐步还给广东电力，如图 4—5 所示。

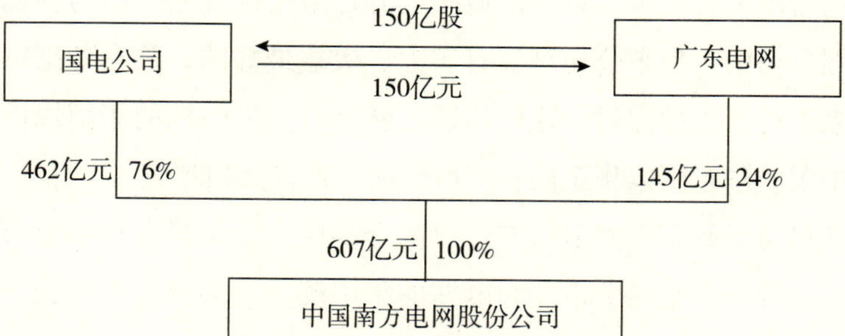

图 4—5　南方电网上市模式构造图

3. 上市再融资

中国南方电网股份公司在这种结构下，改造后上市再融资20%，最终国家占80%（其中国网占61%，广东占19%），公众占20%，如图4—6所示。

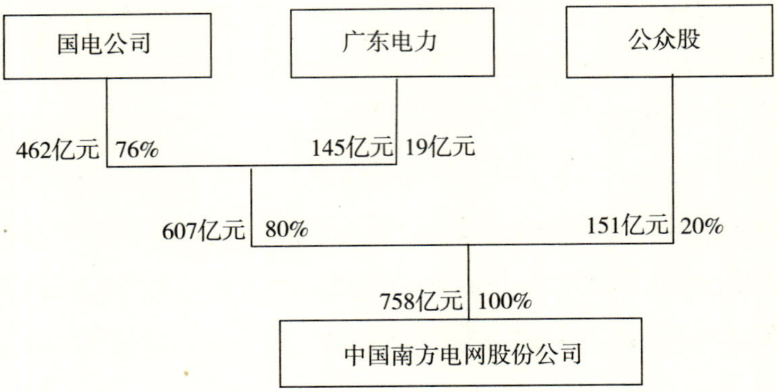

图4—6　南方电网上市模式构造图

注：(1) 市盈率为15；(2) 若利润为55亿元，企业市值 = 55 * 15 = 825亿元；(3) 公开发行20%，筹资量 = 607 * 0.2/0.8 = 152亿股；(4) 每股市值 = 825/758 = 1.09，融资额为165亿元；(5) 摊薄市盈率15/1.2 = 12.5；(6) 中国电信发行市盈率27.44，摊薄25，筹资327亿港元；(7) 中国石油发行市盈率10.1，摊薄7.5，筹资29亿美元。

（二）华东四省一市输配电海外上市

我还提出了将华东四省一市输配电海外上市的思路。因为在国电的五大区域网公司中，华东公司是最有实力、效益最好的，最具备把输配电资产拿出来进行上市的探讨。这样的话，就可以实现中国的华南以南方电网上市，中国的华东则以华东四省一市电网上市，交相呼应。

我还提出了研究电网上市应走出两个误区：一是只有整体上市才叫集中统一。那种认为整体上市才叫电网的集中统一，局部上市则会导致电网分散格局的看法是不对的。集中统一的体现包括国电公司运用资本纽带控制电网上市公司，而不一定是国电公司整体上市。二是只有网、省公司是分公司才叫实体化。那种认为只有网、省公司是分公司才叫实体化的看法也是错误的。在国电公司的改制过程中，把北部电网改组为有限公司是个可行的选择，不要一提国电公司的统一，就要把下面的机构都变成分公司，好像有了子公司和上市公司，国电公司就不叫实体化。

第七节　国粤两网合作愿望落空

鉴于我给国电公司党组所做的报告建议中提到了国电公司与广东电力公司的股份制合作模式，同时我坚持认为，广东方面在意的是“钱”而不是“权”，是经济利益而不是管理控制，只要利益到位，是有可能的。因此，我建议国电公司领导可否和广东省的主管副省长交换一下意见。因为这位副省长曾是我的老领导，我知道当时广东正在策划包括电网在内的五大基础网络国有资产的股改融资上市，包括让中金公司研究广东电网的上市，还有让广发证券通过粤电力整合广东的电源企业。

因此，在这个会上我建议，国电公司方面应主动和广东省接触，大家探讨合作的可能性。国电公司领导立刻同意了，并安排谢松林副总经理具体洽谈。2000 年 9 月 13 日，我趁这位广东省领导来北京开会，请两位领导坐在了一起，在场的还有国电公司总会计师陈月明、中金公司投行部的一位经理。然而由于种种原因，谈话仅涉及了电力体制改革的宏观问题，并没谈及合作的实质问题。

事后我意识到当时中金公司正在做广东电网上市的业务，如果广东电网和国电公司合作了，那么广东电网单独上市也就不可能了。所以我想促成国电公司和广东电力公司股份制合作的美好愿望落空了。

第八节　2001 年国电公司广州会议

2001 年 4 月，国电公司系统工作会议在广州召开。地点选在广州，背景有二：一是 2000 年 5 月王骏《令人沮丧的电力改革》一文发表后，由国家计委牵头成立了电力体制改革小组，电改主导权易手，新的电改方案正在酝酿之中。国电公司面临日益加大的反垄断和拆分压力，希望听取系统外部及社会各界的意见。二是在当时，中国只有广东、海南、内蒙古、西藏4个省份没有在国电公司系统内，其中广东体量最大且与国电公司在电网的电量交换与电价核定上又时常发生分歧和矛盾，因此国电公司领导班子集体到广州来开会，与广东省和广东电力的领导见面，既有听取意见的目的也有探讨联谊合作的目的。当然，用高严的话说，到广州是来向广东省和广东电力学习改革的。

但广东省是不可能这样理解的，他们觉得，国电公司资产庞大、实力雄厚、高高在上，多少年来，电力又是国民经济行业的老大，万事不求人，这次突然放下身段到广州来，一定有什么深层次的目的。双方见面交流时，广东省省长卢瑞华开门见山就说："到我们这里来开会，是不是要说我们广东电网的问题？广东电网可是集资办起来的，如果你们要想拿走，必须用钱买。但我估计你们可能买不起，如果买不起，是否可以像建三峡电站那样（全国电价每度电加价一分钱，你们用这一分钱）来收广东？"

"大家"谈话擅长把严肃的内涵寓于谈笑之中。由国网用涨电价的钱来收广东，由全国消费者来负担，显然只能当笑话来听，其言外之意就是广东电网你别想收走。在这样的谈话氛围下，高严代表国电公司方面除了说是来向广东学习改革的，还能说什么呢？

在这次会议上，国电公司还针对社会对其垄断的批评，提出要予以正确对待：一是采取不争论方针；二是要组织力量写一些文章正面阐述，和社会的专家学者们开座谈会，听取大家的建议并做沟通和解释；三是继续实行放之四海皆准的五项原则：即听党中央和国务院的，听改革主管部门的，搞好安全，提高效益，稳定电网运行。

第九节　国电（网）公司生存的理论基础

2001 年 4 月的广州会议期间，我接到国电公司谢松林副总经理的电话，他说："纪鹏，我们在开广州会议，面对社会上有些对国电公司的非议和误解，有必要做一些解释工作，适度地表达自己的声音。你能否从学者的角度就这几年对电力行业、电力产品特点和国电公司的了解，客观、公正地写一篇文章以示正听？"其实我一直就想写这样一篇文章，于是欣然应允。

正是在这种背景下，一个月后，我写出《国电公司生存的理论基础与近期发展建议》一文。这篇文章结合电力行业特征，从中国电力工业实情和发达国家的电力公司实践出发，提出了非均衡论、大循环论和有限竞争论三大理论，从某种意义上说，这篇文章为国电公司或国网公司生存和发展以及推进全国一张大网奠定了理论基础。

所谓非均衡论，是指我国能源资源分布和地区间用电负荷不均衡，东西时差大，南北温差大，客观形成了供用电不均衡，因此需要全国联网组建国网公司。

所谓大循环论，就是广东等地方政府从地方经济的整体格局和当地消费者的消费权益出发，算大账不算小账，获取成本较低的电力资源，这样做，尽管使用外地低价电会使本地区、本系统的电厂受损，换来的却是整个地区工商产业用户的用电成本下降、利润上升，这必然会促进当地税收的增加。而地方政府通过增加的税收和财政收入，则可适当对受损的本地电厂给予补贴，最终实现受益一大片、保护一两点的大循环模式。要想大循环，就要全国一张大网；要实现全国一张网，就必须要有国电（网）公司。

所谓有限竞争论，是指国网经营领域是自然垄断行业，这一行业在一个较长的时期都不可能是充分竞争领域，即使在这一行业适度引入竞争机制，竞争也是有限的。因此，保留国家对输电网公司的垄断经营，在电网领域不搞自由竞争是必要的。

这篇文章正是在当时电力体制改革领导小组研究“0+4”和“0+6”模式试图取消国电公司，也不搞国网公司的关键时刻发表的，被《经济日报》、《电力企业管理》、《中国工业经济》等多份报刊刊登，产生了很大的影响，以至于2006年我到云南国资委开会时，碰到了云南省电力公司一位副总，他对我说，他曾陪王骏一起到国外考察电力，王骏就曾对他说过：“电力改革本来进行得好好的，结果被一个叫刘纪鹏的搞乱了。”他说的就是这篇文章。

十年之后的2012年3月17日，在中国能源研究会举办的《电力体制改革方案》颁布十周年的座谈会上，我终于见到了从未谋面的王骏，这时他已是国家能源局新能源与可再生能源司司长。发言时我将这个故事当作笑谈来讲，王骏则对此沉默不语。实际上多年来，我一直发自内心地把这个评价当作是对我的表扬而倍加珍惜。

第五章　2000 年电改主导权易手

随着电力体制改革的逐步推进，2000 年 8 月由国家计委主导的电力体制改革协调领导小组成立，并很快着手制定了直接导致电改主导权易手的 69 号文。在其作用下，电力体制改革的主体从内部变为外部，由国电公司变为国家计委，基本上完全中断了国电公司从内部主导推进的电力改革进程。也由于主导改革的思路的巨大转变，电力体制改革协调领导小组随即将《电力体制改革方案（草案）》上报国务院，但是其中提出的电网发展模式迅速成为大家关注的焦点。草案提出的电网改革模式是初期“0 +6”、最终“0 +4”的“破碎式”改革模式，而对此改革模式，国电公司相应提出了认为更加切实可行的“1 +6”模式，双方形成了鲜明的对比和激烈的碰撞。

上述这两种模式作为在当时交锋中最有代表性的两种思路，本章将对其集中论述，我也希望通过本章的介绍，能够帮助读者在了解我国电改历程的过程中，对这两组重要的数字线索形成更加深刻的理解。

2000 年 6 月 16 日，国务院三峡工程建设委员会召开第九次会议，时任国务院总理朱镕基在谈到国电公司主导下的电力改革进程时认为“电力行业以‘省为实体’的改革已走样为省为壁垒，电力资源优化配置出现很大障碍，必须重新审视”，并当即拍板决定由国家计委牵头，成立体制改革小组，“开门搞改革”。（详见《中国经济快讯周刊》2001 年第 38 期）

2000 年 8 月 28 日，国家计委正式成立了电力体制改革协调领导小组并召开了第一次会议。会议主要对改革方案制定、实施及可能产生的影响等问题进行了研究并拟定了工作计划。协调领导小组由时任国务院副总理吴邦国领导，由当时的国家计委主任曾培炎担任组长，副组长有时任国家计委副主任张国宝、国家经贸委副主任欧新黔、国电公司副总经理陆延昌等，成员有王骏等人。自此，电力改革主导权正式从国电公司易手到国家计委主导的电改小组，随后这个小组即开始着手酝酿新的以拆分国电公司为主的电力改革方案。

第一节 “69号文”出台

与1998年国电公司单轨运行之初就由国电公司主持制定了国办发［1998］146号文指导电力改革一样，电力体制改革协调领导小组成立后做的第一件事，就是主持制定了国办发［2000］69号文指导新的电力改革。

2000年10月17日，国务院办公厅印发了《关于电力工业体制改革有关问题的通知》即（国办发［2000］69号文）。69号文的实质是国务院决定对根据1998年国务院办公厅转发国家经贸委的146号文已经开展的电力体制改革试点内容作必要的调整。

146号文是指1998年12月国务院办公厅转发的国家经贸委《关于深化电力工业体制改革有关问题的意见》(国办发［1998］146号)。其要点是：

（1）推进厂网分开，选择上海、浙江、山东和辽宁、吉林、黑龙江六省（直辖市）进行厂网分开、竞价上网的试点。

（2）坚持政企分开、省为实体的方针，深化省级电力公司的改革，每个省（自治区、直辖市）只设立一个省级电力公司，对全省电网实施统一规划、统一管理。在东北电力集团公司进行试点：东北电力集团公司所在地沈阳市设立辽宁省电力公司，将黑龙江省、吉林省电力公司改组为具有独立法人资格的公司，东北电力集团公司改组为国电公司分公司。

（3）加快实施全国电网联网，将中国电网建设有限公司改组为国电公司的事业部。中国南方电力联营公司实行厂网分开，其电网部分进行资产重组后作为国电公司的分公司，由国电公司直接管理，电厂独立运作。将中国电力国际有限公司改组为国电公司的全资子公司。

（4）国电公司从1999年起停止对子公司收取折旧费，改为收取投资收益，由国电公司制订具体办法报财政部审批。国电公司要加强企业管理，提高国有资产的收益水平。

（5）电力工业体制改革涉及面广，政策性强，有关省、自治区、直辖市人民政府和国电公司要高度重视，精心组织、周密安排，有计划、有步骤地进行；确保企业安全生产，做到供电不间断，国有资产不流失。

而69号文作为对146号文的重大调整，其主要内容如下：

（1）电力体制改革工作由国家计委牵头，会同国家经贸委、财政部、国务院法制办、国务院体改办、国电公司及中国电力企业联合会等有关部门和单位组成的电力体制改革协调领导小组负责。电力体制改革总体方案由协调领导小组组织制订，报国务院审批。

（2）各省、自治区、直辖市一律暂停执行地方政府或电力企业自行制订、实施的“竞价上网”发电调度方式。已经进行试点的六省（市）电力公司，在新的电力体制改革总体方案出台前，可以继续在原试验电量的范围内进行竞价上网发电调度。有关省为实体的试点范围暂不扩大，尚未进行的一律暂停。

（3）为规范运作，防止国有资产流失，除正常生产经营外，有关各级国有电力企业资产重组、电站出售和其他资产处置问题，将纳入电力体制改革总体方案统筹考虑。目前除按国家规定程序审批的资产重组、电站出售、盘活存量项目外，停止其他任何形式的国有电力资产的流动，包括电力资产的重组、上市、转让、划拨及主业外的投资等；凡项目未经国家批准的，其已经变现所得的资金停止使用并予以暂时冻结。

（4）最后还严厉指出：“各地区、各有关部门和单位要顾全大局，统一认识，按照国务院的统一部署和各自职责分工，做好电力体制改革有关工作。对因玩忽职守，给国电资产造成损失或酿成安全事故的单位和个人，要依法严肃追究有关责任人的责任。”

69号文的颁布基本上是全面否定了146号文，意味着电力改革主导主体的改变：即从国电公司的内部主体主导到国家计委为主的电改小组外部主体主导，中断了国电公司内部主导推进的电力改革进程。同时为防止国电公司在改革前做不利于改革的“手脚”，要求连国电系统内的资产重组、外资合作及上市工作也全部暂停，文件最后用“严肃追究责任”的语言也极为罕见。因此从2000年开始，国电公司除维持日常的运营外，所有的资产重组和投资都停止下来，我也一直认为后来的电荒和此时的情形是存在某种关系的，这在一定程度上为后来的电荒埋下了伏笔。

第二节　我对《电力体制改革方案（草案)》的意见

国家计委主导的电改协调领导小组的成立使电力体制改革的思路发生了转换。过去国电公司提出的改革方向主要是以“全国一张网”为前提进行电力的市场化改革。然而新成立的国家计委主导的电改协调领导小组则主张打破国电公司垄断，拆分国网，横向组建区域性的大区网公司。2001年4月30日，电改协调领导小组将一份综合了各方意见的《电力体制改革方案（草案)》上报国务院。其要点如下：

（1）根据厂网分开的原则，在国电公司管理的发电资产中，华能公司改组为独立发电企业，其余重组为三至四个各拥有4000万千瓦左右发电容量的发电公司。

（2）设立国网公司及华北（含山东)、东北（含内蒙古东)、西北（含新疆)、华东（含福建)、华中（含川渝，代管西藏）和南方（含海南）六个区域电网公司，国网公司和各区域电网公司分别在国家计划中实行单列。同时规定，国网公司由国务院授权为六大区域电网公司的出资人代表，当条件具备时，将西北与华北、华中与华东合并，最终形成四大电网公司，并实现全国联网。区域电网公司根据电力市场发展的具体情况以及合理的企业法人治理结构，将区域内的现省市公司改组为分公司或者控股的子公司，负责经营当地的输配电业务。

（3）国网公司的主要职责是在六个区域电网公司的管理中履行中央国有资产出资人职责，承担资产保值增值责任并受国家委托处理区域电网公司生产中需网间协调的问题，对全国电力系统建设、生产、运行的信息资料进行统计、分析和管理。

这个草案拿出来后，国务院要求征求各方意见，很多人一看就批评其为“看不懂”。我第一次见到该草案是在国电公司。当时谢松林副总给了我一份草案复印件，让我提意见。我看完之后认为其中存在诸多不足，便于2001年4月22日写就《对〈电力体制改革方案（草案）〉的六点意见》一文，并交给了谢总。主要观点如下：

第一，草案设计思路混乱，责任主体不明。首先，草案处处体现了执笔人的复杂心态，既体现了其改革和倡导竞争之形象，如在国网公司和区域电网公司的上市问题上和对电网“一分为六”，又担心承担改革的风险，而构造一个形式上的出资人——国网公司，在架空它的同时又让其承担改革的风险和电力安全稳定运营的责任。天下没有免费的午餐，主持改革者必须承担改革的风险和责任，这是必须要强调的。其次，由尚未成立的电监会来领导实施整个改革，这是一种极不负责任的态度，既混淆了电监会的工作性质，又让电监会在前台承担改革的风险，最终电监会必然是荒了自己的田，又种坏他人的地，难以收场的风险极大，真不知到那时国家计委又会如何解释其改革方案。再次，以国家计委为首的改革者既不承担改革和安全稳定运营的风险，又要主导改革思路并推行“破碎式”改革，这必然会导致难以实施的现实。这只能说明方案制定者不相信国电公司作为改革的主体，而又要让电监会承担改革的风险，让今后成立的国网公司承担安全运营的责任，如此用心令人难以理解。

我认为，由国电公司作为改革和安全运营的主体，从国电公司成立以来的历史来看，其是完全胜任的：安全稳定运营，效益逐年上升，改革思路明确，先厂网分开，主辅分离，再厂网两头分工负责，电源方分割成若干大型电源集团，电网方从电价入手，实现电网输、配、售的逐步分离，有统有分，责权利一致，稳定渐变，在稳定中改革，改革中发展。

第二，电网重组模式及实施步骤不可行。方案制定者无视电力产品和产业的基本特点和国际电力体制改革的基本走势，既纵向分割，又横向分拆，这种“破碎式”的改革风险极大，加上无切实可行的实施步骤，只能说明方案制订者非专业人士的特点和长期以来旧体制下制订方案者对方案不负责任和急于求成的心态。尤其是在作为核心问题的电网拆分上，表面上国家计委主导的电改小组同意暂时保留国电（网）公司，但无论从本质上还是目标模式上，都是要推行“0+4”方案。首先，草案中所谓“1+6”实际上是“虚一实六”，问题颇多，既要求国网公司承负六个区域电网公司的出资人代表，承担资产保值增值责任，又让六家电网公司分别在国家计划单列，让其将近期盈利及折旧用于本区域电网建设，这是矛盾的。世界上没有这样被架空的出资人，还要在一旦发生问题时替国家计委承担这一改革方案的骂名。总之，制订方案者永远主动，永远不担责任。建议有关方面应认真研究一下我国公司法和民法对所有权和出资人的完整定义，尊重法律规范性，不要搞权大于法和在制定政策时任意作出对法律术语不合法的定义，那样必将造成新的混乱，难以落实。

从远期来看，该方案的真实用意是“0+4模式”，只是碍于阻力和现状而改变了一下方略，即将“一步走”改为了“两步走”。第一步，将五个区域电力公司和南方电网公司从分公司变为子公司，做实大区网公司，即表面上实行“1+6”方案。同时，该草案在国网公司与大区网公司的关系上含糊其辞，提出国网公司承负六个区域电网公司的出资人代表，承担资产保值增值责任，又强调六个区域电网公司和国电（网）公司一样分别在国家计委的计划中实行单列，同时六大区网公司将其近期盈利及折旧仅用于本区域电网建设，实际上是在架空国网公司，实行“0+6”模式。第二步，取消国网公司，组建四个大区网公司，最终实现“0+4”方案。

其次，草案中关于国网公司的未来发展，像个纯粹控股公司，又像个行政性公司，其职责是个大杂烩，既有政府职责，又有行业协会职责，还有公司职责。

最后，草案同时提出当区域电网公司形成后，要将区域内的现省、市公司改组为分公司或其控股子公司。分公司的含义很清楚，但何为控股的子公司，含糊其辞。虽然草案未明确提出拆分国电公司，但字里行间都透露出了否定国电公司“做实国电公司和省公司，弱化大区网公司”的思路。

第三，针对电力体制弊端分析中的问题，草案表述十分空泛。在草案中并没有专门列出章节明确分类区分电网、电价、垄断经营和行政审批问题。如电价问题和项目审批是当前反映垄断体制最强烈的问题，而这一源头恰恰在于行政审批，因此行使这一行政审批权的政府部门必须同步改革，这就要求要从垄断和腐败的源头——行政审批进行反思，进行调整。又如，“西电东送”、优化资源配置和公平性竞争的关键是大电网的形成，联网规模决定市场边界，根据电网自然垄断的特点，只有全国有权威的统一电网公司才能完成这一重任，找到超越西方发达国家发展的捷径。省为实体形成的分省平衡在全国联网后自然就会被打破，各省依赖全国联网将极大改变我国电网现状，而区域性电网极易固化现有模式，形成难以打破的区域垄断。因此，该方案把着眼点放在现有的区域电力市场上，势必延缓改革，不利于全国电网的形成。

第四，关于厂网产权分离的提法。草案中“厂网产权分离”一词的提法含糊不清，且不符合发达国电改革的现实，厂网分离的实质是功能、组织上的分离和法律上的各自独立。

第五，关于电价问题。首先，应对现有电价体制进行深刻的反思，剖析其问题所在；其次，应对厂网分开后的电网电价进行测算，看是否能找到由国家计委制定，由电监会负责实施的“虚一实六”模式下能够被消费者、国家、发电商各方都能承受的电价水平，这才是本次改革能否顺利实现厂网分开的依据。在现有国家计委提出的改革方案下，国电公司如果不能作为改革的主体指导这次改革，而是一上来就不被信任，就遭分割，那当然就会丧失积极性，不解决电价这个“牛鼻子”，无论厂网分开还是“0+4”或“虚一实六”的改革模式都会陷入漫长的拉锯战中并引发问题。而该方案恰恰在电价问题上没有下工夫，不了解情况。

第六，关于监管问题。让电监会领导电力体制的改革，理论上不顺，现实中不可行，贻笑大方。为了不让国电公司主持自身改革，而国家计委又不承担任何改革的风险，简直绞尽脑汁。

今后电监会和国家计委、经贸委等有关部门是什么关系？这都不明确。似乎国电体制的改革，弊端只是国电公司。因此，改革的目标也就是先拆分并最终取消国电公司。这个方案似乎把解决国电公司的问题作为其全部内容，其他都是虚的，仅为陪衬。可问题又何止如此简单？

在征求意见中大家争论最激烈的还是关于中国电网的发展模式问题，人们把这个草案的电网改革模式称为初期“0 +6”、最终“0 +4”的模式。针对国家计委主导的电改小组提出的“0 +4”模式，国电公司也从过去考虑的强化“老子”和“孙子”、弱化中间“儿子”的“1 + N”模式妥协，提出了把国电公司和六大区域网公司都保留的“1 +6”模式，这两种模式是当时在《电力体制改革方案（草案）》征求意见时具有代表性的、激烈交锋的两种思路。电力改革进入新一轮的拉锯状态。

第三节 “0 +4”和“1 +6”模式的交锋

在《电力体制改革方案（草案）》征求意见稿中虽然提出先设立一个国网公司以及六个大区网公司，但同时又递进指出六大区网公司才是电网运营的实体和主体，而国网公司仅仅是做出资人。而且明眼人都看得出，即便如此，也仅是在当时国电公司已强势存在且六大区网公司中有四家已被改为分公司的基础上的过渡，由于社会争论激烈，若一次性将国电公司肢解阻力太大，因此暂将其保留，最多构造一个形式上的出资人，这实际上是“虚一实六”的“0 +6”模式，而且该草案明确指出：（电网）改革的目标模式是在条件具备时，即随着电网结构的加强和电力市场的发展，按“西电东送”的格局，将华北与西北合并，华中与华东电网公司合并，最终形成东北、北方、长江和南方四大区域网公司，因此这个方案被人们称为“0 +4”模式。我则把这个既纵向切分又横向分割的模式称作“破碎式”改革。

但这个方案首先就遭到了国电系统的反对，在征求我的意见时，我也提出了不同的意见。我认为：电力行业迄今为止仍是十几块各自封闭的独立电网，没有实现全国联网，而在联网进程中仅依靠几个大区网公司或独立省公司作为建设和经营主体是不可能的，因此必须长远保留国网公司。

而国电公司系统从妥协出发，提出了“1 +6”模式。所谓“1 +6”模式，是在保留全国一张输电网的基础上，保留和加强从国电公司演变而来的国网公司，同时在区域上再在其下组建六大区域电网分公司或独资子公司，即东北电网公司、华北电网公司、华东电网公司、华中电网公司、西北电网公司和南方电网公司。实事求是地说，国电公司“1 +6”模式本质上是想推行“1 +N”模式（这里的 N 是指省公司），即把大区网公司变成分公司，将省公司改组为子公司；只是囿于当时社会舆论和改革压力而提出了“1 +6”模式，为易于读者理解，这里暂且把国电公司的改革思路统称为“1 +6”模式。但这一模式的实质是“实一虚六”或者叫“1 + N”模式。

此后根据各方的博弈，草案多次被“中和”，最终在 2002 年 2 月国务院出台了在电网改革方面各方妥协的产物——“2 +5”模式，即保留国网和南网两家全国性电网公司，同时在国网内设五大区域电网子公司。

第六章　他山之石，日美德电力考察

第一节　背景与花絮

正当中国电力体制改革的路径之争如火如荼之际，2000 年 12 月中旬爆发并绵延至 2001 年的美国加州电力危机对改革进程发生了较大的影响。中国的电力改革是以欧美为效仿对象的，加州电力危机一出，“打破垄断”的声音弱了许多。加州电力危机使国内电力业内的人士意识到，在电力领域进行市场化改革要承担很高的风险：一旦改革方案的设计出现漏洞，后果将难以想象。

2001 年 1 月，我收到国电公司的正式邀请函，大致意思是说鉴于 1998 年以来我给国电公司制作的几个方案受到了国电公司方面的一致好评，因此根据国电公司领导的指示，拟邀请我以国电公司顾问的身份参加国电公司电力代表团访问日美德三国，考察其电力发展和改革情况，以供中国电力改革借鉴，希望我能够继续参与电力体制改革。

坦率地说，接到这一邀请我还是觉得有点突然，因为当时国电公司将被拆分的呼声不绝于耳，但国电公司执著地按照自己“四步走”战略推进电力改革的思路并没有停下来，为此我深受感动，欣然接受。与我同时受到邀请的还有国务院发展研究中心产业经济部的冯飞副部长。这个代表团的领队是国电公司体改办陈飞虎主任，代表团成员除了冯飞和我之外还有郭国川（国电调度中心副总工程师）、解松凌（华北电力集团总经理助理）、陈全（国电公司国际合作部处长）、郭丁平（国电公司办公厅副处长)、丁一鸥（国电公司国际部翻译)。

这次出国考察从2001年3月12日起到2001年4月1日结束，将近20天的时间里我们详细考察了日美德三国的电力工业及其市场化改革的状况。这三个国家是世界上经济最发达的三个国家，在电力工业的改革和发展上也是各有特点，并没有一个统一的模式。考察带给我的最大感受就是，各国必须根据自己的国情，沿着市场化的发展方向来探索自己的电力改革发展模式。国际电力改革唯一的普世真理就是没有普世模式，认识到这一点会使我们的电力改革少走许多弯路。

这次电力考察对我的电力改革观的形成非常重要。实际上使我更加坚信不疑我在2001年之前制作的一些电力改革方案，同时也对我后来在国电公司拆分过程中一系列文章的观点和拆分方式中的思路起到了巨大的作用，因为这是我第一次系统地考察国外最典型的市场经济国家的电力改革的历程和模式。尽管这次考察已过去了十几年，但是今天回想起来，很多考察细节我仍记忆犹新。

这次电力考察的第一站是日本，接待我们的是日本国家电源开发公司。他们介绍的电力体制改革给我印象最深的是“手拉手”和“面对面”两个电改新词。

“手拉手”说的是日本是一个一次能源极度匮乏的狭长四分型岛国（由北海道、本州、九州和四国组成)，不存在像中国一样的一次能源分布和电力能源负荷中心分布不均衡的现实环境。所有的一次能源如煤炭、石油都要靠海洋运输，运在哪里，哪里就就地发电、就地负荷，并不需要全国强联网，有的仅是“手拉手”的区域网弱连接，因此日本基本上是发输配售纵向功能一体化的区域电力和电网模式。而“面对面”则是指日本大用户和厂商直接见面走过场的电力售电模式改革。2000年前后，对中国人来说，日本的电价极高，大约比当时的中国电价高出2~3倍，亟须电力改革。但日本的电力改革是走过场。我印象最深的是当时日本朋友在介绍日本电力改革时，仅是拿大藏省的一座办公楼和一所中学做大用户和厂商“面对面”的电改试点说事。

而在美国，我印象最深的则是当时正闹加州电力危机。加州政府每天因电价补贴负债都以十亿美元的速度递增，面临破产的边缘。加州电力危机的爆发有多重原因，其中有气候干旱的偶然因素作用，但最重要的还是改革方案设计的缺陷，美国的电网被以横切方式分成了四个独立电网，由于加州电网是一个完全封闭的区域电网，以致危机爆发时，其他电网救助不及。几乎与此同时，国内的“西电东送”计划在广东受阻，联网的必要性再次引起改革者关注。在考察期间，我目睹了加州电力危机给美国社会带来的巨大经济损失，因缺电而怠工的工厂、破产的企业和失业的工人到处都是。前任戴维斯州长虽然能带来全州的富裕，却一招不慎，因为破碎式电力改革而断送了自己的仕途，缺乏安全感的美国人迫切需要一个铁腕代言人来解决加州的矛盾，可以说是加州危机造就了施瓦辛格。

在对位于加州首府萨克拉门托的加州独立系统运行机构 ISO（Independent System Operator）和电力管制机构的访谈中，给我印象最深的则是一位美国朋友的悲哀之言：“市场经济可以包治他人百病，却唯独治不了市场经济自己的病。”这让我对电力作为国民经济第一产业的安全性和重要性有了更深刻的理解，并坚定了我对于“全国联网”对中国电力工业重要性的认识。

在华盛顿，世界著名投行雷曼兄弟高级顾问、前美国能源部部长施莱辛格所说的城与城、国与国之间城市基础设施一体化是国际经济一体化的重要条件和必然选择，以及他认为由于落基山脉的阻断，美国西部和中东部没有实现全国联网，而这是难以对加州电力危机施予救援的重要原因，这一提法给我留下了深刻的印象。在亚特兰大，当看到电力交易所居然跟股票交易所一模一样，简直令我震撼。电力居然可以是最重要的金融商品之一。

在德国，易昂公司（E. ON）作为德国最大的电力公司之一，不仅经营电力产品，还经营城市供水以及天然气，这种城市公用产品供应商一体化的模式也更使我顿悟到我国国网公司今后的发展模式。在厂网分开后，完全可以朝着水电气热、电力及电讯网络供应商的模式发展。在德国期间，我们第一次感受到了德国大公司的会所文化。我们考察德国的第一站就是拜访由八大电力公司组成的德意志联网协会（DVG），几乎会所的所有会员都来参加了我们的欢迎晚宴。德国朋友的发言诙谐幽默，在介绍电力公司情况时还提到他们家庭的情况和售电公司经常变换的情况，原来他们并不受家庭用电和售电公司必然联系的束缚，我头一次听到原来家庭和私人用户可以像买电话卡那样去买不同公司的用电卡，而不同售电公司之间的竞价售卡会使消费者深受其益。

而在这次与国电公司代表团成员一起相处的将近20天的时间里，也确实有不少令人难忘的故事。

故事之一——我差点没坚持下来。代表团中五位来自国电公司的同志非常优秀，尤其是陈飞虎和郭国川。飞虎是一位电力改革方面的专家，他自始至终参与了国电公司五年的改革全过程，最熟悉电改情况，也是我在国电五年间接触最多的国电人。郭国川则是电网调度、结算和技术方面的专家。我把他称作电网“活字典”。他二人性格迥异，国川是性格开朗、随和，无论对电网的技术、调度还是财务结算，都非常精通，可以说是国电系统数一数二的青年才俊，在我们代表团与外方的学术交流中，许多我们搞不懂的难题，通常都由他解答。而飞虎的性格表面上看则是内向、严肃，经常会摆出团长的风度来。他是一个十分认真的工作狂，对领导交代的任务不打折扣，忠诚可靠，不跟人“套近乎”，在飞虎的安排下，我们除了工作就是工作，日程安排得满满的。而在与外方的座谈交流中，他经常“压制”我提问的积极性，从在日本第一次座谈开始，由于我和他关注日本电力改革的角度不一样，他每次连五分钟提问的时间都不给我，我这个顾问成了“只顾不问”，那我怎么受得了呢？于是我给他提了意见，可他那表情真的很难让我看出他是接受了我的意见还是拒绝了我的意见，总之是起色不大。于是我打算日本访问一结束就回国，倒是陈全这位兄长耐心做我的思想工作，估计他也做了飞虎的工作，加上郭国川的才华和解松凌女士的魅力，我才没有半途而归。也多亏如此，我和飞虎后来成为了朋友，回国后我们还聚了好几次。

故事之二——“黄色幽默不仅是生产力，还是凝聚力”。俗话说，男女搭配，干活不累。我们从第一站日本飞到了第二站美国，一个小的人事变化是陈全处长兼日文翻译回国了，而在旧金山我们一下飞机，迎接我们的是雷曼兄弟公司中国首席代表莎菲女士。因为我们在美国逗留的八天里，整个访问和接待工作都是由世界著名投行雷曼兄弟公司安排的。

为什么是雷曼兄弟公司做这次安排呢？因为在2000年前后，中国国企改革走上了股份制融资上市之路。无论是石油、石化还是电力、电讯都是海外股改融资上市最好概念的股票，因此国际最著名的外国投行都紧紧盯住了中国这些大型的从事基础垄断行业的企业的融资和上市，而电网无论从其垄断规模性还是效益稳定性来看，都是一块投行争夺的“大肥肉”，因此外国投行纷纷来和国电公司建立金融合作关系。例如，我经常见到的瑞银华宝公司就是长期跟踪中国电网上市的投行之一。如果国电公司的领导去欧洲考察资本市场情况，这家公司是一定要接待的。而到美国考察电力和金融情况，在当时与高盛公司和雷曼兄弟公司则联系较多。

沙菲女士就是代表雷曼兄弟公司全程陪同我们进行电力和金融考察的。值得一提的是，沙菲女士美丽大方，热情奔放，协调能力极强，不仅与我们代表团的解松凌女士谈得来，代表团的每一位男士也都喜欢她。每天紧张的工作之余，大家最放松的时刻就是吃晚饭前一起说笑话，幽默一把。由于大家都是“过来人”，当然幽默中也不乏“带颜色的”，而此时内向的飞虎团长居然也会变成了外向性格，不苟言笑的面孔变得阳光灿烂。直到今天，我对飞虎同志给大家出的一道既能证明沙菲大方也能证明飞虎聪明的谜语仍难以忘怀，记得沙菲第一天接待我们的晚餐上，飞虎举着筷子神秘地说：“长腿男人，打一食物名。”所有人面面相觑回答不上来，他只好自己破了谜底，“蛋糕”；大家刚刚反应过来嬉笑之时，沙菲女士已联想出了第二条谜语：“长腿非洲男人”，飞虎则第一个抢答：“巧克力蛋糕。”

一天的疲累在“颜色幽默”中悄然逝去，晚饭后大家回到房间又去整理白天的考察和调研笔记，为回国后的考察报告做准备。大家似乎都感受到了“颜色幽默”是生产力的普世真理，每当此时我就忘了飞虎在考察调研中对我的“压抑”，我和飞虎变得默契和谐了，不仅后来在国外相处的日子里，而且回国后在代表团成员工作和友谊的重聚中，我们都成了好朋友。这让我真正感受到黄色幽默不仅是生产力，而且还是凝聚力。①

故事之三——能充分证明我与电力不解情缘的夏威夷巧遇。在近20天的三国访问中，我们唯一的休息项目就是由于在第一站日本和第二站美国的飞行途中赶上了一个周末，我们在夏威夷岛经停休息了两天，而这短暂的两天却由于代表团的一个“偶然”使我与自己在石景山发电厂相识，但已分手近20年的初恋女友不期而遇。任何看似偶然发生的事件都有其必然发生的规律，人们们常常不解为何我的电力情结如此浓重，这一情结对我的电力改革观有形无形地在产生着影响。我相信无论是本书中被我“批评”的人，还是在电力改革进程中批评我的人，看了这个故事都会对我多一些包容和理解。

第二节　分割体制下的日本电力

2001年3月12日，我们代表团正式开始了国外电力考察之行。第一站是日本，我们在日本逗留了五天，没有安排任何娱乐和休息。在这五天中，接待我们的是日本国家电源开发公司（Electric Power Development Company，EPDC）。

在日本，我们首先听取了日本国家电源开发公司国际部负责人介绍了日本电力改革与发展以及该公司的情况，并参观了中控室，还向该公司企划部咨询了有关电力体制改革方面的问题。随后我们拜访了日本电力的主管部门——经济产业省（这个部门在2001年以前叫通商产业省），了解了日本电力体制改革情况，并参观了日本中央供电联络所和日本电气事业联

---

① 在本书付梓出版之际，我获知飞虎已经成为国电的当家人了。于是我开始犹豫是否要删去这一段，以保留飞虎的“高大全”形象，但是仔细考虑之后还是决定留下这段文字，因为这更加彰显了飞虎的平易近人，也让他的形象不再刻板。——作者

合会等单位。

在此期间，为了进一步了解日本的电力体制，我们还专门拜访了九大电力公司中的中部电力公司以及九州电力公司。通过对这些机构和公司的拜访和考察，我们对日本的电力体制有了深入的了解。

一、日本的电力产业结构

日本的模式是多家电力公司按地区分别垄断。在实行电力自由化改革之前，日本的电力体制沿袭自二战盟军最高司令部在1951年下达的一个命令——将日本列岛（不包括冲绳地区）分为九大区域，分别指定一家企业承担发、输、配、售业务，这奠定了目前日本九大电力各自垂直一体化垄断运营的基础。这九大电力公司分别为北海道、东北、东京、北陆、中部、关西、中国、四国以及九州。1972年，冲绳电力公司成为日本第十家电力公司。这十家电力公司皆为私营的上市股份公司，管理体制上实行总分公司形式。

1952年，为了推动电源建设，政府和九大电力公司投资成立了国家电源开发公司，负责大型水电站和火电厂的建设和运行；1955年，九大电力公司和电源开发公司又共同投资建立了日本原子能发电公司（Japanese Atomic Power Company，JAPC），负责核电站的建设和运行。国家电源开发公司EPDC和原子能发电公司JAPC的装机容量均在200万千瓦以上。此外，日本还有一些县营电力公司和发电公司，有点像中国的县级农电公司。

为了实现全国范围内的联网运行，1958年日本成立了由九大电力公司组成的类似于中国中电联的“中央电力协议会”，主要负责各公司间的运行协调工作和研究共同发展计划，并下设“中央给电联络指令所”。该部门如同中国的电力调度中心，主要负责跨地区的电力调度工作。除中央协议会外，电力协议会还设有东部、中部和西部三个地区协议会。

管理电业的政府部门是经济产业省资源能源厅，类似于中国发改委，主要是依据电力事业法负责颁发电厂建设许可证，制定电力管理规章和制度，审批电价调整方案，协调燃料供应和电力平衡问题等。

二、日本电力自由化改革

由于日本地价昂贵，一次能源依靠进口，加上国际汇率的影响，这些因素相叠加造成日本电力成本过高，与国外的电价差距过大，日本电价在OECD国家中是最高的。

1994年，日本国内以企业界为代表要求解决电力成本过高和缩小国内外电价差距。在全球各国电力改革潮流的影响下，日本经济产业省资源能源厅开始尝试电力自由化改革，主要是通过引入竞争，放松管制，降低电价。

随着电力自由化改革的启动，日本的能源政策也随之发生了变化，在“3个E”，即Energy Security（确保安全的能源供给）、Environmental Protection（环境保护）和Economic Growth（经济的持续成长）的基础上增加了第4个“E”，即Efficiency（提高效率）。

总体来看，日本的自由化改革首先于1995年12月在发电侧实施了趸售（批发）自由化改革；之后又于2000年3月在售电侧确定了零售供电的参与条件，并进一步实施了对用户的零售自由化。

日本从发电侧和售电侧入手启动电力自由化改革对我后来提出要在中国进行“放开两边，管住中间”的电力市场化改革和中国应当组建售电公司有很大的启发。日本的改革措施包括以下几个具体的方面：

（1）发电侧的自由化改革主要是指发电市场的趸售自由化，起始于日本《电力事业法》的首次修改。1995年，日本首次修订了1964年颁布的《电力事业法》，并于1996年1月1日正式生效。其主要内容包括：放开发电侧市场，引入独立发电商（Independent Power Provider，IPP）；在电力批发市场引入竞价机制。具体的措施有以下两点：

①引进独立发电商IPP，增加发电侧竞争。电力公司对新建电源项目，须通过招标的方式筹措电源。该招标制度必须满足以下四个条件：第一，参加投标的电源是指在7年以内开始运行的中小规模的火力电源；第二，供电规模超过1000千瓦，供电期间在10年以上或者供电规模超过10万千瓦，供电期间在5年以上；第三，电力公司招标时，提示上限价格（可回避原价）；第四，电价等其他供电条件事后须呈报通产大臣。电力公司对

IPP所生产的电源须按照合同规定实行全部趸售。原则上独立发电商IPP不能供电给特定规模电力企业（Power Producer and Supplier，PPS），这一限制一直到2012年1月经济产业省才予以放宽。此外，独立发电商IPP也不能直接供电给用户。

实际上，日本的独立发电商IPP主要是有经营自家用发电厂经验的大企业比如炼铜、炼油企业投资的，主要是因为日本独立发电商IPP的建设资金是由母公司筹资或担保筹资的，而大企业有现成的土地可供建厂、资信等级高，因而可以获得相对优惠的融资条件。

②放宽对独立发电商IPP利用电力公司的输电线向其他电力公司送电的“趸售上网”的限制。规定独立发电商IPP可以利用电力公司的输电线向其他电力公司送电，只需支付大约为2.7日元/千瓦时的过网费。若电力公司不恰当地拒绝趸售上网的申请，通产大臣有权命令上网。

（2）售电侧的自由化改革。1999年，日本出台了第二次修订的《电力事业法》，并于2000年3月21日正式实施，由此开始了售电侧的自由化改革。这主要包括两个方面的改革：零售供电和用户的零售自由化。

①在零售供电方面，主要是设立特定电力企业。其规定，拥有能够满足供电地点用电需求的发、输、配电等设备并能提供比负责该区域供电的电力公司更好质量服务的“特定电力企业”可获得通产大臣的批准，对某一“特定的供电地点”负有供电义务，而电力公司不再对该地点负有供电义务，但当因设备原因电力不足时，可根据获得通产大臣认可的“补充供电合同”由区域电力公司提供备用电力。

②用户的零售自由化改革主要是指大宗用户可按自己的意愿选择供电商。大宗用户是指从电力公司的特高压线路受电，并在1个用电地点（1座建筑物或1个厂区内，也可以是相邻的几家工厂、业务关联性较高的区域）所使用的最大电力原则上为2000千瓦以上的用户，但冲绳是从电力公司的60千伏以上的输电线路售电的用户。这些用户的用电需求定义为“特定规模需求”，约是10家电力公司售电量总额的30%。

为了增加售电侧的竞争，与客户的“特定规模需求”相对应，日本设立了“特定规模电力企业”PPS（Power Producer and Supplier），也就是我们通常所认为的“电力零售商”，从事电力零售业务，与电力公司竞争，争取终端客户。自由化用户可以自由选择电力公司或者电力零售商向其供电。

特定规模电力企业PPS主要是拥有自备电厂的钢铁企业、石化企业等大型企业，其电源筹措只有少量自供，主要来自外购。特定规模电力企业PPS可以向10大电力公司购电，也可以购买自备电厂剩余电量。

特定规模电力企业PPS无自己的电网，因此需要利用电力公司的电网向自由化用户供电，这是它与特定电力公司的一个区别。为了保证电力公司和特定规模电力企业PPS在零售市场上的平等竞争，日本制定了上网托送制度，即要求电力公司以过网税的形式拟定过网费并呈报给通产大臣。过网费由各电力公司自行设定，要保证收回必要的成本，同时又使所有公司公平使用输电线路。

实际上，独立发电商IPP与特定规模电力企业PPS有很大的区别，如表6—1所示。

表6—1　独立发电商IPP与特定规模电力企业PPS的区别

	项目	IPP	PPS
相同	电网	均无自己的电网，需利用电力公司的电网	
不同	设置目的	增加发电侧竞争	增加售电侧竞争
	电源来源	独立发电	少量自供，主要外购
	供给对象	电力公司	自由化用户

除此之外，日本还有一类电力实体，即企业自备电厂，其电源主要供自己使用，剩余电源可以卖给10大电力公司，也可以卖给PPS。但企业自备电厂出售电源没有采用竞标形式，而是通过签订合同进行的。

改革后，日本形成了六大电力实体，包括电力公司（10个）、电力批发公司（EPDC、JAPC）、独立发电商（IPP）、特定规模电力企业（PPS）、特定电力企业以及企业自备电厂。日本改革前后的电力体系对比如图6—1所示。

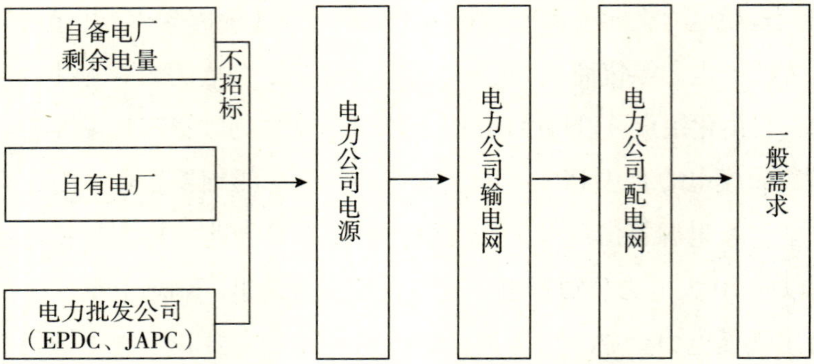

图6-1（1） 日本电力改革前体系图

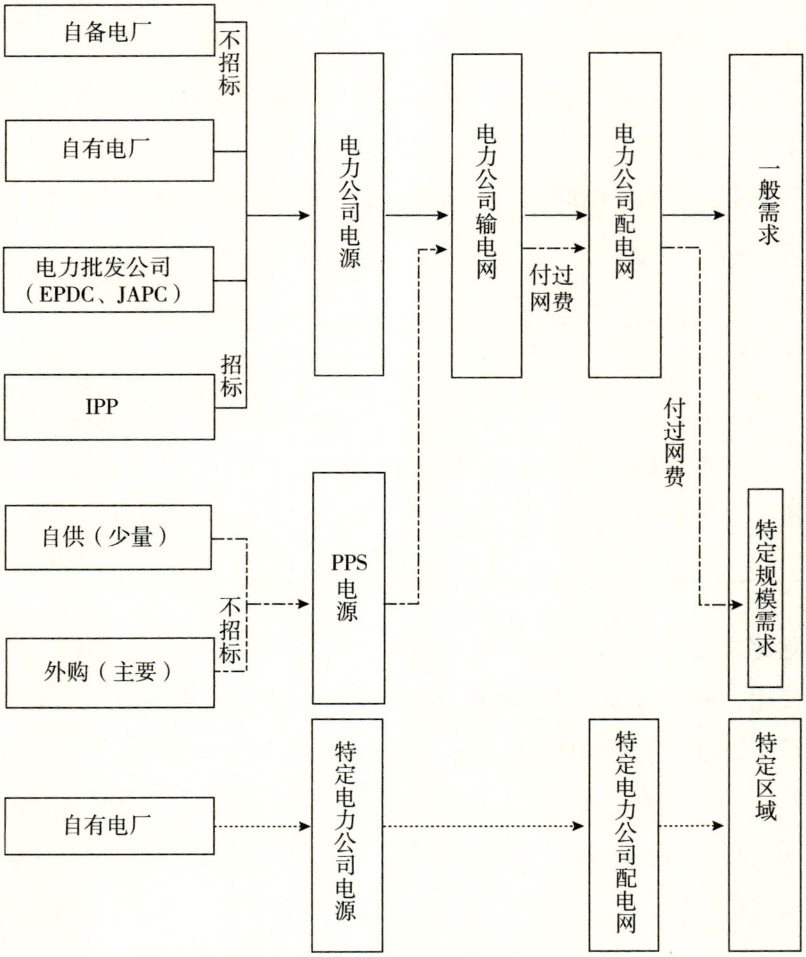

图6-1（2） 日本电力改革后新体系图

三、日本电力考察随想

对于日本的电力考察，我感触最深的有两点：第一，日本的全国联网只为事故时相互支援，是一种“手拉手”的弱连接。日本现有九大电力公司，虽然形成了全国联网（冲绳除外），但其联络仅限于发生事故时手拉手支援，并未从形成统一电力市场的角度去考虑。这是因为日本发电燃料的95%都是依靠进口，而日本的电源主要分布在沿海地区，运输条件相似，各地区间的资源禀赋差异不大，这样的能源资源状况决定了日本不需要全国联网配置资源，各区域间的联网主要为事故支援和互为备用，没有跨区域大规模送电的意图，仅是在彼此困难时给予友谊帮助。与此同时，日本全国九大电力公司的最终用户消费电价基本相似，都在20日元左右，折合人民币1.4～1.5元/度电之间。所以，我们一方面可以看到，日本四个岛屿之间虽已实现联网，但跨岛之间、跨电力公司的联络线之间仅是30万千瓦左右的容量，他们从来就没从把日本作为全国统一电力市场的角度考虑全国联网，仅是九大电力公司在协商基础上画地为牢，彼此在困难时给予友谊支援。

第二，日本电力体制改革仅仅是“走过场”，流于形势，并没有实质性的变革，改革进程非常缓慢。日本虽然实行了电力市场自由化改革，但其只是在发电侧和售电侧分别引入了独立发电厂和一些特定规模电力企业，同时由于日本人骨子里认为全国联网未必一定要形成一个全国统一的电网公司，其现有的九大电力公司体制非常好，因而九大电力公司垂直垄断的大格局根本难以打破。所以其本身决定了从2000年3月21日开始进行电力体制改革，允许新的竞争者进入电力市场，但仅仅是做样子而已，从某种意义上说，不论从市场化还是从与国际发达国家“厂网分开”的大趋势看，日本电力工业体制的改革仅仅流于形势。

就发电侧来说，独立发电商参与竞标的只有300万千瓦，只占日本全国总装机容量2.53亿千瓦的1%；从售电侧来看，即使日本的经济产业省采用强制措施推进电力市场开放，拿出销售电量的30%作为开放市场中用户自由选择供电商的比例，但只有2%～3%的用户更换了供电商。三菱商社子公司“宝石电力”属于特定规模电力企业，2000 年虽获得了 13 个合同，但总容量只有 6 万千瓦。大用户的范围也非常小，经济产业省仅以大藏省（类似于中国财政部）的一座办公大楼和一所中学作为试点。此外，直接供电给电力用户的特定电力企业开始也只有两家。

因此，日本电力体制改革仅仅流于形式，并没有实质性变革。

其结论是：第一，日本全国联网，但采用九大公司体制，它想说明的是全国联网未必一定要形成一个全国统一的电网公司。第二，日本的电力体制在九大公司分制的条件下没有改革冲动，仅仅出于应付，以拿出很少比例作为新规引入电力竞争者的姿态，其实其骨子里认为现有九大电力公司体制非常好。第三，在日本九大电力公司民营化的体制下，其推进改革进程中由于没有一个统一的意志，比中国国电公司体制改革的推进还要艰难。第四，本次调研我们发现，一方面，日本认为现有的电力体制很好；另一方面，日本只能严格遵守现有的电力体制模式。我认为，这是一种以地域划分电力公司领地的模式，若从行业划分，即厂网分开的角度看，他们认为电网是没有人会投资的，因为电网利润非常低。就这一点来看，本次调研我们向中部电力和九州电力索取了电价构成表，据表中数据显示，他们的电源电价占到整个电价的 53% ~56%，而电网部分相对较低，这也是九大电力公司所说的，在现有电力体制下，没有人愿意去建电网，因为电网是非常亏损的，这样的回答和中国国电公司体制内厂网问题是相同的。为什么在欧洲发达国家能实现厂网分开，而在中国和日本却分不开呢？既然亏损，为什么九大电力公司还要揽住电网不放呢？这就是我们要提出和应解决的问题。

我认为，尽管我们抨击日本电力体制改革进展缓慢，而且从表象上看，这样的电力体制绝不能搬到中国，如果形成了以集团或以省画地为牢的电力体制，问题将非常多。与日本电力进行比较我们还会发现，日本九大电力公司的联网主要用于救急，他们并没有考虑建立全国统一的市场。主要原因在于日本发电燃料的 90% 都是依靠进口，而日本的电源主要分布在沿海地区，这是从最小成本的角度考虑，由于上述现实导致了日本原材料的进入受国际燃料价格的影响非常大，不管是煤炭还是石油，他们都必须进行必要的储备，而这一价格对沿海城市的电源来说是没有差别的。所以，我们本次调研的目的是希望看到日本九大电力公司体制是否带来了市场竞争和竞价上网，如果结论是没有，日本九大电力公司模式是加剧了区域分割，互相礼尚往来，谁也不占谁的地盘，则这种公司文化经济和市场经济的模式是截然不同的。因此，我们要考虑到日本电力体制的模式，由于原材料价格的同一性导致了电力市场电价从垄断的角度趋于平均的必然统一。决定电力公司电价的第二个原因是固定费用，即各种各样的设备费用也是统一的，这就决定了日本电力公司电价趋同的80%～90%的因素是同样的，其余的管理费用和人工费用可通过强化和优化来达到有限竞争的目的，但都是极为有限的。

然而由于日本传统的文化观念和中国东方文化很相似，他们希望有自己的地盘，不希望被别人打破，即礼尚往来，手拉手地互相帮助，而没有从市场满足消费者最大利益角度考虑，即电力市场的开放问题。在这样的情况下，我们对于日本电力体制的构造模式只能是拭目以待。当然，我们分析了日本能源结构的特殊性，目的并非谈日本的管理模式不可取，就中国情况来说，与日本有很大差别，首先体现在资源配置上，中国资源非常丰富，如煤炭等，因此“西电东送，北电南调”的格局将是我们研究中国电力体制改革的基石。对目前日本的电力体制来说，如中部电力公司去年毕竟有1200亿日元的利润。

其实，在日本电力体制不可取的背后，主要应从经济角度发现其真正的原因，日本没有形成电力市场的电力场，它们的平均电价基本接近，在等电价的条件上不可能形成以竞价上网为目的的大规模交换电量。因此，日本电力体制存在很多问题，改革流于形式，没有实质性变化，有意思的是，似乎日本人民对1.5元/度电的价格并没有感觉很贵，当然这是我个人的判断。

对日本电力公司的看法，我的结论是：分割体制问题很多。

第三节　加州电力危机时的美国电力

2001 年 3 月 16 日我们离开了日本福冈，飞往国外考察中最重要的一站——美国，我们在美国逗留了八天。

沿着从西向东再往南的路线计划，我们将加州作为了此次考察的起点。在加州首府萨克拉门托，我们拜访了加州独立系统运行机构 ISO（Independent System Operator）以及 PG&E（太平洋天然气电力公司），了解加州电力改革情况。离开加州之后，我们又飞往东海岸。在纽约，我们访问了美国四大投行之一的雷曼兄弟公司。在雷曼大厦的顶层，雷曼公司负责人接待并宴请了我们。该公司豪华气派的装饰、彬彬有礼的侍者给我留下了深刻的印象。当时我们根本无法想象在八年后，这家成立百年的世界著名投行居然成为了 2008 年美国金融危机中第一个倒下的巨人。

此后我们又拜访了公共服务公司集团（PSE&G）、PJM 以及美国联邦能源监管委员会（Federal Energy Regulatory Commission，简称 FERC）。考察过程中，我们还与美国前能源部部长、雷曼兄弟公司投资银行部资深顾问施莱辛格先生进行了深入的交谈，获得了很多的信息，施莱辛格很多的观点都让我十分敬重。在他看来，落基山脉的阻挡使得美国并不适合建立一张统一的电网，建立两个 RTO（区域输电组织）才是美国电网的理想选择，他还提倡发展以电力为代表的城市基础设施一体化。与施莱辛格先生会谈结束之后，我们又马不停蹄地来到了美国之行的最后一站——亚特兰大。在这里，我们拜访了南方公司以及迪尤肯（Duquesne）电力公司。

这次考察让我深刻体会到美国联邦制背景下各州独立性的特点。从电力危机造成的加州，到同样组建了 ISO 却取得成功的 PJM，再到成功推行厂网分离的南方公司，在美国联邦能源监管委员会即 FERC 法令的大框架下，各州的电力改革可谓千姿百态，无论是失败还是成功的电力改革在美国似乎并存。

一、加州电力危机

一到加州，我便目睹了加州电力危机给美国社会带来的巨大经济损失。前任戴维斯州长虽然能带来全州的富裕，却因为电力改革的失败，一招不慎而断送了自己的仕途，缺乏安全感的美国人迫切需要一个铁腕代言人来解决加州的矛盾。可以说，施瓦辛格政治梦想的实现正是加州电力危机成就的，让他从一名电影明星一跃成为加州州长，成为继里根之后第二位踏上美国政治舞台的影星。

加州电力危机的爆发有多重原因，其中既有改革方案设计的缺陷，也有气候干旱的偶然因素作用；既与加州的内部因素不可分割，又与美国的电网格局密切有关。这具体可归结为以下两个方面原因。

（1）电力短缺，供不应求。

第一，产业发展导致电力需求迅速增长。

20 世纪 90 年代以来，在整个美国西部地区，经济高速增长，导致电力负荷快速增加。特别是在加州地区，在硅谷电子产业高速发展的带动下，电力需求迅速增加，加州的电力消费增长率连续两年超过 13%。然而此时加州的电力供应市场又出现短缺危机，造成了供求的严重失衡。

第二，改革措施不当致使电力公司负担沉重。

加州是美国第一个正式实行放松电力管制改革的州。根据美国联邦能源监管委员会即 FERC 于 1996 年 4 月 26 日颁布的第 888 号、第 889 号法令，1996 年 6 月，加州通过了实施电力市场化改革的 AB1890 法案；1997 年 3 月，加州开始开放电力批发市场，引入竞争。然而改革中，加州实施了一系列不适当的措施：它强迫电力公司出售 50% 的发电容量，同时又禁止电力公司和发电企业之间签订长期合同，所有的交易必须在电力交易市场（PX）进行，由 PX 采用竞标规则，进行电能拍卖，而且只允许单日的现货交易。这就造成在需求增长、电力供应紧张之时，发电企业不可避免地产生操纵价格的冲动，制造购买恐慌，抬高电价。2000 年上半年，加州的电力批发价格为 20 美分/千瓦时，到 11 月就涨到了 40 美分/千瓦时。

与批发电价飞涨形成对比的是，零售电价却因事前的冻结规定无法提高，这使得处于中间环节的需要承担供电义务的电力公司无所适从。太平洋电力公司和爱迪生电力公司因此背负了沉重的债务负担。我们刚抵达加州时，电力公司所欠债务已高达120亿美元，当三天后我们飞往东海岸时，这一数字又已增值130亿美元，到我们离开美国结束考察的时候，这一数字达到140亿美元。

电力公司的捉襟见肘令很多发电商担心其无法支付成本，再加上政府迟迟不肯伸手进行救援，导致它们不敢向电力公司售电，这进一步加剧了供求不平衡的紧张状况。

因此，也就在电力危机爆发后不久，当时价值最大的电力公司——太平洋电力公司就于2001年4月申请了破产保护。

第三，天气大旱加剧电力供应短缺。

加州北部由于加拿大、华盛顿州和西雅图一带的水利资源丰富而以水力发电为主，水力发电占其自有电源的42%。1999年美国西北部遭遇20年不遇的大旱，造成水电供应量骤减，大部分电力供应转而依赖天然气电厂。同时在2000年全球石油价格暴涨的情况下，加州天然气的价格也急剧上升。这些均导致了加州发电企业发电成本的迅速上升，批发电价飞涨，许多发电企业因无力承担如此高昂的发电成本，也就相继停止了发电。

第四，过度强调环境保护造成发电容量储备不足。

过度强调环境保护也是加州危机发生的又一重要原因。加州民众强烈抵制建设火电厂和核电站，这使得加州新增发电装机容量很少，再加之此前十年没有建设大型发电厂，没有扩建输电线路，最终导致发电能力不足，输电网络存在瓶颈，跟不上电力需求的高速增长。据统计，自1990年至1999年，加州发电容量非但未增，反而降低了2%。

（2）电网不联难以“手拉手”救急。

首先，美国电网分为三大块，包括东部电网、西部电网以及得克萨斯电网。加州属西部电网，其与东部电网之间由于落基山脉的阻隔，采用非同步联网，联结薄弱。当加州、硅谷一带因高速发展而使电力供应日趋紧张时，因为没有与落基山脉以东的电力联网，加州无法得到其任何帮助。

同时，洛杉矶与旧金山之间的第15号输电线路也因线路狭窄，导致即使加州南部有富余的电力供应也很难对北部进行救援的困难局面。

其次，美国也没有实行全国电网统一调度机制。各电力公司各自对本网进行调度，也有数家公司将其所属的电网交由第三方（ISO）统一调度，各个电网之间各行其是。加州电网由加州ISO负责调度，与其他电网之间没有统一的调度机制，使得电力危机发生时加州成为了一个孤立的区域，周围的电网难以向加州实施支援。电网的弊端进一步加重了加州的电力危机。

为了解决电力危机，加州政府专门请了专家进行反复论证，结果却是新建电厂与电网扩容都是远水不解近渴，唯一有效办法就是号召全州人民节约用电。然而由于电的零售价被冻结，致使消费者对电的消费没有任何需求价格弹性，在固定低价下没有动力去节约用电，也就无法对电力批发市场的供求变化做出任何反应，这一解决方案收效甚微。

随着加州电力危机越来越严重，造成的损失也越来越大。无奈之下，加州政府只好打破承诺，放开对零售电价的管制。然而这又造成了民众用电费用的增长，引发了民众的强烈抗议。回到北京后，我从媒体报道得知，加州民众因电费过高开始偷电，2001年上半年偷电额竟高达4亿美元。

可见，加州的电力危机引发了其在政治、经济领域的一系列问题，也在一定程度上为后来加州的破产埋下了伏笔。我当时就想，如果中国电力也出现类似问题，其所引发的问题将可能比加州严重得多，后果也将更不堪设想。

二、亚特兰大考察之行

我在亚特兰大的考察有两点令我深受启发。一个是其“蓝迈”电力交易市场，当我走进这个电力交易所时，仿佛走进了纽约股票交易所，也是在大玻璃窗外朝交易所内俯瞰，里面是一个个交易席位，场内的景象与纽约股票交易所那些迅速变换交易手势、满地交割单的场面不同，看上去安静得多，但实际上席位上的交易商大多是金融交易机构，这些买家决定着第二天、几天、几个月甚至一年或更长时间的电力价格，无论是电力市场的近期行情还是未来一年甚至更长时间的电力市场预测，都由他们报出的价格来反映，既反映了市场未来真实的情况，也同样在价格上承担着预测的风险和责任。

第二个给我留下深刻印象的是南方公司。它是世界上最大的独立发电公司之一，拥有2.6万名员工，经营48000兆瓦的装机容量，拥有美国南部26000英里的输电线路，为400万个人用户提供配售电服务。早期南方公司通过其5个子公司和联营公司在美国和其他国家开展发电、输配电和能源批发交易，也是发输配售一体化、厂网不分的格局。直到1999年12月20日，FERC签发了FERC 2000法令，鼓励拥有电网的公用事业公司自愿组建RTO（区域输电组织），核心就是要实行电源和电网的分离。

RTO与ISO相对应，指的是一种电网运行形式。ISO是RTO的前身，是美国联邦能源监管委员会即FERC 888号、889号法令提出的，而RTO则来自FERC 2000的规定。与ISO可以不跨州不同，RTO则必须是跨州的，其职责是确保电网的有效利用和可靠运营。

DISCO（配电公司）、TRANSCO（输电公司）和GRIDCO（电网公司）是电网组织形式。实际上TRANSCO与GRIDCO指的都是输电网公司，只是因为GRIDCO是英国国网公司到美国收购一部分资产形成的，它成为英国对输电网公司的专门术语，而DISCO、TRANSCO则是美国的称呼。由于美国跨州之后资产的法律关系会发生变化，投资各方面都要受到限制，所以TRANSCO一般不跨州。

RTO可以看作若干个DISCO、TRANSCO和GRIDCO组成的联盟。不同的是：DISCO、TRANSCO和GRIDCO拥有产权，是具有盈利性的独立经济实体，但无调度权；而RTO没有产权，但拥有其组成成员授予的调度权。

根据美国联邦能源监管委员会即FERC 2000的要求，电源和电网要分离。南方公司拥有高达300亿美元的输电资产，因此，如何在资产重组上既符合美国联邦能源监管委员会即 FERC 2000 的要求，又最大化地实现自己的利益成为其必须考虑的内容。最后，经过比较和慎重考虑，南方公司采用了 TRANSCO 将资产委托给有经验的第三方经营，自己保留产权的方式。为了保证受托者能自动维护股东权益，南方公司提出“公司运营业绩价格”的建议，将经营者的收益与股东利益挂钩。这种方法类似于租赁，南方公司只收租金（包括成本和合理回报），运行费用（可变成本）由经营者考虑，二者之和为输电费用。我们考察时，南方公司正在寻找经营者和周边电网的合作者。

在发电资产上，南方公司也采用同样的方式，将发电资产的经营权转让出去，只保留了产权。改革后，南方公司成为一个纯粹的控股法人，只担任出资人职责，其发电资产和输电资产相分离，各自成为在财务上独立的法人。

三、美国电力考察随想

在美国电力考察加州电力危机过程中，令我感触颇深的有以下几个方面。

启示 1：中国应保留一个强大的国网公司。加州电力危机一出，国内拆分国电公司的呼声减弱了许多，并导致 2002 年电力改革采取了折中的方式，最终保存了国网，而没有采用“0 + 4”的破碎的、激进式的改革模式。2003 年左右的美加大停电和欧洲大停电，使采取破碎式改革的几个国家付出了惨痛的代价。虽然期间中国也出现过部分地区的拉闸限电，但从未出现全国性的电力短缺和大停电事件，电网安全得到了充分的保障。如果没有当年对加州危机的深入思考，没有充分认识到电力安全的重要性，没有保存国网公司，而是采用“0 + 4”的破碎的、激进式的改革模式，陷入“休克疗法”的误区，那么我国电力工业的发展肯定会付出沉痛代价。

启示 2：在对 PG&E（太平洋天然气电力公司）的考察过程中，PG&E 在很大程度上可以说就是一家 Utility Company，其发展包括电力、天然气等具有网络化供应特性的城市公用网络服务业务，其这一特点正好与我一直坚持的中国未来电力体制改革方向之一——发展城市公用网络供应商的模式相吻合，为我的这一主张提供了现实案例，令我印象深刻。

启示3：美国“蓝迈”电力交易市场也对我产生了巨大的震撼。作为一名长期致力于公司治理、资本市场研究的经济学者，我到过美国的纽约证券交易市场、纳斯达克交易所，也参与设计组建了中国的股票市场，对证券交易市场比较熟悉。但是当我第一次参观“蓝迈”电力交易市场时，不论是在视觉上还是从内心感受上，它都令我十分震撼，我没有想到电力交易所原来可以和股票交易所一样，也有像股票交易所一样的场所，有席位，有金融中介，来这里买电的原来是为了卖，而不是自己用，像“倒股”一样“倒电”，能有如此成熟的定价机制和完善的市场交易制度。因此，它对于我有关在中国发展电力交易所的主张极具启发意义。

启示4：南方公司的资产重组让我深刻感受到了厂网分开的重要性以及在方法论上渐变式改革的重大意义。南方公司所进行的厂网分开的改革是由其自己推进的，政府并没有强制对其进行纵向拆分，过程比较平缓，所以没有出现大的反抗。这对我启发甚大，联系到国电公司的改革，我就认为国电公司应该尽量学习美国南方电力公司实行渐变式的改革，依靠内部力量推进中国电力体制改革，坚定不移地走“脱了裤子割尾巴”的道路。而且对于后来国电公司面临拆分压力时，我也继而认为国电公司应努力继承其自身前五年的改革成效，逐步改革，避免彻底的、剧烈的拆分，但我的这一设想最终未能实现。

启示5：在市场本身调整过程中，有些产业尤其基础产业的稳定和发展，必须也要让消费者受益。如果系统的改革思路顾及不到这个目标，改革最终会适得其反。因为垄断产业的调整，转让出去的价格很高，垄断性的高价购买使接口成本就高。这一点在经济学研究过程中不能忽视，更不能轻易被某种观点左右。

启示6：在中国这样的国家，在改革开放过程中，能否实现平稳过渡，还需要实现另一个飞跃——即在大家都认为中国的改革第一步已经成功的时候，第二步也不会出现问题，找到能快速达到美英等发达国家水平而不会发生严重失误的一条捷径。

我们不能学早期的西方国家解决基础产业问题的过程，不能在打破现有的不合理的格局之后再犯一些更低级的错误。因此，在基础产业反垄断研究过程中，大家必须把这个产业的功能和特点研究透。如，在电力领域，到底哪个环节算垄断？发、输、配、售四个环节里，要把发电全部剥离出去竞争，同时把私人售电公司培育起来。

在上述启示中，给我印象最深的体会还是在于全国联网方面。

美国人在加州电力危机中已认识到没有大联网也就没有供电的安全保证，他们已开始从 ISO（州的调度）向 RTO（区域性的输电网组织者的地区调度）过渡，最终还要发展成为 NTO（全国范围内的输电网运营商）。同时，他们也在研究包括建立在 NAFTA（ 北美自由贸易区）基础上的美、加、墨跨国联网。

加州危机对中国的启示——全国联网十分必要。加州电力危机不但令全世界瞩目，对中国的电力改革设计者来说也有着重要的借鉴意义。目前中国的电网设施基本是以五大电力集团为基础形成的十几块电网，互不连接。因此我们不难想象，如果像广东这样的经济发达地区，由于特殊原因而无法获得足够电力供应的时候，其他地区尽管电力充足，但由于缺乏全国性的互联传输网络，同样只能“望电兴叹”，即使有天广线的水电从西部向广东送电，但万一也发生加州 20 年不遇的干旱，还是会发生问题。因此，从华东向南方的联网也十分重要。这就需要全国联网。全国联网将是中国电力发展史上的一个里程碑。

实际上，我在《从国电公司改革看中国电力工业的发展》这篇论文里，已经从更广泛的角度谈到了建立全国电力联网的必要性和紧迫性。没有全国联网，就永远不会有供电厂商之间的充分竞争，更谈不上提供消费者满意的产品；没有全国联网，就无法实现“西电东送、北电南调”的规划目标，无法实现资源的优化配置。

加州电力危机对我们是一个警示：如果没有全国联网基础上的资源合理配置，区域性的电力危机随时可能爆发，从而对整个国民经济的发展造成难以估计的损失。

在考察了国外的电力发展情况以后，我真的非常着急，所以我说全国联网是中国电力史上的里程碑，谁能完成谁就是中国电力史上的伟人，而谁要是阻碍这种发展，他就会变成中国未来历史上的罪人！

全国联网，困难当然会有，但并非不可克服。这种大规模的电网实际上已经在现实当中出现了。欧洲24国都已经通过UCTE电网实现了联网，就连北非、摩洛哥、西班牙和斯堪的纳维亚半岛都通过海底电缆联到了同一个电网上。人家跨国之间、跨海之间都能联网，我们却连大区之间都联不上。这一方面说明我们和欧洲的差距大，另一方面也说明全国联网的困难并非不可克服。

我始终认为，电力联网，网越大越经济，越大越安全，而且在中国还承担着资源配置功能，要实现竞价上网，只有实现全国联网才能做到最合理的资源配置。从目前的情况来看，靠各个区域网自发地去构造全国性网络是不大可能的，一方面由于地区利益，另一方面也由于经济上的考虑，它们不太可能完成——比如华北电网跟东北电网，中间仅有140公路的距离，却没有联网。因此，必须由一个全国性的企业，也就是国电（网）公司来统一协调全国联网。

第四节　夏威夷巧遇——难解的电力情缘

在对日美德三国近20天的访问中，我们唯一的休息项目就是在第一站日本和第二站美国的访问途中赶上了一个周末，这恰恰是在我们从东京飞往旧金山经过夏威夷的途中，于是我们在夏威夷岛经停，休息了两天。而就是这两天使我在美国的电力考察过程中发生了一段插曲，正是这段插曲，不仅让代表团的其他几位成员尤其是解松凌女士不断地开我玩笑，也让我更加相信了自己与电力的不解情缘。

3月17日上午，我们乘坐的飞机J0058抵达夏威夷机场后，我们在为美丽的夏威夷风光激动不已的同时，却没意识到夏威夷海关是美国检查最严的海关之一。而在2001年之时，中国人的信用卡还没有被海外普遍承认，因此外出通常要携带数目较大的现金，而作为公出的中国考察团又往往习惯于把全团的现金统一保管，往往集中在考察团秘书长一个人身上。我们这个团的现金就是由郭丁平一个人保管，他携带的现金数额远远超过了美国海关所限制的一个人携带的美元不能超过一万美元的规定，过关时又没有应对的经验，结果被美国海关拦住接受详细的检查和询问。而中国考察团通常又都是结队而行，拦住了一个就拦住了一团。我则较机灵，一看前面被查、盘问，就立刻转到另一个通道顺利出关，并走到门外和当地旅游公司的接待人员接上了头。我二人在外左等右等，他们就是不出来，于是海阔天空地侃起大山来。有意思的是这位导游居然是北京人，两个北京人一下缩短了“距离”，我问到夏威夷的风情和他的职业，又聊到了夏威夷的北京人，聊天中我突然忆起了一位据说移居到夏威夷的北京朋友，于是不经意间向那位接待问起“你认识一位叫某某的北京人吗”？令我大吃一惊的是，他居然说认识，而且还说他和我问的这位朋友就住在同一公寓楼里。我再三向他确认后认定没错，是同一个人，世界如此之大，又如此之小，刹那间我的脑海在一片茫然中出现了一个又一个难忘的画面……

我问的这个人是我的初恋女友。1978年8月我当兵复员，从天津杨柳青的北京军区舟桥第85团回到北京，被分配到了石景山发电总厂高井电厂。那时高井电厂的厂长叫赵金刚，记得我们进厂的第一天他对我们几个复员军人说：“你们有两个选择：一个是到输煤车间做电工；另一个是到电气车间做仪表工。”输煤车间脏累，但不用三班倒；仪表车间干净，但得三班倒。我因为从部队复员回来的目的就是要参加高考上大学，从有利于复习功课的角度出发，我选择了到输煤车间当电工。

我的工作就是每天奔走在由一列列火车运来的电煤卸到煤厂后，再由煤厂的传用皮带把这些煤传送到粉碎机研成煤粉，然后传送到锅炉里的电煤输送皮带之间的无数台电动机和电煤输送带的维护上。这期间，我才第一次知道了电是怎么发出来的。

1979年4月我决定参加当年的高考，于是参加了广宁中学一位叫安鸿均的老师无偿给一些已走上工作岗位的大龄青年办的高考补习班，每天我们下班后，晚上6点半到10点半他给我们补习功课。我们一起参加复习的学友有十五六个，大部分都是走上工作岗位的工作人士。其中就有来自高井电厂检修车间的她。我和她都是电厂子弟，读的是同一所小学和中学，她美丽温柔，彬彬有礼，从小就喜欢文艺，能歌善舞，经常登台演出，很有名气，给我留下很深印象。但由于她高我两个年级，我们虽然彼此知道对方，但从未讲过话。我们都住在电厂的家属宿舍，她家住的楼紧挨我家住的楼。每天下班后我们都要从工作单位骑车20分钟到学校补习，晚上10点半再骑车回家，由于回家时天色已晚，出于安全考虑，她妈妈托人带话，希望我能与她夜晚结伴一起骑车回家。

每晚复习结束后，我俩便在夜色下一起骑车回家。开始时我俩骑车时谁也不说话，把她送到楼门口，我即道别回家。可十几天后，20多分钟的骑车路程总是觉得太短，分手时彼此竟产生了难舍难分之感，于是开始拐弯骑车到电厂旁的运河畔的柳树下漫步一番，才肯各自回家。那时的我刚刚23岁，虽已有当兵和做工的经历，但从未接触过女孩子，爱情对我来说异常的圣洁和神秘。我是从体校去的部队，三年的当兵经历却有两年都是打篮球和手球，回到地方仍然是发电厂篮球队的主力队员。我的单手抢篮板是一绝，她很欣赏我的这个动作，加上我四肢汗毛很重，于是她将其命名为“猴摘桃”。也许正是由于这个动作，她对我产生了爱慕之情。尤其在她看了一场我打主力的篮球赛后，“爱”这个字眼终于在我们的口里吐露了出来，她把她爸爸为她参加工作而抄送给她的一首宋代周敦颐的《爱莲说》手书送给了我，她爸爸的毛笔小楷非常好，是当时水电部的“部长书法家”，以后又调到北京市和全国人大的国家领导人的岗位上，是一位能出书法诗集的“电力名家”，加上《爱莲说》中“予独爱莲之出淤泥而不染，濯清涟而不妖，中通外直，不蔓不枝，香远益清，亭亭净植，可远观而不可亵玩焉”的佳句是她的最爱。这幅手书我一直保存至今。我则把我参加北京军区手球赛获奖的一枚军功奖章送给了她，互为定情之物。那时的我满脑子想的都是她，几乎到了不想考大学的程度。

1979 年 7 月高考前夕，发生了一件不幸的事，她在骑车去学校的路上被路过的一辆卡车上几个搞恶作剧的人抛掷的一个小石子打中头部，鲜血直流，到医院缝了针，这直接影响了第二天她的高考发挥。最终高考的结果是十几个考生只有我考中了，她也落榜了，这对她打击很大。

1979 年 8 月，我正式办理了离厂入学的调动手续，离开了我工作刚满一年的高井发电厂。临别时，我和她又来到了电厂运河畔的柳树下依依惜别。尽管我对她海誓山盟，她却潸然泪下，粗心的我并未意识到她的泪水预示着我们的爱情将走近尾声。

在我上大学半年后，她就向我提出了分手，理由是她妈妈不同意，尽管我知道这不是真正的理由，但她并不向我做过多解释。我非常痛苦，与她交往是我人生中第一次感受到除了母爱之外的异性关怀。我第一次品尝到了失眠的滋味。然而她是那样的毅然决然，从此不再见我。后来我得知了她将要结婚的消息，虽与一起高考复习的学友们送了她礼物，但拒绝参加她的婚礼。再往后听说她与家人一起去了夏威夷……光阴荏苒，白驹过隙，20 年已然逝去……

我和那位北京老乡在神侃了三个小时后，“飞虎团”的团员们终于通过了美国海关的严格盘查走了出来。这位接待人员把我们送到宾馆，一切安排妥当分手时，我经过再三犹豫，终于下定决心对他说：“你若能见到她，请向她转告，北京有个叫刘纪鹏的人来到了夏威夷。”

两个小时后，我便接到了她的电话，相约在夏威夷海滩土著人高擎火把“Alha”的雕像前见面。漫步在棕榈椰子树下，我俩都对这一分手 20 年却在美丽的异国他乡夏威夷不期而遇感慨万分，难以相信这一简直是电影里“无巧不成书”的情节竟然发生在我们之间。当年电厂运河畔的情景转换到了美丽的夏威夷海滩，月光依然那样妩媚皎洁，但这时的我和她早已不是当年激情满怀的热恋中的小青年，而是两个年近半百的“老人”，彼此少了激情，却添了理性。因为我们彼此都有了家庭，在电话相约时就已隐约表达了彼此互相尊重与尊重他人之情。我们聊了很多很多，除了慨叹人生悲欢离合皆为缘分，要顺其自然之外，也聊到了很多电力方面的往事和新事，因为我们毕竟都出身于电力世家。她说每当看到我参与电力改革的一些报道和身边熟人对我的评论，她都为我高兴，无论是当年我们的开始还是结束，那时的她都对我会有出息深信不疑，而她当年是为了我才和我分手的。我依然像当年那样深情而又专注地望着她，相信她说的每一句话。时间过得飞快，又到了分手告别之时，我们相约下一次回国再见，我还说到时我将带我的一家老小去看她妈妈。然而，自那一别至今，又已12 年过去了，偶尔会听到她的消息，却一直再未相见。

从海滩漫步回到酒店，“飞虎团”的成员尤其解松凌和郭国川拿我开心，他们说一个人跟自己的初恋情人在北京分手 20 年之后，居然能在夏威夷不期而遇，不是电影也是奇迹，应该珍惜。而我则把这一巧遇归结为我与电力的不解情缘，如果过去我没有石景山发电厂的那段工作经历，如果没有后来这场起伏跌宕的电力改革，我就不会作为国电公司考察团的成员访美，而这一巧遇也就不可能发生。用范伟小品的话说，这一切都是缘分啊！正因如此，我想表达：如果在我的这本书中有对电力人“过度赞美”和对电力改革过分倾向性情结的展现，希望无论是读者还是我在书中善意批评的人都能够理解。因为我本人就是一个与电力有着不解情缘的“电力人”。

第五节　成功实现市场化改革的德国电力

3 月 25 日中午，我们抵达柏林，开始了最后一站的考察。我们在德国也逗留了七天。在这七天中，我们拜访了德意志联网协会（DVG）、东部德国最大的电力公司东德联合能源公司（VEAG）、莱茵—威斯特法伦电力股份公司（RWE）柏林办事处，还参观了该公司的电力交易所、德国议会的能源控制中心，听取了阿西布朗勃法瑞 ABB（德国）介绍的德国电力体制改革情况，并参观了 ABB 控制系统（ABB 集团是全球最大的电力和自动化技术公司之一，总部位于瑞士，业务遍及全球 100 多个国家），此后我们还拜访了能源信息系统及德意志电力联合协会（VDEW），除此之外，我们还造访了德国经济部、德国易昂公司（E. ON），了解到很多宝贵信息。

总体来说，德国的电力体制改革是在区域电力公司垂直一体化的管理体制下放开电力市场，各个电力公司通过强大的行业协会加强自律性的监管，协调企业与企业、企业与政府以及与周边公司的关系，成功实现了电力市场化改革。

一、德国电力工业结构

德国电力工业由四部分组成：（1）私营发电者；（2）德国铁路公司自备电厂；（3）工业自备电厂；（4）公用电业。

私营发电者主要是指小型电厂和特小型电厂等发电企业。虽然这类电厂数以千计，但它们的发电量在德国总发电量中所占比重很小，大约为0.5%。

德国铁路公司控制的自备电厂，其所发的电量主要用于满足铁路运行的需要。铁路公司自备电厂的发电量占德国总发电量的1%以上。

德国还有200多家工业自备电厂，其发电量份额大约在12%～13%之间。它们通过自己的发电厂全部或部分地满足本企业的电力需求。除自己供电以外，这类公司一般还向公用电网购电，也将剩余电力供给公用电网以及在一定范围内通过公用电网向其他公司或企业供电。除此之外，另有一些较大的，并不是专门为了满足工业本身的电力需求而发电，而是根据长期合同将自己的发电容量供给公用电网支配的电厂，它们也属于工业自备电厂。

德国电力工业中最大的组成部分是公用电业部分。德国大约共有1000家公用电力公司，其发电量在德国总发电量中占85%以上。公用电力公司实行的是发、输、配、售垂直一体化的管理模式。按照供电区域的不同，公用电力公司可划分为三种类型：区域电力公司、地区电力公司和地方电力公司。

（一）区域电力公司

改革前，德国共有八大区域电力公司，包括普鲁士电力公司（Preussen Elektra)、巴伐利亚电力公司（Bayernwerk）、柏林电力股份公司（Bewag AG)、巴登符腾堡能源公司（EnBW)、汉堡电力公司（HEW)、莱茵威斯特法伦电力公司（RWE)、东德联合能源公司（VEAG）以及威斯特法伦联合电力公司（VEW)。这些公司具有自己的大电厂、高压和超高压输电网络，负责国际间以及大区域间的电力电量交换及其供电可靠性。它们卖电给地区电力公司和地方电力公司，也卖电给大的工矿企业，除此之外，它们还向自己供电区域内的一般用户供电。其发电份额占公用电业的78%，配电占30%，售电占29%，而德国的输电100%是由区域电力公司掌控。

区域电力公司绝大多数是以股份公司的形式存在。其资本主要掌握在官方手中，如县、地区以及州，还有一部分掌握在私人投资公司、银行和保险公司以及为数众多的小股民手中。

（二）地区电力公司

德国大约有80家地区电力公司。这些电力公司向主要农业地区供电，范围通常包括几个县和市。由于地区电力公司主要是利用当地的资源发电，特别是再生能源资源，因而它们的发电份额很小，只占到公用电业的10%，主要还是从区域电力公司趸购。当然，在这些公司中也有较大电厂的所有者或者共同所有者。

地区电力公司的供电对象既有地方电力公司，通过它们再向用户配电，也有地区电力公司各自供电区域内的终端用户。其配电份额占到公用电业的33%，售电份额占36%。

地区电力公司多为股份公司，也有一些有限责任公司，其资本构成与区域电力公司相似。

（三）地方电力公司

德国大约有900家地方电力公司。这些地方电力公司的供电范围通常是一个市或县，主要是城市和居民区。这些地方电力公司的差别很大，有些大城市如慕尼黑、科隆、汉诺威等地方电力公司拥有自己的电厂，并且与该地区的区域电力公司有固定的伙伴关系。而大多数地方电力公司只是向地区电力公司购电，然后向城区配电。总体来看，这些电力公司的发电份额占公用电业的12%；配电份额最多，为36%；售电份额占33%。

这类公司的组织形式多种多样，有股份公司、有限责任公司以及私营公司等，其资本大多掌握在地方政府手中，也有少数掌握在合作社和私人手中。

二、德国的全国联网格局

德国的电网主网架构采用“网眼式”结构，被众多专家认为是世界上最安全的电网，他们认为德国的输电网是由区域电力公司分别控制，一旦发生停电事故，电力供应商即可停止供电，因而可将事故控制在局部地区内。

德国南部多水电，北部多火电的能源分布格局使得电网南北互联长距离输电成为其优化资源配置的方式，全国联网对其来说非常必要。德国也一直在致力于实现全国联网，实际上，1930年德国就形成了全国联网的格局。1948年，西德几家大电力公司协作成立了德意志联网协会（DVG）。其职能包括三个方面：一是促进德国互联电网的发展，实现资源互补；二是加强德国电力公司的协作；三是代表德国电力企业协调与国内有关部门及国际电力机构（如UCTE）的关系。随着德国东西方的统一，DVG的成员包括了最初德国的八大电力公司，但DVG没有自己的发电厂和输变电设备。

除了在国内完善全国联网之外，德国还积极协调与周边国家的联网。德国电网属于欧洲六大电网之一的西欧大陆UCTP的组成部分，其在欧洲电网输送协调联合会（UCTE）中占有重要的位置。德国积极与周边联网国家进行水电、火电、核电之间的联合调度并利用国家间的电能差价进行电力买卖，这种电力交换完全建立在经济合理性基础上。目前德国已完成两个重大的跨国联网工程。一个是德国—捷克背靠背直流联网工程，可实现60万千瓦的输电容量；另一个是德国—瑞典海底电缆直流联网工程，其额定容量也是60万千瓦。

三、德国的电力市场监管

德国目前没有设立专门的电力监管机构，联邦政府经济部和各州的经济局主要通过电力立法和政策调整的方式行使监管职能，它们不是行政上的上下级关系，而是分工和职责上的不同。联邦政府经济部的主要职责是制定和修改法律法规及相关政策。州政府经济局的职能要相对具体一些，如监督能源法和市场“游戏规则”的执行等，州政府还有权制定自己的法律法规。德国政府一般都采用在法律和政策引导下的市场调控办法，而很少采用行政拆分和合并的方式，电力企业间的兼并、收购不须报政府批准，对于电价的管制，州政府也只监督民用电价，只有当民用电价上涨时才需要审批，而大用户电价由供需双方协商决定。除此之外，政府反垄断机构也对电力垄断经营的部分进行监管。若是通过兼并、收购达到市场垄断（市场占有率超过50%左右），反垄断局就要依据反垄断法进行干涉。

在德国电力监管中，行业协会对行业自律和企业自治发挥了很大的作用。德国的发电公司、电网公司、城市配电和公用公司都有自己的行业协会，比如地区电力公司组成了地区电力公司工作联合会（ ARE），总部设在汉诺威；工业自备电业公司组建了工业能源和电力联合会（ VIK ）。在众多的行业协会中，最有影响力的是拥有的会员占全部电力公司总数的95%的德意志电力联合协会（VDEW）和由八大区域电力公司组成的德意志联网协会（DVG）。它们的职责按行业分工而不同，但有一个职责是共同的，就是代表会员单位的利益，协调与政府的关系，协调与外部的关系。行业协会的工作非常积极主动，许多关系到电力公司利益的大事，往往都是行业协会的工作做在政府前面，避免了政府的进一步插手和干涉，如对于输配电网的过网费就是由几家电力协会协商决定的。

四、德国电力市场自由化改革

（一）自由化改革的背景

第一，从国际上看，主要在于欧盟的推动。1996 年，欧盟颁布了第一次能源改革方案，出台了 96/92/EC 指令，要求成员国逐步开放本国的电力市场，1999 年开放至少 23% ，2000 年开放 27% ，到 2003 年达到 33%，规定条例实施 9 年以后（即 2006 年）欧盟有关委员会将检查是否欧洲范围内已经达到均衡的电力市场开放程度，到 2010 年要形成按市场经济运作的发电、输电和供电明确分开的欧洲内部电力市场。德国作为欧盟的经济龙头，在欧洲电力市场的自由化方面自然要起到积极推动作用。

第二，从国内看，主要是德国面临电力工业垄断严重、能源资源紧缺的严峻局面。虽然德国大大小小的电力公司众多，但是它们在私法基础上以签订合同的方式划分了各自的经营范围，主要包括两类合同：

第一类是电力公司与地方政府签订的开发权合同。通过开发权合同，电力公司获得了为建设输电线路所必需的道路和场地的专有利用权，以此排除了其他竞争者。与取得该地区电力供应垄断权相应的责任和义务则是电力公司必须对该地区内所有用户以相同条件和相同价格供电。

第二类是电力公司之间签订的地区分界条约。通过这类条约，电力公司之间严格划分了各自的供电区域。它不仅在横向范围内，即同级别的电力公司之间，如八大区域电力公司各自划分了自己的供电范围，而且在纵向范围内，从区域电力公司至地区、地方电力公司直至终端用户之间也存在固定的供需关系。

通过签订合同的方式，德国电力市场逐步形成了强大的单边电力体制，电力公司和居民之间形成了一一对应的关系，垄断严重。

除了电力工业的垄断严重之外，德国本身的能源状况也很紧缺。德国尽管是重要煤炭生产国和煤炭净出口国，但国内能源资源非常有限，主要依靠进口，尤其是石油和天然气，1998 年国内能源产量中煤炭占 46%，核电占 31%，天然气为 14%，可再生能源占 6%，石油占 3%，而石油在能源消费中占 44%。

德国环境保护的压力使得天然气发电越来越多地被应用，对核电利弊的争论也越来越激烈，核能电站趋于被逐步关停，再加上德国电价较高、欧洲各国电力供过于求现象的普遍出现，德国电力市场面临越来越大的压力。也正是因为这样的压力与机会并存，德国的电力市场化改革的进程开始启动并逐步加快。

（二）自由化改革的内容

1998 年 4 月，根据欧盟指令，德国修改后的《能源法》（GERMAN ENERGY ，ACT 德文缩写 ENWG）开始生效，德国全面开放电力市场。德国电力市场化改革由德国经济事务与劳动保障部和德国环境与核安全部具体推动，要在不改变区域电力公司发、输、配、售垂直一体化体制条件下引入竞争，这是德国电力体制改革的关键所在。德国的电力市场化改革并不是分步引入竞争机制，而是一开始就将境内所有的大约 1000 家公用电力公司同时推入竞争市场，以实现为用户提供尽可能安全、低价和环保的电能和其他能源的目的。具体采取的措施可归结如下：

第一，在电厂建设和输电线路的建设方面完全自由化。以往国家机构要对这方面的投资进行审查，改革后，监督完全取消，无须再进行审查。只要取得开业执照就可以开办电力公司。此外，废除了特有的开发权合同和分界条约，城镇必须无歧视地向一切线路建设者提供走廊利用合同。

第二，立即对所有的用户开放能源市场。无论是大的工矿企业还是一般的居民用户，都可以立刻取消原有一一对应的供求关系，重新选择自己的发电商。

第三，德国最特别的改革措施在于电网方面的开放。考虑到电网的自然垄断属性，德国的新经济能源法规定，应该使其他电力供应者能够使用现有的电力网，而网络管理者应该提供给他们与自己相同的使用条件。如果这种网络的利用由于特殊的原因不能实施，则网络管理者必须提供证据并做出书面解释，滥用市场力将受到卡特尔法的追究。网络的所有者会因为其他人对网络的使用而得到相应的费用。但是对于具体的收费标准，新的能源经济法没有对此做出详细的规定。因此，1998 年，德意志电力联合协会对输电费用的标准和规定进行了补充规范，主要包括电网准则和电网输电收费定价两个方面的内容。

在电网准则方面，由于原有并网协议的一些规定过于严格，如发电商必须严格按照事先预定的调度曲线发电，如果出现偏差，将受到重罚。新的电网准则则合理放宽了发电商并网的条件，并由发电公司及电网公司组成的委员会进行进一步商讨和改进，其目的在于合理降低发电商上网条件，使电网对发电公司保持充分的市场开放。

在电网输电协议方面，规定输电价格应当覆盖电网运营成本，电网运营成本中应包括对电网投资的一定合理回报。回报率的确定方法为在德国国债利率的基础上加上 1.5% ~3% 左右的风险溢价。

（三）自由化改革成绩斐然

总体来说，德国电力市场自由化改革是成功的。自由化已使得德国电力市场成为欧洲最有竞争力的电力市场之一，用户的用电价格得到了明显的下降，除此之外，还有以下几个引人注目的影响：

第一，市场参与者的定位和相互之间的经济关系得到明确的界定。随着德国电力市场化改革的进行，德国电力市场的市场参与方及其角色随着市场开放及完善也相应地得到了确定：发电商根据电力库市场需求及长期购电量合同制定发电计划，向电网公司交纳上网费用，并从电力销售商处收取电费；输电及配电商负责电网的建设、运营及维护，根据过网电量向电力销售商按一定标准收取过网费；电力销售商负责电力的批发、零售以及用户侧市场的拓展，根据电力用户的需求同发电公司签订购电量协议，向输配电等电网公司交纳过网费，向电力用户收取电费，具体如图 6—2 所示。

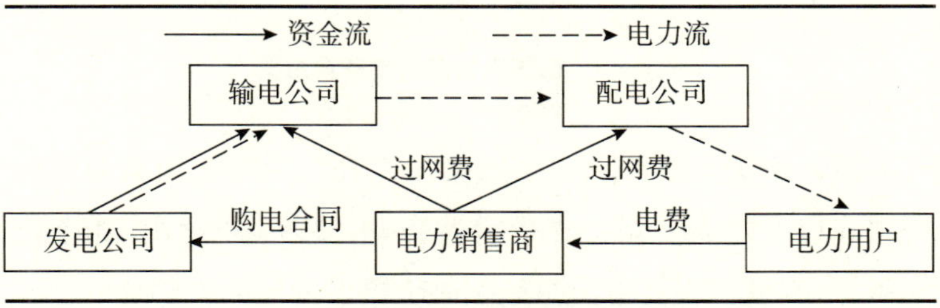

图 6—2　德国电力产品及资金流向图

第二，重组、联合的浪潮席卷而来。德国电力市场化改革后，各主要电力公司为了增加竞争力，纷纷进行了合并、重组。

一方面，瓜分德国电力市场的 8 家区域电力公司 2001 年合并为 6 家，并进一步缩减到现在的 4 家。首先是普鲁士电力公司（Preussen Elektra）和巴伐利亚电力公司（Bayernwerk）合并组成一个新的易昂公司（E. ON）。几个月以后，莱茵威斯特法伦电力公司（RWE）和威斯特法伦联合电力公司（VEW）合并组成莱茵威斯特法伦股份公司（RWE），成为德国电力市场最大的公司。2002 年 8 月，汉堡电力公司（HEW）、柏林电力股份公司（Bewag）和东德联合能源公司（VEAG）进行合并，并归入瓦腾福能源股份公司（Vattenfall）名下，使 6 家再次缩减为 4 家，分别为莱茵威斯特法伦股份公司（RWE）、巴登符腾堡能源公司（EnBW）、易昂公司（E. ON）以及瓦腾福能源股份公司（Vattenfall）。它们都是股份制公司，并且都已在证券交易所上市。（图 6—3）

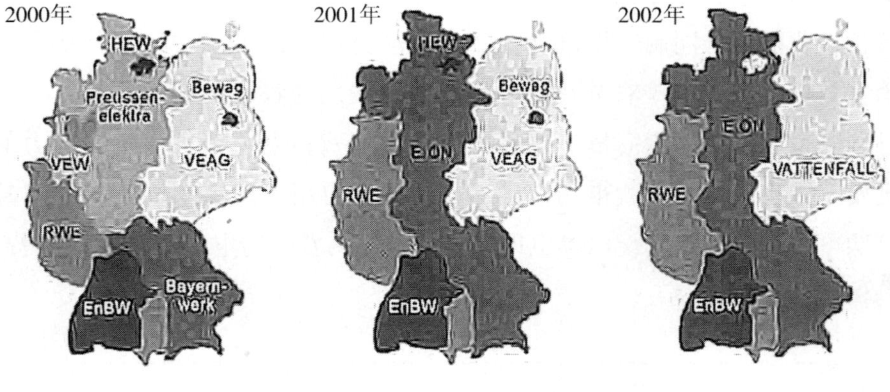

图 6—3　德国电力市场合并重组图

另一方面，除了上述几家“巨无霸”以外，当时德国电力市场中的地区电力公司和地方电力公司也在进行着合并，1999 年已由 40 个公司合并成 15 个公司。可见，合并重组是德国电力市场发展的大趋势。

第三，电力公司治理结构发生变化。德国电力市场化改革后，一方面，联邦政府不再拥有电力公司的股权，州政府也只是在地区配电公司中占有部分股权。另一方面，由于新能源经济法要求电力生产、电力传输和电力分配必须在财务上分开，而电力传输在经营管理上也必须与公司的其他业务分离开来。这就意味着电力传输网络将作为一个专门的部门获得相对的独立。由于这一规定，所有电力公司都必须在组织结构上作出调整，主要有两种模式：

第一种是组建母公司仍 100% 控股的新的独立子公司，如 RWE 和 VEW 在合并成 RWE 股份公司时，同时成立了 RWE Power、RWE Net 和 RWE Plus 3 个独立子公司，分别经营原来的发电、输配电和其他业务。

第二种是在总公司中严格划分各自的工作领域。此外，为了适应市场竞争的需要，各公司还纷纷成立了新的电力交易部门或子公司，加强了对用户提供服务和咨询的有关部门和业务。

第四，德国的电力交易市场发展非常迅速。德国电力市场 85% ~90% 的电能量是采用双边交易模式交易的，即用户或供电公司与发电公司直接交易，其交易结算形式主要有两种：第一种是用户只与发电公司签订用电协议，发电公司与配电公司签订网络使用协议，配电公司与输电公司签订输电网使用协议，并分别进行结算；第二种是用户与发电公司签订用电协议（不含网络使用费），用户还需与配电公司签订总的网络使用协议，配电公司与输电公司签订输电网使用协议，并分别进行结算。

除了双边交易之外，其余的电能量是在 EEX（European Energy Exchange，欧洲能源交易所）中交易的。EEX 是德国的能源交易场所，也是欧洲大陆最大的能源交易市场，更是世界上最古老的能源交易所之一，总部坐落于莱比锡。EEX 是 2005 年由 EEX 莱比锡能源交易市场和 EEX 法兰克福欧洲能源交易市场合并而成的。

EEX 市场的电价由供需关系决定，其提供现货和期货交易服务。现货市场的主要任务在于推动短期贸易，促进产品的标准化。参与现货交易的市场主体主要有三类：第一类是直接的市场参与者：一般都是输电系统运营商或与输电系统业务相关的大公司，一般是由专门设立的能源交易部代表公司进行电力交易；第二类是以经纪人为代理的交易参与者，一般都是不能直接进入市场交易的中小公司；第三类是经纪人，即经资格认证后允许进入市场，并以自己名义进行交易，可同时代理多家公司进行交易。期货交易市场的周期分为月、季、年，以预期的价格进行交易。

除了国内市场的电力交易之外，德国还与周边国家进行电力的交换，交易量比较大的有荷兰、法国、奥地利、瑞士和捷克。

五、德国电力考察随想

在我们的考察中，德国电力的市场化程度在这三个国家中是最高的，市场化改革也是最成功、最彻底的。在整个德国考察行程中，给我感触最深的主要有以下几点：

（1）售电卡如同售电话卡。我第一次知道售电可以跟卖电话卡一样是在德国的一次晚餐会上，德国朋友谈到家里的售电卡是从哪家售电公司、多少钱买的，甚至说这个月可能是 A 公司的客户，下个月可能就转向 B 公司了。在德国，售电公司非常多，彼此之间的竞争非常激烈，谁有价格优势，谁就能获得更多的客户源。这使我产生了在我国电力改革实现发输配售分开后，也可以将售电公司引入竞争的想法，以售电公司为代表开发大用户，进一步实现电力市场售电侧的市场化。

（2）欧洲大联网的国际经验。欧洲大陆电网（UCTE）是世界上覆盖的国家最多、经济最为发达的电网，覆盖欧洲大陆 24 个国家和地区，供电人口约为 5 亿。UCTE 不仅实现了内部的互联互通，并且与其他电网的跨国跨区互联也取得了骄人成绩。欧洲大陆电网与英国电网、北欧电网（丹麦、芬兰、挪威和瑞典）之间虽然受海峡阻隔，但都通过海底直流电缆实现了互联。除此之外，欧盟还积极建设“环地中海同步联网”工程，以逐步实现地中海国家与 UCTE 系统同步联网。

从欧洲电网联网的经验中可以看出，电网互联是世界电网发展的大势所趋。只有跨国联网才能打破国界的壁垒，为发电企业的自由竞争创造一个开放的市场平台，实现电力资源的优化配置，最终使得消费者使用上质优价廉的电力产品。

对中国来说，电改的目的就是希望通过优势互补来平衡我国电力公司资源分布的不均衡性，创造更大的电力市场。我国东部经济基础最发达，西部电力资源最丰富的现实也要求在电改中进一步使电力资源得到优化配置，这就要求在一个全国统一调度平台即全国统一的电网上打破区域垄断，平抑全国消费电价差，从而真正使老百姓用上跨地区的质优价廉的电。

（3）城市网络供应商的发展方向。易昂公司（E. ON）作为德国最大的电力公司之一，不仅经营电力产品，还经营城市供水以及天然气，启发了我要在中国发展城市网络供应商的想法。今后在国网公司按照产业链纵向分开后，电网可以与城市的其他基础供应网络，如水、气、热等基础网络横向综合拓展，成为城市基础设施的公用网络供应商。

第六节　日美德电力考察启示

一、各国电力改革模式的选择都是基于本国国情

目前，世界各国的电力改革没有统一的模式，都在处于探索阶段。即使是最先改革的英国，也仍在实践中不断地进行修正。美国作为成熟的市场经济国家，其零售市场的开放也只是在24个州不同程度地展开，并且是在航空、交通、电信等垄断行业改革之后。改革模式的选择无一不与国家的政治制度、资源条件、经济发展水平、所有制关系、市场化环境等密切相关。国情不同，决定了改革的路径不同，方式不同，政府要达到的首要目标也不同。日本的能源资源95%靠进口，各地区间的资源禀赋差异不大，导致了9大电力公司间的电价比较均衡，这就决定了区域间的联网主要是事故支援和互为备用，没有跨区域大规模送电的意图。因此，区域电网间的联络线潮流基本都设计在30万千瓦的水平。针对日本的电价较高而直接影响日本的国际竞争力的现实，日本政府必然把降低电价作为电力改革的首要目标。因此，部分零售市场的自由化成为日本电力改革的必然选择。美国为了消除电力批发的障碍，促进区域电网间的交易，电力改革选

择了输电网无障碍开放作为突破口。而在德国，随着欧盟经济一体化，欧盟国家间的竞争越来越激烈，德国电力公司直接面对的是国际间的竞争。因此，如何提高电力公司的国际竞争力就成为政府最为关心的问题，把电力公司做大做强成为必然选择。改革的过程是一个涉及政府、投资者、电力公司以及用户之间利益调整的过程，在私有化的条件下，一般都采用在法律和政策引导下的经济的、市场的办法，很难采用行政拆分和合并的方式。日本、德国、美国的电力公司基本都是私有化的，且为垂直一体化体制，政府都没有强制对其进行纵向拆分。如德国，迫于欧盟的压力，政府只是要求电力公司按发电、输配电和销售环节进行内部分开核算。从国家的经济利益出发，德国政府强烈抵制欧盟关于将电网从电力公司中完全独立出来的提议。同样是基于电力公司私有化的基础，虽然大电网具有诸多优越性，但政府也很难以行政的方式合并区域电网而形成全国一家管理的电力公司。另外，在联邦制这种非中央集权的政体下，各州具有立法权和相当大的自主权，鉴于电力与 GDP 的紧密关系，经济上的联网容易实现，跨州和全国统一的电网公司难以实现。

二、虽然国情不同，但电网改革模式和联网趋势相同

放松对电力批发和零售环节的管制，引入竞争，建立电力市场是电力改革的基本趋势。各国只是因客观条件的不同而在放松管制的程度和竞争的力度上有所区别。竞争主要体现在发电和销售环节上，电网不会因体制改革而改变其网络性和自然垄断的特性，就其电网经营而言，区域电网间不会产生竞争效益，但会因管理水平不同而产生反映在电价和供电质量、服务水平上的比较效应。

电网扩张是电力市场扩张的基础，随着市场的扩张，交易范围必然随之扩大。资源的不平衡带来的电价上的差异自然会导致电力电量在更大范围的交易。因此，更大区域间的联网成为电网发展的必然趋势。如今，欧洲不仅有覆盖西欧大陆 24 国的 UCTE 电网，还有连接北欧 4 国的 NORDEL 电网，包括英国和爱尔兰的 GB 电网，东欧 3 国的 IPS 电网以及苏联的 UPS

电网。UCTE 电网与 GB 电网、NORDEL 电网之间虽然受海峡阻隔，但都通过海底直流电缆实现了互联。2008 年 11 月，UCTE 公布了其与东欧 IPS 电网及苏联 UPS 电网同步互联的可行性研究结果，该研究表明双方同步互联是可行的。除此之外，欧盟还积极建设“环地中海同步联网”工程，以逐步实现地中海国家与 UCTE 系统同步联网，这些国家包括摩洛哥、阿尔及利亚、突尼斯、利比亚、埃及、约旦、叙利亚、土耳其等，总装机容量接近 1 亿千瓦。在美国，由于落基山脉的阻隔，形成了东部和西部电网，在北部与加拿大和墨西哥连接成北美联合电网，这三大电网间又实现了非同步连接。电力工业发展的历史就是电网不断发展扩张的历史，有全国性电网公司的国家是这样，没有全国性电网公司的国家也是这样，区域电网间正在不断加强电网互联，以便从电网发展和电力市场扩大中获得更大的经济效益。

随着电网的不断扩大，电网间的联系和协调显得愈发重要。在欧洲四大电网互联运行后，组建了电网协调机构欧洲电网运行联合会（ETSOA）。在北美，也有北美电力可靠性理事会（NAERC）。这些机构不仅负责电网的安全运行，还对电网发展和电网规划负有责任。在德国，是电力行业协会负责电网发展规划。

三、日美德电力改革面临共同挑战

这三个国家的电力公司大都是私有化的和垂直一体化的。出于国家保护所有者利益的法律限制，很难采用英国那样的将国有电力公司进行行政性拆分的办法而实现厂网分开、输配分开或输配与销售分开。因此，电力市场中的寡头垄断在较长一个时期不会改变，发电领域和电力销售领域中的新的市场参与者势单力薄，而进入发电领域的门槛较高，风险较大。在德国甚至没有独立发电公司（TPP），日本的 IPP 基本都是大工业企业的自备电厂，可以参与竞争的富余发电容量有限。新的电力销售公司不具有配电网络，使用输配电网过网费的高低对他们效益的影响至关重大。日本部分零售市场自由化改革一年来，只有 7 家新公司有意进入，实际仅有 3 家开展了业务。德国100%开放零售市场3年来，新的竞争者占有的市场份额却不足2%，而且因财务状况恶化，还有进一步减少的趋势。由此看来，垂直一体化的体制与引入竞争存在较大的矛盾，竞争不充分必然导致竞争效率不高。在这种体制下，公平的市场规则和合理的过网费显得尤为重要，从法律和政策上对新的市场参与者的支持和培育也是非常重要的。

一般而言，电力市场开放初期，由于市场趋于稳定有个过程，投资者对市场风险的评估也有个过程，加之其他原因，电力投资总有个低谷时期，这个问题在改革前保有30%富余容量的美国加州出现了，并陷入了恶性循环。目前在德国也出现了投资下降的趋势。这个问题已引起全世界电力改革的设计者、操作者和研究者的高度关注，这就是如何在改革中仍然保持对投资的激励。发展中国家的电力市场化改革，是在电力需求快速增长、资金短缺、发电容量不够富余、电网尚不完善等客观环境下进行的，建立激励投资的机制比单纯降低电价更为重要，改革能否促进发展是检验改革是否成功的首要标志。

四、电力监管体制应与电力改革相适应

正因为各国的电力改革模式不尽相同，各国的监管体制及监管内容、监管方式也都不尽相同。美国是采用设立独立监管机构，集中行使监管职能，包括联邦和州两级监管机构的体制。日本和德国则采用政府直接行使监管职能的方式。从国际上电力监管的实践看，独立机构、集中监管有利于政出一门、权责统一，这样的监管机构，其性质是政府授权的执法机构，因此监管力度较强。由政府部门行使监管职能，碍于立法和执法分开的原则，一般是以立法和政策调整等间接引导为主、直接的审批和干预为辅，监管力度较弱。在很多国家，电力监管有与天然气监管合并的趋势。

无论采用何种监管体制，对具有自然垄断特性的输电、配电价格和服务质量的监管以及对电力市场秩序、规则的监管都是监管的重要内容。合理的电价形成机制是保证电力改革顺利进行和电力良性发展的关键，必须在激励投资和降低电价两者之间寻找最佳平衡点。对于发展中国家，激励

投资显得更为重要。

五、合理的电价形成机制是电力改革成功的关键

引入竞争的目的是提高效率，公众对电价下降抱有极高的期望。而电价能否降低将取决于产业链各环节的价格水平。

上网电价与供需状况、竞争程度相关度极高。在德国，引入竞争后，上网最低报价降低了50%，竞争导致了大量低效电厂的关闭，从而对供需状况产生较大的影响。由于价格的刚性和电力建设周期较长，这一影响在相对较短的时间内还难以反映出来，积累效应就可能形成供应短缺。也就是说，仅就竞争形成上网电价而言，既有降低的可能，也有上涨的危险。美国加州就是一个例证。

过网费的价格管制是有效消除垄断环节的垄断利益的主要方式。监管下的输配电价格有两种方式：一是成本加成法，价格不仅要覆盖成本，还要保证有一定的投资回报；另一种是价格上限法，确定一定的价格标准并附加对提高效率的激励。日美德都采用成本加成法，其资本回报率在6%～9%之间。英国、澳大利亚等实行价格上限法。从管制方式看：美国对过网费的管制程度最大，各州的过网费都由联邦管制机构统一监管；日本则采取政府部门制定计算方法，由企业自行计算，并报政府部门批准的方式；而德国是行业协会进行协调，提出建议并报政府批准，因此在这方面受到的批评最多。在垂直一体化的格局下，如果过网费的成本不够透明，标准不合理，将可能产生大量的交叉补贴，进而妨碍市场的竞争。

对于终端用户的电力销售价格，管制机构往往以设置上限或上涨需经审批的方式进行轻度管制。日本、德国和美国加州基本都是这样。这种方式是一把双刃剑，对于消费者利益是一种保护，但给了投资者失真的市场信号，也使价格杠杆失去了调节供需矛盾的作用。

因此，电力价格在改革中是一个十分敏感、十分重要也十分棘手的问题。电价改革既关系到改革的成效，又关系到能否保证电力工业持续、稳定、健康发展。

六、国外电力公司发展的新趋势

世界经济一体化使得电力公司的国际化倾向更加明显，电力公司的国际收购和国际电力输出掀起高潮。这其中，风头最劲的当数法国的 EDF，它在北美、德国、东欧等都有控股的电力公司，甚至收购了英国伦敦的配电公司。美国的电力公司也强化了资本运营，有的还成立了专业化的投资公司。

电力公司经营多元化发展迅猛。目前，日美德的电力公司均已涉足煤气、石油、供热、供水、电信、网络等行业，且占据了重要位置。如，德国的 RWE 公司不仅是德国的第一大电力公司，还是德国第二大天然气供应商、第一大供水和水处理公司。

电力公司普遍成为上市公司，电力公司与资本市场的关系日趋紧密。日本的 9 大电力公司全都是上市公司，美国和德国的大部分电力公司也是上市公司。上市公司不仅对电力公司的经营产生激励，也为电力公司的发展提供了筹集资金的渠道。

电力公司的组织结构趋向扁平化、专业化。这更有利于提高管理效率，降低成本。

七、几点随想

（一）关于全国联网的随想

就全国联网的情况来看，在借鉴日本和美国经验的同时，必须充分看到日本虽然完成了全国联网，但仅限于“手拉手”，出事故时互相支援，并没有考虑建立统一大市场以实现优化资源配置的战略性目的，当然，这与其经济现实的物质环境和基础有关。因为日本全部的一次性能源完全靠从国外进口，进口原材料受国际影响很大，价格基本上趋于平均，这使得日本电网发展中很少考虑在全国范围内实现像中国那样的资源优化配置，因此他们很少考虑竞价上网。这是由于原材料价格趋同导致日本九大电力公司电价趋同的现实，而在等电价没有形成高级差的情况下，市场向资源和电价的竞争优化配置似乎就显得不那么重要了。而从美国的情况来看，美国在从以州为单位或更小区域范围内电力小市场的形成中，后来逐渐发展成为像 ISO 甚至更大范围内的调度，由于 ISO 本身存在的种种问题，如不追求盈利、没有权威性等，使得今天必须强迫其向 RTO、区域性跨州的大规模联网发展，整个联网趋势是要构造一个更大的市场。但美国在 RTO 形成之后又是什么呢？美国全国范围联网受到落基山脉的巨大阻隔，在美国近期的发展趋势中，RTO 的发展充其量将以落基山脉为界，划分为两个大的 RTO 市场，同时又各自在自己的区域内向北部的加拿大和南部的墨西哥建立在资源优化配置基础上的联网基础，这是其比较现实的可能。但是从美国的另外两个方面来看：第一，企业分散的电源、电网以及配电私人所有的分散体制，使其存在不能在短期内像中国这样的中央集权国家一样集中财力、物力来构造大规模电网市场的不利之处；第二，随着互联网的高速发展，其很可能在 20 年内就能超越落基山脉的障碍，因此在电网联络中最重要的是在电网信息处理的技术上形成优势互补，或者说是信息披露的有效性和公正性。因此，随着高科技的发展，在美国范围内，从 ISO 到 RTO，最后到 NTO 的发展大趋势的整个演变进程，将像欧盟国家跨国大联网的整体大趋势一样，最终是会实现的。

（二）关于把电网从工业改为网络服务业税收的随想

关于过网费利润和税收水平如何制定，我想对中国国电（网）公司的发展来说应朝一个电网公司发展。在这一过程中，应坚持在厂网分开后把电网从电力工业转为网络服务业，并将 17% 的增值税降为 5% 左右的营业税；同时，还可参照中国电信公司的模式，考虑到中国应大力扶持电网建设，把电网的销售税、营业税进一步下降至 2% ~3% 为宜，这也体现了电网作为服务业的重要特征和实惠性。

（三）关于过网费的随想

关于电网利润回报率的制定方法问题，德国是把其定在国贷利率的基础上，加上 1.5% ~3% 左右的风险溢价，电网价格协议的新版就是根据这一原则制定的，但其在实际中有相当难度，关键是城市与边缘地区的电网运营主体差异即不同电网公司所致。因此，如何实现收过网费，一种简单的认识是根据输电距离来定输电价格，而这样做事实上又比较困难，我们很难像高速公路收费那样1公里几毛钱，在电力这种特殊产品的输出过程中，也不可能是某车从A地一直开到B地，而是采用接力式的一棒传一棒的做法，因此是采用按输电距离收费还是采用不区分上网端距离远近而一律实行电网内同一电力输送价格，是需要认真研究的，这样做可使发电网更为简单。当然，对于德国的情况来说，其将电力市场按照新的电力输送协议划分为两个电力交易区域，凡是跨区进行交易的，就将额外交一部分费用，即每度电多付0.25分尼，对跨国境的电力交易也是如此，我想这是有一定借鉴意义的。

（四）关于线损的随想

我认为线损的问题在于，究竟应由电网承担，还是在厂网分开体制下形成竞价上网，供方（supplier）和需求方（consumer）直接见面。既然发生的线损在它们之间，就应在它们的合同中直接表明，这样可最大限度地使电网定价变得简单，而现在电网定价过于复杂。就中国的厂网分开来说，目前电网资产较大，但电网利润极低，其中电网成本中有很大一块是线损，从这个意义上来说，把线损从电网部分剥离出去，这对于中国在厂网分开体制下实现电网上市是有极大好处的，对于这个问题，我认为应加强研究，甚至可在电力经济学领域中实现一个新的突破。

第七章　“5 号文”后主刀分拆国电公司

5 号文为何是妥协的产物？它出台后国电公司又遗留了哪些问题？本章将对这些问题逐一进行回答。5 号文仅是框架性文件，如何“分家”还得由国电公司自己拿出具体方案。也许是动手“肢解”自己过于痛苦，也可能是自己主持“分家”因身在其中，利益冲突不好把握，于是国电公司决定请外部专家来“主刀”分拆，最终他们选择了我。

2002 年 4 月，我和我的团队用了两个月的时间，制作完成了“分家”的框架性方案，在此期间，电网和几个发电集团都对我提了一些修改建议，2002 年 7 月完成了资产重组的最终方案，上报国电公司党组会议讨论。

第一节　“5 号文”与国电系统“祖孙三代”的生存之争

2002 年，国务院正式颁布了 5 号文件，这是一份综合了政治、经济等多方面因素妥协的产物，这份文件定下了当时中国电力体制改革的基调。实际上，整个电力改革思路的形成还要往前推，但电力体制改革的源头应从组建国电公司开始。

自 1998 年 3 月，电力工业部被正式撤销后，中国电力体制改革是由国电公司主导，尽管它在自身公司化改制和中国电力工业市场化改革方面做了积极的探索和实践。然而随着 2000 年 8 月后国家计委主导的电改小组成为电力体制改革的实际主导者，电力改革在诸多方面都发生了较大变化，主要体现在两个问题上：一是谁来主导这场改革，是国电公司内部主导，还是国家计委外部主导？二是在电力组织体制改革中是以国电公司为主，还是以大区网公司为主？

在这两大问题的争论过程中，如何确定国电系统内“祖孙三代”，即国电公司（老子）、大区网公司（儿子）和省公司（孙子）三者各自的法律定位及正确处理三者之间的关系，是国电公司和国家计委主导的电改小组争论的焦点。

国电公司主张“做实老子，弱化儿子，强化孙子”，而国家计委主导的电改小组则主张“强化儿子，取消老子，弱化孙子”。这两种改革思路明显不同，这既是当时5号文难产的最主要原因，也是至今一些人对电力体制改革不满的遗憾所在。

一、国电公司思路：“做实老子，弱化儿子，强化孙子”

“做实老子”是指做实国电公司。1998年在我最初与国电公司接触时，我对他们要将国电公司做实的想法是持保留态度的，我想也许是由于“屁股决定脑袋”的思维，国电公司在追求“老子”利益而已。然而随着我对电力工业及我国电力体制的了解，我的这一观念发生了转变，这就是在全国联网问题上，如果全国统一联网的必要性在理论上是成立的，而在现实中我国电网体制又是分割的，那么要打破这种分割而实现跨省和跨区的联网，组建一个跨省、跨区的国网公司，在中国的体制下显然是较好的选择。而随着电力改革的深入，我对实现全国联网将是中国电力发展史上的丰碑更加深信不疑。然而在当时全国电网分散的背景下，要实现跨区、跨省联网，就必须要有一个统一的电网组织体进行协调和管理。因此，“做实老子”正是从这一角度考虑的，由此而产生的国电公司实体化也就成了全国联网的现实需要。

在国电公司如何实体化过程中，国电公司的观念是要取消大区网公司的子公司的法律地位，而将其改组成分公司。对此，我在最初的改革方案中曾指出，国电公司不一定非要把子公司变成分公司才叫实体化，保留子公司同样是实体化的形式。因为从母公司财务报表看，分公司是以“固定资产”、“流动资产”等科目形成，而子公司则是通过“长期投资”科目表现，但其都是国电公司的资产。记得我在给国电公司制作的第一个咨询方案中还特意为此写了一个题目即“要正确理解国电公司的实体化”，指出当时国电公司的长期投资无疑是最重要、最庞大的资产，这意味着国电公司的集团架构中不仅会有分公司、事业部等非法人单位，而且更多的是子公司甚至子集团，而这与国电公司的实体化是完全统一的。

然而人们在现实中并不是这样思维的，现实中国电公司认为必须取消大区网公司的法人地位，否则自身随时有被取消的可能，而事实也正是如此。

“弱化儿子”是指把大区网公司变成分公司，国电公司在区域集团公司成立及发展问题上坚持弱化大区网公司建制。国电公司成立后，1998 年 12 月国务院办公厅转发了国家经贸委《关于深化电力工业体制改革有关问题的意见》（146 号文），该文件明确了东北电力集团公司成为首个改组为国电公司分公司试点单位。此后，国电公司赵希正副总经理还到华东、华中和西北集团公司摘了子公司牌，给其挂上分公司的牌子，我记得当时五大区域网公司只留下了华北电力集团子公司的牌子。但是，5 号文颁布后，原来改组为分公司的大区网公司又在赵希正的主持下重新挂上了子公司的牌子。

“强化孙子”则是把省网改组为子公司。国电公司要推行其电网经营型的集团化战略，在取消大区网公司子公司的法律地位后，还必须在“省为实体”的现实背景下把各省公司明确为具有法人地位的子公司，在“老子”、“儿子”、“孙子”之间形成母公司、分公司和子公司三者并存的组织体系，这是国电公司从其自身的生存与发展角度考虑的。

但这种考虑在现实中是否合理呢？我一度也曾经怀疑过，但时任国电公司财务部副主任，后来调到江苏电力做总经理的费圣英同志与我的一次谈话对我影响很大，他说：“电力线是地方经济发展的生命线，因此各地方政府高度重视本地电力工业的发展，而电力工业的发展又必须要有地方政府的支持。但在中国行政体制下，各大区是没有政府基础的，行政区划上没有东北、华北等区政府，是虚的，而省级是有政府依托的。因此，省为实体，组建子公司，从而形成‘强化孙子’的模式是有其合理性的。”

由于我在中国社科院和体改委下属单位的工作经历，对中国政府体制有所了解，我深深地感觉到费圣英同志的这番话说出了中国政治体制和经济发展的特点：国电工业要发展，除了要做实国电（网）公司这个“老子”外，还要依托各地的省政府，强化各省的电力公司这个国电（网）公司的“孙子”才行；而各级省政府要想发展地方经济，就必须意识到电力供给和安全运营是地方经济发展的重要保障，他们也必定会在组建省子公司方面给予高度重视、支持和关照。因此，省为实体就成了最合理、最现实的模式，所以我对国电（网）公司坚持省为实体“强化孙子”的改革思路是赞同的。

二、国家计委思路：“强化儿子，取消老子，弱化孙子”

国家计委主导的电改小组与国电公司的改革思路不同，如果说国电公司是“强化两边，弱化中间”，那么国家计委主导的电改小组的改革思路则刚好相反，即“强化中间，弱化两边”，我将其概括为“强化儿子，取消老子，弱化孙子”。其含义主要是指以破除大垄断之名取消国电（网）公司，以拒绝以邻为壑的小垄断之名否定“省为实体”的各省网公司，而坚持强化大区网公司。

在国家计委看来，一方面，国电（网）公司大一统的组织体制会导致垄断；另一方面，管理这样一个在级别上和自己平起平坐、尾大不掉的庞然大物不如领导 5 ~ 6 个小一点的互有竞争且更容易听其调遣的区域网公司。因此，国电（网）公司即使成立也是暂时的、过渡的，最终还是要建立以大区网公司为主的中国电力体制格局。然而国电公司一组建似乎就想真的“甩开膀子”大干一场，国电公司在 1998 年独立运行并提出“两型两化”的发展战略后，推进速度很快，五个大区网公司子公司的牌子很快被摘掉了四个，而在各省快速组建了省为实体的子公司。这样发展下去，大区网公司将消失不见，省为实体则木已成舟，其趋势十分不合国务院有关领导和国家计委主导的电改小组的改革思路，无法实现其“强化中间，弱化两边”的目的。

因此，就有了王骏在 2000 年 5 月 5 日那篇发表在《经济学消息报》上的令人震惊的《令人沮丧的电力改革》一文的出台。文中提到，“对于目前的改革，大家形容为（国电公司）裁判员同时又是运动员，改革无法深入”，并得出结论，“传统的一体化垄断经营的电力工业已不能适应经济市场化的进程”，“国务院应把电力体制改革列为重要工作议程，专人负责”。同时，文中还指出：“省为实体的发展方针导致各省以邻为壑，它将成为阻碍市场竞争和跨省资源优化配置的主要原因。”

由于该文内容十分敏感且观点如此鲜明，加上作者以国家计委基础产业司电力处处长参与电力体制改革的背景，一发表就引起了当时社会各界和国电公司上下的高度关注，人们普遍认为这篇文章代表的绝不仅仅是作者个人，而是更高层在通过这篇文章释放电改方向转向的重要信号。事实也的确如此，三个月后的 2000 年 8 月，国家计委牵头正式成立了电改小组，该文作者正是电改小组的主要成员。

从此，电改主导权从国电公司转向了国家计委主导的电改小组，而这个小组一成立，首先通过颁布 69 号文暂停了国电公司以省为实体组建省电力公司的试点。

此后，国家计委主导的电改小组迅速制定了《电力体制改革方案（草案）》，旨在取消国电公司。国家计委主导的电改小组的改革思路大致可分为三步走：第一步，先把大区网公司由分公司变回子公司，形成国网公司和六个大区网公司，即“虚一实六”的格局，扭转被动局面；第二步，再取消国网公司，只保留五个大区网公司及南方电网公司，即“0 + 6”模式；第三步，再考虑将六个大区网公司合并为四个大区网公司，即“0 + 4”模式。

第二节　电力改革争论焦点中的三组数字

5 号文出台之前，无论是国电公司还是国家计委主导的电改小组，对国电系统厂网分开基本形成了共识；同时，对除了输配电网具有自然垄断性以外，在发电和售电领域都可以引入竞争也没有太大分歧，仅是方式和时间而已。而无论是当时还是今天，人们对电力体制改革方案争论的焦点都是具有自然垄断性的输电网能不能拆分，是保留全国一张大网还是搞以区域为主的几张网，这才是各方争论的核心。

我将这一问题归纳为三组数字之争，即国家计委主导的电改小组推行的“0 +4”模式，国电公司推行的“1 +6”模式，而最后采用的则是妥协后的“2 +5”模式。

所谓“0 +4”模式，是主张取消国电公司，按照国电资源优化配置和“西电东送”的格局，把国电公司系统的电网组成四个区域性电网公司，即组建东北、北方、长江和南方四大电网公司。值得说明的是，国家计委主导的电改小组于 2001 年 4 月上报国务院的《电力体制改革方案（草案)》中，虽然提出的是设立 1 个国网公司以及 6 个大区网公司，但这仅是在当时国电公司已存在且大区网公司有 4 家已被改为分公司的基础上的过渡；并且由于当时社会争论激烈，一次性地将国电公司肢解阻力太大，因此暂将其保留，最多构造一个形式上的出资人，这实际上是“虚一实六”的“0 +6”模式，而其目标是“在条件具备时，随电网结构的加强和电力市场的发展，按‘西电东送’的格局，即将华北与西北合并、华中与华东电网公司合并，最终形成四个大区网公司”，即“0 +4”，在这里为便于读者理解，我将其统称为“0 +4”模式。

我不赞成国家计委主导的电改小组以打破垄断的改革思路推行“0 +4”模式来简单地横向切分国网，理由有三：第一，我认为电网具有自然垄断属性，自然垄断是好垄断，它的规模经济效应决定了“1 >2”的自然垄断特征，自然垄断不必要反，也不应该反。第二，即使改革目标是打破国电公司垄断，但“0 +4”模式能从根本上打破垄断吗？其只不过是把一个大垄断变成若干个小垄断，其自然垄断的属性并不会随拆分而改变，甚至由于小垄断不能在更大的市场边界范围内实现电力资源的调度和配置，可能会比大垄断更“坏”。第三，推行“0+4”模式，不利于实现全国联网，不利于构筑市场经济资源优化配置的大平台，并未真正跳出“以邻为壑，画地为牢”、各自孤立的格局，反而会把这种各大区就地平衡的愚昧与落后封闭的电网格局固化下来。今后又有谁去关心，即使关心，又有谁有能力去实现跨大区联网呢？显然，只有保留国网公司才更有利于在跨区和跨省的全国联网电网建设中发挥作用，完成全国联网的神圣使命。

所谓“1+6”模式，是在保留全国一张输电网的基础上，保留和加强从国电公司演变而来的国网公司，同时在区域上再在其下组建六大区域电网分公司或独资子公司，即东北电网公司、华北电网公司、华东电网公司、华中电网公司、西北电网公司和南方电网公司。实事求是地说，国电公司“1+6”模式本质上是想推行“1+N”模式（这里的“N”是指省公司），即把大区公司变成分公司，将省公司改组为子公司；其只是囿于当时社会舆论和改革压力所迫而提出了“1+6”模式，为易于读者理解，这里暂且把国电公司的改革思路统称为“1+6”模式。而这一模式的实质是“实一虚六”或者叫“1+N”模式。

我赞成国电公司的“1+6”模式方案。我认为像电网这样的自然垄断行业，应该起到资源优化配置的作用。中国的水利、煤炭资源主要集中在西部和北部，而其主要的电力负荷中心却在南部和东部，所以在这种情况下就存在资源优化配置的问题，就需要我们构造一个全国的大电网，通过“西电东送、南北互供”的电力输送实现资源的优化配置。构造电网就是构造一个市场经济的平台。因此，我主张保留一个国网公司，特别是在跨省的电力交换和调配上坚持“一张网”，从而实现在电力上有一个全国性的市场经济平台。

所谓“2+5”模式，则是5号文中最终确定的方案，即成立国网公司和南方电网公司两个全国性电网公司以及把国网下属的五个大区网公司变成有限责任公司和股份有限公司，其在实质上是既保留集权的国网公司，又以有限责任公司或股份有限公司的法律形式把六大区网公司固化下来，使国网公司无法把它们变回分公司。因此，5号文既不是“0+4”模式，也不是“1+6”模式，而是两方意见妥协的产物，即“2+5”模式。

第三节　妥协下产生的“5号文”

正如原国家发改委副主任张国宝2012年3月接受记者采访时所说：“由于在电网问题上争议很大，电力体制改革搞不下去，江泽民总书记也亲自过问电力体制改革：为什么到现在还没有改成？到底有什么阻力？分歧在哪里？他直接打电话给曾培炎同志，曾培炎同志如实报告了电力体制改革设计方案中的一些意见，实际上最后就集中到‘一张网’还是‘多张网’的问题上了。江总书记听了以后，说了一句英语‘compromise’，大概的意思是要把这两种意见相互妥协，再协调一下。”（详见《南方能源观察》2012年3月8日第3期）就是这一句“compromise”，结果就产生了我在上文中所归纳的将国家计委主导的电改小组的“0+4”和国电公司的“1+6”两种模式进行中的和5号文中的“2+5”模式。

2001年12月，国家计委主导的电改小组经过8个月的调研论证，重新上报了新的电力体制改革方案。这份综合了政治、经济等多方面因素妥协的产物最终经过了中央最高决策层同意，获得国务院批准。2002年2月10日，国务院正式颁布了《电力体制改革方案》（即5号文）。

5号文明确了电力改革的市场化方向，总目标是“打破垄断，引入竞争，提高效率，降低成本，健全电价机制，优化资源配置，促进电力发展，推进全国联网，构建政府监管下的政企分开、公平竞争、开放有序、健康发展的电力市场体系”。

5号文的主要内容是在发电环节引入竞争机制，实现“厂网分开”，将国电公司管理的电力资产按照发电、电网和辅业三类业务进行划分：

第一，在发电环节，将国电公司管理的发电资产重组为规模大致相当的若干个独立发电企业，开展公平竞争。5号文规定华能公司可直接改组为独立发电企业，其余发电资产（含股份公司或有限责任公司中相应的股份资产）通过重组形成 3 ~4 个各拥有 4000 万千瓦左右装机容量的全国性发电企业，由国务院授权经营，分别在国家计划中实行单列。发电资产重组要综合考虑电厂的资产质量和所在地域条件等，进行合理组合。每个发电企业在各电力市场中的份额原则上不超过 20% 。

第二，电网环节分别设立国网公司和南方电网公司。国网公司下设华北、东北、华东、华中和西北 5 个区域电网有限责任公司或股份有限公司。西藏电力企业由国网公司代管。国网公司主要负责各区域电网之间的电力交易、调度，参与跨区域电网的投资与建设；大区网公司负责经营管理电网，保证供电安全，规划区域电网发展，培育区域电力市场，管理电力调度交易中心，按市场规则进行电力调度。区域内的省级电力公司可改组为大区网公司的分公司或子公司。

第三，5 号文还对国电公司系统所拥有的辅助性业务单位和"三产"、多种经营企业进行了调整重组。电网企业可以拥有必要的电力科研机构，经营主业以外的业务要按照规定程序报经国家有关部门批准，并与电网业务分开核算。有关电力设计、修造、施工等辅助性业务单位，要与电网企业脱钩，进行公司化改造，进入市场。医疗和教育单位按国家规定实行属地化管理。"三产"和多种经营企业参加发电企业的重组，也可以交由地方政府管理。

由于 5 号文是一个妥协产物，加之涉及的问题颇多，难以在一个文件中对所有问题都做出具体规定。例如，5 号文并没有明确国网公司和国电公司是继承关系还是新设关系；5 号文也没有明确南方电网公司股权结构及内部治理中如何处理中央和地方的体制矛盾关系，南方电网是按公司法治理还是遵照企业法管理，思路并不清晰；理解弹性较大的是，5 号文并没有明确组建大区网公司和各省公司必须采取的法律形式，仅仅提供了两种选择，即区域电网可采用有限责任公司或股份有限公司，省级电力公司可改组为大区网公司的分公司或子公司。因而在实施中，国网公司肯定是要按对它最有利的模式来落实 5 号文，即国电系统各大区网公司不过是一个表面上负有限责任但实际上被虚化的独资子公司。而各省公司则都是拥有实权和具备法人地位的实体化经营的子公司。

第四节　制作国电公司拆分方案

虽然大家都同意厂网分开，但国家计委主导的电改小组和国电公司的分开内涵最初是有差异的。特别是电源分开后是先搞一个还是搞几个，是先装在一个篮子里逐步再分成几个，渐变稳定分步到位，还是一步到位。国电公司最初是想先在上面成立两个大的集团，一个发电，一个电网。而5号文则是全国电网组建两个公司，一大一小，国网26个省，南方电网5个省。而电源是一次成立几个发电公司，最终决定先搞4~5个电源。

一、受聘拆分主刀手

2002年2月，国务院正式颁布《电力体制改革方案》（5号文），确立了拆分国电公司的主题。但是5号文只是个框架性的方案，具体落实到如何“分家”，还是得国电公司自己动手拿方案。例如：对于当时要搞4个还是5个发电集团曾有过犹豫，主要是中电投不好放，它十几亿元的利润放到哪一家，哪个集团就会冒出来，净资产很大，利润就会很高（当时中电投有800万千瓦容量，12亿元利润）。而把中电国际拆散又舍不得，最后索性多一个，就分成了5个。还有一个技术问题是：发电资产按权益容量还是可控容量分？二者差别较大，以华能为例，如果按可控容量分，会少好几百万千瓦容量，因为它的电厂都是微弱控股30%~40%，而以权益容量来分它又增加了700万~800万千瓦容量。最后也没商量，让我们拿个方案就按权益容量分了，结果华能就成了老大。甚至还有更琐碎却容不得半点忽视的事，如老干部谁管，开始打算“资产分了，各家再分几个老干部吧”，但后来不好调，又担心把老干部推来推去他们会伤心，于是电网就全管了。而青岛、秦皇岛疗养院和各培训中心电网也全留了下来。

也许是自己动手“肢解”自己过于痛苦，也可能是国电公司自己主持

“分家”因身在其中，容易引发利益冲突，如资产分割、人事安排都不好把握，容易产生不公平。还是“外来的和尚好念经”，于是国电公司决定请外部专家来“主刀”落实分家方案，他们选择了我。

2002年3月5日，时任国电公司总经理助理、体改办陈飞虎主任到我办公室登门拜访，飞虎说他是代表赵希正副部长来的，赵总委托他来传达以下两个意思：

第一，前不久公司党组会传达了最近电力改革情况，目前国电改革方案虽已基本确定，但有关文件还未正式下达，正在为下一步实施具体改革做准备。会议确定了两个研究课题：一个是有关下一步企业重组课题，改革中无论是发电、电网还是三产等辅业都涉及重组问题；另一个是下一步市场监管课题。这两个课题想分别请两个机构帮忙做，监管课题实际上就是讨论成立电监会的问题，准备请国务院发展中心的课题组；而国电公司拆分重组课题希望由我来主持。

第二，就国电公司的拆分重组课题来说，国电公司的想法是根据实际情况研究具体方案，希望针对现在的管理实际，提出下一步可操作的具体方案。由您来负责这个课题，主要是考虑到在公司重组及财务管理模式方面您有深厚积累，且能提出较客观的建议，条条框框少，而国电公司自己做往往有一定局限性。

他还进一步解释到：5号文只是确立了拆分国电公司的框架性方案，细化的安排还需国电公司自己提出，然后再报国家计委主导的电改小组审批确定最终的重组方案。然而我们自己制作方案是不妥当的，也摆不平各种关系，所以只好来找你。一是因为你对电力行业和国电公司的历史很熟悉；二是我们已经请你给国电公司制作过几个方案，你的水平、观点和方案客观公正，国电公司领导很认可；三是你跟大家都比较熟悉，无论是进行方案调研还是探讨“分家”的具体问题，工作开展都方便，大家都更容易接受。

最后，飞虎又叮嘱我：“高总希望在时间进度上能与整体改革进程协调起来，5月1日前拿出重组课题报告。”

他的这番话让我深感责任重大，觉得这个方案对我又是一次挑战。况且只有两个月的时间，在如此短的时间内完成如此重大的重组方案，难度非常大。首先，课题涉及的利益相关者众多，这个家不好分。其次，像这样的重组方案，仅是对相关网省公司、行业专家、政府人士进行全方位访谈就要一个月左右，在如此之短的时间内把脉络、出思路绝非易事。作为一名合格的咨询人员，“记写问讲”的硬功夫一步也马虎不得，虽然当时电力人把我当成他们最信任的电力咨询专家，但任务确实很艰巨。第三，我对拆分国电公司也是忧心忡忡，在同一个框架下由不同方法论指导的重组思路，其结果也可能大相径庭。

此外，5 号文的框架性规定在很多的细化方面都具有弹性，甚至这些细节会标志改革思路向哪一个方向推进，而我既然赞成“强化两边，弱化中间”的“1 +6”模式，在我的方案中当然会要体现我的这一观点，而主刀这一方案可以更好地体现我的改革思路。我记得曾在一次电力改革研讨会上说过：“不管是国家经济体制改革还是电力体制改革的推进都像一列向前奔驰的列车，即使它朝着错误的方向你无法阻挡它，但是作为经济学家必须发声，这是你的责任。”更何况在电力改革中，我并不是一个普通的学者看客，而是就在这趟列车上参与了它的改革。因此，我无论如何都应该以学者的责任和良知、专家的能力和水平在这一方案中努力自我实现。况且，我和国电公司毕竟走过了不平凡的五年，这让我对这个在风雨飘摇中踌躇前行的大公司产生了深厚感情，对送国电公司“上路”，于情于理我都应该再做点什么。

上述种种考虑是我接受国电公司最后一次重托，参与制定其拆分方案，执笔设计国电公司重组的原因。

最后，关于费用问题，鉴于时间紧、任务重、工作量大、责任也大等原因，加之五年来，我所在的北京标准咨询公司独立给国电公司所制作的方案中（6 个），连一个超过 50 万元的都没有（除了与外国的德勤公司共同承接国电公司财务管理模式的课题费用超过了 100 万元）。因此，在这最后一次给国电公司制作咨询方案时，我提出了 300 万元的报价，请国电公司斟酌。

但事后国电公司的赵希正副总经理和陈飞虎主任又共同找我谈了一次，会谈最后赵总对我说："纪鹏，咱们都是老朋友，还是100万元吧，我们知道，制作这一如此庞大的咨询项目，这个价格可能低了，但希望你能理解此刻的国电公司。"而我十年咨询羞于谈钱，从来不跟客户讨价还价，既然他把话说到这份上，我只有慷慨应允，但坦率讲心里是有些不悦的。

二、我执笔的重组方案

2002年3月初，我主持制定重组方案的调研工作正式开始，调研持续了一个月时间，直到4月初。这期间，我不仅访谈了国电公司职能部门及下属网公司、省公司的负责人和国电公司高层领导，还与众多电力专家就相关理论问题进行了探讨，例如，我访谈了当时的国电公司副总谢松林、国家经贸委电力司处长刘宝华、江苏电力总经理费圣英、华东电力集团董事长邵世伟、国电公司体改办主任陈飞虎、华东电力集团总会计师王祥富、上海电力公司总经理于新阳、国电公司财务部主任张国厚等人，他们在我制作国电"分家"方案的过程中给予了很大帮助，这使我在方案制定的分寸把握上更加准确。

同时，也有一些已知道将分到哪个电力集团的同志找到我，希望我在方案中能够体现他们的责任、权利以及其所在的集团在水电、上市公司和火电等资产重组中的利益。从某种意义上说，这也算是一种走后门了。

在广泛听取各方意见后，我仍然延续了多年来自己一贯坚持的客观、公正的准则，形成独立的重组思路，这不仅仅有利于确保拆分方案顺利进行，而且有利于电力行业和人员队伍的稳定。

我写的国电公司资产重组方案主要分为三部分：一是重组可能面临的八大风险；二是重组的基本原则；三是重组中的具体问题，包括在厂网分开基础上的电源重组和电网重组两个部分。

（一）重组的八大风险因素

在这个方案中，我开篇就写道：我一直强调对电力改革人们往往容易看到改革之前的弊端，也容易想象改革后的成果，但特别容易忽视的就是改革过程中的风险和改革后的失误。对于国电公司的重组，我认为有八大风险需要防范。

第一，电力改革责任主体不明确的风险。电力是十分重要而又特殊的产品，从国际电力解除管制的经验教训看，电力作为国民经济第一基础产业的改革确实存在较大风险。就电力体制改革的过程来说，必须明确谁负责改革谁承担责任，不能改革的权利主体和责任主体不一致，出了问题却找不到始作俑者。因此，从确保电力安全稳定运行的角度出发，国电公司必须作为改革主体，稳步推进。然而在国电公司被拆分后，电改的操刀主体即变得模糊，方案的制订者国家计委主导的电改小组是电力改革领导小组，仅仅负责推进改革，却不承担改革中安全和稳定的责任和风险。

回顾1998年以后的电力体制改革，“牵头人”国家计委这个部门只有改革的权力，却不承担改革的风险。以后的事实也的确如此，2002年国电公司解体后，无论是三年电荒的发生，还是电价的上涨，都找不到具体的责任人。

第二，安全运营风险。国电系统在这次改革中将被重组为国网、南方电网和五大电力集团，原有主体消失。然而现国电公司和今后新成立的国网公司是续存关系还是撤销、新建关系并不明确。电力改革过程中，不仅主客体关系不明确，而且新老国电公司的关系也不清晰，这种调整无疑将打乱原有责权利关系的格局。改革有关各方出于对改革方案的不同认识及自身利益考虑，会在具体改革操作环节产生歧见，同时由于改革涉及大面积的人、财、物及事的分割和调整，利益不一致，协调起来就难。

电力作为关系到国计民生的特殊行业，要求高度的责任心和兢兢业业的敬业精神，稍微有一点偏差，就会出现安全运营的风险，国际上已有这样的经验和教训。

第三，干部和职工队伍不稳定的风险。国电公司140多万人，改革中不仅是厂网分离，主业和辅业也要分离。主辅分离不仅是北京总部的主业和辅业分离，还包括省一级公司的主业和辅业分离。在目前方案中有相当大量的辅业人员将被裁减，这对地方的震动很大，因为大量的人员和辅业都在地方，地方电力公司将会面临大量的人员分流和自身的重新定位问题。因此，采取什么措施安置这些下岗职工将直接影响到干部和职工队伍的稳定问题，而当前国有大企业的稳定又是社会稳定的关键环节。

第四，经济上的风险。新组建的公司主体将会发生较大的成本，如新公司筹建成本，新公司组建后加大的运营成本，还有改革思路在实施过程中的调整成本。而且，由于目前电价不合理，厂网分开后，各自亏损的可能性很大，又由于这种亏损既不能让消费者来承担，也不能将其转嫁给国家由财政负担，所以如何消化这种亏损也是一大问题。因此，对改革后果应有充分估计，盲目乐观会使我们陷入困境。

第五，国有资产流失的风险。国电系统资产庞大，必须由强有力的组织者贴近实际，制定切实有效的措施进行改革重组工作，否则必将导致人心涣散、资产流失。由于国电公司这个主体在这次改革中将被取消，所以改革后由谁来代表国家保证国有资产的保值增值成为一大难题。责任主体的缺失必将导致责任的无人承担，在这种情况下，国有资产流失的风险很大。

第六，重组难度的风险。国电公司经过四年运转，已经进入良性运行阶段，它提出的是纵向分离式的改革，即首先进行厂网分离，然后进行输配分离、主辅分离，最后将国电公司变成一个全国范围的国家输电网公司。这样的改革过程具有继承性，而现在的改革方案是新成立一个国网公司取代老的国电公司，这样新老公司之间的各种关系的承接容易出现问题。

第七，急于求成的风险。目前的改革方案要求各项改革工作立即展开，并在2002年内初步完成厂网分离和大区网公司、各发电集团的挂牌工作。时间紧，任务重，而电力又是这样特殊和复杂的行业。因此，这样的一次大调整不能影响正常的生产经营活动，这是改革者必须适度予以重视的。改革中须谨记：急于求成是改革者之大忌。

第八，电力短缺及发生电荒的风险。5 号文主导下的国电公司重组，更多地把焦点放在了拆分并终结国电公司上，而对于电力这样一个关系到国计民生的第一基础产业来说，对电力供需形势的判断、电力项目的有序开展都应给予高度重视。电力投产周期一般在三四年，电力投资周期与国民经济周期应该相匹配，随着我国经济软着陆后的新一轮经济增长，未来必将形成对电力供应新一轮的高需求，我国电力生产依然是国民经济的薄弱环节，电力供需矛盾并没有根本解决。因此，需谨防电力短缺及发生电荒的风险。

（二）重组的基本原则

方案接着从人事、资产划拨和网省公司等几个方面考虑，提出了国电公司资产重组的几个基本原则：

第一，重组中应贯彻因事设职、因职配人、先分资产、再搭班子的原则。由国电公司主持，以国电公司系统为主体，先构建 5 个发电集团的资产及组织框架，然后再搭人事班子，不要先搭班子再分割资产，避免各方挑肥拣瘦，争执不休，难以平衡，从而延长重组时间。

第二，区域市场内每家发电集团容量不超过 20% 的原则。在保留电源企业独立法人地位的条件下进行重组，各发电公司的电力资产按照规模相当、资产质量相当、地域分布合理的原则并尊重历史进行配置和重组，不超过 20% 的原则不能局限于省为单位，而应以大区电力市场为单位，使每家发电集团所得到的电源资产在大区市场中基本平衡。

第三，以网省公司二级单位（地市级供电局和发电公司）为基本单元重组的原则。这一原则既可保证省公司所属电厂不被分割和发电公司保留独立法人地位，使重组有可靠的基础财务数据，又决定了本次重组的层次定位，防止重组层次无限延伸、陷入产权迷宫而事倍功半，可以确保一次重组成功。

第四，方案强调重组中要遵循“好坏搭配”、“大小搭配”原则，综合考虑权益容量和控制容量等各项指标，以效益水平和竞争潜力作为两个比较重要的划分标准，合理分配上市公司，综合统筹，混合编组。每个发电集团应贯彻混合编组原则，即由于单一的电源品种在平均分配时会难以兼顾公平，因此可在不同的电源品种（火电、水电及其他电源类型）之间混合编组，力求公平，如好的火电搭配差的水电，差的水电搭配好的上市公司。

（三）厂网分开后电源重组的具体问题

按5号文确定的思路，改革基本定位在“两分开”——“厂网分开、主辅分开”，而重点在厂网分开，难点在内部企业重组。因此，方案将厂网分开后的电源重组和电网重组两个具体问题作为主要内容。

1. 电源重组为4个还是5个电力集团

就电力集团的数量而言，厂网分开后应重组为4个还是5个电力集团是首先要考虑的问题。5号文规定华能公司可直接改组为独立发电企业，其余发电资产通过重组形成3~4个各拥有4000万千瓦左右装机容量的全国性发电企业。根据5号文，除了华能集团之外，究竟再组建3个还是4个发电集团？方案主要考虑中电投比较小，就不必再独立改组为一个发电集团。但是这也很难处理，原因有二：一是如果中电国际不拆散的话，中电投的净资产很大，利润也很高，把它放到任何集团里都显得过大。二是如果把中电国际拆散，阻力又很大。因此，方案最后确定包括华能共组建5个发电集团，中电投也就顺理成章地被保留下来了。

2. 电源资产划分按权益容量还是可控容量

就电源资产按权益容量还是可控容量分家也存在争论，其中实力最雄厚的华能集团在两种容量划分标准的背景下，特点最为突出。华能集团在划转前的发电资产中，两种容量悬差很大，其可控容量达2817万千瓦，权益容量仅为1341万千瓦，因为它对电厂都是相对控股在30%~40%，与其他集团对电厂都控股在60%~70%甚至独资的电厂相比，这就出现了华能集团可控容量大、权益容量小的问题。如果按权益容量划分，华能集团的可控容量可以增加将近700万~800万千瓦。在有的集团倾向于按权益容量划分，有的集团倾向于按可控容量划分的背景下，我们制订的方案选择了按权益容量划分。

3. 如何确定分家中资产划拨顺序

方案确定的资产划拨顺序是先分水电和火电，其次是合理分配上市公司，最后再分“三产”、多种经营企业。

首先，水电重组是“水火相济”还是“水火不容”。方案做了如下考虑：一是对水电分布不均衡的考虑，如华东、华北、山东水电很少，西部特别是西南部水电丰富，不同的大区电力市场有的会超过20%，有的则会不足20%，造成分布不均。二是对水电开发费用高的考虑，水电的特殊性要求进行流域开发才能达到规模效益，但流域开发所需资金量很大，一家水电公司难以从事多个流域的开发。因此，将几个流域开发机构分配给不同的发电集团，这样发电集团就可以用火电的盈利开发水电，实现经济上的互补。三是对水电受自然因素影响大的考虑，枯水期和丰水期的发电量有很大差异，运营呈跳跃式，组建一个水电集团就可能造成运营和盈利的不稳定。因此，我们建议搞“水火相济”模式，即把现有的水电站平均划拨给五家发电集团，对于容量大的火电厂，国电公司的同志对国电机组采用了计算机编一个程序处理，提出了五个变量进行平均划分，保证每家发电集团所拥有的水电和火电容量基本相当。

其次，合理分配上市公司。上市公司的融资能力很强，在未来电力资产并购的禁令取消后，融资能力将是影响竞争力的重要因素，上市公司则能为并购提供一个很好的平台。因此，在新组建的发电集团中合理搭配国电系统目前在国内外资本市场上市的22家公司。上市公司作为公众公司，无论在信息披露、股东变更、股权置换及公司治理上都会引起资本市场投资人的关注，重组中绝不像国有独资企业那样简单。因此，方案建议上市公司在五家发电集团中应尽量做到平均分配，不宜过分集中，每个发电集团至少都拥有一个较大的上市公司。

最后，剩下的三产、多经等辅业，原则上跟着主业走。有些疗养院和疗养院改成的培训中心并没有都分走，而是不好给五大电力集团每家一个的就留在了国网公司。

以上是我们的分家方案中对厂网分开后电源重组的大致思路，事实上我们的方案管不了那么细，但是原则我们确定了下来。

（四）厂网分开后电网重组的具体问题

1. 国网公司的定位和属性

5 号文规定重组电网资产，设立国网公司。由国务院授权国网公司作为原国电公司管理的电网资产出资人代表。国网公司按国有独资形式设置，在国家计划中实行单列。但是国网公司应改组为营业控股公司还是纯粹控股公司，5 号文并没有明确。

方案认为国网公司应为营业控股公司，国网公司应以全国联网为目标，直接经营的电网资产为葛沪线、长万线、三峡送出线、华北—东北联络线（双北线）以及将要划拨的其他线路，随着三峡电网的建成，最终形成“西电东送、南北互供、三大通道（北、中、南）”为主的全国统一大电网。

2. 厂网分开后如何组建大区网公司

5 号文规定设立华北、东北、西北、华东、华中电网公司。这些区域电网公司的经营范围内，原国电公司资产比重较大，其组建工作由国网公司负责，各地方以所拥有的电网净资产比例为基础参股，组建区域电网有限责任公司或股份有限公司。

如果采用有限责任公司形式，根据当时的《公司法》（1993 年）规定，“有限责任公司由 2 人以上 50 个以下股东出资设立，国家授权投资的机构或者国家授权的部门可以单独投资设立国有独资的有限责任公司”。国网公司作为国家授权机构组建五个大区网公司，就会出现以下两种可能：

第一，成立拥有两人以上股东的有限责任公司。方案认为，如果按照 5 号文关于各地方以所拥有的电网净资产比例为基础参股的规定，执行难度会非常大。因为地方电网资产基本都在县级农网，这些农网公司已普遍改组成了有限责任公司，如果要将其重组到大区网公司中来，必须打破原来格局，所以难度很大。同时，由于地方电网资产在各省是不平衡的，有的省股权大，有的则没有，它们要在大区网公司中占有股权，就要考虑到各省间的平衡，但平衡十分困难。

第二，成立国有独资的有限责任公司，即全资子公司。方案认为，尽管5号文规定组建区域电网有限责任公司或股份有限公司，但结合当时的《公司法》规定，国网公司作为国家授权投资的机构可以单独投资设立国有独资的有限责任公司，大区网公司的组建是可以采用全资子公司形式的。全资子公司虽是独立的企业法人，但由于其股东和董事会是一个统一的主体，因此母公司完全可以独立决定对该子公司采用集权还是分权的管理方式。同时，由于中国国情特殊，国有全资子公司既可以受企业法调整，也可以受公司法调整。事实上，全资子公司和分公司在管理上没有本质区别。因此，采用全资子公司具有把大区全资子公司再次变回国网公司分公司的可调性。这就和两个以上股东的有限责任公司有着天壤之别，因为后者只能依据《公司法》就股份转让的相关规定推进，今后转回分公司是非常困难的。

因此，我的方案主张设立国有独资形式的五个大区子公司，建议大区子公司的有限责任化应该分步完成。第一步先成立独资公司，在资产清理、界定过程中逐步改组为有限责任公司和股份有限公司。当然，在制定这个方案时我也的确有对国电公司情有独钟的倾向，因为我深知在大区网公司的法律形式设置上与独资子公司相比，两个股东以上的大区有限公司的法律地位形成后将难再恢复到与国网公司一体化的总分公司结构。所以，方案建议将大区网公司设立成国有独资形式，实际上也是给国网公司重新调整大区网公司留有余地。

3. 省公司组建的具体问题

5号文规定大区网公司将区域内的省级电力公司改组为分公司或子公司。这就存在两种模式可供选择：一是改成分公司模式；二是改成子公司模式。选择前者意味着省公司将被实质性弱化，而选择后者则意味着省公司将可能被做实。

方案认为：首先，省公司应保留现有全资子公司模式，只是其出资人从国网公司改为大区网公司。省公司保留独立法人地位的好处在于：目前的财税体制是以省为单位，电价平衡机制也是以省为单位；此外，大区内经济较弱的省难以承受平均电价，电价空间又和省经济发展直接挂钩，因此，保留省公司的子公司模式有利于调动各省积极性。其次，省公司的主要发展方向将是有限责任的子公司，其股东可为国网公司、大区电网公司及拥有当地省农网资产的省级国有资产经营机构，力争用有三个出资人以上的有限责任公司形式把省公司的子公司地位在法律上固定下来，实现真正的有限责任制。最后，国网公司对省公司的出资，同时以股东身份实现了其对省公司的重要决策权。方案同时强调省网公司的有限责任化一定要以不妨碍区域电力市场的形成为前提。

4. 国网、区网、省网公司三者关系

方案从国网和区网、区网和省网以及国网和省网三个层次论述了三者关系。

首先，国网和区网的关系。国网公司将对各大区网公司行使出资人职能，具体来说出资人主要有三大职能：一是对各大区网公司的高级经理人员有人事任命权；二是对各大区网公司的经营收入具有资产收益权；三是对各大区网公司的重大经营战略具有决策权。

其次，区网和省网的关系。在区网和省网公司之间，尽管5号文件提出可把省级公司改组为分公司或子公司，但我们认为，国网公司不应同意大区网公司按5号文一下把省级公司的法人地位取消而变为分公司。这有三大原因：一是从目前我国省为实体的财政结缴关系看，保留省公司的子公司地位有利于调动地方的积极性。二是在一个较长时间内，从实践中看，二者之间的母子公司体制将是主流。从理论上看，改革的目标将可能是今后大区网公司以跨省之间的联络线即输电网为主，而省公司则可能是直接经营省内的22万伏以上的输电网络，并以控股地区、市、县的配电网股权为主要业务。保留区网和省网之间的母子公司体制是当前最可行的选择，且不会为未来更大的改革和发展空间设障。三是从最终输配分开的目标模式看，不排除有些省公司变为分公司，届时，区、省网公司作为输电网存在，地区和县、市公司作为配电网存在。

最后，国网和省网的关系。国网和省网之间同样存在母子公司关系。由于国网公司对大区电网公司行使出资人职能，法律上大区网是国网公司的子公司，由于省公司又是区网公司的子公司，事实上，按照各国公司法规范的定义和属性，省公司作为（孙）子公司自然也是国网公司“老子”的子公司。因此，大区网公司对省公司的管理权取决于国网公司对其的授权。从体制转轨、平稳过渡的角度出发，建议在国网和省网公司之间保留一些重大的管理职能，如省公司一把手的产生，区网公司可以有提名权，但最终的任命权应在国网公司。

综上所述，由于5号文只是明确了框架性的规定，诸多问题都没有界定清楚，尤其在公司重组问题上多数采用弹性规定，这就导致在同一个5号文的规定下，主张不同改革思路的人会制作出不同的重组方案。而我执笔的国电公司资产重组方案的主要内容既不违背5号文规定，又同时体现了国电公司的改革思路。

从国电公司的改革思路看，在组织体制上希望建立“强化老子，弱化儿子，做实孙子”，即做强国网公司，弱化大区网公司并强化省网公司。那么就应该强调国网公司和国电公司是继承关系，在大区网公司的建立上采用全资子公司模式，将来通过全资子公司转回分公司的方式，从而达到弱化大区网公司的目的。而在省公司的建立上采用子公司模式，坚持省为实体，把省公司改成子公司比较合适。

而从国家计委主导的电改小组的改革思路看，在组织体制上强调“取消老子，强化儿子，弱化孙子”，即取消国电公司，强化大区网公司并弱化省网公司。那么它就可以主张国网是新设立的公司，其与国电公司没有任何关系，在大区网公司的建立上就可以采用两个以上股东的有限公司模式或者股份公司模式，而在省公司建立上则可以采用分公司模式，即取消省公司，把它并入区域公司。这是5号文制定者的真实意图所在。

三、客观评价国电公司的五年

我在《国电公司资产重组方案设计》方案中，一开篇就提到了要客观评价国电公司的五年。在改革的风风雨雨中，国电公司走过了不平凡的五年。国电公司自 1997 年成立，1998 年单轨运行，以企业模式独立运行了五年。至其解体终结，国电公司已经成功完成了从计划体制下以政府为主体的管电模式到市场经济条件下以大公司为主体的办电模式的转型，在 1999 年就确立了“两型两化”的功能定位（电网经营型、电源控股型和集团化、现代化），并提出了“四步走”的发展战略，即：第一步，从 1997 年到 1998 年，成立国电公司，撤销电力部，政企分开；第二步，从 1998 年到 2000 年，进行公司制改组，国电公司实体化，厂网分开，进行竞价上网试点；第三步，从 2001 年到 2010 年，实现全国联网，全面推行厂网分开，竞价上网，形成电力市场；第四步，从 2010 年开始，实现输配分开和配售分开，最终国电公司形成一个全国一张大网的输电公司。

在其五年的短暂时光中，国电公司不仅实现了电力安全稳定运营，而且其经营利润稳步上升，2001 年其利润甚至突破了 100 亿元；它不仅在形式上建立了现代大公司的组织体制，而且形成了独立法人财产权，财务体系完全转轨，经国际权威机构评定，跨入世界 500 强之列。

国电公司的改革目标十分明确，即在厂网分离基础上，逐步向国网公司转轨；在非均衡、大循环和有限竞争三个理论基础上，实现全国联网，最终搭建全国统一组织体系下的输电网平台，构造电源竞价上网的全国统一电力市场；稳步推进发、输、配、售纵向功能分切的体制改革。

尽管在国电公司独立运行刚两年的 2000 年 8 月 28 日，国家计委主导的电改小组成立，电改主导权易手，国电公司从改革的主导者变成了被改革者，而 2000 年 10 月 69 号文的颁布又冻结了国电公司的“手脚”，而在 2001 年 4 月《电力体制改革方案（草案）》即“0 +4”模式出台征求意见后，在全国联网公司背景下，主张保留国家电（力）网公司和主张横向分拆国网公司的双方开始激烈争论，但由于“0 +4”模式提出者的强势，事实上，国电公司已开始在非正常的状态下经营运行。

但是，国电公司并未因自己的前途未卜而放慢工作脚步，“西电东送”和全国联网工程在紧锣密鼓地进行。2001 年 9 月，国电公司强调，“十五”

期间，电力发展要保持增长6%才能保证我国国民经济增长和人民生活的需要。因此，要大力推进“西电东送、南北互供”和全国联网，以三峡投产为契机实现全国联网，实现资源的优化配置。根据会议的部署，国电公司加紧建设向广东送电1000万千瓦，同时加紧准备一批黄河上游的水电项目，积极规划开发陕北煤电基地，建设更高等级的输电通道，以解决向北京和华北送电问题；加快研究和落实三峡电力、四川电力的吸纳和外送问题；在实施西电东送的同时，充分考虑南北互供，抓紧进行跨区输电通道建设，加快推进全国联网。

然而国电公司已根本没有时间践行其“四步走”的宏伟战略规划，也没有时间实现其改革目标。在国务院高层领导电改思路已成形的情况下，在反垄断和拆分国电公司的强大舆论压力下，国电公司想按自己的思路推进电改的任何努力都是徒劳无获的。至2002年3月拆分国电公司的5号文颁布以及九个月后的2002年12月新的国网公司等11个单位在人民大会堂挂牌，年仅五岁的国电公司在没有任何仪式的哀悼下悄然逝去。而此时它的掌门人无疑是早已预感到这一天到来的凄楚，早在三个月前就已孑然一身地离家出走了。

总结国电公司的五年成长史，早在它成立之初，在国家高层领导之间就有不同认识，主导意见是把国电公司只当作短期的过渡产物。今天回过头来看，其实国电公司从诞生之日起，就已经预示了谁都无法帮其摆脱的“命途多舛、童年夭折的‘宿命’”。

第五节　具体重组方案及遗留问题

一、“2 +5 +4”的结局及有关公司挂牌

2002年10月，国家计委主导的电改小组上报的关于国电公司重组的方案很快获得国务院批复，标志着电力改革的最终重组方案浮出水面，国电公司重组进入实施阶段。10月15日，电力体制改革工作小组第四次会议召开，时任国家计委主任曾培炎、国家经贸委副主任欧新黔等在会上讲

话指出电力体制改革进入实施阶段，并要求国网公司等公司必须于 2002 年 12 月底以前挂牌并正式运转。

2002 年 12 月 29 日，中国电力新组建（改组）公司成立大会在北京人民大会堂召开。在这次会议上，国网和南方电网 2 家电网公司、中国大唐等 5 家发电集团公司以及 4 家辅业集团公司同时挂牌，形成了"2 +5 +4"的格局。(图 7—1)

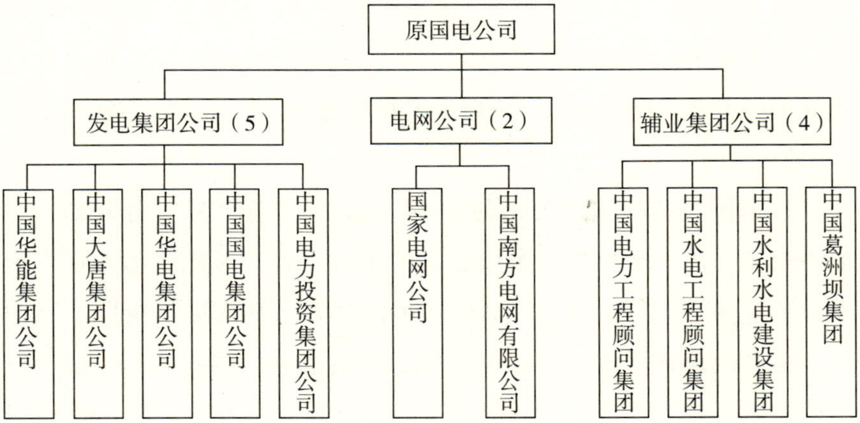

图 7—1　国电公司重组后"2 +5 +4"架构图

二、五大发电集团公司的建立

2000 年国电系统拆分时发电资产按权益容量统计是 13741 万千瓦，而按可控容量计算则达 20222 万千瓦。

（1）在国电系统 20222 万千瓦可控容量的发电资产中，火电 15283 万千瓦，水电 4810 万千瓦，核电 115 万千瓦，风电 14 万千瓦。进入五大发电集团的发电资产为 16164 万千瓦，依次为火电 12814 万千瓦，水电 3221 万千瓦，核电 115 万千瓦，风电 14 万千瓦；国网公司暂时保留了 4058 万千瓦的发电资产，包括火电 2469 万千瓦，水电 1589 万千瓦。

（2）在国电系统 13741 万千瓦权益容量的发电资产中，重组进入五大发电集团公司发电资产的权益容量是 10357 千瓦，暂时留在国网公司的权益容量发电资产为 3384 万千瓦。

（3）此次进入五大发电集团的发电资产是按权益容量进行重组的。在整个 13741 万千瓦权益容量发电资产中，华能集团分得权益容量 1938 万千瓦，中电投集团权益容量 2196 万千瓦，大唐集团权益容量 2096 万千瓦，华电集团权益容量 2091 万千瓦，国电公司集团权益容量 2035 万千瓦，五大发电集团权益容量基本一致。而从所对应的可控容量资产看却是不太均衡的，其中华能集团 3797 万千瓦，中电投集团 2989 万千瓦，大唐集团 3225 千瓦，华电集团 3109 万千瓦，国电公司集团 3043 万千瓦，这也正是我在国电公司重组方案中提到的，厂网分开后电源资产的重组如果按权益容量分家，华能集团将比其他四家的可控容量多出约 600 万千瓦的资产。

（4）对暂时留在国网公司的 3384 万千瓦权益容量发电资产，则做了如下安排：由于重组后四个辅业集团相对困难，因此拿出 900 万千瓦给辅业单位做重组后的扶持；另外卖掉 640 万千瓦为充实电网公司的资本金，为电网建设融资；而最终电网公司保留了 1844 万千瓦容量作为电网的调峰调频的发电资产，事实上，国网公司留下了一条优质的“电源尾巴”。

（注释：①权益容量是指全资项目总容量 + 控股项目总容量 × 控股比例 + 参股项目总容量 × 参股比例；②可控容量是指全资项目总容量 + 控股项目总容量 + 参股项目的总容量 × 参股比例。）

三、国网公司重组及其问题

（一）国网公司的组建

5 号文提出，设立国网公司，由国务院授权国网公司，作为原国电公司管理的电网资产出资人代表。国网公司按国有独资形式设置，在国家计划中实行单列。其下设五个大区网公司，即华北（包括山东）、东北（包括内蒙古东部）、华东（包括福建）、西北、华中（包括重庆和四川）。(图 7—2)

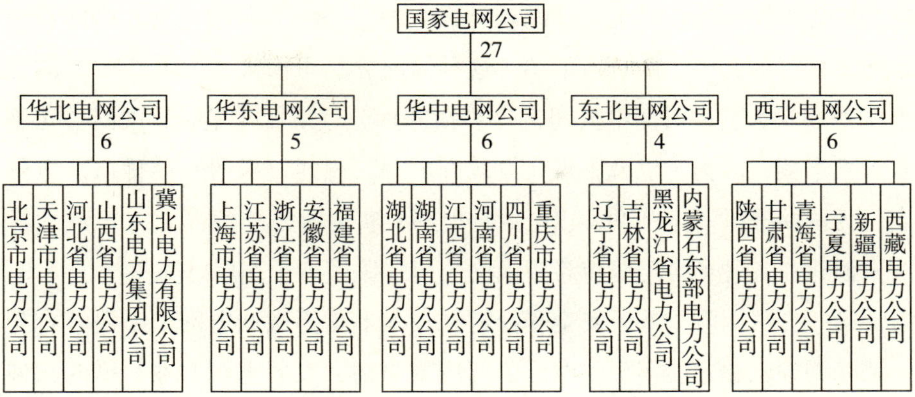

图 7—2 国家电网公司及下属五大电网及省公司图

（二）国网公司没有真正实现厂网分开

尽管 5 号文要求国电公司要厂网分开，但文件中也写了重组后的国网公司可保留一部分调峰调频的电源，最终由国家计委主导的电改小组决定，重组后的国网公司保留了约 2000 万千瓦左右的发电资产作抽水蓄能和应急、调峰电厂之用，约占国电公司全部发电资产的 10% 左右。

事实上，早在 5 号文出台前的 2000 年 9 月，国电公司陆延昌副总经理就曾在会上向国家计委主导的电改小组表示，在电改方案中同意把所有电厂都拿出去，但电改小组并未采纳，而是坚持让国电公司保留部分发电资产。这和我历来主张国电公司在厂网分开问题上应"脱了裤子割尾巴"，真正做到厂网分开是有本质差异的。

我时常在想，国家计委主导的电改小组究竟是出于什么样的考虑做出这样的安排呢？最大可能是由于用电存在波峰和波谷，让国网留下一部分发电资产进行调峰调频，如抽水蓄能电站可在用电低谷时发电蓄水，到用电高峰的时候再把蓄水用来发电，这样便有很强的调节能力，以维护电网的安全和稳定运行。当然也不排除另外一种可能，就是仍然让国网公司处在一种厂网不分的状态下，为今后继续分割国网埋下伏笔，因为我咨询过一些有强烈市场化意识的电力专家，他们认为电网的调峰调频完全可以在电网的外部性中实现，况且国网还有强大的统一电力调动能力，因此不一定非要保留如此庞大的自备电源。这种纵向分割不彻底、留下“改制的尾巴”的现状为后来对国电公司进一步横向拆分埋下了伏笔。而国网公司则是半推半就，因为它也舍不得完全放弃电源，想通过保留一些优质发电资产，为国网提供一定利润，以电源补电网，实现财务平衡。

但我在各种场合仍坚持希望国网公司“脱了裤子割尾巴”。

第一，从国际上看，安全和稳定在技术上均不强调电网一定要有自身的调峰调频电源才能实现，电网公司应集中精力发展电网主业，横向拓展电力电信网和其他网络；强化电网统一调度及电网调度的权威性，不执行调度命令以违反调度条例和电力法论处，完全可以通过市场调度手段解决调峰调频问题。

第二，保留优质资产会留下不公平竞争的非议，保留劣质资产则无法实现改革初衷。如果是劣质资产，那这些资产并没有竞争力，还可能赔钱，如华北的抽水蓄能电站，众所周知是4度电换3度电，在不实行峰谷差别电价的条件下，净赔1/4，发得越多，赔得越多；反之，如果留下优质资产，是否参与市场竞争？如果不参与竞争，则不符合电网公司保留调峰电源的初衷，如果参与竞争而上网，有没有“亲儿子”和“干儿子”的区别？人家很可能会指责电网公司搞不公平竞争，以权谋私。这客观上还会给人造成厂网不分的口实，并留下“改革不彻底”的印象。

第三，电网公司对电源项目的管理体制和财务核算体制如何确立，也是一个问题。从未来发展规范看，如果今后国网转变到收取过网费的模式，那么其自办电厂上网收不收费，如何收费，这些发电厂能否独立核算？我认为一旦今后电网改革从统购包销到仅是收过网费，可能就要与供电绑在一起，价格将会受到政府的严格监管，因此电网背的电厂越多，财务负担会越沉重。

因此，我坚持在规范体制下国网公司应“脱了裤子割尾巴”，彻底斩断“电源情结”，实现彻底的厂网分开，真正摆脱社会对国网公司“厂网不分、垄断和不公平竞争”的话柄，让国网公司能昂起头来，堂堂正正地做"人"。

（三）国网公司与国电公司——继承还是新设关系不明

5 号文并没有明确国网公司与国电公司是继承还是新设的关系，虽然国网公司于 2002 年 12 月底在人民大会堂挂牌成立，但它在法律上成为一个合法经营的公司则是 5 个月之后，于 2003 年 5 月国网公司才正式领到法人营业执照。事实上，国网公司和国电公司在法律上的新设和现实中的继承是冲突的。

从 2002 年 12 月到 2003 年 5 月，国网公司在其法律主体地位不适格的情况下"不合法"运行的 5 个月，不仅体现了电力行业在中国的特殊性，也是这场电力改革急于求成、感情用事、存在很多瑕疵的例证。

从某种意义上说，在电力市场化改革方向上，无论是改革者还是被改革者，并无根本分歧。在改革思路上，究竟是把国电公司改造成国网公司，二者是一个人童年和少年的关系，还是将国电公司取消后再成立一个新的电网公司，二者在法律上没有任何关系，是两种截然不同的思路。

1. 把国电公司改组为国网公司

我认为国网公司应与国电公司之间是继承性和续存性关系，是在原国电公司基础上改组而成的，这在法律上应严格界定，厂网分开后的国网公司是国电公司的续存公司，而不是一新设公司。这样做有三个好处：

第一，有利于本次改革的顺利推进，原国电公司在剥离出电源和辅业后，自然改组为国网公司，承接债权债务关系，平稳过渡。

第二，从 1998 年国电公司成立以来的改革历史看，具有连续性和继承性，容易被各方接受。2002 年五大发电集团成立后，实现了厂网分离，国电公司将步入少年时期，11 月在人民大会堂挂牌只不过是把其名称更名为国网公司，作为电网的组织者承担全国联网的重任。

第三，从国网公司发展的角度看，其可以将国电公司 5 年的业绩累积过来，这有利于尽快股改上市和向横向综合发展：国网公司成为了城市网络供应商，可以通过参股的方式进行多元化经营，同时投资水、气、热等具有城市网络化供应特性和自然垄断属性的城市公用网络，进行统一的经营和管理，而这一发展阶段可以看作国网公司的青年时期。总之，如果是继承关系，国网公司从诞生到童年时期再到少年的成长历史就是完整的，国网公司在青年时期发展是美好的，而且这一历程只需要行政手段就可以通过柔性的联结、渐变的改革、稳妥的蜕变一步步实现“厂网分离、竞价上网、主辅分离、输配分开”的改革目标。

2. 撤销国电公司，新建国网公司

然而它却不是上面的继承关系，它采用的是新设的关系。在国务院有关中国电力体制改革的一次会议上，据说吴仪同志曾经问：“新成立的国网公司和1997年成立五年至今的国电公司还有关系吗?”而她得到的回答是“没有任何关系”。

这种改革方式，不是让国网公司跟国电公司有继承的关系，而是要彻底取消国电公司；不是国电公司进行辅业分离，把五大集团分出去而剩下的变成国网公司，而是将国电公司大卸八块，这实质是“休克疗法”。这不符合中国改革主体明确的渐进式改革方略，且在实施步骤上后者显然比前者风险大，拆掉一个再搞一个付出的代价更大，会影响电力的安全和稳定。概括来看，其主要存在以下三个弊端：

第一，不利于国网公司上市。由于这种隔断历史的做法，使得国电公司从原来的一个主体成为现在的七个主体，涉及大面积的人、财、物及事的分割和调整，不仅使改革成本增加、协调难度增强，而且给公司的日常经营管理、未来上市融资所需要的历史财务基础带来了极大的不便。

第二，改革责任主体不明。国电公司作为保障电力安全运营的主体负有重大责任，然而将它拆分终结将使由谁来主导这次力度非常大的改革主体变得不明确，原有责权利关系的格局将被打破，一方面，改革的有关各方出于对重组方案的认识不同及自身利益，可能会在具体的操作环节产生歧见，使风险提前释放；另一方面，改革中现有体制将被打破，而新体制尚未形成，极易产生各种问题。

第三，特别是债务承担主体不明。国电公司作为原债务人被大卸八块，国网公司作为新设的公司与其没有任何关系，那么国电公司的债务承担主体又是谁呢？例如，国电公司系统内与外界签订的成千上万份合同，包括发电、输电和配电等环节，牵扯众多的债权债务关系将来又由谁来承担呢？

3. 结论——来者犹可谏，往者不可追

有些人可能会觉得学者讨论这样一个改革史上的技术问题没有意义，也许对“童年早逝”的国电公司是这样，但对还将必然要推进的我国垄断行业的铁路改革、邮政改革，以及再推而广之到我们必然要迎接的中国政治体制改革，也许人们就会感受到本书探讨这一问题的重大现实意义。

就如同本书在导论《大船掉头——改革方法论选择》中所举的苏联解体以及在历史、法律等一系列问题上苏联和俄罗斯的关系是一样的，休克中的动荡，各种财务与法律关系的继承都十分混乱，而如果换一种方式，采取渐变、稳定的改革思路，则大不一样了。

四、南方电网的尴尬

从组建背景上看，5 号文后成立的南方电网公司是建立在原来独立的广东电网、海南电网和原属国电公司系统内云南、贵州和广西三个省公司及南电联分公司的资产之上。

但是，由于南方电网公司是在人为制造竞争主体的背景下，对电力系统进行硬性拆分后组建的。从其股权结构上看，广州虽然是第一大股东，但国家规定南方电网由中央管理，主要领导由中组部任命、国务院国资委派出，财务关系在财政部单列，这就使得新成立的南方电网公司在股权安排和治理结构上处于矛盾的关系，在诸多方面处于尴尬境地。

（一）南方电网公司的组建

新成立的南方电网公司主要由广东、海南和国电公司在广东、云南、贵州、广西的电网资产组成，按各方面拥有的电网净资产比例，南方电网将由控股方广东省负责组建，在国家计划中实行单列。

南方电网的股东为广东省、国网公司、海南省。各方持股比例如图 7—3 所示：

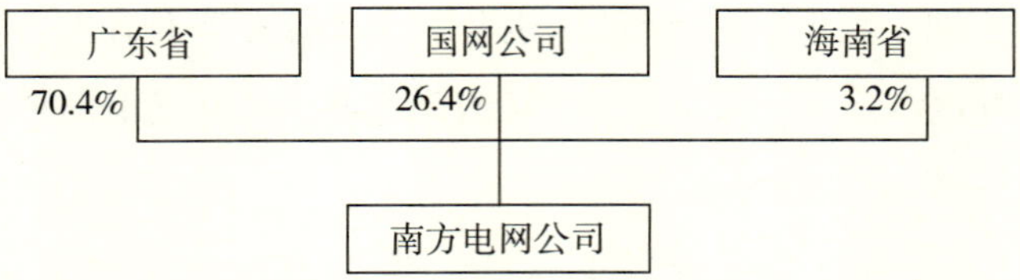

图 7—3　南方电网公司组建时股权结构图

（二）南方电网组建的历史渊源

为什么 5 号文将南方电网独立出来？这是因为在电力体制改革之前，实际上已经开展了一系列西电东送工作，在此基础上已经形成了云、贵、广西、广东联网的雏形。

在 2000 年前后，由于广东省处于中国改革开放前沿，经济发展迅速，缺电问题日益成为制约广东经济发展的瓶颈，因此广东提出想自己在 1998—2003 年的五年规划中新增电力 1000 万千瓦。然而云、贵、桂等省又是资源大省，电力富裕，到底是通过建电网把西南三省的电送到广东，还是按广东的想法自己再建电厂来就地平衡，就成了这一时期国电系统和广东省争论的焦点问题。

最后，国务院领导决定还是要搞“西电东送”，由国网系统的贵州、云南向广东送电，解决广东的用电问题。当时的主要线路就是“天广线”，连接西南的天生桥和广东，天生桥在云南、广西和贵州的交界之处，天生桥的两个电厂和天广线就组成了国电公司南电联分公司，南电联一直将“天广线”作为主要线路在建，天广线建成后作为一个体制内的负荷重心，将云、贵、桂的电力资源送往广东，这就形成了南方电网基础的网架结构。

但由于 1000 万千瓦需求容量大，遇到两个困难：一是云、贵、桂的装机容量不够，而此时在贵州或云南建水电站来不及；二是在短期内仅靠南电联的输送也有困难，因此有关领导同志建议把三峡的电输送到广东，这就需要再建一条线路直流。实际上这是在为全国联网打基础，也是三峡“西电东送”的南线方案，与三峡往上海、江苏送电的北线方案南北呼应。

于是，由国电公司和广东省公司共同组建一个南方电网公司来解决“西电东送”和广东的缺电问题就具有了客观必要性和合理性。

但是，基于5号文指导下的这种刻意拆分竞争主体、硬性组建南方电网的方案，如何协调各方利益就显得尤为重要。当时看来，广东电网一直是于国电公司系统之外独立运行的，而如果组建南方电网公司，尽管广东是第一大股东，但由于南方电网的央企属性，广东作为第一大股东却无人事任命、分红收益等方面的权利，而国网公司所持股份也可能面临同样的问题。至于海南，由于其特殊的地理位置，之前也一直是独立于国电公司系统之外，当时和广东也一直没有实际的电网连接，直到最后获得将建设海底电缆以把南方电网和海南进行联网的承诺，其才同意加入南方电网公司。

（三）南方电网组建后的尴尬

第一，治理结构的尴尬。南方电网公司虽然是按照公司法组建的，但是在现实中没有严格按照《公司法》规定执行；虽然设立了董事会，但是名义上的三个股东对于董事会成员和高管的任命没有实际话语权，国家规定南方电网由中央管理，主要领导由中组部任命、国务院国资委派出，财务关系在财政部单列。这一特殊体制使得广东省虽然是第一大股东，却无法主导南方电网的经营和管理，国网公司和海南在人事方面则更是说不上话，这明显与现代企业制度和公司治理规范不符。

图 7—4　2013 年南方电网股权结构图

第二，作为股东的尴尬。南方电网公司作为央企，其分红由国资委统一部署，广东省、海南省和国网公司作为股东，拥有的话语权和获得的收益十分有限。正是因为这种尴尬的情况，2006 年 12 月，广东省政府将其持有的南方电网公司的32%的股权以350亿元溢价卖给了中国人寿公司，将部分股权变现。当然，在这种体制下，“中国人寿进来也仍然弱势，既看不到财务报表，在董事会也没有发言权”（见“重启电力改革”，载《新世纪周刊》2013年第10期）。

第三，南方电网公司成立至今已有11年，但其始终处于“三尴尬”境地：一是广东省将其持有南方电网的部分股权变现给中国人寿后，仍然作为第一大股东持有南方电网公司38.4%的股权，但其作为股东仍然没有话语权，其尴尬境地依然没有改变。二是中国人寿进来以后本想推动南方电网上市，但南网上市至今一直未能正式启动，最大的技术障碍就是股权问题，国资委代表国家对南方电网行使管理权是既定事实。但公司上市需要明晰股权，股权与管理权在现代企业制度下应该是一致的，而南网公司的股权解决方案难以达成一致，所以中国人寿进来后也在抱怨尴尬的境地。三是国网公司一直想控股南网，但这又与国家部门当初成立南方电网公司要打破国网公司垄断的初衷相悖，所以国网公司至今也一直未能摆脱其尴尬的境地。

事实上，导致南方电网“三尴尬”的深层次原因是电力体制改革的止步不前。这主要体现在：电力体制改革至今未能抓住电价改革这个电力改革的“牛鼻子”，而这又是由于行政垄断部门不肯放弃电价的行政审批造成的。因此，电网今后从统购包销到收取过网费，实现合理定价是关键，否则难以实现融资上市而把电网净资产变成流动性股份，因此股东各方无论是谁都将被套住，又难以突破旧的企业体制的束缚。所以，无论是南方电网还是国网，只要其对电力产品统购包销的销售模式不改变，谈市场化的电力改革就是一句空话。因此，无论从电价深层环节还是从治理结构看南方电网，其上市都无望。在这种情况下，广东、中国人寿和国网从“三尴尬”到“三抱怨”也就不足为怪了。

第六节 “5 号文”反思：电力改革的一场惨胜

对于 5 号文及以后的中国电力改革，很多人撰文表示并不满意，如陈望祥在《中国电力体制改革的回顾和展望》一文中认为这场改革没有解决“长期以来电力工业实行‘电厂大家办，电网一家管’的思想，电网管理‘垄断化、集中化’的问题”（见中国电力新闻网，2005 年 4 月 6 日）；杨名舟在《中国电力改革“基本上不成功”》一文中指出：“5 号文方案的方向是正确的，但随后的改革进程有些脱离了轨道，甚至发生了逆转。在三年来的电力体制改革进程中，由于缺乏强有力的推动和监督力量，缺乏法律支撑，改革阻力重重，形成了目前电力改革停滞、僵持和反复的局面。”他们甚至认为没有把国网公司拆分掉是错误的。

而我则从另一个角度反思电力体制改革，我对 5 号文的评价则是“一场惨胜”：之所以说“胜”，是因为我一直主张要保留的国网公司不仅被保留下来了，而且在我始终如一坚持倡导的全国联网的推进中，国网公司发挥了重要的作用。如果说 15 年前全国联网在人们的激烈争论中还是一种愿望的话，那么今天在国网通过超高压、特高压先进技术手段的建设下，全国联网的架构已经基本形成。之所以说“惨”，是因为我与之并行五年的国电公司与今天的国网在法律上竟然不是继承关系，最终还是没有逃脱五年夭折的命运；更让我感觉“惨”的是随之而来电荒的发生，使得国民经济蒙受了巨大损失，而我认为历史上那次三年电荒的发生不能说与改革无关。

当然我想引述下面一段对话，从另一角度看 5 号文的积极意义。2008 年 1 月我曾与已退休的国电公司原副总经理谢松林同志一起回忆 5 号文后的电力改革，谢总说：“5 号文最积极的意义是通过竞争解决了电力供给问题，这五年来 5 号文推动了企业的分离，成就了五大发电集团，这五大发电集团刚放出去的时候市场还是短缺的，需要调动各方积极性来办电，这是另外一种集资办电的形式。过去只有国电公司一家办，现在是五家公司竞相去市场争夺发展空间，发展空间扩大了。在 2007 年之后，GDP 的平均增长速度在10%以上，电力增长都在15%左右，这是为什么？就是因为电力体制改革实现了厂网分开，打破了原国电公司厂网不分格局，实现竞价上网得以形成的。”就这一点来说，5号文后取得的电力工业发展的成果应该令每一个人欣慰，由于国网的保留，十几年来其不仅对保持我国电力安全运营发挥着重要作用，而且在电荒之后对加速全国电网建设和电力资源的优化配置发挥着巨大作用，这都是了不起的成就。

每当我想到这段历史，都会思考这样的问题：如果国电公司仍一直存在，并且按照其提出的“四步走”战略一步一步走到今天，会是什么样子？然而令人遗憾的是，历史并没有如果，更没有重复，它只能为今天的人们留下无限丰富又不同的想象空间，为将来的电力体制改革的深化和即将重走电力路的我国铁路体制改革提供宝贵的历史经验。

第八章　三年电荒的发生

第一节　2002 年电荒的发生

2002 年下半年，全国部分地方开始出现电力紧缺情况，而且缺电地区迅速扩大，到 2003 年，局部的缺电最终演变成了大范围电荒，全年共有 21 个省缺电，其中 7 个省份严重缺电，总体缺电 1000 多万千瓦。

2004 年缺电情况更加严峻，全国拉闸限电范围进一步扩大，全年电力缺口达 3000 多万千瓦，出现拉闸限电的省市区已经达到 24 个，“停三开四”从湖南向浙江、江苏等更多的省份蔓延。其中，不仅工业企业的产值和效益深受其害，人民的生活用电也受到影响，忍受夏季高温和电价上升之苦，缺电正在演变成一场“公共危机”。中国正在经历电荒时期已成为不争的事实。

在全国性缺电中，浙江、江苏、上海和山西四个电网最为严重，处于持续拉闸限电状态。如果上海属于“一般短缺”，江苏属于“严重短缺”，则浙江省已进入“电力危机”的程度。据测算，浙江省电网供电能力在 1200 万千瓦左右，而全省最高用电需求接近 1900 万千瓦，浙江省电力最大负荷缺口达 750 万千瓦以上，成为全国最缺电省份；江苏全省错峰和拉闸限电容量突破了 2003 年夏季创下的历史纪录，最大的早峰总计达 477 万千瓦，超过历史纪录 87 万千瓦，全省由高峰时段缺电进入全天性缺电状态，缺口 500 万千瓦左右；此外，上海、山西、四川和湖南缺口分别为 312 万千瓦、260 万千瓦、200 万千瓦和近 300 万千瓦。

直到2005年，缺电形势才有所缓解，拉闸限电省份从年初的26个回落到年底的7个。

从2002年开始直到2005年，三年的电荒使电力供给重新成为我国最大的产业瓶颈，制约着经济的持续、稳定和健康发展。缺电不仅直接影响国民经济的快速发展，其隐性损失更是不可估量：成千上万家企业无法正常运转，给安全生产埋下隐患；农民抗旱播种，因无电而眼睁睁地看着禾苗在田间枯死。与此同时，缺电还给人民群众的生活带来很大不便，城市居民在夏季高温下无法用空调，有些地区甚至因为缺电无法提供照明而影响学生完成作业……

如果从2000年零星地区出现缺电开始计算，五年来电荒给国民经济造成的直接和间接损失已超过万亿元人民币。由于缺电导致企业产值下降20%，利润下降10%～20%。由于电荒，很多省市都遭受到或轻或重的经济损失。江苏有200多家高耗电的钢厂及化肥厂等被勒令在高峰用电期间关厂检修，上海更有近千家企业被迫采取限电措施；损失最少的山西省在2004年全年也损失了约180亿元人民币；在损失最大的浙江省，仅2004年夏季，其直接损失就达1000亿元人民币。

面对电荒，各地政府、企业都在以自己的方式努力应对，大规模抢建电力项目，加快完善电源建设项目的审批手续。然而最快的电力项目从立项、上马到投产也要三到五年的时间，江苏省甚至想通过违规建设电力项目来缓解电力紧缺的局势。很多违规项目虽然达不到环保部门的要求，但能缓解缺电压力，因为各地方已经等不及中规中矩地去跑国家计委（发改委）进行“立项、上马、建设、投产”的漫长过程了，当时看来已经没有什么比用不上电更让地方政府、企业和民众感觉更痛苦了。

然而时任国家发改委副主任的张国宝同志开始却不承认中国发生了电荒，坚持认为我国部分地方电力过剩，缺电是季节性的、高峰时段的，他认为中国的季节性缺电是由中国的资源分布不均导致的，不是电力发展得太慢满足不了国民经济的增长，而是国民经济和某些产业发展势头过猛，特别是一些高耗能耗电行业的高速发展和盲目重复建设，打破了国民经济的综合平衡，超出了资源的支撑能力，这才是缺电的关键原因。（引自《张国宝答新华社记者问》，载新华网2003年12月30日）

当然，张国宝同志的解释是很难说服大家的。随后2003—2005年这三年电力的紧缺日益加剧，给国民经济造成的损失日益加大，三年电荒正在发生，中国重新回到电力紧缺的年代，已成为不争的历史事实。

电荒到底是偶然的还是必然的？从1998年中国摆脱缺电的历史至电荒出现不过五年的时间，而这五年又恰恰是中国电力改革力度最大的五年。所有参与或关注电力体制改革的人，恐怕很少会想到电力体制改革方案出台后，带给我国电力行业的不是电力价格降低、电力供应平稳、电力行业有序发展的良好态势；相反，在国电公司被拆分后，五大电力集团“跑马占荒”愈演愈烈，而拉闸限电、“停三开四”、电价上涨的信息却不绝于耳，中国重新步入了电荒和电价上升的困难时期。另一方面，人们也在担心如果不能正确看待电力发展中存在的问题，在电力管理和建设上仍沿用计划经济思维方式，中国电力将不可避免地继续徘徊在“缺电—上项目—过剩—减少投资—又缺电”的恶性循环中。这究竟是偶然的巧合还是决策失误导致的客观必然？

第二节　电荒发生原因激辩

人们总结这次电荒的原因时，以国家计委（发改委）为代表的官方观点和民间的观点发生了明显的不同。

一、“熊猫”国宝对电荒的解释

国家发改委方面最具代表性的是张国宝同志的观点，他在2003年12月30日回答新华社记者提问时对这次电荒的解释是季节、气候原因和国民经济增长过快的原因。“不是电力发展得太慢了，满足不了国民经济的增长，而是某些产业发展势头过猛，打破了国民经济的综合平衡，超出了资源的支撑能力，这是缺电的关键原因。”“特殊的气候、水文条件也是重要原因。”“我不赞成‘电荒’的说法。总体上说，缺电是季节性的、高峰时段的。全国的用电缺口大约在1000万千瓦，主要是缺高峰电。”人们对这种解释并不满意，也基本不认同，由于张国宝同志多年主管我国能源和电力的改革，因此电力系统的人对他普遍比较熟悉，国宝同志最主要的特点就是口才好，又对电力行业十分敬业和热爱，加上他所处地位的权威性，大家对他是“又爱又恨”，甚至拿张国宝副主任的解释开起了玩笑。记得2005年7月我应邀到中国电力财务公司去做《宏观经济形势分析和电力体制改革》的演讲，席间当提到电荒原因分析时，有同志向我提问，问我如何评价“熊猫”同志对电荒的解释，我当时一愣，问“熊猫”是谁，大家一起回答说“国宝”啊！是啊，熊猫当然是国宝，国宝当然是熊猫。显然，大家对国宝“恨也是爱”，有什么办法呢，谁让他是国宝呢。

二、关于电荒原因的不同见解

人们在不赞成国宝副主任观点的同时，也提出了不同的意见，其中中国民私营经济研究会保育钧会长就曾于2004年撰文《问责中国大缺电》，提出“僵化的计划经济管理思维、固执专断的行业规划和低效无能的行业管理，才是导致大缺电持续时间如此长、影响如此之广阔、后果如此之严重的真正原因”。他甚至严肃地指出：“面对电力行业如此严重的失职行为，人大代表、政协委员和各界群众已经开始行动起来，向对此负主要责任的国家发改委这位副主任提出问责。”（引自保育钧：《问责中国大缺电》，载《中国企业家》2004年第13期）

他认为缺电已经成为内地发展无法承受之痛，正成为摆在人们面前的又一场公共危机。“现在到了应该有人站起来，为大缺电负责了。”（引自保育钧：《问责中国大缺电》，载《中国企业家》2004年第13期）

把缺电原因归结为“经济过快增长、气候原因甚至是人民生活水平提高等原因”，显然颠倒了因果关系，过度关注了“客观原因”，而回避了其中的“人误”；这对未来我们汲取经验教训，尤其是对电力行业的改革与发展是不利的。

退一步说，即使三年电荒真如张国宝副主任所说是经济增长过快造成的，那也不应是一夜之间发生且不可预见的，搞电力的人都清楚一个道理，电力增长必须快于国民经济增长速度。更何况，国家计委（发改委）的职责就是对国家宏观经济的发展做出预测和规划，出现这种情况，推诿责任是说不过去的。一直以来，国家计委（发改委）最重要的职责就是综合履行对经济发展、国家建设的规划和重大项目的审批，而对于“经济过快增长、人民生活水平提高”做出正确预测本身难道就不是国家计委（发改委）的职责吗？只可惜这个部门一直留恋于微观审批，不肯下功夫、下气力做规划，出现少规划、错判断方面的问题仍不愿意正面回应。反思这段历史，不仅是电力行业，这种过度集中的重审批、轻规划的行政管理体制一直是困扰我们政府职能转变的拦路虎，也是影响市场公平有效发展的根源，这也是我一再呼吁削弱发改委的重要原因。

事实上，针对三年电荒的发生原因，人们议论更多的则是在1998—2000年这三年没上新项目之说。

第三节　三年不上项目是电荒发生的主因

对三年电荒真正的原因一直存在争论，大家不赞同官方气候和经济增长过快的原因，而“三年不上新（大）项目”才是主因，是最被民间认同的，然而由于这一问题过于敏感，搞不好还涉及问责，官方几乎没有人认同。当电荒发生，人们批评三年不上新（大）项目时，以发改委为代表的官方主流意见却否认国家“三年不上新（大）项目”的现实，认为国家只是对电力工业的发展进行了适当的调控，比如张国宝副主任基本否认“三年不上新（大）项目”的说法，他曾说：“国家没有三年不上电厂，亚洲金融危机之后，我国电力供大于求，国家对电力工业的发展进行了适当调控，但全国装机容量每年的增长都没有低于1000万千瓦。”（引自《缺电将在2005年得到很大缓解——张国宝答新华社记者问》，载新华网2003年12月30日）

可事实上真的是“这三年全国装机容量每年的增长都没有低于1000万千瓦”吗？从实际数据分析则不难发现，1998—2000年这三年我国电力开工容量明显小于其他年份。事实是1998年、1999年新增电力装机容量下降到了851万千瓦、582万千瓦，到2000年跌至谷底，仅315万千瓦，三年都没有超过1000万千瓦。不知国宝同志看了这三组数字该做何感想？

而在这三年之前的1996年新增电力装机（开工）容量是1932万千瓦，1997年为1198万千瓦。而从2001年下半年起，电力紧缺的苗头再次发生，因此2001年后，我国的新增发电装机容量恢复正常，分别达到2002年1808万千瓦、2003年3484万千瓦、2004年5100万千瓦、2005年7479万千瓦，基本上是逐年快速递增的。如果将1996年以来电力新增装机容量制作出一个趋势图，就不难发现“三年没上新（大）项目”的事实，如图8—1所示

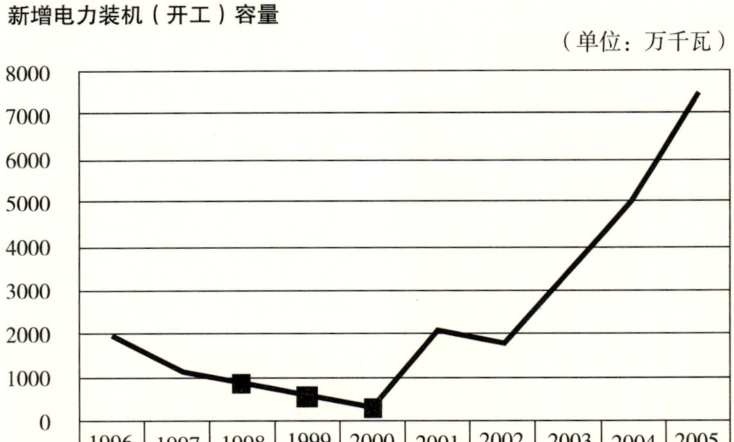

	1996	1997	1998	1999	2000	2001	2002	2003	2004	2005
新增容量	1932	1198	851	582	315	2085	1808	3484	5100	7479

图8—1　1996—2005年年度新增电力装机（开工）容量图，取代现有

资料来源：中电联，国家电监会相关资料。

这三年一路走低的电力新开工装机容量图也算是对否认“三年不上新（大）项目”说法的有力驳斥。事实上的确一直以来并没有一份红头文件

明确表示，甚至也没有一位领导人在公开场合明确承认“三年不上新（大）项目”，而这正是中国审批经济体制出了问题找不到责任人的突出特点。

但为什么恰恰中国会在这三年没上新（大）项目，出现电力装机的一个明显低谷期？这是偶然的，还是有其他因素影响其中？我认为，无论是从电力是国民经济的先行官，还是从电力对国民经济的敏感性和重要性来看，“三年没上新（大）项目”都是有其内在原因的。

首先是在认识上，自20世纪90年代以来，我国电力工业装机容量及电能供应取得大发展，当时的主流观点认为电力供需已基本平衡，并将在未来一个阶段出现供大于求的局面，在此认识上，国务院将电力改革提上日程，加速了厂网分离、竞价上网的步伐，并形成了电力行业“三年不上新（大）项目”的事实。他们认为电力供给已经处于一个宽松的环境，改革时机已经到来。正是这种期盼打破垄断、引入竞争、厂网分开、竞价上网、推进电力市场化改革的良好愿望，使他们对当时电力市场供求形势的判断出现了偏差。

实际上，当时很多同志也提出了不同意见，如当时的国电公司总经济师谢松林同志就指出，尽管当时全国电力供求形势刚刚有所缓解，但电力供应只是局部过剩，仍不能忽视电力发展。他在1998年初发表的《抓住机遇，推进改革》（载《电力政策研究》1998年1月刊）一文代表了多数对电力工业有深刻了解的电力经济工作者的观点。他在文中提到：我国电力虽然短期达到了均衡，但我国当时的电力平衡是低水平的、局部的、短期的平衡，而非与未来国民经济高速增长相匹配的、全面的、长期的均衡。电力是个周期性很强的产业，项目周期一般都在三四年，而电力投资周期与国民经济周期应该相匹配，我们不能只看眼前，更应着眼于长远。另一位在当时持同一观点的代表人物是原电力部部长史大祯同志。他更是在20世纪90年代就多次提出应超常规发展电力产业的观点，经济发展要做到电力先行，主张在经济没有起来之前先把电力搞上去，这一观点也在日后的电力工业和国民经济发展的关系中得到了体现。

这些来自长期从事电力工作实践工作的同志的判断无疑是正确的，电力的项目周期长，火电需要三到四年的建设期，水电则更久。所以，在经济有复苏迹象的时候如果不进行电力项目的持续建设，一旦发生电力紧缺再开始着手解决，在三四年建设期间就有可能发生电荒，电力就很可能成为经济稳定发展和增长的瓶颈。

然而他们的正确意见却没有引起有关领导和部门的重视，而是被束之高阁。最终，对电力改革急于求成、尽快拆分国电系统的主流意见占据了上风。

主流意见坚持认为，电力紧缺的局面已经过去，出现了全面的、长期供大于求的平衡局面。一个有利于“厂网分开，竞价上网”改革的宽松电力市场环境已经生成，在这种情况下，打破垄断、引入竞争、厂网分开、竞价上网甚至拆分国电公司的最好时机已经到来。

由于过分关注拆分国电公司为首要目标的电力改革，因此电力平衡仅是相对过剩和局部过剩的观点和忧思并没有得到应有的重视，也正因如此，我才赞同“三年不上新（大）项目”才是电荒发生的直接原因的观点。

第四节　三年不上项目与急于推进电改相关

由于反思是痛苦的，是要追究历史责任的，所以在中国的政治与文化背景下人们往往不愿意反思，正因为如此，无论是对三年不上新项目的责任人的找寻，还是对这场旷日持久的电力改革的反思，都难以进行。然而反思对于确保今后电力改革的成功是极为必要的，我们必须进行反思以使得今后电力改革的掌舵人能够更加慎重地做出决策。尽管当事人从不愿承担责任的角度，不肯把电荒和电力体制改革联系起来，但是中国当时出现的电力紧缺和电价上升现象的确有体制性和制度性原因存在。实事求是地说，电力改革急于求成才是这三年电力这个国民经济第一基础产业和先行官不能与国民经济同步发展的根本原因所在。

我相信很多电力人都明白电力改革急于求成的思想在引发这次电荒中所起的负面作用，即使不能搞清其中详尽的逻辑关系，也至少是感觉到电力改革在时机把握上出了问题，要不怎会有如此的巧合？

当然，很多人即使同意三年不上新项目是导致电荒的主要原因，也未曾想到这会与电力体制改革有关，也正是由于人们通常不愿意在公开场合谈及这一敏感话题，才导致 1998 年以来很少有人从电力改革的角度对电荒和三年不上新项目进行分析。然而我认为他们之间的确有着密不可分的内在关系。

1998—2000 年这三年间，对电力过剩是局部的、短期的还是全局的、长期的、过剩的判断是与急于推进电力改革有关的，因为国电公司从部改公司、双轨制运行一起步就蕴含着巨大的争议，不同意这一转轨模式的同志一直在寻找拆分国电公司的时机，而拆分国电和竞价上网的实现，只有在一个宽松的电力供求环境下才风险最小，才能完成。如果发生电力紧缺，就必须发挥国电公司可以集中人财物力和集权调配的优势来渡过缺电难关，又还怎么能拆分国电公司呢？因此，持这一观点的同志期盼并认为在 1997 年后中国电力市场出现全面过剩的宽松环境，以为全面推进电力改革的时机已经到来，拆分国电系统和厂网分开、竞价上网的外部环境已经具备。这实际上是一种误判，而三年不上新（大）项目作为急于推进电力体制改革的伴生物而客观存在也就顺理成章了。

当然，这也是我在后来发表的文章中会把由 5 号文主导的以拆分国电公司为主的电力体制改革称为在错误时间、以错误方式并导致错误结果的“三错”改革的原因。

显然，无论是当时国务院领导还是国家计委主导的电力体制改革小组，也无论是从整个国电行业还是从国电系统来看，在 1999—2002 年这三年中，双方把主要的精力都放在了如何拆分国电公司和避免拆分上，陷于电力改革争论的旋涡之中，忽视了中国经济发展的新兴转轨时期和电力这个国民经济第一基础产业的特点及对国民经济的影响，忽视了对电力的规划、预测及与国民经济之间的协调发展关系，在错误的判断下以行政方式

“阻碍”电力发展。一方面，在电力生产的外延上三年不上新项目，使电力无法实现外延的扩大再生产；另一方面，又通过国办69号文的颁布，以行政性命令“冻结”了高度统一垄断的国电公司系统的手脚，不允许其搞内涵式扩大再生产的资产重组和结构调整。那么此时面对每年平均以10%速度递增的GDP国民经济发展，又怎么能不出问题呢？曾有说法称电力改革的完成就是69号文使命的结束，但这一文件直到2002年年底国电公司被解体都没有解冻。

这样的一个行政命令在这三年中限制了整个行业的资产重组，从某种意义上说，这才是作为与国民经济发展密切相关的第一基础产业产生重大影响的根本原因，也是我们今天全国大面积电荒的“种子”所在。这是不容置疑的，从1998年到2003年的电力供需严重脱节的事实就得以印证：1997年以前，我国国内电力投资建设的规模，平均每年都在2000万千瓦以上；而1998年出现判断错误，在“三年内不开工大型燃煤电厂”的行政命令下，当年新开工规模下降为1021万千瓦；到了1999年则只有583万千瓦，2000年为594万千瓦，2001年才得以恢复，上升为1929万千瓦，直到2003年才又恢复到2000万千瓦以上，但这几年全国用电量出现同比增长接近10%态势，由于1998—2002年内装机容量年均增速低于发电量增速4个百分点，且没有任何电力资产的重组和流动，因大型发电项目建设周期较长，调整需要一定时间，用电增长又长期居高不下，这是导致我国全局性缺电的根本原因之一，造成2003年以来连续不断的“电荒”蔓延，2004年则最为“危机”，缺少装机容量3500万千瓦。全国大部分地区饱受“电荒”威胁，“拉闸限电”、“开三停一”现象频频，严重危害了国民经济的正常发展和相关产业，给人民群众的生活也造成严重影响。

因此，可以得出这样一个结论，2003—2005年在中国确实存在一次严重的电荒，这次电荒发生的原因是因为在1998—2000年这三年中没有上新（大）项目，而三年没有上新（大）项目则是基于当时主流意见认为电力紧缺时期已经过去，电力长期的、全局的平衡已经到来的错误形势判断，而“电力市场供大于求的宽松环境已经出现”的错误判断恰恰是打破垄断，引入竞争、厂网分开、竞价上网、推进电力市场化改革所要求的必备前提。由此我认为，三年不上新（大）项目与电力改革急于求成密切有关。

第五节　从电荒反思电力改革

反思5号文主导下我国电力体制改革的时机，忽视了中国经济发展的新兴转轨时期的特点和电力这个国民经济第一基础产业的特征及其对国民经济的影响，忽视了对电力的规划、预测及与国民经济之间的协调发展关系。电力改革不是从消费者的角度以最终能够为消费者和用户提供质优价廉的电力产品为改革目标，不是采用“大船慢掉头”的渐变方式打破垄断，而是过多地从政府和政治的角度用“休克疗法”式的方式拆分国电公司，导致电力工业体制根本无法有序发展，对此是应该进行总结的。

关于这一时期电荒发生的原因及教训，我在2003—2004年间多次参加了相关问题讨论和接受记者采访，系统地写作了《电荒反思启示录》等文章（详见本书理论篇），从我们应该做得更好的角度阐述了对电荒和电力体制改革的反思和启示，目的是建立科学的决策和纠错机制，最终形成电力产业和国民经济总体协调发展的长效机制。主要观点是：

第一，要化电荒坏事为好事，变消极因素为积极因素。一定要明确我国电力工业的规划主体，搞好我国电力工业中长期发展的科学规划，并建立并形成电力与煤炭、运输等产业上下游联动的整体市场体系。未来解决中国电荒的治本之策是搞好规划。因为电力的建设周期为三到四年，电力的特点决定了危机的种子是在三到四年前种下的，如1998年后三年不上新（大）项目埋下的电荒“种子”，导致2002年后我们遭受了电荒带给我们的巨大损失，所以搞好我国电力规划非常重要。

但是中国电力规划的主体到底是谁，是发改委还是电监会（能源委）？现在还找不到一个统一规划的主体，电力体制被完全打散了，没有一个完全的规划主体和调动主体。所以，未来对电力发展规划问题必须要吸取电力改革的教训，要尽快确定规划主体和调动主体，使我国的电力改革尽快步入正轨，尽快让国民享受到电力改革的好处。

第二，加速培育和完善电力市场，加大改革力度，打破行政性垄断。必须看到不考虑季节和时段，也不考虑是电力的过剩期还是紧缺期，都采用一个固定的行政审批电价是行不通的。要借鉴并吸取美国加州电力危机的经验和教训，适当允许电力价格在一定范围内波动。

第三，在电力紧缺时期，应注重尽快培育市场，而不是祈盼发改委代替市场的行政手段，绝不能在用行政手段代替市场的老路上越走越远，依靠愈演愈烈的行政手段限电，甚至依靠行政手段在各省之间分配电量来解决问题。一定要敢于正视和反思十年来的电力体制改革，找出经验教训，通过打破行政垄断，渡过电力改革的难关。

第四，根据中国两个80%的特点，即全部电量中80%是工业用电，工业用电中80%又是重工业用电的特点，以及国民经济在总体上需要靠市场和电力价格这样的经济手段作为杠杆来调整不合理的国民经济结构，从目前的经济增长方式转变的要求和电力工业的发展看，从电力需求侧进行调整以满足经济增长的潜力也是巨大的。通过改变用电侧结构，提高电力能源的利用效率，优化中国市场经济在重化工业、制造业及第三产业之间的合理结构，就必须从电力发展的内延扩大再生产入手，带动国民经济产业结构的协调发展，最终建立并实现电力和国民经济协调、可持续发展的长效机制。

第五，采用峰谷电价差，发挥小方治大病的作用。电力产品的特点是供产销一次完成，不能储存。同时，人们在一年不同的时间里面，在每天不同的时间里面，用电量都有较大的差别，供电方必须保证人们在不同的时间都能用电。从电力的准备看，由于不能储存，就必须按照高峰值来作为装机容量和发电容量的考虑值。如果我们能够削峰填谷，就是把用户用电的时间段错到用电的低谷时期，把工商用户和居民用户的时间峰谷差错开，那么就可以在缺电时期以小方治大病。

第九章　多余的话

第一节　改不小的国家发改委

一、种了别人的田，荒了自己的地

2003 年以来，我国国民经济在宏观规划和调控上出现了一些问题，比如大面积的电荒和电价持续上涨，这些都使人们开始反思国家发改委履行工作职责是否到位。发改委作为国家宏观经济规划和主导电力改革的部门，又该承担何种责任呢？国家发改委不把发展和规划放在首位，而是沉迷于对项目、价格和资金的行政审批，结果是“种了别人的田，荒了自己的地”。

早在马凯同志履新国家发改委时，中央电视台的记者采访我时曾问马凯同志及其领导的发改委成功的标志是什么，马凯同志最难的工作又是什么。我答道，马凯同志工作成功的标志就是在其任内能把发改委越改越小，越改越虚。如果发改委越改越大，越改越实，审批权力越来越大，则意味着失败。而在回答第二个问题时我则答道，马凯同志工作最难的环节是说服和带领他的同事进行自我革命。

出乎预料的是，这一采访节目在中央电视台播出后被李长春同志看到了，他还从中央台调来了节目光盘，并让国务院研究室工交司司长陈全生（现国务院参事）给我打电话，希望我能够就此想法写一篇报告。然而愧疚的是，由于他们没有再催，这篇报告至今也没写出来。后来我仔细想想，幸亏我没写，我想就算写了也没用，直到今天发改委还是当年的“小国务院”。

二、发改委是政府体制改革的“瓶颈”

然而政府体制改革步履维艰，尤其是发改委“越改越大，越改越实”。2008 年次贷危机之后，旧体制的复归和腐败成为阻碍中国经济发展的一大绊脚石。

2008 年，由于对形势判断失误，没在金融危机中的中国却跳上船与美国老大同舟共济。三里河审批大潮中推出的 4 万亿元投资计划，以及 1.2 万亿美元购买美国国债的行动，再加上时任温家宝总理访美时给危机中的美国人民的那句“信心比货币和黄金更重要”的著名格言，使美国人不仅从中国获得了黄金，也获得了信心。如今美国经济开始复苏，股市从 6000 多点攀到 14000 点历史新高。可是中国换来的除了发改委审批旧体制的强化、腐败滋生，就是“钱多闹钱荒，涝年没水吃”的政策折腾，十年来眼瞧着一盘好棋被走坏。

如今三里河依旧忙碌。发改委在钢铁、交通、能源、材料、重大基建等领域仍发挥着举足轻重的作用，大有“一夫当关，万夫莫开”之势。2012 年 5 月 24 日，广东湛江千万吨钢铁项目获批时市长亲吻批文的场景不能不让人感慨万千。

看着十年来中国电力方面和其他行业出现的起伏给国民经济带来的不利影响，国家发改委的权力越来越大，从市场经济导向的改革来看无疑是一种体制的倒退，但是我们越来越离不开这个从新中国成立以来就始终无人敢碰的计划经济体制的最后一座堡垒。所以我说，敢不敢动发改委是检验政府体制改革真假的一块试金石，发改委改革是否到位已经成为决定中国经济体制改革成败的关键所在。

三、应把发改委越改越小，越改越虚

众所周知，中国的市场化改革就是要改革传统的计划行政审批体制，尤其当改革改到深处，例如涉及像电力、石油、铁路等垄断行业体制改革时，由于这些行业的价格是发改委批的，项目的投资是发改委审的，即便是国务院在2004年颁布了《关于投资体制改革的决定》，人们感觉仍然是换汤不换药。这是因为中国计划审批经济的主体单位就是发改委。如果把我国经济行政审批手段比作“香火”的话，那么发改委就是供奉香火的“庙”。尽管中国改革成功方法论的顺序是“先撤香火后拆庙”，中国的经济体制改革在撤计划经济体制“香火”方面也做出了重大突破，但发改委职能转换这一关始终未能闯过去。

直至今天，中国经济继续在紧缺和过剩、大起和大落中反复徘徊，而这两种情况下往往又都是发改委作用大发挥时期，尤其是每到经济紧缺时期，无论是煤炭还是运力，也不管是石油还是电力，都让我们愈发感觉离不开发改委，甚至感谢发改委给我们解决了平价煤和平价电等一系列矛盾，可我们却很少反思中国经济紧缺和过剩矛盾的制造者之一难道不正是我们日益离不开的发改委的行政审批违反市场规律吗？为什么中国改革穿越发改委职能转换这一关就这么难？显然对改革发改委来说，不是我们不懂先撤香火后拆庙的管理改革法则，关键是不拆庙、不改庙，香火就很难撤掉。

每到改革重要关头，发改委所做出的积极改革的姿态总是在改革垄断企业的组织体上做文章，一味地强调拆分像国网公司这样的组织体，去人为地制造分散的竞争主体。但由于改体不改制，价格还是发改委来批，于是，分散的竞争主体纷纷跑到发改委来争宠，对于发改委来说，多元的垄断小主体要比一个尾大不掉的大垄断主体对发改委来说有利得多。所以，就出现了中国电力体制改革只热衷于改企业组织“体”，而懈怠于改行政审批“制”的独特现象。

众所周知，出现这一现象的原因是主导改革的国家发改委深陷其中。实际上，没有部门利益之争的国家体改委早在2003年前被取消了，其改革职能被并到发改委中，致使从一开始就应改掉的计委——这个计划体制的堡垒换了一个名字，就继续巍然屹立在中国经济改革与发展的制高点。事实表明，就发改委的职能调整来说，撤香火和拆庙不能截然分开。庙不拆，香火还会重新摆上来，甚至从一开始就撤不掉。

所以，这就提出了一个令人深思的问题，目前主导中国经济改革的部门是谁？发改委主导了诸多中国垄断行业的改革，但这些垄断的根源实际握在有行政审批大权的发改委手中，但谁又来改革发改委呢？发改委具有那种自我宣战的勇气和境界来革自己的命吗？

中国电力垄断的根源在于行政性垄断，尤其电源项目和电价的审批权仍然攥在政府有关部门手中。正是审批制，一方面得以使国有投资主体"三年不上火电新大项目"，另一方面投资审批部门也最大限度地限制了其他经济主体投入发电市场。

如果从1979年算起，中国改革计划经济体制，建立市场经济体制的改革已经走过了34个年头，然而延续计划经济体制而与市场经济原则背道而驰的审批制，直到今天依然香火正旺，原因何在呢？

2003年，国家发改委成立时，舆论普遍呼吁其角色转变，即使是2004年7月国家公布了《关于投资体制改革的决定》，虽然名义上停止了审批制度，改为实行核准制，但事实上核准什么，如何核准，并没有对外公布明确标准，一切仍由发改委把握，核准与审批并无二致。因此，直至今天，由发改委及其下属机构能源局把持的投资体制依然是计划控制、行政审批。而对电力而言尤甚，由于电力投资周期很长，往往一个项目审批下来时，市场情况早已发生变化，再采取措施为时已晚。行政审批制度使本应由众多投资人考虑的问题集中在个别审批者手中，由于其知识、信息、眼光等方面的局限，很难避免出现认识错误，而他们却极少承担责任。

因此，对未来中国经济体制改革来说，弱化发改委的审批权力，使其致力于搞好发展规划是我国政府体制改革的关键。

2012年8月我在财政部财政科学研究所应邀做了《三大委组建对全局变革的影响》的讲座，财科所所长贾康和国家发改委宏观经济研究院刘福垣副院长做嘉宾点评。在讲座中我提到，未来中国改革任务选择，首要的是转变政府职能，而政府体制改革一定要从发改委入手，纲举目张，因为发改委既是计划审批体制的最后堡垒，也是审批腐败与不改革的大本营。

改革发改委既是经济体制改革的深化，也是政治体制改革的揭幕，这既是完善市场经济体制的要求，也是反旧体制复归和腐败的要求，更重要的是，它是防止执政党丧失改革的主导而权导致激进革命发生的重要步骤，因为保守腐败的不改革者是激进革命的引路人。

我在讲座的最后恳请国家发改委为了党和国家的利益放弃行政审批大权。具体办法是将国家发改委降格为国家发展规划局。我认为这是一个党中央、国务院能够接受的立竿见影的方案，这也是我们在可预期范围内力度最大的政府改革。

2012 年 9 月，各大媒体都报道了一条新闻，这就是广东的汪洋、朱小丹联名向国务院申请行政改革试点，取消发改委为首的 179 项审批职能。针对此，我写了一条微博，大致是说：中国终于有勇于向发改委开刀的官员了。今天中国信心、信任、信仰这“三信”缺失的原因是公权腐败，而这无不源于审批。而发改委又是给各级领导及家人办小事、给自身谋大利的部门，所以改革 33 年这一旧体制的最后一座堡垒仍以“小国务院”巍然屹立，而当腐败已到了“革命”临界点时，汪、朱二人的大义其实是在拯救党，期望十八大后发改委在中国消失，把它办成国家发展规划局。真假改革，敢不敢动发改委是一块试金石。我的微博发表不到一天就有 580 多条惊人一致的评论，而且凤凰卫视等媒体也纷纷引用。看来削弱发改委已是民心所向。

第二节　改建“国家发展规划总署”的建议

中共十八大后，我受到有关部门就十八大后我国的经济和政治体制改革建言献策之邀，于是吸收了我在 2012 年 8 月财科所讲座大纲的主要内容，与我的学生李征一起写了三篇内参报告，题目分别是《重视改革方法论，找准改革切入点》、《建立“监管统一、出资多元”的国资管理新模式》和《将发改委改为“国家改革与发展规划总署”的建议》。

虽然这篇《将发改委改为“国家改革与发展规划总署”的建议》的文

章是在2012年末写成的，但我对发改委“仇恨”的种子早在十年前电荒发生时就已经埋下。现将其作为多余的话全文附后。

一、为何改发改委?

十八大后，获取改革制度红利被提上议事日程。但改革从何处入手?目前各界提出的改革思路主要有三种：第一，从政治体制入手，改革党和国家领导制度；第二，从经济体制入手，加快对央企为代表的国企进行全面私有化；第三，从政治体制和经济体制的结合部——政府体制入手，推动政府机构改革，实现与市场经济体制相适应的政府职能转变。

对比三种思路，第三种思路最可取。而在这一改革中，实现国家发改委职能的转变是“牛鼻子”，只要牵住它，政府其他部门的改革困难就可迎刃而解。

从职能上看，目前国家发改委集宏观和微观、规划和审批、发展和改革六种职能于一身。近十年来，国家发改委这一计划审批体制的强力部门除名称从国家计委变为国家发改委外，在职能、机构上不仅未被削弱，反而越改越大，越改越实。重微观轻宏观，重审批轻规划，重发展轻改革是人们对发改委的真实描述。国家发改委下设的价格司、基础产业司、经济运行调节局、固定资产投资司、财政金融司、高技术产业司、经济贸易司、利用外资和境内投资司等31个职能部门的审批职权随处可见，覆盖了我国社会经济活动的主要领域。

国家发改委重审批导致我国市场经济体制难以深化，结果一是改革倒退，纵观30多年改革进程，就是在推进到政府职能转变尤其是发改委需要自我革命时，改革步伐才停滞不前甚至倒退；革别人的命积极，革自己的命消极是发改委主导经济体制改革后的真实写照。二是滋生腐败，应看到腐败的根源是审批，行政性垄断是滋生腐败的土壤，反腐败的治本方略是从制度层面入手，发改委改革首当为先。

然而现实中却始终无人敢碰国家发改委这个“审批经济的强大堡垒”。原因何在？这应从国务院领导处寻找。发改委集企业和地方政府审批大权于一身，决定了其表面上看似最能执行和贯彻领导意图，领导办事最顺手，实际上却是一个最能“领导”领导，让领导巩固其审批体制的部门。前几任发改委主任都是国务院副秘书长担任也说明如此。因此，能不能推进发改委改革，关键在国务院领导。

二、如何改发改委？

首先，要对国家发改委的多重职能进行分解并剥离其审批职能，使其不再参与行业、地区和企业项目的审批，要将其主要精力放在国家经济体制改革和宏观经济及各基础产业与行业的发展规划上。

从经济体制改革的角度看，中国经济体制改革的任务远未完成，这需要一个中立、没有自身利益在其间的部门制定改革思路，并能协调利益冲突和各部门关系以推进改革。而剥离审批职能后的国家发改委担此重任是能胜任的。

从宏观经济发展规划看，制定务实、系统的中长期发展规划无论是对国家宏观经济和社会发展，还是对像电力、石油和金融这类对国民经济影响巨大的行业和产业，都至关重要，它是中国特色市场经济的重要特征。

其次，名正则言顺，言顺方事成，因此建议将国家发改委改为“国家改革与发展规划总署”，作为国务院直属机构。

第三，组建“大能源委”，与发改委改革配套实施。将国家发改委改为“国家改革与发展规划总署”的重要配套措施是对电力、石油天然气和煤炭等基础能源产业的管理，遵循市场化转型的方向，并借鉴国际经验，设立新的能源行业监管部门——国家能源管理委员会（简称“大能源委”）。

具体可将目前电监会、能源局和国家发改委基础产业司（负责审批项目）、价格司（负责电价）和经济运行调节局（负责电量分配）的分散职能“三合一”。“大能源委”的组建，不仅能帮国家发改委宏观与微观分开、规划与审批分开，实现“瘦身”转型，更可解决目前能源管理体制中分散、扯皮、低效、权责不分的问题，实现我国能源管理真正的权责统一。

第四，由国务院国资委接管国家发改委固定资产投资司、产业协调司等部门的企业项目审批职能。同时，剥离国务院国资委央企出资人职能给各国有资本经营公司，国资委应集中精力抓好国有资本的统一监管、战略布局和规划。有关内容详见谏言之三——《建立“监管统一、出资多元”的国资管理新模式》。

第五，在目前“一行三会”基础上组建国家金融委，并由其接管国家发改委财政金融司等部门在基金、债券管理等方面的职能。有关内容详见谏言之四——《组建大金融委的建议》。

第六，对于国家发改委目前在经济贸易司、利用外资和境外投资司、高技术产业司等领域的职能，可由商务部、科技部等相关部门接管。

总之，应彻底取消发改委对微观管理实务和具体审批事项的职权，逐步将其主要职能转变为改革方案和宏观规划的制定及相关的部际协调。

第三节　一波三折电监会

一、电监会的成立

电力体制改革要求建立电力市场，需要维护市场秩序，这要求政府由“教练员”转变到制定比赛规则和当好“裁判员”，从这一角度来说，市场的培育、市场经济主体的再造和保障市场有序竞争的监管问题必须同时推进。而发改委作为行政审批部门，无法承担这个角色。因此，如何构造一个电力市场的“监管者—电监会”也就提上了议事日程，电监会应运而生。2002 年 2 月国务院 5 号文中正式提出在国务院下设国电监管委员会，到 2003 年 3 月中国电监会正式挂牌。然而电监会却时运不佳，命运不济，因为有一个机构既没有随它的出生而消亡，也没有随它的发展而削弱，而是与它从生到死相随相伴。这就是强大且强势的国家发改委。

2001 年 4 月在北京召开的电力监管研讨会是对电力监管首次公开范围的研讨，该论坛由高世楫、俞燕山等几位国务院体改办的年轻骨干们酝酿推出，聚集了大量国内外电力专家和经济学者。在这次会议上，达成了

“中国的电力改革需要形成一个与国际接轨的专业监管机构”的共识。这次的研讨会结束后形成了一本名为电力监管论坛的小册子，并由体改办领导递送到国务院作为决策的参考。

到2002年10月31日在新大都饭店由电监会筹备组举行了中国电力监管体制建设研讨会，会议由即将上任的首任电监会主席柴松岳同志主持。史玉波等三位副主席人选正式亮相。研讨会主题仍是电力监管，但内容已不再讨论是否有必要成立专业的电力监管机构，而是这个机构应该具有哪些职能以及如何行使这些职能。与会者也不再限于专家学者，还有中编办、国家计委和来自电力企业的代表。

2002年11月21日，国务院正式任命原浙江省省长柴松岳为电力监管委员会主席，副主席由原国家经贸委电力司司长史玉波等三人担任。随着以柴松岳同志为核心的电监会领导班子的到位，该机构不久后向区域电网公司电力交易调度中心派驻了代表机构，然而电监会却并没有按人们所预想的那样“如期”于2002年年底与两大电网和五大电力集团同时挂牌，这给一直关注此事的人们留下了诸多悬念。尽管各媒体一次又一次地预告了电监会三定方案确定的消息，但直到2003年3月20日电监会才正式挂牌。

二、令人怜惜的电监会

由于1996年施行的《电力法》明确了电力行业管理是由国务院电力管理部门负责，后来取消电力部、成立电监会时就应相应修改，就像证监会与证券法的制定与修改一样。然而由于电力改革和电力法修改小组的大权在国家发改委手中，发改委不愿放权，也自然对修改电力法不积极，所以电力法至今未修，居然就把电监会从2003年3月出生到2013年3月十二届人大机构改革取消电监会生生地给耗死了，而“少年夭折”、令人怜惜的电监会面世十年都处于非法状态。

实际上，无论是电监会还是国电（网）公司，在发改委面前都是弱者。在旧的电力行业管理体制下，项目审批、价格管理均属国家计委（发改委）管辖，而产业政策、行业管理由国家经贸委管理，企业财务管理则属财政部。后来又取消经贸委，成立了国资委，部分取代了经贸委和财政部的职能。唯独发改委的职能无人可以撼动。

本来组建电监会的初衷就是将多重行政管理纳入统一管理的电力监管模式上来，然而虽然电监会成立了，国电公司的垄断也打破了，但由于电价审批制仍被牢牢控制在发改委手中而丝毫未改，电力市场就构造不出来，没有电力市场又何来电力市场监管呢？电监会在非市场情况下搞电力市场监管，“花瓶”的命运必然在所难免。它的命运就像《红楼梦》中的“林黛玉”，众人怜香惜玉，本人“弱不禁风”。在强势发改委面前唯有随国电公司而去，二者唯一差别就是国电公司是五岁童年夭折，而电监会是十岁少年夭折，早年夭折是它们共同的宿命，谁让它们遇到了发改委？

电力改革的目的是为消费者和用户提供质优价廉的电力产品和服务，重点是紧紧围绕打破发改委行政垄断和国电公司经济垄断来进行。但是我国多年来的电力体制改革有两条教训必须总结：一是打破国电公司的经济垄断上走得过急，二是打破以发改委为代表的行政垄断上走得过慢。以电监会为代表的新的电力监管体制在诞生十年之后仍处于被动和夭折的局面，新体制难以发挥作用的关键是电力改革只改体不改制。我一直主张应尽快探索出“监管发电和售电市场两头，锁定电网过网费定价中间”的电力市场化监管体制。这是市场化改革的发展方向。而“庆父不死鲁难未已”，要实现这一目标，发改委这只拦路虎非除不可。

因此，我在《破除行政定价，获得生存基础——谏言电监会》中提到，只有取消行政审批电价，使电力真正成为市场化竞争的行业，电监会才能真正获得其生存基础，才能从“花瓶”变成“钢瓶”。也只有这样，才能达到国务院提出的电力改革的总体目标：打破垄断，引入竞争，提高效率，降低成本，健全电价机制，优化资源配置，促进电力发展，推进全国联网，构建政府监管下的政企分开、公平竞争、开放有序、健康发展的电力市场体系。

2007 年 2 月，由国家电监会、财政部和世界银行共同撰写的《中国电力监管机构能力建设研究报告》出炉，报告提出了重新界定电力监管责任的新方案，明确提出电价监管是电力监管的核心内容，“国家发改委应将电力监管职能逐步过渡到电监会，以保证电监会完整的监管职能”。但这份报告最终也没能改变电力体制现状，直至2013年3月电监会被撤销，这个理想的确立电监会监管地位的开放电力市场也没能建立起来。

第四节　壮志未酬柴松岳

提到中国电力改革，不能不提电监会，客观评论，电监会在存在的十年中为我国电力体制改革做了许多实际工作，竭尽全力想摆脱“花瓶”的地位，但是由于外部环境不配套和市场形势的严峻，电监会的生存发展举步维艰。若系统盘点其十年命运则不难发现，这也是一幅起伏跌宕的历史画卷。电监会的成立是中国电力改革的创新之举。电监会诞生于市场经济新体制之中，理应作为改革完成后的监管主体对电力市场进行监管。然而由于国家发改委不放弃行政审批权力，导致电监会缺失了生存土壤，做了一辈子“花瓶”。当2013年电监会十年早逝之时，我颇有悲愤交集之感，悲的是想起了《红楼梦》中“黛玉葬花”，愤的是想起了《三国演义》中“既生亮（发改委），何生瑜（电监会）”，怜香惜玉之感久久不能离去……

我认为，这段历史就像国电公司的五年历史一样，不应被世人所淡忘。而提到电监会，就不能不提到中国电监会首任主席柴松岳。他对工作十分敬业，对人非常和善，与柴主席一起探讨电力体制改革的情景我至今都清晰在目。

电监会是继证监会、银监会、保监会之后中国唯一的非金融监管的由国务院任命的非政府序列的监管机构，对这个机构究竟该如何培育、发展和上路，我也有一个伴随电监会的成立、组建而学习的过程。尤其要提到的是我的良师益友——原经贸委电力司刘宝华处长，他后来到了电监会市场监管部做主任，我从他那里了解了许多电力监管方面的情况，受益良多。同时，电监会的史玉波副主席、王野平副主席、于新阳总工程师、卢春泉总会计师，也都从不同的角度对我认识电监会的现状、问题以及解决对策的研究给予了很大帮助。

电监会成立后我曾多次撰文表达电监会是市场化改革的产物，但电价审批仍牢牢控制在发改委手中，电监会在非市场情况下进行监管，面临成为“花瓶”的可能。我在 2003 年撰写了《电监会须力避成为“花瓶”》（载《中国经济时报》2002 年 9 月 3 日）、《“三定”方案雾里看花，尴尬电监会面临新挑战》（载《中国经济时报》2003 年 1 月 3 日）、《电监会，“花瓶”还是“钢瓶”?》（载人民网 2003 年 1 月 24 日）等文，系统地阐述了电监会如何从“花瓶”变“钢瓶”的改革关键。

记得 2006 年 3 月，第十届全国人大第四次会议批准了由国家发改委主持的《中华人民共和国国民经济和社会发展第十一个五年规划纲要》（以下简称《十一五规划纲要》）。《十一五规划纲要》再次指出，电力要“稳步推进输配分开和区域电力市场建设”，一时间推动电力输配分开的舆论再次风起。为此，在与费圣英、刘宝华等同志探讨的基础上，我写了《电力改革输配分开，谋定而后动》一文，并刊登于 2006 年 4 月 24 日的《中国经济时报》上，在电力界产生了较大影响。

2006 年 5 月 23 日上午，我接到柴松岳主席的秘书朱宏光的电话，赴电监会拜访柴主席，向他表达了当前电力改革的核心问题是方法和路径的选择，应按照市场化方向深化改革，但是电力改革之后发生了电荒和电价上升的现象，显然仅仅拆分国电公司是不够的，核心问题是要解决电价问题。柴主席非常热情，一见面就说他十分赞成我这篇文章的观点。同时，他也谈了几个观点：一是中国电力改革目前的一大瓶颈是国家发改委对电价的行政性垄断；二是国电公司统购包销的购电和售电机制又促成了中国电力的组织垄断。中国电力为何总是在要么电荒要么过剩中徘徊？关键在国家发改委。当时我们预测“大跃进”式地上项目很可能带来电力过剩的结果。我们一直认为电力过剩的结果一方面是发改委宏观调控手段的失败，但可能也孕育着培育中国电力市场的时机。他认为，目前对于电监会而言，最大、最新的课题就是如何成功实现三大监管：对于竞争性发电公司、垄断性输配电公司以及电力调度交易中心的监管。此外，他还谈到准备在此基础上给中央领导写一个报告，一定要在任内向党中央、国务院谏言，要求重新划定电价监管与行政审批的权力。我们谈了近两个小时，谈得十分投机。果然，在2006年6月，他就给国务院领导递交了这份报告 。

同年6月24日，柴松岳主席又主持了由中国电监会在北京新大都饭店发起召开的电力监管体制建设研讨会。与会者包括电监会领导、国内著名经济学家和海外专家。我应邀出席并对电监会《电力监管体制改革报告》进行了支持性点评，同时也大胆提出了电监会要像证监会组建证券公司那样组建自己的“腿”——售电公司，像证监会组建股票交易所和期货交易所那样组建中国的电力远期现货和期货交易所。然而我的发言没能引起电监会的共鸣与重视，因为此时的柴主席首先想的是电监会的生存，发展只能暂时退居第二位。

今天，每当我想起和柴主席见面交流的场面，不知为何，总让我想起高严。他们两位与电的交集有很多相似之处。首先，二者都是电力出身，一个来自吉林电力，另一个来自浙江电力；其次，二者都做了省领导，一个做了吉林省长后再任云南书记，另一个做了浙江省长；第三，都落叶归根重回电力，一个做了国电公司的开拓者和掌门人，另一个做了电监会的奠基人和首任主席；第四，都壮志未酬，一个五年就与曾决心托付余生的国电公司同时消失了，另一个则十年目睹送走了一手开创的中国电监会，白发人送黑发人……

他们除了在电力界众口一词的好口碑，似乎并没留下什么，而人过留名，雁过留声，对中国电力人来说，没有什么比口碑更重要，这大概是他们共同的心路历程。

对于柴主席和电监会的壮志未酬，在此还有一段插曲可与读者分享。和我一起同为石景山发电厂子弟的“发小”，现在任中电联《中国电力企业管理》杂志社副社长的张晓京2013年6月曾给我发来一封信说，他曾多次在各种场合提起，“2002年年底，刘纪鹏在参加我们杂志举办的《资本运营》栏目研讨会时曾在会上说：‘电监会有不少非常优秀、非常棒的精英，他们中许多是我的朋友，然而现在却英雄无用武之地。但愿电监会别成为流星一样转瞬即逝的过渡部门，别过个五年、十年就像国电公司一样没了，最终把我这些好朋友、精英们给耽误了……’后来的事实是，果然被你言中了！”如今电监会一朝陨落，但是这段历史绝不应被世人所淡忘。若系统盘点其十年命运，我们不难发现电监会的十年历程同样也是一幅起伏跌宕却最终令人扼腕的历史画卷。

正如我在本书引言中所说：“历史已无法更改，我们只能忠实地记录曾经发生的一切，以往事为诫，为电力改革的未来深化寻找正确的方向；汲取这场起伏跌宕、非议颇多、旷日持久、进展缓慢的电力改革之经验教训，力求在未来的电力及其他垄断行业改革中我们能够做得更好……”

第三篇

电力体制改革焦点问题与展望

第一章　电力体制改革五大焦点问题分析

电力体制改革的目的究竟是什么？用拆分和行政手段人为制造竞争主体打破垄断是电力改革的目标还是手段？尽管电力改革已经搞了十几年，但我们始终没有把这个问题搞清楚。实际上，电力改革的最终目的只能是实现让消费者和用户用上安全可靠、质优价廉的电力产品。

就电网改革而言，是采用纵向的功能性分切还是横向的地域性分割，也一定要从这一目的出发，根据电力企业特点来推进才行。正确思路应是在纵向上实现功能性分离，而不能刻意为了反垄断而违背电网的自然垄断属性，简单、盲目地在发、输、配、售四个环节都来制造不同的利益主体，既纵向分切又横向分割地进行“破碎式”改革，这是非常危险的。

以拆分并终结国电公司为主的5号文导致电力改革刚一结束，中国再次进入了电荒和电价上升的困难时期，其背后必有体制和制度性的原因，我的归纳是在改“体”上想得太急，在改“制”上走得太慢。电改十年后的今天依然步履维艰，核心问题还是只改拆分电网之“体”而不改审批电价之“制”，而这又是由电改主导权掌握在具有行政审批大权的发改委手中决定的。革别人的命积极，革自己的命消极，这真的是一条颠覆不破的真理吗？

第一节　电改方向：纵向分切还是横向分割

一、三种电改思路之辨

在讨论电力体制下一步改革方向这一重要问题时，要以对电力工业垄断属性的正确认识为前提，电力工业有发、输、配、售四个环节，人们通常认为电力是自然垄断的，但这里的自然垄断是指哪个环节？其应当仅是输电网环节，其他环节都不具有自然垄断属性，是可以放开竞争的。我们不能为了刻意反垄断而违背输电网的自然垄断属性，简单盲目地在发、输、配、售四个环节都来制造不同的利益主体。我认为，应当深入研究电力工业自身的发展规律，从功能的角度逐步实现纵向分切，分别在发电侧和售电侧引入竞争，而输电网采取收过网费的方式，最终形成电力市场化平台。归纳起来，当时主要有以下三种不同的改革思路：

第一种是横向分割模式，即按区域分割成若干个发、输、配电一体化的电力公司集团。就中国实情来说，横向分割也就是要承认当时互不相连的东北、华北、华东、华中和西北等五大区域网和五六个独立省公司网共十一二个各自分割的电网格局。以五六个局域网为独立的法人实体，让他们互相自由竞争。

第二种是纵向分切模式，即按电力本身的特点将发、输、配、售四环节彻底分开；国电公司不要既搞发电又搞电网，而是先把厂网分开，让电厂彻底分出去，再将输电网和配电网分开，同时培育私人售电公司，最终国电公司自然演变为一个只管全国输电网的国网公司，统一规划建设各大独立网间的联络线，最终实现全国联网；在全国联网的基础上，实现资源的优化配置，而输电网作为自然垄断行业采取收过网费的方式，最终构造一个电力市场化平台。

第三种是既横向分割又纵向分切的“破碎式”改革模式。前两种方式在其他国家的电力体制改革中都能找到实例，然而我们却非常痛苦地发现当时中国出现了第三种思路，即既纵向分切又横向分割的“破碎式”改革。在反国电公司垄断的旗帜下，由于对电力产业的特殊性和国际电力改革解除电力管制也有不同的理解，以致人们对中国电力改革的思路发生了重大分歧，“破碎式”改革正是在这样的背景下产生的。但改革者必须对中国电力的安全稳定运营和保证国民经济的持续发展承担责任，这种“破碎式”改革风险是非常大的。国际上的经验尤其是美国加州和欧洲的经验都警示我们不能进行这样风险巨大的改革，横向也分，纵向也分，整个国家的电网由谁去组织？由谁来保证安全运营和统一的调度？由谁来承担跨区域联网的重任？所以，中国的电力改革应该进入一个崭新的阶段，即形成全国一张网。当然，这并不意味着都必须覆盖每一个角落，只是把所有重点负荷区形成全国联网，形成大市场，从而实现资源优化配置。

二、电网之争："0+4"还是"1+6"？

中国电力改革的逻辑起点在于20世纪80年代的"集资办电"，多元主体的介入强烈要求建立起公平合理的市场交易机制，但是面对横向和纵向皆为"大一统"的电力产业格局，改革应当采取什么形式、由何处切入就成为必须首先解决的关键问题。

国家计委和国电公司双方的改革方案里对于"厂网分开"是基本没有异议的，争论的焦点在于有没有必要保留全国一张大网，是建立全国性的电网公司还是建立区域电网公司。

国家计委的"0+4"模式，是既在纵向上从厂网分开入手实现发、输、配、售四个环节上的功能性分离，又在横向分割上按照国电资源优化配置和"西电东送"的格局，把国电公司系统的电网分切成4个区域性电网公司。这种改革是以横切与竖切相结合的方式，在按环节打开之后，还要将电网按区域打开，这是一个被称为"破碎式改革"的方案。

"0+4"方案的支持者有三大理由：其一，从技术上讲，电网并非越大越好，目前最高的500千伏高压电的安全辐射半径大概是600~800公里，如果超过这个范围就不安全，目前的交流电技术尚未解决这个难题；其二，中国的电网事实上已经形成了几个跨省的大区网，区与区之间没有连接或只有很弱的连接；其三，电力地区供求不平衡的问题通过区域内的调配就可解决，因此在联网的安全性问题尚未解决前，没有必要投入更多的财力进行跨区的连接。

国电公司提出的"1+6"模式，则主张保留和加强国电公司，再在其下组建六大电网公司，然后实行厂网分开，竞价上网，即按发、输、配、售四大环节分拆的纵向分切方案。

而我早在1998年就开始介入国电公司的公司制改造，是“1+6”方案的坚决拥护者。我认为，在当时全国电网公司被分割为12块、电网并没有实现全国联网的背景下，保留一个强大的国网公司是非常必要的。即使从改革的远景目标看，至少也要保留一个强大的国家输电网公司来实现“西电东送、南北互供”，强化大区之间电网连接的功能。

在此期间，我写了一篇题为《国电公司生存的理论基础与近期发展建议》的文章，文中详细阐述了我的观点，即电力行业迄今为止仍是十多块各自封闭的独立电网，没有实现全国联网，而中国的电力资源的分布和地区间用电负荷不均衡，决定了依靠五大区域集团公司或独立省公司作为建设和经营主体是不可能的，只有通过全国联网实现全国统一的电力大市场，才能在全国范围内使电力资源得到优化配置，真正实现厂网分开，给用户提供更多的选择。

三、“0+4模式”的实质是破碎式改革

电力改革正是在这两种改革思路的争论背景下进行的。最终在国家计委2001年4月上报的《电力体制改革方案（草案)》中，在作为改革核心的电网拆分上，国家计委最初的“0+4”模式表面让位于“1+6”模式，即设立一个国网公司以及六个区域电网公司：华北（含山东)、西北（含新疆)、东北、华东（含福建)、华中（含川渝，代管西藏）和南方（含海南)。同时，草案又提出：远期在条件具备时，随电网结构的加强和电力市场的发展，按“西电东送”的格局，即将华北与西北合并、华中与华东电网公司合并，最终形成四大区域电网公司，实际上仍然坚持了“0+4”模式。

草案已经明确了从厂网分开入手纵向分切的思路，这是没有疑义的，但同时又不合时宜地提出了搞六个甚至更多的区域网和一个形式上的国网公司的“虚一实六”方案，甚至在反垄断的旗帜下取消国网公司而只搞四个区域网公司的“0+4”模式，无视中国分割的电网格局，必然形成区域

垄断，这种在同一时间既横向分割又纵向分切的“破碎式”改革，将极大弱化我国全国联网的速度和跨区域实现电力调度的功能。

该草案一出，我便写了《对〈电力体制改革方案（草案）〉的几点意见》，指出在这个方案中处处体现了执笔人的复杂心态，既体现了其改革和倡导竞争之形象，又体现了其担心承担改革的风险，因而构造一个形式上的出资人——国网公司，在架空它的同时又让其承担改革的风险和电力安全稳定运营的责任。我同时强调，这种无视电力产品和产业的基本特点和国际电力体制改革的基本走势，既纵向分割又横向分拆的“破碎式”改革风险极大，加上无切实可行的实施步骤，只能说明方案制定者非专业人士的特点和长期以来旧体制下制订方案者对方案不负责任和急于求成的心态。

横向分割思路的核心目标就是制造更多的竞争主体。我国香港地区和日本的改革思路即是如此，但是这两个地区的一次能源是从外部引进的，竞争的起点和高度相差不大。所以，日本每个地区的电价差很低，每度电价大约都是相当于人民币 1.8 元。但是，中国的情况则相反，即存在一次能源资源分布的不均衡，可以实现优势互补，中国经济最发达的地区集中在东部和南部，而煤炭和水力等一次能源则集中在西部和北部。电力改革的方向应是组建全国统一电网，打破区域垄断，形成全国电力统一大市场，通过西电东送实现资源优化配置，把消费电价降下来。反之，“破碎式”改革将一下把整个电力行业从垄断状态推进到肢解状态，这是不可取的，它表面上看起来很彻底，迎合了人们反垄断的心理，但给中国电力运行带来的风险也是不可估量的。

反垄断最主要的目标应是降低电力成本和提高电力工业效率，竞争只是一种手段而不是目的，电力改革引入竞争应该从全局考虑，我们是不是要建设一个全国统一的电网？简单拆分所形成的区域垄断，无疑会比全国联网基础上的自然垄断要差，未来“西电东送”的长期发展战略必须打破区域垄断才能实现，取消国网公司、承认中国六个或更多的区域垄断公司的现实会直接影响和延缓全国区域范围内的资源优化配置。国网体制的改革绝不像有些人想象得那么简单，认为拆分得越散越有利于竞争，关键是要根据电力产品的特点，借鉴发达国家最新的改革经验，对我国电力产业的安全稳定和国民经济发展有利和让消费者受益。

四、5号文是妥协的“2+5”模式

最终出台的《电力体制改革方案》（5号文）按照“2+5”模式进行改革，把原国电公司拆分为国网公司和南方电网公司，并在统一的国网公司下设五大区域性电网公司：

第一，设立国网公司，按国有独资形式设置，在国家计划中实行单列。

第二，设立华北（含山东）、东北（含内蒙古东部）、西北、华东（含福建）、华中（含重庆、四川）五大区域电网公司。这些区域电网公司的经营范围内，原国电公司资产比重较大，其组建工作由国网公司负责，各地方以所拥有的电网净资产比例为基础参股，组建区域电网有限责任公司或股份有限公司。西藏电力企业由国网公司代管。区域电网公司根据电力市场发展的具体情况以及合理的企业法人治理结构，将区域内的省级电力公司改组为分公司或子公司。

第三，设立南方电网公司，在南方电网公司经营范围内，原地方电网资产比重较大，其组建工作由控股方负责，按各方现有电网净资产比例成立董事会，组建有限责任公司或股份有限公司并负责经营管理，在国家计划中实行单列。

我对于5号文的评价是“一个妥协的产物”：一方面，新设了一个全国的电网公司，我们一直提倡的全国联网没有被推翻，除了南方电网部分独立外仍然保留了全国的一张大网，同时5号文规定，省公司改为分公司或者子公司，现实是省公司全保留了子公司的法人地位，没有一家变成分公司；另一方面，国电公司仍然不能摆脱被终结的命运，虽然设立了国网公司，但是同时又恢复了五大电力集团区域公司子公司的地位。现在国网系统就保留了三级法人的电网体制，全国性的国网保留了，五个大区电网的子公司形态也形成了，而建立在省为实体基础上的各省子公司也仍然在发挥着重要的电网运营作用。因此，从这个意义上说，把5号文称为电力改革妥协的产物丝毫也不为过。

五、电改应走出“改体不改制”误区

从2002年5号文出台至2012年的十年间，尽管从厂网分开到电监会成立，从主辅分离到国网公司、大区公司和省公司“爷孙三代”的关系确立，5号文都有涉及；但是，无论从电监会的“花瓶”地位还是从大区公司形同虚设看，5号文虽试图谋定中国电力改革的发展方向，实际执行效果却大打折扣。

我认为，5号文主导的电力体制改革强调改“体”有余，强调改“制”不足。所谓改“体”，是以打破经济垄断为目的，以拆分并终结国电公司组织体制为方式的改革；所谓改“制”，是以打破行政垄断为目的，以取消发改委对电价、电力项目的审批权力为方式的制度改革。就中国电力体制改革而言，只强调改“体”而不强调改“制”，只革了被改者——国电公司的命而没触动改革者——国家计委（发改委）的行政审批权。因此，即使拆分并终结了国电公司，新的电力管理体制和电力市场仍然难以建立起来，电监会的职能也难以到位，新的电力监管体制无法形成。

纵观十年来我国电力体制的改革，有三条经验教训必须总结：

第一，在打破国电公司的经济垄断上走得过急，好在还保留了国网公司。这使得我们无论是在面对电荒还是面对持续的电价上涨时，不致像煤炭工业“休克式”改革那样丧失主动权。但国电公司被终结后，那种认为会立即出现来自竞争的繁荣和电价降低的实惠直到今天都没有发生。

第二，在打破以发改委为代表的电力行政性垄断上则走得过慢，甚至裹足不前。长期以来，在经济体制改革的进程中很容易掉入一个误区，某些主管行政审批大权的政府部门代表着旧体制，然而在推进改革的时候总是由这些部门主导改革。就目前电力体制改革出现的问题而言，归根结底是国家计委（发改委）实行对电力项目和电价的审批造成的。旧的体制不

愿自动退出历史舞台，又掌握着改革的权力，这使得以电监会为代表的新的电力监管体制在诞生近十年后仍处在花瓶的被动局面，使得新体制无法发挥作用。

第三，电价始终是牵动电改的牛鼻子，电价机制的改革将决定未来电力体制改革的成败。目前，在电价的改革中，虽然国网公司首先提出竞价上网，但还是维持着以统购包销的方式来主导电力市场；与此同时，国家发改委对电力价格掌握审批大权，限定两头的发电上网电价和销售电价，对电网企业的输配电价实行价差，这就导致了电力市场难以放开。一言以蔽之，电价机制始终难以改革的原因体现在两个层面：一是发改委行政垄断审批电价；二是国网公司经济垄断统购包销。下一步电价改革的关键就在于破除发改委行政垄断和取消国网公司统购包销。

今天我们回顾电力改革的十年，应该敢于直面我们所走过的道路，勇于审视这场改革的经验与教训，电力改革只改“体”而不改“制”的局面再也不应继续下去了。在这一问题上，发改委应从中国经济改革和发展的大局出发，树立为中国市场化改革而献身的崇高精神。

第二节　打破垄断：电改的目标还是手段

电改终极目标的确立，很大程度上决定了我们的改革方法论和路径选择——究竟我们的改革是从消费者的角度出发，以最终能够为消费者和用户提供质优价廉的电力产品为改革目标，采用“大船慢掉头”的渐变方式打破垄断；还是为了反垄断而过多地从政府和政治的角度出发，用“休克疗法”的方式拆分并终结国电公司。这在很大程度上决定了这场电力改革的成败。

“一拆就灵”的反垄断思路忽视了对垄断形态的认识。就中国电力行业来说，存在三种既要明确界定又要加以区分的垄断形态，即自然垄断、经济垄断和行政垄断。中国电力改革之所以这么乱，就是因为反垄断的方向选择错了，把精力都放到反自然垄断这个“好”垄断上，而没有反行政垄断这个“坏”垄断。

改革方案一味地强调打破国电公司的经济垄断，只强调拆分组织体制，却不触动以审批为特征的行政垄断，只改“体”而不改“制”，最终使电力改革的方法和方向背离、手段和目标背离，在一场轰轰烈烈的电力改革之后出现了电荒和电价持续快速上涨的尴尬局面。

中国的电力改革反垄断的关键应当是打破行政垄断，实质内容可以概括为“保留自然垄断，打破经济垄断，废除行政垄断”。

一、反垄断不是电力改革的终极目标

（一）“一拆就灵”之殇

21 世纪之初，中国兴起了一场声势浩大的“伐垄”运动，在被誉为中国“拆分年”的 2002 年，与电信、民航改革相似，“一拆就灵”的思想在电力改革中同样大行其道。首先，将反垄断定为电力改革的终极目标；其次，在这样的目标导向下，反垄断的方法上是以外部力量主导的“休克疗法”拆分国电公司系统，而不是经济学意义上的打破垄断、引入竞争。众多经济学家对此的共识是“用行政手段人为地制造出形式上的竞争局面，实质上仅是垄断利益格局的重新划分”。所以，指导这场改革的“一拆就灵”的反垄断思想很值得我们反思。

（二）反垄断仅是电力改革的手段

反垄断是电力改革的终极目标吗？在“一拆就灵”的指导思想中，很多人把反垄断、拆分国电公司当成这次电力改革的终极目标，实际上，这种观点是值得警惕的。

首先，我们要看到市场经济是消费者主导的经济，电力改革的终极目标理应定位于为消费者和用户提供质优价廉、安全可靠的电力产品和服务，使消费者得到实惠，同时实现社会资源的优化配置，提高社会总体的经济效益。而打破垄断、引入竞争仅仅是实现这一终极目标的手段而已。因此，如果某些产业领域的自然垄断能够为实现这一终极目标服务，能够为消费者和用户带来质优价廉的产品和服务，那么为什么不能作为实现终极目标的一种手段而保留呢？例如电力行业中的输电和配电环节。这一点在人们反垄断的过程中恰恰被忽视了。

在激荡起伏的电力反垄断大辩论中，很多人对电力垄断的争论浮于表象，没有深入实质层面来探讨中国电力行业中存在的垄断形态，缺乏对其客观理性的认识，加上传统观念和当时社会舆论环境的影响，理所当然地认为所有的垄断都是“坏”垄断，认为只有打破垄断、引入竞争才能降低电力成本，提高电力效率，使消费者得到实惠，混淆了目标与手段，在认识论上走入将反垄断等同于电改目标的误区。这一认识论上的偏差成为电力改革的第一大误区，不但影响了人们对有关电力改革方法论是非曲直的判断，也使我们在电力改革的大部分时间里把主要的精力都放在如何拆分国电公司及各种改革争论的旋涡之中，导致电力改革成本过高，成了最复杂的改革。因此，电力改革中一定要把手段和目标分清楚，不能将手段等同于目标，更不能用手段替代目标。

其次，在这样反垄断的目标导向下，反垄断的方法论也走入了误区。人们往往认为打破垄断是引入竞争的前提，因此一谈电力改革就是反垄断，而拆分、人为制造竞争主体又被当作反垄断的唯一方法。以电力为例，简单地在发、输、配、售四大环节上制造不同的利益主体，结果不仅不能实现电力产品的质优价廉，而且还会出现电荒和电价的不断上升。当然，由于电力改革涉及环节过多，费时过长，相关变量十分复杂，我们不能说电荒和电价上升完全是由于拆分国电公司引发的，但仅就反垄断的方法论来看，至少我们在这场改革时点的选择、改革重点的把握、改革顺序的安排和改革配套措施的同步推进上是缺乏系统考虑的，以致引发了事先没有预料到的电荒和电价上升，对于这一点，改革者需要反思。

在明确了反垄断绝不是电力改革的终极目标，而只是一种中间手段后，又该如何运用好反垄断这一手段为目标服务呢？这就首先要了解中国电力行业垄断形态的特点，加以甄别。

二、正确认识三种垄断

就中国电力行业来说，存在三种既要明确界定又要加以区分的垄断形态，即自然垄断、经济垄断和行政垄断，在了解这三种垄断的基础上才能进一步界定中国电力行业的垄断属性。

（一）自然垄断

自然垄断在经济学意义上的基本概念是：在某一行业中一个厂商生产的产品总成本低于两个或两个以上厂商生产该产品的成本之和，即我们常说的“1 大于 2”，这样的行业就属于自然垄断行业。

一般说来，自然垄断行业的主要特征之一就是网络性，需要依赖一个完整统一的产业网络为市场提供商品和服务。在具体的产业组织上，往往要求全程全网联合作业，通常适用于供水、供热、电力、煤气、铁路等价格需求弹性较小的公共产品或服务。相对于自由竞争而言，网络一体化成为自然垄断产业更富效率、资源配置更为优化的产业组织形式。

自然垄断的形成有其客观必然性。传统理论常用地域条件、要素稀缺性、市场失灵、规模经济、范围经济、成本次可加性等来解释自然垄断的合理性，某些“市场失灵”领域多提供公共品或准公共品，它们具有一定的非排他性或非竞争性，如果实行自然垄断，将生产和服务集中于单个企业，有利于企业实现规模经济（在生产经营规模达到一定程度时，随着规模的增大，长期平均成本降低），可以节省生产、运输和销售等费用，实现最优资源配置。

当前，网络经济常用来解释自然垄断的合理性，网络系统将在成本和效率上产生较为明显的网络经济效应，为自然垄断提供合理的依据。一方面，网络系统传输规模（主要指消费者数量和距离分布）越大，在一定的固定资本投资基础上就越能实现规模经济。在固定成本占总成本比重很大的产业中，一般来讲，需求量越多，固定成本就越可以分摊在每一需求上，单位成本就越低，因而也就越能实现网络系统的规模经济效益。

另一方面，网络系统的参与者越多，这个网络的价值就越高。随着网络的向外延伸和网络节点的新增，各节点之间的资源信息能够在更大的网络平台上互通有无、自由流动，网络的经济效益得以提高，同时伴有单位成本的下降，也就对暂时处于网络之外的潜在参与者有着更强的吸引力，网络规模也就更有可能扩大，随之带来进一步的正反馈效应。如此态势发展下去，最终，在极端情况下可以导致“赢家通吃”的市场，即单个网络（市场、技术或标准）击败所有的对手，形成自然垄断。

因此，自然垄断本身是合理的，是符合经济发展必然规律的，市场经济再发达，再充分竞争，也不可能消除自然垄断。

自然垄断行业的界定和属性的判断并非一成不变。随着科技的发展和新经济的出现，许多基础产业和公共产品的替代品相继产生，市场需求随之变化，带来产业最优结构的变化，因此人们对运用计划手段和市场手段配置资源的综合优势的认识也在不断变化；相应地，自然垄断的区间和定义也随之变化。例如，早期的有线电信网在一定时期内是自然垄断行业，但随着无线技术出现并逐渐成为有线电信网的替代品，有线电信网的自然垄断属性也随之发生了变化。

因此，我们必须不断更新对行业垄断属性的判断，例如对电力行业垄断边界的界定，传统上整个电力行业都是自然垄断行业，而新的市场经济体制下，可以把发电和售电两侧从电力行业里提出来而进入竞争领域，只在输配环节保留自然垄断属性。

（二）经济垄断

经济垄断是指经济主体在市场中拥有绝对或者相对经济优势地位，从而产生限制其他经济主体进入市场的可能。它的主要组织形式包括卡特尔、辛迪加、托拉斯以及康采恩四种。

经济垄断的特点包括：（1）它是一种私人垄断，垄断的主体是自然人、法人或其他经济组织。（2）它是依凭经济力来实施的。所谓经济力，主要指经济主体影响市场价格的能力，无论是经济主体自身具有的还是通过联合以后形成的市场支配地位。（3）它的目的是为了获取垄断利润，这一点是经济垄断形成的经济基础。（4）它是一种非法垄断，除法律规定可以豁免的外，一般为各国反垄断法所禁止。

就经济垄断本身来说，并不需要严加抑制，只有当经济主体滥用其经济垄断地位时，才需要采取手段加以控制。一般来说，经济主体滥用其垄断地位的方式主要有两种：一种是协议限制竞争，常见的是经营者以合同、协议、协同行为等方式操纵市场价格、划分市场或联合抵制等；另一种就是滥用市场支配地位，即以低价倾销、搭售、歧视待遇等。

（三）行政垄断

由于计划经济的历史影响，我国存在的垄断主要是行政垄断，并且这是中国特有的一个概念，主要表现为地方保护主义和行业垄断。

行政垄断的主要特征有：（1）它是一种政府行为，只有凭借政府行政权力形成的垄断才是行政垄断，没有政府行政权力介入的垄断就不能成为行政垄断，这是行政垄断与经济垄断的区别所在；（2）它是一种地方政府行为或国家经济管理部门的行为，而不是一种中央政府行为；（3）它具有强制性，是通过具有普遍约束力的行政规章或具体的行政命令来实施的；（4）它的主体是政府行政机关，包括地方政府行政机关和中央各行政管理部门。

它与自然垄断有着明显的区别：

（1）产生原因不同。自然垄断的产生原因主要在于经济效率或者效益，而行政垄断则是行政机关或者其授权的组织滥用行政权力所造成的。

（2）法律性质不同。由于自然垄断的存在具有积极意义，大多数国家都颁布法律法规肯定了其合法地位。行政垄断是我国经济体制转轨时期的特殊产物，本质是借行政权力进行市场行为，违背了依法行政原则，因此是非法的。

（3）影响不同。自然垄断往往会带来效率经济，增加社会总体福利；而行政垄断不仅容易导致行政腐败的出现，更会造成市场竞争机制的扭曲。

从市场经济的角度来说，反垄断的重点主要是反经济垄断；从计划经济的角度来说，反垄断的核心是反行政垄断。两种环境都无法否认自然垄断客观存在的合理性。

因此，三种垄断形态各有特点，必须明确加以区分，这对于正确界定我国电力行业的垄断属性非常关键，对确立我国电力体制改革的正确方向也至关重要。三种垄断形态的区别如表 1—1 所示。

表 1—1　三种垄断形态的区别

	自然垄断	经济垄断	行政垄断
行为主体	一般为政府授权企业	企业及企业联合体	政府及其所属部门
动因	获取规模经济效益	获取垄断利润	权力寻租
法律性质	合法	一般为非法	非法
影响	积极，带来效率经济	依据垄断组织是否滥用垄断地位而定	消极，带来腐败和市场扭曲

三、电力垄断属性之争

在学术界大辩论中，围绕着电力行业反垄断的论战是最为激烈的。关于如何认识电力行业的垄断属性，学者们意见不一，形成针锋相对之势。代表性的观点如表 1—2 所示。

表 1—2　电力垄断属性之争的代表性观点

作者	观点	文章	出处
孔祥俊（最高人民法院知识产权庭庭长）	自然垄断，法律规定所产生的垄断是受法律保护或者鼓励的垄断。（法律）只禁止滥用垄断地位的行为，而不禁止垄断状态本身。只要具有垄断地位的企业不滥用垄断地位，法律就不会去干预它	《反垄断并不反对规模经济》	2000 年 6 月 8 日,《中国经济时报》
余晖（中国社会科学院工业经济研究所研究员）	我们讨厌的不是垄断本身，而是垄断者凭借其垄断地位，对竞争对手采取不正当的竞争行为，以及对消费者的肆意掠夺行为，经济学上称之为“行为垄断”。结构性垄断是指通过正当竞争实现市场的瓜分，有提高资源的配置效率的积极作用。世界的潮流是反行为垄断而非结构性垄断	《“伐垄”伐什么？行政垄断如何终结》	2001 年 4 月 25 日,《中国经济时报》

（续表）

作者	观点	文章	出处
张昕竹（中国社会科学院数量经济与技术经济研究所研究员）	反垄断的正确目标应该是反对经济人滥用市场垄断的权力，利用垄断地位排挤竞争对手，妨碍市场竞争的形成，而不是笼统地反对所有的垄断。对于自然垄断行业，反垄断的主要任务就是如何在最大范围内、最大程度上形成有效的竞争	《如何深化垄断行业的改革》	2001 年 6 月 15 日，《中国经济时报》
何伟（中国人民大学经济学院教授）	当前我国存在的垄断现象绝大多数都属于行政垄断。 电力联网，越大越经济，越大越安全，但是不可能靠各个区域网自发地去构造全国性电网，必须由一个全国性企业，也就是国电（网）公司来实现	《关于电力改革若干问题的思考》	2001 年 6 月，《电力技术经济》
李京文（北京工业大学经济与管理学院院长）	以打破垄断为特征的市场化改革是指打破行政垄断而非自然垄断。电力行业中发电和售电是非自然垄断的，输电和配电具有自然垄断的特性和规模经济效应，因此必须坚持电网以统一规划、统一建设、统一调度、统一管理为特征的垄断经营	《自然垄断的电力行业如何正确引入竞争?》	2000 年 11 月 1 日，《光明日报》
胡鞍钢（清华大学公共管理学院教授）	除了电网基础设施具有公共物品特征，需要统一管理之外，其余各环节可以实现市场开放，鼓励发电商竞争，允许用户自主选择供电商，行政管理程度大为减少，特别是在发电和售电环节上管制内容从“保护垄断”转向“打破垄断”，从“限制竞争”转向“鼓励竞争”，从“黑箱作业”转向“白箱作业”	《电力体制改革的核心目标是打破垄断》	2001 年 4 月，《地方电力管理》

从上述观点中可以看出，在电力改革反垄断的过程中，几乎所有人都在提反垄断，有些人反对的是国电公司的经济垄断，而有些人反对的则是国家计委（发改委）对电力项目、电价审批的行政垄断，但几乎没有人否认电力本身存在自然垄断属性。

实际上，从电力发展的整个脉络来看，电力行业的垄断边界虽然有所变化，发电、售电逐步进入竞争领域，但对输电环节即电网的自然垄断的定性从未改变。就早期电力工业来说，人们通常认为整个电力行业都是自然垄断行业。然而随着市场经济的发展和体制改革的推进，人们发现在电力产业的发输配售四个环节中，发电环节可以退出自然垄断环节，进入竞争领域。而随着市场经济的进一步深入，在市场经济发达国家，配电和售电也随之分开，在售电环节完全引入了竞争机制（我国当前在售电环节由于国网公司的统购包销存在垄断）。随着改革的深入和技术水平的提高，未来输电和配电是否同样可以分开，在配电环节也引入竞争，这是可以探索的。但是迄今为止，无论是欧美发达国家还是中国，都无人质疑对电网的自然垄断定性。

四、自然垄断不能反，也不应反

自然垄断是“好”垄断。人们往往认为垄断是竞争的天敌，打破垄断是引入竞争的前提，而市场只有通过竞争才能实现繁荣。这对一般行业来说是有道理的，但对于像电力这样的第一基础产业，特别是电网本身就具有自然垄断属性来说，就不一定正确了。

实际上，自然垄断和竞争是一对兄弟，自然垄断能够为竞争服务，比如输电网属于自然垄断行业，实现全国联网就是要构造一个竞争平台，这个平台做得越大，电力产业效率就越高，电厂也就越能在更大范围内进行竞争。一个统一的电网对于保证电力供应系统的稳定非常关键，电力供求平衡必须在电网的每一个环节上保持不变，否则将造成大规模电力供应的中断。

由于自然条件突然变化可能带来区域性供求不平衡，所以电力系统客观上要求在一个尽可能大的范围内有统一的网络进行控制和调度，形成网络经济效应。如果打破自然垄断，把单一垄断变为地域性寡头垄断，寡头为强化市场垄断地位可能形成区域化垄断，阻碍市场资源在更大范围内的自由流动，形成四分五裂、支离破碎的网络，无法以远水救近火，美国加州电力危机的教训不能忘记。所以，绝不能简单地把反垄断与全国联网对立起来，更不能为了反垄断而反垄断。

输电网应该采取收过网费的方式，就像高速公路收费一样，最终构造一个电源竞价上网的全国性竞争平台，实现资源优化配置，最终将消费电价降下来。通过由政府有关部门举行听证会，根据输电网的经营业务成本加上一定的利润率水平初步确定过网费，并经过国家审计部门核定后确认，不失为一种合理的定价方法，既能体现公共产品的服务职能，又能维持国网公司自身的生存发展。而这并不否定它自身的股份化和市场化改造。我在《国电公司生存的理论基础与近期发展建议》一文中提到，可以把国网的治权和产权分离，治权上可以实行金股制，产权上可以发行股票。国网收益稳定，会被很多投资人青睐，通过发行股票可以改善电网公司治理结构，筹集到发展所需的资金；而金股制又能保持国家对电网的控制，保证电网的安全。而对不需要垄断经营的环节，可通过厂网分开、竞价上网改革，在发电领域和售电领域引入竞争机制，推进市场化改革。

五、坏垄断的根源在哪里?

既然自然垄断是“好”垄断，那么中国电力行业存在的“坏”垄断在哪里？究竟是国电公司的经济垄断，还是有关政府部门的行政垄断？我认为，后者才是电力一切问题的根源所在，前者与之相比不过是小巫见大巫。

（一）电力企业的经济垄断仅是表象

国电公司企业组织的经济垄断仅是表象，实际上企业都是政府来运作的，核心的生产要素没有掌握在它手里，行业的责任却压在它头上，其从来没有成为完整意义上的企业，也没有成为自己的主人和市场的主体。

首先，企业没有重大投资决策权。任何一个线路、建电站、发电厂都须经由国家发改委审批后才能建设，企业不管规模有多大，都只有决策建议权。其次，企业没有产品价格确定权。再次，企业没有产品产量决定权，发电量都是由政府分配决定，每年一次，具体到每台机组。很多企业只看到了国网公司的经济垄断，却没有看到国家发改委的行政垄断，而后者才是决定我国电力市场无论是发电主体还是售电主体的电价和电量以及由此带来企业利润的垄断主体。

（二）中国应反的电力垄断根源在于行政性垄断

中国电力垄断的根源在于行政性垄断，尤其是电价形成机制和投资项目审批方面的行政性垄断。企业的经济垄断无非是为了获取高额垄断利润，而保证最大限度地获取利润，则要依赖于企业能够依靠自身的经济地位和市场控制力量决定较高的垄断价格。但国电公司并不具有电力产品和服务的定价自主权，长期以来我国的电力项目和电价都是由政府某一部门审批出来的。由于电价的核定成为能否赚钱的关键，现实中一厂一价甚至一机一价的现象十分普遍。中国的电价甚至多达几百种。为核定优惠电价，企业就需“跑部钱进”，政府部门的行政权力得到极大的发挥，这是我国当前电力体制中最为敏感的电价问题的症结所在。由于电价的形成机制不合理，国网公司又必须按照这一不合理电价购买，因此国网公司尽管资产规模很大，但利润并不高。

（三）强势行政审批与弱势市场监管并存格局

在电力行政性垄断的背景下，出现的是一个强势的代表电力旧体制行政审批的发改委和一个弱势的代表电力新体制市场监管的电监会并存的局面，电力的市场化监管根本无法形成。

国家发改委价格司负责组织拟订、调整电价和收费标准以及审批电价，经济运行调节局负责电量分配，基础产业司负责审核重大电力建设项目。从1996年颁布《电力法》至今，《电力法》的修订一直难以出台，这就使得电监会在我国电力市场监管中的主体地位始终无法在法律上得到确立。如果发改委不放弃对电力项目和电价的行政审批，电监会就难以发挥作用，只能沦为“花瓶”。尽管存在电力体制改革小组，但由于其成员来自发改委、电监会等多个部门，他们还要负责自身的日常事务，腾出的精力和时间都很有限，因而发挥的作用也很有限，这造成电力改革在很大程度上仍然由发改委主导。

因此，就中国电力工业的三种垄断形态来说，大公司的经济垄断仅是表象，国家发改委的行政垄断才是实质。中国电力改革之所以这么乱，就是因为反垄断的方向出现偏差，把精力都放到反自然垄断这个“好”垄断的改体上，却没有放到反行政垄断这个“坏”垄断的改电价上，这就是我国电力体制改革长期徘徊不前的根源所在。

六、反垄断关键在打破行政审批垄断

（一）垄断者又是改革者

十年来，中国的电力改革之所以没有达到预计的目标，主要是由于仅一味地强调打破经济垄断，在组织体制上强调拆分，只改体，根本没有触动以行政审批为特征的行政垄断，丝毫不改制，最终使电力改革的方法和方向背离、手段和目标背离，在一场轰轰烈烈的电力改革之后出现了电荒和电价持续快速上涨的尴尬局面。这是导致这场电力改革的方法和路径出现问题的主要原因。因此，电力改革的当务之急是废除行政垄断，即打破政府部门对电价和电源项目的行政审批。

既然电力改革的核心是在打破经济垄断的同时，废除以行政审批为特征的行政性垄断，改体与改制同步推进，那么为什么我国的电力改革出现了只一味地强调拆分公司的组织体，却丝毫没有触动有关部门搞行政性垄断的行政审批制度呢？其根本原因就在于具体负责电力改革的部门又是搞行政性垄断的行政审批者。

电力反垄断的重要内容是摒弃旧的行政审批制度，中国电力改革的核心应紧紧抓住电价改革这个引发消费者对于垄断深恶痛绝的关键问题，因此，改革者首先自己要勇于剖析自己，既然中国垄断、腐败的源头在于行政审批，就必须取消这种行政审批。

如果说国电公司大一统的组织体制是电力垄断的表象——唇，那么由政府主管部门行政审批电价则是电力行政垄断的本质——齿。本来唇无齿露，然而电价审批制的行政垄断竟是那样无法打破，原因就在于推动电力改革的改革者和电力行政垄断的垄断者是一个主体。当改革去革别人的命时，无论是厂网分开还是输配分开都毫不留情，甚至不计电荒和电价上升的后果，因为推进改革的主体、安全运营的主体、持续发展的主体和责任主体并不是一个主体。然而改革革到自己头上而需要他们放弃行政垄断的审批权时，他们就变得踌躇不前了。

（二）保留自然垄断，打破经济垄断，废除行政垄断

正是因为发改委这样的行政审批部门的手里握有电力项目审批立项、制定电价政策和核定电价的权力，同时又是推进改革的部门之一，因此，中国的电力改革中总是以分拆企业的组织体说事，却根本就不去触及行政审批部门的电价和项目审批制度，即人们所说的，“电力改革，改体不改制”，也就有了世界银行的高级能源专家在评价中国电力改革时所说的，“在中国所有资源型产品价格改革中，最不成功的就是电价改革”。

因此，从电力工业的特点来说，应该通过厂网分离，把发电和售电环节推入竞争领域，把输电和配电环节保持在自然垄断领域；同时，在监管环节，废除旧体制形态下以电价及投资立项方面的行政审批为核心内容的行政垄断。归纳以上所述，如果中国的电力改革以打破垄断为手段，其实质内容可以概括为三句话，即保留自然垄断，打破经济垄断，废除行政垄断。

第三节　全国联网：垄断平台还是市场平台

电网是电力改革的生命线，也是整个电力改革过程中争论的核心问题。全国联网反对者将全国联网和垄断画上等号，高举反垄断的旗帜反对全国联网，这一错误认识亟须向公众澄清。实际上，无论是从经济、技术还是电网安全的角度来看，全国联网都具有现实性和可行性。全国联网需要有一个全国性的电网公司作为组织者，站在国家能源配置大战略的角度来统一规划和布局。简单认为一个全国性的国网公司的存在就是搞大一统的旧体制复归、阻碍竞争的提法是缺乏理论和现实依据的。

一、全国联网的可行性和必要性

（一）全国联网是我国电力公司发展的必然选择

1. 全国联网是电力工业发展的重要内容

中国资源分布不均衡，时差、温差、气候等一系列自然条件决定着非均衡的资源分布。这和日本等国不一样，它们没有一次能源分布不均衡的问题，能源全部依赖进口，各大区之间的交换电量特别少，不需要全国联网配置资源。而我国的现实情况决定我们的电网需要一个强连接，需要形成一个资源交换的市场，一个资源配置的场所，而不是像日本那样，仅是在发生事故的时候形成“手拉手”式的安全上的、可靠性上的交换。因此，加快“西电东送、南北互供”工程建设，提高主干网架建设的技术等级，加大电网建设规模，通过全国联网实现中国电力工业在非均衡状态下竞价上网的市场大循环和电力资源的优化配置，是在我国大能源战略和“十一五”规划中充分发挥电力作为第一基础产业的作用，加快西部开发、东部崛起、中部振兴的重要保证。“西电东送、南北互供”概括了我国全国联网的基本目的。中国电力工业的基本格局和电网主网架的发展要充分发挥社会主义市场经济的优越性，站在国家能源、资源配置和发展大战略的角度来统一规划、统一布局、统一组织。

2. 全国联网是我国电力体制改革的需要

从世界各国电力体制改革的经验看，在电力工业发、输、配、售四个环节中，首先引入竞争机制的发电环节和售电环节可以进行自由竞争。我国电力体制改革中首先推出的厂网分开也是基于这一认识，即在电力体制改革上采取“纵向分切”，先把厂网分开，并适时组建新的售电公司，待时机成熟时再把输电和配电分开，放开配电，最终仅把输电网作为自然垄断的产业领域，在“产权多元、治权统一”的模式下由国家统一控股经营。这样的改革方向和目标是完全符合电力这一产品的特性和电力工业的基本属性的。而作为自然垄断产业的跨大区联网的国家输电网络的建设和经营的过程，就是实现全国联网的过程。其目的就是要根据我国的资源禀赋和电网的自然垄断特点，构造一个全国范围的大市场平台。各个独立发电商正是通过这个平台实现竞价上网、公平竞争。而这个全国范围的输电网平台本身是自然垄断的。如果说在西方国家，由于经济体制和差异，它们要实现全国联网的统一建设和经营会发生体制上的冲突，需要经过漫长的无序竞争才能实现，那么在我国，没必要去简单地复制它们的电网建设和运营管理体制、重复它们的老路，而需要发挥我国社会主义市场经济的优越性，在中央统一规划和布局的前提下，用较低的成本、较短的时间实现全国联网的大目标。这要求我们必须从我国资源分布非均衡和经济体制具有能够集中国家力量办大事的特点出发，走出一条具有中国资源特色和体制特点的电力工业发展的道路。

3. 全国联网是构造全国统一市场的需要

实现全国联网是构造一个全国统一市场的前提，全国统一的电网只是提供了一个市场平台，真正在平台上开展竞争的是上网电价和下网电价，电力整个传输过程要想把电从发电企业传送到用户手中，就必须通过这个全国联网的自然平台，这个平台既是市场平台，也是电力传输体现其物理属性的自然平台。如果不联网，这个自然的连接就不能形成，而没有这样的有形连接平台，再好的市场机制也无法发挥作用。这体现了市场竞争的社会属性和电力产品的自然属性。我国此前的输电网被分成12块之多，彼此互不相连，从而直接导致了两个不合理的现象，即电网的不充分垄断和电源的不充分竞争并存。显然，全国联网已成为深化电力体制改革和建设全国统一电力市场的关键，也是我们客观评价国电公司产生和发展的标准。一旦实现跨区联网，即可实现从省到大区、从大区到全国范围内的竞价上网。只有实现电网的充分垄断，才能实现电源的充分竞争。因此，从战略眼光看，全国联网将不仅打破诸侯割据的分割体制，而且必然成为中国电力发展史上的一座里程碑。

（二）全国联网具有现实性和可行性

国电公司成立时，中国的电网设施基本是以7大区域电网为基础和5个独立省网共同形成的12块互不连接的网架结构。因此，即使一些地方电力紧缺而另一些地区电力过剩，也很难调剂。像广东这样的经济发达地区，即使有天广线的水电从西部向广东送电，万一发生加州那样的20年不遇大旱，也仍然会发生问题，因此需要华东和广东的联网。否则，尽管有些地方电力充足，但由于缺乏全国性的互联传输网络，同样只能“望电兴叹”。因此，我一再强调全国联网的重要性。

但是当时在这场电力改革中，人们对全国联网的认识并不统一，反对全国联网的人主要从经济性、安全性和技术性上质疑全国联网的可行性：一是质疑全国联网的经济性。反对全国联网者认为区域电网内已基本实现自求平衡，即使全国联网，交换电量占全国总发电量的比重很小。全国联网投资很大，而交换电量又少，远距离输电线损大、成本高，经济上不合算。二是质疑全国联网的安全性。反对者认为，全国联网后，一旦一个区域电网出现故障，全国电网都会受影响，会造成大规模停电。三是质疑全国联网的技术可行性。处于分割状态的输电网主要有500千伏、330千伏和220千伏三个电压等级，全国联网会使主网架不匹配，技术上不可行。

这些质疑表面上似乎成立，但仔细分析实际上都站不住脚。无论是从技术上看，还是从安全性和经济性上看，全国联网都具有现实性和可行性。

一是从技术上看：全国输电网的主网架完全可以通过技术手段实现联网后的匹配，远距离输电问题则可通过科学的市场接力式调度加以解决，变交流输电为直流输电即可解决线损问题，在技术上不存在难点。

二是从安全性上看：电网越大越安全。随着科技的进步，随着交直交（交流电—直流电—交流电）的“背靠背”输电技术的运用，大规模联网的安全问题已经得到妥善解决。所谓“背靠背”输电方式，就是发电站发出的电和用户用的电仍然是交流电，只是在远距离输电中采用换流设备，把交流高压变成直流高压。直流“背靠背”就是为了联网而产生的一项技术，因为在直流输电线路中，各级是独立调节和工作的，彼此没有影响。当一极发生故障时，只需停运故障极，另一极仍可输送不少于一半功率的电能。但在交流输电线路中，任一极发生永久性故障则必须全线停电。跨区电网之间采用直流输电，可以避免一个电网出现故障波及其他电网。

“背靠背”输电技术提升了中国电网的安全水平与科技水平。目前中国东北—华北、华北—华中、西北—华中、华中—华东、华中—南方等区域电网之间均以“背靠背”方式联网，结构清晰，层区分明，大电网稳定运行水平不断提高，这是中国电网大规模停电事故少于世界其他国家的一个重要因素。2006 年 7 月，华中电网事故是中国历史上最严重的电网事故，华中失稳之所以没有波及西北、华南和华东，就是因为区间是直流电网。而 2012 年 8 月的印度大停电波及范围如此之广的一个重要原因是，印度电网虽然分为五个网区，但由于未采用直流分区（或分区不足）而使得交流区域过大，结果在庞大、不可控的自由联网结构上一旦发生故障跳闸，就会产生不断的连锁跳闸，导致系统失稳，这就必然会波及全网而造成重大停电。

三是从经济性上看：电网越大越经济。首先，从能源资源优化配置的角度看，全国联网可以在现有电源的基础上通过电力的跨区域调配和电源侧的市场竞争实现电力资源的优化配置，资源优化配置带来的整体经济效益将远远大于电网建设的投资。其次，建电网比建电源划算。2001 年建成的双北联络线连接了华北电网和东北电网，全长 150 公里，双北线的建成使得电荒期间北京四环以内并没有发生停电的现象，对我们度过酷暑起了很重要的作用。建设双北线我们只用了一年多时间，4. 5 亿元的资金。虽然这条线只有 60 万千瓦的容量，但是这条线路如果不建，就还要提供一条 60 万千瓦的备用容量，在夏天用电高峰投进去。而要建一个 60 万千瓦的电厂，平均每千瓦的电源容量建设在当时平均要 4000 块钱，60 万千瓦的容量需要 24 亿元，建设周期要 4 年。因此，从经济性上看，建电网比建电源划算。再次，从消费者的角度看，在全国一张大网的基础上，发电侧和售电侧实现自由竞争，能为消费者提供质优价廉的电力产品。所以，对全国联网的经济性绝不能用静态和今天的眼光看，如果没有统一大市场，就永远不会有交换电量、资源的优化配置和消费者满意的产品。

（三）全国联网的阻力在于电力行政垄断

1. 对“垄断”的理解应根据电力行业自身特性

目前流行这样一种看法：现在社会上对电力行业的种种垄断行径已经怨声载道，如果再建立一个控制全国电力网络的“寡头”企业，岂不是更加强了这种垄断特权？

但是我认为，我们应该根据电力行业自身的特性来理解“垄断”和“破除垄断”的概念。

垄断与竞争是相对应的概念，垄断在市场经济国家中也普遍存在。垄断对于某些基础产业的稳定发展具有积极作用，它可以避免由于盲目竞争带来的波动和浪费，但垄断本身又会造成效率低下，经常不能为社会提供满意的产品服务。因此，垄断是一把双刃剑。

在电力经营里，有发电、输电、配电和售电四大环节。过去我们把整个电力工业统称为自然垄断行业，但随着经济的发展和市场经济范围的扩大，早期被认为属于自然垄断的电源（即发电）部分，今天已经被公认为不在自然垄断之列，可以进行自由竞争。

而作为电网，特别是输电网，至今为止在世界各国中仍然被认为是自然垄断的。因为它对国家经济安全的意义太重大了，电网的建设和经营不可能是谁想建就建的，很难设想某个厂家的盲目建设和经营电网所带来的经济合理性与对整个国家经济安全的危害相提并论。

所以，保留一个大的国网公司是电网产业的自然垄断性质决定的，不一定是坏事，而简单的拆分所形成的区域垄断无疑会比全国联网基础上的自然垄断要差，因为我国未来“西电东送”的长期发展战略必须打破区域垄断才能实现，把中国分成六个或更多的区域垄断公司会直接影响和迟滞全国区域范围内的资源优化配置和竞价上网。因此，国网体制的改革绝不像有些人想象得那么简单，认为拆分得越散越有利于竞争，关键是要根据电力产品的特点，借鉴发达国家最新的改革经验，要看怎样改才对我国电力产业的安全稳定和国民经济发展有利和让消费者受益。

2. 全国联网是要构造公平竞争的市场平台，而非制造新的电网垄断

国电公司实现全国联网，事实上是构造一个实现公平竞争的市场平台，这个市场平台本身是自然垄断的，这也是被世界各发达国家所公认的事实。而各个独立发电商正是通过这个平台来实现竞价上网。

电网就好比一条高速公路，各运输公司通过这条路来运送旅客和货物，并支付一定的道路使用费，但如果道路拥有者同时也拥有一个运输公司，并在道路堵塞时只让自己的车队跑，或者通过高额收费的方式提高其他运输公司的成本，令它们无法和自己的运输公司公平竞争，这就是问题了。所以，国电公司首先要明确自己的定位，它自身就是一个"路网公司"。

3. 真正的垄断根源是行政审批制度

在电力行业内发生的两件事引起了媒体的关注。一件是云南水电部门向广东提出，希望以每度 2 毛钱的价格向广东供电，被广东拒绝，它宁可用自己的供电商提供的每度 7 毛钱的高价电。另一件则是四川投资近 280 亿元的二滩水电站所发的电被四川省拒绝上网，因此而造成的损失高达几十亿元。媒体在报道"二滩事件"时大都沿用这样一种说法：因为四川省在二滩水电项目中只投入了 6 亿多元，其他资金都是由国家投资和世界银行贷款，因此二滩亏损的主要是国家投资，而四川省则为了保护自己的电源，拒绝接受二滩所发的电上网。

这两件事都被看作中国电力行业垄断的典型表现，而且"二滩事件"成为当年五六月份国电改革大争论的一根导火索。

但大家并不了解另外一组数字：在二滩水电项目近 280 亿元的投资中，所有者权益仅 11 亿元，占 3% 左右，其余的资金都是通过世界银行贷款获得，因此在电站建成后，还本付息的压力非常大。世界银行要求二滩电站应达到 12% 的净资产利润率，这就意味着只有将电价提高到每度 0. 45 元才能实现。与此同时，重庆市自己的电厂上网电价仅为每度 0. 2 元多，让重庆放着自己 0. 2 元多的电不买，去买你 0. 45 元的电，人家不买你就说别人搞垄断，这是哪一国的道理?

而且，二滩项目是四川省建的，但现在要重庆来消化它的电力，四川省得到了二滩的税收，而重庆则要影响本市的电厂和煤炭工业在就业和上缴利税等方面的一系列问题，同样不合情理。

直到今天，我们的供电价格仍然是由政府有关部门审批控制的，称之为“还本付息价”，在这种情形下，一个电力项目哪怕再不合理、效率再低，也能通过“高进高出、一厂一价”的方式获得同样高额的利润。

尽管还本付息电价在历史上发挥过积极作用，但今天电力改革的要害也在于此，在这种“一厂一价”甚至“一机一价”的审批制度下，全国有好几百种不同的上网电价，只能用一团乱麻来形容，而到了网上后，消费者也毫无选择余地，只能被动接受计划配给的电价。

电力垄断的根源就在这里：作为某些政府部门，电力建设的项目要由它审批，而上网电价也要由它来定。即便是投资失误，也可以把板子打到企业身上，或通过提高电价的方式把经济损失转嫁到消费者头上，这根本就违背了所有的市场规律。

就行政审批电价所导致的垄断弊端来说，如果不能在转变政府职能的基础上限制和削弱审批制度，这种行政干预的恶果和骂名仍将由电力企业长期背下去，无论其是一个大公司还是若干个小公司都是如此。

这也是今天所谓“行政垄断”迟迟不能破除的根源，有的政府部门自己的职能不转变，一方面在不断地制造由行政审批造成的种种旧体制弊端，另一方面又总是扮演企业改革者的角色，这是典型的“老鸹落在猪身上”，只看得见企业黑，而看不见自身更黑。因此，打破我国垄断行业的改革，一定要从革新审批经济入手，要从政府部门职能的转换和机构改革入手。

（四）大联网国际经验——欧洲大陆电网案例

随着经济全球化的发展，以及能源资源优化利用、区域电力市场开放等因素的推动，电网等基础设施的一体化迅速向前推进，跨国互联已经成为世界各国电网的发展趋势。无数的事实也证明，电网越大，电力的供给安全性越高，资源配置越有效率。目前世界上主要的跨国互联电网包括欧洲大陆电网（UCTE）、北欧电网、东欧/苏联电网、地中海东南电网、地中海西南电网、北美联合电网等。其中以欧洲大陆电网（UCTE）覆盖的国家最多，经济最为发达，电力市场化改革也较为彻底，研究欧洲大陆电网（UCTE）对我国全国联网具有巨大的借鉴意义。

1. UCTE 的基本情况

UCTE 由原西欧电网在吸收中欧电网和部分东欧电网的基础上演变而成，近 10 年来联网国家逐步增加，已经成为世界上最大的跨国同步互联电网之一，覆盖欧洲大陆包括奥地利、波黑、比利时、保加利亚、瑞士、捷克、德国、丹麦西部、西班牙、法国、希腊、克罗地亚、匈牙利、意大利、卢森堡、黑山、马其顿、荷兰、波兰、葡萄牙、罗马尼亚、塞尔维亚、斯洛文尼亚、斯洛伐克在内的 24 个国家和地区，供电人口约为 5 亿。2007 年，欧洲大陆电网 220 千伏及以上输电线路总长度约为 22 万千米，接入电网总装机容量约为 6. 46 亿千瓦，用电量约为 2. 56 万亿千瓦时，各成员国间的交换电量约为 3041 亿千瓦时。UCTE 通过制定一系列技术规范和运行规程来协调欧洲大陆电网的规划和运行，确保欧洲大陆电网和电力市场的安全可靠运营。

2. UCTE 和其他电网的互联

UCTE 不仅实现了内部的互联互通，并且与其他电网的跨国跨区互联也取得了骄人成绩。除了欧洲大陆电网（UCTE）以外，欧洲主要的电网还包括北欧电网（NORDEL）、英国电网（GB）以及东欧电网（IPS）、苏联电网（UPS）等。欧洲大陆电网与英国电网、北欧电网（丹麦、芬兰、挪威和瑞典）之间虽然受海峡阻隔，但都通过海底直流电缆实现了互联。2008 年 11 月，UCTE 公布了其与东欧电网（IPS）、苏联电网（UPS）同步互联的可行性研究结果，该研究表明双方同步互联是可行的，可以通过采取一系列的技术、运行和组织措施，并建立相关的立法框架来实现。

除此之外，欧盟还积极建设“环地中海同步联网”工程，逐步实现地中海国家与 UCTE 系统同步联网，这些国家包括摩洛哥、阿尔及利亚、突尼斯、利比亚、埃及、约旦、叙利亚、土耳其等，总装机容量接近 1 亿千瓦。作为第一步，地中海西南部三国（摩洛哥、阿尔及利亚、突尼斯）已经与 UCTE 实现同步互联。2010 年 9 月土耳其与希腊、保加利亚（UCTE 国家）实现同步互联，欧洲同步电网延伸至突尼斯和利比亚的两翼。突尼斯和利比亚实现互联后，即可实现地中海东南部五国（利比亚、埃及、约旦、叙利亚、黎巴嫩）与地中海西南部三国互联，形成周长超过 8000 公里的地中海环网，UCTE 扩展至地中海南部。

3. 电力联网构建欧盟市场化改革平台

以 UCTE 为基础的欧洲电网基本实现了在欧盟成员国之间的电网互联，这一市场平台的构建为欧盟的电力市场化改革奠定了基础。没有物理网的互联互通，电力市场化改革无疑是痴人说梦。

欧盟电力市场化改革始于 1990 年，电力市场化的目的是要消除各成员国之间的壁垒，建立跨国电力企业和实现跨国电力供应，建立欧盟电力市场，确立欧盟范围内的统一竞争。欧洲电力市场的基本模式是在发电环节和售电环节引入竞争，输电和配电环节仍然实行垄断经营。

发电环节——欧盟各成员国逐步取消了电力企业的垄断经营权力，发电环节已经全部开放，基本实现了自由竞争，制定了关于发电设施建设、运营的审批和发电设施接入电网相关规定。

输电环节——在欧盟各国输电都属于垄断业务，必须由监管机构实施监管。欧盟指令要求电网对电厂、配电企业和用户必须无歧视公平开放。有关监管机构对上网条件、过网费、系统服务等实行事前监管，对线路阻塞管理、互联、新电厂入网、避免交叉补贴等事项实行事后监管。

售电环节——售电侧改革的主要目标是开放用户的“购电选择权”，即允许电力用户自由选择是向本地配售电企业购电还是向发电企业或其他售电企业购电。这一工作的核心是确定可自由选择售电企业的用户群体，即所谓“合格用户”，并逐步扩大拥有“购电选择权”的电力用户的范围。根据欧盟要求，2004 年 7 月 1 日起，所有非家庭用户拥有“购电选择权”（得到豁免的成员国除外）；2007 年 7 月 1 日起，所有用户（包括家庭用户）拥有“购电选择权”。

欧盟开放电力市场、引入竞争机制的努力取得了显著成效。1997 年至 2006 年间，在煤炭、天然气、原油价格等能源价格大幅度上涨、欧盟电力企业加大环保投入的背景下，2006 年欧盟成员国的电价与 1997 年的水平基本持平，欧盟成员国居民和企业从稳定的电价中得到了实惠。

4. 欧洲电网联网对中国的启示

从欧洲电网联网的经验中可以看出，电网互联是世界电网发展的大势所趋，也是电力市场化改革的基础。只有跨国联网才能打破国界的壁垒，为发电企业的自由竞争创造一个开放的市场平台，实现电力资源的优化配置，最终使得消费者使用上质优价廉的电力产品。在跨国互联方兴未艾之际，一国范围内联网的可行性和必要性更是毋庸置疑。

对中国来说，电改的目的就是希望通过优势互补来平衡我国电力资源分布的不均衡性，创造更大的电力市场。我国东部经济基础最发达、西部电力资源最丰富的现实也要求在电改中进一步使电力资源得到优化配置，这就要求在一个全国统一调度平台即全国统一的电网上打破区域垄断，平抑全国消费电价差，从而真正使老百姓用上跨地区的质优价廉的电。没有全国联网，就永远不会有供电厂商之间的充分竞争，更谈不上提供消费者满意的产品；没有全国联网，就无法实现“西电东送、北电南调”的规划目标，无法实现资源的优化配置。

二、推进全国联网的组织者不可或缺

（一）国电公司存在的理论基础

在 5 号文出台之前，面对愈演愈烈的拆分国电公司的呼声，我写下了《国电公司生存的理论基础与近期发展建议》一文，在文中我从中国的电力工业实情和发达国家的电力公司实践出发，详细阐述了国电公司存在的三大理论基础，提出应将全国联网作为国电公司的重要目标。

1. 非均衡论

我国能源分布和生产力发展水平、消费水平很不均衡，这就决定了我国的电力结构和供求关系呈现出“非均衡”性。这种非均衡性体现在四个方面：第一，资源分布和地区间用电负荷不均衡。我国水和煤炭资源的负荷重心在西部，而能源和电力需求的负荷重心却在东部和东南部，这就决定了电力需求在区域间并不均等。其中华东、华北和华中电网各自所占比重均超过全国总量的 20%，南方电网在 18% 左右，而东北和西北地区则低于 10%。第二，时差、温差导致的电力消费和供给上的非均衡性。我国地域辽阔，东西最大距离 5200 公里，经度相差 62 度，横跨 5 时区；南北最大相距 5500 公里，纬度相差 49 度。东西部之间有昼夜时间差，而南北之间则有显著温差，这种差异导致不同地区用电峰谷出现的时间不一致，需要在不同地区之间进行峰谷互济。第三，水资源季节分布的非均衡性。我国水资源丰富，不同流域的丰枯季节不同，为保持均衡供电，就需要在不同的流域之间进行水电和火电资源等调配。因此，“西电东送”和“南北互供”工程就是对这种非均衡的一种战略调整。第四，电力消费和供给时间上的非均衡性。这种非均衡性在全世界任何国家都存在，体现在两方面：一是每天电力消费存在“两峰一谷”，即中午 11 点到下午 1 点期间的“午高峰”以及晚上 6 点到 9 点期间的“晚高峰”，而“低谷”则是指晚上 11 点到第二天早上 6 点这段时间；二是每年之内电力消费存在两个高峰，即夏季 6 月到 9 月的“夏峰”以及冬季 1 月到 2 月前后的“冬峰”。电力是一种难以储存的特殊商品，必须即时生产、即时消费，为了应付用电高峰需求，供电厂必须按高峰时间的需求来设计生产规模或供电能力，而其中一部分设备在非高峰时间内是停转闲置的。这种电力消费和供给的非均衡性导致了资源的大量浪费。

电荒的出现证明了中国的电力结构和供求关系在总体上和在局部上的平衡仅是表面的过渡现象，中国的电力结构在本质上是不平衡的，我们将其归纳为非均衡论，解决非均衡的状态，要求在全国联网的基础上构筑全国统一市场，最有效地利用资源为社会提供优质产品和服务。

非均衡论是全国联网的重要理论支点，当非均衡论支持下的初步全国联网在抢战电荒危机中被人们承认时，更坚定了国网公司的存在价值。

2. 大循环论

我国电力工业体制中长期存在的突出问题，就是多种电价、差别很大、极不合理，且电价基本上是政府审批，根本没有市场机制。同时，因为省级财政体系和地方利益保护的需要，存在电力供应的省内小循环和区域内的中循环现象。这一方面容易形成“诸侯”平衡的假相，另一方面也会造成严重的地方壁垒和资源浪费，“二滩事件”就极为典型。

所谓大循环，就是在全国联网的基础上，让地方政府从地方经济的整体格局和当地消费者的消费权益出发，算大账不算小账，获取成本较低的电力资源，这样做，尽管使用外地低价电会使本地区、本系统的电厂受损，换来的却是整个地区工商产业用户的用电成本下降、利润上升，这必然会促进当地税收的增加。大循环还可使当地城乡居民受益，而这又可以给当地政府带来间接的综合收益。

2002 年之后，发改委相继出台了一些电价改革方案，推出竞价上网试点，对发电企业的上网电价实行两部制电价，其中容量电价由政府制定，电量电价由区域内的局部市场竞争形成，但并没有从根本上解决这一问题。参与竞争的发电机组的“选择”权仍由地方政府决定容易造成“袒护”地方利益的小循环和中循环，这并没有给全国电力资源的统一配置带来根本性改变，不利于加快大循环的发展进程。

实现全国联网就是要构筑竞价上网的电力市场平台，在全国联网的基础上推动竞价上网，使我国的电力工业体制从小循环步入大循环，一方面要通过对大循环理论的深入探讨和普及宣传，通过真正的竞价上网，破除地区分割和封锁，让各地方“诸侯”认识到“从保护一点、打击一片”到“受益一片、补贴一点”的经济合理性，最终实现资源使用的最大效益；另一方面就是让人们看到国网公司在实现全国联网，构造全国统一市场，最终实现大循环，让消费者受益中的不可替代的重要作用。

如果说大循环是建立在全国联网基础上，那么实现全国联网就取决于国网公司的功能定位和稳定发展，实现全国联网既是国网公司的安身立命之本，也决定了其存在的历史使命不容动摇。

3. 有限竞争论

竞争和垄断是相对的，而由于电力工业在国民经济中的重要性、基础性和公用性三大特点，人们对它的认识从最初的自然垄断到逐步引入竞争机制也经历了一个较长过程。在市场化的过程中，国际上一般是把电力工业划分为发、输、配、售等不同领域，并在发电和售电环节引入较多竞争机制，将输电和配电尤其是输电限制在有限竞争的范围内。因此，中国电力工业体制可选择符合我国实际的，在发售电环节引入竞争机制，培育市场，走中间统一经营、两头充分竞争之路，即“管住中间，放开两边”。

国网公司组建和生存的理论基础就在于电网经营领域是自然垄断行业，这一行业在一个较长的时期都不可能是充分竞争领域，即使在这一行业适度引入竞争机制，竞争也是有限的。有限竞争论是国网公司产生和未来很长一段时间发展的重要理论基础，也是国网公司的经营内容、服务标准和工作方向的基础所在。因此，国网公司的经营功能定位于电网的建设和经营，负责全国范围的电力交易与调度是符合电网作为自然垄断行业特点的，而这一领域又是不能引入充分竞争机制的。简单地认为国网公司的存在并实现全国联网就是搞大一统的旧体制复归、阻碍竞争的提法是缺乏理论和现实依据的。

（二）全国联网应成为国网公司的历史使命

三大理论是国电公司存在的理论基础，在厂网分开后，本应由国电公司作为改革的主体，统一规划和建设电网，继续推进全国联网，建立和完善国网管理体制。但是5号文出台后，国电公司被拆分，全国联网的任务需要一个新的主体来承担，而这一历史使命自然而然地落到了新成立的国网公司身上。

1. 5号文后电网管理体制状况

5号文出台后，形成“2+5”模式的改革，国电公司被拆分，作为妥协的结果，国网公司被保留了下来。作为全球最大的电网公司，国网2012年售电量32539亿度，收入18855亿元，净资产收益率约4.66%，资产负债率57.62%，在世界500强中名列第七。

就电网管理体制来说，5 号文出台后，原有的电网和电厂合一的国电公司被拆分并终结，与其“同族”的区域电力集团公司也相继“厂网分开”，电网部分形成了国网公司和其参股的南方电网公司作为中央国资委直属的两大电网公司的新格局。就国网公司系统看，目前形成了国网公司、五大区域电网公司和省级电网企业三个层面的法人实体。这一体制基本符合我国政治体制和经济发展区域特点，其目的是为了以市场化为取向，最大限度地调动地方积极性并达到资源在更大范围内的合理优化配置。

2. “省为实体”符合配电网建设情况

“省为实体”是在 1998 年国电公司组建和成立后提出的电力体制改革以“政企分开、省为实体”和“厂网分开、竞价上网”为主的“四步走”发展战略的重要内容，其本质上是与我国的政治体制特别是以省为财政收入的主体相适应的。从 20 世纪 80 年代开始，我国推行集资办电，多元投资主体兴办电厂已成为主流，各省独立兴建电厂和电网的积极性得到有效发挥。从华东电网来看，上海、江苏、浙江等各省（市）2005 年总装机容量比 2000 年平均增长 2.5 倍，比 1980 年平均增长近 10 倍，同时各省市特别重视电网规划，且形成了科学合理的电网事故备用容量。

由于我国以省为财政平台的现实，形成了全国电网是以省级电网企业（电力公司）为主体的市场电量交易规则，省内输配电业务经营活跃。2004 年全国各区内跨省交换电量 1535 亿千瓦时，同比增长 15%，高于全国跨区交易总量 1 倍以上。这在一定程度上决定了“省为实体”存在的必然性和合理性，以在全国电力市场中发挥配电经营的功能。

当然，利弊是相对的，我们必须意识到，在电力供给相对过剩的情况下，省为实体将有可能导致各省公司不惜代价保护本省电源、排斥外来电源的现象，有的省甚至宁愿用本省高价电，也不愿用外省的低价电，这种局面也就造成了所谓“地方壁垒”的现实。地方利益的局限性决定了省公司无法成为全国联网的推进主体，在省之上必须有一个更高的机构来统筹全局，推进全国联网建设。

3. “区域同构性”决定了区域公司发展方向

现实中，区域电网公司的发展方向一直是电力体制改革争论的焦点。在中国电力管理体制史上，“区域”这一层级是变化最多的组织机构，曾经历多次分与合、实与虚、上与下的变革。我们必须顺应国网建设的需要，总结多年的改革经验，科学合理地考虑其发展方向。

我国地域辽阔，行政区域是依地理环境东西、南北的差异性划分的，同一行政区域不仅地理自然环境基本相似，各地的经济发展水平也极为接近。这形成了电力工业上“区域同构”的特性，即：在一定区域内，电力资源的配置基本相同，电力需求接近，相互间互济调节的能力十分有限。比如，华东地区既是我国东南沿海经济最发达的地区，也是我国一次能源最匮乏的地区，其发展中面临的问题具有一定的共性和先导性。截至2004年年底，华东电网全社会发电装机容量和年发电量已接近1亿千瓦时和5000亿千瓦时，分别占全国的21.92%和22.32%。而从电力电量平衡角度看，其呈现了“高用电增长率、高负荷率、高发电设备利用率和电网最高负荷增长快”的“三高一快”的特点。但是，电荒紧张的2003年、2004年内，华东电网区域内各个省市电力缺口都比较大，其中浙江和江苏是我国缺电最为严重的省份，最大电力缺口分别超过800万千瓦和700万千瓦，各省市间基本上没有余地相互通融。区域电网内部各省资源禀赋的“同构性”与“省为实体”的现实同时并存，较多的时候是一缺电大家都缺电，一过剩各省都过剩，省与省之间互济能力有限，只能寄希望于“西电东送”的“葛沪线”的长距离调配来完成。其他各个区域的电力供需情况也基本类似。

由于电网建设的高投入特性，加上省为财政平台的现实，区域电网公司无力承担巨额的联网费用，电网建设普遍存在较大的资本金缺口，造成了我国普遍存在的主网架结构不合理、输配电网“卡脖子”的现象，跨区、跨省连接极为薄弱。如东北—华北联网线路的稳定极限限制了两大区域电网间的交换能力；黑龙江电力外送、山西电网“北电南送”、江苏南北过江通道等主干线路输电能力不足；浙江、广东等省份的部分城市由于配电网比较薄弱，高峰时段受电能力不足，结果各地电力不均，但区域电网的调配能力极为有限，出现了有的地区窝电而有的地区缺电的尴尬局面。

国网公司恰恰是立足全国联网和跨区调度和协调，面对电荒形势的紧迫压力，不仅完成了5万公里的500千伏主干网架建设，初步实现了全国联网，而且打破了跨区交换电量的瓶颈，连续2年接近100%持续增长，较好地缓解了这种局面。

当然，我们必须考虑中国计划与市场体制相结合的现实和电力工业体制的非均衡性，以及电网建设长期落后的现实，“西电东送、南北互供、全国联网”的建设将持续一定时期。因此，在过渡阶段，一方面要加强国网建设，在强大的国家级电网基础上，由国网公司作为国家级主体主要负责输电网经营，负责对区域电力市场的调剂；另一方面，可以将区域电网公司改成国网公司的分公司，将其定位于国网建设工程的载体和发挥电力调度枢纽的作用，做好国家经营输电与省级经营配电体制改革的桥梁，以国网公司培育和完善电力市场的试验田为使命，为完成特高压电网建设和全国一体化售电网络体系建设奠定基础。

4. 全国联网需要有一个全国性的电网公司

随着经济的发展，在电力发输配售四大环节中，得到共识的是发电和售电部分不在自然垄断之列，可以进行自由竞争，“厂网分开”也是基于这一认识。而作为电网特别是输电网，迄今为止在世界各国中仍然被认为是自然垄断的，它对国家经济安全的意义重大。电力联网，网越大越经济，越大越安全。这一历史使命和重任决定了一个全国性国网公司存在的必要性。在今后较长时期，建立并巩固一个强大的国网建设和经营体制是实现全国联网的前提。

而从现实角度看，全国联网的工作重点是跨区联网，把大区之间的无连接变成有连接，弱连接变成强连接，而要实现这一目标，仅靠五个区域电网公司和中国南方电网公司是不可能的：一是由于区域集团公司和省公司没有全国联网的动力。由于地区垄断、区域经济内自求平衡，全国联网必然带来体制格局的变化和利益的重新分配，既有利益极有可能得不到保障，各大电网公司不可能在现在的电力供求环境下自主完成全国联网。如，华北电网与东北电网中间仅有140公里的距离，在国网成立前也未联网，实际上要想联早联上了。二是区域集团公司和省公司不具备推进全国联网的实力。全国联网需要巨额投资，五大区域集团公司和省公司均没有这样的实力。因此，全国联网必须由一个全国性企业，也就是国电（网）公司来实现。

回顾走过的路，2002年以来的电力体制改革保留并完善了国网公司体系，这是非常幸运的。在国网公司的基础上进一步提出加速推进全国联网，以在更大范围内实现全国电力资源优化配置，这是十分正确的。在我国电力工业渡过三年电荒的过程中，统一的国网公司体制发挥了重大作用：一方面，在大区之间通过电量的调剂经受住了电荒在“卡脖子”时段的考验；另一方面，通过统一规划，在大区间最薄弱的环节加快了电网建设的速度和投资的力度，从电力体制改革和电力工业发展的两个层面为我国在2020年前保证经济增长、建设和谐社会、实现全民奔小康的目标打下了基础，拓展了空间。

所以，保留一个大的国网公司是电网产业的自然垄断性质决定的，不一定是坏事，而简单拆分所形成的区域垄断比全国联网基础上的自然垄断更坏，如果把中国电力公司分成六个或更多的区域垄断公司，将完全可能影响和迟滞全国联网的形成，并导致“西电东送、南北互供”以及在全国一张大网平台基础上竞价上网的目标不能实现。国电公司实现全国联网，事实上是构造一个实现公平竞争的市场平台，而各个独立发电商正是通过这个平台竞争的。

（三）电网的自然形态和管理组织形态并非不可分离

5号文出台后的电力改革的当务之急是构造一张自然形态上覆盖全国的大网，而完成全国联网的工作，国网公司集中统一的模式要比各大区的分散模式好。一个统一的国网公司可以集中财力物力，提高决策和执行的效率，这是一个有权威、有能力、有组织、有人负责的体制。因此，在实现全国联网的过程中，我们需要保留国网公司来完成跨区域联网的任务，此时电网的自然边界和组织边界相统一是有效的，这符合中国现有电力国情。

但是目前有效的模式并不代表将来就一定有效，也并不意味着国网公司大一统的组织形态就会一直保留下去。实际上，电网的自然形态和组织形态并非不可分离，大公司组织的边界和市场的边界未必统一。我认为，在全国实现联网的背景下，电网的自然边界和企业组织边界是可以适当分开的，只要体制合理、制度清晰、结算公平就完全可以在全国联网基础上形成若干个电网公司。当然，这仅仅是对未来的一种展望和设想，并不意味着我今天就赞成电网的自然边界和组织边界立即分离。并且，即使我们赞成未来的竞争模式有可能是电网自然形态和企业组织形态相分离，全国联网基础上有若干家电网公司，也仅仅是支持同一区域只有一家电网公司的对接关系，而不是同一区域有多家电网公司相互竞争的重复关系，这在输电网上是不合适的，不仅浪费资源、破坏环境，而且不符合电网自然属性的经济特征。

目标确立之后，路径更重要，中国的改革应更注重方法论和实现目标的路径选择。就电力改革来说，是先保留一个统一的国网公司来推进全国联网，构造全国竞争的市场平台，然后再探讨在一张大网基础上电网企业组织形态的竞争模式，还是现在就拆分国网公司，然后由分散的区域公司再去构造全国一张大网的自然形态，是在同一目标背景下两种截然不同的路径。尽管终极目标相同，但可能由于路径选择的不同，要么产生南辕北辙的效果，要么付出不同的成本和代价。我们当然要在保证实现改革目标的情况下选择代价最小的路径。以今天的中国国情来看，保留一个统一的国网公司是以最小成本实现改革目标的正确选择。

我国全国联网所取得的成绩也证明了现阶段由一个统一的国网公司作为全国联网的组织者是正确的。截至 2011 年 12 月，随着青藏交直流联网工程投入试运行，西藏电网和西北主网实现了联网，这标志着除我国台湾地区以外，我国电网已全面互联，全国联网的基本架构已经形成。全国联

网取得的成就和国网公司密不可分，正是因为有一个统一的国网公司存在，全国联网的目标才得以顺利推进。（表1—3）

表1—3　全国联网大事记

时间	联网区域	联网工程
1989年	华中—华东	500千伏葛沪直流工程
2001年5月	华北—东北	500千伏姜（家营）—绥（中）线
2002年4月	川渝—华中	长寿—万县—三峡500千伏线路
2003年9月	华中—华北	500千伏辛嘉高压输电线路
2004年5月	华中—南方	三峡至广东直流输电工程
2005年3月	山东—华北	聊城至邯东双回500千伏线路
2005年6月	华中—西北	灵宝直流背靠背工程
2009年3月	海南—南方	琼州海峡海底电缆跨海联网工程
2010年10月	新疆—西北	新疆与西北电网750千伏联网工程
2011年12月	西藏—西北	青藏交直流联网工程

三、中国电信网拆分的启示

电信、石油、电力、铁道并称我国垄断行业的“四大家族”，一直以来针对“四大家族”的反垄断运动声势浩大，拆分式改革呼声此起彼伏。最终，原中国电信集团公司（简称中国电信）被拆分为新中国电信和中国网通，石油行业被拆分为中国石油和中国石化，国电公司也未能逃脱被拆分并终结的厄运。在这些行业的改革中，电信改革和电力改革都涉及对网络的拆分，二者颇为相似，反思中国电信拆分产生的后果，辩证地看待垄断行业简单拆分的改革思路，对电力改革具有重要参考价值。

（一）电信“南北分拆”改革

2002年，为反对垄断、促进竞争，国务院决定拆分原中国电信，打破其对固定电话的垄断。关于具体的改革方案，争论异常激烈，当时主要的改革思路有两种：一种是“横拆”，另一种是“竖拆”。

“横拆”方案是指将中国电信分拆为几个地区性营运公司或南北两大

电信集团，各自仍同时经营长话、市话和数据业务，互相竞争。

“竖拆”方案主要是从功能分拆的角度入手，而在电信行业内部又有几种不同的具体模式：一种强调将网络建设运营与信息服务经营分离，网络对信息服务实行中立；另一种主张把中国电信的市话、长话和数据这三大业务分别归到不同的公司经营；还有一种主张将一些骨干网从电信运营商处剥离出来，由国家投资的基础网络公司来统一运行，让电信运营商在“最后一公里”接入竞争。

最终，此次改革采取了“横拆”的方式：原中国电信把北方 10 省（区、市）的电信业务划给中国网通集团，自己则保留南方和西部 21 省（区、市）而成为新中国电信；南北两大集团按 7：3 的比例分割干线网，双方在自己范围内拥有完整的本地电话网；允许两大集团公司各自在对方区域内建设本地电话网和经营本地固定电话等业务，双方相互提供平等接入等互惠服务。2008 年，中国网通被中国联通并购。自此，固话和宽带市场上形成了“南电信，北联（网）通”的局面。

“南北拆分”的目的是为了构造两个运营主体，打破“独一家”的垄断局面。但是“南北拆分”并没有达到预期的效果，反而带来了一系列的问题。

首先，大垄断变成小垄断。

一是对电信和联通来说，彼此的进入门槛依然难以逾越。虽然按照电信分拆方案，双方在相互渗透时，对方必须提供平等接入等互惠服务，但对于运营商来说，本地网建设所需要的巨额投入降低了双方竞争的欲望，南北双方的进入“门槛”依然难以逾越。北京中国电信的宽带用户连北京联通的一个零头都不够，本地市场的垄断仍然无法打破。按地域拆分虽然增加了运营商的数量，但错位竞争并不能形成真正意义上的竞争，唯一的差别只是将一家垄断变成了两家垄断，南北双方“划江而治”，形成了更封闭的王国。

二是对中小宽带服务提供商（如北京的歌华有线、长城宽带等）来说，它们并没有获得平等的竞争地位。中小宽带服务商由于没有自己的骨干网络，在开展业务的时候必须租用电信或者联通骨干网。电信和联通利用其对宽带骨干网的垄断，限制中小宽带服务商平等接入骨干网的权利。电信和联通在给自己的终端用户提供宽带服务时，其价格有时比中小宽带服务商从其处租来宽带的成本价还要低，这造成中小宽带服务商利润薄弱，生存空间狭小，随时有可能被驱逐出市场。也就是说，即便宽带市场上存在多家电信运营商，但实际上“最后一公里”并没有形成真正的竞争。

三是对宽带客户来说，电信“南北拆分”之后他们的选择并没有实质性的增加。如果在一个小区同时接入中国电信和中国联通，虽然用户有了选择余地，从经济角度讲却并不合宜。我们可以试想一下，如果电信和联通都把线路铺到每家每户，用户可以在电信和联通之间选择，服务成本必然会倍增，因为每个用户不仅要为所使用的线路付费，还必须为另一条闲置的线路付费。现实中，大多数住宅小区并没有实现电信和联通两大运营商同时接入。

其次，社会通讯成本提高。

“南北拆分”的分割局面会使国内长途的结算变得类似于国际结算，中国成为一个没有全国统一长途网的国家。网间结算的增加会让所有运营商增加成本，其中以南北方相邻的省感觉最为明显，拆分之前都是一家，设备可以互相无偿使用，而一旦变成竞争对手，许多设备只能重新购置，这些成本最终要由消费者承担。据国家信息化专家委员会的报告，截至2010年，我国宽带上网平均速率位列全球第71位，不及美英日等30多个经济合作组织国家平均水平的1/10，而平均1兆/秒的接入费用却是发达国家平均水平的3～4倍，是名副其实的最贵宽带。

再次，互联互通效率低下。

电信分拆之后，全国长途传输网产权按7：3的比例归属新中国电信和新网通，再没有一个完全覆盖全国范围的固定业务提供商。这意味着各大电信运营商网间互联又多了一个结算实体，这也使得网间互联处理变得更为复杂。同时，网络技术演进等方面必然会出现南北差异，电信网全程全网的特性受到限制。这些都导致电信网的强网络性无法发挥，两网之间的互联互通效率低下。

最后，重复建设严重。

横向拆分必然带来干线网的重复建设问题，作为引入竞争的必然结果，双方通过新投资建设独立网络，出现南北网络重复建设的现象。电信业基础设施的固定成本极高，如果为激发竞争而复制多套基础设施，社会成本将过于高昂，无效投资造成的浪费将会十分巨大。

（二）“网业分离”的改革思路

传统电信业的一个很大特点是“网业一体”——基础网络和数据业务的提供者都是同一个提供商。这种“网业一体”的模式导致“垄断延伸”，即网络拥有者将对骨干网的自然垄断延伸到本应属于竞争领域的数据业务。

“竖拆”方案的核心就是“网业分离”。所谓“网业分离”，是指由不同的主体分别提供电信基础网络服务和数据业务服务。具体来说，自然垄断性质的基础网络可以作为公共事业来管理，形成一个全国性的网络租赁公司，统一建设、管理、经营电信网络，不以盈利为目的，可以由政府给予适当的补贴。基础网络提供者不再保留数据业务，数据业务向社会开放，实行自由竞争，数据业务运营商向网络经营者支付入网费后就可自由提供服务。

“网业分离”旨在解决电信产业链上下游垂直市场竞争问题——防止对产业链一个环节拥有垄断地位的企业对其他环节与其有竞争关系的企业实施不当竞争行为。“网业分离”也是国际上最新的电信改革发展趋势，英国、新加坡、澳大利亚的电信改革都采用了这种模式，欧盟也在其成员国积极推广“网业分离”。“网业分离”的意义主要体现在以下几个方面：

一是有利于解决市场开放问题，形成有效竞争。实行“网业分离”后，具有高沉淀成本的网络建设、维护不再成为业务运营商的进入与退出壁垒，取消了民营以及其他资本的进入阻碍，各种资本都可以通过向网络公司租赁基础网络进入电信经营市场，形成电信业务多元化竞争的局面，网络的外部效用也就会更好地表现出来。这样才能真正打破电信垄断，促进公平竞争，推动资源共享。

二是有利于“普遍服务”的实施。电信的公共服务属性要求经营者提供“普遍服务”，即向所有人提供无地域、质量、资费歧视且能够负担得起的电信业务。但“普遍服务”往往意味着亏损，在“网业一体”的情况下，电信运营商承担这种社会责任的意愿不强。“网业分离”后，电信基础网络按照公共事业来管理，由政府给予一定补贴，能较好解决“普遍服务”的问题。

三是有利于避免重复建设。网络基础设施统一归于一个部门后，规划将变得有效，接入价格也会统一，重复建设的问题也不会再出现。

（三）中国电信网对电力改革的启示

电信南北拆分改革的失败给我们带了深刻的启示，电力改革应吸取电信南北拆分的前车之鉴，彻底摒弃垄断行业“一拆就灵”的改革思路，反对简单的地域拆分。

首先，对电信网这类具有自然垄断性质的基础网络来说，认为改革就是从组织体上进行拆分，就是分割自然垄断性质的网络本身，这种思路只会使改革误入歧途，而电力改革最初的“0+4”模式正是陷入了这样一种误区。实际上，横向拆分的结果无非是将一个大垄断变成多个小垄断，而小垄断是比大垄断更坏的垄断。

其次，电力改革的正确方向应该是纵向功能性拆分，即从业务上对电力发输配售四个环节进行拆分，保留全国一张大网，把自然垄断严格限制在输配电环节，放开其他环节的竞争。纵向功能分离的改革思路既没有破坏网络的自然垄断属性，又可保证业务的充分竞争。

再次，功能性拆分的改革思路不仅适合于电力业和电信业，同样也适用于目前处在风口浪尖的铁路部门改革。功能分离在电信业表现为“网业分离”，在电力业表现为“厂网分离”，在铁路业则表现为“路车分离”，即在保证全国铁路一张网的前提下，将铁路的建设、经营与列车的运营分别交由不同主体实施。

四、特高压助力全国联网转型：从支援型走向配置型

特高压的发展一直是一个饱受争议的话题，反对特高压的人要么认为特高压电网存在巨大安全风险，要么认为在我国电力供应基本平衡的背景下特高压建成后将无电可输。

其实，关于全国联网的安全性问题，早在十多年前中电联前理事长张绍贤就给了我明确的答复，在“背靠背”基础上的全国联网（即大区之间采取直流连接）完全可以保证全国联网的安全性，“背靠背”也是我的“电网越大越安全”观点的基本立足点。而目前我国建设的一些特高压线路采用的却是交流输电，鉴于我在2002年后与国电系统的交流减少，我对特高压交流输电并没有过多研究，因此对特高压交流输电的安全性问题没有发言权。

虽然目前我国经济发展速度有所放慢，电力短缺现象也得到了缓解，但电力供应在某个具体时间点和局部地区的均衡不代表电力供应长期和整体性的均衡，更不能就此得出特高压建成后将无电可输的结论。将电力短期的均衡当作长期均衡已经给我们带来过深刻教训，三年电荒的出现就是最好的证明。电力是国民经济的先行官，世界各国的经验表明，电力生产的发展速度应高于其他部门的发展速度，这样才能促进国民经济的协调发展。考虑到中国经济的良好前景，未来十年内电力仍要超前规划，超前发展，领跑中国经济。

在当前全国联网已经形成共识并已经实现联网的阶段性目标的前提下，我们必须认识到，全国联网不仅是为了应对电荒，更重要的是通过电力的跨区域调配和电源侧的市场竞争实现资源优化配置，将电力发展方式从粗放型转变为集约型，从外延式转变为内涵式。因此，我们必须走出日本和加州那种只在发生事故时进行相互支援的弱连接模式，这种模式下的电网功能更多的只是解决事故，解决或然性问题；我们不能把全国联网作为被动的“救灾”工程，而应当将其作为主动转变经济增长方式、实现资

源优化配置的重要战略举措，而要实现这一转变，就必须充分发挥特高压电网的作用。

特高压电网指交流1000千伏、直流正负800千伏及以上电压等级的输电网络。从世界范围看，俄罗斯、日本、意大利都曾经建设过特高压试验线段，但是这些试验线段距离都比较短。到目前为止，国外并没有1000千伏交流线路在长距离运行。我国在特高压研发和建设方面处于世界领先地位。2009年1月，我国自主研发、设计和建设的具有自主知识产权的1000千伏交流输变电工程——晋东南—荆门特高压交流试验示范工程顺利通过试运行，这是世界上第一个投入商业运行的特高压交流输变电工程，意味着我国电网正式步入了特高压时代。目前，我国已建和在建的特高压输电工程已达6条，其中晋东南—荆门、向家坝—上海、锦屏—苏南等3条线路已建成投产。

发展特高压电网对我国电力工业的发展具有重要意义。我国虽然已经形成了全国联网的基本格局，但目前大区之间的联系仍然薄弱，没有形成全国统一的大市场和与之相适应的全国联网能力，而发展特高压电网则是提高电网输送能力、加强全国联网的重要手段。具体而言，发展特高压电网的意义主要体现在以下几方面：

一是在电力非均衡条件下进一步提高电网输送能力。我国一次能源分布与用电负荷分布的非均衡性决定了能源资源必须在全国范围内优化配置。我国的煤电基地主要分布在陕西、内蒙古、山西和新疆等地，水电主要分布在四川、云南、西藏等地，风电和太阳能也主要分布在西北部，远离中东部负荷中心。因此，需要采用远距离、大规模输电技术，在全国范围内优化配置和消纳电力。目前我国电网的骨干网架为500千伏电压等级，最远电力输送距离为500公里，电力输送能力和规模受到严重制约。与500千伏输电技术相比，特高压输电技术在提高输送容量、节约土地资源、减少输电损耗和节省工程投资等方面具有明显优势。1000千伏特高压的自然功率是500千伏线路的4～5倍，送电距离是500千伏线路的3倍，而输电损耗则只有500千伏的1/3～1/4。建设以特高压电网为骨干网架的电网，将大大降低电能输送损耗，提高电网输送能力。

二是变煤炭一次能源的输送为电力二次能源的输送方式。“十一五”期间，国家规划建设了神东、陕北、蒙西等13个大型煤炭基地，这些煤炭基地大多数具备建设大型煤电基地的条件，建设特高压电网是解决煤电大规模外送的重要途径。这不仅可以排除运力矛盾，消除体制制约；而且建设电网优于建设铁路，可降低土地占用，还有利于东部及东南部发达城市的环保，提高省与省、大区与大区之间电力资源的优化配置比重，减少电源点的盲目建设，一举两得。同时，有利于加快新疆火电和西藏水电的开发利用，以及我国与俄罗斯、蒙古、哈萨克斯坦、吉尔吉斯斯坦等周边国家的能源开发与合作，为我国可持续发展提供能源保障。更重要的是，建设特高压电网，可牢固确立我国以电力二次能源输送为主导的资源配置方式，在煤、电、油、运的体制冲突中，牢固确立电力和电网的主导权。

三是强化跨大区国家骨干网架的构造。特高压电网的联网能力强，稳定极限功率高，有利于构建结构坚强、输电能力强的电网。建设特高压电网可以从根本上解决跨大区500千伏交流弱连接所引起的电网安全性差的问题，为我国东部地区的受端电网提供坚强的网架支撑，解决负荷密集地区500千伏电网的短路电流超标的问题。特高压电网能够促进能源资源在更大范围内的优化配置，具备抵御突发性事件和严重故障的能力，提高电力系统运行的可靠性和稳定性，使全国联网建设具备坚实的网架基础。

五、从国外大停电事故看电网统一管理的重要意义

（一）2000年以来国外大停电事故剖析

进入21世纪以来，美国、俄罗斯、欧盟、印度和巴西等国和地区屡次发生大规模的停电事故，对国民经济和民众生活都产生了极为严重的影响。我个人认为，我们可以从历史上的几次大停电事故中总结出很多经验来印证和指导我们的电力改革。（表1—4）

表 1—4　2000 年以来国外典型大停电事故表

序号	事件	发生时间	持续时间	波及范围	损失	受影响人口	原因
1	美加大停电	2003 年 8 月 14 日 16 点 11 分	29 小时	美国纽约、密歇根、俄亥俄、马萨诸塞、康涅狄格、新泽西州北部和新英格兰部分地区以及加拿大的安大略等地区，240 万平方公里	100 个发电厂停止运行；损失电力负荷 6180 万千瓦；造成的经济损失达 300 亿美元	5000 万人	直接原因：第一能源公司的 3 条输电线路离树枝太近，短路跳闸。 深层原因：存在众多独立的电网，电网结构不合理；线路及设备老化；电网投资回报率低，投资不足；没有统一电力调度机制
2	俄罗斯莫斯科大停电	2005 年 5 月 25 日 10 点 21 分	约 29 小时	莫斯科市、莫斯科州、图拉州以及卡卢加州大部分地区，共涉及 25 个城市	损失至少 10 亿美元；43 条地铁线路中断运，321 座变电站全停，损失负荷 3539.5 兆瓦，34 个地区供电中断，莫斯科一半地区的工业生产、商业活动和交通运输陷入瘫痪	200 万人	直接原因：恰吉诺变电站发生火灾和爆炸。 深层原因：对电网重视不够；设备老化，设备运行维护不当；电力调度管理失当；系统备用容量不足；电网薄弱，接近极限运行；电力系统安全稳定控制装置配置不完善

（续表）

序号	事件	发生时间	持续时间	波及范围	损失	受影响人口	原因
3	西欧大停电	2006年11月4日22点10分（德国时间）	1小时	涉及欧洲8个国家，包括法国、德国、意大利、西班牙、比利时、奥地利等	30年来最严重的停电事故；损失电力负荷170亿瓦	1500万人	直接原因：德国E. ON公司为使新船出厂，实行断开操作。 深层原因：没有统一的电网协调机制；电网安全储备低；电网投资不足，运营可靠性下降；电网安全分析不够；缺乏电网潮流异常控制机制
4	巴西大停电	2009年11月10日22点13分	4小时	圣保罗州、里约热内卢州、米纳斯吉拉斯州、圣埃斯皮里图州、南马托格罗索州、戈亚斯州、巴斯利亚州等18个州以及巴拉圭部分或全部地区	18个州受影响；损失负荷约24436兆瓦，占巴西电网全部负荷的40%	5000万人	直接原因：暴风雨带来的闪电使伊泰普水电站的5条高压电线发生短路。 深层原因：使用复杂的电磁环网，电网结构不合理；线路保护装置不具备复杂故障情况下选极功能；水电站安稳装置的安稳策略存在问题，采取的控制措施不够严厉

（续表）

序号	事件	发生时间	持续时间	波及范围	损失	受影响人口	原因
5	印度大停电	2012 年 7 月 30 日 2 点 40 分	48 小时	印度北部、东部、东北部	涉及印度北部、东部和东北部的 22 个邦，损失电力负荷 4800 万千瓦，受影响人口超过印度总人口的 55%	6.7 亿人	直接原因：一座超高压变电所出现故障，导致部分输电线路和变电站过负荷引起的。 深层原因：印度对电力的重视不够，制度保证不足；以区域电网为主，电力调度混乱；电力管理落后，线损率高；煤炭发电为主，能源紧缺；电力价格偏低，农村居民用电低于 3 卢比/度

除了表 1—4 中提出的具有重大影响的五次大停电事故之外，从 2003 年到 2012 年还发生了十几次影响发生较大的停电事故，包括 2003 年 9 月 28 日发生的意大利大停电、2005 年 8 月 18 日发生的印尼大停电、2006 年 8 月 14 日发生的日本东京大停电、2006 年 9 月 24 日发生的巴基斯坦大停电、2008 年 5 月 25 日发生的肯尼亚大停电、2011 年 2 月 4 日发生的巴西东北部大停电以及 2011 年 9 月 24 日发生的智利大停电。

纵观上述国家发生的大规模停电事故，恶劣的天气以及设备故障依然是事故发生的直接原因。究其深层次的原因，可以发现以下两个原因是共同存在的：

第一，电网投资不足导致电网设施薄弱。电力设施特别是电网设施投资不足、设备老化，易发生设备故障并引发其他设备过载跳闸的连锁事故。

第二，调度组织形式不适应电网发展要求。互联电网中各调度运行单位没有形成完善的沟通、协调机制，事故中没有纵观全局的统一指挥，各自为战，易发生潮流的大规模转移，导致事故的蔓延扩大。

（二）国外大停电事故对电力体制改革的启示

首先，坚持全国一张大网不动摇。

反思中国的电力改革，我们坚持的很多东西今天看来都是对的。我们在电力的改革中抵制了当时国际上简单的拆分模式和私有化思潮。5 号文的前身就是想取消国网，成立“0 +4”模式，建立 4 个区域电网，这样中国势必要掉入不考虑国情照搬照抄的思路中去。在我国这种非均衡状态下，要实现均衡的调度指挥，就需要一个强大的全国联网，所以全国联网是一个坚定不移的方向。纵观世界大国，只有我国没有发生大的电力事故，这背后有着深层的体制原因。一个强有力的国电公司和全国一张大网的存在，不仅能够有效地控制电力事故的发生，还能对发生电力事故的地区形成有效的支援。只有实现全国联网，才能实现“南北互并，东西互济”，最终优化资源配置；并且由于“背靠背”技术的运用，全国联网的安全问题已经解决，电网不会因为大而变得不安全，反而是越大越安全。

其次，继续探索中国的特高压电网。

我认为目前很多人对特高压电网的指责已经到了失去理性的程度，把个人的主观感受凌驾于真理是非之上，好像国网有不对的地方就要全盘否定国网的一切举措包括一些切实可行的举措，这种观点我是不赞成的。

从中国目前发展来看，无论是我们的特高压电网还是我们的高铁，从技术水平上都是得到国际承认的，美国的科技部部长、能源部部长、商务部部长到中国来为什么一定要看电网？为什么一定要看我们的高铁？这要用事实来说话。现在很多人总是把主观的臆测强加到国网推进的特高压电网事业上，认为发展特高压电网就是巩固垄断体制，这是一个严重的误区，这种有色眼镜将毁掉中国电力发展的正确道路。就目前来看，我们不仅要坚定地全国联网，也要探索特高压电网，不可动摇。尽管我们现在不急于把电网体制完全打散，但是国网公司现在应该朝电力输送服务商的方向发展，在发电商和大用户直接见面过程中收好过网费，做好服务商的本职工作。

再次，重视远距离输电可能存在的安全隐患。

我认为比较稳妥的做法，一是尽可能将负荷地靠近电源地。随着沿海地区产业结构的调整，第三产业比重上升，重化工业比重下降。国家可以将高耗能工业尽可能调整布局到中西部地区，既有利于落后地区的发展，也可以避免新增电量远距离输送。二是负荷中心电力多元发展。从受端电网安全出发，负荷中心应当建设适量的电源项目，使远距离送电容量与负荷中心发电容量之间形成合理的比例。对于重要的负荷中心，应当考虑多方向、多种途径送电。在区域电网中，高效清洁的煤电、水电、核电和抽水蓄能电站以及其他各类电源应多元发展，一旦发生事故可以形成互相支撑。三是长距离输电应以“背靠背”直流为主，这样不仅输送能力较强，也可以避免交流输电特有的动态稳定问题。

最后，建立市场化的电力运行机制。

长期电力短缺、电网超负荷运行是引发印度大停电事故的重要原因，这与印度的市场化改革不到位直接相关。计划与市场并存的体制不利于电力的安全发展。中国的电力体制改革也有待深化。通过主辅分离、厂网分开，我国在发电侧引入了竞争机制。但是发电企业的发电量和电价均由国家计划制定，煤电矛盾反复发作，引起发电企业全面亏损。如果电力行业计划与市场双轨制长期并存，则其对电网安全的隐性风险不可小视。中国应当继续加快电力市场化改革步伐，将电网的竞争性业务与非竞争性业务分开，建立和完善区域电力市场，有序推行发电企业与配电企业和大用户的直接交易；通过电力的“多买多卖”，逐步建立起市场化的电力运行机制。

客观来讲，任何电力系统的安全供电都是相对的。而随着社会的发展和科技的进步，全社会对电的依赖越来越强，停电事故影响的面越来越宽，因此需要建立全社会应对电网事故的应急机制：建立和完善各级政府停电应急预案，定期开展应急演练；强制要求重点机构和部位建立备用电源。

第四节 电改主体：国家计委还是国电公司

内部改革主导、老树发新芽是被中国过去的30多年改革实践证明可以成功的改革之路。对于中国电力体制改革来说，同理可证，国电公司作为改革主体直接承担改革和发展中的风险，实现了责权利统一。

而国家计委（发改委）作为外部主体，主导的则是一场主体和客体相分离的改革。十几年来的事实是，从国家计委基础产业司到国家发改委能源局、国家能源局，再到正在等待三定方案的新的国家能源局，它们手握电力改革发展的大权，却往往只管开方而不管疗效，跑断腿、挨板子的永远都是企业，这显然与电力企业是央企的身份相关，更是“中国特色”的写照，国家计委（发改委）并不承担改革失误的相应风险和责任。

进一步分析国家计委（发改委）的改革思路可以看出，我国政府的行政垄断和国电公司的经济垄断实为一对孪生兄弟，行政垄断是大哥，经济垄断只是“二弟”。“大哥”主导的改革只拆分二弟而不触及自身，事实上这哥俩是唇亡齿寒。失去了国电公司的经济垄断做遮掩，政府部门的行政垄断也就充分暴露了。

一、对内部改革主体的认识误区

改革的客体和主体是否可以统一？当一种体制已经不再适应经济发展和社会进步的要求时，这一体制的内部是否可以产生变革的力量来改变这一体制本身？这是我们在推进包括电力改革在内的所有改革时面临的重要问题。

就我国的电力体制改革而言，国电公司主导的就是一场由内部主体主导的改革，改革的主体和客体均为国电公司。其通过“四步走”战略的实施，完全可以实现改革最初预设的目标。但遗憾的是，一些人始终否认内部主体可以有效推进改革的可能性。这在现实中表现为他们不愿给予国电公司充分的信任，总会质疑其行为背后是否仅仅体现了小部分人的利益取向，在改革还未深入时就把国电公司主导的改革定性为“令人沮丧的电力改革”，迫不及待地剥夺了国电公司的主导权，使改革的主体由内部转为外部，在当时国家计委的领导下，展开了一场拆分国电公司的改革，最终导致了持续三年的电荒，造成了难以挽回的巨大损失。走出内部主体不能推进有效改革的误区，无疑是十分必要的。

二、国电公司是不改革吗?

反对国电公司主导改革的人有一种观点：内部主体往往没有改革自身的冲动，他们认为国电公司自身不会进行有效改革。然而国电公司是不改革吗？这是首先必须厘清的一个问题。

（一）改革战略渐变稳定，目标明确

实际上，国电公司早在成立之初就明确提出了“四步走”改革战略：第一步，1997—1998 年，成立国电公司，撤销电力部，政企分开；第二步，1998—2000 年，国电公司实行公司制改组，实体化，厂网分开，进行竞价上网试点（沪、浙、鲁、辽、吉、黑）；第三步，2001—2010 年，全国联网并全面推开厂网分开，竞价上网，形成电力市场；第四步，2010 年后，配电和售电放开，最终形成国家输电网公司。事实上，历史上也是国网在 1998 年的考察报告（汪恕诚、谢松林等）里先提出厂网分开这个主张的，在此之后，厂网分开才成为我国电力体制改革的关键词。

这样的改革思路是把国电公司作为改革推进主体，即进行厂网分开和跨大区联网，搭建竞价上网的平台，培育售电公司，并探讨输配分开的有效模式。而在这一改革过程中，国电系统和国电公司作为责任主体，直接承担改革和发展的重任及改革失误的风险，发挥电力在国民经济发展安全运营中的主体作用。

即使在电力人非常看重的电源方面，在我的劝说下，国电公司也可以“脱了裤子割尾巴”，提出彻底厂网分开，以确保所有电源实现真正的公平竞价上网，而把国电公司的发展方向定位于实实在在地从事电网经营的营业控股公司。

从整个战略来看，国电公司是在按照国际电力改革经验、电力产业特

点、中国国情，按功能性分离渐变稳定地推进改革，最终走上输电网公司之路。这条道路或许时间长了一点，但最终会走向成功。然而一些国电公司的反对者还没等到国电公司主导的改革完成，就强调国电没有改革的冲动，应由外部主体推进改革。最终的实践证明，只有发改委才没有内部改革的冲动，直到现在还没有放弃电价及电力项目审批权，改到自己的权力就阻碍改革，改革革到自己头上就抵制改革；改别人是马列主义，改自己是自由主义；改别人就积极，改自己就消极。

这是因为电改真正要触动的正是这些政府部门的行政性权力，它们其实是电力改革真正的既得利益者。这一点一旦披上了政府部门的外衣，往往不易被人们发现，尤其是在改革权力和舆论大权被行政垄断者控制的背景下，就更不易被人们所察觉。实际上，我国电力体制中政府的行政垄断和国电公司的经济垄断是一对孪生兄弟。这对孪生兄弟的大哥是行政性垄断，二弟才是经济性垄断。大哥主导的改革只拆分二弟而不触及自身，但事实上唇亡齿寒，失去了国电公司的经济垄断做遮掩，政府部门的行政垄断也就充分暴露了。

表 1—5　两种改革思路之比较

	思路 A	思路 B
模式	发、输、配、售纵向功能分割	（1）横向培育区域电网公司，人为制造竞争主体； （2）纵向进行功能分离； （3）双向推进
目标	（1）推进全国联网，在一张输电大网基础上，形成一个全国性国网公司； （2）在国家金股制基础上实现输电网治权统一、所有权多元和上市； （3）在网络化基础上实现多角经营、跨国经营	（1）取消国电公司，培育 4～6 家区域电网公司； （2）成立国网公司是权宜之计； （3）推进全国联网的目标和主体不明确

（续表）

	思路 A	思路 B
改革推进主体和责任主体	一致——国电公司	不明确，也不一致
改革对象	国电系统	国电公司
步骤	四步走，层层分离，逐步逼近，稳中求进	大拆八块，急于求成
方法与效果	渐进式，系统风险小	实质上是国电系统休克式改革，系统风险大
国电公司	改革使命完成，自然演变为国家输电网公司	改革之初即被撤销，新建的国网公司前景不明

说明：思路 A 即为国电公司的改革思路；思路 B 即为国家计委的改革思路。

（二）应肯定国电公司改革的成绩

国电公司的改革思路使它成为推进改革的主体、安全运营的主体、持续发展的主体和责任主体，实现了改革责权利三者的统一，避免改革转轨过程中出现发生问题却找不到责任主体的现象，充分调动了改革者的主动性和积极性。因而国电公司的存在虽然只有短短的五年时间，但不管是从发电量、售电量还是销售收入、实现利税抑或是取得利润来看，成绩都是斐然的，这也有力证明了国电公司非但不是不改革，而且主导的还是一场会成功的改革。与之形成鲜明对比的是，国家计委的改革是一场主体和客体相分离的改革，主体为国家计委，客体是国电公司。这场改革的一大特点就是只强调改体而不强调改制，只革了被改者国电公司的命，而没触动改革者国家发改委的行政性垄断权，因此收效甚微。事实也证明，在国家计委主导改革、国电公司被拆分后，那种本以为会出现的来自竞争的繁荣和电价降低的实惠直到今天都没有发生，并且最终导致了持续三年的电荒。事实上，发改委主导的改革是一种只要改革的权力，而不承担改革失误、风险和责任的改革，是一种责权利关系不一致的改革。

三、改革主体应承担改革责任

电力是一种特殊而又十分重要的公共产品，从国际上电力解除管制的经验教训可以看到：电力作为国民经济第一基础产业的改革，由于改革有关各方出于对改革方案的不同认识及自身利益的考虑会在具体改革操作环节产生歧见，同时由于改革涉及大面积的人、财、物及事的分割和调整，利益不一致，协调起来就难，因此电力改革过程中确实存在较大风险。在这种情况下，经济学家有责任提示国际的改革经验以供借鉴。首先，电力体制的改革者必须承担改革的风险和责任，谁来组织这场改革，谁就应对改革的结果负责，因此，谁是推进电力改革的主体十分重要，一定要明确。电力作为关系到国计民生的特殊行业，要求高度的责任心和兢兢业业的敬业精神，稍微有一点偏差，就会出现安全运营的风险。若政府部门组织这一改革，它就必须在安全运营方面承担责任，不能够造成被改者和改革者的责权利不一致；如果国电公司作为改革主体，就必须立下军令状：在承担改革责任的同时，消化厂网分开后价格回归可能给消费者带来的负担。谁指导这次改革，谁就要承担改革的风险，承担改革的责任，承诺改革的结果，不能给消费者造成伤害，这是非常重要的。

而外部主体推进改革时，责权利会出现背离。就中国的电力改革而言，改革者和承担责任者恰恰不是一个主体，所以当改革过后出现电荒、电价上升时，我们找不到责任主体。没有人承担责任使我们改革中的成本过大，风险过大。因此，我不赞同电力改革必须由电力系统以外的人主持的观点，改革主体必须承担改革责任，既不能产生休克式疗法带来的波动，也不能以牺牲消费者权益为代价。

当然，政府可以参与改革，但在改的过程中一定要尊重这类大产业、大公司本身的特点。它在安全运营，它在承担着风险，作为政府应当充分调动它的积极性，应该看到在电力改革中能够调动各方面的积极性是关键。因此，我们今天在研究中国电力体制改革的时候，如果不考虑改革的主体要承担改革的责任、改革的主体要与安全运营和稳定发展的主体相匹配，这样的“破碎式”改革将使中国的发展充满了风险，而且无人承担责任。我们必须在中国电力体制改革中高度警惕那种无人承担责任的“破碎式”改革。

从各国经验来看，电力改革急不得，应该系统规划，分清主次，稳步推进，安全为主。在现有国电管理体制被打破而新体制又没有形成之际，应重视改革过程中发生的各种问题，并加以防范。在改革大思路基本明确的前提下（也就是厂网分开、竞价上网、主辅分离），必须明确主导这次改革的主体和客体的关系。国电公司应在其分离出电厂、剥离出辅业之后，自然转变成国网公司，它和以前的国电公司之间是一种继承关系，而不是凭感情出发，一定要把这个公司取消掉，新建一个电网公司。改革过程中，应调动国电公司的积极性和主动性，明确新组建的国网公司和现在的国电公司权力上的继承关系，让它成为推进改革的主体、安全运营的主体、持续发展的主体和责任主体。在改革之初，就应明确责任主体，实行改革中的责权利三者的统一，以避免改革转轨过程中发生问题找不到责任主体。这样，改革方案明确了，责任主体明确了，权力主体也明确了，就能稳步实施。当然，这就需要尊重其权利，承认国电公司的五年在我国电力发展史上所发挥的重要作用这一史实。

四、坚持内部主体论推进改革

以中国改革的经验来看，当以压力为主的改革外部环境已然成熟，被改革者已充分意识到不改革就没有出路时，被改革者和改革者将发生角色的互换和统一。再加上改革者和被改革者具有邓小平同志那样崇高的胸怀境界和高瞻远瞩的战略眼光，改革的主体来自内部是完全可能的。其实，如果认真分析中国所走过的成功之路，摸着石头过河，渐变稳定持续地推进改革进程无疑是中国改革成功的重要一环。毋庸置疑的是，这都是由改革内部主体所推进的，而这一点恰恰是中国与苏东国家改革最重要的区别。

因此，断言改革不能来自被改革者内部是不符合中国改革实际情况的。以我经历的国电改革看，断然认为国电公司不能作为改革主体是不符合实际的。而从国家计委的改革进程来看，现在下结论说国家计委能够以大无畏的勇气和崇高的境界自己改自己，进行自我革命，也是不符合实际的。当然，无论是从整个中国经济体制改革看，还是从电力体制改革、从国家计委自身的改革来看，我们都应该采用同样的标准，充分看到当改革的外部环境和内部条件具备时，改革内部主体论是成立的。它和外部主体最大的区别是回避掉了革命式的拆分，走的是一条渐变稳定的和平演进之路。而这一做法无论是在时间上还是在空间上，都是我们这个时代和人民的最大福祉。

因为依靠内部力量的改革，往往是内部妥协的结果，采用微调的方式逐步推进，尽管会有弯路甚至是回头路，但也正因如此，改革的进程才会更加平稳，不会出现你死我活的对决，社会成本较小。而依靠外部力量的变革，虽然表面上看起来会彻底解决问题，但面对纷繁复杂的社会问题总会顾此失彼，并且强力的手段带来的是同样强力的反抗，最终往往造成两败俱伤或多输的结局。对内部主体主导的改革来说，保持足够的外部的压力、改革者有一定的觉悟是十分重要的。

改革的主体和客体相统一、采用老树发新芽式的变革是中国30多年来改革成功的经验总结，像电力和铁路这样的基础产业也应当走上这条道路，由内部主体主导改革，实现改革的责权利相统一。

第五节　电力监管：中国电监会还是国家发改委

电力作为第一基础产业，不仅需要市场化竞争，还要考虑其自然垄断属性。从电力发输配售四个环节看，发电和售电完全可进入竞争领域，由电监会监管；而作为自然垄断环节的输配电网应逐步向收取过网费过渡，其价格的制定则应由国家物价部门和消费者听证会决定。因此，应探索电监会（或能源委）“监管两头，锁定中间”的监管新模式，为培育中国电力交易所做准备，同时培育独立的售电公司。

一、强势发改委与弱势电监会之殇

（一）电监会成立的必要性

电力产品的重要性及特征。决定了电力改革不能像其他行业那样一次性过渡到行业组织管理，打破传统的以行政审批电价和电力项目为主要标志的管制模式，采用国际通用的市场化电力监管模式，组建电监会是必然选择。

电监会是有别于以发改委为代表的政府管制和以中电联为代表的行业自律组织的市场化监管机构。指导整个电力体制改革的国务院5号文，对电监会的职能作了字数不多的阐述：制定电力市场运行规则，维护公平竞争；根据市场行情向价格主管部门提出调整电价的建议；监督检查电力企业的质量，颁发和管理许可证，处理市场违规行为；价格监管；监督电力企业普通的社会职责的实施。

电监会产生于市场化的电力环境中，电监会监管的领域主要是竞争领域。从电力行业的特殊性来看，发、输、配、售四个环节中发电和售电环节可以进入竞争领域，即把电源分出来，实现上网电价的竞争，把售电公司成立起来，形成需求侧下网电价的竞争，这也就决定了电力监管的两大环节，实现竞价上网和竞价下网，大用户和供电方直接见面。未来的大用户不仅仅是电监会2009年6月颁布的《关于完善电力用户与发电企业直接交易试点工作有关问题通知》中高耗能的工业大用户，任何一个家属区、工厂、学校、政府机构等今后都将成为和供电方见面的主要潜在客户。

于是，怎样才能在每一个参与竞争的企业的效益和这个系统的效益之间找到平衡点是问题的关键所在。这就格外需要保持电力市场公平竞争的规则，保护消费者的权益。这都需要电力的有效监管体系，而在这一过程中，一个良好的供大于求、能够为竞价上网和下网提供可能的市场供应环境就成了电监会从事有效监管的前提。电力改革必须对整个电力系统具有长远的投资和规划的考虑，处于竞争环境中的独立发电公司不可能具备这种眼光。因此，中国电监会的存在和作用是至关重要的。在监管到位的情况下，中国才能找到一个适应本国国情的电力市场的竞争模式。

（二）电监会一直处于弱势地位的原因

我国电力改革的关键不完全是要解决基础产业的反垄断问题，更重要的是要在明确市场化发展方向的前提下探索政府如何管理市场、如何处理政府和企业之间关系的管理模式，进而过渡到通过大力培育市场竞争体制实现有序竞争。这就要求政府要在市场中由“教练员”转变为制定比赛规则和当好“裁判员”，从这一角度来说，市场的培育、市场经济主体的再造和保障市场有序竞争的监管问题必须同时推进。电监会就是在这样一个大背景下组建的。

但在十年中，电监会始终处于弱势地位，甚至被人们戏称为“花瓶”。究其原因，主要有以下三点：

第一，2002—2006 年持续了三四年的电荒，使得电力供应紧张，电荒和缺电现象严重。基于电力产品对用户工作和生活的不可或缺性，电力产品的价格需求弹性甚小，因此，在所有的电力供应都开足马力满负荷运转的情况下，仍然不能满足用户的需要，又何来竞价上网？何来用户选择？能用上电已然不错。正是在这样的背景下，电力的供应还是靠传统体制的政府管制和电力调度，所谓市场化的电监会监管新模式也就无从谈起。

此外，电荒之后的电价上涨和煤电的价格、体制之争，直接引发了“市场煤”与“计划电”的现象，电力企业处于全面亏损的格局，而电力企业向内部要效益的潜力已然不足，这也使得一个有利于电力监管的合理有效的市场和价格监管体系难以真正形成。在电力市场运行机制才刚刚开始、竞价上网局部试点运行的情况下，虽然跨区送电有所增长，对部分地区供需紧张起到了缓解作用，但是总体上受到前几年“重发轻送”的影响，电网建设滞后、没有形成合理的输配电价等都影响着全国联网进程，电监会所谓的监管所需的市场竞争电价的土壤环境还不具备。由此可见，电力市场环境并没有随着国电公司的拆分而有所改变，电监会的作用也就很难真正发挥出来。

第二，发改委依然强大，从《电力法》出台的缓慢进程和其对电价和电力项目审批权的不肯放手来看，发改委不肯放弃传统的电力管制模式，仍然不愿退出历史舞台。

我国目前对电力行业实施管制和监管的主要是两个部门：发改委和电监会，但两部门在一些重大问题上存在分歧，在所有的分歧中，定价权的归属一直是两部门认识偏差最大的。发改委认为，电价关乎整个国家宏观经济的运行，应该由管理国家宏观经济的政府部门来管理；而电监会则认为，电价不放开，又要电监会这个市场监管机构有何用？双方各执一词。这种监管部门之间在认识上的不同将直接导致政府在电力改革问题上的内耗，增大电力改革的成本，延缓电力改革的进程。改革的关键是要为这两个监管部门的权力范围作出更为清晰、明确的界定，以及确定不同的部门、不同的机构，以能够为一个共同的目标服务。

电监会是维护市场竞争的，电监会成立的时候中国电力市场的发育并不完全，电价还是计委行政审批的还本付息的电价。如果区域性的电力市场不形成，全国统一的电力大市场不形成，市场竞争的环境就无法形成，电监会将难以发挥作用。只有在取消目前国家发改委的行政审批电价和还本付息电价的基础上，电监会的作用才能真正发挥出来。这种发改委与电监会的体制之争实际上是“既生瑜，何生亮”之争，是电力改革的攻坚战。

我国《电力法》于1996年4月1日起正式施行，十多年过去了，《电力法》的很多内容已经不能适应电力市场化的要求。这部《电力法》是在计划体制下电力部和国电公司交接时期出台的，它反映的是政企不分、垄断经营的市场结构，而没有放到电力市场化改革的大背景下。《电力法》里没有提及电监会，因此代表政府进行管制的只有发改委，沿用的还是发改委行政审批电价和电力项目的模式。如果修改《电力法》，必须把电监会写进去，从而使强势发改委、弱势电监会的局面得以改变，这就意味着发改委彻底放权。但当改革改到自己头上时，发改委自然就消极了。所以，在发改委把持《电力法》修改大权的背景下，时至今日《电力法》也未有所修改，这导致了电监会长期非法运行，直至退出历史舞台。

看着今天中国电力及其他行业出现的起伏给国民经济带来的不利影响

和国家发改委的越改越大、其审批权力越改越实的现实，我们发现越来越离不开这个从新中国成立以来就始终无人敢碰的计划经济体制的最后一座堡垒。

第三，传统的国网公司对电源产品的统购包销模式，使得无论是电源侧还是售电侧市场都难以形成，电监会的监管受到发改委和国网公司的两头夹击，成了空对空。

令人担心的是，如果拆分了国电公司之后还实行行政审批电价，再加上电力供不应求的情况，就会阻碍电力市场的形成并加大实现竞价上网的难度，最终使电监会失去生存的基础，陷入“花瓶加旧体制”的泥潭。这就要求电监会去创造一个良好的市场外部环境，按照“裁判员”的监管职能设定组织机构，尽快把全国性的、区域性的电力市场建立起来，提高各省竞价上网数量和竞价水平，在完善现货交易的同时完善期货交易、场内交易、合同交易，并进一步考虑筹组电力交易所。从这一角度来说，市场的培育、市场经济主体的再造和保障市场有序竞争的监管问题必须同时推进。

二、电监会如何从“花瓶”变“钢瓶”

5 号文改革方案提出设立电监会，根据国务院中央机构编制委员会办公室批复，电监会设立华北、东北、西北、华东、华中、南方六个区域电力监管局。区域电监局作为电监会的派出机构，由电监会垂直领导，其主要职责是：依据电监会授权，监管电力市场运行，规范电力市场行为，维护公平竞争；监管辖区内电力企业和电力调度交易机构；负责辖区内电力行政执法、行政处罚和行政诉讼等事务；依法查处辖区内电力企业违法违规行为等。

六大派出机构的设置是继电监会成立之后，电力改革的又一实质性进展。这种“大区设置、垂直监管”的形式，不仅可以使电力监管得到有力的贯彻，而且可以进一步打破省界壁垒，奠定区域市场建立的基础，成为全国统一市场建立的关键环节。电监会的产生是第四次电力改革最重要的成果。在六大区域电监局的协同下，进一步减少准入壁垒、规范准入监管并同时开放发电市场是电监会工作的要义，这对于电力行业所存在的垄断和腐败也将起到釜底抽薪的作用。

和英国国电规划办公室、美国联邦能源监管委员会不同，在中国的改革里出现了两个不同的主体，即改革过程中推进改革的主体和改革完成后的监管主体。电力改革过程中，实际上推进改革的主体应该是以国家计委为主导的电力改革领导小组，改革的客体是国电公司，正在筹备中的电监会作为监管主体则是改革后的产物。电监会从出生之始就显得那么与众不同。那么电监会的职能究竟应当如何定位？它与发改委的关系如何？电监会应该管什么，又不该管什么呢？

（一）电价改革是做实电监会（能源委）监管的关键

电监会的任务就是按照市场经济的发展方向，打破垄断，倡导竞争，最终使消费者用到质优价廉的电力产品。所以，中国电力改革及电监会的攻坚战是电价。价格是市场竞争的利器，没有电力竞争环节对电价的放松管制，就不会有电力市场，而没有电力市场，电监会这个电力市场监管的产物也就丧失了生存的意义。电价是电力体制改革的核心问题，在电价背后实际上是电网与电厂、中央与地方复杂的利益博弈。

电价问题是决定电力改革能否成功的关键。它关系到电力发展的大局，关系到电力企业和广大消费者的利益，也关系到电力体制改革的大局。电价不改革，电力改革就不可能取得成功。因为电力改革的宗旨就是实现以竞价上网为基础的市场化发展，打破垄断，是为了通过竞争来实现合理的电价，为中国的消费者提供质优价廉的产品。但是要打破垄断，首先要打破行政性垄断，行政性垄断是说整个电力体制的死结在于电价是行政批出来的，电力项目同样是行政批出来的。所以，行政性垄断是本质，经济性垄断是表象，从国电公司垄断到今天国网公司垄断，垄断的目的都是攫取垄断利润，而垄断利润一定是垄断价格来的。价格是怎么来的呢？它是行政批出来的。

按这样的逻辑就很容易看到，电价改革是整个电力改革的龙头，是牛鼻子，电价改革的关键不在于经济性垄断，而在于行政性垄断。谁不愿意放弃这个权力？是发改委。因此，这场改革就围绕这两个垄断：行政性垄断是实质，没有改；经济性垄断是表象，虽然改了，但也是只改了表象，并未触动旧体制的本质。

除此之外，我们还要看到电力本身的属性和特征。就是说，如果把发、输、配、售作为电力流程的四个环节，我们可以看出发电和售电是可以放开的，是可以搞市场自由竞争的，但是输电和配电作为自然垄断的环节很难改变，即便市场经济体制再完善都很难放开。

相应地，电监会就是要维持发电侧和售电侧电力市场的公平，保证电力的生产商、运营商在“公开、公平、公正”的原则下进行竞争。

当时在讨论电监会是否会成为花瓶的问题上，大家都局限于电价定价权要由国家计委交给电监会，不然电监会就会成为“花瓶”，却忽略了“成立电监会的目的就是为了取消这种审批电价的旧体制，打破计划定价”的发展瓶颈，如果仅是从发改委手中接管电价审批权，电监会就会不可避免地被旧体制“异化”。

电价改革的目标是把旧体制环境下的审批电价彻底取消，形成市场竞争电价，并且随着电力市场竞价上网环境的形成而解除价格管制。

所以，电力改革的有些功能恐怕得在部门协调会议上来完成，而不是由电监会一家承担。竞价上网的电价应该是由市场自然形成的，而不是由谁制定出来的，电监会要做的是维护电源之间竞争的公平，但客观上在电监会成立的前几年都不存在这样的大环境。

国电改革的思路是由国家计委制定的，国家计委就应该把权责利承担到底，如果电监会一开始就急于把电力改革的整个工作接过来，那么电监会本身就充满风险，如果电网、电力出了安全事故等风险，责任算谁的?下一步电力改革，国家应注重考虑政府、企业、行业、市场的综合改革，应采取更高层次的改革举措。我认为，监管体制建设中需要把握两个原则：第一，新旧两种体制的平稳交接和过渡，新监管体制的建立应先于旧管理体制的打破。第二，监管应该体现权责利一致的原则，给电监会多大的权力，就应该让它承担相应的责任，要给予电监会充分的权力，否则就无所谓监管，当然，同时也要赋予电监会相应的责任，并发育有效的监督制度。如果某些相应的权力没有给予电监会，以后却让它承担责任、打它的“板子”，那就没有道理了。

对于电力改革，核心问题是要在电价上做文章，而不能老是在体制上做文章。要将电价的改革，包括电价的审批方式、电价的生成方式以及国网逐步从统购包销到收过网费等都搞清楚。

因此，对国网的自然垄断利润率有一个基本的测定，并在此基础上完成国网公司作为自然垄断行业的改革。在电价不能全面放开的情况下，我们现在完全可以加快点对点——大用户和厂商的“直供电”模式试点，破除统购统销，建立起电力交易中心，逐渐形成做市商制度；我们甚至可以去开户，成为会员，最终实现由市场决定电力价格的模式。

国网作为自然垄断行业，好比一条高速路，其职责就是收过网费，至于这条路是京沪还是京广都无关紧要，以后切几段也不是问题的实质。至少在今天，在电价问题还没理顺之前，从外部去拆分国网的做法风险会很大。至于今后整个京沪或者京广高铁要切几段，是一站收费还是多站收费，是买一张票还是买多张票，这需要由整个京沪或者京广高铁内部来协调，是各省之间利益的协调问题。

（二）探索“监管两头，锁定中间”的电力监管新模式

电监会成为花瓶是因为发改委行政垄断打不破，电监会不能监管，自然垄断。监管是针对市场竞争环节而言的，就电力改革来说，从全行业作为垄断产业转变到随着人们对电力行业的再认识，并针对电力行业的四大环节分离出竞争环节和垄断环节，在发输配售四个环节中，发电和售电无疑是竞争环节，而今后随着配售的分离（并不排除配电公司也搞售电这样一种趋势），监管两头的电力监管模式就会随之产生，发电环节竞价上网的市场和售电环节竞价下网的市场都将成为电力监管的主要对象，也就是对发电商和售电公司从资格到行为的全面监管，以保护消费者的权益，这无疑将充分体现我国电力新的监管体制的特点。

作为自然垄断环节的输电网，其价格及服务不是由建立在竞争基础上的市场和消费者决定的，而是建立在自然垄断的基础上，要保护消费者利益，就必然由国家有关代表公共利益的行政部门通过对这一垄断环节成本的有效核定以及考虑到消费者和用户对于电力这一需求弹性较小的产品的价格的听证会制度来决定，今后的改革模式应逐步向收取过网费过渡，而过网费的高低多寡则应由国家物价部门和消费者听证会决定，如果物价部门还是在发改委体系内部，那么以收过网费方式确立的自然垄断环节的输（配）电网的定价实际上仍是由发改委掌控，即所谓的电监会“监管两头”、发改委“锁定中间”的电力监管新模式。

最终，改革后的电价不应该再由发改委审批，而是应通过市场竞争来形成，公平的市场竞争则由电监会来维护。我认为这一点在这次的改革方案中并不明确。从发展方向来看，在市场已经形成供求基本平衡的情况下，按照改革精神，今后的电价也一定是通过竞价上网形成的，国家计委必须放弃行政审批决定电价的权力；应根据电力产品的特性，由电监会制定竞价规则，既要保护消费者利益不受来自不公平竞争和垄断的损害，又要保证电力企业本身获得利润，尤其在发电端形成有效的竞争，最终形成合理的电价。

三、从发改委审批向能源委监管转变

（一）发改委自我革命

目前是这样一个局面：强势的代表电力旧体制行政审批的发改委和弱势的代表电力新体制市场监管的电监会（能源委）并存。如果发改委不放弃对电力项目和电价的行政审批，电监会（能源委）就难以发挥作用，只能继续是花瓶。而要电监会真正发挥市场化的监管作用，发改委就要勇于自我革命，革行政垄断审批的命。因此电监会（能源委）和发改委之间实质上是相互取代的关系。

电监会（能源委）应该是在电力市场形成的基础上，对整个市场的公平竞争以及市场创新手段的建立进行监管。要真正发挥电监会（能源委）

的作用，就必须打破以对电价和电力项目行政审批为实质的行政性垄断，而改行由电监会（能源委）制定电价的竞价规则，并建立市场化的价格机制，实现电力资源的优化配置，既要保护消费者的利益不受损害，防止因为不公平的竞争和垄断而形成消费者不能接受的电价，同时也要保证电力企业本身获得合理利润，尤其要在发电端形成有效的竞争。

必须指出的是，行政审批绝不是电监会电力监管的内容。电力改革和监管的目标也绝不是用一个机构取代另一个机构的行政审批，搞不同部门却形式相同的行政性垄断。

同时，应正视《电力法》严重滞后于电力改革的现实，不应再由发改委主持修订这部法，而应由全国人大法工委牵头，电监会具体协助组织，尽快提交人大讨论；抓紧修改《电力法》，使其成为推动电力改革和完善市场经济电力监管体制的法律保障。

必须明确，培育健康完善的电力市场体系是我国电力发展和改革的生命线，是我国电力监管机构权责清晰、职责到位的根本所在。随着市场经济的深入发展，在政监分离的基础上，实现电力监管的统一，最终建立权责明确的独立的电力监管体系，是确保我国电力改革成功和电力市场化良性发展的重要前提。

（二）电力监管要培育电力交易所和售电公司

过去认为电力是一个垄断行业，现在无论是发电环节还是售电环节，都在培育竞争机制，以逐步走出垄断。但考虑到电力产品对国民经济的特殊重要性，对于发电、售电这些环节的市场准入制度在较长时间内还要采取特许审批制度，对所上的电力项目也会有一个市场准入的基本规则。电监会对这些市场准入规则需要进行科学的把握。

在电监会的人员安排上，由于电力行业的专业性非常强，因此中国电监会的人员组成应在目前经贸委的基础上，结合国电公司的这次改革，由本领域具有丰富的管理经验和熟悉电力工业流程的专业人才构成，其一定要对电力改革有良好的开放意识和改革精神。国家电监会的负责人及其领导成员由国务院任命和管理，其他人员的任命和管理由监管机构负责。

电监会在中国电力发展史上共同存在了十年，其间为我国电力体制改革做了许多工作，但是由于外部环境不配套和市场形势的严峻，电监会的生存与发展举步维艰。监管体制的推进和指导思想的明确非常重要，只有做到这些，改革的外部环境才能创造出来；绝不能用行政手段代替市场，绝不能走上靠愈演愈烈的行政手段限电甚至在各省之间分配电量来解决问题的老路上去。

国外有专家认为，中国电力监管应注重解决两个问题。首先，要尽快完善监管的法律体系和组织体系，只有建立集中统一和高效透明的新型监管体制，才能达到保证给投资者以稳定的预期和吸引充足的资金等多重目标。其次，中国电力监管职能分散、监管效果低下、监管规则不透明以及监管责任不清晰等问题比较突出，新成立的国家电监会应避免这些问题，实行统一的专业化管理，同时考虑电力市场的现状、监管资源和能力不足等实际情况。监管程序和内容在监管的开始阶段可以简单化，并在实践中逐步完善。

电监会是电力市场化的产物，电力市场不形成，电监会生存的意义就会大打折扣。因此，电监会的生存环境就是在电力运营的组织体和多层次的电力市场体系上进行全新的构造。具体来说，我认为就是要像中国证监会把证券公司的培育和深沪两个股票交易所的建立当成自身新体制必不可少的组织机体和主导力量一样，中国电监会也应把培育中国的售电公司和电力交易所这两个环节作为建立新的电力监管体制的重要内容。因为破除旧的电力管理体制，无论是在处理与国网公司的关系上，还是在把握和国家发改委行政管理权的关系上，推进起来都相当困难。而从售电侧培育新的售电公司作为新的电力市场载体，以及培育中国的电力交易所来作为电力现货、远期现货及期货的新的电力市场，培育中国电监会自己的力量，则应是代价最小、突破最大、进展最快的战略选择。

目前，电力改革仅仅抓大用户的用电选择权是远远不够的，因为它们再大也不过是消费者群体的一部分。大用户买电的目的仅仅是为了自己用，而在我国电力市场的拓展中，我们不仅需要培育那些买质优价廉的电为自己所用的大用户，更重要的是培育那些买电的目的是为了卖、买电的目的是为了“倒”的中介机构和售电经纪公司，它们才是电监会赖以生存的电力市场的基层营销组织。它们不仅能够通过电力市场的专业化分工培育出一支专业化的售电队伍，实现不仅为大用户进行电力产品经纪服务，而且还可以把居民小区、学校、医院、政府部门等单位的用电服务及销售统一组织起来，真正在用电侧实现多买多卖的市场体系，使得我国的电力改革真正通过双侧竞价使消费者和用户得到质优价廉的产品和服务，享受我国电力改革来自竞争的繁荣。

显然，在售电侧培育有自主选择权的大用户不过是培育用户队伍，而培育售电公司才是培育我国新的电力监管体制下电监会的基础队伍，如此电监会的腰杆才能硬起来。因为培育了售电公司，也就扩大了电监会的监管客体，有了监管客体，电监会才不会成为光杆司令。这些售电公司完全可以是按我国《公司法》成立、由电监会认定资格的私人售电公司，尽管其出资人可以社会化，但其经纪人和职业经理人则应由熟悉电力工业特点、有一定的电力企业从业经历、从电力辅业和多种经营分离出来的人员或退休人员担任，而售电公司均应要得到中国电监会及其在各地的电监会的分支机构的资格认定，并对其经营业绩和经营记录进行一年或两年的例行年检或双年检。

关于尽快组建中国电力交易所的问题，因为我是我国《证券法》和《期货交易法草案》起草组的成员，在起草这两法律的过程中，我国证券和期货交易管理体制中关于证券交易所和期货交易所的章节令我深受启发。其中的相当一些特征适用于我国的电力交易所，具体如下：

第一，当前在电力市场的建设上，我们的着眼点不应仅局限在传统思路中在旧体制的基础上是构建全国的电力市场、大区一级的电力市场还是省级的电力市场上，而应把电力市场建设的视野放得再宽广一些，充分借鉴发达国电市场体系的种类和模式，尽快把在北京组建一个新的从事电力现货、远期现货及期货交易的电力交易所提上议事日程。

第二，无论证监会还是电监会，就其产品属性来说都应有自己直接管辖的交易所，以对证券或电力这样的高度垄断的金融产品和必需品实施有效的监管，确保可能对国家的社会、政治、经济产生重大金融风险和电力停电风险的基础产品和市场的安全稳定。

第三，可考虑像中国证监会下设的股票证券交易所和期货交易所一样，中国电监会成立电力交易所，中国电力交易所的属性目前可以暂时在会员制、公司制和事业单位三种属性中择一，或在三种属性相结合上根据国情需要来做文章，使得中国电监会不仅能在电力交易所的人员、职能、产品服务及监管上进行统筹和规划，而且还可以通过中国电监会由国务院任命的非政府序列的特殊性质，通过电力交易所市场的监管来适当收费，最终体现中国电监会在我国电力市场监管中必不可少的经济实力和自主能力。

第二章　未来国电体制改革的展望

第一节　电价改革展望

从电力产业发、输、配、售四个环节来分析，可以将电力价格分为发电价格、输配电价格和售电价格。发电价格，即发电厂所发电能的出厂价格，体现了发电资源的稀缺程度及成本差异，可以通过发电价格的波动使电源结构合理化。输配电价格，也称为电网价格，是指输电网和配电网的拥有者向售电企业售电的价格。售电价格，则是售电企业向终端用户销售的价格，它与一般商品的零售价格的内涵接近，一般也称为用户电价或零售电价。

在计划经济体制下，我国的电价是由国家价格主管部门根据成本加一定的利润确定的，这种简单地以“成本加固定利润”为依据审批电价的模式，最终只会导致“成本推进式”的电价攀升。5 号文出台十年后，电力体制改革仍然没有取得令人满意的效果，其关键原因在于没有抓住电价改革这个电力改革的“牛鼻子”，而这又是由于行政垄断部门不肯放弃电价的行政审批造成的。

一、我国电价体系存在的问题

（一）不合理的电价形成机制

5 号文之后，虽然实现了厂网分开，在发电侧引入了电源竞争，但发改委这样的行政审批部门手握电力项目审批立项、制定电价政策和核定电价的权力，导致彻底市场化的电力改革在现实中无法推进。此外，由于发电企业把生产的全部电量出售给国网公司，再由国网公司加价转售给用户，在这种统购包销的交易模式下，国网公司是单一的电能购买者，也是面向用户的唯一电能销售者。因此，国网公司的这种统购包销的绝对垄断地位，使在发电侧引入的竞争无法传导到售电侧，无论是竞价上网还是竞价下网的电改模式，抑或大用户和厂商直接见面，国网公司收过网费的创新模式都无法推进，导致我国现在极不合理的电价机制得以延续。

（二）电价交叉补贴严重

改革开放前，居民电价高于工业电价、商业电价。改革开放后，为了照顾低收入居民生活，对居民电价采取低价政策，每次调整电价时，居民电价总是不调或少调，结果造成居民生活用电电价相对于工商业电价严重偏低。从供电成本角度看，用户的电压等级越低，负荷率越低，相应的供电成本越高。居民用户处于供电环节的末端，电压等级最低，负荷率低，且普遍集中在高峰时期用电，供电成本比工商业用户高。因此，如果按照成本定价，居民用户的用电价格应该比工商业用户高。

但由于历史原因，我国电价交叉补贴现象较为严重，销售电价中不同电压等级、不同分类用户以及不同地区间存在交叉补贴。我国居民用电价格较工商业电价低，我国居民电价与工业电价的比价为0.86，远低于世界平均1.48的比价水平。因此，我国工商业用户长期补贴居民用电，导致销售电价结构不合理。

（三）电价与其他能源比价不合理

电力作为国民经济最主要的二次能源，衔接着上下游产业。电力产品价格应该做到将一次能源市场的信息及时准确传导给下游产业市场，从而正确引导电力生产和消费。因此，保持电力产品与一次能源产品的合理比价关系至关重要。

然而近年来我国主要工业产品均涨幅较大，相比之下，电价与天然气、石油乃至发电用煤的比价关系严重失调。电能与其他能源产品的比价关系不合理，造成煤、电、运紧张局面反复出现，这不利于引导客户合理用电和推进节能减排。电价不能随一次能源产品价格浮动，其直接结果是正确的价格信息被阻断，电力企业普遍亏损，社会过度消耗电力，通过电价波动以实现市场资源有效配置、调整经济增长方式的作用被削弱。

（四）输配电资产难以清晰计算

我国的输电网和配电网均处于高速发展时期，输电网建设任务重，配电网改造任务重，加上电网功能复杂、变化快，导致输配电资产各自在电网资产中的份额很难厘清。特别就配电网来说，以国网系统的城网来说，输配电的资产划分难以清晰，而从农网来看，无论是国网的直供直管还是某些县市的自供自管，包括电力趸售县，中央和地方产权关系错综复杂，这样的混沌现状和多头管理都成为下一步理顺输配电价亟待解决的难题。

二、阻碍电价改革的两只“拦路虎”

电价改革是电力体制改革的核心。中国电价改革已经历了由旧的计划经济体制向市场经济体制转变的两次跨越：第一次是 20 世纪 80 年代的集资办电和还本付息电价政策；第二次是 2002 年 5 号文的实施，核心是厂网分开加标杆电价制度；而第三次跨越则是要尽快推进全面市场化取向的电价制度改革。目前，我国电价改革已经完成了前面两次跨越，而第三次跨越却由于发改委行政垄断审批电价和国网公司统购包销的经济垄断两只“拦路虎”的存在而举步维艰。

中国十几年来的电力改革之所以没有达到预期的目标，主要是根本没有触动以行政审批为特征的行政垄断，改体不改制，最终使电力改革的方法和方向背离、手段和目标背离。在 2002 年一场轰轰烈烈的电力改革之后却出现了电荒和电价持续快速上涨的尴尬局面。因此，不破除发改委的行政垄断，彻底市场化的电价改革就无法成功实现。5 号文出台后，国电公司虽然被拆分，“厂网分开”基本实现，但由于国网公司统购包销的经济垄断导致“竞价上网”在现实中的停滞不前，在发电侧展开的竞争并未传导到用电侧。发改委的行政垄断和国网统购包销的经济垄断导致了我国极不合理的电价机制。

我认为，如今亟待打破这两种垄断，遵循“放开两头，管住中间”的原则，使发电侧上网电价与售电侧销售电价不是由发改委审批决定，而是通过市场竞争来实现，公平的市场竞争秩序则由电监会或能源委来维护，由其制定竞价规则，在发售电侧形成有效的竞争；而作为自然垄断环节的输电网，其价格及服务不是由建立在竞争基础上的市场和消费者决定的，而是建立在自然垄断的基础上。要保护消费者利益，就必须由有关代表公共利益的行政部门在考虑消费者电力需求价格弹性较小的情况下，通过有效的成本核定、组织价格听证会来决定输配电价。今后的改革模式应逐步向国网收取过网费过渡，稳步推进电价改革，最终实现第三次跨越。

三、我对电价改革的总体思路

理顺电价，真正实现电价市场化改革，必须革行政垄断的命，废除发改委对电力项目和电价的行政审批权，改行由电监会制定电价的竞价规则，打破国网统购包销的单一售电模式，建立市场化的价格机制，实现电力资源的优化配置，既要保护消费者的利益不受损害，防止因为不公平的竞争和垄断而形成消费者无法承受的电价，同时也要保证电力企业获得合理利润，最终形成发电价格与售电价格由市场决定、输配电价通过政府组织听证会的方式核定、国网公司收取过网费的合理定价模式。

（一）发电侧引入电源竞争

20 世纪 90 年代以来，世界上很多国家都在进行电力市场化改革，引入竞争，提高电力生产效率。美国作为成熟的电力市场化国家，在其区域电力市场中对发售电侧均实施了市场竞争机制，尤其在发电侧采用节点电价体系来决定电价；英国早期采用电力库模式集中竞价，目前采用大量双边合同和短期现货合同交易结合的模式来决定电价。这些都是运用市场竞争机制来决定发电侧电价的形成，不仅反映了成本，也反映了供求关系、线路阻塞等市场信息。

（二）推进大用户和厂商直接见面

在售电侧引入竞争机制可以改变目前国网统购包销的模式，实现市场的有效竞争，促进电网的公平开放；并且售电侧的电力市场化还有助于探索输配分开，加快形成输配电企业的成本规则，在输电、配电环节建立科学、规范、透明的电价管理制度。

从国际电力改革的经验来看，欧洲大部分国家、美国 PJM 市场（宾夕法尼亚州、新泽西州、马里兰州的 3 个电力公司组成的区域电力协作组织）、日本、韩国等国家和地区都是首先从售电侧引入竞争，推进配售分开，直接向终端用户放开购电选择权，让电力用户直接参与市场竞争，构建多个购电主体，促进市场充分竞争，使用户直接获得竞争带来的好处，提高电力工业的运营效率。

我认为，要改变目前国网统购包销的格局，从售电侧引入竞争，就要全面推进大用户和厂商直接见面，借国网“跑路”，国网只收过网（路）费。大用户和厂商直接见面的现实意义在于促进合理价格机制的形成、合理市场竞争机制的建立，促进电力市场建设的完善。

我国在 2005 年 3 月开展了电力大用户向发电企业直接购电的试点，吉林炭素股份有限公司（下称吉林炭素）同吉林龙华热电股份有限公司签订了《电量直接购售合同》，成为中国首个直购电用户。一年期间，吉林炭素“过网直购”电量4.2 亿度，每度电便宜了5.7 分，节省了2000 多万元人民币。电监会资料显示，截至2010 年，经国家批准实行电力用户与发电企业直接交易试点的共涉及五个省，分别为辽宁省（抚顺铝厂向华能伊敏电厂直接购电）、吉林省（中钢集团吉林炭素股份有限公司向国电公司龙华吉林热电厂直接购电）、安徽省（铜陵有色金属集团向国投宣城发电公司直接购电）、广东省（台山市大用户直购电交易试点）、福建省（6 家用户与 6 家发电企业开展电力直接交易试点，形成 9 对交易）。

电力直接交易试点仅在我国少数省份、少数企业之间开展，电量交易规模非常有限，仅占社会用电总量的千分之几，并且电力大用户向发电企业直接购电主要采用政府指导、自由协商的方式，没有形成规范体系。政府应尽快地全面推进《大用户直购电管理办法细则》的实施，以市场化为方向进行制度层面的改革，提供系统的配套政策措施，逐步放开用户端的购电选择权，促进电力用户参与市场竞争，形成多个购售电主体竞争的格局，最终构建“多买方—多卖方”的市场结构。

未来除了要增加电力直接交易的省，扩大大型重化工企业直接购电的数量外，还可以鼓励医院、社区、学校、政府部门等用电单位和发电厂商直接见面。随着电力市场化改革的推进，可以采用从大用户至小用户逐步放开的方式，最终实现所有的电力用户都可以自由购电。

（三）电监会或能源委应培育售电公司

在促成大用户与厂商直接见面的同时，也应认识到其实大用户仅是电力消费者群体中的一部分，大用户直购电是为了追求质优价廉的电力为自己所用，因此电力改革仅重视大用户的用电选择权是远远不够的。在我国电力市场的拓展过程中，更重要的是培育那些买电的目的是为了进一步交易的售电公司等中介机构。

售电公司不仅能够通过电力市场的专业化分工培育出一支专业化的售电队伍，为大用户进行电力产品经纪服务，还可以把居民社区、学校、医院、政府部门等单位的用电服务及销售统一组织起来，真正在售电侧实现多买多卖的市场体系，通过双侧竞价使消费者和用户得到质优价廉的产品和服务。

在我国新的电力监管体制下，培育售电公司就是培育电监会的基础队伍，售电公司是电监会赖以生存的电力市场基层营销组织，电监会或能源委要像证监会培育证券公司一样培育自己的售电公司。

这些私人的售电公司完全可以遵照我国《公司法》的相关规定成立，由电监会认定资格。售电公司的出资人可以社会化，但其经纪人和职业经理人则应由熟悉电力工业特点、有一定的电力企业从业经历的人员或退休人员担任。售电公司均应取得中国电监会及其在各地的电监会的分支机构的资格认定，电监会对其经营业绩和经营记录进行一年或两年的例行年检或双年检。

（四）组建中国电力交易所

电力作为二次能源，不仅具有期货商品易于划分种类、转运容易、价格波动频繁、交易规模大且有众多交易者的大部分特点，还具有峰谷电价不同、不可储存等自身的独特性，所以，在电力市场的建设上，我们不应将自己局限在构建全国的电力市场、大区一级的电力市场抑或是省级的电力市场的传统思路上，而应将我们的视野放得再宽广一些，开展电力现货、远期现货及期货交易等多品种交易，以探索用市场化手段解决电力这一国民经济第一基础产业的短期、中期、长期电力发展规划问题。长期以来，我国电力工业的发展都是在国家发改委的规划下做计划经济体制下的发展规划，结果是在多了多了少了少了的波动中电力不是过剩就是电荒，新中国成立以来一直折腾了我们几十年，而通过开展电力远期现货和期货市场，用市场手段寻找电力市场发展的周期性波动规律，并由远期现货和期货的交易商来主要承担预测和规划的风险，才是电力体制改革的发展方向。

目前我国尚没有开展电力期货交易，但国外电力期货市场已发展成熟，1996 年美国率先在纽约商业交易所中引入电力期货交易，接下来的数年里，英国、德国、法国、波兰、澳大利亚等国家都根据需要相继建立了电力期货交易市场。我们应该充分借鉴发达国电市场体系的种类和模式，尽快在北京组建一个从事电力现货、远期现货及期货交易的电力交易所。

在起草《证券法》和《期货交易法草案》的过程中，我作为立法专家小组成员，深受我国证券和期货交易管理体制中设立证券交易所和期货交易所的启发：无论证监会还是电监会，就其所监管的产品属性来说，这些机构都应有自己直接管辖的交易所，以对证券这样高度垄断的金融产品和电力这样的生活必需品实施有效的监管，减少发生重大金融风险和电力停电风险的可能，从而保证国家社会、政治、经济的安全稳定。

借鉴中国证监会下设股票证券交易所和期货交易所的做法，中国电监会可成立电力交易所，使得中国电监会不仅能在电力交易所的人员、职能、产品服务及监管上进行统筹和规划，而且由于中国电监会是由国务院任命的非政府序列的法定机构的特殊性质，它可以通过电力交易所市场的监管来适当收费，最终满足中国电监会在我国电力市场监管中必不可少的经济实力和自主能力。目前，中国电力交易所的属性可以根据我国国情的具体需要在会员制、公司制和事业单位三种属性中择一或三种属性相结合来确定。

（五）“管住中间”政府核定输配电价格

如果把发电和售电的价格比喻成电价构成的两边，那么输配电价就是电价构成的中间环节。从电力发、输、配、售四环节的自然属性看，发电和售电是竞争环节，而输配则是自然垄断环节。因此，“放开两边，管住中间”无疑是电价改革的发展方向。

所谓“管住中间”，即由于中间的输配电属于自然垄断环节，应该采取收过网费的方式，就像高速公路收费一样，最终构造大用户和厂商直接见面的全国性电网过路平台，实现资源优化配置，最终将消费电价降下来。因此，通过由政府有关部门举行听证会，根据输配电网的经营业务成本加上一定的利润率来确定过网费的价格，并经过国家审计部门核定后确认，既能体现公共产品的服务职能，又能维持国网公司自身的生存发展。具体来看，当前国务院价格主管部门（发改委）对电力行业的监管应当限制在输配电价的核定环节，履行政府公共服务职能，负责价格听证会的组织工作，不再对其他环节的电力价格进行审批。

近年来，我国已经出台了相关的法规，对输配电价的核定和价格听证进行了有益的尝试。2005 年 3 月国家发改委出台了《输配电价管理暂行办法》，其中第 25 条规定：“共用网络输配电价、联网价和专项输电工程输电价由国务院价格主管部门负责制定；接入跨省电网的接入价由国务院价格主管部门负责制定，接入省内电网的接入价由省级价格主管部门提出方案，报国务院价格主管部门审批。独立配电企业的配电价格由省级价格主管部门制定。”第 26 条规定：“对输配电价的重大决策，国务院价格主管部门应充分听取电力监管部门、电力行业协会及有关市场主体的意见；电力监管部门按照法律、行政法规和国务院有关规定向政府价格主管部门提出调整电价的建议。”这些法规为输配电价的核定提供了法律依据，在今后的电力监管实践中有待全面贯彻落实。

四、适时推出阶梯电价和峰谷分时电价

在电价改革过程中，实施阶梯电价和峰谷分时电价是提升公平与效率、进一步理顺电价机制的重要举措。

（一）实施阶梯电价

1. 实施阶梯电价，提升公平和效率

长期以来，我国居民用电价格制度面临两个突出问题：一是低价策略和交叉补贴损害经济效益。居民用电平均价格既低于工业电价，也低于平均电价，我国居民电价与工业电价的比价为 0.86，远低于世界平均 1.48 的比价水平。在我国“市场煤”与“计划电”的背景下，电价是由价格主管部门审批出来的，尤其在煤炭、石油等燃料价格持续飙升的时代，发电企业生产成本剧增，但居民销售电价由于关乎国计民生和社会稳定而没有同步调整，导致我国发电企业多数处于亏损状态，电力企业通过提高工业和商业用电价格来分摊居民用电的成本。交叉补贴加重了工商业企业用电成本，损害了企业经济效益，同时电力价格信号的扭曲还导致了电力使用低效率和浪费。二是平均电价妨害社会公平。我国大部分地区居民实行的是平均电价，即无论用电量多少，均采用统一价格。这样的价格机制造成用电越多、经济条件越好的居民享受的交叉补贴越多，而经济条件越差、用电越少的居民享受的补贴越少，“穷人补贴富人”，有损社会公平正义。

针对居民用电价格制度引发的公平和效率严重缺失问题，时任国务院副总理李克强在 2012 年 2 月 16 日出版的《求是》杂志上发表文章称，要深化资源性产品价格改革，“如试行居民阶梯电价制度，就是考虑兼顾公平与效率，促进节约与环保，是资源性产品价格改革的方向”。所谓阶梯电价是阶梯式递增电价或阶梯式递减电价的简称，是指把居民用户用电量设置为若干个阶梯分段，并分段设置电价水平、计算电费。实施阶梯电价可以在保障居民基本生活用电不受影响的前提下，解决不同收入群体用电

公平问题，提高工商业企业经济效益，较好地兼顾效率与公平。具体来说，实施居民用电阶梯电价的意义主要有以下几点：

首先，有利于减少交叉补贴。解决交叉补贴就是要取消工商电价对居民电价的补贴，而取消补贴的前提是将居民电价水平提高到能弥补电力企业供电成本并保证供电企业的合理利润。阶梯电价是通过对用电市场进行细分，根据细分市场的不同价格弹性来分别定价，只要用电量和价格的递增区间设计合理，阶梯性电价就可以在不增加中低收入家庭用电成本的前提下提高电网企业的盈利水平。因此，阶梯电价是解决交叉补贴的有效方法。

其次，有利于保障用电公平。从我国居民电力消费结构看，5%的高收入家庭消费了约24%的电量，这意味着低电价政策的福利更多地由高收入群体享受，相当于穷人在补贴富人，富人搭穷人的便车，对社会公平会产生消极影响。通过实行阶梯电价政策，可以考虑用户不同的承受能力，在保证绝大多数家庭电费支出不变的情况下，提高消费电能较多的富裕家庭的电费支出，促使用电量多的居民用户多负担，建立合理的公平负担机制。

再次，有利于节能减排，提高电力资源利用效率。我国长期以来对居民用电实行低电价政策，致使居民电价严重偏离成本，一定程度上造成用电效率低、电力能源浪费等问题。阶梯电价在保障居民基本用电需求、照顾低收入群体利益的同时，对用电大户征收较高电价，可抑制其不必要的消费，促进人们节约用电，提高用电效率。

2. 阶梯电价制度的再完善

我国从2008年开始研究阶梯电价政策，2012年7月1日阶梯电价开始在全国范围内实施，截至2012年8月7日，全国29个省区市均已对外公布了执行方案。根据发改委的指导意见：居民每月的用电分为3档，第1档是基本用电电量，第2档是正常用电电量，第3档是高质量用电电量；第1档电量按照覆盖80%居民的用电量来确定，第2档电量按照覆盖95%的居民家庭用电来确定；第1档电价保持不变，第2档电价提高幅度不低于每度0.05元，第3档电价每度提高0.3元。虽然从理论上讲阶梯电价符合公平和效率的要求，能够解决诸多问题，但好的制度还需要一些具体安排来配套才能发挥实效，尤其是我国的阶梯电价还处在初期探索阶段，很多具体的措施还不成熟，未来必须进一步完善。

首先，扩大阶梯电价的实施范围。目前我国的阶梯电价仅仅局限于居民用电，但实际上与居民用电阶梯电价相比，实施工商业用电阶梯电价更为必要。目前中国居民用电只占社会总用电量的12%，真正的用电大户其实是工商业企业。此次改革不涉及工商业用电主要是考虑到我国制造业普遍低迷以及宏观经济尚未摆脱金融危机的影响，但从长期来看，对工商业用电实施阶梯电价势在必行，尤其是对高能耗产业实施阶梯电价将进一步理顺电价形成机制，对资源的合理配置以及产业结构的调整升级都具有重要意义。

其次，用电档次可以根据需要进一步细分。由于阶梯电价需要考虑地方经济发展水平、居民承受能力、电力公司的运营成本等多种因素，因而在划分阶梯电价电量档次时可以进一步细化，从而协调好各方的利益。如美国加利福尼亚州的阶梯电价分为5个档次，未来我国也可以根据需要借鉴国外经验。

再次，阶梯电价应有升有降。目前的阶梯电价是单纯的递增式电价，一个合理的阶梯电价制度应当是电价有升有降，用电量大户的电价应该上升，而用电量少者应该下降。当前我国大多数地区低档电价是维持原来电价不变，这种价格上的刚性使得部分节约用电的家庭没有得到有效的激励。为鼓励他们更好地节约用电，未来可以实施奖励性的改革方案，对于用电量在一定数量范围内的家庭给予电价优惠，从而消除公众“阶梯电价就是变相涨价”的疑虑。

（二）推进峰谷分时电价

电力作为一种特殊商品，其生产和消费存在时间上的非均衡性。首先，每天电力消费存在“两峰一谷”：即中午11点到下午1点期间的“午高峰”以及晚上6点到晚上9点期间的“晚高峰”；而“低谷”则是指晚上 11 点到第二天早上 6 点。其次，一年之内电力消费也存在两个高峰，即夏季 6 月到 9 月的“夏峰”以及冬季 1 月到 2 月前后的“冬峰”。

高峰和低谷之间形成一个巨大的电力需求峰谷差，但由于电力是一种难以储存的特殊商品，必须即时生产、即时消费。高峰时段电力供不应求，严重时需拉闸限电；而低谷时段电用不出去，形成窝电。为了应付用电高峰需求，供电厂必须按高峰时间的需求来设计生产规模和供电能力，而其中一部分设备在非高峰时间内是停转闲置的，这导致了资源的大量浪费。

要解决非均衡性导致的电力使用低效率和电源重复建设问题，需要在全国联网的基础上实现跨地区峰谷互济。我国地域辽阔，东西最大距离 5200 公里，经度相差 62 度，横跨 5 时区；南北最大相距 5500 公里，纬度相差 49 度。东西部之间有昼夜时间差，而南北之间则有显著温差，这种差异导致不同地区用电峰谷出现的时间不一致，如果能在全国联网的基础上实现不同地区的峰谷互济，非高峰用电期区域的富余电力可调配并支援处在用电高峰期的用户，则可节省大量电源投资，相比于建设电源的高投入，建设电网显然是更经济的选择。实际上，2001 年建成的双北联络线使东北电网和华北电网实现了互联，对我们度过酷暑起了很重要的作用。虽然这条线只有 60 万千瓦的容量，但是这条线路如果不建，就还要提供一条 60 万千瓦的备用容量，在夏天用电高峰投进去。而这样的一个 60 万千瓦装机容量的备用容量的修建需要花费 24 亿元，耗时 3 年时间。但是我们只用 1 年时间、不到 6 亿元就把这条双北联络线建成了。双向互流替代了 60 万千瓦的备用容量，使得北京四环以内并没有发生停电的现象。

而从电价入手，推行峰谷分时电价，则是实现电力“削峰填谷”、优化电力资源配置的重要手段。所谓峰谷分时电价，是指通过对不同的时间段采用不同的售电价格，运用价格杠杆调节资源配置，有效进行电力需求侧管理的一种手段。典型做法是根据电网的负荷特性，将每天的时间划分为高峰、平段、低谷三个时段，对各时段分别制定不同的电价水平，提高高峰时段的用电电价，降低低谷时段的用电电价。

实行峰谷分时电价的意义体现在下以几方面：一是“削峰填谷”，节省电源投资，根据负荷的高峰、低谷时间制定不同的电价，通过价格杠杆鼓励用户合理安排用电时间、转移用电负荷，减少系统备用容量，节省电源建设投资。二是降低用户用电成本，尤其对某些工业企业来说，电费支出是企业重要的生产成本，若采取一些必要的措施，如企业调整班时班制，将白天高峰时用电改为夜间低谷时用电，利用峰谷电价政策“避峰就谷”，可以降低企业成本，提高经济效益。

我国大多数省级电网从20世纪90年代中期开始实施峰谷分时电价，一般都从工业用电开始推行。南京从2003年开始试行居民用电峰谷分时电价，初期只针对城市居民，2011年峰谷分时电价政策开始惠及农村地区居民。南京将每天的时间划分为峰谷两个阶段，即高峰时段为早8时至晚9时，电价为0.56元/千瓦时；低谷时段为晚9时至次日8时，电价为0.36元/千瓦时。若不申请启用峰谷分时电价计费，则电价为0.53元/千瓦时。峰谷分时电价根据自愿办理的原则进行，居民可自由选择是启用峰谷分时电价计费还是继续传统的计费方式。选择执行峰谷分时电价的居民用户，其峰谷分时电表由供电企业免费安装。

峰谷分时电价作为解决电力非均衡问题的重要手段，对缓解高峰时期的用电紧张局面，促进电力资源的高效率使用有着重要意义，但为保证峰谷分时电价制度切实发挥功效，在推行的过程中以下三个问题需着重关注：

一是妥善解决电表换装费用的负担问题。实行峰谷分时电价对电表提出了更高的要求，普通电表不具备分时计算用电量的功能，而必须采用分时电表。分时电表可分别计量高峰、低谷、平段的用电量。实践中，关于电表换装费用由谁来负担的问题各地做法不同，上海、杭州等地电表换装费用由用户支付，而南京、广州全部费用由供电部门承担。在推行峰谷分时电价的过程中，对电表换装费用问题不宜一刀切，各地可因地制宜，对经济不发达地区可以考虑国家补贴的方式予以推广。

二是确定合理的峰谷价格差。制定合理的峰谷价格差是峰谷分时电价能否发挥实效的关键，如果峰谷价格差过大，低谷用电量可能剧增，造成电网企业利润大幅度减少，影响其执行峰谷分时电价政策的积极性；但如果峰谷价格差过小，消费者调整其消费行为的愿望也较低，不能达到削峰填谷的目的。因此，要制定合理的峰谷电价差，既不打击电网企业的积极性，又能引导用户改变用电方式，达到削峰填谷的目的。

三是加强宣传，改变消费者的用电习惯。虽然实行峰谷分时电价具有很多优点，但毕竟改变长期形成的用电习惯需要一定的时间。只有让消费者明白峰谷分时电价的意义，消费者才会主动配合。政府应该加大宣传力度，促进峰谷分时电价在更大范围内的推行。

第二节　电网改革展望

一、探讨输配分开，谋定而后动

回顾历史，无论是1997年成立的国电公司还是国家发改委、电监会的主体改革思路，都把输配逐步分开作为我国电力改革的重要选项。2002年，国务院5号文启动了我国新一轮的电力体制改革，电力体制改革将最终实现“厂网分开、主辅分离、输配分开、竞价上网”，即最终达到形成有效电力市场的目标。推进输配分开一直是国务院关于电改的历次重大文件中的主要内容之一，是5号文的总体目标之一。

输配分开是在配电环节引入竞争机制，构造多个市场买方（配电企业）主体，打破国网公司作为单一购买方的现有市场格局的核心举措。到那时，电网才是一张纯粹的输送网络，公开、透明的定价机制才能形成。同时，输配分开可以更好地对具有自然垄断属性的输电环节进行监管，提高输电和配电业务成本的透明度。但就我国目前情况来看，探讨输配分开需要慎重考虑以下三个问题：

第一，输配分开本身并不能够打破电网自然垄断属性，无论是输电还是配电，在一个区域内都不应该搭建两个以上的电网平台来提供电网服务，在这一环节，我们只是在探索是一个大垄断好还是多个小垄断好的问题，而事实上，小垄断是比大垄断更坏的垄断。第二，由于我国目前的电力市场供求不均衡，因此我们需要一张可以统一调度、统一指挥的坚强电网，这样，在发生电荒时，就可以有效地进行配置和调度。我们不希望看到在所谓彻底市场化改革的背景下，当用电量出现短缺，由于没有及时的支援导致消费者难以承受高电价而怨声载道。第三，输配分开技术方面也存在很大的难度，由于我国配电资产难以清晰计算、电价交叉补贴严重等诸多问题，导致我国输电电价与配电电价成本和价格难以独立核算。

因此，无论从经济学意义、可能承担的风险还是技术角度看，我国探讨输配分开的改革都不宜操之过急，必须适时适度地进行，可以考虑在科学、合理的输配电价格形成机制出台之后，随着电力市场体系建设选准时机，逐步推进。前提是要做好输配分开的基本准备工作，例如清产核资，界定输配电资产的价值，确定输配电的分界点，制定输配电业务的成本监管办法和财务核算办法，加强对输配电网成本的监管，适时开展输配财务独立核算的试点。而后，可以进一步探讨配电企业的融资上市，例如可以考虑将北京或上海的配电网做上市，进而促进输配电网的科学发展。

二、城市公用网络供应商的发展模式

我国电网发展的一个重要思路应该是在发、输、配、售四个环节纵向分切之后，再向加强横向的综合城市网络公用服务商的方向发展。早在1998年我为国电公司制作的方案中，我就明确指出了这一改革方向，在电源分离和输配分离后，无论是输电还是配电均可在演变为电网供应商的背景下，通过参股的方式，进而投资自来水、天然气、热力网等具有城市网络化供应特性和自然垄断属性的城市公用网络，实现多元化经营，对城市管网进行统一的经营和管理。

我所倡导的这种发展战略，是基于发达国电改革实际经验提出的。目前，日美德的许多电力公司均已涉足煤气、石油、供热、供水、电信、网络等行业，并且在相应行业占据重要地位。美国有很多已经发展比较成熟的 Utility Company；德国的 RWE 公司不仅是德国的第一大电力公司，还是德国第二大天然气供应商、第一大供水和水处理公司。从这些具有城市网络供应商性质企业的发展情况可以看出，电力公司及电网这种多元化发展的趋势是十分显著的。

众所周知，水、电、气、热作为城市公用事业发展的一部分，都是通过管网线等基础设施为城市的生产生活提供公共产品的，其生产经营都离不开网络，也正是这种对网络的依赖性决定了它们共同的自然垄断属性，在运营过程中既有规模经济性，又有范围经济性。即便自然形态上在具体运营过程中会有所不同，但是自然形态与组织形态并非不可分，水、电、气、热网的发展在组织形态、股权结构等方面有共同点。因此，电力公司可以通过股权投资等方式，在投资配电网的同时，投资或并购其他公共网络，作为城市公用网络服务的统一供应商，统一供应，降低成本，提高城市公用资源配置效率。电力企业不必非要搞得“大而全”、“小而全”，这边管发电，那边是配套装备，那样是完全没有效率的。

因此，通过向城市网络供应商模式的转变，将城市公用事业（供电、供水、供气、供热等）统一管理，既能够从整体上进行成本控制、质量控制，进行安全指标和市场满意度的考核，提升市场运营能力和竞争能力，同时也将有利于兼顾社会公众利益和企业利益，有利于社会效益与经济效益的统一，最终形成一种良性、长效的发展机制。

三、加强农网建设，理顺农电管理体制

1998 年以前，我国农电管理体制基本上是直供直管、趸售和自供自管“三分天下”的局面。与这种混乱的管理体制相伴的是农网的薄弱、管理水平的落后，以及农民“用电难、用电贵”，这些问题制约了农村经济发展。1998 年 10 月，为解决农电存在的问题，国家决定实施“两改一同价”政策，即改造农村电网、改革农电管理体制、实现城乡同网同价。此后的 14 年中农网改造一直在不间断地推进。

经过多年改革，农村电网发生了巨大的变化，农村的用电形势已经得到了有效改善，农村“用电难”问题基本解决，农村用电过程中的“三

乱”（乱加价、乱收费、乱摊派）和“三电”（权力电、关系电、人情电）现象得到了有效遏制。但是改革过程中，农村电力仍然遗留一些问题，并且随着农村经济社会的发展，现实中又不断出现新的矛盾。

首先，农网自身还存在一些问题：一是农村电网改造留有“死角”。部分地区，特别是内蒙古、四川等西部省份农网改造面仍偏低，独立管理的农场、林场等的电网还没有进行改造；二是线路“卡脖子”现象突出。随着农村经济社会的快速发展和城镇化进程的加快，特别是随着“家电下乡”等扩大内需、启动农村消费的一系列措施的实施，农村电力需求呈现快速增加的趋势。部分已改造的电网又出现了不适应问题，线路“卡脖子”、设备“过负荷”现象十分普遍。

其次，农村电力管理体制尚未完全理顺：一是城乡同网同价还没有完全实现。目前大部分地区的同网同价还仅限于城乡居民用电，而农村一般工商业、大工业用电及农业生产用电等各类用电还无法和城市同网同价，农村整体电价水平仍然高于城市。二是代管制不符合现代企业制度。在“两改一同价”改造过程中，趸售和自供自管的县级供电企业，原则上“上划”由省电力公司直接管理。暂时不能上划的，先委托省电力公司“代管”。代管体制是一种行政色彩浓厚的行业管理模式，是农电体制改革过程中的临时性过渡措施。这一体制对尽快启动农网改造起到了重要作用，但代管体制下省电力公司、地方政府和被代管企业权责利不统一，出现了“代而不管”的局面。三是股份制农电企业管理还需进一步规范。部分农电企业进行了公司制改造，但改制后的农电企业管理上还不够科学，法人治理结构不完善，难以建立规范的现代企业制度。四是电网改造资产产权不清。在农网改造过程中，由省电力公司负责承贷并还贷的农网改造资金投入到代管的县供电企业，但对国债资金所形成资产的归属没有明确规定。由于产权关系不明晰，省电力公司及县供电企业对农网改造形成的资产的占有权、使用权及收益权难以统一，后续的更新改造投资主体不明确，严重影响了农电企业和农村电网的可持续发展。

这些问题的存在，不仅影响到农村电力改革的进程，更影响到农村、农业的发展和农民的增收。农电的问题不仅是农网建设的问题，背后更有深层次的体制机制原因，要解决这些问题，就必须标本兼治，从电网建设和农电管理体制两方面入手深化农电改革。

首先，继续实施农网改造工程：一是在新一轮农网升级改造中要彻底解决历史遗留问题，尤其是西部偏远地区和民族地区农网改造面偏低、历史欠账较多的问题，实现电网改造的“全覆盖”；二是对已改造过的、因电力需求增长又出现供电能力不足的电网实施升级改造，按照新的建设标准和要求，通过加密供电设施、更换老设备等措施，不断满足农村生活用电需要，提高农村电网的可靠性。

其次，进一步理顺农电管理体制：一是要尽快实现城乡各类用电同网同价。2011 年，国务院新一轮农网改造提出要全面实现城乡同网同价，在城乡居民用电同网同价基础上，实现农村一般工商业、大工业用电及农业生产用电等各类用电与城市同网同价，进一步为农民增收和农村发展减负。二是要取消县级供电企业代管体制。代管只是一个阶段性的安排，对条件成熟的各个县要继续进行股份制改造，组建股份制公司。2011 年，国务院在新一轮农村电网改造升级工程中也明确提出要全面取消县级供电企业代管体制。三是要规范股份制农电企业的管理。对于已经进行股份制改造的县供电企业，要进一步规范企业组织制度和管理制度，不断完善法人治理结构，建立产权明确、管理科学的现代企业制度。四是要明确农网改造资产归属问题。农网改造资产的归属应与投资主体一致，国网公司系统“统贷统还”投资形成的资产，应当属于国网公司系统；由地方投资主体投资形成的资产，归属地方政府及其授权的投资主体。在自愿的情况下，地方政府可将其投资农网改造形成的资产产权上划给国网公司。

四、建设联合电网，实现跨国互联

随着经济全球化的发展，以及能源资源优化利用、区域电力市场开放等因素的推动，电网等基础设施的一体化迅速向前推进，跨国互联已经成为世界各国电网的发展趋势。无数的事实也证明，现代电网技术已可实现，电网越大，电力的供给安全性越高，资源配置越有效率。我国电网企业应顺应国际潮流，站在国家能源战略和全球资源配置的高度，加快建设跨国电网，推动电网国际化。

我国电网跨国互联主要基于地缘与资源互补关系而开展，既有输入，也有送出。具体来说，我国的跨国联网应包括两方面的内容：一是“引进来”，主要是指北面与俄罗斯、蒙古国联网，实现向我国华北、东北送电；二是“走出去”，主要指南面通过开发我国西南地区丰富的水电资源，向老挝、泰国、越南等东南亚国家送电。国网和南方电网在跨国联网上“南北开花”，共同推动我国的跨国互联目标的实现。

目前，我国已经成为全球第一大煤炭消费国和第二大石油消费国。能源资源压力巨大，能源紧张的问题日益突出。由于中国80%～90%的进口石油都要通过马六甲海峡运送，从能源安全的角度来看，大量进口石油、天然气并不符合我国国情。在进口石油、天然气等“一次能源”的同时，从周边国家进口以电能为主的“二次能源”，将目前的“西电东送”格局进一步拓展为“外电内送”，实现能源进口的多样化，无疑是中国能源结构调整的大势所趋。因此，在周边国家投资建设电厂，或者直接购电，经由输电线路远距离、大容量、低损耗地输送到国内，以缓解石油进口压力，是符合我国实际的现实选择。我国的跨国联网正是在这样的能源格局下应运而生的。2007年7月开工建设的“500千伏中俄直流联网黑河背靠背”换流站工程是中国首个跨国直流联网工程，是目前规划建设的中国从境外购电电压等级最高、容量最大的输变电工程，正式投产送电后，俄罗斯远东电网向黑龙江电网的年供电量将达到每年43亿千瓦时。与此同时，国网还分别与哈萨克斯坦、吉尔吉斯斯坦、塔吉克斯坦、乌兹别克斯坦等国有关企业签署了合作协议或意向书，并开展了上合组织成员国的联网规划研究，酝酿建成一个覆盖中亚的联合电网。

当然，跨国联网除了将电力“引进来”以外，有条件的地方还在积极实施“走出去”战略。我国西南地区水资源丰富，而与其紧邻的泰国、缅甸、老挝和越南北部地区均不同程度地缺电，南方电网具有实施“走出去”战略的独特区位优势。实际上，南方电网依托大湄公河次区域经济合作机制（GMS）与东盟国家开展了广泛的区域能源与电力合作。2002 年开始，南方电网所属云南电网向缅甸、老挝等国家送电。2004 年，云南电网又开始向越南售电。截至 2008 年 4 月，南方电网输电线路共向越南供电近 50 亿千瓦时。

我国的跨国电网建设正快速向前发展，这是符合我国和周边国家共同利益的正确选择。这也象征着在能源资源的开发及高效利用方面，中国有能力做出更大贡献。未来我们应进一步推进电网跨国互联，形成跨越国界的电力市场，让电力产品迅速融入经济全球化的发展潮流，在更大范围实现能源资源优化配置，为实现我国经济可持续发展打下坚实基础。

第三节　《电力法》修改展望

电监会作为维护电力市场竞争规则的主体，本应在电力监管体系中发挥重要的作用，但由于现实中法律基础的缺失和发改委强势行政垄断的阻碍，只能是“陪太子读书”，十年非法，十年悲哀。始终壮志未酬的电监会如今陨落，着实令人惋惜，令人哭泣，因此也就不得不为其鸣不平。要改变这种局面，必须从根本上遵循国际惯例，结合我国电力市场化改革的现状及未来发展方向，通过法律体系实现对电力体制改革顺利进行的有力保障，坚定不移地推进我国《电力法》等相关法律法规的修改和完善工作，斩断发改委行政垄断那只闲不住的“手”，扭转十多年来《电力法》修改寸步难行的困境。

一、对《电力法》修改的回顾

（一）“政企合一”背景下诞生的《电力法》

现行的《电力法》是从 1985 年电力短缺时期开始起草，1995 年 12 月经八届人大十七次会议审议通过，于 1996 年 4 月 1 日起正式施行的，可谓

“十年磨一法”。该法与当时电力行业实行“政企合一、政监合一、计划运行”相适应，将我国电力行业界定为公用事业，将《电力法》界定为一部行政管理法，同时规定了我国电力工业体制模式，即国务院管理部门和县以上地方人民政府经济综合主管部门负责电力行政管理，电力企业自主经营，自负盈亏，接受电力管理部门监督等内容。

（二）《电力法》十年滞后，电监会十年非法

这部在计划体制时期出台的现行《电力法》反映的主要是政企不分、垄断经营的市场结构，而随着我国电力市场化改革的逐步推进，它的立法基础早已发生了根本性的转变。在该法中，对电力市场“政企分开、主辅分开、竞价上网”改革内容的主张、新的电价形成机制、新型电力管理体制、电力可持续发展等内容均无明确规定，严重滞后于电力改革现实，可操作性差，根本不利于电力行业持久稳定的发展。

最重要的是，该法中没有提及现存的电监会，代表政府进行管制的只有发改委，沿用的还是发改委行政审批电价和电力项目的规定。也就是说，2003 年成立的电监会至今仍是非法存在。而《电力法》十年修改，十年不成，发改委始终不肯放弃传统的电力管制模式，不愿退出历史舞台，这样电监会“非法”抗争的悲惨命运也就注定要延续下去。现在强势的、代表电力旧体制行政审批的发改委和弱势的、代表电力新体制市场监管的电监会畸形地并存，这种监管部门之间在认识上和所坚持的改革方向上的不同，将直接导致政府在电力体制改革问题上的内耗，增大电力改革的成本，延缓电力市场化改革的进程。并且，现在国家发改委所进行的一系列改革，其实最终是使自己越改越大，审批权力越改越实，如果不通过《电力法》以法律形式明确界定电监会和发改委这两大监管机构的职责权限和职能范围，未来这种政府管理体制和市场经济以企业为主体的市场运行机制之间的冲突只会更加激烈，电监会的处境也只会更加艰难。

在 2006 年 9 月我与全国人大法工委、国网公司及电监会政策法规司相关领导一同参加的电力法律法规建设问题研讨会上，我就明确指出：电力法律法规建设涉及改革的方法和路径选择问题，对此问题的重视证明我们已经触及了电力改革的本质。在认识到《电力法》严重滞后于电力改革的现状后，抓紧修改《电力法》就显得更加迫在眉睫。电监会和发改委之间实质上是相互取代的关系，如果《电力法》修订完善后使电监会合法化、真正发挥出作用，必将削弱发改委的权力。我们所要进行的电力改革核心问题是改体制，改制意味着改革者要勇于自我革命，如果只改体不改制，最终也只会是徒劳。因此，电力体制改革要想成功推进，发改委也必须勇于彻底放权，打破自身的行政垄断。而目前的现状是，作为改革者的发改委往往只热衷于改别人，一旦要改到自己头上，它就消极了。这也正是为什么《电力法》修订工作争论了十几年却仍是现在进行时的根本原因，这是我国电力体制改革必须拿下的一场攻坚战。

在世界范围内，英国、美国、澳大利亚、日本、印度等国在深化电力改革的过程中，共同的做法都是通过法律保证改革。通过在法律中对改革方案及程序的明确规定，使改革目标清晰，有法可依，保证了电力行业改革的周密设计，同时在前进过程中继续不断完善相关的配套法律体系，有效地促进了所在国电行业市场化改革的成功实现。

结合研讨会主题，我提出在这种背景下电监会要想结束“花瓶”生涯，就必须首先推动相应法律环境的完善，遵循国际惯例，同时结合我国国情，坚持通过法律保障改革进程，改善目前电监会进行电力监管工作无法可依的尴尬现状，最终促进全国统一电力大市场的形成，为电力市场体系的健康稳定发展保驾护航。

其实，我国电监会成立后，对电力监管体制和电力法律法规的制定与建设是相当重视的，先后于2006年6月和9月召开了电力监管体制建设研讨会和电力法律法规建设问题研讨会。进入2012年，电监会的一系列举措更是尽显改革力度。2012年1月，电监会下发了《2012年推进电力改革工作方案》，首次公开提出将启动电改顶层设计和改革路线图，提出“十二五”深化电力改革的操作方案；随后，推进电力改革领导协调小组成立，各省市也成立了地方协调小组；与此同时，电监会还启动了电监会成立后首次针对电网企业的输配电成本大范围专项检查，积极推进电价形成机制改革。2012 年 3 月，电监会制定了《2012 年立法工作计划》，其中首次提及将研究制定《电力监管法》，同时推动《电力法》等的修订工作。10 年来，电监会及时制定了配套规章 60 余部，为依法监管提供了依据。

但是，仅仅依靠电监会自身的努力仍然不够，当务之急是要尽快走出对现行《电力法》及其配套法律法规修订止步不前的境地，为电监会正名。通过法律体系的完善，实现我国电力监管的统一，最终建立权责明确的独立电力监管体系，确保我国电力改革的成功和电力市场化的良性发展。

二、《电力法》的修改迫在眉睫

到目前为止，各方在修改《电力法》方面已经达成的共识主要有以下几点：首先，对《电力法》的修改应有突破和创新。特别是在电力规划和建设、电力市场体系建设、电力投融资、电力监管体系建设、电价与电价机制、规范普遍服务、加强电力需求侧管理等方面，使其真正起到引导市场化改革的作用。其次，修改《电力法》应解决多年来困扰电力发展的一些难点问题。例如解决电力发展速度、电网发展方向、农电体制改革、可再生能源发电以及电力行政执法、窃电查处、电力设施保护、人身触电伤亡事故处理等问题。同时，充分认识到修改《电力法》所面临的一些困难。尤其是对电力市场模式的认识不统一，使修改难以推进。此外，立法是一门综合技术，修改《电力法》需要一个懂电力、懂监管、懂财务、懂技术、懂法律、懂市场的专家工作团队，拿出立法时间表，集中一段时间来推动。这些工作单靠某个部门或某几个人，是难以实现的。

在此基础上，我认为，随着时间推移，结合我国电力能源发展新形势，对《电力法》的修改，既要包括对《电力法》自身滞后性的修订，同时其上位法和相关法律法规的修改完善也不容忽视。

（一）《电力法》的修改方向

首先，修订主体方面，应避免由发改委主持。电力法作为调整电力生产发、输、配、售各环节所产生的各种社会关系的法律规范，不应该也不可能只是电力主管部门或者电力监管部门的一部行政管理法。因此，《电力法》立法过程中应克服原部门立法的弊端，不应再由发改委主持修订，应由全国人大法工委牵头，电监会具体协助组织，电监会先把一个初步思路拿出来，再由专业团队起草或者重新拟订一个方案，同时采取立法听证等多种方式广泛听取各利益主体特别是广大电力消费者的意见，避免因利益关系而出现政策上的偏差，真正走专家立法和开门立法之路。这样，既可以增进相互间的尊重与合作，又有利于达到统一认识、加快立法进程的目标。

其次，在电力市场运行模式方面，因为《电力法》的修改是为新的电力工业体制提供法律依据，因此应以市场化改革和建立竞争性电力市场为核心，对市场准入、交易、竞争规则进行规范，在发、输、配、售四环节中，“放开两边，管住中间”，努力构筑一个统一、开放、竞争、有序的电力市场，解决电力工业改革发展中面临的突出问题。例如，国家只控制输配电环节，严格限制输配电企业的经营范围；在发电和售电环节充分按照市场机制放开发展，降低电力市场准入，允许发电企业开展电力批发、零售业务，允许不同售电主体在同一营业区域开展电力营销，允许发电商和大用户直接见面等，促进电力市场竞争；完善供电合同制度，使厂网分开、输配分开具有正式法律依据；完善电价形成机制，使其成为以供求关系为基础的市场定价等。此外，建议将现行《电力法》中的“电力事业”表述改为“电力产业”或“电力工业”，在发、输、配、售各环节按照我国《公司法》的要求，加快现代企业制度建设，完善法人治理结构，培育合格的市场主体，更进一步促进电力市场化运作。

最后，通过《电力法》的修订，建立起依法、独立、公正、透明、诚信的电力监管制度；明确电监会的法律地位、监管职能、监管方式和手段，削减发改委对电价和电力项目的行政审批权，规范监管程序；明确电力监管的内涵，包括以投资监管、价格监管、质量监管为主要内容的经济性监管，以电力安全、节能减排、普遍服务为主要内容的社会性监管，以及对电力市场主体滥用市场优势的行为进行监管等。同时，也要建立对电力监管的制约机制，广泛实施公众参与和民主监督，建立一套监督、仲裁制度，从而规范企业的竞争行为，保护电力消费者的合法权益。

（二）与相应上位法——能源基本法的配套改革

2003 年，《电力法》的修改被列入国务院立法计划，要求当年年底报送审稿。但时至今日，新修订的《电力法》何时出台仍是个未知数。《电力法》是能源法律体系中的重要组成部分，电力的一些重大问题也涉及整个能源领域。长期以来我国在解决一些重大的能源结构调整问题时，过分倚重对能源和资源的政策性调整，实际上很难得到有效的落实，并且政策自身具有不稳定性，不断的调整会导致成本过高。这就要求我们一方面应当综合利用经济的、行政的和法律的多种手段来解决问题，注重强化法律这一具有强制性保障的手段，建立健全整个能源法律体系；另一方面，在能源法律体系内部，《电力法》的修订应与《能源法》等相关法律相匹配、相协调。

从已有的立法现状来看，我国能源法律体系的框架雏形已基本构建起来，主要有《煤炭法》、《电力法》、《节约能源法》和《可再生能源法》，以及一大批行政法规和地方法规。但总的来讲，与社会主义市场经济体系相适应的能源法律体系仍存在结构性、配套性、协调性等方面的缺陷。这就好比建造一座房屋要有四梁八柱，现在我们有了几根大柱子，框架有了雏形，但最上面的脊梁和主干顶梁还没有，也就是能源基本法没有制定出来，因此需要加快构建和完善。同时，为了追求整体的最优，对现有的框架也要进行强化，已有的多数法律仍需修改，大量可操作性的行政法规和规章也需要创制和修订，其中《电力法》的修订在所难免。

《能源法》和《电力法》之间，既需要能源基本法来应对那些全局性、综合性、战略性的问题，以及单行法解决不了的问题；同时，在《电力法》调整范围内的问题由《电力法》自身调整，避免不必要的交叉重复。目前，包括《电力法》在内的几个单行法都在修改，我们应当以此为契机，按照“抓龙头、补空白、修现行、快配套”的思路，构建能源法律体系，以便与《电力法》等单行法修订的指导思想和进度进行妥善的协调。

也就是说，《电力法》修改工作的推进，一方面要继续自身法律规定的调整，同时还要从全局考虑与《能源法》的配套与协调问题。

此外，根据2003年的一个国际研讨会上美国能源基金会、实施“电力监管援助计划”主任戴维博士的观点，修改《电力法》作为能源可持续发展的选择，也必须与我国现有的《煤炭法》、《节约能源法》等其他相关法律相结合，这样电力改革才能更好地在实践中得到贯彻和实施。

第四节　组建“大能源委”的设想

为了建立统一高效的电力监管新体系，应将现在的能源局、电监会、发改委价格司合一，组建国家能源监督管理委员会——“大能源委”，从而实现以大能源委的统筹监管、电监会的具体监管为主的电力行业统一监管新模式。

一、美国电力监管经验借鉴——联邦能源监管委员会（FERC）

美国的电力管制有联邦和州两级。管制机构有相当的独立性。无论在联邦还是在州，美国的管制机构几乎没有只专门从事电力工业管制的。多数管制机构都负责相关工业的经济管制。比如，美国联邦能源监管委员会（FERC）既管电力工业，又管天然气工业。州管制机构既管制电力、天然气工业，又管制铁路、电信和水分配系统。

美国的管制机构，无论是联邦级还是州级，都具有高度的独立性。联邦能源监管委员会虽然隶属于政府的“能源部”（DOE），但管制者可自行决定，而不需要能源部进行审查或施加影响，决定由独立司法机构审查而不是总统、国会或其他任何执行机构。即使总统不赞成它的决定，也不能推翻。可以说，管制过程与政治影响做到了分开。

附：美国联邦能源监管委员会介绍

联邦能源监管委员会（Federal Energy Regulatory Commission，简称

FERC)，是内设于美国能源部的独立监管机构。FERC 所有的决定可由联邦法院审议，不由美国总统、国会和能源部审议。FERC 共有 5 名委员（含主席 1 名），委员会主席由总统提名，国会批准，任期 5 年。FERC 下设 6 个专业监管办公室和 5 个其他事务办公室，主要负责依法制定联邦政府职权范围内的能源监管政策及实施监管。FERC 主要拥有以下权力：市场准入审批，价格监管，受理业务申请，受理举报投诉，行使行政执法与行政处罚等。此外，FERC 还负责就监管事务进行听证和争议处理等。（其组织机构见图 2—1）

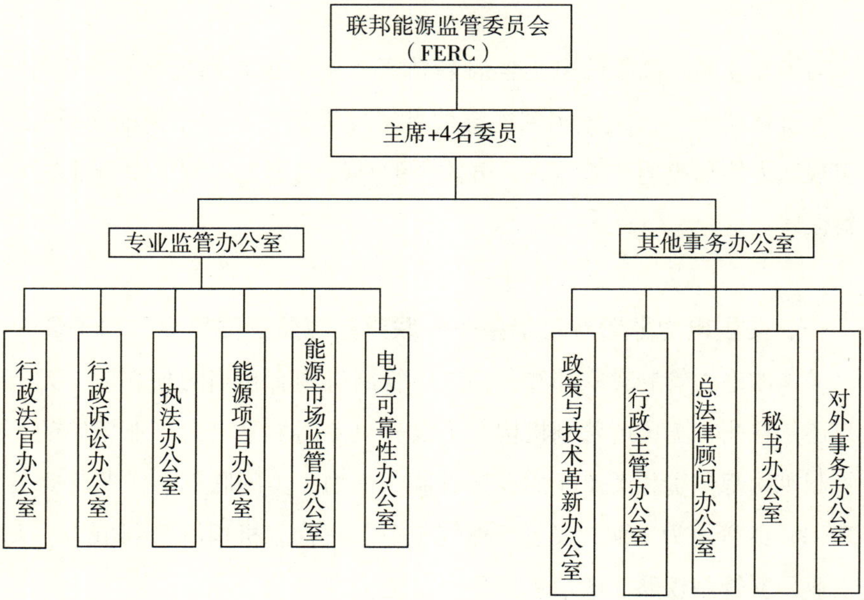

图 2—1　FERC 机构设置示意图

六大专业监管办公室职能简介：

（1）行政法官办公室：通过协商、听证解决与 FERC 相关的争议；

（2）行政诉讼办公室：以诉讼方式解决与 FERC 相关的争议；

（3）执法办公室：指导能源市场发展，保护消费者，监督法规执行，查处违法行为；

（4）能源项目办公室：审批、监督水、电、天然气等能源项目；

（5）能源市场监管办公室：处理有关市场的事务，审查电力、天然气和相关管道设施及服务的价格、费率、服务质量等是否合法合理；

（6）电力可靠性办公室：制定、实施电力行业的强制性规则与安全标准。

二、电监会要成为大能源监管的前身

我国政府在项目投资和商品价格的行政审批制度配套改革方面进展缓慢，现有的行政审批体制与市场配置资源的内在需要不相适应，尤其在石油、电力和煤炭等能源部门之间管理混乱，缺少一个在煤电油等基础方面统一协调的机构。以电力行业为例，不仅有发改委审批电力价格和项目，同时电监会也在从事电力市场价格改革的部署，但由于发改委不肯退出历史舞台，所以电监会十年做花瓶，“陪太子读书”；能源局也有相应的分管工作，但在发改委和电监会的煤电纷争中，其难以对一次能源和二次能源做出合理分配。几家监管单位相互扯皮，在对外能源大战略中不能形成统一的声音，导致电力发展与改革工作步履维艰。

因此，对电力、煤炭、石油、电信等基础产业的项目审批和价格管制，不应继续沿用发改委行政审批制度，而应该通过新设立的政府监管部门，探索市场经济形势下的能源监管。从中国未来大的目标模式来看，我认为应该对发改委对电力审批的功能、国家能源局和电监会的改革统筹考虑，成立一个大的国家能源监督管理委员会——大能源委。成立大能源委有其合理性：第一，一次能源和二次能源之间是有联系的；第二，能源是国民经济的基础领域，互相要保持一定的稳定性；第三，成立大能源委后，可以防止煤监会、油监会、电监会之间的扯皮。

另一方面，传统的公用事业也不会局限在单一领域发展，部分有实力的企业会采取多元化措施，最大限度地参与电信网络、天然气和城市自来水等在终端服务领域的竞争，最终形成以电力网业为主，向其他相关城市基础管网扩展的多元化城市供应设施集团。比如国网公司，可以通过开通新的资源来弥补电网作为自然垄断行业存在的弱点，以维持新的国网公司在退出发电领域之后的良性利润循环。这是因为它既不能大规模涨价，又不能指望国家的补贴来造血。而通过向电讯网、天然气和自来水等基础供应产品的扩展来发展电网、广辟利润来源是培育电网造血功能的重要措施。所以，电监会今后的发展方向不会只是单一的，它将采取多元化监管措施，最终形成以电力网为主，向其他相关城市基础管网扩展的多元化能源监管部门。

结合上述双重背景，再加上美国经验中 FERC 这类机构运行的较佳表现，无论从监管经验的积累上还是业务的相关性上，电监会都应当仁不让，将成为大能源监管作为自身未来发展的战略目标。可以设想：电监会通过数年的运行，终将形成一个大能源监管，石油、煤炭、天然气、电力都将作为其监管的重要组成部分。

三、组建大能源委的战略构想

随着能源在我国可持续发展进程中扮演角色的不断重要，我国下一步改革的重点就是建立统一的能源监管部门，这样无论是从监管资源的节约配置上，还是从监管能力的协同上，都有助于提高我国能源监管的整体规划。

对此，建议将目前国家发改委的工作重心转向国家规划，发改委以规划指导作为首要任务，负责制定国家总体改革方案和发展思路，并在国民经济发展规划中，总体对行业以及第一、第二、第三产业的趋势做出预测和规划，同时大力提振战略新兴产业，实现结构调整。同时，削弱其行政审批职能，精简发改委，更名为国家改革与发展规划总署，迅速把发改委管基础能源价格，包括项目审批、价格审批的权力朝组建大能源委方向发展，把现在能源局、电监会、发改委价格司三合一，实现以大能源委的统筹监管、电监会的具体监管为主的电力行业统一监管，改变当前电力多头管理、互相掣肘、互相制约的局面。与此同时，我们还可借鉴美国联邦能源监管委员会的模式，取消发改委和电监会，成立中国大能源管理委员会。

大能源委组建的战略构想如图 2—2 所示。

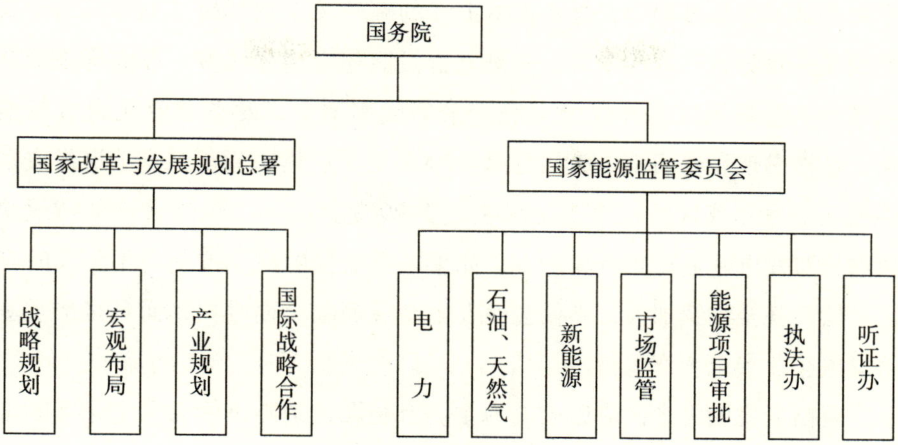

图 2—2　大能源委构想图

第五节　煤电联营：电源企业方向

一、“市场煤”与“计划电”——发电企业的困境

1993 年国家决定放开煤炭价格，但是这种放开是有限制的：直接面向市场的煤炭价格放开，销售给电厂的煤炭价格仍要受到国家控制。在很长一段时间里，煤炭企业为推动社会发展而无法盈利，煤炭行业经济拮据。

2002 年，国家取消电煤指导价，煤价开始真正进入市场化。随着中国加入了 WTO，出口快速飙升，经济高速成长，电力需求急剧增加。火电厂和钢铁水泥等高耗能企业迅速拉高了煤炭需求，煤炭市场出现了供不应求，“市场化”让煤企扬“煤”吐气，实现了强势与弱势的大逆转。

然而电力行业仍然由国家发改委确定价格，当“市场煤”与“计划电”相遇之后，煤电之争的火花就一直闪烁不停。在双方的较量中，发改委又不得不出面调停，出台了不少政策，但是收效甚微。煤电价格联动是国家发改委在 2005 年制定的一个政策，根据该政策，6 个月为一个价格调整周期，在一个周期内，如果平均煤价比前一周期涨幅达到或超过 5%，则相应调整电价。2005 年、2006 年及 2008 年，由于电煤价格上涨，电价三次上调。在此过程中，煤炭价格上涨的幅度及次数都超过电价，满足煤电联动机制的条件多次出现，但是电价没能随之连续调整。煤电价格倒挂导致发电企业无法弥补煤价上涨带来的成本增支，发电企业无力自行消化，最终出现经营困难，面临亏损。2007年大唐集团公司多支出煤炭成本39亿元，华电集团公司多支出煤炭成本29亿元左右。煤炭价格的持续快速增长对发电企业产生巨大冲击，如果电煤引发的成本增支得不到及时合理补偿，甚至继续加大，不仅会使发电企业面临全面亏损，而且将严重威胁发电企业安全生产运行。

目前，我国电力供应以火电为主。市场煤价是随市场供需变化不断波动的，但上网电价由行政审批确定。当市场煤价节节攀升，电价却迟迟难动，或者即使动了，煤价也跟着电价涨，很快便侵蚀了电价调整的利润空间（尽管2011年4月上调了十余省上网电价，但是5月五大发电集团火电仍然亏损16.9亿元，亏损额与上月基本持平），以致火电企业永远在喊亏。这种“市场煤”与“计划电”之间矛盾的不断加剧，最终使得发电企业不得不纷纷闲置产能，减少亏损。于是，便有了一边有些地区缺电，一边火电机组容量纷纷关闭闲置的奇怪现象。

二、疏导煤电矛盾——发电企业的出路

在煤炭市场引入竞争后，电力价格却不能按照市场规律变动，电力与煤炭市场化改革的不同步是导致近年来煤电价格倒挂矛盾的根本原因，解决的最终办法是加快电力市场化改革的步伐，抓紧推进电力价格改革，理顺四个环节电价，在煤炭和电价之间按照市场规律办事。

（一）推进电力价格改革，取消“计划电”

我们首先要彻底改变发改委电价审批做法，理顺发电环节的价格关系，把发电环节价格放开；在售电环节，允许大量售电企业出现，开展市场竞争，通过三至五年甚至更长时间，使电价在市场中找到一个合理的区间，形成一个良好的电力市场循环。

当然，放开价格形成竞争市场，可能会导致一些发电企业被淘汰，这

个淘汰的过程主要体现在价格竞争上，在电力紧张时价格会上涨，但随着电力供求局势的平衡，可能会导致竞争的加剧和一部分技术落后的电力企业被淘汰，这也是价格回落的过程，是调整电力和煤炭组织结构的过程。我们既然要创建节约型社会，转变经济增长方式，就不要怕淘汰一些落后企业。

（二）实施煤电价格实时联动机制

建议有关部门根据煤电价格上涨的实际情况，尽快实施煤电价格实时联动机制。目前煤电价格并轨方案已获国务院批准，煤电价格并轨将取消煤炭重点合同，改为中长期合同。该方案仅表示将继续完善煤电价格联动机制，在煤电价格出现剧烈波动时，依法采取临时措施，至于发电企业日夜期盼的煤电价格实时联动依旧遥遥无期。

要彻底理顺煤电价格矛盾，就必须使电价能够及时地对煤价作出调整，煤电价格实时联动机制显得至关重要。国务院应根据市场经济的客观要求，尽快实施煤电价格实时联动机制，彻底放开“计划电”，使发电企业能够有一个合理的利润空间，为发电企业的正常生产经营创造应有的条件。

（三）发电企业寻求多元化发展

与此同时，发电企业可寻求多元化发展之路。近几年来，我国电力行业改革的进程加快，厂网分离后，五大电力集团群雄并起，电力企业竞争已趋白热化。随着国际能源价格的上涨，国内能源供应链日趋紧张，电煤供应不足造成电力供应紧张，并且电力企业上游的煤炭价格几乎完全随行就市，电力企业前行在计划与市场的夹缝中，这制约了电力企业的发展。为应对这种困难的局面，部分发电公司走上了相关产业多元化发展之路，力求从拓长产业链上寻找突破口，掌握发展的主动权。部分发电公司从一个单一的发电公司转变成以发电为主，经营煤炭、化工、铁路、港口、航运等多个产业的综合性能源企业。发电公司进行这样大跨度的产业调整，是当前我国大集团公司发展的一个典型现象。

如何评价这种“大而全”的模式和专业化分工之间的关系，是中国也是世界产业界关于企业组织和战略变革问题的长期争论焦点。理论上认为，专业化分工才能产生规模效应，以专业分工为基础的产业组织才是科学的、合理的。但是，在目前中国经济转轨期的特殊背景下，大型企业集团不得不以“大而全”的模式跨行业发展，这种模式是否是长远的、固定的发展方向，我们尚无定论，它只能随着我国体制的理顺而逐渐明朗。我国发电公司的多元化战略可能是一个过渡，也可能走出一条世界产业发展史上大型企业发展的具有中国特色的新路。

因此，在市场经济条件下，我们应该多建立一些大的多元化联营企业集团，杜绝以前煤与电“老死不相往来”的局面。如，华能集团建立了煤、电、运、港等“四位一体”的联合发展模式，消除了厂商之间的交易成本，形成这四方面在资本上的联结；还可以开展煤炭的期货交易，加强对煤炭市场价格的预测，分散风险。

需要注意的是，在过渡时期，我们的步伐不能走得太快，不能采取“休克疗法”，目前可以继续沿用逐步转轨、渐进式发展的办法。比如，国家可以建立能源价格转轨基金用于缩减电力结算价格与供应价格之间的差额，由国家来承担部分改革负担。这样，在面临“市场煤”和“计划电”等尖锐矛盾时，我们可以找到一条出路：在煤炭价格上涨时，电力企业本身寻求多元化发展，减少煤电供应中间环节，内部消化一部分电力成本，再由国家组建的能源价格转轨基金补贴一部分电力成本，二者同时推进，可较好地解除我国发电企业的困境。

第六节　产融结合：电力企业发展趋势

对大型电力企业（集团）来说，不论是电网公司还是电源企业集团，都应探讨产业资本与金融资本相结合的发展方向。

产业资本和金融资本的结合，在世界大公司、大集团中早已成为主流。从世界范围看，成功的大型企业集团一般都具有生产、流通与金融的完整功能，其中，金融在企业集团发展过程中发挥了巨大作用，如美国通用电气公司（GE），GE 金融服务已经成为 GE 重要的业务板块，GE 官网数据显示，2011 年度 GE 金融业务净利润 65 亿美元，占 GE 公司净利润 141 亿美元的 46.1%。近年来，随着资本、资本市场和资本经济的发展，资产经营、资本运作的提出，以及我国金融行业的健康高速发展，产业资本向金融领域扩张的需求又开始急剧增长。产业资本与金融资本紧密结盟是国内外大型产业集团发展的必然趋势，产融结合是推动大型企业集团快速发展的重要步骤。因此我认为，电力行业作为中国最重要的能源部门，应该坚定不移地走产融结合的道路。

一、产融结合的重要意义

（一）有利于促进产业集团主业的发展

产业集团可以发挥金融资源的杠杆效应，为集团产业的发展获取更多的外部金融资源，比如筹集资金等；金融部门可以使集团产业部门产生的资金实现增值，同时也可以使集团内部各成员企业实现金融资源共享；金融活动集团内部化，可以降低产业集团金融服务等市场交易费用，从而降低集团经营成本，促进产业发展。

（二）有利于提高产业集团的整体竞争力

产业集团实现产融结合，相互支持，相互合作，提高了企业集团的整体竞争力。只有实力强大的金融资本才能凝聚更多的工业资本，集团的实力才能在竞争中不断扩大。

（三）有利于加快产业集团扩张速度

产业集团的发展要以购并为主。金融资本之所以能在大型产业集团的发展壮大中起到巨大作用，关键在于金融资本具有资本的放大效应和吸收外部资源的能力。因而产业集团在发展过程中具有较强的筹资能力，这恰恰是决定产业集团规模扩张速度的最主要因素。我国现行法律规定银行不能直接参与对企业的投资入股，但对产业资本购买金融机构的股权则无严格限制，为产业集团实现产业资本与金融资本的结合提供了可能，产业公司纷纷涉足金融产业，这标志着国内产业资本与金融资本的结合已经拉开序幕。

（四）有利于降低产业集团金融交易成本

当产业集团由外部金融市场提供金融服务时，必须按较高的金融市场价付给金融企业相应的报酬费用，如发行股票、银行贷款。如果上述金融服务由产业集团内部金融机构来提供，则与这些服务有关的交易费用就被节约了，从而提高了产业集团因金融服务内部化而带来的收益。产业集团纵向扩展价值链可以产生可观的范围经济，横向扩展价值链也可以产生可观的规模经济，从而形成一个金融产业链，在产业集团内部使各个注资单元或业务单元共同使用集团内部的金融资源。

（五）产融结合协同效应能为产业集团创造价值

产业集团产融结合必要性的基本标准，就是看产业与金融之间能否相互依存、相互驱动，利用产业的资源和品牌优势支持金融的发展，并以金融资本为后盾推动产业资本的发展，从而使产业集团通过产业与金融产生协同效应而获取巨大的好处。GE 集团产融结合之所以取得了巨大成功，关键在于其创造了产业与金融的“交叉销售”模式，即充分利用其客户信息资源，销售更多种产品与服务给同一客户的销售方式。这种模式可以充分利用与客户业已形成的良好关系，为同一客户提供多种优质服务，从而使客户的价值最大化，由此省去开发新客户所耗费的时间与费用，从而构造出一个强大的产品与金融服务发展空间，为企业发展寻求更深层次、更大范围的跨行业协同效应。以发达国家的汽车金融服务公司为例，许多大型汽车制造商都拥有自己的汽车金融服务公司，而完善的汽车融资服务不仅直接带动了汽车生产和销售主业，而且大大增加了公司盈利。

二、电力企业金融板块之功能定位

电力企业未来业务发展方向可分为电网板块、金融板块以及非电网板块。其中，非电网板块主要是指电力公司未来向电网与水、电、气、热结合方向发展，最终实现由电力服务商向城市公用商转变。所以，电力企业金融平台的功能可以定位为服务功能和创利功能，具体如图 2—3 所示。

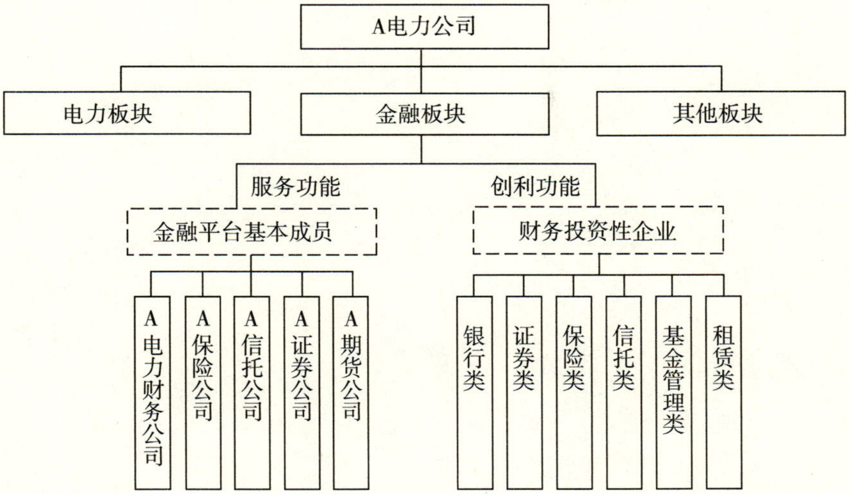

图 2—3　电力企业金融板块的功能定位

（一）服务功能

所谓服务功能是指金融板块为电网板块提供金融服务支持。电力企业发展金融产业，既可实现企业内部资源利用的成本节约，还可提高金融资源的利用价值，降低对外部金融机构的依存度。金融平台的基本成员公司每年能产生稳定的收益，可以为电网板块的发展提供利润支撑。通过产业与金融的结合，可以实现金融产业内部化，节约市场交易费用，提高经济效益。

（二）创利功能

所谓创利功能是指电网系统对部分参股金融机构的股权进行“有进有退”、在流动中赚取差价的资本运作。随着电力改革的推进，预留在电力企业内部的发电资产会进一步剥离，电力企业的利润空间将会缩小。所以，电力企业应大力发展金融业，寻求新的利润增长点，扩大利润空间。金融板块可以为电力企业持续创造利润，使电力企业从提供简单的服务变成具有“盈利、服务”双重功能，以此成为电力企业今后上市和发展的重要利润来源。

第四篇

电力体制改革理论篇

从售电侧深化改革：组建私人售电公司与电力期货交易所

背景：2015 年 3 月 15 日电改 9 号文出台，在电力市场化改革上指明思路，特别提出要在售电侧入手推动电价市场化改革，完善电价传导机制。针对中国电改方向，笔者曾于 2014 年 2 月 28 日在《电力决策与舆情参考》发表《从售电侧入手深化电力体制改革》，2014 年 5 月 16 日在《中国经济时报》发表《从售电侧入手有序推进电力市场化改革》，文中观点与 9 号文改革思路相合，综合上述两篇文章，成就此文。

随着我国市场经济的深入发展，电力市场化改革的推进刻不容缓。市场化的核心问题体现在价格的自由竞争上，因而电力改革的核心是全面市场化取向的电价制度的改革。

一、明确改革方向为“放开两边，管住中间”

目前，我国电价改革已经完成由旧的计划经济体制向市场经济体制转变的两次跨越，但当前电价机制仍非常不合理。主要问题即应属于竞争环节的发电侧和售电侧的电价受到经济垄断和行政垄断。

一方面，国网公司的“统购包销”模式对电价经济垄断。由于发电企业把生产的全部电量出售给国网公司，再由国网公司加价转售给用户，在这种统购包销的交易模式下，国网公司是单一的电能购买者，也是面向用户的唯一电能销售者。目前的电价的改革中，虽然国网公司提出了竞价上网，但还是以统购包销的方式主导着电力市场。

另一方面，发改委行政垄断审批电价。事实上，目前主要的问题不是出在国家电网的经济垄断上，而是出在发改委对价格的行政垄断上。因为垄断的本质是对价格垄断，而价格都是由发改委审批，央企在价格上没有话语权，不能通过直接定价来攫取垄断利润。实际上，国网公司为核定优惠电价，需要“跑部钱进”。发改委的行政权力在这一过程中得到极大发挥，而垄断腐败这口黑锅却由国网公司背着。这是我国当前电力体制中最为敏感的电价问题的症结所在。因此，中国电力垄断的根源在于行政性垄断，尤其是电价形成机制的行政性垄断。

如果把发电和售电的价格比喻成电价构成的两边的话，那么输配电价就是电价构成的中间环节。从电力发、输、配、售四环节的自然属性看，发电和售电是竞争环节，应引入竞争机制，打破上述两种垄断；而输配作为中间的电网环节，则是自然垄断性质的，成本、规模、安全等因素决定了并不是所有的主体都可以拉电网，放开中间的电网环节条件尚不成熟，不符合基本的经济规律。因而，输配环节不宜放开。综上，“放开两边，管住中间”无疑是电价改革的发展方向。即将发电和售电环节推入竞争领域，把输电和配电环节保持在自然垄断领域。同时，在监管环节，废除旧体制形态下以电价及投资立项方面的行政审批为核心内容的行政垄断。归纳以上所述，如果中国的电力改革以打破垄断为手段，其实质内容可以概括为三句话，即保留自然垄断，打破经济垄断，废除行政垄断。

明确改革方向后，首先须明确如何“管住中间”，由于中间的输配电属于自然垄断环节，输电网应该采取收过网费的方式，像高速公路收费一样，构造一个电源竞价上网的全国性竞争平台，实现资源优化配置，最终将消费电价降下来。

需要注意的是，其中的电网环节的价格制定是关键。一方面成本的核算要合理推进，另一方面再基于一定的利润分成比例决定每一度电的收费标准。对于定价主体，电网这一段不能由国网公司自行决定价格，也不能简单地由发改委审批决定。而应由发改委组织听证会，根据输电网的经营业务成本加上一定的利润率水平初步确定过网费，并经国家审计部门核定后确认。这种定价方法，既能体现公共产品的服务职能，又能维持国网公司自身的生存发展。

二、从售电侧切入有序推进电力改革

明晰管住中间的思路后，下一步要厘清如何“放开两边”，由于已实现厂网分离，发电侧这端已经成熟，现在需争论的是发售两头能否直接对接，成为竞争主体。要实现这一模式，就需改变目前国家电网“统购包销”的格局，逐步放开用户端的购电选择权，促进电力用户参与市场竞争，形成多个购售电主体竞争的格局。最终实现“多买方—多卖方的市场结构”，国家电网变赚取价差为收取过网费。

具体措施有二：其一，要全面推进大用户和厂商直接见面，大用户和厂商直接见面的现实意义在于促进合理价格机制的形成、合理市场竞争机制的建立，促进电力市场建设的完善。

其二，要在售电侧培育私人售电公司和电力期货交易所。其实大用户仅是电力消费者群体中的一部分，大用户直购电是为了使质优价廉的电力为自己所用，因此电力改革仅重视大用户的用电选择权是远远不够的。在我国电力市场的拓展过程中，更重要的是培育那些买电是为了进一步交易的售电公司等中介机构。

（一）私人售电公司：构造电力市场载体

在购电主体的培育上，组建私人售电公司意义重大。私人售电公司一方面可以为大用户进行电力产品经纪服务，另一方面还可以将居民家庭、学校、医院、政府部门等单位的用电服务及销售统一组织起来，真正在用电侧实现多买多卖的市场体系，使得我国的电力改革真正通过双侧竞价让消费者和用户得到质优价廉的产品和服务。更重要的是，由于私人售电公司的培育，是构建电力市场体系的重要组成部分，也就成为实现输配分开这一中国电力体制改革目标的前提之一。而在具体操作过程中，可以以我国《公司法》为依据，由电力监管部门在各地的分支机构做运营资格认定，从而成为电力市场新的载体，扮演市场基层营销的主要角色。

在培育的过程中，有以下两点需要我们注意。其一，私人售电公司的经纪人和职业经理人最好由熟悉电力工业特点、有一定电力企业从业经历的电力辅业和多种经营分离出来的人员或退休人员担任。这样私人售电公司不仅拥有了通过电力市场专业化分工培育出的职业售电队伍，提升专业化程度，还能够更好地进行电力预测，帮助用户判断并承担一定的电力运行风险，以便维护市场稳定。其二，在我国新的电力监管体制下，培育售电公司就是培育电监会的基础队伍，售电公司是电监会赖以生存的电力市场基层营销组织，电监会或能源委要像证监会培育证券公司一样培育自己的售电公司。售电公司均应取得中国电监会及其在各地的电监会的分支机构的资格认定，电监会对其经营业绩和经营记录进行一年或两年的例行年检或双年检。

（二）通过电力期货交易所实现电力体制改革市场化

电力作为二次能源，不仅具有期货商品易于划分种类、转运容易、价格波动频繁、交易规模大且有众多交易者的大部分特点，还具有峰、谷电价不同、不可贮存等自身的独特性。所以，电力现货、远期现货及期货交易等多品种交易是可行且必须的。更何况，由于我国电力工业的发展长期以来均是由国家发改委做计划经济体制下的发展规划，结果总是陷入“多了多了少了少了”的波动中，电力不是过剩就是电荒，几十年来一直如此。而通过开展电力远期现货和期货市场，用市场手段寻找电力市场发展的周期性波动规律，并由远期现货和期货的交易商主要承担预测和规划的风险，才是电力体制改革的发展方向，也才能最终解决电力这一国民经济第一基础产业的短期、中期、长期电力发展规划问题。目前，我国尚没有开展电力期货交易，但国外电力期货市场已经发展成熟，1996 年美国率先在纽约商业交易所引入电力期货交易，接下来的数年里，英国、德国、法国、波兰、澳大利亚等国家都根据需要相继建立了电力期货交易市场。我们应该充分借鉴发达国家电力市场体系的种类和模式，尽快组建一个从事电力现货、远期现货及期货交易的电力交易所。

在起草《证券法》和《期货交易法》的过程中，我作为立法专家小组成员，深受我国证券和期货交易管理体制中设立证券交易所和期货交易所的启发：无论证监会还是电监会，就其所监管的产品属性来说，这些机构都应有自己直接管辖的交易所，以对证券这样高度垄断的金融产品和电力这样的生活必需品实施有效的监管，以减少发生重大金融风险和电力停电风险的可能，从而保证国家社会、政治、经济的安全稳定。

借鉴中国证监会下设股票证券交易所和期货交易所的做法，可以由中国电监会成立电力交易所。这样，电力交易所不仅在电力交易所的人员、职能、产品服务及监管上进行统筹和规划，而且由于中国电监会是由国务院任命的非政府序列的、法定机构的特殊性质，它可以通过电力交易所市场的监管来适当收费，最终满足中国电监会在我国电力市场监管中必不可少的经济实力和自主能力。目前，中国电力交易所的属性可以根据我国国情的具体需要在会员制、公司制和事业单位三种属性中择一或三种属性相结合来确定。

售电侧的电力市场化也将有助于探索下一步输配分开。随着改革的深入和技术水平的提高，未来输电和配电是否同样可以分开，在配电环节也引入竞争，这是可以探索的。但笔者认为发输配售四个环节中，一定要在解决完主辅分离之后，先实现配售分离，再来考虑输配分开。售电侧的电力市场化反过来将有助于探索输配分开，加快形成输配电企业的成本规则，在输电、配电环节建立科学、规范、透明的电价管理制度，促进电网的公平开放。

从售电侧看电力增量改革的思考

背景:《大船掉头》第一版于2013年12月出版，2014年4月10日笔者受邀参加国网能源研究院《电力增量改革课题》专家论证会，会议邀请了国研中心、国资委、国家发改委、中国社科院、中电联、国家电网公司体改办等单位的专家，在这次会上我做了重点发言，会后我的学生冯娜根据我的讲话录音整理成此文。由于篇幅限制，文中删掉了中俄改革方法对比及中国30年改革成功经验两部分。

一、对电力改革的两点感受

第一个感受是，我跟国家电网很有感情。从1997年1月国家电力公司成立开始，电力改革到今天已经有17年了。严格来说，电力市场化改革并不是从2002年国网公司这段改革开始，因为国家电力公司对电力市场化改革做了很大的贡献。因此，中国电力改革实际上有两个阶段：第一阶段是从1997年1月到2002年，这段改革由国电公司主导；第二阶段从2002年到现在，国电公司被“5号文”取消，国网公司等电力组织机构取而代之。

第二个感受是,《电力增量改革课题》这个题目很新，但还是提得有点晚了。中国30年的改革，如果要总结成功经验，应该在于存量不动、增量募集、进行了增量改革这一条重要的经验。所以我在《大船掉头》中的第一部分就叙述了中国改革的方法论，其中我提出四点：第一，我们是摸着石头过河；第二，我们是进行增量改革；第三，要有正确的改革顺序；第四，内部改革主导论。这是从中俄改革方法分析对比中得出的，因为俄罗斯的改革开始就是分存量。

二、电力改革中的“增量”运用

上述课题引用增量改革的思路，是对中国30年改革成功经验的一个充分延续和肯定，我很赞成。接下来，我想说的是，电力改革“增量”这个词到底应该用在哪儿。

（一）发电侧的增量改革

首先，我们把电力行业分为三段，发电侧、电网环节和售电侧。先来谈发电侧的增量改革，如果像课题报告中所说的用技术分析，必须得先理解哪些问题在定性上已经解决，才能在其基础上进行量化分析。另外，如果发电侧都是自由竞争主体，那就不需要我们操心去对其量化分析了。所以，现在重要的解决定价问题，解决发改委的问题。

（二）电网环节的增量改革

其次，电网环节和售电侧这两个环节还未开始改革，对于电网这个中间环节，我的观点是“放开两边，管住中间”。所谓放开两边，一方面发电侧这端已经成熟，现在争论的是发售两头能否直接对接。这就在于国网公司能否有这样的觉悟，在革命革到自己头上时能否勇敢迈出去，要认识到，国网公司对电价存在经济垄断，电改要推进就须打破这种经济垄断。如果这个定性问题不解决，增量改革还怎么继续呢。只有调整国家电网的统购包销的模式，让发电和售电两头直接见面，成为竞争主体，国网公司从中收过网费，改革才能向前推进。

中国市场化改革从1979年开始算起，已有30多年历史，其中电力改革已经推进了17年。如果说，到现在改革还一点都未曾触动既得利益是不切实际的。有个观点是这样说的，增量改革理论就是在不伤害既得利益的前提下，增加另一部分人的利益。在垄断行业的改革上，铁路行业是网运分离，国家电力改革已经完成了网厂分离，下一步的改革重点就在于后两段，其中一段必然会触动到既得利益，这是不可避免的，而另外一段是触动和不触动的兼顾。我在书中提过不能简单地拆分电网，也不能简单地输配分开。

未来只有中间的电网环节需要监管，这个环节的价格不是由竞争形成的。电力行业之所以分为三段，就说明了不是整个电力行业都是垄断行业，现在发电侧已经不是垄断性质的了。过去电力界人士不接受这一点，我调研了电力公司的部门领导，当时他们认为电力行业就是做发电，接受不了不做发电这一局面。而现在要认清，只有电网这一环节才是具自然垄断性质，才是电力的核心，而发电侧是可以放开的。这一步走出去之后，下一步再把售电侧放开，这两头都不是垄断性质的。现在唯一的问题就是输配的问题，要承认电网是垄断性质的，而且是自然垄断。长期以来，我们没有认清垄断的性质，实际上，垄断可分为经济垄断、自然垄断和行政垄断。

我归纳认为，最坏的垄断是行政垄断，最好的垄断是自然垄断。电网环节的垄断是自然垄断，是符合基本经济规律的，因为成本、规模、安全等因素决定了并不是所有的主体都可以拉电网。中国现在的问题不是出在电网环节的自然垄断，而是出在发改委的行政垄断上。发改委的行政垄断审批价格，但每次反垄断的目标都是直指央企，这不公平，因为没有一家央企在价格上有话语权。因此在这种背景下，央企在背负垄断腐败这口黑锅的同时，实际上并不能通过直接定价来攫取垄断利润。

既然电力发输配售的中间环节是自然垄断，不属于竞争环节，那么它的价格应该如何制定就是关键。解决价格的形成机制后，才是输配的分开。因为如果国家电网公司不再经营统购包销模式，而是收过网费，那么利润的核定及成本的核算就很关键。这里要提出成本加利润的定价模式，该模式下一方面成本的核算要合理推进，另一方面要基于一定的利润分成比例，二者相加即是每一度电的收费标准。但是，电网环节具体的定价是不能由国网公司确定的，也不能简单地由审批决定，也不是电监会等监管部门的职责，我认为应由发改委组织听证会，规划预测重要行业的价格。也只有这样，电网公司才能上市，而且其运营稳定的特性才能让电网公司成为最好的概念股。

（三）售电侧的增量改革

在增量改革上，当前可着手售电侧的改革。售电侧的改革即培育售电主体，建立电力交易所。中国目前没有售电公司，而国外拥有大量的售电公司，它们穿针引线，实现了大用户和厂商的见面。当然中国电力改革走到今天是成功的，国家电力公司成立这十年，是中国电力发展最好的十年，它并没有用美国模式和英国模式推进改革。但若要实现电改的顺利推进，当前须继续进行增量改革，而当前最有效的就是售电侧，这是因为一方面售电侧属于竞争领域，另一方面售电侧的主体目前还没成型，因而售电侧的增量改革不会触及任何人的利益，而且也是当前国家电网公司不得不改革的前提下，最好的选择。国家电网公司的员工都可以成立售电公司，并由国家能源局以牌照形式给予售电公司成立资格，像证监会培养证券公司那样培育售电主体。

深化售电侧改革，除了要培育售电公司，还应借鉴德国、美国等发达国家的经验，建立电力交易所。通过电力交易所，解决电力预测的问题。电力预测无法由发改委的官员拍脑袋决定，它实际上是一个市场化的概念。我承担了国家的《期货法》《国有资产法》《证券法》《基金法》的起草制定工作，但是直到今天《电力法》还没有出台，让发改委主导的《电力法》肯定难产。

在《期货法》制定过程中，还提到过电力的远期现货和期货能否上线的问题，这几个概念决定了电力预测能否成功。现在的问题是，当前国内没有人管电力规划和预测，都在搞审批，所以电力多了少了永远解决不了。没人管一方面是缺人管，另一方面是有人管也没这心思。因此，须将电力预测交给市场，明确市场化方向。当售电侧的主体建立起后，增量的很多东西自己就能预测了。

我一直在提，电力交易所的伟大之处在于引进了金融的概念，能够预测不同季节不同时点的电价。不否认很多人会做套利，但是如果有大量的电力企业能在这里进行套保，就能控制风险，预测电力价格。所以我认为当务之急是在售电侧进行电力改革，把私人售电公司和电力交易所培育起来。

综上，下一步改革有两大难点，其一在于国家发改委，其二在于国家电网公司。一方面，须将发改委改为国家发展规划署，使其把精力放在规划上而不是审批上；另一方面调整国网公司统购包销模式，改为收取过网费的模式。只有解决了发改委的行政垄断和国网公司的经济垄断，真正放开两头，让发电侧和售电侧两头对接，电改才能顺利推进。

（四）电力改革展望

现在中国民营企业根本不敢投资发电领域，因为在煤炭可以涨但电力价格不能涨的形势下，谁还会在发电领域坚守，最后留在发电侧的只能是国有企业。因而当前国有企业占领全部发电领域的局面，不是因为发电领域没放开，而是这一领域的收入没有保证。因此，电价市场化改革必须尽快推进，要看到的是，在新加坡、印度尼西亚的投资发电，电价都是随行就市。

总而言之，应明确改革的正确步骤，稳步推进增量改革，在售电侧成立私人售电公司和电力交易所。但是这一刀切在哪儿，售电环节上有没有带小区的配电，这一点上争论比较大。我接触的几个民营公司表示，供电局、配电系统可以把这一刀切在院外头，这里面就有很多生意可做。也有人持不同观点，供电局这一刀要一直切到小区门口。

在售电环节的改革会更符合增量改革的理念。因为是新生事物，电力交易所的成立不会触动现有利益，而成立私人售电公司是改革的大势所趋。应该说，无论是发改委，还是国网公司都应认清这一点。此外，国网公司在大用户和供电商间收过网费，其取得的利益未必会比现在差。若国网公司能向城市网络供应商方向发展，向水网、气网、互联网扩展，今后再搞产业资本与金融资本相结合并上市就不会被人指责。

国电（网）公司生存的理论基础与发展建议

背景：本文以《从国电公司改革看我国电力工业发展》和《国电公司生存的理论基础与近期发展建议》为题分别刊登于2000年7月《电力企业管理》、2000年7月18日《产业论坛》、2000年8月《中国工业经济》和2000年8月8日《经济日报》，以《国电公司思变》为题刊登于2001年8月《财经界》。

一、问题的提出

1997年1月，国电公司正式挂牌，并与电力部“一套人马、两块牌子”，双轨运行；1998年3月19日，电力部撤销，国电公司脱离政府序列，开始在市场经济轨道中以陌生的企业思维方式和行为方式探索前进。

国电公司诞生于新旧体制激烈碰撞的交替时期，这一时期以政府机构大改革和产业、企业组织结构的深度调整为重要特征。因此可以说，国电公司既是政治体制和经济体制改革的产物，又是市场经济发展的结果，一出生就预示着它的发展并非坦途，而是一项艰难的开创性事业，它既要借鉴发达国家同类公司的运作模式，又不能完全照搬；既要从全局出发，考虑与旧体制的对接，又不能贴得太近，有复制旧体制之嫌；既要大胆往前走，又不能走得太快而导致不稳定；既要让国务院领导放心，又要让下属企业满意。因此，矛盾中求发展、探索中求前进是国电公司注定的命运。

国电公司成立三年来，实现了电力作为基础产业，从计划体制下政府为主体的管电模式向市场经济以大公司为主体的办电模式的转型。同时，确立了自身电网经营型、电源控股型、集团化、现代化的功能定位。但是，政界、理论界和企业界对国电公司的非议一直没有停止，甚至一些高层领导对国电公司生存和发展的态度也是模棱两可，认为变电力部为国电公司不过是权宜之计，国电公司本身也只是一个过渡产物。在这种背景下，国电公司的发展仍然具有不确定性和来自各方面的挑战。

（一）来自自我的挑战

最大的挑战莫过于此。在理论探讨国电公司定位时，人们似乎都很明白，但遇到具体问题，习惯性思维就作祟，行政权力就像诱人的“罂粟花”，令人留恋而难以放弃。加之改革措施不配套，国电公司在成立初期不得不代行许多政府职能和行业管理职能，“我不管谁管”的强烈责任感时时影响着国电公司角色的转换。因此，只有勇于向自我宣战，清除旧体制痕迹，果断让出行政权力，国电公司才能为自己开辟一条崭新的发展之路。

（二）来自国电公司系统的挑战

系统内有一种普遍看法：中国现有的电力供求关系与管理体制格局基本平衡，国电公司似无存在必要。持这种观点的同志简单地把国电公司实体化与各局部的权与利对立起来并作壁上观之态。国电公司重组中，如果某些改革措施不力或集分权调整的时机掌握不佳、方式不当，就可能导致电力行业经济效益下降和服务质量降低。因此，如何使系统上下转变观念、统一思想，充分认识国电公司重组的必要性和紧迫性，论证国电公司及其子分公司的生存与发展在理论上合理，在实践中可行，是国电公司必须正确对待的。

（三）来自理论界的挑战

理论界有一种观点，认为国电公司以垄断组织形式存在，与社会主义市场经济的基本原则和竞争法则相悖，要求电力行业打破垄断、引入竞争机制的呼声日益强烈。在五大电力集团公司分治已是既定事实、国电公司又是部改公司的前提下，国电公司如果不能彻底摆脱政府机构的思维方式和行为模式，不能找到合理定位，继续政企不分，就将受到越来越多的批评和指责。因此，必须主动推进改革，依靠改革迎接挑战。

（四）国电工业的重任在肩

电力工业是保证国民经济实现可持续增长的重要基础产业，国电公司系统是我国电力工业的主力军。国电公司改革的成功与否不仅对自身和系统内的影响重大，而且将直接影响国民经济的协调、稳步发展。

不过分地说，国电公司面对诸多不确定因素，生存与发展环境偏紧，自身的实体化改革不允许走错一步，一招不慎则全盘皆输，这是国电公司的真实处境，也是本文提出国电公司生存和发展的理论和建议命题的关键所在。

二、国电公司存在的理论基础

从电力行业作为有限竞争和自然垄断的行业特点出发，从迄今为止我国的电网仍为七八块各自封闭运行的独立电网而没有实现全国联网、全国统一的电力市场并没有形成出发，从国电公司历史上作为部改公司、前途上作为主要从事电网建设和经营的集团公司出发，从中国的电力工业实情和发达国家的电力公司实践出发，我认为，国电公司的产生不仅在实践中是必要的，而且在理论上以下述三个理论作为依托。

（一）非均衡论

相当长一段时期，国电公司系统内和社会上存在一种普遍观点：由于近年来电力市场上供求关系的改变，五大电力集团及各独立省公司在各自的区域内实现了自求平衡，这种平衡决定了我国电力工业保持五大电力集团企业组织模式的合理性，由此形成电力管理体制的总体平衡。这具体表现为以下几点：

（1）电力的供求均衡。多方集资办电政策明显见效，电力长期供不应求局面大为缓解，供求平衡，供略大于求的局面不仅理想，而且为国民经济的发展提供了一定的想象空间。

（2）市场竞争均衡。五家电力集团和七家独立省公司的企业组织格局有统有分，适度竞争，既符合社会主义国情，又符合市场经济竞争法则。

（3）电力管理体制平衡。国电公司系统占全国发电量的60%左右，因此，全国电力供求平衡与国电公司所属五大集团和七家省公司自求平衡的管理体制密不可分，这种平衡的管理体制是合理的，这一体制格局至少应维持到2010年三峡电站投产之后。

（4）电网布局平衡。现有分割的电网格局与我国生产力及经济发展相平衡。而全国联网技术上不可行，经济上不合理。第一，五大电力集团和各省公司已基本实现自求平衡，即使全国联网，也不会有交换电量，葛沪线就是一个典型例子，60亿千瓦时的输送容量，交换电量不足1/6。第二，全国联网投资过大而交换电量又少，远距离输电线损大、成本高，经济上不合算。第三，目前处于分割状态的输电网主要有50万伏、33万伏和22万伏三个电压等级，全国联网会使主网架不匹配，技术上不可行。因此，在五大集团和七家独立省公司的电力体制下所形成的七八块独立电网的封闭运行模式，才是符合中国电力工业现状和市场经济发展方向的（见《产业论坛》1999年第11期，丁宁宁文）。

我们将上述观点归纳为均衡论。在均衡论的指导思想下，东北电网与华北电网之间的网距只有140公里，也仍未联网。

但是我认为，现有电力供求和体制格局在均衡表象的背后，掩盖着深层次的不平衡。

第一，资源分布和地区间用电负荷不均衡。西部水电资源、中北部煤炭资源丰富，东南部经济较为发达，这些都决定了“西电东送、北电南调”的电力供求基本格局，尤其是在党中央提出的“西部大开发”政策下，认清这一点尤为重要。我国地域辽阔，东西时差大，新疆与东北的时差至少两个小时，南北温差大，客观形成了供用电不均衡的自然原因，决定了不同地区用电高峰和低谷的不同。如果我们能够把不同地区的用电高峰在时间上错开，再通过全国联网对现有电力资源进行重新均衡配置，解决资源和用电负荷的不均衡，它所释放出的潜力将是非常大的。此外，我国水资源丰富，不同流域间的丰枯水季节不同，要实现在丰水期水电多发不弃水，枯水期火电多发跟得上，保持均衡供电，就需要在不同的流域之间进行调配，而通过水电和火电资源的合理分布并联网，完全可以弥补由于丰枯差带来的供电不平衡问题。

第二，电力企业机组结构不合理。高耗能、高污染的小机组大量存在，不仅电源水平很难提高，而且经济规模无法形成。

第三，低水平的供应量。目前我国人均用电量只有世界平均水平的1/10，城市和农村居民用电受到配电网的严重制约，只能维持简单需求。

第四，输变电网的瓶颈束缚。在中国经济低速运行、结构调整时期，用电需求较弱不仅是暂时现象，而且与输变电能力较低密切相关。

第五，电价极不合理。不同地区、城乡之间电价差别很大，人为制造的行业平均利润率以消费者的极大付出为代价。

第六，严重的地方保护。区、省自求平衡导致严重的地方保护、市场分割和局部的高度垄断，难以在全国范围内实现优胜劣汰和结构调整，消费者受损，地方政府得不偿失，人们对电力行业的批评日趋严重。

但是，目前中国的电网基本上是五大区域网再加上若干封闭的省内小电网，互不连接，没有统一电网实现平衡，造成了巨大浪费，解决这一问题的前提一定是实现全国联网。

结论：中国的电力结构和供求关系在总体上和在局部上的平衡仅是暂时的过渡现象，随着经济的发展，现存和继续产生的不平衡证明中国的电力结构在本质上是不平衡的，我们将其归纳为“非均衡论”。解决“非均衡”的状态，要求构筑全国统一市场，最有效地利用资源和为社会提供优质产品和服务；全国统一市场要求全国联网；全国联网依靠五大集团公司或独立省公司作为建设和经营主体几乎是不可能的，只有国电公司才能在全国范围内调度现有电网的存量资产和各种增量资源，完成全国联网这一重要使命。

非均衡论是全国联网的重要理论支点，当非均衡理论支持下的全国联网被人们普遍承认并尽快实现时，国电公司的存在价值才能真正为人们所不争。未来几年中，国电公司是昙花一现，还是在市场经济中以现代公司形象站稳脚跟，迅速扩张，最终取决于我们对非均衡论的真正理解、大力宣传和全国联网的组织实现。

（二）大循环论

目前，我国电力体制存在的突出问题是多种电价、差别很大、极不合理，各种矛盾集中反映在电价上，有人认为这种状况是国电公司一统天下的结果，但经过认真分析，情况并非如此。

首先，政府有关部门审批制下的还本付息电价政策导致“高进高出，一厂一价”。这一政策虽然在历史上促进了电源项目的发展，但忽视市场供求规律，以电价不断攀升、用户和消费者利益受损为代价，更重要的是，旧体制计划办电的旧模式难以被市场办电的新机制所取代。

其次，分割的电力市场无法使有竞争力的电源企业通过竞价上网增大发电量，不能通过优胜劣汰提高电力行业服务质量和经济效益，资源得不到优化配置。

第三，一些地方政府在局部利益的驱使下，不肯用外省、外区的低价电，拼命让自己投资或贷款担保的电厂发电，将高价电强加给用户。这种高成本、局部小循环、保护一个点的做法，使用电单位成本上升、利润下降，客观上产生了打击一片的效果，不仅用电单位利益受损，地方税收减少，财政收入下降；而且城乡居民被迫使用高价电，对地方政府和电力管理部门产生诸多抱怨。事实上，这种靠地方保护生存的小循环，首先损害的是地方的自身利益和当地消费者利益。小循环在目前我国电力市场供过于求的情况下十分盛行，它以浪费资源、牺牲消费者利益为代价，抑制全国联网的大趋势。以五大区为基础的中循环，虽然在规模上比小循环大，但实质上并没有给全国电力资源的统一配置带来根本性变化。

显然，电价不合理的根本原因，一方面是审批制办电的体制使我们积重难返，另一方面是现有电力工业的生产力布局和管理体制本身不合理。因此，我们必须改由电力项目和电价制定的审批制为市场准入制，同时必须打破“均衡论”和建立在地方保护主义基础上的小循环和中循环的旧管理体制，尽快过渡到建立在全国联网基础上的大循环，通过竞价上网，破除地区分割和封锁，实现资源的优化配置，提高资源使用效益。所谓大循环，就是让地方政府从地方经济的整体格局和当地消费者的消费权益出发，算大账不算小账，获取成本较低的电力资源。尽管使用外地低价电会使本地区、本系统的电厂受损，换来的却是整个地区工商产业用户的用电成本下降、利润上升，这必然会促进当地税收的增加。而地方政府通过增加的税收和财政收入，则可对受损的本地电厂给予适当补贴，最终实现受益一大片、保护一两点的大循环模式。大循环还可使当地城乡居民受益，给当地政府带来的间接综合收益也是不可低估的。而就电力工业体制的改革来看，大循环走出了长期以来电力行业各局部自身封闭运行的怪圈，理顺了体制，并朝着竞价上网的方向迈出了坚实的一步。

此外，农村电价过高、用电量过低是一个长期没有解决的问题，也是近几年电力供给过剩的原因之一。目前提出的一个办法是以城市用电“背”农村用电，实质上这是不符合市场经济规律的，也是难以长期维系的。只有通过全国联网实现大循环，才能从根本上解决城市与农村用电的同网同价问题。

大循环将走出电力行业各局部封闭运行的怪圈，理顺体制并朝着竞价上网的市场方向迈出一大步。如果说大循环建立在全国联网基础上，那么全国联网则取决于国电公司准确的功能定位和迅速发展，因此，全国联网既是国电公司的安身立命之本，更是其重要使命。

结论：使我国的电力工业体制从小循环步入大循环，一方面要通过对大循环理论的深入探讨和普及宣传，让各地方“诸侯”认识到“从保护一点、打击一片”到“受益一片、补贴一点”，算大账不算小账的经济合理性；另一方面，要让人们普遍看到国电公司在实现全国联网，构造全国统一市场，实现大循环而让消费者受益过程中不可替代的重要作用。

（三）有限竞争论

垄断和竞争的关系是现代生活中人们谈论越来越多的话题。

首先，垄断是与竞争相对应的概念。在计划经济体制改革的进程中，众多行业皆遵从垄断是竞争之母这一史实；而在市场经济体制下，现代公司的运作轨迹又充分证明了垄断是竞争发展到一定阶段的必然产物。垄断在计划体制国家和在市场经济国家中均普遍存在，垄断对某些关系国计民生的基础产业的稳定发展具有积极作用，它可避免那种由于盲目竞争所带来的波动和浪费，但垄断本身由于缺乏竞争，又会产生综合效率低下，以致不能为社会提供满意的产品和服务的负作用。因此，垄断是一把双刃剑。

从理论上看，垄断分为以下几类：

（1）按照垄断的性质，分为行政配置型垄断和资本积累型垄断。行政配置型垄断建立在计划体制上，是人为用行政手段主观地配置社会资源，配置主体是政府；资本积累型垄断，是靠单个资本的积聚或收购兼并实现的资本集中所形成的垄断，这种垄断产生于竞争。如果说前者是社会主义国家普遍采用的资源配置手段，后者则是资本主义国家典型的资源配置方式。我国实行社会主义市场经济的改革政策，因此，对国家基础产业的发展和经济结构的调整，应在尊重国情的基础上，借鉴市场经济垄断与竞争关系的一般发展规律，力争找到一条快速稳定发展的捷径。

（2）自然垄断和人为垄断的关系。电力行业到底是不是自然垄断行业？自然垄断行业的特点是什么？这是探讨国电公司生存和发展理论不容回避的问题。自然垄断在经济学意义上的基本特点是：在某一行业中一个厂商生产的产品总成本低于两个或两个以上厂商生产该产品的成本之和，这样的行业就属于自然垄断行业。因此，各国政府通常会直接授权一家企业垄断该行业的生产经营而不允许通过市场盲目竞争带来的不稳定和短期的低效率。一般来说，自然垄断由行业特点决定，通常适用于电力、铁路、公共交通等价格需求弹性较小的公共产品或服务，绝大多数自然垄断行业又与政府作为主体进行的人为垄断密切相关，被认为是一种特许权垄断，因此自然垄断与人为垄断并不是截然对立的。随着科技的发展和新经济的出现，许多基础产业和公共产品的替代物相继产生，人们对运用计划手段和市场手段配置资源的综合优势来发展自然垄断行业的认识也在不断变化，因此，自然垄断行业本身的界限和范围也是随时间和空间的不同而不断变化的。

就电力工业来说，我们可以说它是自然垄断行业。但是，当我们对电力行业进行产品细分时就会发现，随着经济的发展和市场经济范围的扩大，国民经济生产力基本布局的变化呈日益加速之势。早期被认为包括于自然垄断行业之中的电源部分，今天则已被人们公认不在自然垄断行业之列，完全可以放开竞争。而电网特别是输电网，迄今为止在世界各国均被认为是自然垄断的，中国也不能例外。尤其是我们这样一个资源分布极不均衡的大国，很难设想允许单个厂商盲目建设和经营电网所带来的非经济规模之劣势和对国家经济安全所造成的威胁。

（3）按照垄断权的功能，可分为所有权与经营权合一型垄断和单一经营权垄断。所有权与经营权合一型垄断是传统的对自然垄断行业的经营模式，即所有权高度统一，通常在国有独资企业形态下实现对经营权的垄断。单一经营权垄断是对某一产品或行业实行统一经营，包括统一价格、统一质量标准等，但所有权适当分散，在所有权多元的条件下，以股份公司形态通过向其他投资者配售优先股等方式，使其只拥有约定的股息率而无表决权，以此保证国家股东实现既可通过筹集社会资金发展自然垄断行业，又可确保对该行业的统一经营权的战略目标。如，电网就可以在适当的时候，从所有权和经营权统一的自然垄断逐步演变到所有权放开的单一经营权垄断。

由于电力工业在国民经济中的重要性、基础性和公用性三大特点，许多发达国家都曾一度将电力工业视为自然垄断行业，因此，电力工业从最初的自然垄断到逐步引入竞争机制经历了一个较长过程，在市场化的过程中，不少国家把电力工业划分为发、输、配、售等不同领域，首先在发电和售电环节引入较多竞争机制，将输电和配电尤其是输电限制在有限竞争的范围内。从我国的实际需要出发，国电公司亦应致力于在发售电环节引入竞争机制，培育市场，走中间统一经营、两头充分竞争之路。

国电公司组建和成立的理论基础就在于电力行业尤其电网经营领域是

自然垄断行业，这一行业在一个较长时期内都不可能是充分竞争领域，即使在这一行业适度引入竞争机制，竞争也是有限的。有限竞争论是国电公司产生和未来很长一段时间发展的重要理论基础，必须根据这一理论来制定国电公司的经营内容、服务标准和工作方向。同时，也应组织力量在全国范围进行宣传，以使人们对国电公司有更多的理解和支持。国电公司的经营功能定位于电网的建设和经营是符合电网作为自然垄断行业特点的，而这一领域又是不能引入充分竞争机制的。那种认为建立国电公司并实现全国联网就是搞大一统的旧体制复归，从而阻碍竞争的提法是缺乏理论和现实依据的。

三、全国联网——国电公司的重要目标

目前，我国电网公司设施基本是以五大电力集团为基础形成的七八块电网，互不连接。在这一背景下，抛开全国联网，无论我们讨论竞价上网还是讨论电力工业体制改革，无论是争论国电公司的存在价值还是肯定五大集团逐鹿中华的现实，无论是谈垄断还是讲竞争，都是“只见树木，不见森林”，“只抓皮毛，不看实质”，难以产生实际意义。

当前，全国联网到底在技术上是否可行，在经济上是否合理？那种否定全国联网的观点，在理论上和现实中都是不能成立的。第一，全国输电网的主网架完全可以通过技术手段实现联网后的匹配，远距离输电问题则可通过科学的市场接力式调度加以解决；第二，变交流输电为直流输电即可解决线损问题，在技术上不存在难点，如葛沪线；第三，全国联网所实现的资源优化配置带来的效益将远远大于其投资；第四，只有全国联网，才能实现竞价上网、有效竞争和优胜劣汰，才能为消费者提供低成本的电力产品；第五，全国联网的经济性绝不能用静态和今天的眼光去看，而必须用动态和发展的眼光对待。如果没有统一大市场，就永远不会有交换电量、资源的优化配置和消费者满意的产品。尽管我从市场经济的原则出发推论统一大市场一定是经济的，但更尊重一切都只能由全国联网后的实践作为检验的标准。

从中不难看出，全国联网已成为深化电力体制改革和建设全国统一电力市场的关键，也是我们客观评价国电公司产生和发展的标准。依靠各省公司和五大集团推动全国联网是不可能的，它们本身作为均衡论的支持者，更愿维持既有格局，而全国联网必然带来体制格局的变化和利益的重新分配，既有利益极有可能得不到保障；同时，全国联网需要巨额投资，五大集团和省公司均没有这样的实力。

对于电力工业来说，全国联网是实现结构调整的前提，只有打破地区分割和保护，才能淘汰高成本、低效益的电源企业，实现资源的优化配置，提高使用效率。

国电公司的设立必须基于全国联网这一目标，以寻求资源的优化配置、提高资源的使用效率和效益、构筑全国统一电力市场为己任，集中力量建设电网和经营电网。一旦实现跨区联网和全国联网，即可在国电公司的直接推动下，迅速推进从省到大区、从大区到全国范围内的竞价上网。因此，从战略眼光看，全国联网将不仅打破诸侯割据的分割体制，而且必然成为中国电力发展史上的一座里程碑，具有划时代的意义。

四、对国电公司近期发展的建议

研究国电公司的生存和发展，必须从哲学高度予以认识，这一改革并不是简单机械地重复政府机构改革的“合久必分，分久必合”，而是在“合”中体现“分”，在统一电网经营中分解其功能，并在此基础上分拆其资产和业务，正确理解“两型两化”的内涵，实现电网经营权统一和所有权多元的有机结合，探索出符合国际规范和中国国情的现代电力公司的组织制度。

（一）进一步转变观念

对国电公司的各级领导和一般工作人员来说，转变传统的思维模式、战胜自己并不容易，却非常关键。对此，特别要注意防止两种情结：第一，恋“权”情结，即在管理上习惯于也愿意扮演政府角色，承担政府职能。对此，必须看到，行政权力十分诱人，但也十分害人。第二，恋

“源”情结。对此，在生产经营上习惯于抓电源企业建设，抓发电企业经营，甚至认为没有电源和发电就不是电力公司，就不能体现国电公司的实力，不能完成国电公司的使命。而这正是国电公司被人们批评的要害所在。如果说目前国电公司的同志对恋“权”情结的危害已有了一定认识和警惕，那么毫不客气地说，对国电公司的生存和发展威胁更大的恋“源”情结则远远未被人们所察觉。只要不割舍这种情结，国电公司就要么被人们批评为搞大一统的纵向垄断，要么被人们抨击为搞不平等竞争。而这的确是客观存在的。

（二）进一步明确国电公司的功能定位

首先，国电公司的发展绝不能以“电力部系统”的概念为前提；其次，国电公司必须打破“不能不管发电”的观念；第三，在功能定位上要进一步明确“两型两化”中的“经营型”是指电网经营，放开电源，经营电网，不能继续抱住大型电厂、坑口电站、水电站、新能源等发电环节不放，否则厂网分开就是一句空话，不仅会分散国电公司集中优势从事电网经营的战略构思，而且难以摆脱对国电公司搞大一统经济垄断的指责。

因此，必须抓紧研究国电公司的电网经营模式，在发、输、配、售四个环节中，实施三步走战略：

第一步，厂网分开，逐步将国电公司投资的电厂改造成独立电厂，回收对电厂的投资，集中精力搞电网。

第二步，引入民间资金，选择一两家供电单位进行放开配电网的试点改革；同时积极配合经贸委电力司探索私人售电公司的组建。

第三步，抓紧研究输电网所有权和经营权分开的可行性，最终实现输电网的股权融资和上市的目标。

在推进全国联网的同时，应把竞价上网提上日程。竞价上网亦应分三步走：探索以省为单位的竞价上网，逐步过渡到以大区为单位的竞价上网，最终形成全国联网基础上的竞价上网。

目前，多元发电主体的形成和相对过剩的电力供给为竞价上网提供了可能，必须抓住电力相对过剩的有利环境，适时推出局部竞价上网。

（三）正确处理电网建设、电网经营和电网所有三者关系

首先，从电网建设和电网经营的关系看，应建立“电网大家建，经营统一管”的指导思想，在抓紧跨区电网建设的同时，还应考虑通过电网存量资产的重组和企业组织结构的调整，迅速扩充国电公司电网资产和经营规模，尽快使电网经营收入和利润占到国电公司业务收入和实现利润的一定比例，并形成国电公司主营业务收入和利润的新的增长点。

其次，从电网经营和电网所有的关系看，应看到在今后相当长的时间内，输配电网建设的滞后将成为电力工业发展的“瓶颈”，因此，在全国联网进程中，仅靠国电公司自身投资是远远不够的，在国电公司统一经营管理电网的基础上，可考虑以优先股方式或向国有股东发行“金股”（一票否决权）的方式动员社会法人和外资投资于一些局部输电网及城市、农村配电网，加速输电网的股份制改造进程。优先股的特点是实行约定股息率，没有表决权，非常适合于国家对输配电公司的产业政策，通过发行优先股和金股制，完全可以实现电网公司所有权和经营权的分离，既可广泛集资办网，使电网建设快速发展，又不违背电网统一经营的产业政策，这应成为我国电网经营的目标模式。

值得强调的是，目前我国的电网没有独立价格、经营利润偏低、缺少发展空间和融资空间等问题，是制约国电公司利用资本市场实现快速发展的重要因素。1999 年国电公司实现利润 86.7 亿元，其中主营利润有 15 亿元，只占 17%，主要原因是长期以来重发电、轻输电的指导思想使电源与电网的价格、利润分配不合理，国际上一般发电与输配电的价格与利润比为 4：6。华北电力集团提供的数字表明，在电价和利润的配比中，发电占 80%，而输配电只占 20%。此外，1999 年国电公司总售电量为 8179 亿千瓦时，其中自身发电量只有 2701 亿千瓦时，占总售电量的 33%，外购电量占 67%，在发电利润高、输配电利润低的情况下，这也是其主营业务利润低的主要原因之一。所以，无论从国电公司迫切需要提高主营收入和利润的角度出发，还是从放开电网所有权、以股权方式融资上市的角度出发，均应尽快制定发、输、配三段式电价，提高输配电环节利润率。

（四）正确处理国电公司实体化进程中的集分权关系

国电公司的实体化进程，是国电公司改革成败与发展好坏的关键一步，国电公司上下必须给予高度重视，应树立理论先行的意识，正确处理与五大集团公司的关系，即先在软组织上找到变五大集团公司为分公司的管理手段，做到既能完成必要的组织调整，又能充分调动下属企业的积极性，尽可能回避由于集权管理不当可能带来的政治和经济风险，务求改革顺利进行。

尽管国电公司“以小部大公司方式双轨运行”和“按公司运转方式进行组织结构设计”的前两步改革已完成，并且正在实施网公司的分公司化及对其资产与组织结构的重组，但是，如果不能确保这项改革成功，人们便会将其与国电公司存在的合理性联系起来，带来的不仅仅是国电公司的内部管理问题。国电公司系统内部仍有相当一部分人对国电公司所进行的集团公司分公司化的改革举措持观望和怀疑态度，焦点在于五大集团公司分公司化后能否找到一种有效的管理办法，既有利于提高国电公司系统资源的统一配置效率，同时又能够充分调动集团公司的积极性。

国电公司的实体化进程，要以制定科学有效的管理手段为前提，防止分公司化导致吃国电公司大锅饭和低效率的现象发生，因此，有必要研究五大集团分公司化后作为经营中心和利润中心的可行性。在明确分公司利润中心的基础上，建立以国电公司财务管理为龙头的统一结算制度，可以说是正确处理国电公司母子公司和总分公司集分权管理的最佳模式；应切忌在理论和组织准备不充分的条件下就把集团公司变为成本中心，搞收支两条线。

在此提出事业部制，以确立国电公司与全资子公司和分公司的集分权关系。（详见第五篇的《国电公司职能机构改革方案设计》）

从国电公司的具体情况出发，对五大集团公司采用分公司模式还是全资子公司模式并不重要，关键是要能够有效地实施集分权相结合的分公司事业部制和全资子公司事业部制。理论上，事业部制只适用于不具有法人地位的分公司或部门，但全资子公司只有一个出资人，其资产与出资人财产很难划清，经营管理完全由出资人控制，二者可以看成是一体的。在这种情况下，全资子公司在管理上可以视同分公司，当然能按照事业部制模式管理。国电公司可选一家或几家子公司进行子公司事业部制试点，这是一种创新模式，将为中国大公司管理走出一条新路。

（五）慎重对待“省为实体”

国电公司改革中，“省为实体”是一个重要指导思想。在打破传统体制、变集团公司为分公司的实体化进程中，“省为实体”正在得到强化。我们必须意识到，在电力供给相对过剩的情况下，省为实体将有可能导致各省公司不惜代价保护本省电源而排斥外来电源的现象，在五大电力集团公司取消后，电力市场的分割反而更加剧了。因此，国电公司除了有必要申明五大集团分公司化的目的是在打破分割的基础上实现全国联网，在行动上则应加快大区之间和大区与省之间的联络线建设，为全国联网和进入大循环做好充分准备。

（六）注重外部环境的改善和改革措施的综合配套

国电公司改革的成败不仅取决于自身改革是否有充分的理论准备和切实可行的管理措施，而且取决于宏观经济环境的改善和政府改革措施的配套。例如，电力价格不合理已是众所周知的问题，对电力体制改革与国电公司的发展日益产生不利影响。但是，电价的确定涉及电力开发项目的立项、投资、审批、电价核准、施工建设以及生产经营等一系列环节的诸多因素，实事求是地说，这些都不是国电公司能左右的。比较典型的例子是二滩水电项目，这是一个利用世行贷款，旨在实现“西电东送”的项目，建设投资近280亿元，其中所有者权益仅11亿元，只占3%左右，与国家基建项目的自有资本金应达20%的要求相差甚远，还本付息压力非常之大。从世行要求的二滩电站应达到12%的净资产利润率指标看，只有将电价提高到0.45元/度才能实现，即使降到0.31元/度的价格上网，也仍然不具竞争力。此外，川渝分立，两个利益主体消纳一个项目，在协调上发生困难也是重要因素。显然，这种项目只有靠旧体制的呵护才能生存，一旦体制理顺、全国联网并实现竞价上网时，无疑将寸步难行。

显然，对这类项目一定要从体制深处和源头找原因，如主持项目审批大权、电价核定及拨付企业和项目自有准备金的国家计委要首先躬身自醒，今后再批此类项目时，要改变传统做法，实现市场选择。

（七）充分利用西部开发的有利时机

国电公司在2000年电力工作会议上提出，要以西部大开发为契机，加快西部城乡电网的改造，大力推进“西电东送”，积极开拓市场，争取政府在投资、税收、价格等方面的必要政策引导。毫无疑问，中央确定的西部大开发战略确实是国电公司推进自身改革的有利时机，国电公司应尽快研究制定相关措施，加快电网建设和大区间的联网进程。

“隐性利润”还是“隐性亏损”
——国电公司电网经营解析与思考

背景：2000 年 10 月国电公司财务部陈月明主任给我转来一篇刊登在 2000 年 9 月 4 日《瞭望新闻周刊》上的题为《电力体制改革能否再快些》的文章，希望我谈一谈对此文的看法。我在 2000—2002 年为国电公司制作财务管理模式方案期间，曾了解到国电公司大量一手财务数据。在参考了月明同志给我提供的其他一些文章和资料后，我通过对国电公司收入与利润状况的详细分析，得出了与赵忆宁的此篇文章截然不同的结论，即国电公司不仅不存在所谓的“隐性利润”，而且其电网业务在 1999 年还亏损了 220 亿元，只是由于自发电量上网电价低于外购电量上网电价和资金收益才获得了 86 亿元利润。

同时我指出，电网隐性亏损存在三大弊端——不利于电网建设和全国联网，影响电网股改和融资上市，加大形成合理电价机制的难度。对此，我提出了改善电价结构等五点政策建议。由于种种原因，这篇文章始终未公开发表。

一、问题的提出

伴随国家基础产业市场化改革的进程，电力行业正日益成为社会公众与媒体关注的热点。作为我国电力工业的主力军——国电公司的改革尤为引人注目。电网是不是自然垄断行业？国电公司系统内部能否实现厂网分开？厂网分开后，目前由国电公司垄断经营的电网能否独立生存？这一系列问题均要求把一些人对国电公司电网垄断经营的看法从朴素的感情批判转化到理性分析上来，从垄断产业经营必有垄断利润产生这一主观定性认识深入到对国电公司电网垄断经营是否存在超额垄断利润的财务定量测算上来。

这不仅有助于人们正确认识国电公司电网垄断经营现状，而且便于澄清种种由于不了解我国电网垄断经营实情而产生的对国电公司的种种非议，更重要的是可以对我国电力体制下一步改革如何实现厂网分开提供科学的电力价格财务分析，以使关注国电公司改革和发展的有关部门和各界人士能在了解情况的基础上，得出客观公正的结论。

二、难以想象的“隐性利润”——来自无名专家的非议

1999 年，我国电力市场增长缓慢，国电公司克服城网、农网大规模改造形成的负债和资产规模迅速扩大所带来的巨额财务费用与折旧压力，同时根据上级有关指示，豁免了一些高能耗国有企业长期拖欠的电费，减少了 4 亿元利润，在这样的背景下仍保持效益的稳定增长，实现利润 86 亿元，其成绩得到了中央领导同志的肯定。

然而 2000 年第 36 期《瞭望新闻周刊》发表了赵忆宁的《电力体制改革能否再快些》的专题报道，其中“垄断经营下的漏洞”一节漏洞百出，如该节新闻导语写道：“电力行业集中我国 1/6（约 8000 亿元）的国有资产，1999 年仅向中央财政上缴 86 亿元，资金利润率只有 2. 3%。”

这是一个常识性的错误，1999 年年底，国家所有的境内外各类企业、行政事业单位占用的国有资产为 90964. 2 亿元（约为 9. 1 万亿元），其中经营性的产权属于国家的资产为 66748. 4 亿元（约为 6. 7 万亿元）；而国电公司 2000 年 6 月底总资产为 8544 亿元，净资产为 3881 亿元。

若要比较国电公司占用的国有资产比例，只能采用净资产数额，即：（1）国电公司占用的国有资产与国家国有资产总额的比例为 3881/90964 = 4. 2%（约 1/24）；（2）国电公司占用的国有资产与经营性国有资产总额的比例为 3881/66748 = 5. 8%（约 1/17）。显然由于赵同志搞混了总资

产和净资产的概念，再加上对国家真实国有资产数字和种类划分的不了解，必然发生1/6与1/17和1/24的巨大偏差，而绝对额则差了几千亿甚至近万亿元。资深记者没写出资深文章事小，而对当前处于重要时期的电力体制改革产生的误导则事大。因此，我在这里必须对此类不实报道予以纠正。

此外，该文还引用“一位不愿意透露姓名的资深业内专家的话”，批评国电公司垄断电网经营，获得超额垄断利润。他说：“电网的供电成本一般应在每度电0.1元左右，但是现在电厂上网价与销售价之差一般都超过0.15元，国电公司每年至少供10000亿度电，取得的利润何止86亿元?”“国电公司的隐性利润是人们想象不到的。”这番话的弦外之音无非是每度电盈利0.05元，10000亿度电则应盈利500亿元，而国电公司只盈利86亿元，因此，“国电公司的隐性利润是人们想象不到的”这一判断跃然纸上。其原因要么是腐败，要么是低效。显然垄断是万恶之源，必须打破。

三、翔实的财务分析——对无名专家非议的非议

我们暂且把电网作为自然垄断行业这一迄今被各国所承认的现实放在一边，仅就这位无名资深专家所引用的数字作一分析，即可得出500亿元利润的两个自变量都是缺乏现实依据的，只是主观臆测。

首先，“至少10000亿度电”是失实的。1999年，国电公司实际完成售电量8179亿度（事实上全国售电量也仅9498亿度），二者相差约1900亿度。

其次，“上网价与销售价之差一般都超过0.15元”的推测更是缺乏依据。分析这一问题并作出切合实际的回答不仅可澄清事实，以正视听，更重要的是，这是我国电力工业深化改革无法回避的问题，意义重大。

因此，有必要从国电公司的利润构成入手，对电厂和电网的价格与利润进行科学合理的解析，通过与国际同行业的对比，发现厂网分开后电网重新定价的依据。这既是我国电网获得新生的前提，也是贯彻中央“十

五”规划建议中要逐步实现厂网分开的关键所在。

四、国电公司电力产品价格、收入与利润解析

（一）利润总额构成及电力产品经营利润

1. 利润总额构成

1999年，国电公司实现利润86.7亿元，由以下三部分构成：

（1）电力产品经营利润15亿元。这主要指国电公司系统非独立核算的发电单位和供电（输配电）单位主营效益之和。

（2）投资收益54.6亿元。这来自国电公司系统直接投资的独资、控股、参股的具有法人地位的发电公司和其他公司的利润。

（3）其他利润性收入17.1亿元。这主要指电力修造等辅业、以前年度损益调整、财务收入及其他营业外收支净额形成的利润。

2. 电力产品经营收入及利润情况

（1）1999年，国电公司实际完成售电量约8179亿度，实现电力产品销售收入2672亿元，按每度电提取电力建设基金、三峡建设基金2分钱计，扣减约168亿元，实际销售收入2504亿元。

（2）实际销售收入扣除电力产品销售成本2388.3亿元和销售税费13.9亿元，实现销售利润101.8亿元。

（3）销售利润扣除财务费用净支出86.8亿元，实现电力产品经营利润15亿元。

（二）从国电公司售购电价差看其电网盈亏能力

1999年，国电公司上网电量8815亿度，其中自发电量2778亿度，外购电量6037亿度；完成销售电量8179亿度，线损636亿度，线损率为7.2%。

1. 售购电价差的计算

1999年，国电公司系统累计购电量6037亿度，发生购电成本1502.7亿元，购电平均单价为248.92元/千度（折合0.249元/度）。同年，国电

公司完成售电量8179亿度，实现电力产品销售收入2504亿元，售电平均单价为382.26元/千度（折合0.382元/度），其中含：（1）增值税55.54元/千度；（2）上缴财政的电建基金、三峡基金20.6元/千度。两项合计76.14元/千度（折合0.076元/度）。用户消费平均电价由电网购电价（发电）、售购电价差（供电）与税费3部分组成，即用户消费电价=电网购电价+售购电价差（供电）+税费。

从上述数字推论，1999年国电公司平均单位售购电价差为57.2元/千度（折合0.057元/度）。1999年国电公司电价构成如表1所示。

表1　1999年国电公司电价构成表

单位：元

	发电	供电（输配）	税费	消费价
每千度电	248.92	57.2	76.14	382.26
每度电	0.249	0.057	0.076	0.38
比例	65%	15%	20%	100%

事实上，国电公司每度电的售购电价差只有0.057元，这与那位不愿透露姓名的资深专家所言的“国电公司每度电售购电差价一般都超过0.15元”的主观臆测相差甚远。

2. 单位供电成本计算

1999年国电公司供电成本构成包括四部分：

（1）直接供电费用：国电公司直接归集的供电费用为449.1亿元，按售电量8179亿度折合每千度电的供电成本为54.9元。

（2）利息支出：1999年，国电公司共发生利息支出121.5亿元。利息支出按固定资产原值分配，应由电网承担的利息支出为69.99亿元，按售电量8179亿度折合每千度电应承担的利息支出为8.56元。

（3）税金：1999年，国电公司共发生电力产品销售税金及附加13.9亿元，其中电网应该承担的税金为10.5亿元，按售电量8179亿度折合每千度电应承担的销售税金为1.28元。

（4）供电线损：1999年，国电公司的线损电量636亿度，线损率为7.215%，按购电单位成本248.92元/千度计算，线损支出成本为158.31亿元，按售电量8179亿度折合每千度应承担的供电线损成本为19.36元。

上述四项合计，1999年国电公司单位供电成本为84.1元/千度（折合每度电0.084元）。

3. 小结

（1）0.084元/度电的售购电价差是国电公司电网经营的盈亏平衡点，价差大于0.084元/度电，供电单位才可能实现盈利；价差小于0.084元/度电，供电单位就会亏损。

（2）如前所述，1999年国电公司的售购电价差仅为0.057元/度电，供电单位亏损额为0.027元/度电（折合每千度电为27元）。

（3）假设厂网分开，国电公司网属电厂上网电价也按独立电厂平均上网价248.92元/千度电（或每度电0.248元）结算，1999年，国电公司的售电量为8179亿度，按上述供电单位每千度电亏损27元计算，国电公司电网亏损补贴额应为220亿元。

（三）国电公司15亿元的电力产品经营利润从何而来

按上述测算，1999年国电公司电网单位应亏损220亿元，而实际国电公司1999年的电力产品销售却产生了15亿元利润。其原因有三。

1. 国电公司自发电量上网电价低于外购电量上网电价

关于电网单位亏损220亿元的结论，是建立在网属电厂自发电量以外购电量电价248.92元/千度进行结算的基础上得出的。事实上，1999年国电公司网属电厂自发电量为2778亿度，综合发电成本为490.93亿元，平均单位发电成本为176.68元/千度（其由三部分组成：直接发电成本为159.54元/千度。利息支出为15.92元/千度。税费支出为1.22元/千度），与外购电量平均电价248.92元/千度相比降低了72.24元/千度（折合0.072元/度）。

1999年国电公司网属电厂自发电量2778亿度，按每千度降低成本72.24元测算，总共减少发电成本201亿元。因此，电网单位220亿元的模拟亏损额就减少到19亿元。

2. 资金收益

1999年，国电公司利息净收入等资金运作收益为27.42亿元。弥补亏损19亿元后，电网实际盈利8.42亿元左右。

3. 线损统计偏差

本文上述测算以《1999年电力工业统计资料提要》提供的线损率7.22%为依据，而国电公司1999年财务报表中反映的实际线损率为6.92%，二者相差0.3%，导致线损电量偏差26亿度，按248.92元/千度计算，本文对电力产品经营利润的统计就比国电公司1999年财务报表中反映的利润数字少了6.47亿元。

综上所述可以看出，1999年国电公司供电单位应亏损220亿元，而实际却产生电力产品销售利润15亿元的真正原因是：（1）网属电厂自发电量上网电价低于外购电量上网电价，导致成本降低201亿元；（2）利息净收入等资金运作收益为27.42亿元；（3）本文线损统计偏差少了6.47亿元。

上述三项合计约为235亿元，在弥补220亿元模拟亏损后恰有15亿元利润。

五、一点说明和几点结论

（一）一点说明

关于电网220亿元的亏损仅是模拟数字，这是在国电公司外购电量和自发电量均按目前外购电量的平均上网电价即0.249元/度和目前外购电量的平均下网电价即0.306元/度（不含税费）计算，且在国电公司厂网彻底分离，现自发电厂的电量在分离后也依据上述两个价格上网和下网推算而出的。但必须说明，在厂网分离实践中，由于竞价上网等众多因素，220亿元的模拟数字仅具有理论意义。之所以用这种方式推算，是因为我们很难在目前电价体制极为混乱的条件下找到准确的电网亏损额。

（二）几点结论

结论一：目前国电公司的电网经营根本不存在《瞭望新闻周刊》所引用的那位无名资深专家所言的“人们想象不到的隐性利润”，而是“深藏着巨大的隐性亏损”。

结论二：国电公司1999年8179亿度售电量中有2778亿度网属电厂的自发电量（占33.97%），这是掩盖国电公司电网经营巨额“隐性亏损”的根本原因。

结论三：国电公司作为从事电网垄断经营的产业组织，却没有获得来自电网独家经营的垄断利润，这令人深思。它不仅表明传统电力工业体制“重发轻送”的特点，而且导致了电网行业日益成为我国电力工业发展的瓶颈环节。在现行电价体制下，即便放开电网，充分竞争，只要电价不动，他人也很难涉足。

结论四：现实中，国电公司的“巨额隐性亏损”被其厂网不分的体制所掩盖，厂网不分是一把双刃剑，维持它尽管可保证国电公司为社会公益服务而又不致陷入亏损的境地，但要么会遭到不愿透露姓名的人“巨额隐性利润”的非议，要么会遭到“国情专家”关于厂网不分、谋取私利的攻击。（厂网分开后如何合理地测算利润具有现实意义。）

结论五：一旦我们下定决心，实现厂网分开，就会发现我们将陷入“要么电网发生巨额亏损，要么消费者承受电网回归市场的涨价负担”的两难选择，现实中厂网分不开。电网“隐性亏损”而不是“隐性利润”所引发的电网价格问题，已成为深化我国电力工业体制改革的第一障碍，这点无论如何都应深信不疑。

六、对“隐性亏损”的认识与建议

（一）对“隐性亏损”的认识

中共中央十五届五中全会指明了我国电力改革的发展方向：一是加强电网建设，推进全国联网；二是要调整电源结构；三是逐步实行厂网分开、竞价上网，健全合理的电价形成机制。国电公司的改革就是要在中央有关方针政策的指导下，抓住电网隐性亏损这一主要矛盾，积极寻找对策，稳步推进改革。

首先，电网隐性亏损不利于电网建设和全国联网。

电网建设滞后一直是电力行业面临的困难和问题。电网隐性亏损必然无法吸引足够的投资。事实上，目前网省公司主动投资电网的积极性较低与此不无关系。中国拥有的是一个发展中的电网，必须通过改革形成一个能够吸引国内外投资的有利的投资环境。可以肯定地说，电网隐性亏损绝对不会使我们的电网体制改革向“统一管理、产权多元”的方向发展，资金匮乏将严重影响全国联网的进程。

其次，电网隐性亏损影响独立电厂发展与竞价上网。

如果为保证电网利润，国电公司网属电厂按零利润原则分离，势必导致各独立电厂竞价基础不一致；如果按目前厂商发电成本竞价，网属电厂因成本较低，将获得较高的机能利用小时，其他独立电厂竞价上网难度加大，盈利空间下降。如，1999 年中外合资、合作电厂的上网结算电价（不含税）是 282.09 元/千度，比国电公司网属电厂平均发电成本 176.68 元/千度高出 1.6 倍。这将打击独立电厂投资者的积极性，不利于电源结构调整和我国电力工业的健康发展。

第三，电网隐性亏损加大了形成合理电价机制的难度。

电网隐性亏损实际上进一步限制了电价形成机制改革的空间，合理的“三段式”电价的形成难度进一步加大，深化电力体制改革更为困难。而改变电价形成机制实际上是深化电力体制改革需要解决的首要问题。

（二）对策建议

（1）合理兼顾调整电网、独立发电商、消费者用户、国家四方经济利益关系，积极推进电网电价形成机制改革，使电价真正成为电力资源配置的有效信号，为进一步深化电力体制改革奠定必要基础。

（2）改善电价结构，提高输配电价比重，形成规范的电网建设资金补偿机制，形成一个能够吸引国内外投资的有利的电网投资环境。

（3）按照合理补偿成本、合理确定收益、支持公平负担、调节市场需求和兼顾社会目标原则重新核定输配电价。具体措施包括：①"十五"期间继续实行2分钱电建基金政策并将其并入输配电价；②将供电贴费并入输配电价；③将由竞价上网腾出的空间安排给输配电价；④将电网定性为服务业，用营业税取代增值税。

（4）积极推进目前电价体系向"三段式"电价体系过渡，坚定不移地推进厂网分开、竞价上网。具体措施包括：①按新的标准成本办法重新核定上网电价；②采用差价合约等方式解决现有合同电量的历史遗留问题。

（5）积极引导社会舆论，推进电力体制改革。一个良好的舆论环境对深化电力体制改革起着不可忽视的作用，必须加强沟通与宣传，使人们对中国电力工业与国电公司的现状的认识更为全面和客观，从而支持国电公司作为改革主体完善自我的发展进程。

电力改革输配分开，谋定而后启动

背景：2006年3月十届全国人大第四次会议批准了国家十一五规划纲要，明确提出要把电力的输配分开提上日程。为此笔者撰文指出，必须吸取电力改革只改体不改制导致电荒的教训，并指出输配分开的六大前提。本文刊登于2006年4月24日《中国经济时报》。

一、问题的提出

关于我国国民经济和社会发展的《十一五规划纲要》对深化垄断行业中的电力体制改革明确提出“巩固厂网分开，加快主辅分离，稳步推进输配分开和区域电力市场建设”。

一些同志在电力改革三周年之际，也以“中国电力改革基本不成功”为结论，认为“厂网分开和输配分开不同时推进，根本无法建立电力市场和形成完善的市场机制”（见2005年12月18日《21世纪经济报道》）。

究竟该如何准确地理解《十一五规划纲要》中所提出的“逐步推进输配分开”？输配分开和厂网分开在经济垄断的属性上有何区别？电力体制改革为什么要选择输配分开？什么时机实施输配分开？如何来把握对我国电力体制改革和发展将产生重大影响的输配分开的最佳实现路径和时机选择？这些问题都需要三思而后行。

二、电力改革的方向和方法必须兼顾

（一）电力改革的方向和目标

电力改革的最终方向是打破垄断，引进竞争，完善社会主义市场经济体系。而我国电力行业的垄断既包括输配电网的自然垄断，也包括发电和售电环节的大公司经济垄断，但主要是指以行政审批为特征的行政性垄断。在对国电公司系统的第一次拆分完成后，当务之急是打破政府部门对电价和电源项目的行政审批。因此，电力体制改革下一步打破垄断的首要任务是打破行政性垄断。

而电力改革的目标到底是什么？是不计成本和代价地人为制造若干竞争主体吗？我国近年来的电力体制改革只一味强调拆分国电公司系统的组织体，却无人触及打破电价行政性垄断这一实质性问题，其关键在于主导这场电力改革的主体恰恰是搞电价行政性垄断的政府有关部门，改革革别人的命积极，革自己的命消极。道理已经很清楚，不触动电价这一实质性问题，只强调拆分，不仅对电力改革进程的推进于事无补，而且还可能拆出麻烦。因为任何忽视电力改革最终是要实现为消费者和用户提供质优价廉、安全的产品和服务的大目标的拆分都应该慎行。事实上，由于对电力改革的方法和路径及改革时机的选择考虑得不够成熟所带来的教训已很深刻，国电公司系统厂网分开后，长达三年的电荒和电价持续上涨都是由于季节变化和国民经济增长过快造成的吗？都是由于煤炭价格上涨造成的吗？电荒给我国国民经济和人民生活带来的直接和间接损失至今没有详细的统计，但电价给消费者和用户带来的损失却是算得出来的：2004 年平均每度电上涨了 2.84 分，2005 年平均每度电又提高了 2.52 分，以 2004 年全国售电 1.7 万亿度电、2005 年全国售电 2 万亿度电计算，消费者多支付了约 1600 亿元，这几乎相当于一个三峡大坝的总投资。而与此同时，我国电力行业由于技术构成的进步，发电装机容量的平均造价也从 2002 年以前的 5000 元/千瓦下降到了 4000 元/千瓦，平均下降 1000 元。以 2003 年装机容量 3000 万千瓦、2004 年 4000 万千瓦、2005 年 7000 万千瓦计算，节约了 1400 亿的投资，然而这巨大投资成本的下降带来的同样是电价的不降反升。原因是投资成本的下降又被厂网分开后企业管理成本的增加抵消了。因此，我们今天在探讨输配分开时必须重谈电力改革的目标是为消费者和用户提供质优价廉、安全可靠的产品和服务，电力改革的方向和方法都必须紧紧围绕这一目标推进才行。

（二）电力改革历史的经验值得注意

从1998年至2002年年底，中国摆脱缺电的历史不过五年的时间，而这五年又恰恰是中国电力改革力度最大的五年。以拆分国电公司为改革目标的电力改革刚一完成，中国又重新步入了电荒和电价上升的困难时期。这其中究竟是否存在由于我们对电力改革的目标认识不统一，对电力改革的方法、路径和时机的选择存在失误的主观因素呢？2002年以来，从反思电力改革的角度进行总结的分析文章鲜有所闻。人们通常不愿意涉及这一敏感的话题。从三年来中国出现的严重电力紧缺和电价持续上升的结局来看，确有体制和制度性的原因。而从今天一些同志急于推出输配分开，不惜代价打破国网公司垄断来说，我深表忧虑。因为目前输配分开的时机并不成熟，强行推出不仅将会导致电价新一轮的大幅上升，而且存在输配电网安全事故一旦发生则应对失效的风险。这决定了我不得不再次强调“反思电力改革”这一人们不愿谈及的敏感话题。

事实上从1998年起，围绕中国电力组织体制的改革，针对当时电力紧缺现象得到缓和的现象，在两个环节曾出现激烈的争论。其一，电力是暂时过剩、局部过剩还是中国已步入一个电力长期过剩和总体过剩的时期？针对这一争论的判断结论的体制性决策背后，是关于以拆分国电公司、推出“0＋4”模式为表象，以竞价上网为实质的电力改革的时机是否已经到来的判断。因为这场电力改革无论从组织体制还是市场竞价机制哪个角度看，都要求要在一个宽松的市场环境中推进才是可行的选择。有关部门希望对电力改革速战速决、急于求成的主观愿望最终使得电力已进入长期和总体供大于求的市场环境，电力改革的时机成熟、必须全力推进的观点起了主导作用。这在客观上造成了这一时期我们把主要精力都放在了强调电力体制的组织拆分，而忽视了电力这个国民经济第一基础产业的特点及其应在国民经济中超前发展的预测和规划。其二，该不该抓住当时的时机推进全国联网？一些同志认为，电力市场当时已出现了总体上的供大于求，各地区均实现了就地平衡，搞全国联网也不会有交换电量，在经济上不合理，在技术上不安全；重要的是，搞跨区联网会进一步巩固国电公司的垄断体制，不利于以拆分国电公司为主的电力改革。

上述两种观点的“内耗”性争论和最终选择，事实上是导致我们从1999年开始三年不上新的电力项目、电力的发展与国民经济的发展不协调的重要原因之一，也是导致直至今天中国电力的跨区联网无法实现，像华北、东北这样的局部连接也仅是弱连接，当发生电力危机时，我们无法在贫电省和富电省之间进行电量的有效规模性调度的原因之一。

除此之外，从2000年起，出于对拆分国电公司的考虑，担心国电公司在面临被拆分的改革时期乱投资甚至是转移资产，导致国电公司系统本身电力电源项目的投资和重组受到严重的制约，当时的国家计委还起草了69号文件，冻结了电力系统对外投融资和资产重组的全部项目，这一文件直到2002年年底国电公司被解体都没有解冻。显然，无论是从整个国电工业还是从国电系统来看，在1999—2002年这三四年中，我们把主要的精力都放在如何拆分国电公司上及对其改革争论的旋涡之中。从某种意义上说，这才是作为与国民经济发展密切相关的第一基础产业产生重大影响的根本原因。

尽管目前我们对中国电力体制改革的模式还不能作出正确与否的判断，但至少从改革的时机上看是值得商榷的。忽视中国经济发展的新兴转轨时期和电力这个国民经济第一基础产业的特点及其对国民经济的影响，忽视对电力的规划、预测及其与国民经济之间的协调发展关系，不是从消费者的角度，以最终能够为消费者和用户提供质优价廉的电力产品为改革的目标，采用“大船慢掉头”的渐变方式打破垄断，而是过多地从政府和政治的角度，用“休克疗法”式的方式拆分国电公司系统，对这一教训是应该进行总结的。

从2003年到2005年，对于长达三年的电荒，为什么最终连一个责任人、一个责任主体都找不到？而现在一些同志强调电力改革的不成功是由于拆分不够造成的，这是值得商榷的。而今天，不去破除电价的行政性垄断，电力改革只改体而不改制，不做充分论证就贸然实行输配分开，在分散的体制下，若想确保我国电网的安全运行不出问题，确保输配分开后不导致电价的进一步剧烈盘升，避免使消费者和用户的利益受损，必须有主体负责。我们不希望看到在所谓彻底市场化改革的背景下，一旦电网安全运行出现了问题和消费者难以承受高电价而怨声载道时，又像今天电荒发生后找不到责任主体的现象再次发生。因此，对近年来电力改革与发展中出现的失误给国民经济带来的不利教训必须进行认真的思考，建立科学的决策和纠错机制，为正确理解《十一五规划纲要》所提出的“逐步推进输配分开”这一重大改革提供经验，以便少走弯路。

（三）结论

第一，反思电力改革并不是反对电力改革，而是防止改革者按主观臆想的理想化去设计电力改革的目标模式和实施步骤，而是要实事求是，发挥中国社会主义市场经济的优越性，借鉴西方国电改革发展的经验教训，在此基础上找到一条作为国民经济第一基础产业改革与发展的有效途径。

第二，应该看到第二产业中的电力工业、第三产业中的金融业是现代市场经济中既事关国家经济安全，又关乎人民生活大计的最重要基础产业，必须防止电力改革由于过于理想化而导致的电荒、电价上升和电网重大事故发生的风险。

第三，就电力体制改革来说，我们已经对电力行业这一传统垄断行业的功能进行了发、输、配、售四环节的纵向分离，剥离了自然垄断行业中的非自然部分，即把发电剥离出来开展自由竞争，实行竞价上网。同时，从未来发展看，应破除行业进入的传统限制，在售电侧探讨成立众多的售电公司与配电公司的衔接，既可接受配电公司的批发业务，又可代表或介绍大用户直接向发电商购电，同时向电网交过路费。在此基础上，再去探讨输配分开的具体模式，未为晚矣。

三、输配逐步分开是电力改革的重要选项

回顾历史，无论是1997年成立的国电公司还是国家发改委、电监会的主体改革思路，都把输配逐步分开作为我国电力改革的重要选项，例如，原国电公司在2000年提出的四步走改革战略就曾明确：第一步，1997—1998年，成立国电公司，撤销电力部，政企分开；第二步，1998—2000年，国电公司实行公司制改组，实体化，厂网分开，进行竞价上网试点；第三步，2001—2010年，全国联网并全面推行厂网分开，竞价上网，形成电力市场；第四步，2010年以后，配电和售电放开，最终形成国家输电网公司。

这样的改革思路是把国电公司作为改革推进主体，即进行厂网分开和跨大区联网，搭建竞价上网的平台，培育售电公司，并探讨输配分开的有效模式。而在这一改革过程中，国电公司系统和国网公司作为责任主体直接承担改革和发展的重任及改革失误的风险，发挥电力在国民经济发展安全运营中的主体作用。

必须看到，探索输配分开必须要根据电力产业的特点，解决经济和技术上的充分论证。首先，输配分开本身并不能够打破垄断，从经济学理论上说，输电和配电都具有自然垄断属性，自然垄断在经济学意义上的基本特点，即在某个行业中一个厂商生产的产品总成本低于两个或两个以上厂商生产该产品的总成本之和。简言之，即一优于二，一大于二。无论是输电还是配电，在一个区域内都不应该搭建两个以上的电网平台来提供电网服务，因此，输配电的自然垄断属性并不能因为输配分开而打破，无非是由一个大垄断变成若干个大小垄断。这是由输配电网的基础性、安全性、网络性和规模性决定的。就电力市场的建设来说，输电和配电对市场的影响不同，引入批发竞争需要输电网络的独立开发和公平的输电价格，开展零售竞争需要配电网络的公平开发和独立的配电价格。因此，与其说输配分离的目的是打破垄断，倒不如说输配分离是通过划小核算单位，实现输配电二者成本和价格的核算清晰。因此，纵观各国实现输配分开的组织模式，既有输配电产权完全分开的独立模式，也有总分公司模式和母子公司模式。输配分开显然是非常必要的，但具体采用何种模式，一定要综合考

虑我国电力改革的历史沿革、发展水平和具体国情，国际上没有可以照搬照抄的统一模式。那种简单地认为输配分开就是在企业组织和产权上进行肢解和拆分的理解是不全面的。

而从输配分开的技术难点看，输配电的定义，是指在电力系统中，发电厂与电力用户之间输送电能与分配电能的总成为输配电的统称。其中，将众多电源点与供电点连接起来的主干网及不同电网之间互送电力的联网网架为输电网；在供电区之内，将电力分配至用户并直接为用户服务的支网为配电网。传统的输电网和配电网是以电压等级划分的，如国际上通常将150千伏以上电网称为输电网络，而在发展中国家中132千伏甚至60千伏电网也可能被称为输电网络。但随着城市经济的发展和技术进步，这一划分标准越来越难与输配分开的改革组织模式相衔接，如，在北京和上海的市中心甚至已直接引入了22万千伏和50万千伏的输电线路。这使得：（1）输配电网功能定位不明确。我国电网公司随着国民经济的快速发展也处在高速发展时期，电网功能复杂、变化快，难以按照功能合理界定输电和配电资产。（2）输配电价交叉补贴严重。在我国现行电价体系中，不同区域、不同业务之间的电价存在严重的交叉补贴，输配分开后，供电业务独立的价格机制必然导致销售电价按供电区制定，将会取消各地区之间的交叉补贴，而我国国情决定了电价中的交叉补贴在短时期内难以完全取消。

显然，无论是按电压等级还是以地域划分输电和配电，都十分困难。输配分开的问题必须要通过经济和技术上的充分论证才能在现实中实现。因此，正确理解《十一五规划纲要》中所指出的“电力改革要逐步实行输配分开”，就是要明确：第一，输配分开是我国电力市场改革深入发展的重要选项。第二，输配分开的具体模式和时机选择必须经过充分论证。

四、输配分开的前提与时机选择

（一）以优先成立售电公司为前提

我们必须认真区分电力垄断行业中的自然垄断业务和非自然垄断业

务，对自然垄断业务实行价格管制，而对非自然垄断业务则应放开市场，引入竞争机制。在电力行业的发、输、配、售四个环节中，在一个较长的时期内，必然要实行“放开两边，管住中间”的价格监管政策。所谓放开两头，就是要在发电环节实现竞价上网；在售电环节当务之急是大力发展私人售电公司，在大用户和发电商之间穿针引线，通过众多私人售电公司的市场竞争来实现竞价下网。对此，应首先从售电侧引进竞争，推进配售分开，让电力用户直接参与市场竞争，构建多买方、多卖方的市场结构，通过电力市场的两头放开竞价，让消费者和用户得到质优价廉的电力产品。

（二）以理顺输配电价为前提

鉴于输电和配电均属于自然垄断环节，输配电就是提供一个供发电公司和售电公司竞争的网络平台，这个平台本身不存在充分竞争，而是按照其成本和被社会所接受的一定的回报率来形成输配电的价格和利润，以形成自身外延和内涵扩大再生产的良性循环，因此，就需要由国家有关部门严格审定，也需要消费者和用户通过听证会的方式充分发表意见，最终确定电网的垄断价格和利润。值得指出的是，发达国家电价体系构成中输配电价格所占整个消费电价的比例为60%以上，而目前我国的电价构成中输配电价所占的比例只有30%～40%，距离电网靠自身的利润滚动发展或给投资者以良好回报都相去甚远。显然，不解决电价体制的改革是无法奢谈输配分开的。

（三）确保销售电价稳中有降，让消费者享受到电改实惠

既然电力改革的目的就是要使消费者和用户能够享受到质优价廉的电力产品，就应以电价的稳中有降为前提。然而从这次电力改革提出的四年情况来看，并没有达到这样的效果，不仅出现了长达三年的电荒，而且电价三年来的上涨幅度也是新中国成立以来最为罕见的。值得指出的是，2006年的销售电价由于煤电联动等原因，还要至少上涨2分钱。在这样的市场环境下，人们所期待的通过电力改革实现电价下降的目标就无法实现。所以，在条件不成熟的背景下，贸然推进输配分开将增加大量的社会交易成本，在较长的时期内会推动电价继续上升，加重消费者和用户的负担。如果今天的输配分开不能够实现改革让消费者受益的目的，就必须慎重考虑。

（四）以电网的安全稳定运行为前提

电网安全事关经济发展、社会稳定和国家安全。当前电网安全形势仍然比较严峻：一是电网网架薄弱，影响安全可靠供电，发生大面积停电事故的风险始终存在；二是厂网分开后，厂网安全协调机制不健全，安全隐患明显增多；三是电力设施保护行政监管缺位，外力破坏引发的事故日益突出。因此，在电源与电网建设不协调、网架结构薄弱、各方利益主体之间的矛盾尚未得到有效协调和平衡的情况下，输配分开后，不同的利益主体以及利益格局对电网的安全稳定运行可能产生一定的负面影响，使电网运行面临的安全压力增大。

（五）以加快电网建设，有利输配电网协调为前提

现阶段，加快输电网建设，实现跨区联网，改变电网发展滞后于电源发展、滞后于经济发展的现状，是今后较长时期电力工业改革和发展的重要任务。同时，我国目前配电网发展普遍滞后，其资产质量和供电能力亟待提升。因此，在未来几年中，输配电网统一规划、统一经营、协调发展具有明显的规模效益。在现在的情况下就输配分开，会造成输配电网的资源分散与信息隔离，无疑将影响输配电网整体资源的优化配置。

（六）在深入研究的基础上，以在典型地区先行试点为前提

输配分开必须在深入研究的基础上，坚持先在典型地区进行试点再行推开的原则。进行输配分开体制改革的试点选择，可优先考虑：

（1）输配分开的试点应与农电体制改革相结合。可考虑先在农电体制上进行试点，几年来的农电改革有成绩，但问题也不少。一方面，国网背上了大包袱，影响了其效益；另一方面，这又给人以大垄断的印象。因此，对代管的农电公司不应再继续代管。改革的出路既可以是完全交给省里，成立省配电公司，也可以是由省里和国网或国网所属的省网公司成立股份制的农电公司，以子公司或被参股公司的形式体现和输电公司的关系，进行输配分开试点的探索。

（2）输配分开的试点应与电力市场建设相结合。建立区域市场是我国电力体制改革方案确定的内容。从目前电力市场竞价上网改革试点的实践看，应将建立多买多卖的市场体系同步推进。在发电侧，经过厂网分开改革，已经形成了竞争的格局；但在售电侧，由于售电公司还没有培育起来，大用户直接购电的体制也未建立，仍是独家售电。而国际经验表明，单一购售电主体的市场模式是需要改革的。因此，在研究深化电力市场改革的过程中，应结合输配分开，构建多个市场购售电主体，从而推进电力市场的建设。

综上所述，从完整准确地理解《十一五规划纲要》中对电力改革所提出的逐步实现输配分开的战略目标出发，我认为，要实现上述六个前提，推行输配分开的改革，应在2010年前后。

五、电力改革的当务之急是打破行政性垄断

垄断的核心是为了攫取垄断利润，而垄断利润的形成又是由价格决定的。因此，打破我国电力垄断的关键是有关政府部门必须放弃对电价的行政审批权，这是现阶段我国电力改革的关键所在。

中国的电力改革成功的关键在于电价改革，而五年来中国电力改革最不成功的就是电价改革。如果说原国电公司大一统的组织体制是电力垄断的表象——唇，那么由政府主管部门行政审批电价则是电力行政垄断的本质——齿。本来唇无齿露，然而电价审批制的行政垄断竟是那样的无法打破，原因就在于推动电力改革的改革者和电力行政垄断的垄断者是一个主体。当改革去革别人的命时，无论是厂网分开还是输配分开都毫不留情，甚至不计电荒和电价上升的后果，因为推进改革的主体、安全运营的主体、持续发展的主体和责任主体并不是一个主体。然而改革革到自己头上而需要他们放弃行政垄断的审批权时，它们就变得踌躇不前了。这就是为

什么在中国的电力改革中总是以拆分企业的组织体说事，却根本就不去触及行政审批部门的电价和项目审批制度，即人们所说的“电力改革，改体不改制”，也就有了世界银行的高级能源专家在评价中国电力改革时所说的，“在所有资源型产品价格改革中，最不成功的就是电价改革”。

电力市场化改革的目标就是要充分利用市场手段实现资源优化配置，这决定了建立以价格为核心的市场机制是关键。电价改革是电力体制改革的核心内容，直接关系到电源、电网企业和用户利益的调整，关系到电力市场的有效运行和电力体制改革的成本。没有科学合理的电价体制，就谈不上引入竞争、打破垄断。因此，“十一五”期间的首要任务就是要以电价改革为核心，深化电力体制改革，以电价改革促进发、输、配、售四环节的整合和电力市场的形成。要加快建立、健全合理的上网电价、输配电价和销售电价，建立市场化的价格机制，实现电力资源的优化配置。显然，当前电力改革的当务之急是通过市场化的电价改革，打破行政性垄断的电价审批制。这是今后实行输配分开的基本前提。

电力改革成于电价，败由拆分

背景：2013年3月19日财新网发表了一篇题为《新一轮电力体制市场化改革方向已定，国网有望一拆为五》的报道，根据这一消息，决策者正酝酿通过拆分国网公司推动新一轮电力体制改革。初步设计是将国网公司一拆为五，将原本计划进一步完成输配分开的国网公司做大，在金融、电建、矿业等多个领域和海外大力扩张，逐渐成为电力市场形成的最大障碍。一时间各大媒体纷纷转载，有些媒体甚至以"重大消息！"续铁道部后李克强准备操刀国网公司一分为五，作出惊人报道。国网将被拆分的消息引发国网旗下多家上市公司股票连续两日暴跌。

对此，新浪网通过专栏形式，发起了《电改何处去》的大讨论。新浪财经总编辑邓庆旭希望我就此发表看法，我连夜撰文如下。

一、如何看待"国网公司一分为五"的传闻

近日，某财经杂志关于《新一轮电力体制市场化改革方向已定，国网有望一拆为五》的报道引起轰动，并导致与国网相关的股票要么跌停，要么暴跌，诸多媒体朋友询问我对此事的看法。坦率地讲，我不认为这是一篇负责任的报道，它在误导下一步中国电力改革方向，对此我颇不认同。

15年来，电力改革尤其是电网拆分既是一个敏感话题，也是一个严肃话题；既是经济问题，也是政治问题。2013年2月17日，保加利亚35个城市的数万人举行示威游行，并且在首都索菲亚爆发冲突。人们抗议高电价，要求要么政府下台，要么电网企业重新国有化。民众破坏政府建筑，

引发警民冲突，导致25人受伤，1人自焚；总理鲍里索夫20日宣布政府总辞职，社会陷入动荡。这开辟了因电价问题导致政府辞职的先例，当年鼓吹和制定全面拆分和私有化方案的人已不知去向，而电网私有化的暴富者则在市场化法则下无法被撼动，令人深思。

保加利亚能源部门的私有化始于2000年，截至2003年年底，保加利亚电网被拆分，供电市场被捷克和奥地利的三家私人公司控制，它们凭借私人垄断和市场自由化旗帜频频涨价，以致民众难以承受。

电力堪称是国民经济第一基础产业，虽然电力改革仅是全局性改革中的一部分，但电力的基础性和重要性决定了它的改革对国民经济的持续发展和社会安定起着可谓牵一发而动全身的作用。

我无意于通过强调电力重要性和电力改革的敏感性而忽视电力改革，我要表达的是必须高度重视电力改革的方法论，选准下一步电力改革的方向和切入点至关重要。纵观过去15年中国电改历史进程，我的结论是：中国未来电力改革方向的出发点应该是从打破发改委行政垄断审批电价入手，而不是从国网入手进行简单拆分，继续做“改体不改制”的草率选择。

二、电改的目的究竟是什么？

电力改革的目的究竟是什么？拆分和用行政手段人为制造竞争主体以打破垄断是电力改革的目标还是手段？尽管电力改革已经搞了15年，但我们始终没有把这个问题搞清楚。实际上，电力改革的最终目的只能是让消费者和用户用上安全可靠、质优价廉的电力产品。不管黑猫白猫，抓住耗子就是好猫。

无论拆分还是电力市场的私有化和自由化，都仅仅是手段而不是目的。因此，电网改革是拆分还是统一，是国有化还是私有化，一定要从让消费者和用户用上安全可靠、质优价廉的电力产品这一根本目的出发，根据电力企业特点来推进才行。众所周知，在电力改革中，对厂网分开大家并无歧见，因为在电力的发、输、配、售四环节中，发电和售电侧是可以展开竞争的。但对于输电网和配电网，由于其自然垄断属性，即使拆分也是把一个大垄断变成若干个小垄断。其自然垄断的属性并不会随拆分而改变，甚至由于小垄断不能在更大的市场边界范围内实现电力资源的调度和配置，可能会比大垄断更坏。因此，在这一改革中不搞“没有退路的一拆了之”，而是采取较为慎重的、步步向更佳逼近的方法和路径更为妥当。

纵观世界各国电力改革，电网改革是关键。在这一过程中出现了三种模式：第一是纵向分切的模式，即按发、输、配、售纵向功能逐步分切；第二是横向拆分模式，即按区域分割电网，在每个区域中发、输、配、售一体化运行；第三是既横向拆分又纵向分切的“破碎式”改革模式。正因如此，在1998—2002年的电力改革中，在究竟选择国家发改委最初要取消国网公司而搞一分为四的“0＋4”模式，还是选择国电公司将自身演变为国网公司的“1＋6”模式的争论中，才出台了5号文下的“2＋5”的妥协模式，既拆分了国电公司，又新设了国网公司。

从2002年至今的实践看，应该说当时新设国网公司不失为正确选择。

首先，十年来世界各国，从俄罗斯到美国再到日本，从英国到法国，再从巴西到印度，都发生了较大的电力事故，只有中国没出大问题。其次，中国的电网没有被拆分，因此各国在电网拆分后的私有化也没有在中国发生，且中国的电价至今与世界各主要国家相比均处较低水平，过去常见的消费者和用户抱怨的“电老虎”也基本销声匿迹。第三，电改之初，中国电网被分割为13～14块互不相连的区域电网，而中国西部水利资源丰富、北部煤炭资源丰富、东部和南部又是电力负荷中心的非均衡现实环境，决定了全国联网可以在一个更大的市场平台上展开竞价上网和在全国范围内实现资源优化配置。因此，跨省和跨区联网，打破区域电网公司各自为战、就地平衡的旧格局，保留一个能在跨省、跨大区范围内实现联网的国网公司无疑是正确的。也正是由于有全国联网的现实需求，国网才在特高压电网的技术上获得了令发达国家仰视的成就，形成国家竞争力。事实表明，十年来在国网体制下，全国联网取得了相当的成就，应该被人们看到。

既然如此，为什么人们对电力改革普遍认为进展缓慢、成效不大呢？我想原因有两个：其一，电力体制改革的重要内容是摒弃发改委对电价和电力项目的审批权，电价是决定电力改革成功的“牛鼻子”；然而这个“牛鼻子”却始终没有被牵住。其二，厂网分开后，虽然发电主体多元化了，但由于发改委并未放弃审批电价，因此竞价上网成了一句空话。国网对发电企业统购包销的购电模式并未改变，而人们期待的大用户和厂商直接见面而国网仅收过网费的新模式也未能推出。

综上所述，未来电力改革的方向理应是从发改委转变职能入手、放弃行政垄断审批电价和国网公司改变购电方式，而绝不是“一拆了之”地把国网一分为五，变大垄断为小垄断，更何况这一切还是在没人对拆分结果负责的情况下发生的。

三、15 年电改为何“只改体而不改制”？

众所周知，垄断的实质在于通过垄断价格来攫取垄断利润。但是，透过现象看本质，中国的垄断国企，不管是电网还是石油，有哪一个能自主决定自己产品价格？决定这些企业产品价格的“有形之手”在国家发改委。分析中国的企业垄断，经济垄断只是表象，行政性垄断才是本质。以电为例，无论上网电价还是下网电价，无论发电电价还是输电电价，都是由发改委审批之手决定的，具体竟能管到一厂一价甚至一机一价。

因此，我国电力改革理应抓住电价这个“牛鼻子”，真正打破行政垄断，实现“放开发电和售电两边，管住输电和配电中间”的市场化模式。这需要中国行政垄断者勇于放弃自身的权力和利益而进行自我革命，然而令人失望的是，它们总是革企业的命积极，革自己的命消极。

最令人遗憾的是，中国电力改革最需要进行自我革命的国家发改委偏偏又是电力改革的主导者。于是出现这样一个局面，每当改革到关键时刻，被改革者总能把改革视线成功地转移到企业头上，这就是仅搞企业改体的“拆分”，却不触动以改制为核心的电价的真实原因。

然而在激进改革者和激进媒体的笔下，无论是电网还是石油，它们不仅是冥顽不化的不改革者，甚至其干部和员工也成了腐败的特殊利益集团和阶层，与一般民众相对立。而无论是高铁速度还是特高压电网，明明是当今国人最值得骄傲的两项技术，在他们的笔下却又都成了批判中国发展模式的典型案例。批臭了高铁速度，批倒了特高压技术，也就否定了以国有资本为主导的中国改革模式。

四、必须明确电改风险和失误的责任主体

电力改革的成功在电价改革，而电价改革的成功在国家发改委放弃行政垄断的电价审批制，实现发电厂商和大用户直接见面，国网公司从统购包销到收取过网费的市场化改革。必须强调指出的是电力改革的风险也在电价，而电价改革的风险在电网的盲目分拆和私有化。电网改革必须谋定而后动。

应该指出，目前盲目主张拆分国网的人就那么几位，其思路有两种且变来变去，反正是一门心思要拆分：一是从纵向功能上主张立刻对输配电网进行分切，二是从横向区域上对国网搞“0＋4”或“一分为五”的拆分，这两种思路合在一起就是危险的“破碎式”改革。

电网改革必须明确风险和失误的责任主体，回顾1998年以后的电力体制改革，国家发改委是电力改革领导小组的“牵头人”。然而这个部门只有改革的权力，却不承担改革的风险，以致2002年国电公司解体后，无论是三年电荒的发生还是电价的上涨，都找不到具体的责任人。

电力改革15年后的今天，某媒体再次发出所谓《新一轮电力体制市场化改革方向已定，国网有望一拆为五》的报道，我认为这样的报道轻言是不负责任，重说是误导电力改革方向。如此重大的报道依据何在？媒体该不该承担责任？这应引起人们关注和讨论。

从国外大停电看我国电力体制改革

背景：2012 年 7 月，印度北部连续发生两次大停电，分别使 3.7 亿、6.7 亿人受到影响，是世界上影响停电人口最多的重大停电事故，使有史以来世界上发生过的 23 次电网重大停电事故（每次符合损失≥800 万千瓦）数量增加到 25 次。

印度为什么会发生如此巨大的停电事故？它和 2003 年的美加大停电是否存在共性？这对中国电力体制改革有何借鉴意义？为此我接受了程洪瑾、姚雷的采访，访谈刊登于 2012 年 9 月 13 日的《能源评论》。

一、国外大停电根源于管理涣散

印度大停电堪称人类历史上比较重大的一次停电事故，整个电网瘫痪程度、波及的人口、停电的时间以及对国民经济和民众生活的影响都到了严重的程度，对印度社会的信心也是非常严重的打击。

印度大停电的原因，我认为有五个。

首先，电力是国民经济第一基础产业，印度对这一点的认识和重视程度以及相应的制度保证不够。在中国，电力是国民经济的先行官，电力的发展比较超前。中国和很多国家的好经验都表明，电力至少都要与国民经济的发展同步，但是印度没有做到这一点，其装机容量仅有 2 亿多千瓦，是中国的 1/5，从总量和发展上来说电力欠账过多。在某种意义上而言，在对电力这样一个高度垄断的国民经济基础产业的认识上，印度和中国相比是有较大差距的。

其次，印度的电力体制有很大缺陷。比如，印度国网的权威性不高，特别是在电力调度方面，因此在以区域电网为主，而且互联网比较弱的情况下，大家不遵守电力调度的纪律。正是因为印度的国网缺乏权威，所以大家都抢着从虚弱的电网上取得超负荷的用电，导致电网不稳，发生了连锁反应。国网和地方电网没有通过体制的连接和调度的纪律而形成强有力的指挥体系。

第三，管理水平差。印度电网的线损率在30%左右，这简直令人难以想象，令人想到了浪费、渎职甚至是一些腐败现象。我一直积极参与我国电力事业改革。我了解到，在国电公司时期，8%左右的线损率大家都觉得太高，需要继续加强管理。现在我国电网公司的线损率不超过7%。从这一指标就可以看出印度和中国电网公司管理上的差距。

第四，煤炭供应。印度用煤非常多，但其能源紧缺，燃料供应浪费过大，电煤不能保证电力的充分供应。

第五，电力的价格偏低。印度大停电后，媒体普遍没有将这一事实披露出来。印度电价在全世界范围内都是比较低的，这种不合理的定价导致引入民营资本来增加装机容量的想法难于实现，民营企业无利可图就不会进来，电力行业难以良性发展。

二、印度大停电和2003年的美加大停电的异同

讨论美加大停电和印度大停电的异同，首先要看到，印度是一个发展中国家。这个发展中国家在体制上并不成形，无论是在电力调度还是体制上、管理上，其停电的原因都有其独特的、内在的多种因素。

十年前，我曾作为国电代表团的一员去考察调研了美加大停电事故。从考察的结果看，之所以发生美加大停电，有以下四个原因：

第一个也是重要的诱因是干旱天气的发生。美国西部加州也是它的经济发展中心，这里主要依靠来自加拿大和西雅图的水电供应。但是强烈的干旱之后，水电供应不上。

第二个原因是气候变化下的电网联网不够。美国的全国联网不够，导

致外地的电网也支援不了。仅有的一条15号线路，输电容量很小。

第三个原因是美国当时努力推进的电力工业私有化。这一私有化进程中，电力产业向私人转让的价格比较高，进而导致电价过高，老百姓承担不了，需要政府补贴，出现了加州政府几乎破产的问题。当时我去考察的时候，政府方面称每天都在亏损。政府补贴，则自身面临破产；不补贴，则老百姓抱怨连天。所以，价格问题也出现了，这一矛盾损害了美国电力事业。

第四个原因是美加的基础设施跟不上。发展中国家发展电力事业的热情很高，但是在美国等发达国家和地区，电力设施被视为污染源。当地的人们普遍认为，不论是上装机还是建设电网，都是严重的污染，都不受欢迎，政治领导人因担心选举失败，只能迁就广大选民。这样的体制就决定了装机难以跟上，价格难以合理，基础设施难以改善。

总之，美国和印度都有电力基础设施的问题，但是具体原因则各有不同。所以，对电力这一资源垄断行业进行改革，要有一些基本原则。

三、中国电力体制改革需坚持全国联网

针对印度停电，有些人居然得出不应该建全国联网，以防止局部电网导致整个电网损失的结论。我认为，这根本就是不懂基本常识。

中国电力改革需坚持全国联网。十年以前的电力改革中，国网得以保存下来，并且如今形成了国网建设运营方面统一指挥调度的中枢，这是一个有权威、有能力、有组织、有人负责的体制。最坏的体制是出了问题找不到责任人。从中国国电公司成立到电力体制改革的十多年历史来看，基本上世界最主要的国家都发生了较大的电力事故，而只有中国是个例外。

保障电网安全，调度问题是关键。印度因为调度纪律混乱，没有权威，国网形同虚设，受制于政治原因而没有权威性，调度指令得不到执行，出了问题不敢果断地拉闸，而是走钢丝。

而中国已解决了这个问题，在合理统一调度的基础上实现了全国联网。电网是越大越安全还是越大越不安全？对于这个问题应该得出肯定的

结论。从目前来看，电网越大，管理越统一规范，越容易实现平稳运行，而且一旦有事故，我们可以进行局部切除。如果我们采用直交流电网配合的方式、直流“背靠背”的模式，就不可能发生一个局部电网导致全部电网拉掉的现象。

十多年前，我在参与电力体制改革方案有关工作的时候，请教了很多电力专家。他们明确告诉我，我国电网公司完全可以采取技术措施，以避免所谓的局部跳闸影响大电网的事件发生。另外，电网越大，我们上网的市场平台就越大，我们就越能够把改革和发展、安全和稳定的多重目标结合在全国联网的这一张大网上。所以，就一张电网而言，我相信是越大越安全，对此我可以和任何人去辩论。

事实也表明，国网公司成立这十年是成功的，没有发生类似于国际上的层出不穷的电网事故。在我国经济波动这么大，煤电体制如此不合理，体制改革如此反复，电力工人队伍承受着沉重的负担和压力的情况下，电力行业最终经受住了考验。我们的电力工业的改革发展在很大程度上是成功的，保证了我国经济的发展，并且电价也不高。这个成绩，各级领导应该看到，人民群众也要给予承认。

另外，如果无法形成坚强的大电网，国家就难以形成对国民经济的第一基础产业——电力的有力掌控，我们也势必掉入一个分散的体制中去，这是违反电力工业的自然规律的。全国联网就是构筑大市场。我国各地电力负荷总是有高峰有低谷，东南西北也都可能分时发生灾害，坚强的电网就可以实现互济，强化安全，避免浪费。东部和南部是我国经济发展中心和电力的负荷中心，西部和北部则是我们的资源中心。所以无论就水力还是煤炭而论，在我们这个以化石能源供电为主的国家里面，都需要在这种非均衡状态下实现均衡调度，这都需要一个强大的全国联网。

全国联网的大电网如果不能形成，就形不成全国大市场，就不能在更大的范围内竞价上网。欧洲出现了跨国联网，这不是一个偶然的现象。基础设施特别是电网的一体化将是中国对外扩张发展的一个重要战略，这是毫无疑问的。我们要坚持用事实来说话，现在很多人总是把一种主观的意志强加到国网推进全国联网的事业上。我前面谈了，我在电力体制改革方面的观点是要坚定不移地推进全国联网。有些人认为国网公司发展全国联网就是巩固垄断体制，这是一个严重的误区。这种有色眼镜将毁掉中国的电力发展的正确之路。我们已经是成功的，为什么要反过来横加指责这一事实?

我真诚地希望，这次印度大停电事故能让那些执迷不悟，总是戴着有色眼镜的人去看国网，以为电力体制越私有化、越分散越好的人醒醒。从目前来看，我们要根据电力特别是电网工业的特点坚定推进全国联网，而且要坚定不移地探索特高压电网创新发展、形成中国坚强电网的理念。

加快全国联网，优化电力资源配置

背景：电荒出现后，我国加大了对电源的投资，电网建设投资相对较少，全国联网进程放缓，针对这种情况，我写就此文，提出了非均衡论、大循环论、有限竞争论和区域同构论，从而形成了统一国网体系的理论依据。本文发表于2006年1月12日《中国经济时报》，并以《电力工业改革新目标——全国电网联网》为题刊登于2006年1月8日《中国经济周刊》。

一、全国联网是电力发展的重要内容

我国长期以来“重发（电）轻供（电）”，造成电网建设投入不足，电网严重滞后。“八五”和“九五”期间，电网投资占电力投资的比重分别仅为13.7%和37.3%。“十五”期间，国电公司组建后，强调全国联网的重要性，并加快了跨区联网的进程，2002年度电网投资占电力投资的比重上升到77%；而后随着电荒的出现，对“十五”规划进行了调整，电源投资比重加大，2004年电网投资占电力投资的比重降为31%。近年来，随着电源建设步伐的加快，电网规划建设滞后和输电能力不足的问题日益突出，加剧了电网与电源发展不协调的矛盾。

事实上，从“九五”后期开始，直到整个“十五”期间，人们对全国联网的认识并不统一，主要有以下两种担心：首先，从安全性和技术性的角度质疑全国联网的发展方向。这主要表现在：第一，区域电网内已基本实现自求平衡，即使全国联网，交换电量占全国总发电量的比重很小，至今还不到5%；第二，全国联网投资过大而交换电量又少，远距离输电线损大、成本高，经济上不合算；第三，目前处于分割状态的输电网主要有500千伏、330千伏和220千伏三个电压等级，全国联网会使主网架不匹配，技术上不可行。因此，认为保留区域性电网的封闭运行模式才是符合中国电力工业现状和市场经济发展方向的。其次，认为全国联网会巩固国网公司的垄断体制，不利于市场竞争，也不符合电力改革的发展方向。在当前我国电力工业发展迫切需要全国联网的重要时期，克服这两种对全国联网的偏见至关重要。

首先，全国联网是电力工业发展的重要内容。加快“西电东送、南北互供”工程建设，提高主干网架建设的技术等级，加大电网建设规模，通过全国联网实现中国电力工业在非均衡状态下竞价上网的市场大循环和电力资源的优化配置，是在我国大能源战略和“十一五”规划中充分发挥电力作为第一基础产业的作用，加快西部开发、东部崛起、中部振兴的重要保证。“西电东送、南北互供”概括了我国实现全国联网的基本目的。中国电力工业的基本格局和电网主网架的发展要充分发挥社会主义市场经济的优越性，站在国家能源、资源配置和发展大战略的角度来统一规划、统一布局、统一组织。

其次，全国联网是我国电力体制改革的需要。从世界各国电力体制改革的经验看，在电力工业发、输、配、售四个环节中，发电环节和售电环节可以首先引入竞争机制，进行自由竞争。我国电力体制改革中首先推出的厂网分开也是基于这一认识，即在电力体制改革中采取“纵向分切”，先把厂网分开，并适时组建新的售电公司，待时机成熟时再把输电和配电分开，放开配电，最终仅把输电网作为自然垄断的产业领域，在“产权多元、治权统一”的模式下由国家统一控股经营。这样的改革方向和目标是完全符合电力这一产品的特性和电力工业的基本属性的。而作为自然垄断产业的跨大区联网的国家输电网络的建设和经营的过程，就是实现全国联网的过程。其目的就是要根据我国资源禀赋的国情和电网自然垄断的特点，构造一个全国范围的大市场平台。各个独立发电商正是通过这个平台实现竞价上网和公平竞争。而这个全国范围的输电网平台本身是自然垄断的。如果说西方国家由于经济体制差异，要实现统一全国联网的建设和经营会发生体制上的冲突，需要在漫长的无序竞争中才能实现，那么在我国，则没必要去简单地复制它们的电网建设和运营管理体制，不能重复它们的老路，而需要发挥我国社会主义市场经济的优越性，在中央统一规划和布局的前提下，用较低的成本、较短的时间实现全国联网的大目标。这要求我们必须从我国资源分布非均衡和经济体制具有能够集中国家力量办大事的特点出发，走出一条具有中国资源特色和体制特点的电力工业发展的道路。

二、加快全国电网联网的理论和现实基础

2002 年，以国发 5 号文为指导推进的电力体制改革，在拆分原国电公司的基础上保留了国网公司，这是十分正确的。这要求国网公司必须作为国网建设和经营的主体，在跨区联网中充分发挥规划、建设和运营主体的作用，形成并进一步保持国网的统一建设和运营体系。这不仅符合电力工业发展的基本规律，也符合我国资源分布和社会主义市场经济体制的特殊国情。统一的国网体系不仅在实践中是必要的，而且在理论上以下述四个理论作为依托。

（一）非均衡论

（二）大循环论

（三）有限竞争论

以上三个理论在本书前文已有详细论述，故此不再赘述，具体内容参阅本书 362～369 页。

（四）区域同构论

我国行政区域的划分是由于我国地域辽阔和地理环境的差异性决定的，同一行政区域内不仅地理自然环境基本相似，而且经济发展水平和用电负荷能力也相对接近，这形成了电力资源分布和市场负荷“区域同构”

的特征，即在一定区域内，电力资源的配置基本相同，电力需求接近，相互间互济调节的能力十分有限。比如，华东地区既是我国东南沿海经济最发达的地区，也是我国一次能源最匮乏的地区，其发展中面临的问题具有一定的共性和先导性。截至2004年年底，华东电网全社会发电装机容量和年发电量已接近1亿千瓦时和5000亿千瓦时，分别占全国的21.9%和22.3%。而从电力电量平衡角度看，华东五省市均呈现出“高用电增长率、高负荷率和高发电设备利用率及电网最高负荷增长快”的“三高一快”的特点。在电荒紧张的2003年、2004年内，华东电网区内各个省市电力缺口都比较大，其中浙江和江苏是我国缺电最为严重的省份，最大电力缺口分别超过700万千瓦和800万千瓦，各省市间基本上没有余地相互通融。区域电网内部各省资源禀赋的“同构性”与“省为实体”的现实同时并存，较多的时候是一缺电大家都缺电，一过剩各省都过剩，省与省之间互济能力有限，只能寄希望于西电东送的跨区调配来完成。但总体上看，由于跨区连接还十分薄弱，大区之间富电区和贫电区还远未满足实际中的互济需要。又如，东北—华北联网线路的弱连接限制了华北和东北两大供电区电网间的电量交换，出现了大区间窝电和缺电现象同时并存的局面。因此，相临省份之间的资源分布和经济结构同构化就需要大区之间的联网，而大区之间的资源分布和经济结构同构化则需要全国联网，以实现在电力资源和市场结构非均衡这一本质特征基础上的全国范围的资源优化配置。

显然，在我国现有的电力资源分布集中地和用电负荷中心不匹配的非均衡条件下，仅强调大区内部的资源优化配置和大区内省与省之间的电量交换是不够的。在全国联网没有形成的背景下，仅从打破垄断的片面认识出发，突出大区电力管理体制而弱化国网统一管理体制也是不可取的。当前应该做的是，建立更高电压等级的全国网架，加快全国联网，以更大范围地实现电力资源优化配置，把党中央强调指出的科学发展观落到实处。

三、完善国网的统一组织体制是实现全国联网的保证

党的十六大提出了全面建设小康社会的奋斗目标，到2020年实现国内生产总值在2000年的基础上翻两番，达到4万亿美元，年均增速达到7.2%左右。为满足经济持续快速发展和人民生活水平不断提高的需要，电力需要保持较快的增长速度。根据预测，到2020年，我国全社会用电量将达到约4.6万亿千瓦时，需要装机容量约10亿千瓦，在2005年的基础上翻一番。这就意味着从现在起到2020年的15年间，我国将需要新增装机5亿千瓦以上，年均新增装机超过3300万千瓦，电力需求和电源建设的市场空间十分巨大。同时，我国电网公司面临持续增加输送能力，将大规模电力从发电厂安全可靠地输送到终端用户的艰巨任务。这一历史使命和重任更突出了全国联网的重要性。而从现实角度看，全国联网的工作重点是跨区联网，把目前大区之间的无连接变成有连接，弱连接变成强连接，而要实现这一目标，仅靠五个区域电网公司和中国南方电网公司是不可能的。在今后较长的时期内，建立并巩固一个强大的国网建设和经营体制是实现全国联网的前提。

2002年以来的电力体制改革保留并完善了国网公司体系，并在此基础上进一步提出加速推进全国联网，以在更大范围内实现全国电力资源的优化配置，这是十分正确的。在三年来我国电力工业渡过电荒的实际检验中，统一的国网公司体制发挥了重大作用：一方面，在大区之间通过电量的调剂经受住了电荒在“卡脖子”时段的考验；另一方面，又统一规划，在大区间最薄弱的环节加快了电网建设的速度和投资的力度，从电力体制改革和电力工业发展的两个层面对我国在2020年以前保证经济增长、建设和谐社会、实现全民奔小康的目标打下了基础，拓展了空间。

在我国电力体制实现厂网分开后，统一规划和建设电网，并根据全国联网的需要改革并完善国网的统一组织体制，提高电力能源的安全和运营效率，这是符合电力行业“十一五”规划和我国十六大提出的全面建设小康社会的基本要求的。因此，建立和完善统一的国网体制是深化电力工业改革的必然选择。

我们必须充分发挥社会主义市场经济体制的优势，面对我国电力资源、市场和体制的非均衡特点以及电网建设长期落后的现实，在全国联网的基础上加强跨区联网建设、“西电东送、南北互供”是电力工业发展的长期目标。在强大的国家级电网基础上，由国网公司作为国家级主体主要负责跨省和跨区的输电网运营，负责对大区之间电力市场的调配。这决定了统一的国网组织体制将在较长的时期内发挥作用，而不应是权宜之计。

中国电力工业持续发展，特别是电力体制改革进展到深入阶段的时刻，必须具有明确的大公司战略发展方向和目标，最终通过实现全国联网，真正发挥电力作为国民经济第一基础产业的先行官作用，提高我国电力行业的国际竞争力。

值得指出的是，国网组织体制的强化与电力体制改革的发展方向并不矛盾。首先，国网在建设和运营环节治权的统一并不妨碍从电网建设融资和电网公司产权体制改革的要求出发实现产权的多元，对于这一点，无论是从欧美国网公司的产权和治理结构实情看，还是从输电网作为自然垄断产业的特点看，自然垄断行业的治权统一和股份制基础上上市融资导致的产权多元都是可以并行不悖的。因此，在当前的电力工业发展背景和体制改革现状下，在国网公司控股的基础上，适当考虑在省和大区公司的基础上探索股份制改造和上市融资是十分必要的。其次，在厂网分开的基础上，必须进一步对输配分离的组织改革和技术手段的实施作出时间上的安排，充分调动省市、大区等各方面的积极性，实现统一规划基础上的有序竞争。

电力改革既要注重电力行业的特点，也要符合市场经济竞争的规律，更应考虑我国经济体制改革渐进转轨的成功方法论。这要求国家对电力工业发展和电力体制改革的深化都要有统筹规划。我国的电力体制改革只能进，不能退。

探索电力改革新起点应关注的几个问题

背景：本文根据2007年4月25日电监会召开的“电力市场建设工作专家座谈会”的发言录音整理而成，刊登于2007年5月17日《中国经济时报》，并以《我看“电改新起点”》为题发表于2007年6月《中国电力企业管理》。

摘要：我国电力体制改革在打破国电公司的经济垄断上走得过急，而在打破以发改委为代表的电力行政性垄断上则走得过慢。新时期的电力改革应根据电力行业的自然属性，探索“监管两头，锁定中间”的新的电力监管体制，并且尽快培育售电公司，组建中国电力交易所。

当前，电力体制改革取得了初步成果，电力市场也走出了紧缺的被动局面，在供求关系上出现了新的平衡，发电领域内的市场竞争已经出现，电源企业展现了活力。但电力体制改革在很多方面仍然不尽如人意，进展缓慢。在这样的背景下，探索电力体制改革新起点具有现实意义。

一、电力改革和发展应正确处理行政手段与市场机制的关系

中国的电力改革既然已经确定了电力工业市场化的大方向，就应该遵循这一方向，逐步地减少运用行政手段，而要积极培育和遵守市场机制，促进电力工业的健康发展。而现在有关部门过多强调电力工业的管理不到位，加强行政手段和行政垄断管理，导致电力的市场机制和价格信号扭曲，这样做的效果是导致政府宏观调控越来越市场失效。因此，无论是在房价、药价、股市还是在电力市场环保节能等诸多方面，我们应该更多地运用市

场化的手段来把这些事关国民经济基础领域的改革推进深入，而不是沿用习惯的传统思维和旧的行政手段走回头路。因此，在这样一个电力改革新起点的关键时刻，更多地应尊重市场规律，运用市场手段，而不是用行政垄断和行政手段来解决我们改革和发展中存在的问题，这是至关重要的。

二、正确理解电力市场化方向与建设环保节能社会的关系

（1）电力改革必须在坚持市场化大方向的前提下实现两个确保，即：确保电网和电源的安全稳定运行，确保消费者能够得到质优价廉的产品和服务，为国民经济的健康持续增长做好先行官。

（2）电力改革市场化方向的核心是竞价上网。

（3）从电力产品入手，转变浪费型经济增长模式为节约型增长模式，建设绿色环保节能的社会环境是正确的决策。

（4）如何摆正电力竞价上网的市场化方向和降低电力产品能耗的经济增长方式二者之间的关系？对此，不能把二者对立，竞耗上网不应成为巩固行政性垄断和制约电力市场化改革方向的手段。

（5）化解竞价上网和竞耗上网矛盾的出路在于国家应拿出一笔钱，补贴给在价格上不具优势的能耗低、环保节能的厂商，使其在电力市场化改革的竞价上网中具有优势。

三、重视打破经济垄断和行政性垄断的顺序

电力改革的新起点应继续紧紧围绕打破行政性垄断和经济垄断来进行。具体来说：

（1）破经济垄断是改体。以电力输配分离的改革思路来实现肢解国网公司的组织体的目标，时机并不成熟，效果也不会好。因为输配分离的结果并不能从根本上打破输电和配电属于自然垄断的产品属性，只不过是把大垄断变成小垄断。在这一环节，我们只是在探索是一个大垄断好还是多个小垄断好的问题，而不是打破输电和配电的自然垄断属性的问题。从组织管理学的角度说，这一组织体的拆分和重组具备相对的滞后性，不宜在

新体制未形成之前急于肢解。

（2）破行政性垄断是改制。纵观多年来我国电力体制的改革，一大教训就是这场改革只强调改体而不强调改制，只革了被改者——国电公司的命，没触动改革者——国家发改委的行政性垄断权。因此，即使拆分了国电公司，新的电力管理体制和电力市场仍然难以建立起来，电监会的职能也难以到位，新的电力监管体制无法形成。

（3）结论：在打破两个垄断上，多年来的电力体制改革有两条教训必须总结：

①在打破国电公司的经济垄断上走得过急，好在还保留了国网公司。这使得我们无论是面对电荒还是面对持续的电价上涨，不致像煤炭工业被打散那样丧失主动权。而今天有些同志又急于拆分国网公司，这一切又都是在发、输、配、售的最终与消费者见面的售电环节终究是培育新的售电公司还是把配电公司与售电公司两种功能合二为一的重大问题没有探讨清晰的背景下提出的，电网组织体被打乱后可能在电力安全稳定运营和电价上涨上使消费者利益受损，进而对导致社会不稳定的后果没有一个充分的考虑，当国电公司被肢解后，那种认为就会立即出现来自竞争的繁荣和电价降低的实惠直到今天都没有发生。

②在打破以发改委为代表的电力行政性垄断上则走得过慢，甚至裹足不前。旧的体制不愿自动退出历史的舞台，而它们又掌握着改革的权力，这使得以电监会为代表的新的电力监管体制在诞生近五年后仍处在花瓶的被动地位，使得新体制无法发挥作用。所以，在打破电力行政性垄断上，必须看到立字当头，“旧”不退出，等于不立。因此，电力改革只改体不改制的局面再也不应继续下去了。在这一问题上，发改委应从中国经济改革和发展的大局出发，树立为中国市场化改革而献身的崇高精神。

四、探索“监管两头，锁定中间”的电力管理体制

（1）建立电力市场，实现竞价上网是我国电力市场化改革发展的基本方向。当前，必须从发电侧和售电侧两侧建立多买多卖的市场组织体系。

（2）从 2007 年起，我国电力行业将实现从电力紧缺到供求平衡及适度供过于求的局面，这无疑将为引入竞争、形成竞价上网的局面创造有利的条件。而一个供大于求的市场是实现竞价上网和淘汰落后厂商的基本前提，它预示着我国电力市场新起点的春天的到来，也预示着我国重建市场化电力监管体制的春天的到来。

（3）新的电力监管体制的特点是“监管两头，锁定中间”。所谓监管是就市场化领域而言的，是就市场经济中的竞争环节而言的，监管的本意就是在市场竞争中保证竞争的公平，制定合理的竞争规则和信息对称的披露准则，进而保护消费者和投资人的权益。

而就电力工业发、输、配、售四个环节的属性来说，发电和售电是电力产品流程上的竞争环节，这两个环节分别在发电侧和售电侧引入竞争机制，因此，对这两个环节不论是从发电厂商的资格认定还是对售电公司的资格核准上均应由中国电监会履行监管者的职责。

所谓监管发电侧和售电侧两头，也就是对发电商和售电公司从资格到行为的全面监管，以保护消费者的权益，这无疑将充分体现我国电力新的监管体制的特点。

所谓“锁定中间”则是就输配两个自然垄断环节而言的。从这两个环节自然垄断的基本属性来看，无论过去、现在还是将来，它们都不属于竞争领域，因此，其价格及服务不是由建立在竞争基础上的市场和消费者决定的，而是由建立在自然垄断基础上要保护消费者利益就必然由国家有关代表公共利益的行政部门通过对这一垄断环节成本的有效核定以及考虑到消费者和用户对于电力这一需求弹性较小的产品的价格的听证会制度来决定的。因此，从这一角度来说，必须由国家用行政性手段锁定这两个环节的利益。就我国目前政府管理体制的现状来看，国家发改委在“锁定中间”上应能发挥一定的作用。

五、在售电侧培育电力新体制的组织体系

中国电力体制改革的做法是打破旧体制先从打破旧的电力组织体制来

实现。而建立新的电力监管体制却没有从构造新的电力组织体制入手来完成，这使得电监会始终在与旧的行政管理体制职能的争夺中难以获得主动。同时，电监会是电力市场化的产物，而电力市场不形成，电监会生存的意义就大打折扣，因此，电监会的生存环境就是在电力运营的组织体和多层次的电力市场体系上进行全新的构造。具体来说，我认为就是要像中国证监会把证券公司的培育和深沪两个股票交易所的建立当成自身新体制必不可少的组织肌体和主导力量一样，中国电监会也应把培育中国的售电公司和电力交易所这两个环节作为建立新的电力监管体制的重要内容。因为破除旧的电力管理体制，无论是在处理与国网公司的关系上，还是在把握和国家发改委行政管理权的关系上，推进起来都相当困难。而从售电侧培育新的售电公司作为新的电力市场载体以及培育中国的电力交易所来作为电力现货、远期现货及期货的新的电力市场，培育中国电监会自己的力量，则应是代价最小、突破最大进展最快的战略选择。

（1）关于售电公司的培育。目前电力改革仅仅抓大用户的用电选择权是远远不够的，因为它们再大也不过是消费者群体的一部分。大用户买电的目的仅仅是为了自己用，而在我国电力市场的拓展中，我们不仅需要培育那些买质优价廉的电为自己所用的大用户，我们更重要的是培育那些买卖电的目的是为了“倒”的中介机构和售电经纪公司，它们才是电监会赖以生存的电力市场的基层营销组织。它们不仅能够通过电力市场的专业化分工培育出一支专业化的售电队伍，实现不仅为大用户进行电力产品经纪服务，而且还可以把居民小区、学校、医院、政府部门等单位的用电服务及销售统一组织起来，真正在用电侧实现“多买多卖”的市场体系，使得我国的电力改革真正通过双侧竞价使消费者和用户得到质优价廉的产品和服务，享受我国电力改革来自竞争的繁荣。

显然，在售电侧培育有自主选择权的大用户不过是培育用户队伍，而培育售电公司才是培育我国新的电力监管体制下电监会的基础队伍。这些售电公司完全可以是按我国《公司法》成立，由电监会认定资格的私人售电公司，尽管其出资人可以社会化，但其经纪人和职业经理人则应由熟悉电力工业特点、有一定的电力企业从业经历、从电力辅业和多种经营分离出来的人员或退休人员担任，而售电公司均应要得到中国电监会及其在各地的电监会的分支机构的资格认定，并对其经营业绩和经营记录进行一年或两年的例行年检或双年检。

（2）关于尽快组建中国电力交易所。我是我国《证券法》和《期货交易法（草案）》起草组的成员，在起草这两部法律的过程中，我国证券和期货交易管理体制中关于证券交易所和期货交易所的章节令我深受启发。其中的相当一些特征适用于我国的电力交易所，具体如下：

①当前在电力市场的建设上，我们的着眼点不应仅局限在传统思路关于在旧体制的基础上是构建全国的电力市场、大区一级的电力市场还是省级的电力市场上，而应把电力市场建设的视野放得再宽广一些，充分借鉴发达国电市场体系的种类和模式，尽快把在北京组建一个新的从事电力现货、远期现货及期货交易的电力交易所提上议事日程。

②无论证监会还是电监会，就其产品属性来说，都应有自己直接管辖的交易所，以对证券或电力这类高度垄断的金融产品和必需品实施有效的监管，确保可能对国家的社会、政治、经济产生重大金融风险和电力停电风险的基础产品和市场的安全稳定。

③可考虑像中国证监会下设的股票证券交易所和期货交易所一样，中国电监会成立电力交易所，中国电力交易所的属性目前可以暂时在会员制、公司制和事业单位三种属性中择一或三种属性相结合上根据国情需要来做文章，使得中国电监会不仅能在电力交易所的人员、职能、产品服务及监管上进行统筹和规划，而且还可以通过中国电监会的由国务院任命非政府序列的特殊性质，通过电力交易所市场的监管来适当收费，最终体现中国电监会在我国电力市场监管中必不可少的经济实力和自主能力。

守正出奇，深化电力体制改革

背景：2001 年 7 月，围绕国电公司改革方案，我赴四川调研，应邀在都江堰给四川省电力公司做了一次电力改革的讲座。讲座后，我与四川省电力公司总经理石万俭进行了交流，他对电力改革的独到见解给我留下了深刻的印象。其间，我考察了四川电力公司及其调度中心，四川电力内部模拟电力市场的试点，使我看到了电力交易所的雏形，我对他们勇于创新的探索精神深表敬意。

本文即根据 2001 年 7 月 26 日我为四川电力公司及下属公司领导做的国电公司改革讲座及 2001 年 8 月 5 日《西南电力报》上的文章——《四川电力市场：创新与探索——著名专家刘纪鹏访谈录》，在整理基础上合编而成。

一、电力体制改革的背景分析

电力体制改革之艰难，令人难以想象，很多人说二滩问题是引发电力改革的导火索。实际上，电力改革的压力不仅起因于二滩，在向市场经济体制转轨中，各政府部门的改革是焦点。从现象上看，只有电力和铁道两个部由于运作的独立性而基本保留了原有架构，电力顺利改制为公司，而铁道部也试图模仿电力的模式。

电力改革模式既是政府机构改革的需要，也是电力本身特点决定的。对此，我曾提出电力作为国民经济第一基础产业，在保证经济发展与国家安全方面起着非常重要的作用，没有承担风险的余地。因此部改公司以来，国电公司按“四步走”战略顺利进行，一直到二滩问题出现，引起中南海震动，同时引发关于电力改革的诸多争论，随之而来的就是电改脱离国电公司而从外部制订电力改革方案。方案在改革与风险中处于两难境地，不仅是个折中方案而且一拖再拖，难以到位，最终可能还是要由中央决策。

一篇关于二滩的报道会引起如此大的社会反响，说明电力改革有两大方面问题的确需要引起大家重视。

首先，政治上反垄断。胡鞍钢最近发表一篇文章认为，长期的计划体制使电力产业形成了一个特殊利益集团，这个利益集团只追求部门利益而非社会利益，利用垄断占有资源：电力累计投资8000亿~12000亿元，只有200万职工，每年象征性上交70亿元，具有很强的排他性，与其他三个垄断行业形成“四大家族”，利用其强大的政治影响力制造所谓的政治实效等。在反垄断的四大行业中，电力首当其冲，国务院也正式成立电力体制改革领导小组，可以预见，一场反垄断攻坚战将在不远的将来全面展开。(《胡鞍钢：垄断是一种腐败　反垄断就是反腐败》，2002年4月《赢周刊》)

其次，经济上限制垄断行业，把它们从“贵族”降为“平民”，垄断行业的企业家不应是政治家，一定要规范他们的行为，使其从“政治寻求”转变为“经济寻求”。

胡鞍钢的文章还指出，与电力腐败相比，官员的腐败只能算九牛一毛，每年900亿~1200亿元的腐败资金，占GDP的0.5%，其中电力系统最高，必须撤换垄断行业的领导人，因为他们即是企业家又是政治家，在千方百计的影响政治。(《胡鞍钢：垄断是一种腐败　反垄断就是反腐败》，2002年4月《赢周刊》)

如何看待电力产业200万员工队伍，如何看待电力行业的领导人，如果仅从这个角度出发搞电力改革，电力体制改革的结局是令人担忧的。

二、电力改革的几个焦点问题

（一）反垄断——切忌“破碎式”改革

归纳起来，目前有三种改革思路：一是从制造竞争主体角度出发，进行横向分拆；二是在发输配售功能分离的基础上，进行纵向分切；三是既纵向分切又横向分拆的破碎式改革。

2000 年二季度开始，电力改革的主流观点是对国电公司进行拆分，作为外部人士，我曾在许多场合多次谈论电力改革。有意思的是，电力系统的人纪律性很强，始终不辩解，我不知道这是系统的要求还是系统内太缺乏改革家，似乎没有一个人愿意当“早叫的公鸡”。

事实上，在讨论电力垄断时，我们不能忽视和回避一个十分重要的问题，即国家计委和国电公司到底是什么关系？从某种意义上说，可以说它们是一对孪生兄弟，如果说国电公司在搞垄断，那么其主要责任应由国家计委承担。

2001 年 5 月，国务院体改办提出在四大行业反垄断，电力改革出现“0 +4”、“1 +6”、“1 + N”等几种反垄断模式。从电力产业本身的特点看，有些模式不很严谨，口径也不一样，即使“1 +6”模式也是虚一实六，是成立或者更确切地说是恢复六大区域性电力集团，在国家计委单列，而使国网公司有名无实。

（二）来自市场的压力

2000 年 10 月，我应国电公司要求，在电力改革思路中提出广东电力对国家电力的竞争与挑战，广东所进行的融资上市准备工作极有可能对其他地方电力产生模仿效应，因此必须予以关注。在广东电力的问题上，应考虑可不可以在支持其上市的同时对其参股，以股权换治权，各取所需，实现双赢。

还有一个背景就是加州电力危机。2001 年 3 月，我在考察美国电力市场时，曾到加州 ISO 电力调度系统和太平洋电力公司访问，发现加州虽高度发达，但电力问题并未处理好，产生了许多重大问题。我们在加州停留的几天中，有些地方经常停电，造成加州电力 100 多亿美元的损失，2001 年夏天如何度过仍然悬而未决。为此，加州政府专门请专家反复论证：新建电厂与电网扩容都是远水不解近渴，唯一有效办法就是号召全州人民节约用电。回到北京后，又从媒体得知加州人因电费过高而开始偷电，上半年偷电额竟高达4亿美元。试想，如果中国电力出现问题，所引发的政治、经济等一系列问题将可能比加州电力危机严重得多。中国改革从一开始就是渐进式和非休克式的，因此电力改革也要靠渐进式思路才能成功。

（三）如何看待垄断和自然垄断

自然垄断和竞争是一对兄弟，自然垄断要为竞争服务，比如输电网实现全国联网就是要构造一个竞争平台，竞争平台做得越大，电力产业效率越高，电厂就能在更大范围内竞争。谁在实现全国联网上发挥的作用越大，谁就是中国电力发展史上的功臣，因此决不能简单地把反垄断与全国联网对立起来，更不能为了反垄断而反垄断。

电力垄断的源头在审批制，电力反垄断的焦点应该是行政审批制，典型的例子就是二滩。二滩的建设是审批制的产物，二滩的电价也是审批制的产物。下网电价四川才0.3元，北京0.4元，上海0.6元。而二滩靠世界银行贷款，还本付息上网电价一定就是0.5元多，不让上网就说是垄断。所以，行政审批制不改，电力改革就不能把握正确方向。

（四）要不要全国联网

全国联网从“非均衡论”出发，电力供求非均衡是中国的现实情况，中国与许多国家不同，确实需要一个国网公司。关于这一点，我们在美国与前能源部长的谈话中得到印证：美国电网分为三大块，落基山脉以西的加州属一大块，洛杉矶与旧金山之间的电网是弱联结，当加州、硅谷一带的高速发展使电力供应日趋紧张时，落基山脉以东的电力却因没有联网而不能给予任何帮助。从发展看，美国的全国联网同样具有现实意义，美国电网从州之间的ISO发展到RTO，下一步是否能形成NTO，并在此基础上与墨、加两国联网，经济一体化的大趋势必将要求和引发电网的一体化。

在全国联网问题上，我们不能用静态而要用动态的眼光看待，大区之间联网仅靠几大集团确实有问题，国电公司在这一特殊背景下的全国联网使命是势在必行的。省为实体也是从国情出发，但省为实体不是一个永恒的范畴，美国能从ISO过渡到RTO，并有NTO的趋势，中国也会以省为实体作起点，实现逐步扩张，在全国联网大前提下，省间会有重组整合。

我有一个观点：电网越大越经济，从电价形成机制上应该说能成立；但电网越大越安全则需进一步论证和技术创新。在认真研究输电与配电后，我坚持认为大电网经济而且高效，因此国电公司是一个现实选择。它所垄断的全国电公司网就像高速公路网，大家的车都可以走。至于国网公司要不要保留、保留多少调峰调频电源，这是一个需要认真研究后再下结论的问题，因为它可能会对今后中国电力的发展产生制度性影响。我曾经说过一句话："如果满街都是猪肉，你还非要养猪不可，除非你与猪有特殊感情"。如果到处都是电厂，国电公司还偏要保留电厂，唯一的原因就是它跟电源有特殊感情。所以，必须"脱了裤子割尾巴"，彻底斩断恋"源"情结。

在进一步深化电力改革中，要维持电网自身的生存与发展，就必须在坚持电网经营权统一的基础上，放开电网所有权，因为电网不仅需要筹集大量资金去发展，而且需要通过上市实现制度创新，按照目前国电公司电网资产净值2000多亿元计算，收益在150亿~200亿元之间才能被投资者接受。

（五）电力本身要做改革主体

我不赞同电力改革必须由电力系统以外的人主持的观点，改革主体必须承担改革责任，既不能产生休克式疗法带来的波动，也不能以牺牲消费者权益为代价。如果政府部门主导电力改革，它就必须在安全运营方面承担责任；如果国电公司作为改革主体，就必须立下军令状：在承担改革责任的同时，消化厂网分开后价格回归可能给消费者带来的负担。现在大家都同意网厂分开，但为什么厂网又分不开呢？关键在电网没有利润，是亏损的。

三、电力系统如何认识电力改革

目前，大家对厂网分开争议不大，但对输配电、配售电要不要分开则意见不一，四川电力的电力调度中心和电力交易中心结合得如此紧密，因此思想可以更解放一些，借鉴国际经验，探索一条输配和配售分离的模式。

这两年我与电力系统打交道比较多，感到在电力改革上电力系统同志最迫切需要的是转变观念，敢于向自我挑战。在批评政府部门审批不对时，有没有意识到公司内部的审批是否合理？目前，各省公司投资2000万元以上项目均需报国电公司审批，有没有可能将审批制改为备案制和核准制，如按资本金的一定比例核定，超过规定的再重点审批，研究这些问题既是为了调动子公司积极性，又使其在投资上承担责任。

电力系统在改革中要坚持守正出奇。"守正"就是坚持现代公司制度创新，坚持输电网统一经营并保证电网的安全稳定。在向市场经济过渡中，很多传统产业都发生了巨大变化，钢铁搬家，机械出家，纺织改嫁，但是电力必须当家。"出奇"就是要想他人不敢想，包括电网所有权的多元化、厂网彻底分开等等，主动出击，占领改革制高点。

四、改革的推进能力

在推进改革过程中，我们首先要研究统一电网的理论基础。2000年我曾提出"非均衡论"（指全国统一电网实现资源优化配置）、"大循环论"（地方保护建立在本地区高电价基础上，实际是保护一点损害一片，电网形成规模后，即可引入外部电力，推动本地区电价降低，结果是调动一片保护一点）、"有限竞争论"（电网不是充分竞争，但要保留竞争，这是电力产业的特点）。

第二，厂网分开过程中，具体操作有许多困难，国电公司系统现有装机容量1.3亿千瓦，厂网分开是两步走还是一步走？一步走就是脱了裤子割尾巴，斩断恋"源"情结，"两步走"就是将国电公司系统的装机容量从43%调到20%，这里的核心问题是要不要保留调峰调频，留多少，怎么留，留下的电源是否参与竞争等。

第三，电源改组要不要构造若干个中央发电公司集团？形成这样一种结构涉及到水、电、网省公司，如果按网省或者大区设发电公司，上面要不要再构造一个纯粹控股公司，叫中央发电资产经营公司，由国家调控，在中央资产经营公司的体制下，又控股华能、中电国际等。

第四，农网改造问题。此即农网改造和农网的体制到底怎么搞，配电网的改造能不能与股份制改制相结合，今后逐步经过评估融资上市，需要国家给政策，国家应承认国电公司既然是企业，股份制农网改造亏损就要由国家补贴。

第五，向相关产业的拓展和多元化经营。

第六，最关键的是电价问题。目前看来，电价是网厂分开的制约因素，国电公司自己掌握的电网线路只有葛沪线等少数几条，而且电网没有独立价格，所以基本没有利润可言。很多人批评国电公司，有的专家还认为电网的垄断给经营者带来了一种超自然垄断利润，因为电网上网价和销售价之差一般都超过 0. 15 元，所以每一度电垄断了 5 分钱。

我曾对 1999 年电价做过调研，国电公司系统平均上网电价是 0. 249 元，国电公司每度电的购售价差只有 0. 057 元，加上每度电税费 0. 076 元，售电平均每度为 0. 382 元，供电单位的成本在国电公司系统至少要达到 0. 084 以上，才能达到盈余平衡点。但事实上每卖一度电亏损 0. 027 元。但为什么还能维持平衡甚至还有利润呢？就在于自发电量，外部上网电价平均 0. 249 元，而内部电厂平均 0. 176 元。如果把系统内电厂分出去，电网的亏损就会暴露出来，现实的问题是一个网厂分开后亏损的电网公司是不能上市融资的。

国电公司系统的电价中，发电价格占 80%，供电价格只占不到 20%，如果网厂分开，电网独立又要盈利必要有一个三难选择：一是涨价由消费者承担；二是压电源由电厂承担；三是要政策由国家承担。其最终可能是共同承担。

另外，电网到底是什么性质的行业？我曾提出将电网作为服务业，这个观点可能有些同志不太愿意接受。网厂分开，斩断兄弟情义，将电网定位在服务业是完全必要的，电网是自然垄断行业，但不能试图在其中谋取高额利润，要建立服务意识。

五、对四川电力的几点感想

（一）四川电力市场竞价上网探索意义重大

四川省电力公司尽管没有列上计划体制内全国竞价上网、研究电力市场的试点“盘子”，但是能够在一个机组年平均发电仅2800小时的情况下形成有利于有效竞争、发展，而试验竞价上网办法，其成功的确与其市场环境密不可分。四川这个由市场自发搞起来的电力市场，要比用计划体制来配置、在其他省份机组年平均发电在5000至7000小时条件下搞电力市场要困难得多。也正因为如此，四川电力市场探索十分难能可贵。用市场的办法解决市场问题，路子很对。

这样的改革经验，我认为是四川电力公司的同志根据国际发达国家电力市场改革的发展走势以及他们的成功经验与四川省在电力资源分布以及四川的整体发展战略当中，提出了自己的一套行之有效和规范的作法。这样的经验，既是四川电力改革的经验，也是中国电力体制改革沿着正确方向发展的一块重要基石；同时，四川省电力公司所探索的是一个实事求是、根据国情和国际规范、走出的有中国特色的电力改革道路，也正是中国经济体制改革30年来收到成效并受到世人称赞的改革开放道路的一个缩影。

（二）四川水火电量置换市场符合帕累托最优理论

四川水火电量置换市场是一个既懂市场又懂经营的全国创新。

在经济学中有两个重要的概念，就是效率和公平。经济学意义上的效率指的是资源的配置已经达到这样一种境地，无论作何改变都不可能同时使一部分受益而其余的人不受损，也就是说当经济运行已达到高效率时，一部分人进一步改善处境必须以另一些人处境恶化为代价。反之，如果资源配置是低效率的，那么通过改变资源的配置方法，至少一部分人可提高福利水平，而没有任何人境况恶化。经济学家将资源的最大效率配置称为“帕累托最优”（Paretooptimum），并将其作为检验经济总体运行效率与社会福利大小的一种准则。从帕累托最优引申出“帕累托更优”（Paretosuperi-

or）这一概念，如果改变资源配置后与改变前相比，同时符合下列两个条件：(1) 至少有一个处境变好；(2) 没有一个人处境变坏。那么，我们就称改变资源配置可达到帕累托更优。

这一经济理论在四川电网的水火电量置换市场中得到证实。四川电力市场是成功的，节约购电成本4亿多，让利给了消费者用户。只是改变了资源配置，便使水电厂减少弃水多发电而受益，使火电厂因少烧煤减少成本而受益，使社会因节约资源和保护环境而更受益。这样一个同时带来众多的受益者，却没有一个因此而受损的市场化改革，无疑是经济运行的更优状态。

（三）四川电力电网侧内部电力市场探索具有前瞻性

在纵深开拓发电侧电力市场的同时，2014年四川省电力公司又推出电网侧内部电力市场，并举行首次电网侧直购（售）电量交易会。四川省电力公司进行的这个电网侧市场探索非常具有积极意义。根据国家“十五”发展纲要精神，电力充分引入市场竞争机制，实行“竞价上网、厂网分离”，推进实现全国联网。中国加入WTO与国际接轨，大电网是全球经济一体化的必然产物。沿着这个大思路，电网侧的定位应是公益服务业。目前，四川电网侧市场虽是内部“沙盘推演”，以系统内6个供电局替代大用户身份，与发电厂面对面讨价还价进行直购直售电量交易。这一举措具有市场前瞻性，探索方向值得充分肯定。

（四）对四川电力市场的建议

就我个人对电力体制的了解来看，目前四川的电力市场还是一个面临发展的初级阶段。因为只是在发电侧不到30个竞争主体之间推进，竞价的电量也仅有10%，这是远远不够的。在未来的发展中，不仅要从发电侧，更要从用电侧考虑。具体说，首先应该在第一时间推出发电侧更多的发电主体，包括100多个1万千瓦以上的小水电，和一些大的工业企业有发电余量的自备电厂，都可以来参与；第二是在需求方培养大用户市场，同时培育需求方更多的主体，迅速向第二阶段的过渡；用1年的时间完成第二阶段之后，在未来的2—3 年之间，应该考虑电力市场发展的第三阶段，即电力交易所，一个完全具备金融概念的电力交易所。在交易所当中，必须从简单的商品交易向一种金融价值形态转移。而在这里，需要电力和各种金融中介机构参与。这样的电力金融交易场所，买电的人此时已经不单是给自己用，他们买电的目的可能是为了“倒电”。

四川要成为西南地区的金融中心，必须培养这样的电力交易所。在这个市场当中，要大力推进具有席位制基础上的会员制，培育一批具有金融概念的售电公司和单位。成都是一个金融意识很发达的地区。我认为在中国电力改革当中，四川电力应该从区域市场的构造中首先完成金融角度的交易构想。我相信四川有这个实力和魄力来实践这个构想。

回顾电改十年　探索未来之路

背景：2002—2012 年，5 号文颁布整十年，却被人普遍认为没有达到预定目标，原因是电价改革之后，电力市场化改革与计划体制交叠，电力工业矛盾重重。是什么让电力改革如此步履艰难？未来的电改该如何推行？为此笔者于 2012 年 8 月 27 日写就本文，发表于《中国经济时报》。

2002 年启动的我国电力体制改革至今已有十年，目前，发改委、能源局和电监会都在思考下一步电力体制改革的发展思路。尽管各方对于电力体制改革的市场化方向并无异议，但是，对未来改革是从发改委审批电价入手，打破行政垄断；还是从国网公司入手，取消全国一张大网，打破经济垄断；观点却各有不同。

回顾电力改革十年，这两种思路的争论一直存在。今天，当我们再一次站在改革的十字路口前，以史为鉴就显得尤为重要。

一、电力改革之争——5 号文出台始末

事实上，电力体制改革源起撤销国电工业部（下称电力部），组建国电公司。1996 年 12 月，48 号文决定组建国电公司，次年 1 月国电公司正式成立，与电力部并存，双轨制运行；1998 年 3 月电力部被正式撤销，原管电职权移交给当时的国家经贸委电力司。改革的第一步——政企分开完成。自此以后，电力改革的主体主要集中在国电公司本身。

1998 年我为国电公司制作改革方案时，对当时的几家直属子公司全都做了调研。调研的结果是西部资源丰富，东部用电负荷集中，北边的煤炭

资源丰富，南部也是用电负荷，包括时差、季节差、水利资源的分布都很不均衡，所以就需要组建一个能够全国进行资源配置的电网。基于我的调研和改革方案，1998 年年底，国电公司提出电力改革“四步走战略”：第一步即成立国电公司，撤销电力部；第二步，从 1998 年到 2000 年，进行公司制改组，国电公司实体化，厂网分开，进行竞价上网试点；第三步，从 2001 年到 2010 年，实现全国联网，全面推行厂网分开，竞价上网，形成电力市场；第四步，从 2010 年开始，实现输配分开和配售分开，最终国电公司形成一个全国一张大网的输电公司。第一步改革完成后，在落实第二步时，国电公司开始推进建立在以省为实体的基础上的母子公司体制改革。

然而改革的推进遇到了很多阻力，并被指责形成了以省为实体的电力市场壁垒。随即电力改革主导权易手，国家计委主导的电力改革领导小组开始掌控电力改革进程。原国电公司的思路是以全国“一张网”为前提进行电力的市场化改革。新成立的电力改革小组则主张拆分电网，打破垄断，搞“0 +4”模式。双方围绕着是以国电公司思路为主进行发输配售的纵向功能式分离的改革，还是以国家计委的思路为主，进行既搞发输配售的纵向功能式分离，又搞横向区域性分割相结合的破碎式改革，进行了激烈的争论。

表 2 列举了两种思路的主要不同：

表 2　国电公司与国家计委电改小组方案对比

	国电公司方案	国家计委电改小组方案
改革模式	“发输配售”纵向拆分	纵横并用“破碎式改革”
改革思路	推进全国联网 在一张输电大网的基础上形成一家全国性的国家输电网公司	取消国电公司 培育四到六家区域性电网公司
改革对象	国电公司系统	国电公司

（续表）

	国电公司方案	国家计委电改小组方案
改革步骤	四步走战略 层层分离，稳中求进	大卸八块 急于求成
改革风险	渐进式，系统风险小	休克式，系统风险大
成果分析	改革使命完成，国电公司自然演变成国家输电网公司	改革之初就取消国电公司，新建的公司前景不明

最终出台的改革文件即5号文是个折中的方案，即在取消原国电公司并将其大卸八块的背景下，又保留了全国“一张网”，组建了新的国网公司和南方电网公司。

二、电力改革之惑——改革并不彻底

5号文颁布后的十年里，尽管从厂网分开到电监会成立，从主辅分离到国网公司、大区公司和省公司“爷孙三代”的关系确立，5号文都有涉及；但是，无论从电监会的“花瓶”地位还是从大区公司的形同虚设看，5号文虽试图谋定中国电力改革的发展方向，实际执行效果却大打折扣。

由于5号文是份妥协的方案，导致诸多界限并没有厘清，后续的改革也并不彻底。加上2002年后很快在全国发生的大面积的持续电荒，促使人们对这次电力改革的时机产生了质疑。

从某种意义上说，这场轰轰烈烈的电力改革，特别是竞价上网，只有在一个较宽松的电力供应市场内才能进行。如果电力紧张，发生电荒，电力满负荷运转都不够，又何来竞价上网？以国家计委为首的一些同志正是对这样一个基本前提做出了误判：只看到2000年以来我国电力市场出现的短期的、暂时的、局部的电力平衡，却得出了长期的、总体的电力平衡的结论，认为电力改革竞价上网的时机已经成熟，甚至在主观上和客观上三年没有上新的项目。这也正是 2002 年改革后我国出现三年电荒的直接原因。

在电荒的背景下，所有 5 号文提出的电力改革即竞价上网、电价改革全都让位于应付电荒。幸而国网没有被拆分，才使得我们在电荒时期还可以集中调动加以应对。当然，也正是电荒的发生，又使得无论是发改委控制的电价改革，还是国网控制的电力产品统购包销，不仅没按 5 号文的方向进一步改革，反而在某种意义上进一步强化了旧体制。

这使得大家对 5 号文进行了深刻的反思。反思的结果则是主张不同改革思路的人都对这个文件不甚满意。一些人认为，5 号文推进、执行不彻底，没有把国网彻底拆解；而另一些人则认为，5 号文推进改革的时机不合理，在方式上只改“体”而不改“制”——没有抓住电价改革这个“牛鼻子”，只反国电公司的经济垄断，不反发改委的行政垄断。因此，其都认为 5 号文是在一个错误的时间，以错误的方式，导致电荒这个错误结果的“三错”改革。

今天我们回顾电力改革的十年，应该敢于直面我们所走过的道路，勇于审视这场改革的经验与教训，为今后十年的电力改革打下良好的思想和认识基础。

三、电力改革之路——“放开两头，监管中间，组建大能源委”

如何推进电力改革第三步——“输配分开”是当前争议的焦点。事实上，改革已进入“深水区”，如何成功推行电价机制改革将成为下一轮电力改革的关键。从更长远的角度分析，未来的改革可能从以下几方面入手：

其一，从电网的垄断角度看，应打破国网对电价的统购包销，实行厂商和大用户直接交易。国家发改委对电力价格采取统购包销的方式，限定两头的发电上网电价和销售电价，对电网企业的输配电价实行价差，这就导致了电力市场难以放开。开放的电力市场应该是“放开两头，监管中间”，即发电企业和用户直接交易，政府部门只负责独立核算中间输配环节的价格。

其二，从价格角度来看，发改委应将电价监管权力快速移交到电监会，做到只管输配电价格，其他价格一律放开。发改委只管输电费，这个价格全国只此一家，通过召开听证会决定。电监会的职责不是直接审批价格，而是监管价格的合理性和公平性。

其三，从体制角度看，应迅速削弱发改委的行政审批权，推动大能源委的组建，把现在能源局、电监会和发改委价格司三合一，实现电力行业的统一监管。

控制电价上涨，打破审批制是关键

背景：2006年6月28日国家发展和改革委员会决定，自6月30日起，将全国销售电价平均每千瓦时提高2.5分。这是继2004年、2005年上调电价后，连续第三年上调电价。电力体制改革后，电价持续上升，是何原因，值得反思。在这种背景下，笔者写就此文。本文刊登于2006年7月6日《南方周末》和2006年7月《产业纵横》。

2006年6月28日，国家发改委紧急调整电价，全国上网电价每度上调约1.2分，销售电价每度上调约2.5分。这已是连续第三年上调电价：2004年平均每度电上涨了2.84分，2005年平均每度电又提高了2.52分。

这次电价上调，电力企业本身受惠并不大。2.5分的上调部分，发电企业能拿到1分，主要用于弥补煤炭价格上涨而导致的成本上升；电网企业据说最多拿到2厘，而且是有条件地给——只有在完成电网主辅分离后才给；其余部分将用于下一步新能源的开发、改善环境（中国对国际社会承诺，污染5年内下降10%）和三峡库区移民的后期补助这三方面。

对于此次电价上调，公众的情绪是困惑：为什么从2002年电力改革拆分国电公司后，我们没有得到改革者承诺的质优价廉的电力产品，而是出现了严重的电荒和持续电价上涨？

由于技术进步，我国发电装机容量的平均造价从2002年以前的5000元/千瓦下降到了4000元/千瓦，平均下降1000元，截至2005年年底，总计约节约了1400亿元的投资。为何这巨大投资成本的下降带来的是电价的不降反升？原因是投资成本的下降又被厂网分开后企业管理成本的增加抵消了。与此同时，2004 年、2005 年两年的电价上涨，消费者多支付了约 1600 亿元，这几乎相当于一个三峡大坝的总投资。

尽管电价持续上涨，可目前中国电力企业（包括中央和地方的发电、电网企业）的平均盈利水平仅为 3.5%，低于全国工业企业的平均盈利水平（5.5%），更低于国外电力企业的平均盈利水平（8% ~10%）。其中，电网企业的平均盈利水平只有 2%，由于盈利能力过低，中国电网企业至今根本不具备上市融资的条件。

据测算，如果其他条件不发生变化，电力企业要达到工业企业 5.5% 的平均盈利，在今年调价后，目前每度约 0.5 元的平均电价还要上涨 6 ~7 分钱；如果要达到国外同行业的水平，电价需要上涨 0.1 元。如果煤炭价格继续上涨，电价的涨幅可能更大。这样，电力行业才能维持起码的生存发展。

这样的前景显然并不乐观。改变这一上涨趋势的可能性在哪？

打破电价审批的行政性垄断是唯一选择。

根据国家统计局的数据，目前我国工业企业人均收入约为每年 2 万元左右，而包括电力企业在内的垄断企业人均收入为每年 6 万元左右。电力企业显然还有很大的降低成本的空间。

但更重要的是电力体制的进一步改革，其首要任务是打破行政性垄断。

我国电力行业的垄断既包括输配电网的自然垄断，也包括发电和售电环节的大公司经济垄断，但主要是指以行政审批为特征的行政性垄断。垄断收益需要由价格垄断来实现，事实上，前国电公司的企业组织垄断仅是表象，中国电力垄断的根源在于政府部门审批电价的行政性垄断。

2002 年开始的电力改革只实现了对国电公司的拆分，但最根本、最需要打破的垄断——行政垄断（对电价的行政审批）不仅未触及，而且有进一步加强的趋势。三年来，用行政代替市场的手段越来越多。

电价有多少种？其可谓多如牛毛：一厂一价、一机一价、工业电价、消费电价、地区电价……不仅一般人弄不懂，即使行政审批部门——国家发改委内部也没有几个人说得清楚。

这么复杂的价格体系由一个行政部门来审批，难以反映真实的供求关系，使得价格失灵，市场失真，对电力企业经营能力的评价失真。

不放弃对电价的行政审批，仅对电力企业的组织体进行拆分（现在对发电环节的拆分已完成，下一步将是对输配电环节的拆分），可能得到的将是电价上升、电网事故的发生。因为市场无法通过有效的价格信号约束企业的行为——电力企业干好干坏一个样，反正价格是批出来的，利润也是批出来的。

电价的未来走势很大程度上取决于电价何时能够由市场决定，即行政审批何时能取消。因此，近期内电力改革的走势不乐观，电价的走势同样不乐观，对此应有思想准备。

电价改革才是电力改革的“牛鼻子”

背景：2009年11月，国家发改委将全国销售电价每千瓦时平均提高2.8分，从大方向看，这次提高电价，是理顺资源和能源产品价格、实现我国电网企业股改融资上市的重要一步。为此，笔者写就此文，发表于2009年11月27日《国家电网报》。

中国很多基础产业和资源价格，特别是电力产品的价格，作为垄断行业来讲价格并不顺畅，尤其是煤电价格一直不合理。特别是2000年之后，煤炭行业放开。由此，在计划体制调控不了，市场机制又未完全到位的情况下，市场煤和计划电产生了矛盾。

“市场煤”与“计划电”的局势使得电力企业近几年来全行业出现亏损，其中一个重要原因是上网电价和销售电价的非同步提高。在电力行业中，虽然解决了发电企业的上网电价，但又同时会导致电网输配电价的亏损，其中最主要的原因是销售电价不能提高，提了上网电价但没有提销售电价。同时，以电力企业为代表的能源企业在应对国际金融危机、防止通胀、履行社会责任等方面承担着较大压力。

导致电力行业亏损的另一个重要原因是交叉补贴现象太过严重。这部分补贴主要发生在城市居民用电要给农村居民用电补贴，工商业户用电要给居民用电补贴。从发电成本来看，工商业用户发电成本较低，而居民用电发电成本较高，这就需要几个方面进行相互补贴。所以，下一步中国的居民用电应要拉开档次，用电越多收费就越多，这样一来改革会在慢慢理顺产品价格中逐步推进。

为此，国家在去年8月将上网电价提高了2分，解决了发电企业的亏损问题，然而销售电价并没有一起上调。本次国家发改委做出更为综合性的调整，实际上是各方期待的结果。值得强调的是，本次价格调整至少为下一步对居民消费用电实施阶梯制，在输配领域留下一定的利润率起到了重要的过渡作用，在处理好遗留问题方面具有重大意义。

此次调价旨在理顺资源价格，同时使电网能够保持一定的自我发展能力。现在电网发展任务很重，社会各方面又有很高期望。电网是资本市场最青睐的产业，如何发挥这种优势？我推崇股改上市。

目前电网企业面临全行业的亏损，今年1~8月，南方电网和国网两家企业亏损就高达161亿元，这同样使电网企业改革包括股改上市都显得步履维艰。所以我们看到发电企业上市的很多，比比皆是，但电网企业几乎没有。一个很大的原因是电网企业的亏损及其长期以来所肩负的社会责任无法保障投资人要求的回报和收益。

如果国家希望电网股改上市，就要理顺电的价格，使电网不能依靠垄断获得高额利润，更不能长期亏损。电网最起码要有它基本的利润做保证，以保护投资人和股民的利益。所以说，提高电价是理顺资源产品价格、实现电网企业股改上市的重要一步。我认为，此次电价调整为促使电网股改上市创造了更进一步的条件。

这次提价也拉开了中国电力体制改革的大幕，从过去重视电网公司组织体变为电价改革的制度，所以电价改革才是电力改革的牛鼻子，抓住电价才是真正抓住电力改革的核心。电价改革最终要实现国家管住输配电网，而发电上网和销售电价实行竞争，大用户和发电厂商直接见面，电网只收过网费，即管住中间，放开两边。这次提价也正是为此奠定基础。只有让电网维持自身良性循环发展，才能为下一步市场化改革奠定方向。长期以来，我国电力工业要处理好改革和发展的关系，要遵循市场化规律。所以，中国电价改革的趋势是管住输配电价，放开发电企业的上网电价和销售的下网电价。这就是“放开两边，管住中间”的新思路。而受益于这个新思路的主要是电网企业。

此外，本轮电价调整将对高耗能等一些行业增加压力，但长远来看，有利于节能减排，发展绿色环保产业，改善我们的碳排放状况。当前应对金融危机所采取的一些临时举措只是过渡办法。2009 年全国经济工作会议即将召开，我相信大方向是坚持调整经济结构，转变经济增长方式。以高能耗和污染换来的增长不可持续，这也是我国经济增长转型之际亟待解决的问题。本次电价调整，是促进我国制造业升级、传统产业向高附加值的金融服务业等产业转型和飞跃的必然之举。

任重道远绝非“一拆了之”

背景：中国电力新组建的11家公司于2002年11月29日在北京人民大会堂正式挂牌。为此，《中华工商时报》对笔者进行了专访，并于2003年1月15日以《电改上空飘着团团疑云》为题发表。

一、国电公司的拆分只是电力改革的开始

国电公司系统拆分不是电力改革的结束，而是电力改革的开始。有些人把拆分国电公司当成是这次电力改革的唯一目的，这是非常片面的。人为地制造一些竞争主体，把处于垄断行业的国电公司拆分掉，并不是电力改革的唯一目的。电力改革的最终目标应该是为消费者提供质优价廉的电力产品，并且在这一过程中，国家的电力工业得到快速发展，竞争力得到提高，消费者得到实惠。

拆分国电公司，是想打破垄断，引入竞争机制，通过竞争可以实现竞价上网，在竞价上网中能够实现电价的下降，在电价下降中消费者得到实惠，使中国的电力工业更有竞争力。这才是一个符合逻辑思维的链条。因此，从这个意义上说，11家公司的挂牌、拆分国电公司仅仅是中国电力改革的开始，而不是终结。拆分国电公司、组建11家主体仅仅是一个手段、一个过程，最终的结果是让消费者得到质优价廉的电力产品。

二、电价改革的突破是检验改革是否成功的重要标志

从目前情况看，整个电力改革的精力放在拆分上了，而对拆分后电价

如何改革，各方持一种回避态度。现在的情况看，我们的电价是还本付息电价，由国家计委行政审批，机组和电厂的建设成本决定着电价的高低，高进高出。有些企业建厂的成本完全是靠贷款，除了贷款的本金，还要还息，所以形成了还本付息电价。这种电价机制，历史上在调动电源大规模发展、弥补我们的电源空缺方面曾经发挥过作用，但是今天已远远不能适应改革的需要。我们追求的是竞价上网，市场价格，放开垄断，解除管制。因此，必须要突破现有的电价行政审批、还本付息式电价。

明年能不能在电价上有一个重大突破才是我们检验这次改革是否成功的重要标志。我们担心的是明年除了把国电公司拆分之外，其他所有的环节都不改变，特别是电价。现在的电价由国家计委和电监会谁来管，二者都在争，但实际上这种争并没有意义，因为争的都是一个行政审批电价，而我们的电价是要取消行政审批。但是明年能取消这种行政审批电价吗?这显然在这种供不应求的背景下又不切实际。所以，很可能明年在电力改革上难以迈开步伐，步履维艰。因此，这次拆分国电公司不是电力改革的结束，而仅仅是电力改革的开始，是迈出了第一步，而第二步是迈在电价上，迈出电价这一步并不乐观。而且现在只有六个省在实验竞价上网，每个省将其每年发电量的10% ~20%拿来竞价上网，范围还非常小。明年我们能不能形成竞价上网，取决于电力市场能不能形成，这就既包括省电力市场，也包括大区的电力市场；既包括现货市场，也应该包括期货市场，必须同步推进。

三、对改革后电价上升要有充分的思想准备

从目前看，明年的电价极有可能呈上升的态势。原因如下：

第一，明年的外部环境不容乐观。明年电力市场供不应求的局面可能进一步加剧，按照翻两番目标，我国未来18年，即到2020年之前，GDP增长水平应维持在7% ~9%之间，也就是我们的GDP应该从9万亿元增长到将近40万亿元。现在的电力水平是3.4亿千瓦，如果翻两番，应该达到14亿千瓦的装机容量。即使我们打一些折扣，增长到10亿~12亿千瓦左

右的装机容量，在未来的18年里也应该增长8亿千瓦的装机容量，即每年要达到4000多万千瓦装机容量的增长。但是现在我们每年装机容量的增长只能在2000万千瓦左右，所以整个电力的需求非常旺盛，供应也是要加强的。因此，在这样供不应求局面加剧的背景下，明年把电全卖出来还是不够用，所以竞价上网的外部环境是不具备的，电价仍有可能上升。

第二，这次国电公司系统的改革是对现有电价制度的一次革命性冲击。五大电源集团的组建，两个电网公司的出现，将打破现有厂网不分的格局，分别形成电源电价和电网电价。从电源电价来说，五大电源集团中的四大电源集团需要重新组建，公司要重新构造，管理机构也要重新构造，管理成本将增加。成本的上升以及进一步的磨合都将带动电源的上网电价的上升。而目前在国电公司系统里，厂网不分决定了现在电网并没有独立的价格和利润，一旦厂网分开，电源竞价上网，电网独立的价格和利润也将形成。这样的态势也决定了下网的电价和消费的电价总体趋势是上升的。

因此，在这种背景下，消费者和改革者以及独立发电商都应该有一个思想准备，正确面对明年电价可能上升的趋势。竞价上网的趋势就是突破计划的、传统的国家计委行政审批式的电价模式。突破这种电价模式之后是采用一种市场价格，这种市场价格可能降也可能升，只降不升并不是市场经济。问题的关键是我们的改革者面对国电公司拆分之后电价反而上升的局面，要有充分的思想准备和正确的认识。

四、脱了裤子割尾巴，应加大力度推进厂网分开

从国家整体发展来看，厂网分开是非常正确的。这种分开应该以国电公司为主体，把电源彻底拆分出去。但这次改革国网公司还保留了2000万千瓦左右的调峰调频电源，严格来说，并没有完全实现厂网分开。在我的改革思路中，始终是坚持要“脱了裤子割尾巴”，国网公司不应该保留这2000万千瓦的调峰调频电源资产，应该彻底分开。原因如下：

第一，电源资产留什么，留多少，怎么留，现实当中十分困难。留下

来的可能是赔钱的电源，比如华北的抽水蓄能电站，4 度电换 3 度电，如果不实行分股差别电价，就净赔 1/4，发得越多，赔得越多。

第二，只有彻底地厂网分开，才能摆脱亲儿子和干儿子之别。留下来的电源是不是参加市场竞争？如果参加市场竞争，就不符合国网公司保留调峰调频电源的初衷，因为国网保留电源是不参与市场竞争的，是用来调峰调频；而如果不参与市场竞争，直接上网，就会有电源企业抱怨不公平，说国网以权谋私。

第三，按照目前西方国网与电源的关系，调峰调频完全可以按照市场手段解决。即便电源在五大电力集团手上，国网公司通过市场化调度也仍然可以完成调峰调频的任务，没有必要保留 2000 万千瓦的装机容量。

第四，保留这 2000 万千瓦装机容量，为今后改革国网公司留下了口实。因为这样既有电源又有电网，仍然是厂网不分，今后国网就很难保住，可能被进一步分割。

五、厂网分开的同时要肯定国网公司的作用，加强全国联网

厂网分开的同时，对于国网公司的作用也要给予充分肯定。明年我们的电力能够给消费者提供质优价廉的产品，其中有一个重要的条件就是继续加大推进全国联网的进程。通过全国联网来实现资源的优化配置，来解决我们发电能力不足的供不应求局面。比如双北联络线，东北和华北在年初实现了联网，对我们度过酷暑起了很重要的作用。虽然这条线只有 60 万千瓦的容量，但是这条线路如果不建，就还要提供一条 60 万千瓦的备用容量，在夏天用电高峰投进去。而这样的一个 60 万千瓦装机容量的备用容量的修建需要 24 个亿、3 年时间。但是我们只用 1 年时间、不到 6 个亿就把这条双北联络线建成了。双向互流替代了 60 万千瓦的备用容量，使得北京四环以内并没有发生停电的现象。所以事实表明，全国联网是我们缓解供不应求、用电紧张的一条重要途径。国网公司在全国联网上的作用应该予以肯定。

六、电力改革应继续深化，不能一拆了之

电力体制改革不能一拆了之，国家计委应将这次改革主导到底，而不是主导完拆分国电公司就完成了使命。针对下一步电力改革所面临的电力紧缺，亟须加大对电力工业的投资，投资力度必须要与电力企业的改制和现代企业制度的形成相伴随。这就要根据电源和电网的不同特点和产业性质作一个基本判断，首先应该把电源剥离出来，作为竞争行业。这个竞争行业不仅在市场中要多元化，而且在每一个电源企业的产权制度上都可以多元化。现在电力系统已经有了 42 家上市公司，国电公司系统也有 22 家上市公司，已经分别在海内外的资本市场挂牌。作为一个竞争性的领域，电源一侧应该继续加大民间和外资的投资力度，以弥补我们急于扩充电源生产供应的资金不足，同时更重要的是解决拆分出来的五大电力集团，使它们能够建成股份制的现代企业制度，包括加大民营化的力度。

对于电网，目前我们也试图培育售电功能，今后也可以考虑拆分出配电功能，只把输电功能作为自然垄断行业。作为自然垄断的含义就是“一”的成本要小于“多”的成本。电网作为基础产业，从安全性、经济性的角度都不允许在同样的地区重复建设输电网。因此，对电力工业发输配售四大功能进行分解之后，唯一的自然垄断领域就是输电网，配电网和售电侧都应该放开，就像电源一样。由于目前电网价格还不顺，电网输配拆分时机还不成熟，只宜把电网作为一个整体来考虑。但是这种考虑不应该由于它的自然垄断属性就延误它的产权变革进程。作为自然垄断行业的输电网，质权要统一，产权要多元。国家可以保持金股制，即一票否决权，其他股份都应该卖出去，或者增资扩股，加速电网建设，加快联网进程，尽快使全国主要用电负荷地区都形成联网，构造一个在联网基础上的市场经济平台，能够实行充分有效的竞争，实现资源的优化配置。

联网是电网公司的重要使命。而联网资金不能仅仅靠国家拨款，而应该更多地向民间和外商开放，在我们筹资建电网的同时，要把电网公司建成具有现代公司制度的公司、现代的公众公司、现代的上市公司。所以，建立在全国联网基础上的国网公司的制度性构造和融资可以兼顾，通过电

网公司的多元化，可以兼达融资和改制双重目标。

七、拆分国电公司后面临电力企业总体协调功能缺位的风险

由于这次电力重组不是以国电公司为主体进行继承式的剥离，剥离电源、剥离辅业之后形成国网公司，而是把原国电公司拆分成11个主体，国电公司从此消亡，所以在未来的发展中，两大电网、五大电源和四个辅业已经各自成了平起平坐的兄弟关系，它们之间的规划和协调由谁来做并不清晰。而且，虽然11个主体已经分别挂牌，但是它们内部之间又有着千丝万缕的关系，包括财务、规划等一系列的问题，又不可能完全分开。因此，现在处于一种没有人负责、没有人协调、没有人规划的局面。唯一能做规划的就是电监会，但是电监会现在只是起到“裁判员”的作用，而且其“裁判员”的身份要求它不能对某一支队有偏爱，而应该对外商、私人的发电厂和国有发电厂一视同仁。那么谁是这些国家队的“教练员”呢？谁来协调这些网、厂、辅业之间的关系，进行规划和布局呢？在国家计委退出了这次改革的背景下，现在亟须这样的机构。而且从改革的思路上，国家计委充当整个电力11个主体之间的协调工作也不合适，它也不能承担所有者的职能。

所以，承担此职能的机构要寄希望于今后的国资委，要迅速在国资委的机构建设中组建一个关于中国电力行业的国有控股公司，能够承担五大电源之间的协调功能，以及国有电源和电网之间的协调功能；否则就会出现国电公司系统被打破之后，旧的体制被革掉了，而新的体制又没有建立起来，会产生混乱。

电荒反思启示录

2002 年电力改革完成了对国电公司的拆分，随即发生了 2002—2005 年的三年电荒。到底何种原因导致此次电荒？它与电力改革是否相关？我们应从电荒中反思中得到何种启示？这期间，我曾多次接受媒体采访，也写了三篇文章。第一篇是《电荒的反思与启示》，第二篇是《电荒的体制性思考》；后来在 2011 年，由于煤电价格不合理等原因，中国再次出现电荒苗头，为此我又写了《电荒应促进电力市场化改革》一文。这三篇文章基本概括了我对中国电荒的反思的主要观点。

文章之一 —— 电荒的反思与启示

背景：本文根据 2003 年 9 月 1 日发表于《财经界》的《如何阻抗“电荒”冲击波》、2004 年 1 月 9 日发表于《国际金融时报》的《三年未上大型电力项目，决策失误导致电荒》和 2003 年 11 月 20 日《央视国际》对笔者的采访纪要和文章，整理而成。

一、电荒产生的原因

进入 2003 年 7 月以来，华东、华中、华南出现持续高温酷暑天气，用电负荷接连创历史新高。华北地区，京津唐电网 7 月 29 日的最大负荷增至 1937 万千瓦，比上一年最大负荷 1832 万千瓦增长了 105 万千瓦。在上海，电力缺口达 40 万千瓦，已有 800 多家企业调整厂休，错开用电高峰，300 多家企业避峰让电，近千家企业被限电。江苏电网也到了极限负荷，今年夏季电力缺口将达415万千瓦。浙江成为全国拉闸限电范围最大、最严重的省。目前，内地已有19个省市采取拉闸限电措施，造成了重大的经济损失。

归纳起来，电荒产生的原因主要有以下几点：

首先是发展中的原因。中国经济保持持续快速增长的态势，特别是制造业发展很快，用电需求很大，中国在改革开放后持续多年都保持高速发展，新世纪整个经济的高速增长对电力需求在加大。

其次是气候的原因。今年很多省市持续高温时间较长，导致居民用电和商业用电的需求量也在加大；往年夏季的水力资源比较丰富，特别是在东部地区，今年也出现了一些不同的情况，夏季持续高温是水电的丰水期，今年缺水和枯水的时间比较长，所以导致水电的供应跟不上需求的增加，甚至略有减少。水电的供应跟不上需求的猛增，这样只能过分依赖火电项目。

第三，从内部原因来看，核心问题是在1999—2002年，我们对整个电力供求形势判断失误，对于当时电力暂时的平衡过于乐观，对于经济增长对电力的需求过于保守。从1999年，我们的决策者和决策部门对未来几年用电的估计严重不足，导致中国在发电和网络方面的建设投资严重不足。特别是1999年以后，国家大的电力项目都大幅度削减了。2002年第四季度的时候，有人就已经预测，2003—2005年这三年中，由于前期对中国电力供求关系的判断失误，会导致严重的供电不足。但这还是没有引起决策者的高度重视，决策者还是认为中国电力供大于求，各个地方可以就地平衡。因此，很多中央和地方建设性的项目都没有得到批准。而电力建设特点是建设周期比较长，一般要3—5年或更长的时间，当从去年下半年预计缺电时，再建设电力项目往往是跟不上的，在短期内将很难得到缓和。所以，由于1999年对形势的错误估计，电力的增长没有与国民经济的增长保持同步推进，导致了今天的被动。而且从总体看，这种大面积持续缺电的现象不仅仅会发生在今年，明年的电力紧张仍然存在，这种情况至少会持续到2005年。

二、反思五年电力改革

对于电力这一国民经济的第一基础产业，无论在改革还是在发展上，都应该采取在改革上比较谨慎，在发展上比较超前的态度，但我们没有做到。目前发生这么大的电荒，给国民经济增长造成这么大的损失，我们必须要进行深刻的反思，我认为更重要的是从主观层面进行深刻反思，包括对这次电力改革的反思。

第一，我们把电力上的改革与政治上的反腐败、经济上的反垄断联系得过于紧密。而对于这种电力的垄断，不是从消费者的角度去进行反垄断，而是从行政或政府的角度提出反垄断，其中掺杂了很多非市场的因素。也就是说，不顾电力自然垄断的特点进行强行拆分，所以从某种意义上说，改革的失误主要体现在对时机的判断上。整个改革应建立在市场供大于求的背景下才能推进竞价上网，而在电荒发生的时候，所有的电都开通了，包括 13.5 万千瓦以下这种应该被淘汰的小机组都已经全部开通了，还不够用，如何竞价上网？这只能有一种电价上涨的趋势，如果这种竞价变成一轮接一轮的向上竞价，就根本不符合市场规律，所以我认为是在错误的时间里出现了这么一场改革。对于电力改革，电价是关键，拆分是次要的。而目前中国电力改革把关系颠倒了，似乎把拆分当成了改革的目标。就像香火和庙一样，香火没撤，就要拆庙，而且拆了一座庙之后效果极差，不是电荒就是电价上涨，而主张分拆者本身又不负责任，到现在还不去反思。因此，这是在一个错误的时间，以错误的方式，出现了错误效果的“三错”改革。错误的时间是指误判了电力供求的形势，认为当时电力已经过剩。错误的方式是不应该大刀阔斧地拆分国网，人为地制造市场竞争主体。因此，出来了错误的效果——电荒。

第二，电力改革急于求成。忽视电力这一国民经济第一基础产业的特点，错把局部的电力过剩当作全国的电力过剩，暂时的电力平衡当作长远的电力平衡，在电力改革过程中把精力都放在拆分国电公司上，超越阶段和不顾电力产业的基本特点，单纯强调人为制造竞争主体，忽视了电力行业的中长期规划和发展，连续三年不批不建新的火电项目。在发展中推进改革的思路没有得到贯彻。

第三，忽视全国联网，简单地认为国电公司强调全国联网就是为了巩固垄断的组织基础，认为当时各大区和省可以就地平衡，认为联网不必要，不经济，不安全，从而提出了“0+4”模式，取消国网公司，仅组建四个区域公司。今天看来如此简单的一个问题，当时在认识上却如此不统一，导致今天发生电荒时，我们的跨区调度能力十分有限。

第四，直到去年第四季度有关部门才意识到，由于对中国电力供求关系的判断失误，导致了2003—2005年这三年严重的供电不足。

第五，考虑到要对电力公司进行改革，实际上在2000年还推出了69号文件，电力系统的内部重组、股权置换，收购兼并、与外商股权的重大合作项目也都被冻结了，这也使国电系统本身对外的融资、合作和电源电力项目的上马和重组受到了影响。

三、解决当前电荒的途径

第一，加大供给力度，建设适合客观情况和长期情况的电力机组。这方面，由于电力机组建设周期长，一般4~5年，所以远水不能救近火。

第二，加强全国联网。从近期措施看，由于电荒至少还要持续两到三年，只靠加大电力供应的做法不能解决这三年电力紧张的问题，所以要加强全国联网，尽量在贫电省和富电省之间进行合理的调配，这样才能够在现有的发电容量基础上通过电网的建设速度来缓解电力危机，在一到两年内缓解电力问题。

第三，压缩需求，主要依靠电价来调整，同时减少对高耗电、低附加值企业的供给，加强对高节能产品的推广。由于相关企业的就业问题和政府部门的定价管制，其调整力度有限。

第四，采用峰谷电价差，发挥小方治大病的作用。电力产品的特点是供产销一次完成，不能储存。同时，人们在一年不同的时间里面，在每天不同的时间里面，用电量都有较大的差别，供电方必须保证人们在不同的时间都能用电。从电力的准备看，由于不能储存，就必须以高峰值作为装机容量和发电容量的考虑值。如果我们能够削峰填谷，就是把用户用电的时间段错到用电的低谷时期，把工商用户和居民用户的时间峰谷差错开，那么我们就可以在当前缺电的时期小方治大病。

第五，电力规划是一个治本措施。现在电力规划的权责不清晰，主体不明确。我们更应该吸取电力改革的经验和教训，把相关权力移交给改革主体，做好电力规划，明确规划主体，防止改革中存在或会遭遇的风险。同时，在规划时要注意现在我们电力的大上快上还有可能导致四年以后的电力过剩。因为电力的特点已经决定了危机的种子是在三到四年以前种下的，我们三四年以前埋下的是电荒的种子，现在我们可能又为三四年以后埋下了电力过剩的种子。

四、电荒给我们的启示

（一）全国联网是中国电力发展的重要目标

电力改革需要全国的统筹，现在更需要加速全国联网。无论是从时间成本还是从经济成本看，全国联网都是最佳选择。比如，建设双北联络线150公里，容量是60万~80万千瓦，用了15个月的时间，投资是4.5亿元。而要建一个60万~80万千瓦的电厂，平均每千瓦的电源容量要4000元，60万千瓦的容量需要24亿元，建设周期要4年。现在从长江一直到江苏的龙正线是直流双极限，送电量300万千瓦，它是888公里，投资只有60亿元。建300万千瓦的电厂要120亿元，建设周期至少要5年，而国电公司用了不到2年的时间就完成了。所以相对来说，通过全国联网进行调剂经济上也很合算，应该加速全国联网。

全国联网以后可以节省很多内部容量，因为用电的高峰和低谷期是不一样的，按照高峰期来准备，一天当中有很多时期用不上备用容量。缓解电力高峰期，一方面可以通过备用容量去准备，另一方面是全国网络形成后，不同地区时差不一样，如果用电高峰错开一个小时，那么用电将得到很大的缓解。南部、西部、四川、东北高峰期可以在时间上错开。我们一天当中也有两个用电高峰期，一个是中午11点至1点期间，还有一个是晚上6点至8点期间。一年也有两个用电高峰，一个是夏季7—8月间，另一个是春节前后。如果能利用全国联网，就能应用于不同地区，在丰水期和枯水期之间进行调节，西部水电资源丰富的地区可以实现西电东送，枯水期又可以反向送电，还可以搞时差、地区资源丰富与否的火电供应。在这样的情况下，通过全国联网可以大大减少电源的备用容量。

（二）电力改革只有在宽松的环境里才能进行

从电力的特点、加州危机的教训来看，现在立刻过渡到市场的模式是不太可能的，还得靠行政办法调动。中国还处于经济转轨时期，政策调度是必不可少的，所以对于电力这个基础产业来讲，电力调度是非常重要的。

现在首要的问题是保持稳定、安全的运营，保证大家的用电需求，其次才是用户的自由自主选择权。如果满负荷的运转都不能满足需求，一个竞争性的环境就不存在，以价格浮动自由化来推进电力市场化改革是不现实的。如果电力供应这么紧张，电价又不能上涨，就会进一步制约电力的发展。投资方因此没有积极性，不让它涨价就得政府补贴，政府财政负担又会因此过重。这次拉闸限电紧张之后，电价可能还会有上升。对此，必须要忍受电力涨价的痛苦，这就是改革的代价。所以，对电力这种大船的改革欲速是不达的，不能够简单地急于求成。

要加大民营、外资的投资力度，就要给它们一种电源紧缺的感觉，但有可能等它们的项目上马的时候，五年后电力又会呈现过剩状况，其就得承担风险，等到那时就会形成竞争的格局。所以，电力改革只有在宽松的环境里才能进行，所谓宽松的环境一定是供大于求，这样才能让这些电厂竞价上网，如果供不应求，是没法推进这场改革的。

文章之二 —— 电荒的体制性思考

背景：本文根据笔者发表在2004年7月26日《中国经济时报》的《“电荒”的体制性思考》以及2004年10月1日发表在《中国金融》杂志

的《理性思辨:“电荒”产生的深层次原因》合编而成。

一、现状

当前电力紧缺日益加剧，全国24个省份出现了拉闸限电，“停三开四”正在从湖南开始向浙江、江苏等更多的省份蔓延，不仅工业企业的产值和效益深受其害，人民的生活用电也受到影响，忍受着夏季高温和电价上升之苦。缺电正在演变成一场“公共危机”。中国正在经历电荒时期已成为不争的事实。

从1998年中国摆脱缺电的历史至2004年，不过五年的时间，而这五年又恰恰是中国电力改革力度最大的五年。以拆分国电公司为改革目标的电力改革刚一获得成功，中国就又步入了电荒和电价上升的困难时期。这究竟是偶然的巧合，还是决策失误的客观必然？对此我们有必要进行电荒的体制性反思。

二、思辨

思辨之一：电力改革带给人们的是电荒？

所有参与或关注电力体制改革的人，恐怕很少人会想到：以一种妥协方式确定的电力体制改革方案出台至今两年时间以来，带给我国电力行业和全国24个省市人们的信号，不是这场由政府主导的行业改革所带来的电力价格降低、电力供应保持平稳、电力行业有序发展的良好态势的喜讯，相反，在国电公司被拆分为“2+5+4”（两家电网公司、五家发电公司和四家辅业公司）后，五大电力集团“跑马占荒”愈演愈烈的情况下，电荒、拉闸限电、“停三开四”、电价上涨的讯号不绝于耳。今年入夏以来，国网公司、南方电网公司以前所未有的“备战备荒”态势，最大限度地发挥调频调峰的电力输配、调剂余缺的功效，但仍然不可避免地频频拉响各地电力供应紧张的警报，这不仅使得工业企业的产值和效益深受其害，人民的生活用电也受到影响，忍受着夏季高温和电价上升之苦。缺电正在演变成一场“公共危机”。中国正在经历电荒时期已成为不争的事实。

然而，在电荒所引起的无序慌乱之下，我们必须冷静思考，要从根源上找出原因，理智地认识电力体制改革，用科学的态度和方式来对待电荒和促进电力行业的健康有序发展。

思辨之二：电荒的出现与拆分国电公司是偶然巧合吗？

目前，人们总结这次电荒的原因时，国家发改委的解释是主流意见，这就是季节、气候原因和国民经济增长过快的原因。而从1998年以来我们持续进行的电力改革的角度进行总结的分析文章却鲜有所闻。人们通常不愿意涉及这一敏感的话题。然而中国目前出现的电力紧缺和电价上升现象，的确有体制和制度性的原因。

从电力改革的角度看，1998年国电公司成立，长达五年的“拉锯式”电力改革最终实现了拆分国电公司的目标，由于电源项目和电价的审批都在政府有关部门，事实上，前国电公司的企业组织垄断仅是表象，中国电力垄断的根源是在于行政性垄断，因此，尽管拆分了国电公司，但仅是“改体不改制”。

电力改革的真正目标是为消费者和用户提供质优价廉的产品，这只能靠市场的培育和完善才能完成。但目前为缓解电力紧张，用行政代替市场的手段越来越多。即使构建了独立的政府监管机构——电监会，赋予了其对电力市场竞争规则的监管权力，然而电力市场运行机制才刚刚开始，竞价上网才局部试点运行，“审核电价”的权力仍由国家发改委控制，电监会监管所需的市场竞争电价的环境还不具备。由此可见，电力市场环境并没有随着国电公司的拆分而有所改变，电监会的作用很难真正发挥出来，而事实上，整个电力体制仍在旧的行政渠道内运行，中国电力行政性垄断的实质不仅没有被打破，而且有进一步加强的趋势。

思辨之三：是让“大船慢掉头”还是“休克式疗法”？

事实上，从1998年起，在当时电力紧缺现象得到缓和的情况下，围绕中国电力组织体制的改革，在两个环节上曾出现激烈的争论。其一，电力是暂时过剩、局部过剩还是中国已步入一个电力长期过剩和总体过剩的时期？对这一争论的判断结论的体制性决策背后，是关于以拆分国电公司、推出“0+4”模式（取消国电公司，组建四大电网公司，实行厂网分开）为表象，以竞价上网为实质的电力改革的时机是否已经到来的判断。因为这场电力改革无论从组织体制还是市场竞价机制来看，都要求在一个宽松的市场环境中推进。当时，电力已进入长期和总体供大于求的市场环境，电力改革的时机成熟，必须全力推进的观点起了主导作用，这在客观上造成了当时我们把主要精力都放在了强调电力体制的组织拆分，忽视了电力这个国民经济第一基础产业的特点及其应在国民经济中超前发展的预测和规划。其二，该不该抓住当时的时机推进全国联网？有观点认为，电力市场当时已出现了总体上的供大于求，各地区均实现了就地平衡，搞全国联网也不会有交换电量，在经济上不合理，在技术上不安全；更重要的是，搞跨区联网会进一步巩固国电公司的垄断体制，不利于以拆分国电公司为主要内容的电力改革的进行。

上述两种观点的“内耗”性争论，事实上是我们国家行政性审批制度下导致电力行业发展与国民经济发展不协调的重要原因之一，也是导致直至今天中国电力跨区联网无法实现，像华北、东北这样的局部连接也仅是弱连接，当发生电力危机时，我们无法在缺电省和富电省之间进行电量的有效规模性调度的原因之一。

尽管目前我们对我国电力体制改革的模式还不能做出判断，但至少从改革的时机上看这是值得商榷的。忽视中国经济发展的新兴转轨时期的特点和电力这个国民经济第一基础产业的特点及其对国民经济的影响，忽视对电力的规划、预测及其与国民经济之间的协调关系，不是以最终能够为消费者提供质优价廉的电力产品为改革目标，采用“大船慢掉头”的渐变方式打破垄断，而是过多地从政府角度用“休克式疗法”的方式拆分国电公司，对于这一教训是应该进行总结的。

思辨之四：三年前冻结政策为电荒埋下了“种子”？

从2000年起，出于对国电公司改革方案的质疑和坚决拆分国电公司的考虑，担心国电公司在面临被拆分的改革时期乱投资甚至是转移资产会导致国电公司系统本身电力电源项目的投资和重组受到严重的制约，当时以行政性的命令冻结了电力系统对外投融资和资产重组的全部项目，所有电力行业的流动也就被停止了。曾有说法称电力改革的完成就是冻结政策的结束，但是何时才是电力体制改革的完成是根本无法弄清楚的，也绝不是有些人简单认为的“2 +5 +4”的挂牌。即使这样，这一禁令直到2002 年年底国电公司被解体都没有解冻。

显然，无论是从整个国电工业还是从国电系统来看，在1999—2003 年这三年中，我们把主要精力都放在了如何拆分国电公司及对其改革争论的漩涡之中。我们看到，这样的一个行政命令在这三年里限制了整个行业的资产重组，从某种意义上说，这才是对电力产业产生重大影响的根本原因，也是我们今天全国大面积电荒的“种子”所在。

对近年来电力发展中出现的失误给国民经济带来的教训，我们必须进行认真的反思，目的是建立科学的决策和纠错机制，最终形成电力这个国民经济第一基础产业和国民经济总体协调发展的长效机制。

三、对策

对策之一：渡过难关，需打破行政垄断。

首先，在目前电力紧缺时期，应注重尽快培育市场，而非强化行政手段。绝不能用行政手段代替市场，靠愈演愈烈的行政手段限电，甚至回到各省之间利用行政手段进行电量分配的老路上去。前提是敢于正面反思五年来的电力体制改革，找出经验教训，通过改革打破行政垄断，渡过电力改革的难关。

其次，要化“电荒”坏事为好事，变消极因素为积极因素。重点要明确主体，搞好我国电力工业中长期发展的科学规划，建立并形成电力与煤炭、运输等产业上下游连动的整体市场体系。

第三，尽快培育和完善电力市场。在电力盈余的地区和季节时段尽快实现竞价上网。不管任何季节、任何时段，也不考虑电力的盈余时期还是紧缺时期，采用固定的行政审批电力价格是行不通的。要借鉴并吸取美国加州电力危机的经验和教训，适当允许电力价格在一定范围内波动。

第四，根据中国“两个80%”的特点，即“全部电量中的80%是工业用电，工业用电中的80%又是重工业用电”的特点以及国民经济在总体上需要靠市场和电力价格这样的经济手段为杠杆来调整不合理的国民经济结构。目前中国的装机容量是4亿千瓦，约占美国9亿千瓦的1/2，而中国2003年的GDP值却仅有美国的1/9。我们在产业结构上是需要进行调整的，从电力需求侧进行调整的潜力也是巨大的。通过改变用电侧结构，提高电力能源的利用效率，优化中国市场经济在重化工业、制造业及第三产业之间的合理结构，就必须从电力发展的内延扩大再生产入手，来带动国民经济产业结构的协调发展，最终实现并建立电力和国民经济协调、可持续发展的长效机制。

对策之二：谨防电荒“后遗症”。

五大电力集团独立运行不久，在出现电荒的背景下，已开始快马加鞭地上新项目，出现大干快上的景象，更有三年以后才可以发电的项目已经列上了议事日程，有的已经动用巨资开始启动，加之外商、民营资本的进入速度加快，这种在没有明确负责电力规划与国民经济协调发展的权威机构的正确引导，没有原有的国电公司通过自身内部行政性协调机制发挥作用情况下的繁荣“泡沫”，不能不令人担忧！

我们不能把电荒给予我们的思考仅仅停留在对过去错误的表面认识上；要充分意识到，电力行业的改革任务还远远没有完成，离原国电公司所规划的“四步走”战略目标还有很大差距，全国联网、竞价上网、完善的电力交易市场体系的建立，不能靠简单的项目上马或者“头痛医头”、“脚痛医脚”的所谓偏方来完成。

在电荒声声不绝之时，我们也必须高度警惕其“后遗症”的危害。在未来三年，一方面，在市场竞争的自然规律下，发电企业之间将会出现新的购并重组浪潮；另一方面，全国各地很可能将会出现不止一个与“二滩”项目类似的发出的电卖不出去而导致严重亏损的现象，其带给发电企业的绝不是一个项目的损失。在彻底取消旧体制与建立完善的电力市场交易体系和监管体制的同时，对“后遗症”的医治需要有清醒的头脑和高明的医术，要保证在体制上、意识上、责任主体上的全部到位。

文章之三—— 电荒应推进电力市场化改革

背景：2011 年 3 月，浙江、江西、湖南、重庆、陕西等多省份接连出现百万千瓦用电缺口，一些省份开始拉闸限电。中电联发布报告称，“迎峰度夏期间全国电力供应缺口可能达3000 万千瓦”，继2004 年电荒之后再次出现电荒之势。究竟是何原因？电力市场化改革又该怎样推进？为此，笔者撰写本文，发表于2011 年 7 月 1 日《上海证券报》。

一、行政审批是制造电荒的幕后之手

自 2011 年 3 月以来，我国许多地方相继出现了电荒现象，目前已经波及十几个省份，并大有随着用电高峰期的到来愈演愈烈之势。已经有人预测，2011 年电荒的用电缺口堪比 2004 年的情况甚至可能更加严重。对于造成电荒的原因，可谓是众说纷纭：有人将矛头直指煤炭价格的大幅攀升，也有人认为电网垄断不愿让利才是罪魁祸首。那么令电荒蔓延全国的真正原因究竟何在呢?

从表象上看，“市场煤”与“计划电”导致的火电企业亏损、东部装机硬缺口、水电出力不足等都是原因。不可否认，的确存在一些区域性和结构性因素，比如江苏、浙江、广东在火电装机上的缺口，湖南、湖北等省今年水电出力不足等，然而最主要的原因仍然在于煤电矛盾这一体制机制痼疾。

比如，在山西、山东、贵州、河南这些传统产煤大省出现了缺煤停机，实在是咄咄怪事，为何？火电上网电价过低。这直接导致部分发电企业由于电价调整没有到位，不愿意承担社会责任，采取种种办法停发少发。按照一般经验，全年火电利用小时介于 5300 ~ 5700 小时之间，代表电力供需基本平衡。2004 年是 5991 小时，而 2010 年是 5031 小时，按 2011 年第一季度情况，全年将不足 5100 小时。这说明从全国情况看，并非装机不足，而是利用不足，也就是说火电企业发电积极性严重受挫。

火电亏损造成另外一个问题，就是火电投资比例大幅下降，火电投资占比2005年以来大幅下滑34.3个百分点，达至2010年的36%。由于风电及水电的利用小时明显低于火电，这也加剧了电量有效供给能力不足的状况。

但究其本质，行政审批才是制造电荒的幕后之手。目前，我国电力供应以火电为主。市场煤价是随市场供需变化不断波动的，但上网电价由行政审批确定。当市场煤价节节攀升，电价却迟迟难动，或者即使动了，煤价也跟着电价涨，很快便侵蚀了电价调整的利润空间（尽管4月上调了十余省上网电价，但是，5月五大发电集团火电仍然亏损16.9亿元，亏损额与上月基本持平），以致火电企业永远在喊亏。这种“市场煤”与“计划电”之间矛盾的不断加剧，最终使得发电企业不得不纷纷闲置产能，减少亏损；于是，便有了一边大规模电荒，一边火电机组容量纷纷关闭闲置的奇怪现象。

二、必须毅然打破种种利益链条的捆绑

作为上一轮电力改革的成果，《电力体制改革方案》的出台引发了很多争论。有人说改革不彻底，也有人说改革应抓电价，而不是进行对发、输、配、售等企业组织环节的简单拆分。相较而言，我更加赞同第二种观点。电力改革的关键，不是不计成本和代价地人为制造若干竞争主体，而是打破电价的行政性垄断。单一强调拆分电网，不仅对推进电力改革进程于事无补，而且还可能加大改革风险。因此，拆分电网仅仅改了电力企业组织体，并没改革行政审批电价制，而电荒隔五六年就来一次的真正原因并非电网企业的经济性垄断，而是来自行政部门审批电价的行政性垄断。要想真正解决我国电力系统的一系列问题，就必须将电价背后的行政审批之手作为改革的主要目标，切实推进电力体制改革。

然而行政审批权与利益紧密相连，令这样的改革难度陡增。但如果让这样的体制维系下去，我们就永远难以走出在电荒和电力过剩中不断循环的周期性怪圈，市场化的改革也只能是空谈。

事实上，现在我国电力行业的改革也的确存在不进反退的现象，不但

电网改革与市场化电价改革难以推动，发电竞争甚至还在走回头路。在不合理的价格机制下，外资与民资的发电企业难以为继，数量骤减；五大电力集团也只能苦苦支撑，而这样的支撑显然是不可持续的。当企业终因负债率过高而难以运转，会是什么结果呢?

因此，要解决我国电力改革中的种种问题，就必须毅然打破种种利益链条的捆绑，放弃现有的电价模式，加大对行政垄断体制改革的推进力度，不能再次把改革的视线转移到“输配分开”上去。

30 多年的经历表明，中国的经济改革往往在危急关头方有推进；电荒既是一场危机，更是一个契机。我们如果能紧紧抓住这样的契机，就有可能改变旧有的行政审批体制，推进我国电力行业走上市场化道路，充分调动市场的力量进行纠偏。只有这样，我国的电力改革才会取得实质性的进展，电力行业才能够获得长期、稳定、健康的发展。

谏言电监会——难忘的记忆

背景：电监会的成立是中国电力改革的创新之举。新成立的电监会应作为改革完成后的监管主体按国家的授权对电力市场进行监管。然而由于国家发改委不放弃行政审批电价，导致电监会缺失了生存土壤，做了一辈子“花瓶”。当2013年电监会十年早逝之时，我颇有悲愤交集之感，悲的是想起了《红楼梦》中“黛玉葬花”，愤的是想起了《三国演义》中“既生亮（发改委），何生瑜（电监会）”，怜香惜玉之感久久不能离去……对于过去与电监会朋友一同为中国电力改革走过的从前，唯有用这两篇文章悼念那难忘的记忆。

根据2002年9月3日《中国经济时报》上的《电监会须力避成为“花瓶”》、2003年1月3日《中国经济时报》上的《“三定”方案雾里看花，电监会面临新挑战》以及2003年1月24日人民网上的《电监会，“花瓶”还是“钢瓶”?》三篇对我进行采访的纪要和发表的文章，在此归纳整理为两篇，第一篇是《破除行政定价，获取生存空间》，第二篇是《破除行政垄断，建立权责明确的电力监管体系》。

文章之一 —— 破除行政定价，获取生存空间

一、电监会的定位和职能

这次电力体制改革方案中提到了“成立国电监管委员会负责电力监管”。电监会的成立是电力行业体制改革的重要内容。计划体制下行政办

电的模式被打破了，需要有新体制取而代之，电监会就是新体制的一个代表，是市场经济的产物。

英国政府曾在1990—1998年间成功地进行了电力体制竞争化改革，当时政府为电力改革成立了向首相直接负责的专门机构——国电规划办公室。有人提出：我们这次改革中提到的国电监管委员会是否也会以此为样板，明确定位，行使职能？需要说明的是，英国的国电规划办公室是指导那次改革的，而我国的电监会恰恰是这次改革的产物，在改革过程完成后，它将像证监会一样，在新的架构下履行电力市场监管的职能，所以我们的电监会和英国的规划办公室并不相同。

在这次以国电系统为主的改革过程中，谁是改革的主体和客体，和改革完成后谁来监管市场，这是不同的概念。改革方案中出现了两个不同的主体，即改革过程中推进改革的主体和改革完成后的监管主体。所以，在这次电力改革过程中应明确推进改革的主体是以国家计委为主导的电力改革领导小组，改革的客体则是国电公司，电监会作为监管主体则是改革后的产物。

首届电监会面临的主要任务是完善电监会的自身建设，包括软硬两方面。“硬组织”方面要搭建电监会各级机构。“软组织”方面则应明确电监会的职能。在这次改革方案中，对电监会的职能已初步明确——按国家的授权对电力市场进行监管，而如何履行监管还在探讨中。但电监会在各大区应有监管派出机构，协调各区域电网公司的电力调度交易中心，在大区域电力交易市场派驻代表机构。电监会应与国家计委等综合管理部门一起规范电力市场，保持电力市场的安全稳定发展，合理确定电价等，并在对电网和电源基本规划清晰的条件下，制定中国电力的市场化监管大纲。

需要明确的是，电监会是从培育市场和维护市场规则的角度出发成立的，这就要求电监会首先要尊重企业的主体地位，让企业有实现盈利的动机，最终由企业按照市场的规律，自发地追求市场的供求平衡；电监会是在“看不见的手”的条件下维护市场规则，这和过去从计划的角度人为地用行政手段配置资源截然不同，电监会扮演的是“裁判员”的角色，要避免以往那种政府是“教练员”甚至几个教练员执教一个球队的情况，但是要发挥“裁判员”的作用并不容易。从职能定位看，电监会和证监会、保监会的法律地位一样，都是国务院直属事业单位，其实这样的法律定位是值得商榷的，它们更应该是由国务院任命的非政府序列的法人机构，履行监管的职责。

此外，证监会有自己的交易所，有自己的市场；而电监会是建立在一个计划体制手段完善的基础产业上，是在旧的行政办电模式向新的市场办电模式转化过程中的产物，它的基础并不是一张白纸，必须在旧的基础上完成市场化改革的任务，要在改造旧体制的同时建立市场新模式。所以，电监会的任务更艰巨，工作量更大，使命更神圣。

二、电监会产生的背景

在我国经济改革的深化进程中，市场运行机制也在逐步深化。市场运行机制直接涉及政府机构的重新设置，也包括监管规则按照市场运行的重新核定。最近一段时间包括国有资产管理委员会的建立，包括已经设立的证监会、保监会、电监会及人们纷纷猜测的银监会，都是在这一背景下进行探讨的。在市场经济规则的背景下，这些新的监管部门的出现是对传统的政府管理经济体制的一个挑战。这一挑战首先是我们要确定这些监管部门的法律地位。证监会和保监会都是国务院领导的事业单位，而事业单位这一词在市场经济条件下，特别是在规范的国家里是没有的，这是我们的一个独创。它主要是考虑我们的监管规则在脱离政府的行政序列之后，以一种什么样的身份存在；这种身份在法律上找到依据之后，又决定了它在监管市场中的权威性来自何方，是来自民间，像行业协会那样的自律，还是来自政府的直接管理；由此又决定了它怎么生存，是直接的财政拨款还是要向监管对象收费。众所周知，证监会和保监会是收费的，至少和政府部门全额支付是不一样的。因此，在这样的背景下也就决定了我们的整个改革已经涉及更深层次的组织机构的政府监管体制，这一切都要从头建立。这个建立过程也包含从政府职能向符合市场经济监管部门职能的转换。这种转换既包括权力的交接，也包括旧的行政权力的取消和新的监管职能的重新设置。其职能在新旧交接之间有一部分是重合的，还有一部分是新设的。

在电力市场，我们组织体制上出现了国电公司被拆分的情况，这种被拆分的结果使市场具备了竞争的主体。同时，竞争的规则也需要改变。过去是一个国电公司系统内部靠行政手段来监管、来计划各种资源的配置，现在改造成已经具有多个竞争主体。因此，原来一个国电公司能协调的情况，现在已经协调不了了；那就得靠市场，市场竞争中就要有规则，有监管，电监会就是在这种背景下产生的。

三、打破行政定价是电监会生存的基础

我们现在的电价是由国家计委“一厂一价”、“一机一价”审批出来的，电力改革的目标就是想打破这种现象。电监会产生后就理应伴随着价格的竞价上网，电监会只保证这种竞争合理合法即可。如果改革没有到位，价格没有出现竞争，还是旧的体制，那么电监会就发挥不出作用，只是一个“花瓶”。

如果价格机制不改，就会出现过去的国家计委和将成立的电监会谁接收行政定价职能的问题。这个问题的核心在于电监会拿的这个电价是不是新体制下的电价。电监会成立的原因在于我们国家在管理电力市场上从计划体制转变到市场体制发展电力市场的这种战略转移。如果电监会接受旧体制下计划定价的职能，显然就是要被旧体制同化，因为这是“计划”定价的职能。市场环境的土壤并没有随着国电公司的拆分而形成一种有效的市场竞争机制，在这种情况下电监会真正规范的市场经济职能就发挥不出来。因为电监会没有审核电价的权力，审核的只是电价竞价的过程是否合理，这就好比证监会不能决定股票价格。

大家现在局限于“电价要由国家计委给电监会，不然电监会就会成为花瓶”的说法，但是忽略了电监会出现的目的就是为了取消这种审核电价的权力。电监会只有在市场自由竞争的条件下才有生存的理由，才不会成

为“花瓶”。在这种条件下电监会有两个选择：一个是把旧体制——审批电价彻底取消，形成市场竞争电价，这就不涉及和国家计委争权的问题。另一个是电监会不具备从国家计委手中取消审批电价的权力的环境，只想从国家计委手中拿走旧体制下审批电价的权力，这样电监会就失去了生存的基础。

四、电监会未来的发展方向

电监会的主要职能一部分来自国家经贸委，另一部分来自国家计委。现在的经贸委主要负责电力市场的运行、监管的运营并制定规章制度、规范标准等。国家计委主要负责电力项目的立项和电力价格的核定。我认为电监会今后的发展应明确以下几点。

首先是从小到大逐步到位。所谓逐步到位主要是从竞价上网，在这种新体制上做一个组织准备，这种组织准备包括基本架构的搭配，这是建立在市场经济竞价上网、打破电源垄断这样一个基础上的。价格严格来说不是由监管部门制定出来的。

其次，今后的电监会可以探索一体化的管理模式，不仅在中央有，而且在大区和各省市也有，形成三级管理机构，电监会最终完成统一管理。我国传统的电业管理，由于其产品的特性，事实上是一种多重管理。比如，人事上归中组部管理，行业管理属经贸委，产业政策和价格管理属国家计委，企业财务管理属财政部。多重管理实际上是当前电力行业存在诸多问题的关键症结所在。组建电监会最终是要将多重管理纳入统一管理的模式中来。

再次，电监会要在市场创新方面提供政策保证。比如，我们今后的发展就要研究电力的现货、期货之间的关系；关于中国能不能建立自己的电力交易所，可以试想如果证监会没有自己的交易所，交易就会大减。我们的电力已经发展到今天，竞价上网的区域电力市场形成之后就会形成全国市场，这种市场一定是对现货、期货、场外交易和电交所交易同时推进的。它将不仅引入产品经营的概念，而且引入金融的概念。金融机构参与电力的预测、发展，就可以把电力交易推进到一个新的阶段。在这方面，电监会就更加重要，要根据市场情况监管电力产品的价格在形成过程中是否贯彻了“公平、公正、公开”原则，是否有垄断及黑幕交易。另外，其还要监督、检查电力企业生产质量标准，对合乎标准的企业颁发电力生产许可证，处理电力市场的纠纷和大众普遍关心的用电相关投诉，维护消费者用电权益，防止消费者的利益受到侵害。这样才能使新体制下的电监会职能得到充分的发挥。

五、电监会不应接手电改和项目审批权

电监会不应接手整个电力改革工作。电力改革责权利的主体要相呼应。目前国家电力改革的思路是由国家计委制定的，国家计委就应该把责权利承担到底，如果现在电监会急于把电力改革的整个工作着手接过来，电监会本身就充满风险。我主张电监会承担更多的日常事务性管理工作，而非接手整个电力改革工作。

同时，电监会不应争取电力项目立项审批权。作为一个国家基础产业的、重大项目的立项，特别是像电力这种自然垄断行业，输电网的配备应该最终由国家统一组织；而电源应该由市场自己选择。但是现在所有大、小项目都要由国家计委审批。随着今后逐步走向民营化，电力的立项就应该由国家审批转化为由市场竞争主体自由选择。国家只对环保和地区产业发展的要求作产业政策指引。因此，电监会不应去拿电力项目的立项权，这应该成为出资人主体、市场竞争主体在国家产业政策指导下的一个自主选择。

六、尽快修改《电力法》，保障电监会的监管工作

虽然现在我们有一部《电力法》，但是这部《电力法》是在计划体制下电力部和国电公司交接时期出台的，更多的是国家的一些行政性立法，并没有放到市场这个大的背景下，法律监管也是制定了一个比赛规则来保护投资人权益及消费者权益。今后我们的法律要从电力生产的各个过程，

按照市场经济的商品交换进行全方位的保护，这就涉及竞争主体。所以，《电力法》必须进行修改。要以市场经济为大背景来处理消费者、生产者、经营者之间的矛盾，保护消费者权益，特别是在电力产品的质量、价格、服务等各个环节下工夫。修改工作可能在电监会成立之后，在全国立法机构的总体指导下，由电监会具体组织进行。

文章之二—— 破除行政垄断，建立权责明确的电力监管体系

背景：2006年6月和9月，我受邀参加了电监会召开的电力监管体制建设研讨会和电力法律法规建设问题研讨会，在这两次会议发言的基础上写就此文，发表于2006年11月21日的《中国经济时报》。

一、电力改革的方向

我国电力体制改革的基本方向就是在建立和完善社会主义市场经济体系的基础上，通过打破垄断、引进竞争这一手段，最终实现为消费者和用户提供质优价廉、安全可靠的电力产品和服务的目标。手段和目标二者不能混淆，更不能替代。就电力改革来说，打破垄断仅是实现为消费者和用户提供质优价廉的产品这一目的的手段。如果以打破垄断为标志的电力改革并没有实现这一目标，而是出现了电荒和持续的电价上涨，手段不能为目标服务，那一定是在改革的时机和改革方法上出了问题，必须进行反思。

就中国电力工业的垄断形态来说，存在三种既要明确界定又要加以区分的垄断，即自然垄断、经济垄断和行政性垄断。从电力工业的特点来说，应通过厂网分离，把发电和售电环节推入竞争领域，把输电和配电环节保持在自然垄断领域；同时，在监管环节废除旧体制形态下以电价及投资立项方面的行政审批为核心内容的行政垄断。

归纳以上所述，如果中国的电力改革以打破垄断为手段，其实质内容可以概括为三句话，即保留自然垄断，打破经济垄断，废除行政性垄断。

二、电力改革的当务之急是打破行政性垄断

就中国电力工业的三种垄断形态来说，大公司的经济垄断仅是表象，政府有关部门的行政性垄断才是实质。四年来，中国的电力改革之所以没有达到预计的目标，主要是由于仅一味地强调打破经济垄断，在组织体制上强调拆分，只改体，以行政审批为特征的行政性垄断根本没有触动，丝毫不改制，最终使电力改革的方法和方向背离，手段和目标背离，在一场轰轰烈烈的电力改革之后却出现了电荒和电价持续快速上涨的尴尬局面。

电力改革没有把打破经济垄断和废除行政性垄断、改“体”的同时也要改“制”同步推进，使得废除行政性垄断的改革严重滞后，这是导致这场电力改革的方法和路径出现问题的主要原因。因此，下一步电力改革的当务之急是废除行政性垄断。这是因为：

第一，电价的行政审批与电力竞价上网的冲突。垄断的目的是攫取垄断利润，而垄断利润的形成又是由价格决定的，但价格是由有关政府部门按旧体制的惯性审批出来的。可见，电力公司利润的多少是由有关部门批出来的，所以，打破我国电力垄断的关键是破除对电价的行政审批。

第二，发电项目作为放开的竞争领域，却不是由市场和投资主体决定的，也都是由政府有关部门行政审批的，被行政性垄断所控制。

历史的教训值得注意，靠行政审批是永远也摆脱不了电力市场“多了多了，少了少了”被动局面的，在电力行政性垄断的背景下根本谈不上电力的市场化监管。

三、中国电力监管体制不顺的实质在于多头管理、职能交叉、权责脱节

由于中国电力管理体制中的行政性垄断没有被打破，中国电力的监管体制也没有理顺和到位，存在管理部门之间多头管理、职能交叉、权责脱节的现象。例如：

（1）发改委管电价和项目的行政审批，同时又管改革和规划，有权无责。

（2）电监会名曰管市场，是市场监管的主体，但具有讽刺意味的是，电力改革持续长达四年之久，中国却始终没有电力市场，只有行政垄断；名曰管准入，却根本取代不了行政审批，只能去管管电力安全，有责无权。

（3）电力改革的责任主体、权力主体权责不统一，而且电力发展的监管主体、规划主体和立法主体也严重脱节，这导致一方面对电力改革出现的电荒和电价上涨无人负责，对改革中出现的问题缺乏反思和纠错机制；另一方面对电力发展中的监管也极不统一。显然，产生这些问题的根本原因都在于打破行政性垄断的改革严重滞后。

四、打破行政性垄断为何这样难

在电力行政性垄断的背景下，是根本谈不上竞价上网和电力的市场化监管的。既然电力改革的核心是在打破经济垄断的同时，废除以行政审批为特征的行政性垄断，改体与改制同步推进。那为什么我国的电力改革出现了只一味强调拆分公司的组织体，却丝毫没有触动行政审批制度呢？根本原因就在于具体负责电力改革的部门是搞行政性垄断的行政审批者。改制就是改革改革者本身，然而改革者往往是革别人的命积极，革自己的命消极。如果说最初在革别人命时还没有意识到这场电力改革最终要革到自己头上，那么当今天它们意识到这个问题时，又总是喜欢在厂网分开的一次拆分后继续热衷于对输配的二次分拆，以此来延缓革自己命的进程。然而只改体而不改制是不行的。制度性改革不配套，只一味地强调对电网进行拆分，不仅不会带来改革的良好效果，而且会引来电价上涨，甚至引发安全运营方面的问题。因此，今天中国的电力改革究竟是先进行输配分离式的大公司二次拆分，还是把破除行政性垄断放在首位，既是两种截然不同的改革思路，也是决定中国电力改革成败与否的关键。

五、尽快结束强势发改委和弱势电监会的格局

目前是一个强势的代表电力旧体制行政审批的发改委和一个弱势的代

表电力新体制市场监管的电监会并存的局面。如果发改委不放弃对电力项目和电价的行政审批，电监会就难以发挥作用，只能继续是花瓶。而要电监会真正发挥市场化的监管作用，发改委就要勇于自我革命，革行政垄断审批的命。因此，电监会和发改委之间实质上是相互取代的关系。

电监会应该是在电力市场形成的基础上，对整个市场的公平竞争以及市场创新手段的建立进行监管。要真正发挥电监会的作用，就必须打破以对电价和电力项目行政审批为实质的行政性垄断，改而由电监会制定电价的竞价规则，并建立市场化的价格机制，实现电力资源的优化配置，既要保护消费者的利益不受损害，防止因为不公平的竞争和垄断而形成消费者不能接受的电价，同时也要保证电力企业本身获得利润，尤其在发电端形成有效的竞争。

必须指出的是，行政审批绝不是电监会电力监管的内容。电力改革和监管的目标也绝不是用一个机构取代另一个机构的行政审批，搞不同部门却形式相同的行政性垄断。

六、《电力法》不出台，新型监管体系无法律保障

电监会在我国电力市场监管中的主体地位始终在法律上得不到确立。

（1）1996 年颁布的《电力法》已经根本不能适应今天电力改革与发展的新形势，严重滞后。2005 年，尽管出台了《电力监管条例》，初步明确了电力监管部门的职责，但《电力法》的修改始终没有完成。十年前的《电力法》与电力改革的实践和《电力监管条例》相悖，但在法律上，《电力法》才是电力管理体制的根本大法，《电力监管条例》是服从于根本大法的。因此，对《电力法》的修改迫在眉睫。电力改革已进行了四年，《电力法》的修订工作却始终裹足不前，更谈不上向人大提交。《电力法》难以修订，导致以电监会为代表的新型电力监管体系的建立没有法律保障。

（2）《电力法》的出台为何这么难？原因是这部法的修订是由发改委这一行政审批部门主持的，这部法的修订无论如何要建立在新型的电力监

管体系之上，而这要以发改委放弃以行政审批为特征的电力监管权力为前提。《电力法》的修改应由全国人大法工委牵头，电监会具体协助组织，尽快提交人大讨论，使其成为推动电力改革和完善市场经济电力监管体制的法律保障。

七、培育健康完善的电力市场体系，是我国电力发展和改革的生命线，是我国电力监管机构权责清晰、职责到位的根本所在

随着市场经济的深入发展，在政监分离的基础上，实现电力监管的统一，最终建立权责明确的独立电力监管体系，是确保我国电力改革成功和电力市场化良性发展的重要前提。

大船如何掉头

背景：2009年11月《中国电力企业管理》社长沙亦强与副社长张晓京获悉笔者正在撰写《大船掉头》，对当年的电力体制改革进行回顾、总结与反思，遂专程来访。采访纪要刊登于《中国电力企业管理》2009年第9期。

记者：如果从2002年国发5号文件算起，本轮电力体制改革已进入第八个年头，但实际上，改革的酝酿可追溯到20世纪90年代中期。在改革的酝酿阶段存在大量争议，你当时作为国电公司的特聘顾问，在制定国电公司改革方案和如何进行电力体制改革的讨论中，发挥了很大作用，有着相当大的影响，当时曾被人称作“国电公司重金聘用的御用专家”。2002年以来，你又曾多次对改革发表意见，并批评本轮电力改革为“三错”改革，即是在错误的时间，以错误的指导思想和错误的方式进行的改革，也曾挑起很大的争议。如今，在八年改革之后，面对电力改革的举步维艰、停滞不前，认真回顾一下当年对于改革的争论，总结改革难以深化的基本经验，无疑很有意义。我们首先很感兴趣的是，作为一个非电力背景的法经济学家，你是怎样参与到当时国电公司改革中的？

刘纪鹏：说起来很有意思。当时我的主要研究方向是国企改革和资本市场，对电力接触甚少。国电公司考虑到关门搞改革和仅靠系统内人士制订改革方案的局限性，决定借助外脑搞电力改革方案，有人推荐了我。当时我觉得对电力行业接触少，其他工作忙，并不太想去。但推荐人告诉我，电力行业作为国家最重要的基础产业之一，技术性特点非常鲜明，改革具有非常大的挑战性，不应该放弃这个机会。正是在这样的背景下，我的研究方向才延伸到了电力行业。为国电公司制作的第一个改革方案是电力部改为国电公司后的职能机构方案设计。为制作这个方案，我花了两周的时间，与国电公司的所有副总经理、三师两助及15个职能部门的一把手，甚至车队的队长以及电网公司、华能公司和华北电力集团公司等三个子公司的负责人都做了当面访谈。这些同志都是我国电力系统各方面的优秀专家，他们在有限的时间里将浓缩后的电力知识教给了我。正是这一次全面系统的调研使我了解了电力行业的技术经济特征、输配电系统的划分以及全国联网的技术经济意义等对从事电力改革至关重要的理论。而最终形成的职能机构设计方案也是建立在15个必须回答的重大理论问题基础之上形成的。这个方案在向国电公司党组汇报时得到了高度评价，而参与这次方案设计的实际是两个组，我带的这个小组所制订的方案最终评价也远远超过另一组的方案。这一方案最终被国电公司采纳了70%，并为国电公司提出“四步走”的发展战略：即第一步（1997年1月—1998年3月）：成立国电公司，撤销电力部，政企分开；第二步（1998年—2000年）：实行公司制改组，实体化，厂网分开，进行竞价上网试点（沪、浙、鲁、辽、吉、黑）；第三步（2001年—2010年）：全国联网，全面推行厂网分开，竞价上网，形成电力市场；第四步（2010年—）完全实现配售放开，形成输电网公司。这个方案提供了重要的借鉴意义，而我也由此开始逐步深入地介入了电力体制改革。

电力是国民经济的第一基础产业，同时也是自然垄断和经济垄断行业，电力改革既要循着市场经济的改革方向推进，也必须考虑到在体制过渡中如何使关系到国计民生的基础产业改革平稳有序地发展，兼顾二者是各国电力改革中难题。电力改革是中国改革的一个缩影，集中体现了新旧两种体制之争和垄断与竞争的关系、政府与企业的关系的特殊性矛盾。电力改革既是经济领域的改革，也涉及政府体制的变革。这一大跨度的改革，深刻地暴露与揭示了我国改革中的诸多深层次矛盾，难度很大，这使我的研究从简单的企业改革层面进入到与政府体制改革交叉的层面。

顺便应提出的是，当时我所在的标准咨询公司与国电公司就这一方案所签的咨询合同不过8万元，还真算不上重金聘用。

大船慢掉头：参与电力改革的历程

记者：你最近撰写出版了“刘纪鹏改革论著三部曲”，之一是《大道无形》，讲从企业改革出发的企业法人制度问题；之二是《路径选择》，谈中国资本市场发展之路。这两本书我们已经见到，据说在相关业内反响很大。之三应该是《大船掉头》，专门谈电力改革，这个书名很有意思。怎么想起写这样一本书？包括哪些内容？什么时候能够出版？

刘纪鹏：这三本书，贯穿了我参与中国改革30多年的经历和道路。《大船掉头》还未最后完成，预计今年9月底可以定稿。这本书共包括四个部分，第一部分是我与国电公司的五年，回顾了我参与国电公司改革五年间的经历，包括对改革历程与争论的回顾，也有我在此之间的大量思考；第二部分是对电力改革六大焦点问题的再认识；第三部分是理论篇，收录了我关于电力改革所撰写或发表的20余篇文章；第四部分是实践篇，收录了我当时为国电公司制作的几个主要改革方案，也有我为中电联设计的组织结构方案和对拆分后的五大发电集团竞争力的比较分析等。

我为国电公司制作的第一个改革方案是《国电公司职能部门及部分直属公司改革方案设计》。在制作这个方案的同时，经过大量访谈和研究，我认为关于国电公司的发展有15个理论问题必须研究解决，特别是必须克服恋“权”情结和恋“源”情结。这15个问题的提出，对国电公司当时提出的“四步走”战略产生了重要影响。在此基础上，我又参与了国电公司第二轮改革方案的制作，撰写了《国电公司生存的理论基础与近期发展建议》等文章，提出了电力发展的非均衡论、大循环论和有限竞争论三大理论。

本书的第二部分，是我对电力体制改革六大理论焦点问题的分析和再认识，具体包括：（1）电改方向：纵向分切还是横向分割；（2）打破垄断：电改的目标还是手段；（3）全国联网：垄断平台还是市场平台；（4）电改主体：国家计委还是国电公司；（5）三年电荒：天灾还是人误；（6）电力监管：电监会怎样不做“花瓶”。这六个理论焦点问题对电力改革的路径选择乃至方向目标都产生了重大影响，今天研究和思考这六个焦点问题仍具有重要的现实意义。

本轮电力体制改革仅在打破传统的国电公司系统发输配售全面垄断、实现厂网分开、调动各发电主体的积极性等方面发挥了促进作用。但总的来说，其只改了国电公司的“体”，而未动政府部门行政垄断的“制”，在电价体制和电力项目立项的投资体制以及新的电力监管体制方面陷于停顿，没有深化，反而激发了电荒和电价上升等诸多新的矛盾，这是值得深刻反思的。电力作为国民经济的第一基础产业，必须遵循中国改革坚定不移、稳步推进的渐进式改革模式，这就好比大船慢掉头，由于船大，不能求快；但只要方向正确，其实并不会慢，只会更稳妥。中国的电力改革不能照搬俄罗斯的休克疗法，也不能按照英美模式的改革思路，更何况即使在这些国家，电力改革也仍然存在很多问题，并不是很成功的。

改革方法论：目标与手段

记者：纵观八年的电力改革，颇有点“虎头蛇尾”的感觉。5 号文件下发之后，11 家电力企业重组，电监会成立，区域电力市场开始试点，确定了总体目标和分阶段目标，声势很大，积极性也很高。但随着电荒的蔓延，改革的步调越来越慢，区域电力市场基本停顿，输配分开陷入僵局，就连主辅分开也是一波三折，至今未能落实。从客观上看，电荒是重要的外部因素，而从深层次分析，改革的每一个预期步骤，都遇到强大的阻力，这种阻力恐怕不能仅仅归因为利益集团之间的利益博弈，而应该有更深刻的内在原因？

刘纪鹏：不错。改革的目标与方向确定之后，决定改革成败的主要因素是正确的改革方法和路径的选择。中国30多年改革的成功主要是成功在方法论上。对于电力改革的市场化目标几乎没有太大的争论，从集资办电开始，我国电力工业走上市场化繁荣之路，这是大家都看到的，回到旧体制没有出路也已成为基本共识。对于电力改革的最大争论还是在方法论上。因此，改革方法论才是我们研究电力改革的关键。

应该说，在电力改革的市场化方向确定之后，在对电力改革目的的认识上还存在较大的分歧，这个分歧是由于对改革方法论的不同认识所导致的。我们推进电力改革的目标究竟是什么？打破垄断是电力改革的目标还是手段？打破垄断是要破除行政性垄断、经济性垄断还是自然垄断？其实仔细分析，打破垄断并不是改革的目的，只是一种手段。改革的目的是为消费者和用户提供质优价廉的电力产品和服务。如果行政性垄断、自然垄断和经济性垄断可以实现这一目标，我们为什么还非要去打破呢？显然打破垄断只是手段，而不是目的。这是经济学的基本原理。如果改革仅是为打破垄断而人为地去制造竞争主体，以为打破垄断就能立刻带来竞争的繁荣，为拆分而拆分，甚至把不该打破的自然垄断也人为地从大垄断拆分为小垄断而改变不了自然垄断的本质，就会误入电力改革的误区。电力改革8年来出现的许多新的矛盾以及改革的停滞，都说明这场电力改革基本不成功，没有遵循中国30多年改革成功的方法论，而是陷入了照搬照抄，在某种意义上甚至是休克疗法的误区。

记者：你所强调的改革方法论的基本点是什么？

刘纪鹏：这个方法论的基本点就是要实事求是，尊重国情，坚定不移地贯彻邓小平理论，摸着石头过河。电力改革没有一个普遍模式，中国的自然资源分布不平衡，决定了不能照搬日本模式；中国的国有企业占主体，决定了不能照搬英国模式；中国的人均占有电量水平较低，决定了不能照搬美国模式。世界上没有一个中国可以照抄的电力改革模式，而必须从中国的国情出发，从我国的所有制状况、管理体制、电力分布情况以及市场状况出发，博采众长，为我所用，形成自己的改革思路。

记者：实际上，你所说的如何理解市场化改革方向也并非不是一个问题。以英美为代表的世界电力改革潮流，基础是自由化与民营化，是产权变革。而在我国，“国进民退”的倾向在电力领域尤为突出。在这种情况下，改革的核心问题和方法确实都在发生变异。“打破垄断，引入竞争”，在国有企业为主的市场条件下如何竞争？现在是大垄断分解为小垄断，仍是国有垄断，大垄断变成小垄断当然也可以说引入了竞争因素，但这种竞争与经济学上的市场竞争显然有着很大的区别，这些问题都是值得思考的。

刘纪鹏：你指出的问题很重要。我认为这次改革基本不成功，一是时机不成熟，在电力短缺条件下，推进改革的时机是错误的。二是在方法上改体不改制。改革的民营化或市场化基础没有形成，即使是打破垄断的目标也没有实现。在市场主体上从大垄断变为小垄断，而行政大垄断岿然不动。我国电力改革真正要解决的垄断实质上是行政垄断，最重要的也是打破行政垄断。因为电力的行政垄断是最突出的，无论是电网、电源建设还是电价和电量分配、上网小时数等，电力管理体制的核心当务之急还是要破除行政性垄断。电力市场化改革首先就要破除这种行政垄断，才能真正实现“打破垄断、引入竞争”的新机制。电力改革的方向是市场化，改革的目标是为用户和消费者提供质优价廉的电力产品。从目前的煤电价格之争、部门之争、电源电网之争等很多矛盾的基础看，行政垄断仍是主要症结，而输配电网自然垄断的改革核心是从当前电网的统购包销体制过渡到由买卖双方直接见面而收取过网费的体制上来，这并不意味着继续沿着改体不改制的思路去拆分国网，搞输配分开。

改革主体论：谁对改革负责？

记者：我们一直认为，由于电力行业在国民经济中的重要性和改革的复杂性，电力改革必须有强有力的领导力量的推动。而从现状看，改革的主导权相对分散，改革的路线图与时间表也越来越模糊。这些问题不解决，看来改革的推进也难以乐观。

刘纪鹏：我国电力改革不成功的另一个重要因素，就是缺乏明确的改革责任主体。当年国电公司提出的“四步走”战略是一个循序渐进、稳步发展的战略，包括厂网分开、竞价上网，也包括输配分开；国电公司已明确要向网络型服务企业发展。本来到2010年，按照“四步走”战略已推进到最后一个阶段，即探讨输配分开的阶段。但5号文件的改革方案把这种责权利统一的内部改革主体论的方式否定了。这导致5号文基础上的电力改革的权力主体和责任主体并不统一，权力主体是明确的，而责任主体是模糊的，没有人对改革的不成功如电荒和电价上升负责任。实际上，我国电力体制中政府的行政垄断和国电公司的经济垄断是一对孪生兄弟。这对孪生兄弟的大哥是行政性垄断，二弟才是经济性垄断。大哥主导的改革只拆分二弟而不触及自身，但事实上唇亡齿寒，没有了国电公司的经济垄断做遮掩，政府部门的行政垄断也就充分暴露了。

电力改革若延续中国改革的成功经验，由国电公司作为改革主体，则改革的责权利主体是一致的，无论改革成败与否，都是能找到责任主体的。但如果以有关政府部门做外部改革主体来推动电力改革，则只能找到权力主体而找不到责任主体。这是由这一时期我国政府管理体制的特点所决定的，是必然的。

这场改革只改体而不改制，根源在于改制触动的是政府部门的行政性权力，其实它们并不是电力改革的外部主体，它们才是真正的利益中人。改革革别人的命积极，革自己的命消极。而这一点一旦披上了政府部门的外衣，往往就不易被人们民察觉，尤其是改革权力和舆论大权被行政垄断者控制的背景下，就更不易被人们所察觉。这场电力改革的停滞尽管与改革的时机和方法有关，但更与在深化改革的进程中，改革将改到改革者头上，而改革者缺乏无私和无畏的勇气，以及这场改革缺少一个能承担责任的改革主体有关。因此，无论是电荒还是电价的持续上升，都可以被改革者归结为经济增长过快和天气过热等客观原因，而电荒等外部改革环境的发生自然导致改革停滞也就顺理成章了。对于电荒的发生究竟是改革停滞的原因还是改革不当的结果，则无人去深究。改革出现失误或者改革取得成果，都不知道该批评谁、表扬谁。只要改革主导者不承担改革的责任与风险，这样的改革就无法做到整体配套推进。改革要取得成功，首先要有一个责权利一致的改革主体，这是电力改革中非常值得关注的问题。

八年来的电力改革暴露出很多问题，也有不少教训，应该认真反思，可惜我们的反思机制也是缺失的。有关政府部门不愿意反思是可以理解的，可令我耿耿于怀的是几乎我在电力系统的每一个朋友都是心里清清楚楚，嘴上模模糊糊，竟无一人肯站出来捅破这层“窗户纸”。这既是中国电力人现状的悲哀，他们不敢得罪手握行政垄断审批大权的主管部门，也是中国电力人长期以来养成的不愿出头与人相争并代代相传的职业特点使然。而我作为一个电厂子弟深有感触，因为我父亲就是这样的电力人。在这八年电改当中，用反腐败来反电力垄断，称官场腐败与电力腐败相比也仅是九牛一毛，把经济问题政治化，把电力系统妖魔化，把中国第一基础产业的职工队伍描绘成一个特殊的利益集团，被全国人民诟病，这样的事情难道还少吗？而这一切都发生在电改体制打乱后，电荒发生，各国电力事故不断，而中国的电力工业既要经历电改拆分之痛，又要保障电力稳定发展的背景下。这是一支多么优秀的忍辱负重的队伍！我对他们表示敬意的唯一行动就是把我经历的电力改革真实地表达出来，努力让社会对这场电力改革做出正确的判断，让未来的电力改革少走弯路，同时赢得社会对电力人应有的尊重，因为我们要建立的是一个全民奔小康的和谐社会。

第五篇

电力体制改革实践篇

背景：

1997年至2002年在我参与电力体制改革期间，大部分时间是与国电公司一起度过的，见证了国家电力体制改革的风风雨雨。五年间，我带领标准咨询公司团队为国家电力公司系统一共制作了九本方案。从那以后又为华能、大唐、华电等电力集团制作了六个咨询方案，从战略、组织、财务到股改上市和资产重组，一应俱全。主要有：

（一）1998年7月，制作《国电公司组织结构方案》，提出了国电公司生存与发展必须解决的15个重大理论和实践问题，并按现代大公司规范制定了国电公司组织机构的新模式。

（二）1998年12月，制作《中电联组织结构方案设计》，重点研究了中电联与国电公司之间的关系问题，通过将行政性职能与经营性职能分开，为中电联未来发展构建合理的组织架构。

（三）1999年12月开始制作《国电公司财务管理模式方案设计》，期间历经近三年时间，方案进行数次调整，最终于2002年完成。

（四）2000年9至11月，制作《国电公司近期改革与发展方案设计》的咨询报告，提出“守正出奇”，网厂彻底分离，通过股份制在资本市场实现电网新生，抢占改革制高点。

（五）2002年4至7月，制作《国电公司资产重组方案框架设计》，提出了电源、电网、辅业及多经产业重组的具体方案，并指出本次电力改革应注意防范的六大风险。

（六）2003年2月，应华能集团之邀制作了《五大电源集团竞争力比较与分析》。

（七）1998年12月，制作《国家电力公司事业单位财务体制改革设计方案》。

（八）2001年3月，制作《中国电力科学研究院改制与上市总体方案设计》。

（九）2004年5月，制作《中电财公司组织与经营战略》。

（十）2007年10月，制作《国家电网公司金融平台发展战略研究》。

（十一）2008 年 8 月，制作《大唐国际发电股份有限公司组织结构调整方案设计》。

（十二）2009 年 1 月，制作《中国华电集团公司发展战略与管控模式研究》。

在我与国电公司的五年中，我对国电公司的咨询坚持独立设计，对国家电力体制改革的观点始终如一。今天看来，无论这些报告的观点还是报告本身的质量，应该说都是经得住历史的检验和读者的评判的。

本书挑选与国电公司历史发展有重大影响的三份报告和关于五大电源集团竞争力比较与分析的一份报告，以飨读者。

《国电公司职能机构改革方案设计》

（一九九八年十一月）

第一部分　方案制作背景

1996 年 12 月 7 日，国务院发布了组建国电公司的 48 号文件；1997 年 1 月 16 日，国电公司正式挂牌，并与电力部“一套人马、两块牌子”，双轨运行；1998 年 3 月 19 日，电力部被撤销，国电公司脱离政府序列，开始在市场经济的轨道中以陌生的企业思维方式和行为方式探索前行。从 1998 年 7 月到 1998 年 11 月，我受聘为国电公司制作职能机构设置和直属子公司重组的设计方案。

一、背景

国电公司诞生于新旧体制激烈碰撞的交替时期，这一时期以政府机构大改革和企业组织结构深度调整为重要特征。因此可以说，国电公司既是政治体制和经济体制改革的产物，又是市场经济发展的结果，一出生就预示着它的发展并非坦途，而是一项艰难的开创性事业。它既要借鉴发达国家同类公司的运作模式，又不能完全照搬；既要从全局出发，考虑与旧体制对接，又不能贴得太近，以免有复制旧体制之嫌；既要大胆往前走，又不能走得太快而陷入孤立；既要让国务院领导放心，又要让下属企业满意。因此，困难中求生存，矛盾中求发展，探索中求前进注定成为国电公司创业者的使命。正是在这一使命的推动下，国电公司领导层提出四步推进改革的设想：

（1）以小部大公司方式双轨运行；

（2）按公司运转方式进行组织结构设计；

（3）国电公司实体化；

（4）建成符合国际惯例的国电公司。

在国电公司完成第一步运作，并独立以公司身份开始进行第二步改革前的理论探索之时，从 1998 年 7 月到 1998 年 11 月，我受聘为国电公司制作职能机构设置和直属子公司重组的设计方案。在国电公司调研两周后我发现，国电公司作为部改公司，生存发展面临一系列观念上的制约，如果不首先转变思想，解决困扰国电公司发展的 15 个理论问题，就无法进行具体的职能机构设计。

于是，一直到 1998 年 8 月下旬，我都在考虑与方案设计相关的 15 个重大理论和实践问题的论述。在经国电公司总经理办公会讨论后，我所提出的 15 个理论问题获得了他们的认可和好评。在此基础上，我开始制作国电公司职能部门改革和部分子公司重组的实施方案。从 9 月上旬开始，我们先后听取了国电公司四位副总对机构改革的宏观指导意见，李雪莹同志对国电公司党的机构的情况介绍和改革建议，“三师两助”对这次改革的具体意见，清理整顿公司小组对九家子公司进行重组的意见，信息中心、机关事务局财务处、车队负责人的情况介绍等。通过上述调研和座谈，我们获得了很多启示，为完成这一难度很大的改革实施方案设计奠定了基础。

为减少震动，平稳过渡，根据国电公司清理整顿公司领导小组的建议，我们没有与所涉及的子公司直接接触，而是通过国电公司提供的有关资料和我们的初步判断，并结合职能部门的改革，提出了对九家子公司和信息中心的改组方案。由于时间所限和占有资料的不足，有关九家子公司的重组方案无论在其现状的描述上还是重组的模式选择上，都存在不完善之处。

根据我们的《国电公司职能部门及部分直属公司改革方案设计》，在国电公司实体化方面，1998 年年底，撤销了之前成立的中国电网建设有限公司，成立"国电公司电网建设分公司"，与国电公司电网建设部合署办公，由国电公司直接承担起三峡电网和全国联网的建设任务；将南方电力联营公司进行厂网分开，其电网部分改组为国电公司南方分公司；对业务交叉较多、盈利能力较差、负债包袱重的九家下属子公司进行重组，对事业性部门和子公司重组剥离，减轻了企业办社会的负担；同时从子公司中电投公司上收中电国际的股权，并注入几家电厂资产，将其办成国电公司对外融资的"窗口"公司。

在职能部门方面，重点设计了电网建设部、电网运营部以负责跨区电网建设和运营，设计了投资部来考察和制定电网、电厂等相关项目投资计划，设计了产权管理部来管理子公司的资产负债情况以及资本运作方案，设计了外派董事部来负责各子公司的管理层人事任免，以实现对公司运营的控制。

然而在方案的制作和执行过程中，我们才发现，曾被其他很多部委所艳羡的国电公司"部改公司整体变更改革方法"还有很严重的"后遗症"——那就是弥漫于国电公司上下的很重的恋"权"情节，而这在 1998 年大刀阔斧进行精兵简政的大背景下已经成为影响国电公司生存基础的重要因素。因此在方案中，我们首要的两条原则就是"政企分开，轻装上阵”和“转变观念，以大公司行为取代政府行为”。在经过苦口婆心的解释和痛陈利弊之后，国电公司领导层最终接受了我们的建议，最大限度地把国电公司的行业管理职能移交给了刚顺利换届的中电联，从而彻底实现了政企分开。

如果说恋“权”情节还只是因为惯性思维和传统观念的影响，那么恋“源”情节则更多地出自对国电公司生存的经济基础的考虑了。因为当时的电价定价权掌握在国家计委手中，早些时候为了调动多方办电的积极性而将上网电价调得较高，因此那时候建设和经营电网都是亏损的，国电公司的生存以及盈利也主要是来自下属各子公司的发电业务，这也是国电公司迟迟不肯放弃电源建设和投资的主要原因，同时也是我们与国电公司的主要分歧所在——因为我们知道如果不能真正进行厂网分离，这迟早会成为外界攻击国电公司的一个口实。

二、面临的挑战

组织结构改革是任何一个部门、公司、单位最敏感的改革，它直接关系到每一个部门和每一个人的权力、利益、责任的再分配，因此面临的挑战和约束条件甚多。

（一）来自自我的挑战

最大的挑战莫过于此。首先，在抽象探讨国电公司的定位时，人们似乎都很明白，然而一遇到具体问题，习惯性思维就作祟，滑往政府部门方向，旧的行政权力就像诱人的“罂粟花”，令人留恋甚至吸食成瘾，然而这的确是慢性自杀。当然，由于改革不配套，国电公司不得不代行许多政府职能和行业管理职能，“我不管谁管”的强烈责任感也是决定目前国电公司仍旧政企不分的客观必然因素。因此，本次改革必须勇于向自我宣战，逐步清扫旧体制的痕迹，果断让出政府行政权力。

（二）来自国电公司系统的挑战

系统内一种普遍看法是：中国现有的电力供求与管理体制格局基本平

衡，国电公司似无存在必要。持这种观点的同志简单地把国电公司的实体化与各局部的现实权力和利益对立起来并作壁上观之态。如何使系统上下转变观念、统一认识也给这次改革设计增加了难度，这不仅要求本方案理论上合理，而且要求在实践中能照顾各方利益和情绪，实现较佳的组合。

（三）来自理论界的挑战

理论界要求电力行业打破垄断、引入竞争机制的呼声日益强烈，在五大电力集团公司分治已是既定事实的前提下，国电公司在组织结构设计中如果仍是政企不分、没有合理定位，肯定是人们批评的对象。消极等待显然不行，必须主动推进改革，并靠改革迎接挑战。

（四）国电工业的重任在肩

国电公司系统是我国电力工业的主力军，电力工业是保证我国国民经济实现可持续增长的先行官，因此，国电公司的改革不仅对本系统影响重大，而且会直接影响我国国民经济的总体协调、稳步发展。

过去几年，先后已有八家全国性行业总公司由于政企不分，在社会主义市场经济中找不到新的定位而被重组或撤销。国电公司正是在这样的背景下，通过自身改革寻找新的定位，通过系统内部产权结构、组织模式和经营战略的调整完善自我，抓住机遇，迎接挑战。

三、本方案设计的指导思想

我们认为：公司组织结构的设置与公司最高领导人的挑选同样重要。一个设计优良的组织结构不仅能保持较高的效率，而且能充分发挥每一位员工的主动性和创造性。而一个结构紊乱的组织结构则会导致管理人员职责不明、相互推诿和效率低下。因此，公司组织结构是否合理对于公司的生存和发展至关重要。

国电公司正从政府部门向实体公司过渡，功能定位于营业控股集团公司，其内部组织结构设计显得尤为重要，这不仅关系到国电公司的职能能否顺利转换，而且影响着国电公司能否持续发展。根据我们对国电公司现状的判断和未来的预计，其组织结构的设计应依据以下指导思想。

（一）以国电公司功能定位为纲

本方案明确提出国电公司的功能定位是一个产业性的营业控股集团公司。这一功能定位包括四方面含义：第一，是一个公司，它必须符合现代企业追求利润的特征，因此强化了盈利功能；第二，是一个直接从事电网建设和经营的电力公司，因此强化了电网功能；第三，是对国电公司系统内企业进行资本经营的控股公司，因此强化了资本经营功能；第四，是一个拥有众多子公司的集团公司，因此强化了建立在产权基础上的董事管理功能。值得强调的是，本方案设计紧紧围绕这四点功能进行。

（二）正确处理集权与分权的关系

在母子公司体制的企业集团中，合理把握母公司和子公司的关系，既是现代大公司实现科学管理的奥妙所在，也是目前我国各大公司（集团）感到困惑并普遍关注的问题。从国电公司的实情来看，在防“右”——指子公司的离心倾向的同时，还必须防“左”。“左”的倾向主要有两个表现：一是惯性思维作祟摆脱不了旧有的政府职能；二是过于强调集权和子公司分公司化，导致子公司躺在国电公司身上吃“大锅饭”。对此必须高度警觉，建立起同时对“左”和“右”两种倾向均有防范的企业制度。

（三）从工程师思维转向经济师思维

工程师追求的是产品性能最大化，经济师追求的是产品性能价格比最大化，前者是单向思维，后者是双向思维，二者截然不同。就国电公司从部向公司转轨来说，如果说过去作为政府部门主要考虑的是国电工业的管理，那么今天国电公司除了管好本系统企业外，还必须考虑管理的成本，探索捷径，在思维方式上从单向思维转向双向思维，并以独立厂商的姿态，在追求自身利润、创造符合社会需要的产品和劳务的基础上完成国务院领导交办的有关工作，这一思维方式的转变是至关重要的。

（四）立足方案的过渡性

最新的组织管理理论——“权变理论”强调，大公司（集团）组织结构的设置既没有千篇一律、普遍适用的模式，也没有一成不变的模式，必须根据自身特点，不断适时调整公司的组织结构，以适应市场经济的不断变化。因此，一个公司组织结构的设置可以说永远是过渡模式。此次国电公司的职能部门设计也仅考虑今后三到五年的适应性，这一时期国电公司的首要任务是贯彻政企分开、厂网分开，这一特点也决定了国电公司本次机构改革的过渡性。

（五）结论

我们再次强调：第一，今天的改革不能为明天的改革设障；第二，从关键调整、最大稳定原则出发，预留接口，准备与今后的改革对接，逐步向理想模式推进；第三，本方案仍是过渡模式和过渡模式中的过渡模式，应不断调整，逐步向目标模式逼近。

四、说明

（一）面临自我挑战

随着调研和写作的深入，我们愈发感到，在逐步从“外行”向“内行”转变时，自身的思维观念在自觉不自觉地与国电公司的同志趋同，向现实靠拢，把过渡性看得越来越重，而革命性和创造性以及敢说外行话的勇气越来越不足。然而我们深知，如果不赋予这个方案新的想象力和创造性，那么国电公司请外行制作方案设计就失去了意义。所以，在本次方案制作过程中，我们时刻提醒自己要鼓足余勇，敢于向国电公司现有的组织模式挑战。

（二）子公司的改革配套进行

（1）本次国电公司职能部门改革必须解决沉重的“企业办社会”包袱，把这部分行政、后勤职能分离出去，交给下属公司，如中兴公司。因此，伴随此次机构改革，中兴公司也应作相应调整。

（2）信息产业在知识经济时代的作用越来越大，必须注重国电公司的这一功能，把国电公司职能部门的改革与现存的信息中心的改组结合起来。在此基础上，保留信息中心的相对独立，使之继续以企业化经营的事业单位身份与国电公司信息管理部门对接。改组信息中心一方面优化了现有资源的配置，另一方面又突出了信息的作用，减轻了国电公司负担。因此，在这次有关子公司的重组中，我们把信息中心也纳入其中。

（三）外来的和尚能念好经

调研中，尽管国电公司的同志普遍对邀请外部力量搞此课题的方式表示赞许，但我们的确对国电公司高层干部的整体素质表示钦佩，颇有无非是外来和尚好念经之感，而我们也唯有努力去做能念好经的外来和尚。

（四）本报告结构

本报告在方案初稿的基础上完成，因此对许多有关企业组织结构的理论不再赘述。本报告由六部分组成：

第一部分：写作背景、指导思想及说明。

第二部分：与方案相关的 15 个重大问题。

第三部分：国电公司系统组织现状及本次改革范围。

第四部分：国电公司职能部门方案设计。

第五部分：子公司重组方案设计。

第六部分：重组后的国电公司及国电公司系统组织结构。

第二部分　与方案相关的 15 个重大问题

一、非均衡——国电公司生存的理论基础

在探讨我国电力工业管理体制改革，对电力工业现状进行分析时，有两种截然不同的观点，我们概括为均衡论和非均衡论。

（一）均衡论

1. 电力供求平衡

多方集资办电政策明显见效，电力长期供不应求的局面大为缓解，供求平衡、供略大于求的局面不仅现状理想，而且为国民经济发展提供了一

定想象空间。

2. 电力管理体制平衡

国电公司系统占全国电力供应量的80%，因此，全国电力供求平衡与国电公司所属五大电力集团公司和七家省电力公司自求平衡的管理体制现状密不可分。

3. 结论

五大电力集团和七家省公司内部自求平衡，符合中国国情，符合社会主义市场经济适度竞争法则，这一格局至少应顺其自然地维持到三峡工程投产后的2010年前后。

（二）非均衡论

1. 电力供求平衡的表象掩盖着深层次不平衡的实质

（1）电力结构不合理：大量能耗高、污染严重的小机组不淘汰，中国的电源水平难以提高。

（2）低水平的需求量：中国人均用电量只及世界人均的1/3（见《电业政策研究》1998年第1期），这与中国正处于起飞时期的发展中国家地位不相适应，生活用电受到城市和农村配电网的严重压抑，只能维持简单需求。

（3）输变电网的瓶颈束缚：中国经济正处于低速运行、结构调整时期，用电需求较弱必定是暂时现象，而且与输变电能力较低紧密相关。

（4）电价极不合理：不同地区之间，城市和农村之间电价差极大，人为制造的行业平均利润率以用户的极大付出为代价。

（5）区省自求平衡：导致严重的地方保护和高度垄断，难以实现优胜劣汰和结构调整，消费者受损，地方政府得不偿失，人们对电力行业的批评日趋严重。

2. 资源分布和地区间用电负荷不均衡

西部水电资源丰富，中北部煤炭资源丰富，东部和东南部经济发达、能源消耗大，这决定了中国电力供应“西电东送、北电南调”的大趋势。中国幅员辽阔，东西时差大，南北温差大，不同流域的干枯水期不同，这些也是供用电不均衡的自然原因。以落后和不合理手段维持的局部平衡之和，既不是真正的局部平衡，更不等于总体平衡。

（三）结论

根本上的不平衡决定了目前的供求平衡和体制平衡仅是表面上的过渡现象，随着经济发展，现存的和继续产生的不平衡只有在统一的全国大市场中才能得到解决。

全国联网是构筑市场，非均衡论是全国联网重要的理论支点。不同地区在统一市场中按照市场原则实现资源的优化配置，才能打破低水平的平衡并用积极办法实现高水平的平衡。当非均衡理论支持下的全国联网被人们承认并尽快实现时，国电公司的存在价值才能真正为人们所不争。

非均衡论既是我们论证中国电力资源优化配置必要性的理论基础，也是国电公司存在和发展的理论基石。未来几年中，国电公司是昙花一现，还是在市场经济中以现代公司的身份站稳脚跟、迅速扩张，最终取决于我们对非均衡论的真正理解、大力宣传和组织实现。

二、全国联网——国电公司发展的首要目标

（1）牢牢抓住电网建设和经营这个“牛鼻子”。

我们听到的有关国电公司的两种中长期发展战略是：

①电网建设为主，辅之以配套的调峰调频电源建设。

②电网建设与大型坑口电站、水电站建设并重。

评论：必须集中优势兵力打歼灭战，重点只能是电网建设和必要的调峰调频电源建设，大型坑口电站、水电站建设应在国电公司规划内，动员社会力量完成。

（2）用动态眼光看待全国联网的经济性。

跨区联网和区省联网是否经济，不能用静态和今天的眼光看，必须用动态和发展的眼光看。

（3）竞价上网是比厂网分开更接近目标的手段。

（4）全国联网是竞价上网的基础。一旦实现跨省区和全国联网，即可

在国电公司的直接推动下，强制进行局部和全部的竞价上网。在这一工作的推进中，可充分发挥国电公司调度中心的调度和通讯优势，健全国电公司电网经营功能，牢固奠定国电公司作为现代大公司的强势地位。

（5）重新规划，确定短平快项目，力争每年都有跨省区联络线建成。迅速扩张国电公司的电网资产，产生电网经营收入，逐年增加其在国电公司总收入中的比例。

（6）全国联网是中国电力发展史上的里程碑，具有划时代意义。

国电公司领导应为中国电力发展打破诸侯割据的局面建功立业。

三、营业控股——国电公司的功能定位

（一）几类公司的法律概念

1. 母公司、总公司和控股公司

母公司（Parents Company）系指通过掌握其他公司一定比例的股票或资产，从而能实际控制其营业活动的公司。准确理解母公司，需要弄清两个关系：

其一，母公司与总公司的关系。一般来说，母公司是就子公司而言，总公司则相对于分公司而言，如果一个公司既有分公司又有子公司，则它本身就是一个兼具母公司和总公司两者特征的公司。

其二，母公司和控股公司的关系。二者大同小异，控股公司在法律上被分为两类：一类是纯粹控股公司（Pure Holdings），其设立目的是为了掌握子公司的股票（份）或其他有价证券，本身不再从事任何其他方面的业务活动。如卢森堡公司法规定，纯粹控股公司除了拥有自己的办公楼外，不得拥有其他土地，不能从事任何工商业活动以及不得直接与公众进行交易活动。另一类是混合控股公司（Mixed Holdings），又叫营业控股公司（Operating Holdings），这类公司除掌握子公司的股份外，本身也从事非金融性的生产经营活动，从事商业贸易活动。如美国的电话电报公司等，都属于这种既控制许多子公司，本身又生产经营通讯、有关器材的公司。严格来说，母公司的概念是指第二类控股公司，即营业控

股公司。

2. 集团公司和控股公司

集团公司与母公司或控股公司相比，特点有三：

第一，集团公司是一个相对稳定的公司集团中的母公司，同时它必须有一定数量以上的子公司，例如我国有关集团的政策法规（草案）规定，集团公司的注册应以五个以上子公司为必要条件。

第二，集团公司对子公司的控制不一定都通过股权，也可以是依靠签署支配性协议达到控制目的。

第三，无论是纯粹控股式还是营业控股式的公司集团中的控股公司均可被称为集团公司。

由于西方的企业集团都是以持控股为联结纽带，因此，集团公司也叫集团控股公司（Group Holding Company）。

3. 趋势

随着金融体制和政府机构改革的深入，中央和地方办的各种专业性和综合性投资公司越来越多，这些投资公司的经济、法律特征与纯粹控股公司比较相似。但对以工业生产为主的产业集团来说，集团的核心企业不仅要有雄厚的资金实力持控下属企业的股份，而且自身应具备强大竞争力的产品（系列）。因此，这类集团的集团公司应走营业控股公司的路子，从资金和产品两个方面对所属企业进行控制。

（二）国电公司的定位

1. 防止两个误区

第一，授权不实，走不出行政性公司的误区；

第二，授权虽实，但纯粹控股，演变为一个投资公司。

2. 国电公司要成为一个产业性的营业控股集团公司的主要特征

第一，是直接从事电网建设和经营的电力公司。

第二，是国务院授权对电力系统企业实行资本经营的控股公司。

第三，是拥有众多子公司的集团公司。

四、独立报表——国电公司法人财产权的重要标志

（一）迄今为止，国电公司还不是一个真正的企业法人

国电公司改革的基本目标是将自身改组为具有完整法律地位的企业法人。理论上，企业法人存在的第一要件是拥有独立的法人财产权（法人所有权），但国电公司在成立一年半之后的今天仍无自己独立的资产负债表，导致无从确定国电公司作为企业法人必备的产权边界。因此，实事求是地说，国电公司至今尚未把48号文落到实处，还不是一个真正的企业法人，而且，国电公司是否已经存在也是值得商榷的。

（二）两组统计数字

目前，国电公司的资产体现只有两组统计数字或汇总数字。

其一，承接原电力部直接投资的15家子公司的资产，即总资产110亿元，净资产31亿元。（据谢总介绍）

其二，国电公司系统内4000多个企业的汇总报表数字，即总资产7420亿元，净资产3028亿元。（摘自《国电1997年财务报表》）

（三）对策

国电公司作为一个企业法人是不合法的，国电公司高层管理者必须高度重视自身法人财产权的实质和财务报表的表现方式。对此，建议尽快制定三个层次的报表体系：

第一层次，国电公司自身独立的财务报表（资产负债表、损益表、现金流量表），这是重中之重，它是国电公司生存的基础和独立纳税的依据。

第二层次，国电公司及其15家直属子公司的合并报表体系。

第三层次，根据国家授权的范围，制作包括五大集团公司、七家省公司在内的集团合并报表体系。

注：待对15家直属子公司的清理整顿完毕，并根据这15家子公司被改为事业部、分公司和保留子公司的具体重组情况及对整个系统制作集团合并报表的时机成熟时，再分别将第二层次报表的资产并入第一和第三层次报表体系。

五、授权经营——从管人到管资本的飞跃

（一）问题

尽管国务院48号文向国电公司授权经营系统内国有资产，并对资产经营范围作了详细规定，但是由于认识上的模糊及表现形式的不具体，国电公司系统内从上到下对授权形式下产生的母子公司关系及客观存在的长期投资纽带重视不够。有相当一部分同志认为，长期投资形成的资产是虚的，似乎只有把子公司分公司化才是实体化，授权无非是对子公司领导人的任命权从电力部转移到国电公司，认识不到授权是授予资本权。同样，在五大集团公司和省公司中，也存在作为母公司的国电公司与作为子公司的自身都是国有资产授权经营单位，都代表国家的看法，甚至发明了层层国家资本金的概念。同时，由于五大电力集团公司和省公司成立在先而国电公司成立在后，先有儿子而后有老子的情况，国电公司内部的这种认识更加突出。

（二）分析与对策

从电力部到国电公司，对下属单位管理的最大差别是，前者以管人为主，后者则以管资本为主。公司法人是资本的人格化，股东是法人的主体，公司只要不破产就具有无限生命，法定代表人不过是被全体股东聘用的经营者，可能是经常变更的。因此，国电公司必须在观念上和形式上对国务院的授权经营有一个深刻理解和切实保证。

首先，以48号文为政策依据，将下属企事业单位的层层国有资本金变为国电公司的国有法人资本金，只有国电公司保留国家资本金。

其次，对下属企业进行普遍的清产核资，摸清家底，统计出真实的净资产和股本数量，在此基础上，国电公司向五大集团公司和省公司法人的法定代表人颁发有具体数量等内容的授权书，并以此作为考核下属企业绩效的依据之一。

第三，不仅要看到子公司是母公司的一部分，还要看到母公司也是子公司的一部分，母公司的长期投资形成子公司股本，母公司因此成为子公

司的股东，股本和股东当然是子公司的组成部分，而且是最重要的组成部分。所以，在授权体制下，在对下属子公司的管理上，应尽快在认识上和行动上完成从管人到管资本的飞跃。

第四，授权落到实处，托管经营集团内国有资产，制定切实可行的细则，集团公司自主决定整个集团所辖企业的资产价值形态和使用价值形态的转换。

六、统一结算——国电公司重要的利润来源

对一个现代大公司来说，结算、融资、投资是企业财务运作的三件大事，如果说融资、投资是企业的发展问题，那么结算则是企业的生存问题。国电公司 1997 年的财务汇总报表中，账面货币资金余额高达 888 亿元（见《国电 1997 年财务报告》），分散在以五大集团公司和七个省公司为主体的系统内各个层次的企业中。这说明了以下两点：

第一，如果真是滞留的货币资金，则说明国电公司系统的资金使用效率低，造成极大浪费。

第二，如果表面在货币资金科目，其实被下属企业用于搞资金运作，则表明国电公司财务监控体系不严，暗含金融风险。

因此，我们认为极有必要依托主办银行，组建国电公司系统的财务结算中心或财务公司，建立财务结算体系，使这一体系成为国电公司系统内部银行和财务管理枢纽。一方面，把分散的资金集中使用，形成拳头干大事；另一方面，科学核定企业资金占用额，建立内部存贷制度，有偿使用和优质服务。国电公司系统的统一结算问题若能解决，每年创造的利润应超过亿元甚至上十亿元。

目前，国内许多大公司都在探索统一结算问题，一些公司已收到明显效果（具体做法另议）。在具体运作上，应把推行事业部制和建立统一的财务结算体系综合加以考虑。

第一步，可考虑在国电公司的分公司事业部和直属全资子公司范围内试用。

第二步，考虑在区省一级全资子公司中推行。

当然，若能依托现有七大集团的财务公司中的一个来做此事，效果会更好，但前提是该财务公司应被国电公司持股51%以上，以便合并报表。今后，这个财务公司将作为国电公司系统的财务公司，对其他财务公司产生事实上的管理和指导关系。应该说，仍持有该财务公司49%股份的另一集团公司的法人股东也是不吃亏的。

七、合并纳税——国电公司实体化的标志

国电公司的功能定位在营业控股集团公司后，其纳税上表现为：

第一，缴纳所得税是实体性公司的重要标志。

第二，国电公司的利润来源于：自身的产品经营利润；对下属子公司的投资收益。（向子公司收行政管理费和折旧费是不妥的，要尽快改变。）要说明的是，应把向子公司收取投资收益看作国电公司向实体化迈进的重大步骤，一定要完成。这里产生一个矛盾，同一笔利润可能要双重纳税，即母子公司各缴一次，因此，应根据有关文件向国家税务部门申请按大型企业集团合并纳税方式缴纳所得税，即由国电公司统一缴纳，各独资子公司不再单独缴纳所得税。这样做的好处很多：

首先，国电公司实体化落到实处，法人形态完整。

其次，实际中可在全系统纳税登记上以丰补歉，互相调剂，做到国电公司有利，每个子公司又都不吃亏，让各独资子公司真正感觉到国电公司实体化的好处。

第三，有利于探索集分权相结合的科学管理体制，如子公司事业部制。

八、三权分立——国电公司电网经营的目标模式

国电公司实体化改革中，放开电源、经营电网已成为共识，但是，国电公司如何过渡到一个名副其实的电网公司，还是一个理论上和实际中尚未解决的问题。

首先，国电公司和电网建设公司的关系（无论其是子公司、分公司或事业部）问题。

其次，电网建设与经营、经营与投资（所有）的关系。

第三，在国电公司过渡到电网公司的过程中，如何迅速建立和加强电网经营的物质基础（即资产），并尽快使电网经营收入和利润占国电公司业务收入和实现利润的一定比例。

上述三大问题是我们在设计国电公司的机构设置时不能回避的，而这又与国电公司组织结构的设置密切相关。

（一）电网建设和电网经营分离

从国际惯例和中国电力工业发展目标看，电网建设与经营必须分开。目前，可由国电公司直接经营的跨区电网只有葛沪线、长万线等少数几条线路，资产价值只有12亿元，难以形成经营规模，因此近几年跨区电网建设任务十分艰巨，其中：

（1）在建项目有三峡输变电工程（2008年投产）、天广直流输电工程、阳城送变电工程和川渝联网工程，2000—2001年投产。

（2）拟建项目有东北、华北联网工程和王曲输变电工程（山东与华北联网），2000—2004年投产。

（3）规划项目有福建与华东联网工程、四川与西北联网工程、华北与华中联网工程、西北与华北联网工程、海南与广东联网工程、南方电网与三峡系统联网工程，2002—2010年投产。

以上线路总长度约27000公里，总投资1200亿元。其中，两年内可投产的只是局部电网的联接，东北与华北的联网将在五年后实现，全国联网则需十年以上。也就是说，国电公司的电网经营很难在最近一两年内形成规模，这种情况既不利于推进打破垄断、厂网分开、竞价上网的新模式，更不利于国电公司的生存和发展。

因此，我们认为，国电公司实体化后需要着重解决三大问题：

第一，设立相对独立的电网建设部门，其主要任务是规划全国电网和建设全国电网，电网只能一条条建，但不可能也不必要建一条线路就组建一个经营公司。

第二，设立相对独立的电网经营部门，其主要任务是经营电网建设部门移交过来的建成线路。随着线路的增加，电网经营规模将逐步扩大，国电公司电网经营实力逐步壮大。

第三，在目前可经营电网资产十分有限的情况下，可考虑通过电网存量资产的重组迅速扩充电网资产和经营规模，形成主营业务收入增长点和利润增长点，这是国电公司能不能在完成公司化改组目标的条件下保证生存并实现可持续发展战略的重大举措。

电网建设需要时间，多快好省的办法是存量资产的重组。通过组织结构的调整，可以变子公司的资产（国电公司的长期投资）为国电公司的固定资产。在“省为实体”的大原则下，国电公司应将重点放在省网之间联络线的经营上。实现省网之间的联网经营的关键，是按分公司事业部模式和子公司事业部模式进行构造，先从条件较为成熟的华东、华中两个电力集团公司入手，时机成熟时再进行其他集团公司的重组，达到一石双鸟的作用，既将省为实体落到实处，国电公司的电网经营资产又可迅速扩大。

关于电网建设与经营部门的设置，至少有两种选择：

一种是设立为独资子公司，其优点之一是有利于充分调动积极性，在保证国电公司控股的条件下实现电网经营公司投资主体多元化。但其存在以下不足：对于建设公司来说，作为独立法人须通过合同等方式承包国电公司的电网建设工程，然后再发包给施工单位，这显然会增加外部交易成本和纳税额。

另一种是在目前规模不大的情况下，似无设立子公司的必要，建设和经营部门均可采用分公司或事业部模式，即使其相对独立，拥有较大自主权，又可减少交易成本和纳税额。

（二）电网经营和电网所有分开

在今后相当长的时期内，输配电网建设的滞后将成为电力工业发展的瓶颈。因此，在全国联网进程中，仅靠国电公司自身投资远远不够，在国电公司统一经营管理电网的基础上，可考虑以优先股方式动员社会法人投资于一些局部输电网及城市、农村配电网。优先股的特点是实行约定股息率，没有表决权，非常适合于国家对输配电公司的产业政策，通过发行优先股，完全可以实现电网公司的所有权和经营权分离，既广泛集资办网，使电网建设快速发展，又不违背电网统一经营的产业政策，这应成为我国电网经营的目标模式。

九、资本经营——经营方式还是管理手段

从发达国家经济发展规律看，市场经济从简单的商品经济向资本经济过渡将成为一种必然，与之俱来的是资本经营、产权革命等重大命题的理论研讨与实际运作，长期投资正是资本经济中资本经营的重要方式，必须给予充分认识。

国电公司实体化目标是经营电网为主，在此前提下，大量资产可能仍以长期投资形式存在，因此资本经营将是国电公司自身发展的重要内容之一。资本经营到底是经营方式还是管理手段，抑或二者兼而有之，需要予以明确认识。

资本经营是企业从生产型向经营型、经营型向投资型转型的必然产物，与这一转型相适应的企业改革的重要标志是产权和所有制改革的推进，具体来讲就是股份制（包括股份有限公司和有限责任公司）改革。同时，企业的外部环境——市场也发生了重大变化，从单纯的消费品市场发展到要素市场，要素市场的核心是资本市场，资本市场为产业结构调整带来了可能和机遇。在产品结构、企业组织结构、产业结构三大结构的调整中，核心是企业组织结构调整，企业是产品的载体，是产业结构的组成部分，企业组织结构调整的核心是企业资本结构调整。

结构调整再不能依靠行政手段，必须通过资本市场和产权流动完成，这也是以企业股权结构重组为目标的收购与兼并活动此起彼伏的原因。

对大多数人来说，产品经营容易理解，比如国电公司发电售电的经营；资产经营是就总资产四大科目所列资产的使用价值形态而言，常发生在同类企业中具有实力的企业整体收购或部分收购效益不好、规模上不去

的企业或资产。因此，资产经营是对企业实物资产和生产手段的经营；资本经营是对净资产的经营，其核心是股权经营。股权是什么？它是一张纸，代表着一定的权利，因此，收购这张纸的目的绝不是为了一张纸的使用价值，而是为了这张纸所代表的权益。买的目的不是自己用，而是为了再以较高价格出售，获取买卖差价，因此，资本经营的对象是好企业的净资产或股本。

在国电公司的发展中，资本经营可能作为营业控股公司的经营手段，包括在国际国内资本市场上从事短期的具有投机性质的金融运作，这种经营方式在国电公司的经营活动中必不可少。因此，国电公司必须适应社会主义资本经济的需要，注意选拔和培养从事资本经营的人才，在机构设置中，从事长期投资的投资管理部和从事短期资本运作的投资银行部均不可或缺。

同时，为加强国电公司资本经营的实力和产业资本与金融资本在国电公司的结合，十分有必要加大国电公司在中电信托公司（中国电力信托投资有限公司的简称）的股份比例，要从目前的20%提高到50%以上。这样就能通过合并报表，一方面强化国电公司的资本经营实力，另一方面充实中电信托公司的资本金，使国电公司的投资银行部和中电信托公司交相辉映。

但是必须意识到，上述资本经营活动可能会使企业在短期内获得很高收益，同时也暗藏很大风险。对国电公司而言，没有资本经营的部门和人才不能适应产业资本与金融资本相结合的大趋势；但如果把资本经营看得过重，不在主导产品及相关领域投资，而是在不熟悉的领域盲目投资，也会导致严重的投资风险。资本经营具有强烈的两面性。

我们特别强调，仅仅把资本经营看作一种短期盈利的手段是不够的，资本经营还是在股份制企业集团内以资本为纽带形成的母子公司体制下的一个重要的管理手段，对此一定要明确。母公司对子公司实施管理的基础是资本管理，资本管理的核心是建立在资本纽带基础上的干部派驻制度和财务监控制度。

干部派驻制度通过以下两种方式进行：

第一，直接派遣重要职员，各所属公司董事会成员和总经理完全由母公司派遣和任免，或者由母公司领导成员兼任。

第二，派遣监管人员，即把一些受过特殊培训，尤其擅长生产技术和财务管理的专家派往子公司常驻，了解被驻单位的财务状况，在经营方面给予指导。

财务监控制度同样通过两种方式实施：

第一，母公司通过拥有子公司的多数股份控制其董事会，并按母公司的战略意图影响其决策和经营方针，令其定期提供财务报表和中长期计划。

第二，母公司作为投资决策中心，“没收”法律赋予具有独立法人地位的子公司的投资功能，子公司要扩大和发展，必须依赖母公司的资本投入和集团财务公司的贷款。

因此，对拥有众多子公司的母公司来说，资本经营不仅是一种经营手段，更是一种有效控制的管理手段。

十、实体化——是否一定要子公司分公司化

（一）企业实体化提出的背景

20 世纪 80 年代中期，第一次机构改革产生的许多行政性公司并不从事经营活动，只搞行政管理，依靠管理费和折旧费维持生存，为改变这种状况，行政性公司“企业实体化”概念应运而生。

（二）实体化认识中的两大误区

第一，长期投资不是自有资产，直接从事生产、贸易经营才是经济实体，而从事资本经营活动的投资公司不是经济实体。

第二，母公司拥有长期投资不是实体化，只有将子公司转为分公司才是实体化。

（三）经营是实体化的最重要内容

实体化过程的目标就是经营，不管是产品经营、资产经营还是资本经

营，都是经营。因此，只要公司是经营体，就可以称为实体。我们不能认为银行不是实体，也不能认为从事投资业务的投资公司不是实体，更不能认为国电公司的资产主要是由长期投资构成的，它就不是实体。

（四）国电公司实体化与其营业控股公司的定位一致

长期投资是在母子公司资本纽带基础上形成的，母公司从中获得资本投资收益，子公司从中获得产品经营收益。二者在收入来源上仅是进入不同的会计科目，在本质上都是利润，并没有区别。

在国电公司实体化过程中，长期投资无疑是最重要、最庞大的资产，这意味着国电公司的集团架构中不仅会有分公司、事业部等非法人单位，而且更多的是子公司甚至子集团，这是“省为实体”政策决定的，与国电公司的实体化完全统一。

十一、事业部制——是集权还是分权

（一）U 型、H 型、M 型组织结构（表 1）

表 1

类型	特点
U 型 （Unitary，一元结构）	单一法人制，直线职能制，集权； 用行政手段配置资源； 适用于单一产品、中小型企业
H 型 （Holdings，控股结构，母子公司结构）	多法人制独资子公司（Soly - owned Subsidiary）； 全资子公司（Wholly - owned Subsidiary）； 税收的考虑，重复交税； 多中心制容易失控，诸侯割据
M 型 （Multidivisional，多部门结构）	单一法人制，事业部制，集分权相结合； 全资子公司或分公司； 多产品，多地区或相关系列产品； 是 U 型和 H 型的综合与改进； 中央财权控制是 M 型结构的特点

（二）事业部制

对于事业部的概念，国电公司的同志并不陌生，但普遍把其当作集权管理的手段，以为一搞事业部就被取消了法人地位而丧失法人地位，就立刻成了无权无钱的成本中心。其实事业部制恰恰是以高度分权化为背景产生的。

1. 事业部的概念和产生

事业部一词译自日本，其英文（Division）直译是“分部”的意思，指大公司内部以产品别、地区别划分并实行独立核算的经营利润单位。对此应指出，近年来一些企业虽受“事业部制”的启发，把过去的科室改为“部”制，但由于仍是按职能划分，如经营计划部、人事教育部等，这不过是旧有科室的放大，并未突破直线职能制的框架。

事业部结构的实质在于事业部制。事业部制产生于20世纪20年代的美国通用汽车公司，其发明人是时任该公司副总裁的斯隆，由于当时通用规模巨大又采用直线职能结构，导致内部管得很死又很乱，机构庞杂，被人们形容为一个“手脚乱伸的巨人”。

斯隆的事业部制对直线职能制而言是高度分权的，即在符合母公司的经营目标与总体计划的条件下，事业部通常可全权处理该部包括人在内的各种业务，并可在一定范围内根据市场需求自行决策，及时调整产品与产量，母公司不加干涉。事业部制是建立在模拟法人基础上的彻底分权，拥有与具备法人地位的企业相当的权力，因此被称为企业中的“企业”。

2. 事业部是三个中心的统一

第一，企业责任中心。事业部可独立参与市场竞争，必须保持销售额的不断增长，负有经营责任。母公司按照利润、市场地位或生产效率等客观标准对其进行评价，十分明确。

第二，利润责任中心。事业部必须谋求更多的利润，向集团公司负责，确保母公司下达的利润目标的完成。

第三，分权化中心。事业部的经理通常被看作母公司总经理的“分身”，意指母公司总经理尽可能大幅度地将各种权力下放给事业部经理，使其对本部的企业责任、利润责任更好地负责。

为使事业部能自主经营和管理，还要有制度保证：

第一，集团公司内部价格回避制度。由于集团公司内部存在密切的生产、技术、经济协作关系，事业部之间互相调拨产品或原材料甚为普遍，调拨时采用的价格原则上根据市价标准。但如果从外部购入相同质量的零部件或半成品比集团内其他事业部的更便宜，即可在一定范围内回避内部交易。回避权能够使各事业部降低成本，提高效益。

第二，由于各事业部都采用严格的经济核算制，绝不许在事业部间搞平调、以丰补歉等，各事业部须靠自身努力提高效益。彼此间存在竞争，协作时按市场交易签订合同。

第三，事业部部长有权任免所属各职能科室（对财务负责人只有推荐权）和生产单位负责人，各职能科室（财务除外）和公司职能部门不实行上下对口管理，只对本事业部部长负责，充分保证事业部部长的自主权。

3. 事业部在财务管理上的集权

集团公司财务部门与各事业部财务部门实行上下对口，实行以集团公司财务部门为主、事业部部长为辅的双重领导，各事业部财务部门必须绝对接受集团公司财务部门的控制。事业部制在财务管理上的强有力集权，具体包括两个方面：

第一，资金管理。

首先，集团公司对各事业部的资金总额（包括固定资产和流动资产）进行核定，事业部按核定数字的一定比例缴纳资金占用费。

其次，集团公司将事业部的正常流动资金额压得很低，稍有经营不善、产品积压，就会导致资金不足，只能向集团公司内部银行贷款，贷款利率同于国家银行，而且额度有限，超期变为高利贷，实际是处以罚款。此外，集团公司审计部门也从财务角度进行审查、监督。

再次，集团公司财务结算中心对事业部账户的存款额规定最高和最低限。超过最高额的多余部分必须及时转到集团公司的结算中心账上，由集团公司有偿使用；达不到最低额即应向集团公司贷款，防止资金分散和积压，促使事业部不断提高经营管理水平。

第二，利润管理。

集团公司定期向事业部宣布销售额指标，事业部据此制定一定销售利润率的经营计划，报集团公司批准后即要全部负责。集团公司要求事业部每月提交决算书，最高管理层据此了解动态，提出注意事项。集团公司的审计部门监察事业部的账簿与库存情况，实现利润按一定比例在事业部和集团公司之间分配。事业部可内部统筹使用自留利润，用于扩大生产、添置设备、增加公益金和奖励下属等，但也有存入集团财务结算中心的义务。

财务管理在实行事业部制的集团中处于“龙头”地位，各项管理都强调以财务眼光审议。这样做符合用经济办法管理生产经营活动的原则，可以使生产计划和财务核算、生产和销售、经营效果和资金使用、成本管理和价格制定都紧密连在一起，使一切工作紧密地围绕经营目标运行，从而真正发挥财务部门的管理和监督作用，这些都要求集团公司具有一个精明强干的财务班子。

综上所述，事业部制是一种建立在分权化基础上，集分权有机结合的科学管理制度。

4. 事业部与子公司、分公司的关系

（1）事业部与子公司界限分明：子公司是独立法人，办理企业法人登记，领取法人执照；事业部则无法人地位。

（2）事业部与分公司实质是一样的，均为总公司的分支机构，不是法人。二者不同的是，分公司是法律概念，被各国法律承认，可在工商局注册，办理非法人营业执照，在国外或不同地区设立分支机构一般需挂分公司之名。按许多国家的税法，分公司在所在地只需缴纳流转税，所得税则由总公司统一缴纳。而事业部是一个企业组织管理的概念，不被法律承认，不用办理法人或营业登记，因此在总公司所在地的分支机构，凡不涉及法人登记单独缴纳所得税问题的，一般都叫事业部。当然，就一个大公司在异地设立的分支机构来说，完全可以在分支机构所在地将其注册为不具有法人地位，但有经营权而且领取营业执照的分公司，同时总公司对这个分公司实施事业部制的组织管理模式。

（3）事业部和分厂的区别：事业部和分厂虽然都有职能科室，但事业部具有经营权，直接面对市场，而分厂则只有生产职能。

（三）国电公司应探讨分公司事业部制和子公司事业部制

对国电公司的分公司和全资子公司实施集分权相结合的分公司事业部制和子公司事业部制是值得探讨的。

理论上，事业部制只适用于不具有法人地位的分公司或部门，但我们研究认为，全资子公司与《公司法》中规定的必须有两个以上出资人的公司有所不同，它只有一个出资人，出资人和全资子公司的法人财产实际很难划清，子公司的经营管理完全由唯一的出资人控制，二者可以视为一体。因此，全资子公司在管理上可以视同分公司，当然也就能够按照事业部制模式去管理，这在理论上完全站得住脚。

结合国电公司现状，其所属全资子公司虽然在法律上是子公司身份，具有独立法人地位，但作为独资子公司，国电公司对其有完全控制权，因此可从中选一家或几家进行子公司事业部制的试点。这既可保持子公司的法人地位不变，使其在各自的经营活动中保持独立性，各自承担应尽的法律义务及各方的责任，同时也便于国电公司统一管理，在宏观上不失控。特别是在合并纳税的前提下，实行子公司事业部制管理方式更为合理和有效。这种模式是一种创新，它将在中国大公司的管理上走出一条新路。

必须指明的是：子公司事业部制推行的前提是国电公司系统做到合并纳税。

注：目前国电公司正在对其直属的 15 家子公司进行清理、整顿和重组，本方案的建议可供清理、整顿公司工作小组参考，国电公司对子公司的具体管理方式可在子公司明确定位后再行确定。

十二、中电联——国电公司的“儿子”还是“孪生兄弟”

在国电公司的组织结构设计中，必须对其现有职能进行分解，即政府职能归到经贸委，企业职能自己留下，大量的行业管理职能交给中电联。因此，中电联的改革必须配套进行。我们认为，中电联的改革应从以下几方面进行：

第一，从国电公司下属机构的地位中独立出来，成为由全行业电力企业法人自愿参加的会员制社团法人，不再是国电公司的“儿子”。

第二，其运行资金主要来源于会员缴纳的会费，同时接受其他社会捐助，不再依靠国电公司生存。

第三，对电力行业实施行业管理，协调发输配电企业的关系，为电力行业企业提供技术、咨询等服务。

第四，作为联系政府和电力企业的桥梁和纽带，反映企业呼声，把国电公司解脱出来。

第五，国电公司作为全国最大的电力企业，以会员身份参加中电联，并作为中电联的理事长单位，这一点应作为中电联组织章程中的一项加以明确。

第六，国电公司作为中电联最大和最重要的会员，一方面应保持与其他电力企业法人平等竞争的身份，另一方面作为行业领头人，应在电力工业的发展战略上、总体布局上、技术更新上、环境保护上通过中电联发挥举足轻重的作用。

第七，采用公开招聘、择优录用和在国电公司选拔等多种办法，使中电联的人才结构合理化，以适应新的要求和挑战。

在对国电公司的调研和具体方案设计的过程中，我们感到所面临的现实是，要么国电公司的改革由于政府职能和行业管理职能难以完全分离而不彻底，要么国电公司实施彻底改革而行业管理职能无人接替，其中的关键均取决于中电联的改革能否顺利而尽快完成。从目前情况看，中电联的改革已迫在眉睫，必须提上国电公司系统改革的议事日程，并应与国电公司机构改革同步进行。从某种程度上说，中电联的配套改革的成败将直接关系到国电公司改革的成败和顺利转制，二者是一对同生同长的“孪生兄弟”。

十三、法人治理结构——国电公司化解决策风险的重要保证

48 号文规定，国电公司的领导体制为总经理负责制，这无疑是一种过渡模式，现在的国电公司已不是过去在国务院直接领导下的电力部，必须尽快按照《公司法》明确自己的法律地位，建立科学规范的法人治理结构。因此，我们认为国电公司应在尽快实现产权清晰化，在自身拥有独立法人财产权的基础上逐步向现代公司的董事会领导下的总经理负责制发展，可考虑向国务院申请成立公司董事会作为国电公司的战略决策机构。即使短期内不能成立公司董事会，亦应考虑成立一个公司决策委员会，辅佐总经理负责制。

公司董事会（或决策委员会）应不少于 13 人，由三部分人员组成：

（1）财政部（国资局）、国家计委、经贸委、人事部等政府部门的代表；

（2）著名的电力专家、大公司管理专家和金融专家；

（3）国电公司系统的代表。

成立公司董事会（或决策委员会）的目的有二：

第一，实现决策科学化，避免重大经营决策的失误；

第二，减少公司高级管理人员特别是公司总经理的经营风险。

从长远看，不应排除由中央、地方及大型电源企业法人共同出资，对国电公司进行改组，使其完成从国有独资公司向有限责任公司或股份有限公司转型的可能。同时，建立健全公司股东会、董事会、监事会三大机关，使其真正成为独立运作，具有民事权利能力和民事行为能力的企业法人。

十四、考核指标体系——国电公司人力资源管理的重要内容

国电公司当前面临的一项基本任务是，在新形势下对产权结构、组织

结构、经营战略和管理方法进行调整，自身重新定位后，管理手段上必须有一套完整先进的方法，使之与新建立起来的组织管理模式相配套。在企业管理中，财务管理是龙头，经营考核指标体系是财务管理的重要内容。通过制定国电公司对所属事业部、分公司和子公司及其负责人的考核指标体系，把国电公司、子分公司、经营者和公司员工的利益挂起钩来，充分调动各方面的积极性。

经营指标是反映企业实际经营状况的具体数值，包括数量指标和质量指标。指标体系则是从不同角度完整反映公司总体特征的一系列指标所构成的有机整体。考核指标体系能够客观、真实地评价国电公司系统内企业的经营状况和管理水平。

国电公司经营考核指标体系与评价系统应具备以下要求：

第一，以市场经济理论为指导，概念清楚，计算范围明确，力求合理、系统、完整地反映子分公司、事业部的经营状况和经营业绩。

第二，具有实用性和有效性。实用性是指经营考核指标体系既要适应经济环境，又要与子分公司、事业部的生产经营活动相吻合；有效性是指用来计算指标值的数据容易获取，计算方法明确，便于操作。

第三，对经营内容和经营环境相同或相似的部门，制定相同的考核标准，对经营内容和经营环境差别较大的部门，制定特殊的考核标准。

第四，要把投入子分公司、事业部的每一种资源、每一种生产要素都看做资本，要求使用者有偿占有并使其增值。

第五，必须打破原来政府部门“吃大锅饭”的状况，把子分公司、事业部首脑的年薪制与子分公司、事业部的分成制结合起来，这是国电公司庞大系统高效运转和高效益的重要保证，也是人力资源开发的具体内容。

十五、未来三至五年——国电公司发展的关键时期

提出这一命题的原因是，虽然国电公司的经营方向是成为国网公司，然而国电公司的现状却是无网经营。国电公司定位于营业控股集团公司

后，近期的主营业务又是什么呢？消极等待2007年三峡电站建好后再去搞电网经营是绝对不可取的，必须积极创造条件，在电网建设的增量投资和存量重组上主动出击。未来三至五年，国电公司必须下决心拓展电网主营业务，争取1998年开始产生电网经营收入，逐年提高电网经营收入的比例，这一点至关重要。

第三部分　国电系统组织现状及本次改革范围

一、国电公司系统组织现状

（一）国电公司概况

（1）国电公司成立于1997年1月16日，在原国电部基础上改建而成。国电公司现有编制人员约400人，职能部门15个，直属子公司20家（其中全资子公司16家，控股子公司4家），网省和集团子公司14家（其中大区集团公司5家，直属集团公司2家，独立省公司7家）。

（2）国电公司及其所属子公司、控股公司和关联公司组成了国电公司系统。事实上，国电公司系统已具备大型企业集团的规模和架构：国电公司系统拥有各类企业3000多家，职工约150万人。截至1997年年底，国电公司系统拥有总资产7420亿元，净资产3028亿元，同年主营销售收入2706亿元，实现利润88亿元。国电公司系统现拥有1.11亿千瓦的装机容量，占全国总装机容量的44%，1997年全年销售电量7669亿度，占全国的69%。

（二）国电公司系统组织结构现状图（图1）

二、职能部门改革的范围

从1997年1月国电公司正式挂牌到1998年3月，国电公司处于改革“四步走”的第一步，即“小部大公司”的双轨运行时期。随着1998年3月19日电力部的撤销，国电公司进入了按“独立公司方式运转”的第二阶段，这一阶段的重要任务之一就是改革按双轨运行时设立的公司职能部门，以便最终根据国电公司“营业控股集团公司”的功能定位，顺利实现

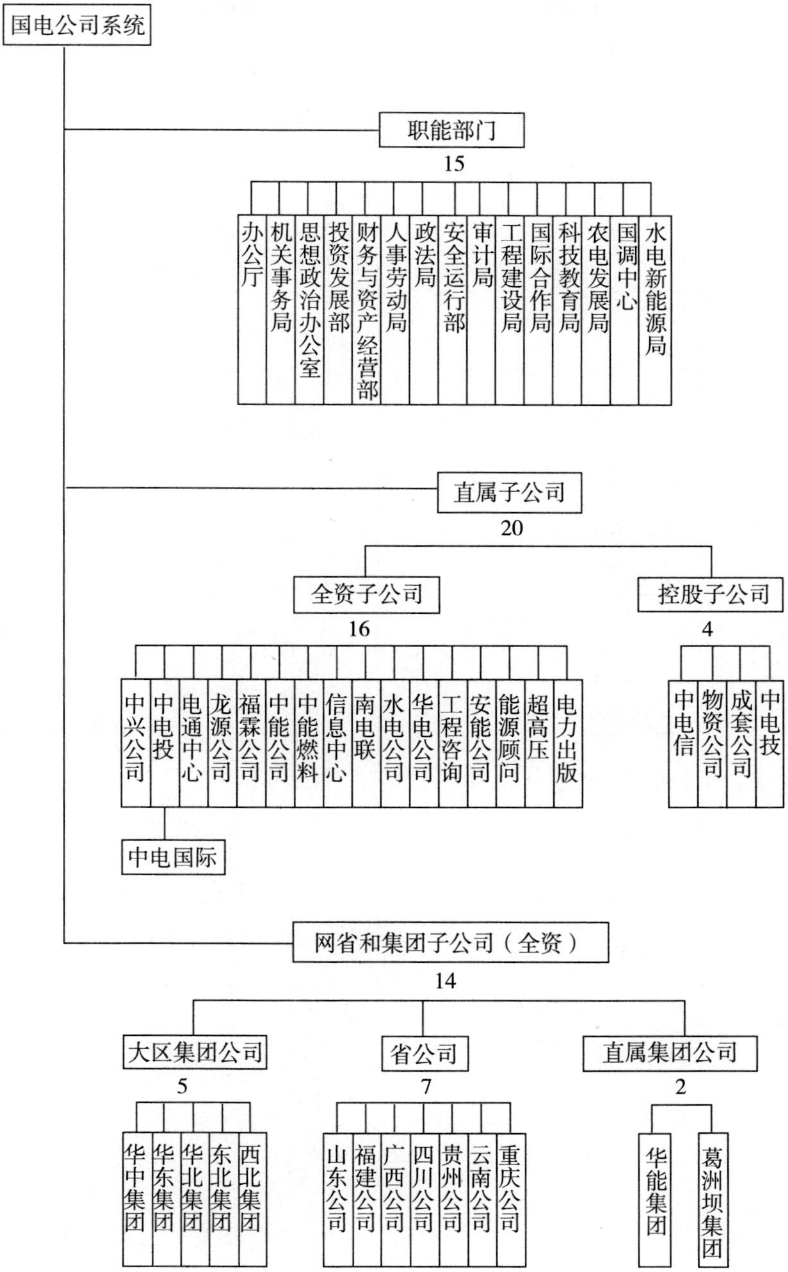

图1　国电公司系统组织结构现状图

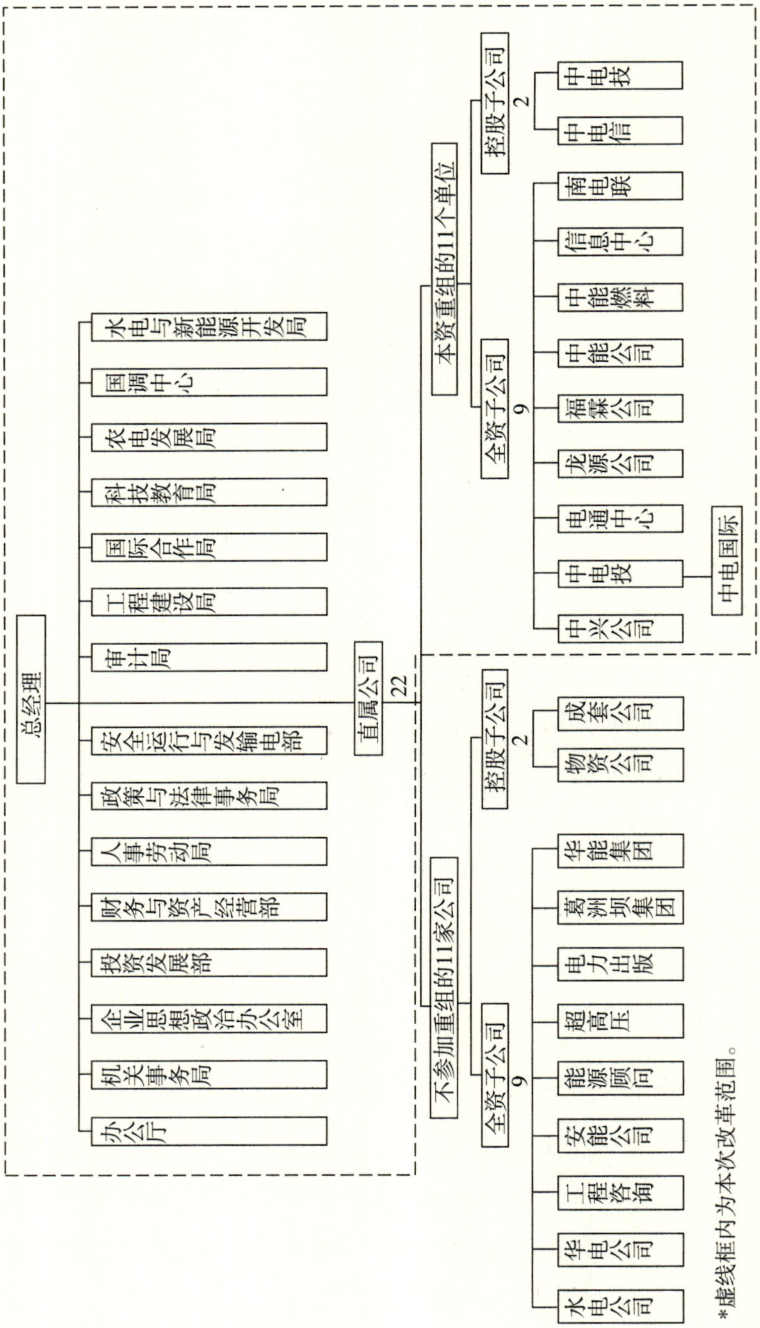

*虚线框内为本次改革范围。

图2 职能部门和直属子公司重组范围图

既符合国际惯例又适应国电公司实情的现代大公司机构的重新设置。因此，图1所列出的15个职能部门均在本次改革之列。

三、子公司清理整顿的范围

本次国电公司子公司的整顿和重组，主要是指国电公司22家直属公司中的9家和信息中心与南电联（图2），这些公司大多组建于电力部时期。其重组的原因主要是因为：（1）这些公司普遍存在效益不好、金融风险较大的缺陷及彼此之间业务交叉；（2）由于本次机构改革会将一部分后勤及行政职能分解出来，交由公司或事业单位有偿服务，因此，我们也把信息中心列入，使其和中兴公司的业务调整与职能部门的改革配套进行；（3）由于南电联已被改为国电公司的分公司，这使得原直线结构发生了变化，所以也将其纳入了本次方案设计的范围。

四、国电公司职能部门和直属子公司重组范围图（图2）

第四部分　国电公司职能部门方案设计

一、方案设计的原则

（一）政企分开，轻装上阵

由于各种原因，导致国电公司不能彻底分离出政府职能，这将成为其发展的最大隐患，传统观念、惯性思维所导致的强烈社会责任感和恋“权”情结也将给国电公司带来极大的风险，使之陷于被动，最终得不偿失。因此，本次机构设置必须充分体现政企分开，轻装上阵的原则。此外，最大限度地把国电公司的行业管理职能移交给中电联，既可使其摆脱大量繁杂、没有经济效益的社会职能，又可强化中电联的行业管理功能，而国电公司则以最大会员身份领导中电联，使之围绕国电公司的大目标开展工作。

（二）转变观念，以大公司行为取代政府行为

由于改革不配套，一些分离出的政府功能经贸委电力司暂无力承担，如农电的改造和发展，而这类工作目前又十分重要，需要有人管；而从另一角度看，农网的改造又蕴含大量商机。如果我们从现代大公司角度出发，去为政府和农村用户排忧解难，完全可能获得来自政府和市场的双重收益，遵循市场规律和大公司追求盈利的基本属性去开拓农村电力市场值得重视。因此，尽管国电公司当前的主要任务是建设、经营跨省区的电网联络线，但从资本经营角度看，国电公司的投资部门根据国家的需要，“以先实验，再推广”的步骤，适当以公司行为直接或从母公司角度指导省网公司参与目前国家急需的城网改造和农网改制的经济活动，也是本次改革的原则。因此，在方案设计中，虽取消了农电局这样的以政府行为为主的职能部门，但在电网运营部和投资部又保留了农网改制和城网改造的功能。

（三）实体化原则

如何成为经济实体是国电公司内部上至总经理下至处长都十分关心的问题，也是关系到国电公司能否生存和发展的问题。因此，组织结构的设计工作必须围绕经济实体做文章，除须设置一般公司的职能部门外，更要有从事建设、生产、经营的事业部和从事投资管理、投资银行的部门。

（四）具备现代大公司要求的一般特征

国电公司以现代化大公司为自己的发展目标，因此其机构设置必须符合现代化大公司的一般特征：

首先，以盈利为目的是现代公司的第一特征。因此，强调财务管理、注重经营功能是普遍的规律。

其次，现代大公司在市场经济竞争中，应高度重视战略研究、信息采集、新产品的开发及对人才资源的占有。

第三，以大公司身份参与市场竞争，必须懂得用法律手段保护自身权益。

综上所述，现代公司无论经营什么，在进行机构设置时都必须具备上述功能，这是任何一个大公司都必须遵守的。

（五）符合“营业控股集团公司”的功能定位

营业控股集团公司是国电公司这次机构改革的基本定位，国电公司既是一个自身从事电网建设和电网经营的电力公司，又是一个拥有众多子公司的从事资本经营的控股集团公司。因此，在组织结构设计上，一定要突出电网经营和资本经营这两类部门的设置。

（六）突出经营与财务管理的原则

企业的经营目标是利润最大化，电网经营和资本经营将成为国电公司的经营重点。作为一家资金密集型企业，财务管理既是国电公司内部管理的龙头，也是经营创收的重要手段，因此在组织结构设置中，特别需要突出经营部门和财务部门的设置。

（七）可操作性原则

国电公司虽然是一个资产规模巨大、组织系统庞大的企业，但刚从高度集中垄断的体制中走出来，不可避免地带有政府色彩和行业色彩，许多观念需要更新，因此，组织结构设计不能脱离现实而过分追求理想主义模式，必须切合实际并具有可操作性。

（八）过渡性原则

按国际化大型电力公司设计国电公司的职能部门是目标模式，但实现这一目标则是一个长期的过程。目标模式是通过无数个不断调整的过渡模式逐步逼近的，因此目标明确后，注重过渡性十分重要。本方案所设计的模式只是过渡模式或过渡模式的过渡模式，如在人事管理上，本方案提出要把一般人事管理与建立在以资本为纽带基础上的外派董事管理分开，但是如果由于种种原因目前尚不具备分开的时机和条件，也可考虑统一管理。所以，尽管本方案提出的是过渡模式，但我们还是又设计了一个过渡模式的过渡模式，以便国电公司领导根据实情选择。

（九）“省为实体、厂网分开”是未来三五年的主要任务

国电公司系统未来三至五年的目标以“省为实体、厂网分开”为主要特征。

就“省为实体”来说，这决定了在未来相当长一段时期，国电公司的资产都将以长期投资形态存在。因此，要强化国电公司的资本经营部门，并通过建立在资本纽带基础上的外派董事间接管理子公司的生产经营功能。而国电公司本身则应取消和淡化直接管理子公司生产、经营的职能，果断取消现有体制下具有这些职能的部门，逐步过渡到通过产权管理和派驻董事作为管理子公司的手段。

就“厂网分开”来说，由于国电公司今后将发展为一个主要从事电网建设和经营的公司，因此，不应也没必要在自身机构设置上设立一些不符合“厂网分开”原则的部门，以防其主动和被动地插手下属电源企业和施工企业的有关事务，如电源企业和施工企业的安全问题，这些功能只需作为外派董事的部分工作内容即可。

（十）因事设职，因职配人

机构设置最忌讳“因人设职，因职找事”，这不仅造成了多年来政府机构和企事业单位机构庞大，人浮于事，改革的新老交替过程成本过高，时间过长，更重要的还造成了老人与新人之间、机构与机构之间互相扯皮或迁就导致的效率低下。尽管“因事设职，因职配人”这一原则在机构改革中不断被人们重复，但重复者和改革的领导者每次又不自觉地总会走入相反的怪圈。这既是机构改革难以避免的误区，也是在改革中个人和部门难以战胜自我，导致每次机构改革收效甚微的关键所在。本次国电公司的机构改革，必须按照“有多少事设多少职，有多少职配多少人”的原则，这是确保成功的关键，对此丝毫不能含糊。

（十一）部门之间职能互不交叉的原则

职能部门之间分工的界限要明确，不能出现业务交叉，一件事不能同时由两个部门从同一角度管，或者出现一个部门领导另一个部门的情况，

以防止出现各部门争抢同一件事或成功则互相争、失误则互相推的事情发生。因此，要科学划分各部门的职责，既要做到有效衔接、互不脱节，又要防止交叉重复、互相扯皮。

（十二）财务执行部门要接受监督制衡

重要权力的执行要有监督机制加以约束，否则就会因各种善意或恶意的动机导致公司重大失误。有关财务的执行部门，如财务部、投资部、产权管理部和电网建设与经营部，在国电公司的管理和经营中均发挥着重要作用，它们的“举手投足”直接影响着国电公司经营成果的优劣。因此，对这些部门应有相对的制约机制，如：法律事务部对这些部门参与重大经济往来活动的经济合同和协议进行严格审查；审计部门则不仅要对子公司的账目往来进行下级审计，也应具有对上述部门进行同级审计的权力。

（十三）注重管资产、管人员、管调度的“三管”原则

首先，国电公司作为一个营业控股集团公司，资产管理十分重要。其次，管人员是针对现代公司必须搞好人力资源开发与使用的特点而言，企业的竞争说到底是人才的竞争，人才的竞争说到底是高素质专业人才的竞争。第三，管调度是针对调度是重要经营手段的特点而言的。因此，在组织结构的设置上，应高度重视资产管理部门、人力资源管理部门和经营调度部门的职能和作用。

（十四）避免权力过于集中的原则

国电公司系统子公司众多，资产规模庞大，加之电力的重要性，使国电公司在国民经济和电力行业中的地位十分重要，责任重大。由于职能部门的设置与大公司的经营绩效密切相关，这更使得本次机构改革职能部门的设置意义重大。因此，应坚持权力不过分集中于某一部门的原则，以避免因任何一个局部小错误而导致全局的重大失误。在确定科学的组织机构和分工时，一方面要突出管理的重点，另一方面又应尽量做到权力不过分集中。因此，在本次机构改革中，我们提出：

（1）一般人事管理与外派董事管理分开；

（2）资金管理和资产管理分开；

（3）资产的增量投资与存量的资本经营分开；

（4）计划中的资金计划（钱从哪里来）与投资项目计划（钱往哪里去）分开；

（5）电网建设与电网运营分开；

（6）电网运营与电网调度分开。

这六个分开构成了本次国电公司机构改革的主要内容。

（十五）机构改革与子公司重组相结合

国电公司机构改革与直属子公司的重组密切相关，组织结构是“硬件”，职责和事权的重新划分则对应的是“软件”。国电公司机构“软件”设计应做到“一个保留，三个分离”，即国电公司企业的一般和特殊功能保留，同时将政府管理职能、行业管理职能和企业办社会职能分离。对此，应把企业办社会职能从办公厅和机关事务局分离出来，交给中兴公司和信息中心，实行有偿服务，使本次机构改革在事权和人权的划分上科学合理，同时把中兴公司和信息中心的经营业务开展复归到正确的范围。这样既精简了本部的人员和机构，减少了冗员编制，又降低了国电公司庞大的机关费用开支，提高了公司形象和工作效率。

二、国电公司职能部门改革方案设计图

经过若干方案的反复比较，最终我们提出以下国电公司职能部门改革方案设计（图3）。

三、方案设计中主要部门职能的要点说明

（一）总经理工作部

总经理工作部在原办公厅和机关事务局基础上改组并吸收高素质的研究和文秘人员组成。该部新的和重要的职能有三项：

（1）辅助总经理和总经理办公会议工作，为总经理提供决策前、决策

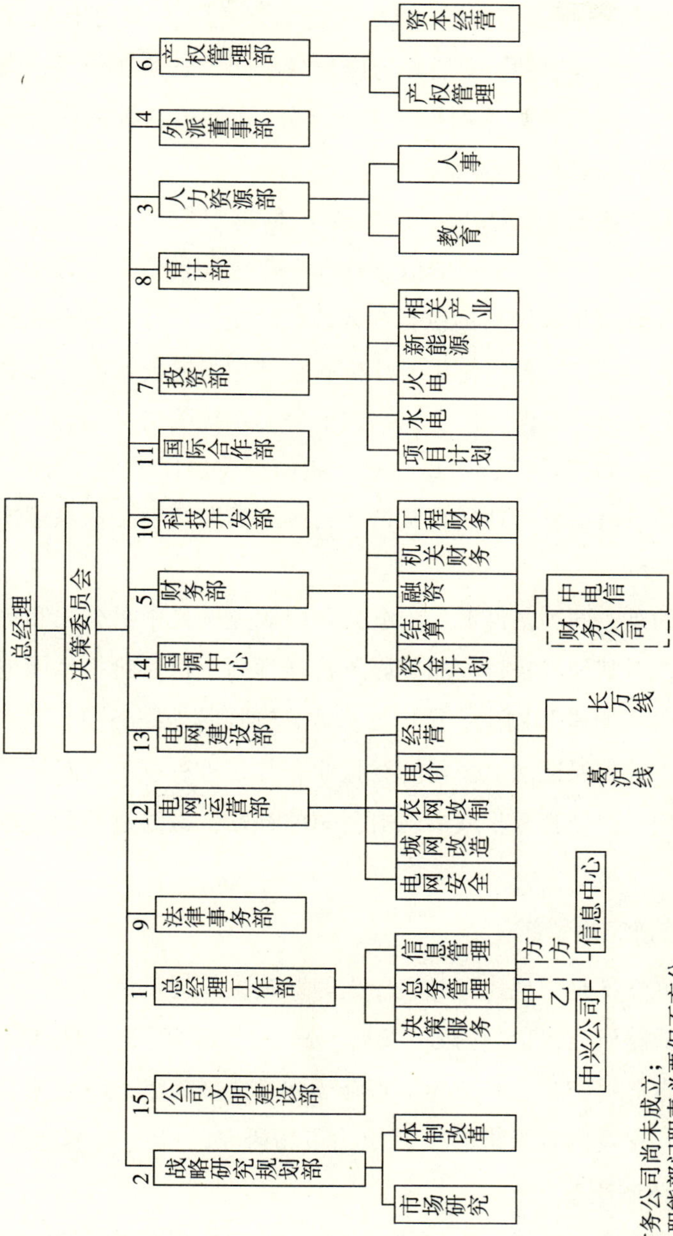

* 财务公司尚未成立；
各职能部门职责必要但不充分；
职能部门上方数字为方案中叙述职能部门的序号。

图3 国电公司职能部门设计图

中、决策后的全过程服务。

(2) 设总务管理处（甲方），与中兴公司（乙方）签订有偿服务合同。由于机关事务局的后勤、交通、房修和绿化四个服务性公司移交给了中兴公司（中兴公司的重组见本报告第五部分），通过这种方式可逐步使国电公司现有的后勤服务社会化。

(3) 设信息管理处（甲方），与改组后的信息中心（乙方）对接，双方签订有偿服务合同。国电公司的信息管理工作主要包括三个方面：一是信息网络系统（计算机系统）的维护和办公自动化；二是相关系统软件的开发与维护；三是信息资源的收集、分析和整理。国电公司的信息有三大内容：①国电公司内部的保密信息；②国电公司系统的内部信息；③国内外电力行业的信息和其他综合信息。对上述信息要加以划分，分类管理。其中，第一类信息由信息管理处直接负责，第二类和第三类信息可即时从信息中心有偿获取。

需要指出的是，同等条件下，国电公司应优先选择中兴公司和信息中心提供的服务，对其加以扶持，如其服务价格远高于市场价格，国电公司则有权运用“价格回避”制度，用招投标方式选择其他服务商。中兴公司和信息中心除应首先保证国电公司的委托业务外，也有权独立对外承接与其业务有关的项目，使其逐步减少国电公司的补贴，最终过渡到自收自支和自负盈亏。

（二）战略研究规划部

战略研究规划部是为现代企业领导人的宏观决策提供咨询意见和依据的重要部门。战略研究包括的内容：(1) 公司经营战略和组织战略；(2) 国家宏观经济走势；(3) 国内外电力产业现状及发展趋势；(4) 来自国内外的竞争对手状况及应对策略；(5) 电力市场研究；(6) 资本经营方式；(7) 公司自身体制改革。

规划的内容主要有：(1) 电网建设和经营的中长期发展规划；(2) 竞价上网条件下电力交易报价系统、核算系统、收费系统和信息披露系统等。

在该部的职责中，我们认为，电力市场研究、电价交易方式、自身体制改革和从宏观角度进行的电网中长期发展规划是其工作重点。

需要特别说明的是计划与规划的关系。规划是指一年以上的综合性中长期发展计划，特别是三至五年的发展纲领，它是综合企业发展目标并结合有关政策、所需资源和其他因素形成的一个宏观全面的计划；而计划则是指一至两年以内，尤其是一年内为实现战略目标或阶段性目标而制定的详细方法，是一种实施步骤。

（三）人力资源部

传统的人事管理注重人员的选拔和任命，忽视人力资源的教育、考核和激励，在新体制下越来越不适应。人力资源部是以原人事劳动局为基础，吸收科技开发局的教育职能设立的，它与人事劳动局有本质的区别，就是说，国电公司将不再实行以公务员序列为基础的人事、劳动管理，而是按照市场经济规律实施对公司本部员工的教育、培训、考核、激励和奖惩，真正把人作为一种有限的资源来对待，充分重视教育、培训给公司带来的效益，注意运用招聘、考试等新的办法选拔人才，并将激励和奖惩作为奖优罚劣、保护人才的有效手段。

人力资源部遵循一般人事管理与外派董事管理分开的原则，只负责公司本部处理与日常经营和管理相关的人事工作，而建立在资本纽带基础上的外派董事管理则不属于这一部门的职责范围。

（四）外派董事部

1. 外派董事的概念

根据国电公司的功能定位，突出资本经营、控股管理的特点，设立外派董事部。董事是公司法规定的概念，有其特定含义。而国电公司的外派董事是指国电公司向其全资和控股子公司及参股公司派驻的董事，他们除了要遵守公司法对董事的一般规定，还要遵守国电公司有关外派董事和监事的特殊规定。

国电公司对子公司实施管理的基础是资本管理，资本管理的核心是建立在资本纽带基础上的董事派驻制度。

2. 外派董事的分类

根据国电公司系统的特点，在本次机构设计中我们提出了外派董事的概念，并对其作如下分类。

（1）常驻董事。

常驻董事是由国电公司派往子公司担任重要职务的外派董事，或者说是由现在子公司的主要领导人被就地任命的外派董事。他们由国电公司直接任命和管理，其中国电公司全资子公司（包括7大集团公司和7家省公司）、控股子公司的法定代表人（董事长、总经理）和财务总监是当然董事，这些外派董事的人事关系和除基本工资外的奖励都应转到国电公司。

（2）非常驻董事。

非常驻董事是由国电公司派往子公司不担任重要职务且在国电公司本部办公的外派董事。为保证国电公司在其参股公司中的权益和出于对子公司派驻的董事不可能都是常驻董事的实情，国电公司还向其子公司和参股公司派驻非常驻董事，非常驻董事要定期参加董事会和不定期地到被派驻公司检查工作。

非常驻董事又可分为名誉性董事和执行性董事。名誉性董事是国电公司高层领导出于工作需要，在其全资、控股子公司和参股公司中担任的董事，一般只参加被派驻单位的重大决策会议，而不参加一般董事会议，也不需要对被派单位的经营活动负责。执行性董事是指被任命的董事虽然在被派驻单位中不担任具体的管理职务，但必须定期参加被派驻单位的股东会议、董事会议，并通过参加董事会的方式直接参与被派驻单位的经营决策，且承担相应的责任。

由于外派董事的工作性质与在公司本部的工作性质明显不同，因此对外派董事的管理也要有所区别，这是设立专门的外派董事部的原因。

需说明的是，外派董事部与人力资源部虽然都是对人的管理，但人力资源部的管理对象是建立在聘用合同基础上的国电公司本部人员和干部的招聘选拔和考核，处理的是与公司本部日常经营和管理相关的人事工作；

而外派董事部管理的对象则是建立在资本纽带基础上的向国电公司外部的子公司和参股公司派驻的去执行所有者使命的人员的管理、评价和监督。二者在诸多方面不同。

（五）财务部

财务部的主要职能是资金计划、结算、融资、机关财务和工程财务的预决算。

1. 资金计划

企业的计划一般包括生产计划、经营计划、投资计划和资金计划，由于国电公司的功能定位是从事电网建设和经营的控股公司，不应存在直接的电源生产计划，而由于国电公司目前的电网尚未形成规模，电网经营计划也主要分布在各大网省公司，因此国电公司的计划重点应放在投资计划（详见投资部）和资金计划上。

资金计划是国电公司计划的最重要组成部分，它是根据国电公司的年度计划，对项目投资、机关财务的收支平衡及科技开发等诸方面进行统一的资金安排，也包括从控股公司的角度对各网省公司和其他子公司的资金计划进行汇总，统一平衡。从某种意义上说，资金计划是国电公司及其系统财务管理的龙头。资金计划由财务部综合各职能部门及子公司提交的资金使用计划作统一安排，并做出年度资金预算，上报公司预算委员会审批。

2. 结算

加强国电公司系统在财务管理上的统一结算功能，是国电公司在未来发展中的关键环节。1997 年国电公司汇总报表中的货币资金高达 888 亿元，主要分散在各子公司及其下属企业中，资金利用率低，金融风险大。通过加强统一结算功能，建立财务管理的计算机网络，严格核定子公司货币资金额度，多余部分必须存往国电公司财务部（在财务公司成立前，可先建立一个国电公司的财务结算中心），由国电公司有偿使用，反之亦然。通过有效的管理和监控，既可大幅度提高经济效益，又可极大降低国电公司系统的金融风险。

此外，国电公司应着手考虑推行统一结算基础上的子公司事业部制，这一制度的特点是国电公司财务部与全资子公司和控股子公司的财务部门应实行上下对口管理，因此，应迅速扩大财务部的人员编制，高薪招聘财务管理的专门人才。关于这一问题，请参阅方案初稿中事业部制的有关部分。

3. 融资

我们强调，对国电公司来说，结算是生存问题，融资和投资则是发展问题。

国电公司作为一个从事资本经营的控股公司和国电公司系统的集团公司，必须高度重视融资工作，通过在系统内外科学合理的融资，优化国电公司系统资源配置，获得极大的经济效益，这值得国电公司的领导高度重视。

4. 机关财务和工程财务

机关财务包括国电公司本部和四个挂靠单位的经费和支出，由机关事务局财务处负责，在机关事务局被撤销后，公司本部财务统一由财务部负责。

工程财务是指在建工程所涉及的财务工作，如项目预算、结算等。今后国电公司的工程财务主要是电网建设部进行电网建设时和投资部进行电源建设及其他相关领域项目开发时所发生的财务预决算工作，无论是电网建设部或投资部都不应有独立的财务，其财务统一由财务部负责。

抓好融资和结算是提高国电公司财务管理水平的重要内容，因此应尽快成立国电公司的财务公司。财务公司可肩负国电公司系统朝着财务统一结算和统一融资的方向发展的双重重任。财务公司的组建有两种方式：一种是在某网省或集团公司财务公司的基础上改造；另一种是新建。但在短期内，通过上述两种方式组建财务公司都有一定难度，过渡办法是在结算方面先成立一个内部财务结算中心，在融资方面则可先依托现有的中电信托公司，但前提是使国电公司在中电信托的股权比例由现在的20%提高到50%以上，达到绝对控股，这既是融资的需要，也是国电公司合并报表的需要。

（六）产权管理部

理论上，股权具有两大属性，一是收益权，二是支配权，产权的经营与管理也是围绕这两个基本属性进行的。产权管理部的主要职责一是管理各子公司的股权登记和授权，确保国电公司的资产保值增值；二是开展资本经营，在资本流动中实现国电公司系统资产的优化配置。

对国电公司本次机构改革来说，依据资金管理与资产经营分开的原则，理想模式是将国电公司现有的全部子公司划归产权管理部统一管理，但考虑到受现有管理体制和管理水平的限制，以及产权管理方面人才的匮乏，亦可考虑在此次直属子公司重组的基础上，暂时先将直属子公司的股权划归产权管理部（图 4），以摆脱长期以来这些子公司实际无人管理的局面。而七大集团公司、七家省公司和中电信托可仍由财务部进行资产管理（图 5），待时机成熟再统一划归产权管理部管理。

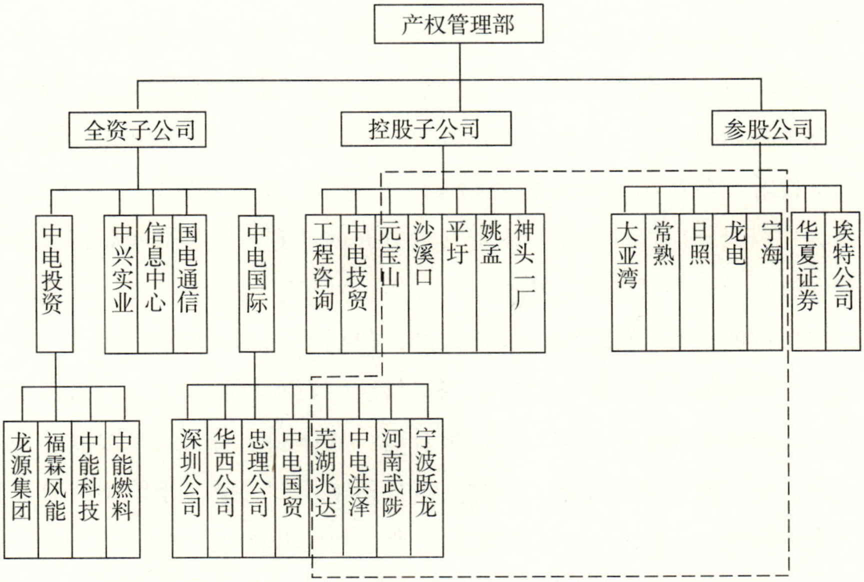

注：虚框内为发电厂。

图 4　产权管理部结构图

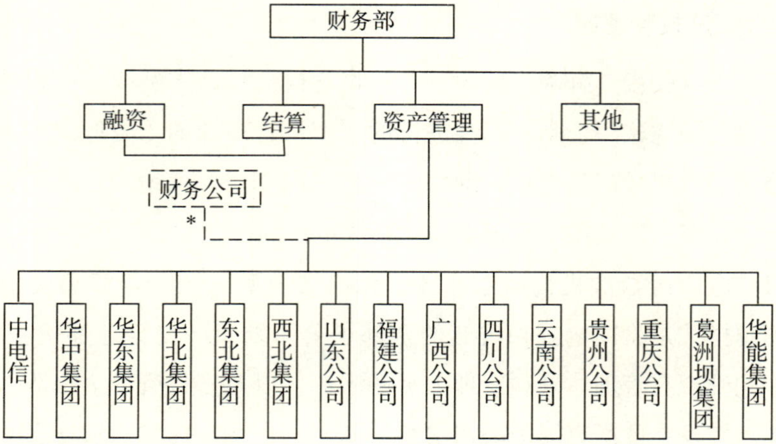

*财务公司尚未组建。

图 5　财务部进行资产管理的公司

（七）投资部

从国电公司的功能定位出发，今后国电公司将以电网建设和经营为主，但为充分发挥全国电网公司的能力，实现资源的优化配置、保护环境，国电公司仍将在必要时投资建设大型坑口电站、抽水蓄能电站和新能源的开发等，并在相关产业领域拓展，如通信、电子和跨国工程承包等。因此，在存量资产管理与增量投资管理分开的原则下，设立投资部，专门负责国电公司的项目投资。

投资部的重要功能是制订投资计划，包括电源项目投资计划、电网项目投资计划和相关领域项目投资计划。目前，农网改制和城网改造已提上保证国民经济实现可持续增长的议事日程。从体制上看，农网改制和城网改造仍然是政府下达的任务，但对国电公司来说，关键在于能不能将其转化为企业行为，看准其中巨大的商业机会，利用 1200 亿元的可用资金，为今后的市场竞争打下有利基础。因此，投资部应与战略研究规划部、电网经营部密切配合，利用国电公司的优势，抓住机会，占领市场。

（八）审计部

审计部是以现有审计局为基础设立的，在职责上没有太大变化。审计是在市场经济体制下大公司组织机构的重要组成部分，对国电公司的发展至关重要，它不仅可以使公司领导准确把握公司运营状况，而且是保证国电公司本部和所属子公司依法运作，保证公司总体利益的主要手段，有助于及时发现工作中的失误和阻碍公司发展的不合理因素，并采取相应的积极措施，因此可以说，审计部是国电公司在追求经济效益的轨道上规范而高效运营的有利保证。

按审计对象分，其应包括国电公司本部的投资项目审计、财务部门审计和对子公司法人的审计。

（九）法律事务部

法律事务部全面负责国电公司的法律预防及法律救急工作。在改组后的国电公司中，法律事务部的工作重点为：第一，规范国电公司对外签订的重大法律文件（合同和协议）；第二，处理国电公司经营活动发生的法律诉讼案件；第三，保护国电公司商标、商誉等知识产权不被侵犯。

（十）科技开发部

科技开发对现代大公司至关重要，许多国际知名公司每年要花费巨额资金从事产品开发，这从一个侧面反映了科技开发的重要性。国电公司科技开发部的研究开发重点应放在开发那些可以直接转化为生产力和为国电公司带来经济效益的产品、工艺和技术成果上。适当减少基础研究的任务，多在围绕国电公司的电网建设和经营中的应用技术和管理手段的开发上下工夫，主要精力不应集中在对科研院所、大专院校的基础理论研究的管理和资金分配上。

（十一）国际合作部

国际合作部目前的工作内容过于狭窄，没有真正发挥其应有的作用。在我们的职能设计中，突出强调国际合作部的三个重要职能，即大型设备采购，世界银行贷款的发放、使用、评审、监控和外资利用及跨国工程的开展。

（十二）电网运营部

国电公司的主营业务是电网，在机构设置上必须突出这一功能。为此，本方案设计了电网运营部和电网建设部，使之和国调中心三位一体，共同与国电公司的功能定位相匹配。就电网运营部来说，其重要功能体现在以下几个方面。

（1）电网安全。电力产业的安全问题一向为中央政府和国电公司领导所重视，在厂网分开的体制下，国电公司系统施工企业的安全和电厂的安全运行应分别由网省公司和业主负责，国电公司对这两类企业的安全监察与管理应主要通过外派董事来进行，并作为外派董事的职责加以明确和考核。而国电公司应负责的安全监察，主要应是与其主营业务有关的电网运营过程中的安全工作。就电力工业的特点来说，电厂安全影响一点，电网安全影响一片，电网是电力生产经营的生命线，电力安全工作的重点也在于电网安全。因此，国电公司的电网运营部的重要工作是抓好整个系统的电网安全，确保电网安全稳定经济地运行。

（2）电网运营。目前国电公司的建成电网较少，只有葛沪线、长万线及南电联分公司的天广线，营业内容不多。从表面看似乎电网经营部可有可无，但我们认为必须即刻组建电网运营部。一方面，通过经营较少的几条线培养人才，在电网经营的技术和管理上进行探索，为2007年三峡工程竣工后的规模经营奠定基础；另一方面，现在必须要有人研究通过电网的增量投入和存量调整迅速扩大国电公司的电网运营实力。

（3）积极参与城网改造和农网改制的工作。在目前电网运营部工作量有限的情况下，我们建议由其和投资部一起共同担负农网改制和城网改造的领导和管理业务。通过参与，一方面探索城市配电网和农网的管理和运营规律，积极完成国务院领导交办的任务；另一方面和省网公司互相协作，通过城网和农网有限公司的组建，以增量投入、存量转让、股份赎买、托管经营等方式大胆探索，积极开拓市场。

（4）电价管理。从财务部手里把电价管理接过来，一方面在现有的电价管理体制下，与国家有关部门和国电公司系统的相关企业积极协调，做好电价管理工作；另一方面，电价改革的方向是竞价上网，因此要积极探讨在新的电价模式下有关电价的报价、结算、收费等问题，为我国电价体制改革探索经验。

（十三）电网建设部

国电公司的产品经营是以电网建设和经营为核心，以全国联网为目标。当前，国电公司的主要电网业务是抓电网建设，而电网建设的主要工作除了三峡项目之外，还应考虑短、平、快的电网建设项目，因此电网建设部的任务光荣而艰巨。

从目前情况看，省网公司各自的电网虽然没有联通，但由于其中相当一部分的距离不长，建设一般联络线的难度不大，可操作性强。当然，跨区联络线的建设必须与全国电力的总体需求和实现电力资源优化配置的成熟时机相结合。对新的短、平、快的电网建设项目，应由电网建设部与战略研究规划部、投资部、财务部等部门共同研究制定。为此，建议设置矩阵结构的项目评审委员会来开展这一工作。这一委员会可由投资部牵头，上述有关部门的技术专家和财务专家参与。其工作程序如下：（1）投资部根据战略研究规划部的电网建设规划，提出项目投资计划，进行可行性分析研究，并将研究报告提供给各有关部门研究；（2）投资部组织评审委员会对投资项目进行评审；（3）将评审委员会通过的投资方案提交给财务部进行项目预算；（4）将投资方案和财务预算报告提交给决策委员会决策；（5）将正式投资计划交电网建设部执行；（6）项目评审委员会解散。

（十四）国调中心

在目前的电力体制下，电力调度具有在安全、稳定条件下实现全国电力资源优化配置的双重功能，因此电力调度是国电公司对全国电力工业进行管理的重要手段。尽管从长远发展看，随着国电公司所拥有电网的增多和实力的增强，国调会逐步走向“裁判员”的地位，但在相当长的过渡时期内，国调都是国电公司的中心工作，因此国调中心在国电公司机构设置中的地位极为重要。

（十五）公司文明建设部

这一部门是在国电公司机关党委和企业思想政治办公室的基础上组建而成的。设计这一部门的名称和职责十分为难。一方面，不能叫“政治工作部”；另一方面，“精神文明办公室”和“思想政治工作办公室”的名字也不理想，颇有政府部门的色彩。因此，经过反复比较，我们倾向叫“公司文明建设部”，这可能适合国电公司作为一个大型企业的特点。

首先，文明包括两个内容：其一是道德建设，其二是文化建设。而这两方面又与现代企业的哲学理念（指世界观—如何做有道德的人—道德经商，方法论—如何做有效益的事—学会赚钱）和企业文化（国电公司要形成自己特有的公司文化，这是增强企业凝聚力、建立良好社会形象的重要手段）密切相关。

其次，叫公司文明建设部，不像精神文明建设部那样抽象和全国千篇一律，而是带有国电公司自己的特色。这一部门可考虑与机关党委、团委、工会等机构合署办公，以减少人员，提高效率。

（十六）决策委员会

此可由目前国电公司的总经理办公会议承担。

四、各职能部门的主要职责（略）

五、过渡模式中的过渡模式

尽管我们认为本方案只是过渡模式，但确切地说，这一方案改革的力度也是相当大的，对现有 15 个职能部门中的 12 个（审计局、国际合作局和国调中心调整幅度小）都做了较大幅度的调整，特别是对人事、财务和计划投资三个部门的调整幅度最大。国电公司现有的人员、机构是否能适应这样的调整幅度，在新旧两种职能转换和交接过程中是否能够保证连续、高效运转而不脱节，这是我们所关心的。从某种意义上说，本方案所提出的改革模式可谓过渡模式中的目标模式，就这一模式来说，究竟是一步到位还是分步逼近，必须认真分析，反复比较，最终要根据国电公司现有领导和人员的实际承受能力而定。改革目标的提出要大胆，实现这一目标的步骤则要稳健。因此，如果把本方案提出的改革模式称作过渡模式中的目标模式，那么从稳妥出发，我们愿再制定一个过渡模式中的过渡模式。这一模式主要考虑和现有体制的有机对接，走一步，看一步，逐步向过渡模式中的目标模式逼近，因此可在以下三个方面作出调整：

第一，暂不设外派董事部。将上述方案设计中的人力资源部和外派董事部合一，名称为人力资源部，把外派董事部的功能放在人力资源部。

第二，先不成立产权管理部。上述方案设计中的财务部和产权管理部合一，名称为财务与资产经营部，将产权管理和资本经营的功能继续保留在原财务与资产经营部，维持现状。这样做的好处是：（1）财务与资产经营部现有的管理渠道通畅，可为国电公司系统确保今年实现86亿元的利润奠定稳定基础，使经营风险降到最低；（2）国电公司职能部门的调整势必影响到各省网公司和集团公司，尽管我们认为上行下效是不必要的，但从目前各网省公司的财务与资产部门统一对国电公司财务部一个口，到对国电公司财务部和产权管理部两个部门，必然会给下面带来工作上的调整，且需要一定时间才能适应，这其中当然暗含风险，因此，暂不把财务部中的产权管理职能分离出来也不失为良策。

第三，安全第一历来是国电公司奉行的准则，国电公司系统3000多个企业，从发电厂到供电局，从施工单位到修造单位，类型各异。在人们普遍已习惯上级单位统抓安全的背景下，国电公司新的职能机构不设安全监察部门会给人们带来很大的不适应性，因此，在过渡模式中设置一个安全监察部门也是可以理解的。

综上所述，我们提出国电公司过渡模式中的过渡模式（图6），通过这一模式逐步向过渡模式中的目标模式靠拢，可最大限度避免改革风险并降低改革成本，同时又不失为稳健改革之风范。

第五部分　子公司重组方案设计

一、重组子公司的现状及问题（略）

二、11 个单位的重组方案

在和国电公司清整公司小组共同探讨的基础上，提出以下重组方案。

（一）中兴公司的重组

中兴公司主要从事房地产开发和物业管理，从目前各方情况看，中兴公司今后应以物业管理为主，本次改革应让其接收国电公司机关事务局的四个服务公司。

本次调研，我们与机关事务局财务部门和交通服务公司的同志进行了座谈。我们认为，把机关事务局企业办社会的职能拿出来，交给中兴公司实行有偿的委托管理是必要和可行的，因此，按照这一思路，把国电公司职能部门的改革与中兴公司的重组有机结合起来，能起到一石二鸟的作用。

值得指出的是，国电公司机关全年费用支出在 5000 万元以上，加上对四个挂靠单位每年约 550 万元的拨款，年开销近 6000 万元，这对编制只有 366 人的国电公司来说是十分可观的。

此外，国电公司的交通服务公司（车队）亟待解决的问题也很多，迫切需要探索新的管理方式。

结合实际情况，把机关事务局的机关财务归到财务部，把四家服务公司划给中兴公司，今后国电公司的物业管理和后勤事务功能由总经理工作部的总务管理处与中兴公司对接。

（二）信息中心的重组

信息中心作为国电公司下属事业单位，每年要从国电公司获得大量资金支持，却未能发挥出应有作用，庞大的人员编制和财政开支使我们很难将其作为国电公司的职能部门设立，必须将其推向市场，按企业化经营的事业单位模式自求发展。

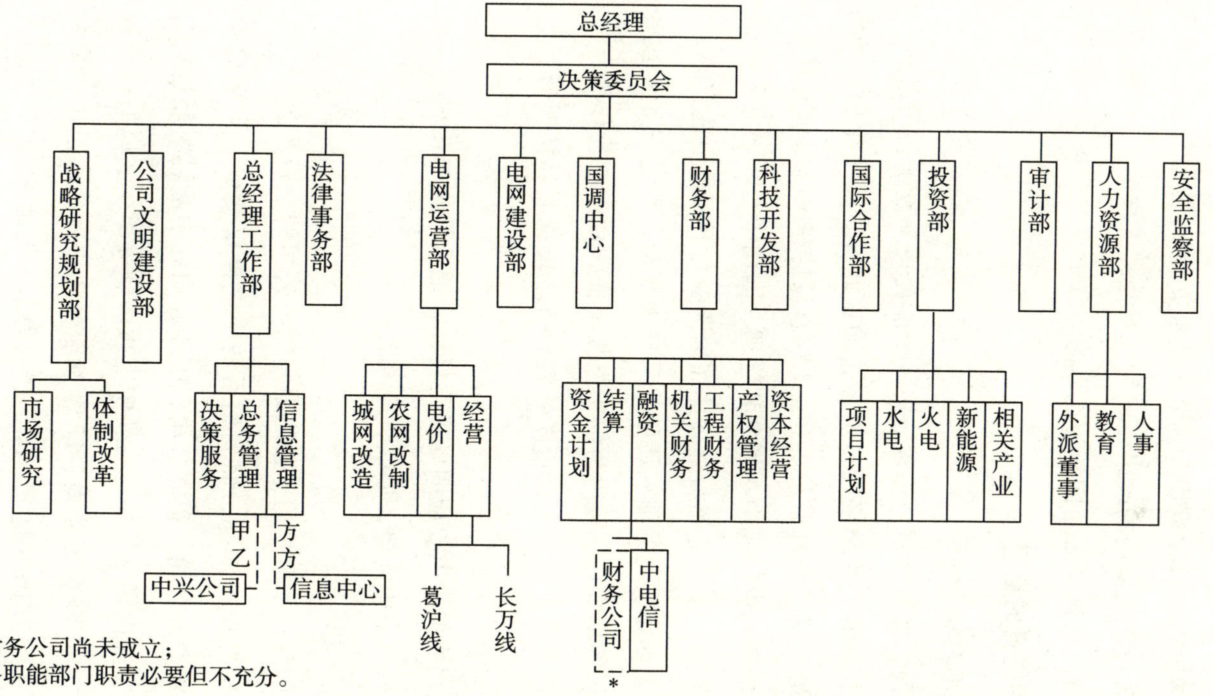

* 财务公司尚未成立；
各职能部门职责必要但不充分。

图6　国电公司职能部门过渡模式设计图

由于信息中心每年还要从国家科技部获得一定的拨款，因此保留其现有的名称和法律性质十分必要。但信息中心应按独立企业法人的方式运作，逐步削减国电公司的拨款，直至让其自负盈亏。

在国电公司职能部门的改组完成后，总经理工作部下设的信息管理部门将作为甲方代表国电公司同作为乙方的信息中心进行相关的业务往来。

（三）中电投的重组

1. 重组思路

（1）目前，龙源公司、福霖公司、中能公司下设子公司过多，本身的经营能力非常有限，性质接近投资性公司。此外，这三个公司业务重复，盈利能力不足，发展潜力不大，不宜继续直接挂在国电公司下面。

（2）中能燃料由国调中心创办和管理，国调中心在国电公司职能部门中的重要地位决定了中能燃料继续挂在国调中心下面是不适宜的。

（3）以上四家公司的债权债务关系较为复杂，重组方案可考虑先将其以独立子公司的形式挂在重组后的中电投下面，由中电投作为母公司对其实行统一管理，以后再由中电投新的领导班子根据实际情况对其进行二次重组。

（4）重组后的中电投应明确经营目标，把业务集中在水电、新能源和相关产业领域，集中优势，形成有序发展。

2. 重组的具体措施

将中电国际从中电投的子公司划归国电公司的全资子公司，原中电投的所有人员留在中电国际，而剥离后的中电投仅变成一个名称响亮的空壳，因此可将龙源公司、福霖公司、中能公司和中能燃料经过重组后装入新的中电投，并由国电公司任命新中电投的领导班子。以后再视具体情况对这四家公司的20家子公司、17家参股公司进行二次重组。重组后的中电投的总资产约为16.8亿元，净资产约为5.4亿元。

（四）中电国际的重组

中电国际现为中电投的子公司，二者目前是“一套人马、两块牌子”。

鉴于这种情况已不能适应发展的需要，需要重组，考虑到中电投的名称较好，而国电公司又准备将中电国际办成国电公司系统对外融资的“窗口”公司，所以建议按“父子”变“兄弟”的思路保留这两块牌子。其中，中电国际的产权直接上收到国电公司，原中电国际下属子公司隶属关系不变，再将中电投下的深圳公司划给中电国际，并将平圩、姚孟、常熟和元宝山四家电厂划归中电国际。

中电国际改组后，由于其复杂的债权债务关系及其作为国电公司海外窗口公司的使命，故不宜将其变为分公司，而应保留其作为国电公司海外子公司的法律地位。

（五）中电信托的重组

中电信托作为国电公司系统唯一的一家信托投资公司，其重组应被高度重视，使其成为国电公司对外融资的重要渠道，同时代国电公司和其他省网公司理财，为电力系统的收购、兼并和重组提供技术和人才上的支撑，还应逐步扩大其证券业务，为国电公司的资本经营创造条件。

综上所述，由于目前国电公司在中电信托的股本中只占20%，这完全不能适应国电公司开展资本经营业务和与金融资本结合的发展需要，因此必须尽快将国电公司持有中电信托的股份提高到50%以上。

（六）其他公司暂宜保留现状

三、11单位及中电国际重组方案图（图7）

第六部分　重组后国电公司及其系统组织结构

重组后的国电公司系统应按母子公司的资本联结程度设置其组织结构模式。（图8）

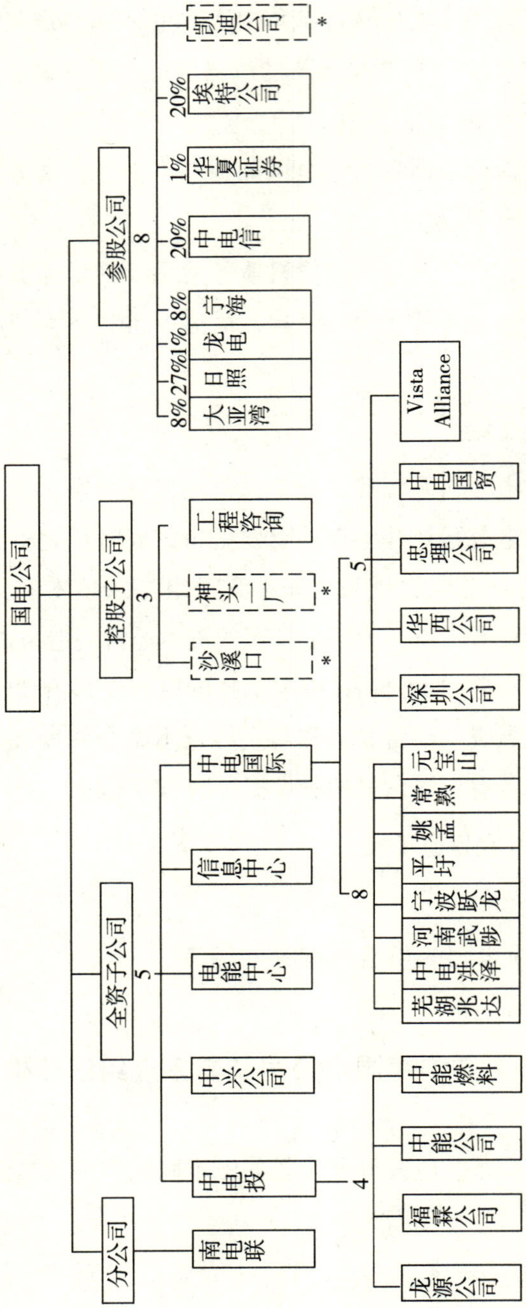

*虚线框表示尚未划转。

图7　11单位及中电国际所属子公司重组方案设计图

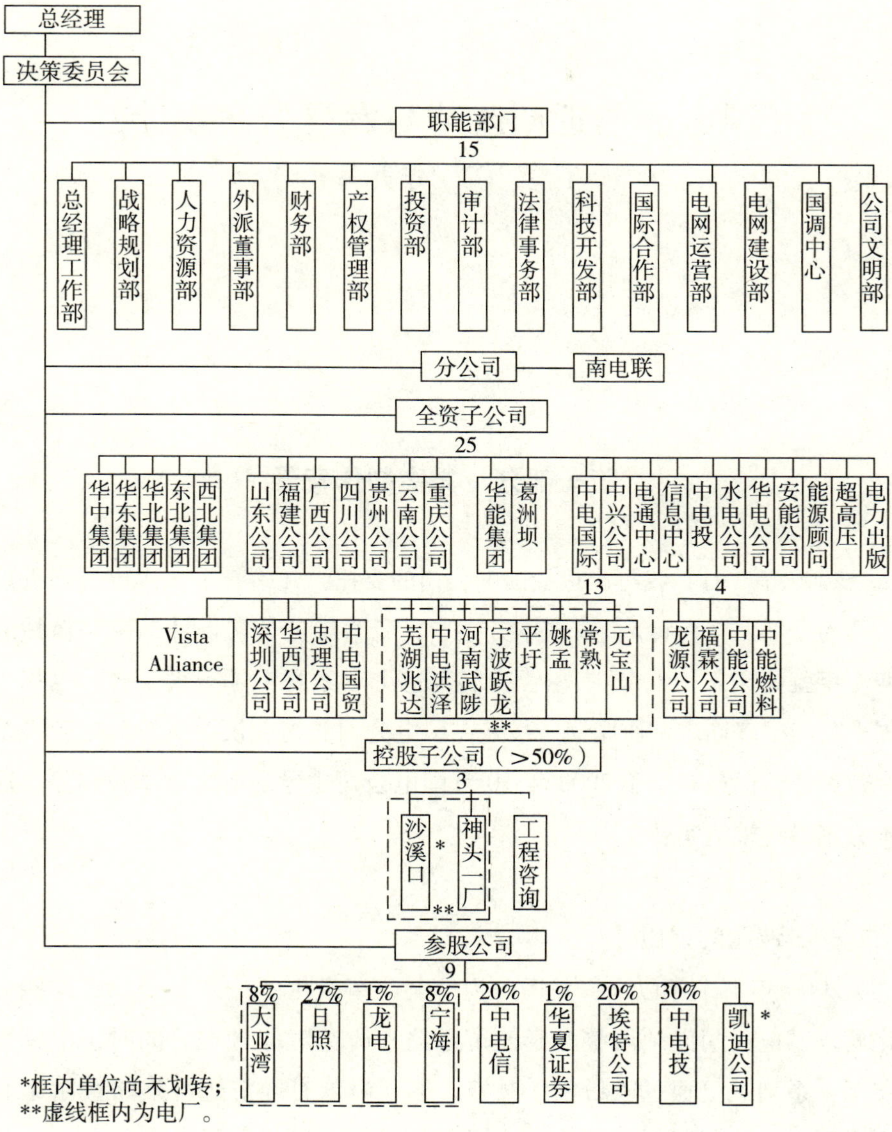

图 8　国电公司系统组织结构设计图

《国电公司近期改革与发展方案设计》

（二〇〇〇年九月）

第一部分　方案制作背景

2000年9月，我再次接受国电公司的委托，开始着手《国电公司近期改革与发展方案设计》，在这本方案中，我为国电公司设计的策略概括成四个字就是“守正出奇”。尽管为制定这个方案我下了很大工夫，也找了国电公司很多同志调研座谈，最终在国电公司党组会议上讲解时也获得了一致好评，但最终由于2000年10月国电公司主导的电力改革被叫停，这本方案最终未能实现。

一、课题的提出

2000年下半年以来，我国电力体制改革发生了一系列变化，这些变化要求国电公司必须调整既定改革思路和改革时间进程。同时，中央颁布了一系列关于通过股份制、融资、上市对国有经济进行战略性重组和完成国有企业制度创新的政策，国电公司的重组与电网上市也被提上议事日程。

在这样的背景下，国电公司于2000年9月委托北京标准咨询公司，就国电公司的体制改革进行第三次咨询论证，题目为《国电公司近期改革与发展方案设计》。

二、标准公司咨询三阶段

标准咨询公司从1998年7月为国电公司制作组织结构设置方案以来，作为一个有理论和文化深度的咨询机构，其政策和观点始终如一。

（1）1998年8月《国电公司组织结构方案设计》中明确提出：

①全国联网是国电公司的首要目标，它既是国电公司生存的物质基础，也是国电公司改革和发展的方向；

②全国联网是竞价上网的基础，实际上是构造市场；

③要用动态的眼光看待全国联网的经济性；

④全国联网是中国电力发展史上的里程碑，具有划时代意义。

（2）2000年六七月间，正是国电公司的体制改革处于艰难探索时期，标准公司发表了《国电公司生存的理论基础与近期发展建议》的研究报告，提出采用非均衡论、大循环论和有限竞争论三个对电力工业再认识的创新理论，以支持全国联网基础上的国电公司体制。

（3）2000年9月，标准咨询公司关于《国电公司近期改革与发展方案设计》的咨询报告提出“守正出奇”，厂网彻底分离，通过股份制在资本市场实现电网新生，抢占改革制高点。

三、本方案涉及内容及说明

（一）内容

2000年，标准咨询公司刘纪鹏同志在国电公司党组扩大会议上做了三次报告：

（1）2000年9月15日《股份制——开启国电公司改革发展之门的钥匙》；

（2）2000年10月13日《厂网彻底分开，实现电网新生》；

（3）2000年12月4日《国电公司近期改革的几个具体问题》。

本改告是在上述三次报告基础上完成的，主要探讨了四个问题，即国电公司体制问题、电网电价问题、电网上市问题与市场监管问题。全文由九部分组成（详见目录）。

（二）说明

（1）由于方案制作时间紧，且这段时间外部环境变化大，文中不成熟之处甚多，特此说明。

（2）本报告在写作中得到了国电公司有关部门与同志的大力支持与帮助，特此致谢。

第二部分　新形势下电力改革分析与对策

一、新形势下国电公司面临的机遇与挑战

（一）机遇

1. 十五届五中全会东风送暖

中共中央十五届五中全会关于制定《中华人民共和国国民经济和社会发展的第十个五年规划纲要》的建议充分肯定了电力全国联网的大趋势，要求在这一大趋势下逐步实行厂网分开。这为国电公司下一步改革指明了方向，对今年下半年以来某些部门和同志以反垄断和反腐败为名，不顾国电公司所从事的电网产业是自然垄断行业的实情，试图通过固化现有的电网割据体制，进而横向拆分国电公司的观点和做法，无疑是一个调整。所以，五中全会好比“东风送暖”，澄清了人们近一段时间以来被混淆的一些认识问题，应不失时机地利用这股“暖风”，大力推进我国电力产业和国电公司的改革进程。

2. 电力紧运行提供良好发展环境

今年四五月份以来，电力供应趋紧使人们重新开始关注电力，认识到电力问题的确非同一般，电力的紧张运行使电力供求关系发生了一些变化，电力在广东等沿海省份再度出现供应紧张的状况，使得人们对我国电力市场现状及未来产生了新的认识，国电公司的改革只能在市场紧张运行

的状况下进行，这就为国电公司的改革与发展提供了良好的外部环境。当然，电力紧张运行提供的机遇是一把双刃剑：顺势而为，则可赢得主动改革时间；丧失机遇，则将陷入被他人强制分割的被动局面。

国电公司必须在这场改革中作为主体，并以积极、稳妥、渐变的方式主动推进自我改革，在改革中前进，在稳定中发展。

3. 资本经济提供电网新生空间

目前，尽管要求对国电公司进行拆分和重组的压力很大，但电网由于没有独立价格和利润，一旦厂网分开，即陷入亏损境地；但同时又有许多国内外机构投资人根据我国市场经济的发展走势，普遍看好中国电网在海内外资本市场的融资上市，把电力网当作继电信网开放之后的第二块“肥肉”，这既为国电公司通过股份制实现和资本经济的对接提供了依据，又在电网开放融资上市的前提下推进了电力市场组织特别是电价的改革，最终为国电公司电网的独立运营提供了政策环境。

国电公司进一步深化改革的方案必须突出股份制这个主题，现在是最佳时期，要力争今年进行一两家子公司（输电网和配电网）的股份制改组，明年推出融资上市。在这点上，必须调整原定的改革进程时间表，树立紧迫感和危机意识。

（二）挑战

1. 来自国家计委行政横向分割国电公司的挑战

在电力体制改革方面，国电公司作为对电网进行自然垄断经营的企业实体，存在和发展有其生产力方面的必然要求，即使在政企不分、厂网不分等方面存在问题，问题的源头在于旧的计划办电和管电体制，其始作俑者是主掌国电项目和电价审批大权的国家计委。长期以来，我们在改革计划经济体制的进程中总不能走出一个误区，这就是明明旧体制的源头在主掌行政审批大权的某些政府部门，然而改革中总是这些部门去改企业。就电力体制来说，不管是电力项目的审批，还是千奇百怪的电价问题，归根结底都是在国家计委。

但令人不可思议的是，舆论导向使人“只见树木，不见森林”，在电业管理体制上，国电公司作为一个企业却成了旧体制的“挡箭牌”和众矢之的；今天如果我们积极推进改革，调整到位，旧体制的源头很快就会在国家计委基础产业司暴露出来，电力的一切弊端皆源于行政审批制。国电公司改革到位才会暴露其旧体制的源头，反之则会掩饰其矛盾，因此，我们必须认清国电公司改革与国家计委旧体制堡垒二者之间的关系，主动出击，摆脱被动局面。

2. 来自广东地方电力市场竞争的挑战

目前广东省正在制定电网融资上市方案和粤电电力整合广东电源方案，国电公司面临电力市场竞争的压力。这不是一个广东电网资产独立上市、进行资本运作、套取资本利润的简单孤立问题，而是一个谁来占领改革制高点和电网市场主动权的大问题，它可能产生连锁反应，引起其他省市的效仿，因此必须引起国电公司领导的高度重视。

对此，应通过国电公司电网的尽快上市，掌握电网市场对外开放的先机，通过股份制和资本市场，把广东的局部电网纳入国电公司电网对外开放的统一布局。

3. 来自自我的挑战

改革必须慎重，同时兼顾发展。重要的还是调整思路，更新观念，国电公司作为部改公司，观念更新是首要的关键问题，特别是电力这样一个高度统一的基础产业，很多思维定式已经形成，在思维方式和行为方式上会不由自主地滑向旧观念。

与政企不分的恋“权”情结遭到的千夫所指不同，难以割舍的恋“源”情结在国电公司表现得尤为突出，国电公司的恋“源”情结就像两年前我们的政企不分情结差不多，总觉得丧失可惜。然而恋“源”情结不斩断，我们甚至可能难以守住电网的统一格局。如果恋“源”情结难以割舍，在电网上市问题上犹豫不决，国电公司不仅会在改革形象上失分，而且可能引发一系列无法预料的问题，打乱国电公司对电网总体改革一盘棋的综合考虑，因此必须理智战胜情感，斩断恋“源”情结，维护电网完整。

（三）守正出奇，抢占改革制高点

（此处略，详见本书第二篇中第四章第二节《面对非议，守正出奇，主动出击》）

二、以国电公司为主体，把握改革方向，加速改革进程

（一）强调四个主体

国电公司在改革发展中必须强调以下四个主体。

1. 安全运营主体

国电公司的改革到底谁承担责任，这是必须强调的观点。如果以国电公司作为主体进行改革，则应由国电公司对国网的安全运营负责；改革没有责任主体，沿袭旧体制只有人批而没有人负责，发生问题往别人身上推的现象必须避免。只要能够白纸黑字写明承担责任，别人来改国电公司亦无不可。

电力的基础性特点是安全运营，国电公司是保障安全运营的主体，对国务院和中央负责，任何改革都必须保证电力的安全运营，这一点至关重要。

2. 持续发展主体

在这次变革中，国电公司不应被被动分割或消极防守，而应实现主动改革和持续发展。事实上，外部环境也已具备条件，能够在守正出奇的同时实现持续发展。

对电力的供求形势如何认识？国家经济在发展，国电公司仅简单维持稳定运行是不够的，要保持适度发展速度，寻找电力的瓶颈——电网环节进行拓展。持续发展是在安全运营基础上提出的更高目标，从这个角度看，不仅中央需要，而且电源和电网的改革都需要国电公司这样的中央直属大型企业作为持续发展主体。

3. 推进改革主体

从某种意义上说，在电力市场化改革方向上，无论是改革者还是被改

革者，并无根本分歧，特别是由于电力是一个“有光无形”、“看得见又看不见”、“摸不着也不敢摸”的特殊产品，最初人们不了解它，因此对它的认识会分歧较大，然而一旦通过调研深入进去，分歧就会缩小。如，在改革思路上是把国电公司改造成国网公司还是将国电公司取消或分割后再成立一个新的电网公司？那种凭感情出发，认为把国电公司改组为电网公司的思路与解体国电公司而重新成立一个或若干电网公司的思路截然不同，必须对国电公司进行“休克式改革”的看法是不符合中国改革主体明确的渐进式改革方略的，且在实施步骤上后者显然比前者风险大，拆掉一个再搞一个付出的代价更大，会影响电力的安全和稳定，因此大家最终会在保留一个国网公司的认识上得到统一。就电力体制改革的过程来说，必须明确谁负责改革谁承担责任，不能改革的权力主体和责任主体不一致，出了问题却找不到始作俑者。因此，从确保电力安全稳定运行的角度出发，国电公司必须作为改革主体，稳步推进。

4. 资本运作主体

这次改革在很大程度上是一种制度创新，职能确立后，国电公司应尽快从事资本运作以获得更多收益来发展电网，因此，在国电公司的股份制方案设计中，必须注意两个问题。

（1）设计中要兼顾上市公司的利益和上市公司股东的利益。国电公司作为一个控股公司，既是持股主体，又是资本运作主体。不应在电网上市中搞出抽象的国家股，使资本运作主体跳出国电公司之外，这是一个非常值得注意的技术细节，它决定着国电公司股改、融资、上市是整体一次推进模式还是局部逐步推进模式。

（2）国电公司的股份制改组和上市应采用局部推进模式，始终保持国电公司的股东地位，这是兼收资本运作和产品经营双重收益的前提。如果采用整体模式，必然产生一个国家股或跳出国电公司之外的持股主体，国电公司内部的资本运作就无从谈起。

所以，国电公司要做资本运作的主体，就要借鉴中石油、中石化上市模式的经验教训，保证资本运作主体与产品（电网）运作主体的统一，从某种意义上说，这是国电公司日后能否与国际大电力公司竞争而走向成功的关键。

（二）突出两个转换

1. 从管理体制之争转换到全国联网讨论

在电力体制改革的探讨中，批评国电公司的人往往也是那些反对全国联网的人，他们用静态的观点认为全国联网没有必要，现实中既不经济也不可能。既然全国联网没必要，国电公司自然没有存在必要。我们应看到，全国联网的确是决定国电公司体制的物质基础，如果抛开全国联网讨论国电公司体制，则很难把问题说清并让人们接受。运用改革的技巧，就是要把人们对国电公司体制的讨论引导到是否需要全国联网上来，全国联网就是构筑全国统一市场，反对全国联网就是反对电力大市场。生产关系的调整必须适应生产力水平，电力行业的组织结构不能离开电力市场的物质基础，全国联网又是电力实现资源优化配置、保护环境的必然选择，这样，从全国联网出发研讨国电公司的体制改革，就掌握了这场改革的主动权。

国电公司存在的理论基础就是建立在全国联网基础上的非均衡论、大循环论和有限竞争论。以大循环论为例，全国联网可实现资源优化配置，形成低价电，受益一片，地方政府财政和税收收入增加，再来补贴一点，这就是大循环。

全国联网的理论基础一定要反复宣传，从经济学上推论，全国一盘棋，这一定比现有分割的电网局面更经济。同时，没有全国联网就不可能有“西电东送”，国电公司全国输电一张网的理论和现实最终会被人们所接受。

因此，大可不必与那些说三道四的论调发生直接冲突，而是换个角度，坚持全国联网也就论证了现有国电公司体制的合理性。

显然，把对国电公司所谓垄断和一统天下的组织体制的论战转到是否应实现全国联网上来至关重要。

2. 从电网垄断经营转换到电网所有权多元——股权换治权

在经济生活中，垄断并不是贬义词，它反映了市场经济的一种客观存在。如果我们承认输电网自然垄断的合理性，那么经营权垄断与所有权多元是否相容呢？用何种方式保证社会主义的经济基础，这是国电公司这样的大型国有企业在进行制度创新的改革中必须正视的问题。其思路就是股份制，多元分散的股份所有权结构不会破坏电网经营权的统一。它找到一条融资不负债又不失经营权，既完成国电公司制度创新又扩大国电公司实力的新路。

所谓股权换治权，就是通过分散电网所有权实现电网经营权垄断。只要保证像广东省那样的地方政府财政和投资人收益，其并不在意经营权。很多人把所有权多元想象得非常可怕，好像一改所有制就动摇了公有制基础和国电公司的治理结构。党的十五大精神、改革的大趋势和加入 WTO 都要求我们必须调整思路，率先提出所有权多元化，增加资本金，降低财务费用，争取电网的利润空间，同时，使国电公司既扩充资产实力，又实现自身制度创新。

第三部分　弃旧图新，厂网分开

一、厂网彻底分开

从目前国电公司系统的资产关系和组织体制上看，实现电源和电网在人员、机构、职能和资产上的四分开是可行的，而在供电单位的输配关系上分开则难度较大。因此，我们提出，本次国电公司的体制改革中应确立厂网彻底分开、输配暂不分离的思路。

（一）国电公司组织系统概况

国电公司现有 11399 个单位。其中有 1240 个电网单位，包括 30 个输电网单位与 1210 个配电网单位；373 个电源单位，包括 314 个网省公司发电厂、54 个华能集团发电厂和 5 个中电国际发电厂；9786 个辅业单位，包括 120 个施工单位、48 个事业单位和 9618 个其他单位，如图 1 所示。

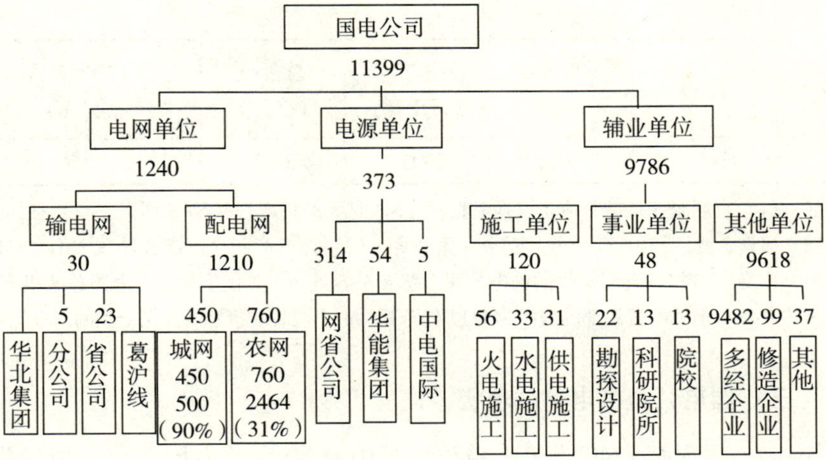

注：职工人数148万：电网系统42万；电源系统46万；辅业单位60万（施工单位42万，事业单位5万，其他单位13万）

图1　国电公司系统组织结构图

（二）国电公司电源企业现状（表1）

表1　国电公司电源企业汇总表

名称	分类	电厂数量（个）	装机容量（万千瓦）	总资产（亿元）	净资产（亿元）
网省公司	直属	131	5480	1604	311
	独资	8	304	70	8
	控股	85	2856	1888	288
	参股	90	1215	1764	464
	小计	314	9855	5326	1071
华能集团	独资	13	542		
	控股	33	1851		
	参股	8	303		
	小计	54	2696		
中电国际	中外合资	5	487	137	85

（续表）

名称	分类	电厂数量（个）	装机容量（万千瓦）	总资产（亿元）	净资产（亿元）
合　计		373	13038	5463	1156

注：（1）直属企业是指非独立核算企业，其311亿元净资产只就56家而言。（2）独资企业是指独立核算企业，其8亿元净资产只就4家而言。（3）总资产和净资产合计数中不含华能公司。（4）财务与产权管理部提供的国电公司系统装机容量为1.3亿千瓦，占全国总装机容量3亿千瓦的43%；但战略规划部的数字为1.14亿千瓦，占全国总装机容量3亿千瓦的38%。

（三）国电公司供电单位现状

国电公司现有1240个供电单位，其中有30个输电网单位，包括华北集团、5家分公司、23家省公司和葛沪线；1210个配电网单位，包括450个城网单位和760个农网单位，如图1所示。

（四）国电公司发供电单位固定资产现状与比较

表2　国电公司固定资产分配表

<table>
<tr><th>科目
单位</th><th>固定资产
净　值</th><th colspan="2">供　电
单　位</th><th colspan="2">发　电
单　位</th><th colspan="2">其　他
单　位</th></tr>
<tr><td rowspan="2">国电公司</td><td>3600</td><td rowspan="2">2223</td><td>62%</td><td rowspan="2">1144</td><td>32%</td><td rowspan="2">233</td><td>6%</td></tr>
<tr><td>3367</td><td>66%</td><td>34%</td><td>7%</td></tr>
<tr><td>上海公司</td><td>289</td><td colspan="2">223（77%）</td><td colspan="2">66 = 12 + 54
（23%）</td><td colspan="2"></td></tr>
</table>

如表2所示，国电公司1999年年底固定资产净值为3600亿元，其中供电单位资产2223亿元（占62%），发电单位资产1144亿元（占32%），其他单位资产233亿元（占6%）；在发供电单位所占的3367亿元固定资产中，供电单位资产占66%，发电单位资产占34%。

上海电力公司1999年年底固定资产净值289亿元，其中供电单位资产223亿元，占77%；发电单位和长期投资资产66亿元，占23%。

显然，国电公司系统的固定资产，无论是从整体看还是从网省公司局部看，供电资产都大于发电资产。

二、厂网分开的思路与步骤

（一）行政划出不如经济卖出

国电公司本次改革的切入点是厂网分开，在电源问题上，与其等待今后人家行政划出，不如现在就把电源卖掉发展电网，先下手就能获得一大笔钱，后下手则即便精心培育，最终还是要被行政划转（如国电电力）。因此，国电公司应争取时间，斩断恋“源”情结，抓紧出售电厂，收回资金建电网。在策略上，应采用能卖就卖，不能卖就把电厂变成独立法人，形成母子体制下的控股公司结构。

对于厂网分开、电源成为独立法人后国电公司是否要继续控股，我们认为，在这一问题上必须明确目标模式就是完全分开，不要控股，否则人家还是要说三道四。

（二）厂网分开步骤——一步走还是两步走

1. 两步走——逐步分离

在厂网分开上，目前争论最大的是国电公司是否要保留一定比例的调频调峰电源。在这个问题上，主张分步走的依据是党的十五届五中全会和中共中央“十五”规划建议提出，要“逐步实现厂网分离”。既然中央政策同意逐步分离，就不必一次分开，这样可减少改革震荡，在宽松的环境下平稳过渡。此外，目前国家管理电力的有关部门如经贸委和国家计委的改革方案初稿，也不反对国电公司厂网分开的改革逐步实现。但对何为“逐步实现厂网分离”，人们的认识并不统一。如，目前国电公司的装机容量占全国的43%，可将这一比例调整到20%（6000万千瓦），作为调峰调频电源，在三到五年后再逐步实现全部卖出，彻底分离。

这样做的问题是，以下关系在过渡期很难处理：

（1）留什么，留多少，怎么留，在实践中做起来十分困难。这是涉及兄弟之间分家的事，最终国电公司留下的可能都是赔钱的电源，如华北的抽水蓄能电站，众所周知是4度电换2度电，在不实行峰谷差别电价的条件下净赔1/4，发得越多，赔得越多。

（2）国电公司留下的电源是否参与市场竞争。参与竞争很难有竞争优势，且不符合国电公司保留调峰调频电源的初衷；若不参与竞争而上网，人家还会指责国电公司搞不公平竞争和以权谋私。

（3）分家后的电网电源关系难处。

2. 一步走——彻底分开

鉴于目前各主要发达国网的安全和稳定在技术上均不强调一定要有电网自身的调峰调频电源才能实现，本方案亦主张国电公司在厂网分开上的改革应一步走，即在 2001 年内彻底实现国电公司系统的厂网分开。理由如下：

（1）目前电源供给总体上看供大于求。“如果满街都是猪，我们又何必非要养猪呢？除非和猪有特别的感情。”

（2）果断一步到位，“脱了裤子割尾巴”，长痛不如短痛。

（3）集中精力发展电网主业，横向拓展电力电讯网和其他网络。

（4）有利于强化电网统一调度，厂网分开后应进一步强调电网调度的权威性，不执行调度命令就是违反调度条例，就是违反电力法，因此完全可以通过市场调度的办法解决调峰调频问题。

（5）即使需要调峰调频电源，我们认为在厂网分开后成立的中央发电公司完全可以承担此重任，在概念上要把中央调峰调频电源和国电公司的调峰调频电源分开。

（6）守正出奇，树立良好形象，主动改革，尤其不应在厂网分开中自己提出保留一部分电源。

第四部分　厂网分开后的电源重组

一、组建十个左右电源企业

从有利于分家后的电网和电源的关系出发，从有利于我国电力市场电源的竞争和竞价上网出发，我们认为，目前国电公司系统内的电源在厂网分开后应保持在十个发电公司左右为宜。

（一）大型发电公司的组建

目前已上市的国电电力公司、大唐电力公司和准备上市的中电国际公司均应保留现有法人地位，以便与国内外资本市场对接，并在今后的电力资源优化配置和电源企业的资产重组中，以配股和增发新股等各种方式收购现有的存量电源资产，最终完成自身的“催肥”过程，以各自达到1000万千瓦容量为宜。

（二）目前的状况

目前省网公司下属的电源企业基本上是水电和火电合在一起，总计装机容量约9855万千瓦（其中水电约3000万千瓦，火电约7000万千瓦）。

（三）关于水电公司的两个重组思路

（1）思路一：水电独立出来成立一个中国水电集团公司，该公司为营业控股公司，下面可由若干水力发电子公司组成。

（2）思路二：将现有水电公司的股权拆分到各区域发电公司中，继续维持“水火相容”的局面。

（3）比较：本方案倾向于思路一，这一思路可实现交叉补贴，滚动开发，如东部的新安江、富春江两个水电站的资产质量好，且已完成折旧，每年利润十分可观，可以弥补西部水电开发周期长、成本高的不足。

需要说明的是，水电公司的重组应考虑和水利部所属的水电企业以及三峡水电公司的关系，必须把国电公司系统水电公司的重组放到这一大背景中来才会少留遗憾。

（四）省网按大区组建几大发电公司

从便于起步、管理成本低及可行性的角度出发，应先按地区组建几个区域性发电集团公司，如西部发电集团公司、东北发电集团公司、华北发电集团公司、华中发电集团公司、华东发电集团公司。待时机成熟时，再由这些集团公司进行跨区的电源开发，并自主决定本集团内电源的重组、优化配置和出售；逐步降低由这些集团所属的电源企业的国有资产比例，尽快实现公众化、市场化进程。

二、组建中央发电资产经营管理公司——纯粹控股公司

（此处略，详见本书第二篇中第四章第五节《组建十个发电集团》）

（1）不叫总公司或集团公司，是一家纯粹控股公司；

（2）履行所有者职能——管财，当好股东；

（3）履行企业工委职能——管人，当好“政委”。

（此处略，详见本书第二篇中第四章第五节《组建十个发电集团》）

三、组建中央直属发电公司的依据

国电公司厂网分开，一分为二，形成中央直属的国网公司和中央发电控股公司的格局，这至关重要。

（一）电力作为第一基础产业，关系到国家稳定

新兴产业的涌现使许多传统产业发生了重大变化，只有电力在一个多世纪以来作为一个重要产业不断与新经济对接，可见这个产业的重要性。电力可以说是国家基础产业中的第一基础产业，不允许出半点差错，没有电信社会还能运转，没有电力则会一切陷入瘫痪。因此，电力事关国家经济稳定，必须有中央直属的电力公司。

（二）国体和政体的需要

形成中央直属的国网公司和中央发电控股公司的格局，不仅经济意义重大，而且在政治上明确，中央直属大型国有企业是中国共产党存在的基础。国企改革关系到国体和政体的稳定，坚持国有大中型企业的主体地位是保持共产党的先进性和社会主义的根本性问题，绝不能动摇。正如时任吴邦国副总理在2000年2月27日中央企业工委工作会议讲话中提到：从长远看，国有重要骨干企业情况的好坏将直接影响社会主义现代化建设的进度，影响党的执政基础，这不仅是经济问题，而且是重大的政治问题。

当前，中央和地方都在建立企业工委，政治局直接任命大企业领导，对大中型国有企业进行管理。这说明党对国有企业重要性的认识达到了空前高度，党管企业历史空前。因此，在研究国电公司改革时，必须看到其

政治基础。

（三）电力第一基础产业的地位决定了产业队伍的长期稳定

钢铁搬家、机械出家、纺织改嫁、电力当家是我国经济结构调整的真实写照。在新经济时代，只有电力这样强有力的产业才能拥有一支组织形态稳定、组织纪律严明的产业队伍。这支队伍必须要有统一的集中管理，不能分散。

（四）中央和地方的关系

多年以来，中国改革中的诸侯经济现象一直是中央十分关注的问题，中央在人权、事权、财权上与地方经济改革产生的矛盾始终没有停止过。这次电力体制改革，有人提出拆掉国电公司，把电源和电网都下放到地方，重新组建区域性电网公司。这是不符合中央防止诸侯经济的一贯指导思想的。

显然，国电公司的改革不仅是经济问题，而且是政治问题。立足于这样的分析对制定本次国电公司的改革方案有重要意义，在全面推进市场经济中保持重要产业的工人阶级队伍由中央控制是十分必要的，改革中不讲政治是不行的，所以，了解中央在这一问题上的态度对国电公司的改革非常重要。

综上所述，在厂网分开时，构造中央直属的注册地在北京的中央发电资产经营管理公司和国网公司，既符合社会主义市场经济条件下中国的党情和国情需要，又在体制上简便易行，容易化解难题。

四、中央发电资产经营管理公司的运作

中央发电资产经营管理公司可自主决定所属电厂价值形态和使用价值形态的转换，收回的资金可向国网公司再投资，拓展电网发展的瓶颈。

资产经营管理公司实际上是一种控股公司。若当前组建控股公司在法律上和政策上有障碍，也可就叫资产经营公司。但其本质都是进行中央发电资产经营管理的控股公司。

第五部分　厂网分开后的国网公司

一、国电公司改组为国网公司——营业控股公司

（一）名称与性质

（此处略，详见本书第二篇中第四章第四节《厂网分开后的国网公司》）

二、国网公司的特征决定了其自然垄断属性

（一）国网公司的五个特征

（此处略，详见本书第二篇中第四章第四节《厂网分开后的国网公司》）

（二）国网公司的五大功能

（此处略，详见本书第二篇中第四章第四节《厂网分开后的国网公司》）

（三）中央电网调度与国网公司经营统一

这是中央对第一基础产业实施国有经济控制力的集中表现。

三、通过股份制保证国网公司世界500强的地位

厂网分开后，保证国电公司资产和效益实力不减的措施，是在这次国电公司改组为国网公司过程中，利用股份制和现代公司制度，既在垄断经营上把计划体制的政策要足，又在产权多元化上充分利用市场经济的优势，扩大国网公司实力。具体内容包括：

（1）吸收内蒙古进入北方电网。

（2）收编广东进入南方电网。

（3）城网和农网改造。

应该指出，城网和农网改造的2800亿元投入，是以国电公司为主对财政负债体现的，这笔钱要想用好，就要将配电网的改造与和股份制及融资上市相结合。前提是做到城网和农网改造的产权清晰化，使其具备日后流动性的可能。

配电网的改造不仅要抓直供直管县，而且要抓趸售县，改制后可视时

机捆绑上市，向外资开放，县级公司没有什么不可以开放的，况且，我们还可以在技术上利用优先股加以控制。

（4）重视电网建设的经营。

国电公司应进一步发展自己的电网建设队伍。电网建设是一块大肥肉，不仅不能丢，而且要给予高度重视，今后大有可能实现上市。

（5）发展电力通信网和其他基础管网。

这是一块亟待开发的具有很高价值的资源，其融资上市后的市值将十分可观，甚至超过目前国电公司系统内电源部分的资产现值，对此应立即着手研究。

（6）培育若干家上市公司。

引入外资和民间资金，以同样甚至更多的资产弥补电源资产分离后的不足。

总之，在经营领域上，今后国网公司要形成有庞大的电力网、电讯网及其他基础管网和电网建设队伍的现代大公司。

四、关于电网改革的其他几个问题

（一）厂网分开后国网公司的组织（图2）

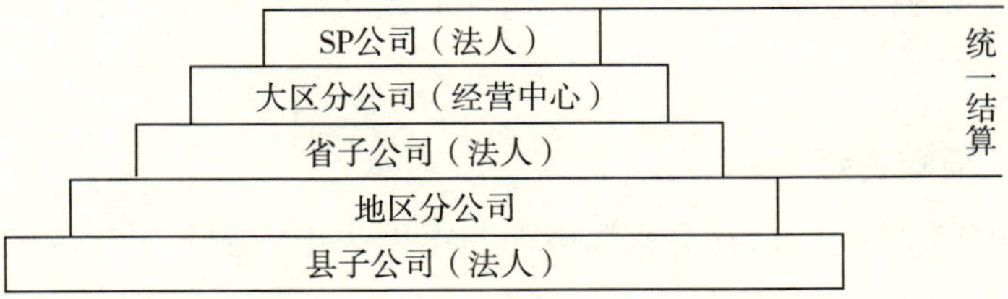

· 三层法人制（SP公司、省公司、县级公司）；
· 省以上分公司、区公司、直属全资子公司实行事业部制管理；
· 五级管理结构。

图2 国电系统三层法人、五级管理图

（二）发、输、配、售，守住中央，放开两厢

（此处略，详见本书第二篇中第四章第四节《厂网分开后的国网公司》）

（三）正确处理输、配电的关系

（此处略，详见本书第二篇中第四章第四节《厂网分开后的国网公司》）

（四）处理好电网建设、电网经营和电网所有三者关系

（五）成立私人售电有限公司，实现大用户用电选择权

（此处略，详见本书第二篇中第四章第四节《厂网分开后的国网公司》）

（六）关于农网改造

（此处略，详见本书第二篇中第四章第四节《厂网分开后的国网公司》）

第六部分　厂网分开条件下的主辅分离

在国电公司厂网分开的进程中，主业和辅业的分离对国电公司的改革起着关键作用，因此，必须采取和改革的主旋律同步，在保持稳定的条件下稳步推进的步骤。

我们认为，国电公司厂网分开条件下的主辅分离应贯彻以下原则。

一、辅随主走

所谓辅随主走，就是分别以电源与电网为主，为其服务的辅业在厂网分开过程中跟随各自的主业走，如施工单位中火电和水电的施工单位划归电源，修造单位也划归电源，供电施工单位则划归电网。

二、层层下放，消化解决

国电公司系统内有众多的多经企业分布在各个层面上，在辅随主走原则下，多经企业应由各自单位自行消化解决。

三、代资分流，买断身份

对国电公司系统的多经企业与国电公司并无所有权纽带，资产已游离到国电公司系统外，仅在经营上依赖主营。对于这部分非国有资产，可考虑与下岗和转岗的职工安置相衔接，参照目前流行的改革做法，如代资分流、买断全民身份和工龄，从根本上解决企业负担，最大限度地保持国电公司系统转型时期的稳定。

四、科研、设计单位组建集团公司

可考虑将国电公司系统内的科研、设计单位组建为集团公司，从一个机构、两块牌子最终过渡到事业单位企业化经营，即进行规范的公司制和集团化改组。

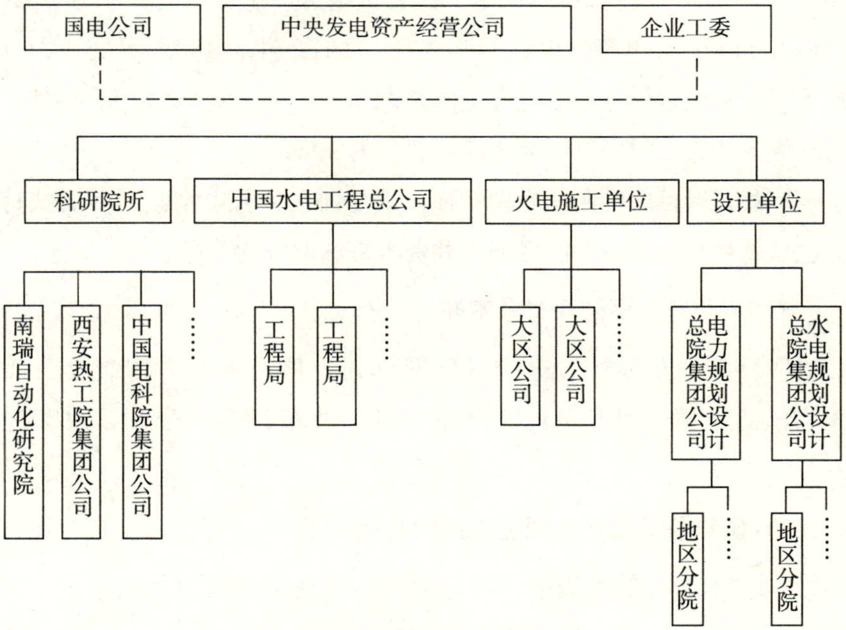

图3　辅业组织结构图

五、分离出的辅业的行政隶属关系

对国电公司分离出的辅业的行政隶属关系可考虑以下两个途径：

（1）辅随主走，分别继续挂靠在电网系统或电源系统。

（2）直接与中央和省一级的企业工委挂钩（图3）。

（因与《“隐性利润”还是“隐性亏损”——国电公司电网经营解析与思考》一文重复，此处删去电价部分）

第七部分　电价——电力体制改革与发展的“牛鼻子”

一、厂网分开后的电网电价问题

必须正视国电公司目前供电单位资产大于发电单位资产的事实，以1999年为例，在国电公司3367亿元的发供电资产中，供电资产为2223亿元，约占66%；发电资产仅有1114亿元，约占34%。然而目前在国电公司的下网电价中，供电收益与发电收益之比却为0.186∶0.814。显然，理顺电网价格是决定我国电网能否获得新生的关键。

敢不敢正视目前电网的隐性亏损，既是向国家要电网独立后的扶持政策，也是顺利实施中国电网在海内外资本市场融资的前提条件。

（一）不分开、要分开与分不开

电网没有独立价格，这使以厂网分开为核心的电力体制改革面临令人困惑的难题，即改革前厂网不分开，改革目标要分开，改革现实分不开。

（二）国电公司资产占国有资产的比例

（此处略，详见第四篇中《“隐性利润”还是“隐性亏损”——国电公司电网经营解析与思考》）

（三）国电公司电力产品价格、收入与利润

1. 利润总额构成

（此处略，详见本书第二篇中第三章第四节《电网中是否隐藏着超额

垄断利润》)

2. 电力产品经营收入及利润情况

(1) 1999 年，国电公司售电量 8179 亿度，实现销售收入 2672 亿元，提取电建基金、三峡基金后，实际销售收入 2504 亿元；(2) 实际销售收入扣除销售成本 2388.3 亿元和销售税费 13.9 亿元后，实现销售利润 101.8 亿元；(3) 销售利润扣除财务费用净支出 86.8 亿元后，实现利润 15 亿元。

(四) 国电公司电网盈亏能力

1999 年，国电公司上网电量 8815 亿度，其中自发电量 2778 亿度，外购电量 6037 亿度；完成销售电量 8179 亿度，线损 636 亿度，线损率为 7.2%。

1. 售购电价差的计算

(1) 购电平均单价。

1999 年，国电公司购电量 6037 亿度，购电成本 1503 亿元，购电平均单价为 248.92 元/千度（折合每度电 0.249 元）。

(2) 售电平均单价。

1999 年，国电公司售电量 8179 亿度，实现销售收入 2504 亿元，售电平均价 382.26 元/千度（折合每度电 0.382 元）。其中包含：增值税 55.54 元/千度，上缴财政的电建基金、三峡基金 20.6 元/千度。两项合计 76.14 元/千度（折合每度电 0.076 元）。

(3) 电价构成。

用户消费平均电价由电网购电价（发电）、售购电价差（供电）与税费三部分组成，即用户消费电价 = 电网购电价 + 售购电价差（供电） + 税费。

从上述数字推论，1999 年国电公司平均单位售购电价差为 57.2 元/千度（折合每度电 0.057 元）。(表 3)

表3　1999年国电公司电价构成表

单位：元

	发　电	供电（输配）	税　费	消费价
每千度电	248.92	57.2	76.14	382.26
每度电	0.249	0.057	0.076	0.38
比例	65%	15%	20%	100%

可见，国电公司每度电的售购电价差只有0.057元。

2. 单位供电成本计算

（1）直接供电费用。

1999年，国电公司直接供电费用449亿元，按售电量8179亿度折合每千度电的供电成本为54.9元。

（2）利息支出。

1999年，国电公司利息支出122亿元。按固定资产原值分配，应由电网承担利息支出69.99亿元，按售电量8179亿度折合每千度电应承担利息支出为8.56元。

（3）税金。

1999年，国电公司产品销售税金及附加13.9亿元，其中电网承担税金为10.5亿元，按售电量8179亿度折合每千度电应承担的销售税金为1.28元。

（4）供电线损。

1999年，国电公司的线损电量636亿度，线损率为7.215%，按购电单位成本248.92元/千度计算，线损支出成本为158亿元，按售电量8179亿度折合每千度应承担的供电线损成本为19.36元。

上述四项合计，1999年国电公司单位供电成本为84.1元/千度（折合每度电0.084元）。

3. 小结

（1）0.084 元/度电的售购电价差是国电公司电网经营的盈亏平衡点，价差大于0.084 元/度电，供电单位才可能实现盈利；价差小于0.084 元/度电，供电单位就会亏损。

（2）如前所述，1999 年国电公司的售购电价差仅为0.057 元/度电，小于盈亏平衡点0.084 元/度电，供电单位每度电亏损额为0.027 元（折合每千度电为27 元）。

（3）假设厂网分开，国电公司网属电厂上网电价也按独立电厂平均上网价248.92 元/千度电（折合每度电0.248 元）结算，1999 年，国电公司的售电量为8179 亿度，按上述供电单位每千度电亏损27 元计算，国电公司电网亏损补贴额应为220 亿元。

（五）1999 年国电公司15 亿元的电力产品经营利润从何而来

按上述测算，1999 年国电公司电网单位应亏损220 亿元，而实际上国电公司却产生了15 亿元利润。其原因有三：

（1）国电公司自发电量上网电价低于外购电量上网电价。

（此处略，详见本书第二篇中第三章第四节《电网中是否隐藏着超额垄断利润》）

（2）资金收益。

（此处略，详见本书第二篇中第三章第四节《电网中是否隐藏着超额垄断利润》）

（3）线损统计偏差。

（此处略，详见本书第二篇中第三章第四节《电网中是否隐藏着超额垄断利润》）

（六）国电公司的电网资产与电价比较

研究电网价格一定要分析国电公司现有的电网资产。对国电公司电源与电网资产的初步统计结果表明，过去人们一直认为电源资产大而电网资产小的看法不合实际（表4）。

表 4　发供电资产与电价比较表

	发供电固定资产（亿）	供电资产（亿）	发电资产（亿）	发电价（元）	发供电价差（元）	税费（元）	消费价（元）
国电公司（1999）	3367	2223	1114	0.249	0.057（0.306）	0.076	0.38
	100%	66%	34%	81.4%	18.6%		
上海（2000）	289	223		0.33	0.13	0.15	0.61
		77%		72%	28%		

（七）一点说明和几点结论

1. 一点说明

关于电网 220 亿元的亏损仅是模拟数字，这是在国电公司外购电量和自发电量均按目前外购电量的平均上网电价，即 0.249 元/度和目前外购电量的平均下网电价 0.306 元/度（不含税费）计算，且在国电公司厂网彻底分离，现自发电厂的电量在分离后也依据上述两个价格上网和下网推算而出的。但必须说明，在厂网分离实践中，由于竞价上网等众多因素，220 亿元的模拟数字仅具有理论意义。之所以用这种方式推算，是因为我们很难在目前电价体制极为混乱的条件下找出准确的电网亏损额。

2. 几点结论

结论 1：垄断电网经营的国电公司，不仅没有获得电网垄断利润，而且深藏 220 亿元的巨额隐性亏损，必须正视这一隐性亏损并向国家申请厂网分离后电网能够独立生存的基本政策条件。

国电公司作为从事电网垄断经营的产业组织，却没有获得来自电网独家经营的垄断利润，这令人深思。任何不合理的垄断经营必然存在高额垄断利润，而国电公司的垄断经营却相反，在被人责骂的同时却担负着沉重的社会责任。一旦打破垄断，实现厂网分开，这一矛盾即将暴露，这是最能让内行人看明白，同时又令批评者从情绪走向理智的事实。

结论 2：现实中，国电公司的巨额隐性亏损被其厂网不分的体制所掩盖，厂网不分可保证国电公司为社会公益服务而又不致陷入亏损的境地。

国电公司1999年8179亿度售电量中有2778亿度网属电厂的自发电量（占33.97%），这是掩盖国电公司电网经营巨额隐性亏损的根本原因。

发电有利润则电网没利润不仅表明了传统电力工业体制“重发轻送”的特点，而且导致了电网行业日益成为我国电力工业发展的瓶颈环节。在现行电价体制下，即便放开电网，充分竞争，只要电价不能动，他人也很难涉足。国电公司不愿意分离电源的客观原因是：厂网分开，电网亏损。

结论3：厂网分开后，电网这边没有价格，自然不会产生利润。一旦我们下定决心实现厂网分开，就会发现我们将陷入“要么电网发生巨额亏损，要么消费者承受电网回归市场的涨价负担”的两难选择，现实中厂网分不开。电网隐性亏损引发的电网价格问题已成为深化我国电力工业体制改革的第一障碍，这一点无论如何都应为人们所深信不疑。

结论4：线损太高。国电公司内部在管理上可挖掘的潜力很大，以线损为例，1999年国电公司线损电量高达636亿度，线损率超过7%，在下网电价的0.306元/度中，线损竟占了近2分/度，这无论如何都应降下来。

二、厂网分开，电网独立运行的三难选择

如果我们能把电源和电网价格之比调整为5∶5，电网利润就能体现出来，但这会引发所谓的三难选择。

（1）涨价，消费者承担。综合来看，这是不可取的。

（2）压电源电价，电厂承担。

（3）要政策，国家承担。

因此，厂网分开必须研究和提出配套的外部政策，不是国电公司不改革，而是改革需要配套政策。电网涨价涉及千家万户，届时可能是国家有关部门很难下决心，实施要么由国家财政负担，要么由消费者承受的厂网分开。

三、厂网分开的对策

（一）电网、发电商、用户、国家四方共同消纳厂网分开后的涨价负担

积极推进电网电价形成机制改革，使电价真正成为电力资源配置的有效信号，为进一步深化电力体制改革奠定必要基础，这需要四方共同努力，消纳涨价负担。

（1）电厂的让利空间通过竞价上网、全国联网、优化配置来降低上网价。积极推进目前电价体系向“三段式”电价体系过渡。电源竞价上网，大用户有选择权：用市场手段推出和扩大竞价上网范围，那些改不了的、政府承诺的、根本没办法变化的电量由市场来消耗，在增量上不再扩大。电源电价的合理化问题原则上应由新公司和计委研究。

（2）国电公司内部各环节综合治理，降低成本。内部降低成本是必须加强的重要环节，充分挖掘潜力，减少人浮于事，国电公司要在这个过程中实现自身升华，自觉自愿地降低成本减少给国家带来的负担，这才是正确选择。

（3）消费者适当承受。必要时可由消费者承担一点。

（4）通过国家减税。

总之，只要按照市场竞争原则去做，实现竞价上网，这一痛苦阶段很快就能度过，电价改革之初即使会有上升，最终还会降下来。这是市场经济发展的规律。

（二）调整电价结构，提高输配电价比重

形成规范的电网建设资金补偿机制，形成一个能够吸引国内外投资的有利的电网投资环境。按照合理补偿成本、合理确定收益、调节市场需求、兼顾社会目标的原则重新核定输配电价。具体措施包括：

（1）将 2 分钱电力建设基金、供电贴费并入输配电价；

（2）将由竞价上网腾出的空间安排输配电价；

（3）将电网定性为服务业，用营业税取代增值税。

（4）降低线损。

（三）简化矛盾，输配暂不分离

输配电价格绑在一起研究，好在国电公司现有体制做到这一点并不难，否则，仅把供电局变成法人这一项工作就很大，过程很长，所以，组织体制不宜动得太多。对此，应在输配合一的条件下确定成本，给一个平均利润率，以维持电网公司的生存，逐步实现电网公司的融资、上市和制度创新。

（四）固定电网收益，使上网电价与下网电价之差超过盈亏点

确定10%左右的电网行业平均利润率，固定电网收益，如果我们承认电网是一种基础网络，采用收过网费的办法，那么我们就要科学测算成本，加上应纳税金，再加上10%左右的平均利润率，形成厂网分开后电网安身立命之本，不要国家给的亏损补贴。确立独立的电网收益，即过网费＝成本＋税＋平均利润率，逐步把国电公司输配电价格与电源价格比从不到2∶8提升到5∶5。

1999年，国电公司的输配电固定资产净值约2223亿元，以10%收益率计算，利润应达到223～288亿元，这200多亿元应是维持这个产业生存的最基本条件。

（五）电网上市，充实资本金，降低财务费用

开放电网，融资上市，同股同权，政策取齐就能争取到10%的电网行业平均利润率。

总之，电价体制理顺后，通过竞价上网，价格自然会向市场回归，这是市场供求与竞争关系决定的。从中国的情况看，随着全国联网的进程，其资源的优化配置和竞价上网机制所产生的经济效果将逐步显现，价格总体上会呈下降趋势，从长远看，对消费者不会有太大影响。

（六）实现我国电网独立生存的几项具体措施

（1）“十五”期间，继续执行电建2分/度政策，并由电网全额享受，按1999年国电公司售电量8179亿度测算，8179亿度×0.02元/度＝160亿元左右。

（2）继续以电贴费并入输配电价，并按新增容量收，这样根据国电公司同志的测算，每年可增收80亿~90亿元；

（3）通过竞价上网腾出空间，并安排给电网。从江苏和四川两省竞价上网的实际看，挤出3分钱是可行的，按1999年国电公司实际售电8179亿度测算，可挤出约240亿元。

（4）厂网分开后，参照国家电讯网的政策，把收取过网费的电力网定性为第三产业的服务业，并将17%的增值税改为5.5%的营业税，按1999年国电公司2672亿元销售收入测算，若按5.5%的营业税上缴税收，则2672亿元×5.5% =147亿元。1999年国电公司实际上缴增值税196亿元，二者差额为40亿~50亿元左右，显然还可挤出一定的空间。

需要说明的是：国家财政收入在这一过程中的税收总量可能并不会少，一是厂网分开后，原一个纳税单位，即国电公司缴纳增值税，变成两个以上单位缴税，即国电公司缴纳营业税，而独立电厂继续缴纳增值税。

（5）线损挖潜空间。目前每度电线损高达2分钱，若能降到1分钱，则又可挤出近80亿元的价格空间，就国电公司自发的2700亿度电量来说，则可增加近30亿元的利润。

结论：上述几项措施，合计可挤出500亿~560亿元左右，显然解决目前电网的隐性亏损、开拓电网融资上市的利润空间是存在的。

第八部分　在资本市场中实现电网新生

一、发现电网价格和利润，实现电网新生

（此处略，详见本书第二篇中第四章第六节《在资本市场中实现电网新生》）

二、国电公司搞股份制的思路

（此处略，详见本书第二篇中第四章第六节《在资本市场中实现电网新生》）

三、电网上市三种模式比较

（一）整体上市——中国石油

整体上市的例子是中国石油，现在看来，这种模式产生了集团公司和上市公司之间越来越尖锐的矛盾（图3）。

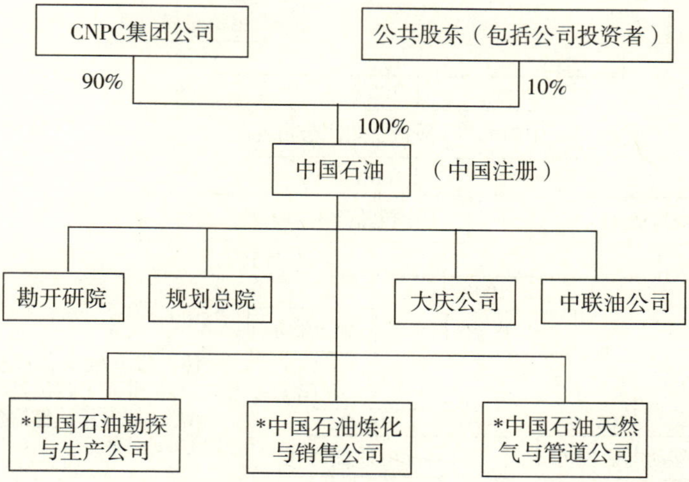

注：（1）中国石油共发行175.8亿股，90%为新股发行，10%为CNPC的旧股变现，筹资近29亿美元。
（2）*三公司均为地区公司。

图3　中国石油组织结构图（H股）

其问题有三：(1) 主承销追求巨额承销费，主承销商为什么之所以总鼓动公司整体上市，其中一个重要因素就是巨额承销费，这是实实在在对利益的追捧。(2) 二级市场资本运作难以进行。(3) 盘子大，市盈率低。整体上市盘子比较大，中国石油的发行市盈率才10.5倍，摊薄市盈率才7.5倍，而中国电信高达27倍。

（二）局部上市——中国电信公司（图4）

中国电信是红筹概念，电信总局利用它在中国香港地区的机构，可以灵活决定中国电信股票的买卖，获取盈利。因此，局部上市的最大优势，就是国电公司作为股东，持有的股份能够流动，在二级市场上赚钱。而整体上市，赚钱的可能是财政部或其他机构。所以，应更多借鉴中国电信的上市模式，在电网上市中得到利益。

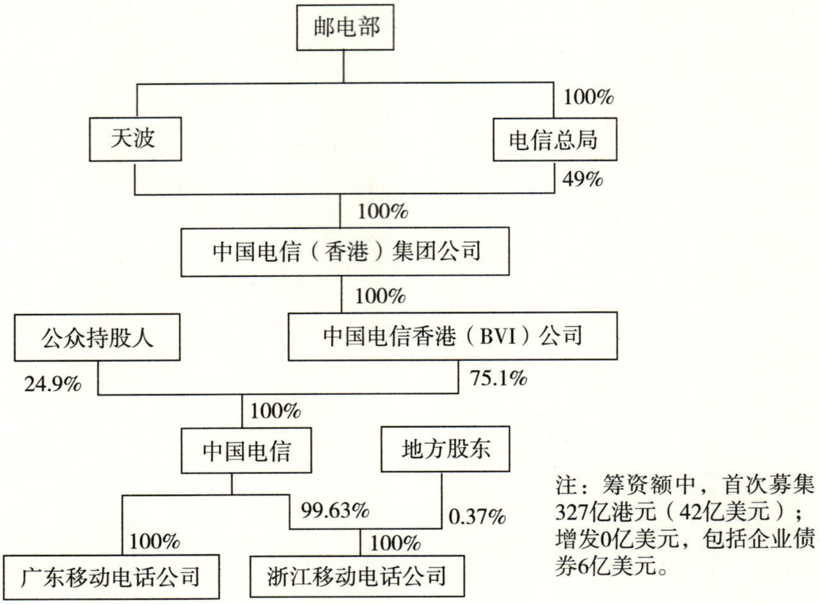

图4　中国电信组织结构图（红筹股）

（三）双重上市——北京控股（图5）

对双重上市模式而言，局部上市并不影响总体上市。王府井、燕京啤酒都是上市公司，最后又装进北控在香港地区上市，这种双重上市模式是现代社会中大量运用的。并非局部上市后总体就不能上市，而是局部上市后更有利于总体上市，总体上市时更能卖大价钱。这实际上是设计问题，因此，上市的技术问题不能忽视，既然要做资本运作主体，国电公司的高层领导必须先成为分析资产负债表的专家，成为资本运作的专家。

四、国电公司电网上市举例

电网上市的进程不能慢。高总果断成立国电公司股改小组，可谓对此事深谋远虑。必须看到，国际上电网垄断是事实，而电网上市也是事实，而就国电公司的电网上市来说，更重要的是通过电网融资上市，尽快解决电网价格和利润，推进中国电力体制改革。

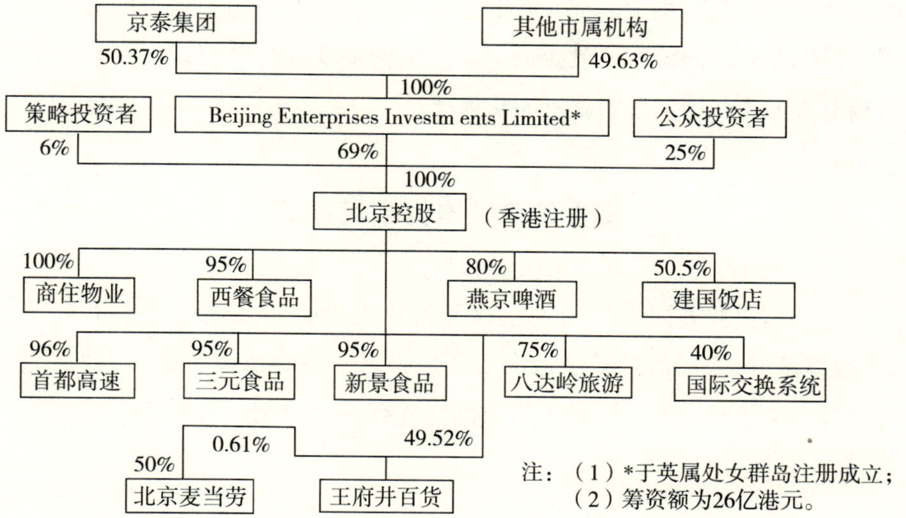

图5　北京控股组织结构图（红筹股）

（一）南方电网上市模式初探

此处略，详见本书第二篇中第四章第六节《在资本市场中实现电网新生》。

（二）华东四省一市输配电上市——海外

国电公司要在操作南方电网上市的同时，积极探讨华东四省一市输配电的海外上市问题。

（三）电网建设公司——国内上市

（四）研究电网上市，走出两个误区

（1）只有整体上市才叫集中统一。

那种认为整体上市才叫电网的集中统一，局部上市则会导致电网分散格局的看法是不对的。集中统一的体现包括国电公司运用资本纽带控制电网上市公司，而不一定是国电公司整体上市。

（2）只有网、省公司是分公司才叫实体化。

那种认为只有网、省公司是分公司才叫实体化的看法也是错误的。在国电公司的改制过程中，把北部电网改组为有限公司是个可行的选择，不要一提国电公司的统一，就要把下面的机构都变成分公司，好像有了子公司和上市公司，国电公司就不叫实体化。

第九部分　电力市场监管

电力监管事关国电公司的生存和健康发展，如果搞出一个不讲理的“行政婆婆”，今后的日子还是没法儿过，因此要争取发言权。在监管上，可根据现实情况考虑区分两类监管机构并存一段时间，时机成熟时再合二为一。

一、一级市场审批——国家计委

根据产业和环境政策，对电源项目立项审批，解决电源电价遗留问题。

一级市场实际上主要指电源，如电源项目的立项，包括环保、产业政策、技术等级等可由计委继续审批，计委在电力方面的另一项职能是解决厂网分开后的电源电价遗留问题，解铃还须系铃人。

二、二级市场的监管机构——电力规制委员会（电监会）

管理电力交易市场，确保电源企业在交易中享受公正待遇。

成立电力规制委员会（电监会），主要负责电力交易市场的建设及其管理，按照公平、公正、公开的三公原则进行包括交易行为、交易主体、交易手段在内的管理。

（1）性质：国务院授权专门对电力市场进行规范和对电源企业交易行为进行管理的独立于任何部门的事业单位。

（2）职能：制定规则；审核市场主体资格；监督调度公平；监管电力

市场计量和结算。

（3）人员：在经贸委电力司基础上适当吸收各方专家及用户代表。

（4）组织体系：全国统一的监管机构，可在大区和重要省市设分支机构。

《国电公司资产重组方案设计》

（二〇〇二年三月）

5 号文仅是框架性文件，如何“分家”，还得由国电公司拿具体方案。也许是动手“肢解”自己过于痛苦，也可能是自己主持“分家”因身在其中，容易引发利益冲突，国电公司最后决定由我“主刀”拆分，最终成就了我与国电公司五年中最后最重要、最艰难痛苦又最容易落埋怨的这份咨询报告。

从 2002 年 3 月起，我和我的团队用了两个月的时间，制作完成了“分家”的框架性方案，在此期间，国网和几个发电集团都对我提了一些修改建议，最终在 2002 年 7 月完成了这个宏大的资产重组方案，上报国电公司党组讨论通过。

第一部分　方案制作背景

国电公司自 1998 年 3 月脱离政府序列以企业模式独立运行，至今已经四年。迄今为止，国电公司成功完成了计划体制下政府为主体的管电模式向市场经济条件下大公司为主体的办电模式的转型，不仅提出“四步走”发展战略，而且确立了自身“两型两化”的功能定位。四年来，其不仅实现了电力安全稳定运营，而且经营利润稳步上升，2001 年利润突破 100 亿元；不仅从形式上建立了现代大公司的组织体制，而且形成了独立法人财产权，财务体系完全转轨，并按国际标准统计口径，由国际权威机构评定，跨入世界500强之列。

国电公司的改革目标也十分明确，即在厂网分离基础上，逐步向国网公司转轨；在非均衡、大循环和有限竞争三个理论基础上，实现全国联网，最终搭建全国统一组织体系下的输电网平台，构造电源竞价上网的全国统一电力市场；逐步推进发、输、配、售纵向功能分切的体制改革。

这一切都为今天的电力体制改革奠定了牢固基础。

2002年3月5日下发的国务院5号文，提出电力体制改革方案。本次电力体制改革由国家计委牵头负责，并由计委出任电力改革领导小组组长和第一副组长。但在各项改革没有完全到位前，生产经营、安全生产和行政管理等工作仍由原主管部门负责，即仍由国家经贸委和国电公司负责。同时，在落实本次电力体制改革方案中，国电公司负责提供各种数据并按文件精神提出具体实施方案的建议。

于是，标准公司项目组再一次接受国电公司的委托，为国电公司的资产重组出谋划策，制作了5号文后《国电公司资产重组方案设计》。这次的项目分为八个部分：第一部分，方案制作背景；第二部分，本次电力改革的风险防范与认识误区；第三部分，客观评价国电公司的发展与改革；第四部分，厂网分开后的电源重组；第五部份，厂网分开后的电网重组；第六部分，新国资管理体系下电源集团和电网公司的组织模式；第七部分，辅业与多经产业重组；第八部分，重组难点和亟待明确的若干问题。

本方案制作遇到下述三个困难：一是时间紧、任务重，30天时间必须拿出初稿；二是由于2002年的财务统计数字尚未出来，2000年的数据采集又需时间，因此，方案制定除对外公布的5号文件框架外，无任何参考资料；三是具体重组方案不安排调研，只能“闭门造车”，提出框架性意见。需要特别说明的是，由于上述困难，本报告无论是在观点上还是在数据引用上都难免出现偏差，望予谅解。

在上述背景下，国电公司于2002年3月13日委托北京标准咨询公司就本次电力体制改革中国电公司的资产重组方案进行框架设计。主要内容是在厂网分离基础上的电源重组、电网重组和辅业重组。

第二部分　本次电力改革的风险防范与认识误区

2002 年 3 月 5 日下发的国务院 5 号文件提出了电力体制改革方案。方案中有几点值得我们的充分关注。

（1）本次电力体制改革由国家计委牵头负责，并由计委出任电力改革领导小组组长和第一副组长。

（2）但在各项改革没有完全到位前，生产经营、安全生产和行政管理等工作仍由原主管部门负责，即仍由国家经贸委和国电公司负责。

（3）在落实本次电力体制改革方案过程中，国电公司负责提供各种数据并按文件精神提出具体实施方案的建议。

一、改革风险提示

改革主体责权利关系的统一：

电力是十分重要而又特殊的产品，从国际电力解除管制的经验教训看，作为国民经济第一基础产业的电力改革确实存在较大风险，无论是在改革过程中还是在改革后，都必须确保安全运营。国电公司作为保障电力安全运营的主体，负有重大责任。任何改革都必须建立在电力安全运营的基础上，这一点至关重要。

必须强调的是，在电力改革全过程中，人们往往注重改革前的弊端和改革后的成果，却容易忽视改革过程中的风险和改革后的失误。

改革过程中主客体关系的调整，将打乱原有责权利关系的格局。一方面，改革的有关各方出于对重组方案的认识不同及自身利益，可能会在具体的操作环节产生歧见，使风险提前释放；另一方面，改革中现有体制将被打破，而新体制尚未形成，极易产生各种问题。

解决问题和防范风险的关键在于改革之初即明确责任主体，实现改革过程中责权利主体的统一，避免体制转轨时期发生问题却找不到责任主体，这是改革中特别要注意的。

本次提出的电力改革方案重组力度大，新组建的国网公司和现在的国电公司在续存或继承等关系上不清晰，改革主体和客体不明确。应该看到，这次改革仍然采用的是政府改企业的思路，国电公司作为改革客体，理论上很难成为改革风险的责任主体。

因此，避免出现改革的权力主体和责任主体不一致的状况就成为电力改革中十分关键也是必须重视的问题。从确保电力安全稳定运行、稳步推进、平稳过渡的角度出发，电力改革主体一方面要负责推进改革，另一方面要承担改革中安全和稳定的责任和风险。国电公司则应在方案实施和操作过程中，一方面积极主动配合，另一方面要及时发现问题，提出建议，确保改革成功。

二、本次改革的风险因素

（一）安全运营的风险

根据目前的重组方案，国电公司将可能被撤销，这使得在国电系统重组中改革的责任主体并不明确，缺乏保证安全运营的基本条件，存在发生安全事故后无人承担责任的可能。事实上，由于国电公司保证安全运营的手段将会受到影响，因此，改革过程中很难避免安全事故的发生，对此是不容忽视的。

（二）干部和职工队伍不稳定的风险

最近，中央就保持社会稳定、企业稳定问题召开了专门会议，涉及有些大型国有企业在改革中某些措施产生的不稳定。这说明党中央和国务院对当前全社会和大型企业中存在的不稳定现象是高度重视的，而本次电力体制改革所涉及的电源、电网重组，特别是辅业和多经企业的分离和重组，均涉及拥有庞大数量的基础产业工人队伍的重大变化，因下岗分流措施发生问题而出现干部和职工队伍的不稳定，对此是不容忽视的。

（三）经济上的风险

改革后新建的五大发电集团和国网公司将会发生较高的改革成本，具体包括：改革思路在实施过程中的调整成本；新公司主体生成的筹建成本；新公司组建后加大的运营成本。这些均将使厂网分开后各自发生亏损的可能性增大。根据测算，国电系统内统一核算的发电单位在厂网分开过程中，如果按零利润分开，省网公司有 10 个左右将在厂网分开后出现亏损；而事实上，厂网分开不可能不给电源保留利润空间，如果这样的话，网省公司的亏损面将会更大，对此我们必须在制定和操作方案时给予充分认识，及早采取对策。

这次电力改革将支付较大的改革成本，对这一点必须充分认识，电网利润的形成尚须时日，改革后规模效益的丧失等都需要综合考虑。

（四）国有资产流失的风险

国电系统资产庞大，辅业和多经产业很多，在改革中必须有强有力的组织者，贴近实际，制定及时有效的重组政策和实施步骤，否则人心涣散，资产流失就不可避免。

（五）财务与信用风险

（1）国电公司几千亿元的负债，特别是农网改造 1500 亿元的偿债主体是谁？成本如何回收？

①20% 的国债，80% 的商业贷款，后人终究要还。

②江西电力 90 个县投入近 80 亿元资金进行农网改造，改造后用电量却没有增加。

（2）合同法律主体的调整，由谁负责？如何重组？

（六）重组难度的风险

国电公司经过四年运转，正在开始进入良性循环时期，作为一个现代企业已形成有机整体，在本次重组方案中，若被取消并同时新建若干企业法人，则肢解“躯体”容易，而“神经”、“血液”（如财务系统）的分割则十分困难，分配不当容易引起系统内部各方利益主体的冲突，这也将加大电力改革过程中的风险。

（七）落实重组方案时间紧、任务重的风险

5 号文件要求电力改革要整体设计，稳步推进，但是，目前在实际操作过程中，由于没有充分看到重组的难度，确有简单地从分人、分事、分钱、分物出发的倾向，个别同志甚至认为这样一件工作一周内就可以完成，在实际推进中过于粗糙，急于求成，这不仅是对党、对国家、对电力行业的不负责任，而且将在电力重组的过程中和改革后留下诸多隐患，隐含极大风险。

（八）规避风险的建议

从各国经验来看，电力改革急不得，应该系统规划，分清主次，稳步推进，安全为主。重视在现有国电公司管理体制被打破而新体制又没有形成之际的改革过程中发生的各种问题并加以防范。在改革大思路基本明确的前提下（也就是厂网分开，竞价上网，主辅分离），需要强调必须明确主导这次改革的主体和客体的关系。国电公司应在其分离出电厂、剥离出辅业之后，自然转变成国网公司，它和以前的国电公司之间是一种继承关系，而不是凭感情出发，一定要把这个公司取消掉，新建一个电网公司。改革过程中，应调动国电公司的积极性和主动性，明确新组建的国网公司和现在的国电公司在权力上的继承关系，使其成为推进改革的主体，安全运营的主体、持续发展的主体和责任主体。在改革之初就应明确责任主体，实行改革中的责权利三者的统一，避免改革转轨过程中发生问题却找不到责任主体。这样做到改革方案明确、责任主体明确、权力主体也明确，改革就能稳步实施。当然，这就需要尊重其权利，承认其组建改革四年来在我国电力发展史上所发挥的重要作用和所书写的成功一页。

（九）结论

在上述风险中，要特别注重防范电力安全运营和职工队伍稳定的风险，只有保持电力的安全运营和职工队伍的稳定，才能为重组和改革创造良好的环境并奠定坚实的基础。特别是在十六大召开之前，对此必须给予高度重视。国电公司应把保持大型企业的稳定当成社会稳定和政治稳定的重要内容，充分认识电力改革的风险和难度。

同时，电力改革对地方冲击较大。现在的改革方案是在三个层面展开：国电公司、五大区电力公司和各省电力公司。改革方案提出把五大区网变为独立的子公司，而把各个省网公司逐步变为分公司或区网公司的附属子公司，省市的利益将让位于大区，这样实际上是削弱了此前各省公司的独立地位。国电公司自己的改革方案是主张建立在以省为实体的基础上，这样就可以和地方的利益联系在一起，容易得到地方的支持。此外，厂网分离对地方的震动是很大的，因为大量的人员和辅业都在地方，地方电力公司将会面临大量的人员分流和自身的重新定位。所以，改革对地方的冲击是比较大的，必须要引起高度重视。

（十）措施

第一，重组中不能把眼光仅局限在分人、分事、分权和分钱上。当前，重要的是认真研究5号文件，把文件中的不明确之处和理解不透之处总结归纳出来，及时上报电力改革领导小组和有关部门，请求指导。本文第五部分提出了亟待明确的九大问题。

第二，确保改革中的电力安全和职工队伍稳定，制定《关于确保电力改革过程中安全运营和职工队伍稳定的若干意见》的报告，上报国家经贸委等有关部门。

第三，改革质量是改革效率的前提，切忌盲目赶进度，甚至埋头自作主张，思路没理清时就急于制订具体方案。因此，一定要经常与电力改革领导小组沟通，遇到问题及时请示，共同寻求对策，把握改革时间进度。

第四，针对过渡时期国电公司的责任，提出履行这些责任的必要条件。

三、本次电力改革认识上的六大误区

理论上的误导导致改革认识上的误区，具体如下。

（一）电网领域隐藏巨额垄断利润，电力改革必将使电价下降的误区

1. 关于电网利润问题

（此处略，详见第四篇中《“隐性利润”还是“隐性亏损”——国电

公司电网经营解析与思考》）

2. 关于国电公司占全国国有资产比例问题

（此处略，详见第四篇中《“隐形利润”还是“隐形亏损”——国电公司电网经营解析与思考》）

这是对国务院领导和人民的误导。标准公司在 2000 年 11 月提交的《国电公司近期改革与发展方案设计》报告中曾明确提出，资深记者没写出资深文章事小，对当前处于重要时期的电力体制改革产生误导事大，因此必须对此类不实报道予以纠正。

（二）简单地把反垄断和反腐败挂钩，激发对立情绪，极易导致不稳定的误区

胡鞍钢：电力已形成一个特殊利益集团，同时把电力改革与反腐败斗争相提并论。（见《新经济》杂志 2001 年第 7 期）

这个问题不澄清，不仅会使全社会对电力这个重要产业产生误会，更重要的是不利于电力产业改革和稳定。

（三）国电公司不愿打破垄断，改革的推进主体不能是国电公司的误区

（1）中国的改革。

（2）外力的借助。

（四）只强调从政府（所有者）和政治角度反垄断，而不是从消费者（市场）角度出发反垄断的误区

（五）电力改革只有速战才能速胜的误区

（六）区域垄断优于全国垄断的误区

此即电力改革五个区域小垄断优于一个全国大垄断的误区。

结论：国电公司须重视基础理论研究和舆论宣传。

四、本次电力改革存在系统性风险

（一）系统性风险的定义

系统性风险是指体制和制度性风险，其不是单一因素或偶然因素诱发的，而且是难以避免的。

系统性风险具有结构性（不合理——组织改革具有滞后性）、全面性、不可规避性、不确定性、隐蔽性和外部性。

（二）电力改革存在的系统性风险

（1）改革过程中，责权利主体不明确是最大的风险。出了问题，无人负责。

（2）改革后，电价可能上升，但人们对电价上升无准备，并认为上升就意味着失败。

①改革就是电价回归自然，可能降，也可能升，世界上没有单边市场，只降不升不符合市场化方向，会发生加州危机。

②如果电价上升，谁埋单（消费者、国家、发电企业）?

③发电的利润空间不能支付改革成本。

④电价问题近期看是财务风险，远期看是发展风险。

（3）国电组织体系被打散，现实中又分不开，会互相扯皮。

（4）电力安全运营和职工队伍稳定的风险。

（5）电力的产业惯性导致风险的发生，有滞后效应。

①目前是在良性惯性中，一是领导人，二是干部队伍，但暗含风险。

②一旦进入恶性惯性，有连锁效应。

（6）外部普遍存在国有企业改革中职工队伍的不稳定性。

（7）不具备相对宽松的市场环境，缺电现象开始显现。

（8）改革风险的释放期是明后两年，而本届政府不能参与电力改革的完整过程。

（9）在单一内部主体的行政协调变成多个外部主体的市场关系时，缺乏应对风险的能力。

（三）多余的话

（1）改革方案的主导者应制定有可操作性的方案。

（2）国电公司是改革的对象，是资产重组方案的配角。

（3）制订方案者应承担改革的风险，对方案制定者有所约束，慎重制定可行方案。

（4）国家计委对国电公司的具体方案一字不改，不排除是规避风险的考虑。

（5）国电公司能否对目前的资产重组方案承担风险，国电公司是否已经接过了方案制定者的责任。

五、风险的防范

（一）明确改革的责任和权力主体

指导主体、监督主体和执行主体应分开。

（二）明确国电公司与国网公司是同一主体的继承关系

国电公司层层分离后，主体变为国网公司。

（三）向有关部门提出厂网分开后电价问题定量分析报告

厂网分开后，尽快向有关部门提交解决电价问题的定量分析报告，内容应客观翔实，明确指出改革后可能发生的电价上升的风险和对策。

（四）重组中不能把眼光仅局限于分人、分事、分权和分钱

当前，重要的是认真研究5号文件，把文件中的不明确之处和理解不透之处总结归纳出来，及时上报电力改革领导小组和有关部门，请求指导。

（五）确保改革中的电力安全和职工队伍稳定

制定《关于确保电力改革过程中安全运营和职工队伍稳定的若干意见》的报告，上报国家经贸委等有关部门。

（六）改革质量是改革效率的前提，切忌盲目赶进度

国电公司切忌埋头自作主张，思路没理清时就急于制订具体方案。因此，一定要经常与电力改革领导小组沟通，遇到问题及时请示，共同寻求对策，把握改革时间进度。

（七）针对过渡时期国电公司的责任，提出履行这些责任的必要条件

（八）适度加强理论研究和宣传

六、不应排除的一种可能

重新明确国电公司法律主体的存在，并在推进资产重组过程中发挥主导作用，最终过渡到国网公司。

第三部分　客观评价国电公司的发展与改革

一、国电公司成立五年的发展

在改革的风风雨雨中，国电公司走过了不平凡的五年。

（一）经济增长（表1）

表1　国电公司经济增长统计表

	1996 年	2001 年	年均增长（%）
发电量（亿千瓦）	6840	6930	4.2
售电量（亿千瓦）	7113	9550	6.1
销售收入（亿元）	2500	3477	6.5
实现利税（亿元）	274.1	347.4	4.5
利　润（亿元）	84.8	105.7	4.1
发电装机（万千瓦）	13611	15650	5.8
劳动生产率（元/人年）	105824	149109	
职工人数（万人）	158	134	

（二）安全稳定运营（三项责任制）

（1）安全责任。

（2）经济责任（保值增值）。

（3）政治责任（党风廉政）。

（三）两网改造

（四）西电东送

（五）全国联网

（1）已有电网：华北等五个大区电网，川渝、南方两个跨省区电网，四个独立省网。

（2）大区间联网：华东与华中、东北与华北、华东与福建、华中与川渝。

（3）下一步：随着三峡电网的建成，将形成“西电东送、南北互供、三大通道（北、中、南）”为主的全国统一大电网。

二、国电公司的改革

（一）实现政企分开

（1）克服自身恋“权”情节。

（2）抵制外部行政权力的诱惑。

（二）成功转型（公司化改组、商业化运营、法制化管理）

（1）形成自身独立的报表体系和独立的法人财产权。

（2）形成1600亿元国有资本金。

（3）跨入世界500强。

（三）发展战略：两型两化（控股型和经营型、集团化和现代化）

（1）形成总分公司和建立在法人资本纽带上的母子公司的集团化公司架构。

（2）直接经营南电联、葛沪线、双北连线及长万线等输电网。

（3）拟开拓电力电信、水、气等城市基础管网。

（四）系统的改革思路：四步走战略

第一步（1997年1月—1998年3月）：成立国电公司，撤销电力部，政企分开。

第二步（1998 年—2000 年）：实行公司制改组，实体化，厂网分开，进行竞价上网试点（沪、浙、鲁、辽、吉、黑）。

第三步（2001 年—2010 年）：全国联网，全面推开厂网分开，竞价上网，形成电力市场。

第四步（2010 年—）完全实现配售放开，形成输电网公司

三、国电公司与国家计委两种改革思路之比较（表 2）

表 2　国电公司与国家计委两种改革思路对比表

	国电公司思路	国家计委思路
模　式	发、输、配、售纵向功能分离	（1）横向培育区域电网公司，人为制造竞争主体； （2）纵向进行功能分离； （3）双向推进
目　标	（1）推进全国联网，在一张输电大网基础上，形成一个全国性国网公司； （2）在国家“金股制”基础上实现输电网治权统一、所有权多元和上市； （3）在网络化基础上，实现多角经营、跨国经营	（1）取消国电公司，培育 4～6 家区域电网公司； （2）迹象表明，成立国网公司是权宜之计； （3）推进全国联网的目标和主体不明确
改革推进主体和责任主体	一致——国电公司	不明确，也不一致
改革对象	国电系统	国电公司
步　骤	四步走，层层分离，逐步逼近，稳中求进	大拆八块，急于求成
方法与效果	渐进式，系统风险小	实质上是国电系统休克式改革，系统风险大
国电公司	改革使命完成，自然演变为国家输电网公司	改革之初即被撤销，新建的国网公司前景不明

注：（1）国电公司在按照国际电力改革经验、电力产业特点、中国国情，按功能性分离推进改革，最终使自己走上输电网公司之路。

（2）只是时间长了点。

四、结论

（一）要对国电公司的发展历史做一个正确评价

国电公司自 1997 年 1 月成立并随即脱离政府序列，以企业模式独立运行已经五年。迄今为止，国电公司成功完成了计划体制下政府为主体的管电模式向市场经济条件下大公司为主体的办电模式的转型，在提出“四步走”发展战略的同时，确立了自身“两型两化”的功能定位。五年来，其不仅实现了电力安全稳定运营，而且经营利润稳步上升，2001 年利润突破 100 亿元；不仅从形式上建立了现代大公司的组织体制，而且形成了独立法人财产权，财务体系完全转轨，并按国际标准统计口径，经国际权威机构评定，跨入世界 500 强之列。

国电公司的改革目标也十分明确，即在厂网分开基础上，逐步向国网公司转轨；在非均衡、大循环和有限竞争三个理论基础上，实现全国联网，最终搭建全国统一组织体系下的输电网平台，构造电源竞价上网的全国统一电力市场；稳步推进发、输、配、售纵向功能分切的体制改革。

这一切都为今天的电力体制改革奠定了牢固基础。

（二）承上启下：历史的重要一页

（1）与自身发展史相比，是发展最快、市场化改革力度最大的五年。

（2）与我国其他基础产业的改革和发展相比，运营最平稳，改革思路最系统。

（3）与国际电力改革不同模式相比，稳定系数高，改革成本低，不仅目标明确，而且兼顾现实国情和国际规范的结合。

第四部分　厂网分开后的电源重组

一、国电公司系统组织现状

（一）国电公司组织概况

根据 2000 年 6 月国电公司战略研究规划部提供的数字，截至 1999 年底，国电公司约有 11399 个单位（据不完全统计）。电网单位 1240 个，其中输电网单位30个，配电网单位1210个；电源单位373个，其中网省公司所属发电厂314个，华能集团所属发电厂54个，中电国际所属发电厂5个；辅业单位9786个，包括施工单位120个，事业单位48个和其他单位9618个。

根据上述数字，标准咨询公司加工整理成图，如图1所示。

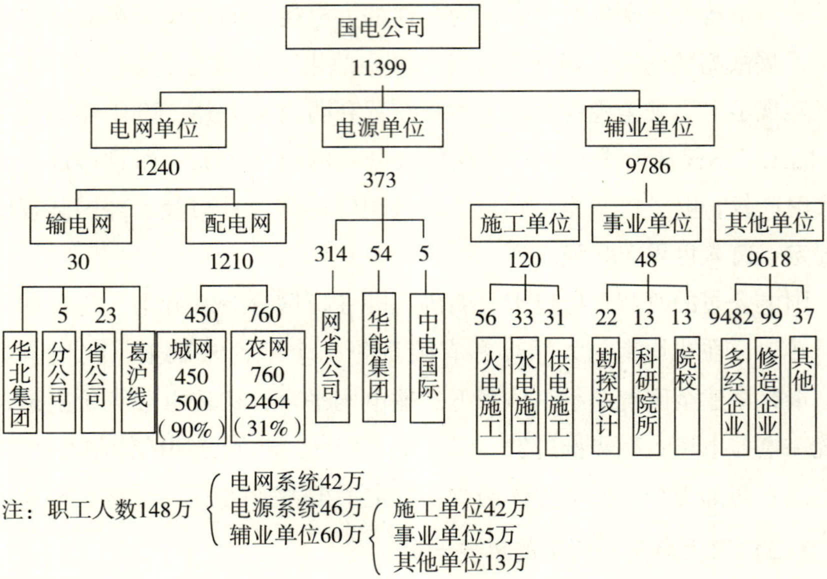

图1 国电公司系统组织结构图

（二）国电公司系统电源企业现状

1. 1999年底电源企业汇总表（表3）（资料来源同上）

表3 国电公司电源企业汇总表

名称	分类	电厂数量（个）	装机数量（万千瓦）	总资产（亿元）	净资产（亿元）
网省公司	直属	131	5480	1604	311
	独资	8	304	70	8
	控股	85	2856	1888	288
	参股	90	1215	1764	464
	小计	314	9855	5326	1071

（续表）

名称	分类	电厂数量（个）	装机数量（万千瓦）	总资产（亿元）	净资产（亿元）
华能集团	独资	13	542		
	控股	33	1851		
	参股	8	303		
	小计	54	2696		
中电国际	中外合资	5	487	137	85
合　计		373	13038	5463	1156

2. 说明

（1）直属企业是指非独立核算企业，311 亿元净资产只就 56 家而言。

（2）独资企业是指独立核算企业，8 亿元净资产只就 4 家而言。

（3）总资产和净资产合计数中不含华能公司。

（4）财务与产权管理部提供的国电公司系统装机容量为 1.3 亿千瓦，占全国总装机容量 3 亿千瓦的 43%；但战略规划部的数字为 1.14 亿千瓦，占全国总装机容量 3 亿千瓦的 38%。

3. 按股权划分的电源企业类型

国电系统的发电资产，按企业所有权归属可划分为下述三种类型。

（1）全资拥有。

全资拥有的非独立电厂，即国电公司在各省（华能以外）拥有的发电资产（容量、地区分布），总容量为4000 多万千瓦，它们不是子公司，是非法人的内部核算电厂。

（2）控股电厂。

其包括绝对控股的和相对控股（30% 以上）的电厂，其中大部分是绝对控股的，要搞清国电公司对这部分电厂的控股比例，以及每一个发电集团的控股情况。

（3）参股电厂。

国电公司持有股份，但未达到控股地位的电厂。

在上述三类电厂中，国电公司持有股份的电厂既有在省网公司里的，也有在区域网公司里的。

国电公司的1.5亿千瓦发电容量中，以小老旧居多，而且冗员很多。

4. 电源上市公司

国电系统现有上市公司共22家，都是电源公司，其中境内上市公司18家，境外上市公司4家；其中国电系统作为第一大股东控股的有16家，如表4所示。

表4 国电系统投资上市公司明细表

序号	企业名称	权益出资（万元）	投资比例（%）	投资收益（万元）	投资收益率（%）	备注
1	北京大唐发电股份有限公司	431247	35.42	49172	11.40	控股
2	国电电力发展股份有限公司	375824	74.90	19610	5.22	控股
3	山东国际电源开发股份有限公司	366262	53.56	70527	19.26	控股
4	山东华能发电股份有限公司	275299	33.09	19429	7.06	控股
5	华能国际电力股份有限公司	238261	42.17	0	0.00	控股
6	广西桂冠电力股份有限公司	144050	50.38	13157	9.13	控股
7	湖南华银电力股份有限公司	124669	48.03	8525	6.84	控股
8	黑龙江电力股份有限公司	94132	40.19	15094	16.03	控股
9	浙江东南发电股份有限公司	76600	25.63	10837	14.15	控股
10	山西漳泽电力股份有限公司	66360	41.27	6038	9.10	控股
11	山东鲁能泰山电缆股份有限公司	39479	30.04	3884	9084	控股
12	湖北长源电力发展股份有限公司	32049	37.64	1857	5.80	控股
13	北海新力实业股份有限公司	21421	40.00	353	1.65	控股
14	重庆九龙电力股份有限公司	20914	26.48	1951	9.33	控股
15	国电南京自动化股份有限公司	29906	66.10	1267	4.24	控股
16	葛洲坝股份有限公司	160108	51.01	2880	1.80	控股
17	内蒙古蒙电华能热电股份有限公司	22778	13.15	1491	6.55	
18	河南豫能控股股份有限公司	22065	42.56	3529	16.00	

（续表）

序号	企业名称	权益出资（万元）	投资比例（%）	投资收益（万元）	投资收益率（%）	备注
19	江西赣能股份有限公司	21691	27.46	2466	11.37	
20	上海申能股份有限公司	8446	1.77	185	2.19	
21	上海浦东发展银行股份有限公司	11340	2.25	972	8.57	
22	武汉凯迪电力股份有限公司	960	11.31	60	6.25	
	合计	2583861		233284		

5. 境外企业

国电系统对外投资共16家企业，投资总额54亿元，其中以中电国际为主，投资额为48.8亿元。投资地点也主要集中在中国香港地区，有12家企业。这些公司大部分均未从事电力行业的生产经营。

二、电源重组目标

实行厂网分开，重组国电公司管理的发电资产，除华能为独立发电集团外，再重组形成3~4个各拥有4000万千瓦左右装机容量的全国性发电集团，由国务院授权经营，在国家计划单列。

在目前约2亿千瓦可控电源资产中，作如下分配：

（1）电网公司保留2000万千瓦容量作为调峰。

（2）从参股电厂中拿出900万千瓦的股权容量给辅业单位。

（3）卖掉640万千瓦筹措电网建设资本金。

（4）组建含华能在内的5个发电集团，每个3000万千瓦左右。

三、重组的约束条件和原则

（一）约束条件

（1）每个发电集团在一个区域市场中的份额原则上不超过20%。

（2）国电公司系统电厂情况差异大，重组要综合考虑电厂的资产质量、技术构成、经济效益、规模大小、地域配置等因素。

（二）原则

1. 先分资产、再搭班子

重组中应贯彻因事设职、因职配人、先分资产、再搭班子的原则。由国电公司主持，以国电公司系统为主体，先构建五个发电集团的资产及组织框架，然后再搭人事班子，不要先搭班子再分割资产，避免各方挑肥拣瘦，争执不休，难以平衡，延长重组时间。

但在组织结构改革的推进中，落实这一点往往很难，由于改革与重组同步推进的现实需要，又涉及各层面改革者和被改革者的现实利益，极易发生先搭班子、后分资产的情况，使改革之初就产生干部和职工队伍的不稳定。

问题：（1）虽可免去争资产，但由于好的电源资产已被分割，剩余的电源资产在五大集团中只有上市公司质量尚可，又不能轻易调拨，否则将侵犯公众股东利益。因此，电源集团的盈利水平令人担忧。

（2）在电网与电源的分家中，无人代表电源资产说话。

（3）电源集团定人时困难颇多，无力承担。

（4）在建项目分摊和水电流域机构项目的后续能力也令人担忧。

2. 区域市场内每家发电集团容量不超过20%

在保留电源企业独立法人地位的条件下进行重组，各发电集团在某一省内获得的电源资产可能不均衡，因此，不超过20%的原则不能局限于省为单位，因为有些省的电源相当分散，而且很小，如福建只能划到两个而不是五个公司，而应以大区电力市场为单位，使每家发电集团所得到的电源资产在大区市场中基本平衡。例如，华能集团在东北大区拥有的电源资产几乎全部在辽宁，而黑吉两省很少，因此，华能在辽宁的发电资产份额很有可能超过20%，但在东北大区市场中则是符合这一原则的。

所以，新组建发电集团的电源分配，力争先在省内平衡，再到大区平衡。电源集团的组织结构设计十分重要，如何进行内外部管理也很复杂，具有紧迫性。

3. 以省网公司二级单位（地市级供电局和发电公司）为基本单元重组

国电系统发电资产的分配，应以省网公司直接经营的电厂和控股企业为单元进行，即以省网公司所属的非独立核算电厂和独立发电公司为基础，同时保证现有发电公司（独立法人）不被拆分，整体划拨给新组建的发电集团。这一原则既保证了省公司所属电厂不被分割和发电公司保留独立法人地位，使重组有可靠的基础财务数据，又决定了本次重组的层次定位，防止重组层次无限延伸，陷入产权迷宫而事倍功半，从而确保一次重组成功。

至于某一发电集团内部涉及的法人之间的合并式重组，则应日后以该发电集团为主进行二次重组时各自完成。

4. 全国范围平衡

（1）容量不均衡。国电系统在东西南北的装机容量不均衡（西北地区的总装机容量跟山东的装机容量差不多），因此不能按地域，而要在全国范围内均衡。

（2）效益不均衡。国电系统的电源企业，基本是东部和南部电厂赚钱，西部和北部电厂不赚钱，而且东部条件好，西部条件差，如果不在全国范围内平衡，将会出现西北部电厂发电集团都不要而东南沿海电厂大家抢的局面。

所以，新组建的发电集团是全国性公司而不是区域性公司，每一家发电集团不仅在装机容量上，而且在资产质量和盈利能力上应比较均衡，才能保证重组的公平。

5. 好坏搭配、大小搭配

（1）资产质量和技术性能差异大。国电系统的电源企业在资产质量、技术性能、设备成新度等方面差异较大，一般说，新电厂好而老电厂差，大电厂好而小电厂差。

（2）效率和效益差异大。由于收入、实现利润、资产负债率、职工人数、运行小时数、小时利用数等技术和经济指标的差异，各发电单位的成本和上网电价有很大不同，如西部的平均上网电价与东部的上网电价相差一倍。

因此，重组中要遵循好坏搭配、大小搭配原则，综合考虑上述指标，以效益水平和竞争潜力作为两个比较重要的划分标准。

6. 综合考虑权益容量和控制容量

目前，国电公司电源资产的权益容量为 1.2 亿千瓦，控制容量则为 1.5 亿千瓦左右，因此，在向发电集团划拨电源资产及确定发电集团的资产规模时，不仅应考虑权益容量，而且应考虑控制容量。

同时，应明确 20% 的容量限制是权益容量还是控制容量。

7. 合理分配上市公司

在新组建的发电集团中合理搭配国电系统目前在国内外资本市场上市的 22 家公司。上市公司作为公众公司，无论在信息披露、股东变更、股权置换及公司治理上都会引起资本市场投资人的关注，重组中绝不像国有独资企业那样简单，因此，上市公司在五家发电集团中应尽量做到平均分配，不宜过分集中。

8. 综合统筹、混合编组

每个发电集团应贯彻混合编组原则，即由于单一的电源品种在平均分配时会难以兼顾公平，因此可在不同的电源品种（火电、水电及其他电源类型）之间混合编组，力求公平，如好的火电搭配差的水电，差的水电搭配好的上市公司。

四、水电重组的两个思路与选择

（一）“水火相济”

这种思路基于三点考虑：

（1）对水电分布不均衡的考虑。

如华东、华北、山东水电很少，西部特别是西南部水电丰富，不同的大区电力市场有的会超过 20%，有的则不足 20%，造成分布不均。

（2）对水电开发费用高的考虑。

水电的特殊性要求进行流域开发才能达到规模效益，但流域开发所需资金量很大，一家水电公司难以从事多个流域的开发，因此将几个流域开发机构分配给不同的发电集团，这样，发电集团就可以用火电的盈利开发水电，实现经济上的互补。

（3）对水电受自然因素影响大的考虑。

枯水期和丰水期的发电量有很大差异，运营呈跳跃式，因此，组建一个水电集团可能造成运营和盈利的不稳定。

具体操作思路上，可考虑把现有的水电站平均划拨给五家发电集团，考虑到水电资源分布不均衡，有些省水电多一些，有的省根本没有水电，这样就必须进行跨省、跨区分配，同在一省的水电站，可能 A 水电站被划给一家发电集团，B 水电站则划给另一家发电集团，只要保证每家发电集团所拥有的水电容量基本相当即可。

但是这一思路也有局限性，在国电公司所属的龙滩、小湾、黄河、红水河、乌江五个水电流域中，黄河的开发和盈利情况较差，因此，五家发电集团可能都不愿意要黄河流域，但这个问题可以按“混合编组”，与好的上市公司或境外企业捆绑在一起加以解决。

（二）“水火不容”

这一思路主要是考虑：（1）水电开发投资额大，投资回收期长，需要政府的政策扶持，哪一家发电集团都难以承担如此重任，必须将所有水电流域开发公司集中在一起，单独组建一家水电公司，这样便于向国家要政策，组建政策性的水电开发公司。（2）水电开发运营的特点与火电开发运营不同，混在一起，内部管理相对复杂。

但问题是：（1）“水火不容”的思路满足不了在一个区域市场中各家发电集团的容量不超过 20% 的条件。本次重组，以西南和西北为例，只能组成一个水电集团，其容量会大大超过同一市场 20%。（2）从发展看，水电是国家“十五”和“十一五”期间重点开发的能源，今后要建多个大规模水电站，这是一家水电集团无法承担的，必须搞若干个水电集团才能承担，这要求要对5号文件重新解释并对其进行系统长远的论证。

结论：在目前电力改革起步初期，上述两种思路中，本方案倾向于“水火相济”模式。

五、国电公司的自留电源

（一）弹性的重组规定

5号文件规定，五个区域电网公司可以拥有抽水蓄能电厂或少数应急调峰电厂，个别暂未纳入重组后五家发电集团的电厂，可由区域电网公司代管。但其没有具体明确以下两个问题：

（1）国网公司和省网公司要不要留少量电源。

（2）五个区域电网公司留多少比例为宜。

因此，本次重组中，国电公司可以提出关于自留电源的比例和容量。

（二）留不留，两种选择的比较

1. 不保留的思路

国家计委为主制定的改革方案，一直强调国电系统组织上的横向分割；而国电公司自身的改革方案更强调通过发、输、配、售功能上的纵向分切，实现打破垄断的目的。

5号文件既然讲可以保留部分电源，国电公司当然也可以做出不保留的选择，因为保留的思路有如下问题：

（1）只有实现彻底的厂网分开，才能摆脱厂网不分的口实，国网公司才能最终保留并得到真正发展。

（2）留什么，留多少，怎么留，实践中做起来十分困难。这是涉及兄弟之间分家的事，最终国电公司留下的可能都是赔钱的电源，如华北的抽水蓄能电站，众所周知是4度电换3度电，在不实行峰谷差别电价的条件下，净赔1/4，发得越多，赔得越多。

（3）电网公司留下的电源是否参与市场竞争。参与竞争很难有竞争优势，又不符合电网公司保留调峰电源的初衷；不参与竞争而上网，人家还会指责电网公司搞不公平竞争，以权谋私。

（4）分家后的电网、电源关系难处。

（5）按现有方案，未来国网公司和大区电网公司的关系并不明确，不如一步到位。

（6）电网公司对电源项目的管理体制和财务核算体制如何确立，也是一个问题。从国家主导思想看，这些发电厂不能参与市场竞价，不能独立核算，可能就要与输电一起走，价格将会受到政府的严格监管，不可能有效益，这就意味着电网背的电厂越多，财务负担越沉重。

同时，鉴于目前各主要发达国网的安全和稳定在技术上均不强调电网一定要有自身的调峰调频电源才能实现，我们主张，国电公司在厂网分开的改革中应一步到位，守正出奇，争取改革主动权。

电网公司应集中精力发展电网主业，横向拓展电力电讯网和其他网络；强化电网统一调度及电网调度的权威性，不执行调度命令以违反调度条例和电力法论处，完全可以通过市场调度手段解决调峰调频问题。

2. 保留的思路

保留的好处是：一是在感情上满足恋“源”情结；二是在实践中通过保留一些优质电源资产，可以为区域电网公司提供一定利润；三是保留调峰调频电源可使电网运行更有效率；四是在过渡体制转轨时期，在发生安全事故和电力供应紧张时，区域电网有一定的主动权。

3. 如果保留，留多少，怎么留

（1）一般认为是可调容量的10%～15%，包括三类：第一类是用于调峰调频的电厂，第二类是具有调峰调频能力的水电站（含抽水蓄能电站），第三类是区域电网公司中心位置具有调节能力的大型火电厂。

（2）明确电网保留10%～15%的容量，不仅是指区域电网公司，而且包括省网公司分别保留个别电厂，总体平衡下来所留容量在10%～15%之间。如果自留电源全部留在大区公司，省公司就没有调节能力了。

（3）国网公司自留的电源部分要少而精，即在向各家发电集团分配电源资产前，先将国电公司所需的电源资产留下，从目前国电公司内部核算的电源中选择：一是在目前国电公司拥有的1200万水电资产中选择一部分效率高、效益好的作为调峰；二是在国电公司全资拥有的4000多万火电资产中选择一部分效率高、效益好的作为调频。

（三）结论

本方案倾向于不保留电源，一步到位的思路。只要有关部门和电力改革领导小组不要求国电（网）公司保留一部分电厂，就不应在厂网分开过程中自己首先提出保留一部分电源，以免留下厂网不分、垄断和不公平竞争的话柄，赢得改革主动权。

保留电源就保留了风险。

六、新组建发电集团的法律形态与组织模式

（一）独资公司

分步实施，新组建的发电集团可以先搞成国有独资公司，待条件成熟时再逐步向有限公司模式过渡，最终再通过股份有限公司实现上市。

（二）有限责任公司

一步到位，可将新组建的发电集团搞成有限责任公司。根据《公司法》，组建有限责任公司至少要有两个股东，方式有两个：

（1）新组建的发电集团之间相互持股，从现实情况出发，这种相互持股方式只能是象征性的，而不是实质性的。

（2）从国电公司系统外寻找出资人（包括外资），这种方式虽然会带来股权结构乃至治理结构的实质性变化，却不能一蹴而就。

（三）结论

目前，神华、华润等公司也十分关注国电公司的电源重组，搞有限责任公司形式将会增加组建主体易人的可能性，这是十分关键的，因此，目前采取国有独资公司的方式新组建发电集团是比较客观的选择。

七、新组建发电集团注册地和名称的选择

（一）注册地

1. 总部都设在北京

作为全国性大型公司，总部设在北京具有诸多便利：

（1）本次重组是在国务院的直接领导下进行的，因此总部设在北京有利于发电集团的筹备和组织，及时向国务院报告重组进展情况，遇到问题及时寻求指导并制定相应对策。

（2）便于今后直接与中央大企业工委联系、沟通、协调和报告工作。

（3）有利于发挥人才优势，从而提高发电集团公司的人员素质和管理水平。

（4）有利于开展全国性业务，减少地方干预。

（5）在国家工商局注册，有可能挂“中国”字头。

2. 总部设在不同地方

（1）国内注册：即将发电集团公司分设在经济环境好、人员素质高的不同地点，如北京、上海等地。这样做的优势是可在全国范围内均衡分布，但容易让人产生该发电集团是区域性公司的错觉。

（2）境内注册和境外注册相结合：在目前中央提出“走出去”战略的背景下，可考虑将一家发电集团在境外注册，拥有国电公司境外资产，并注入优质发电资产，充分利用国际资本市场，实现我国发电企业通过境外大规模融资持续发展的目标。

3. 由各发电集团自主选择注册地

由于五家发电集团都是全国性公司，因此注册地址并不重要，而以自主选择为宜。但我们认为，由各发电集团自主选择最终注册地是目标模式，但起步模式应将注册地设在北京，这样做简单易行，有利于弱化矛盾。

（二）名称

新组建的发电集团的名称也是一个十分重要的问题，名称关系着发电

集团的发展取向，关系着发电集团品牌的逐步形成和确立。五家发电集团的名称选择应具有以下特点：

（1）要么都挂“中国”字头，要么都不冠地名，以突出全国性公司的特征。

（2）名各异，姓统一。这有利于识别其作为中央国有发电企业的特征，如华能、华源、华电等。

（3）不要把“第一”、“第二”等作为发电集团公司的名称，也不要把北京、上海等地名作为名称。这不符合市场经济的需要，也不利于培育独立品牌。

八、电源集团重组应注意的几个问题

（一）新组建的发电集团的组织模式

由于既拥有非独立核算的电厂，又有控股和参股的发电公司，在现有国电系统近400个发电企业再重组为五个发电集团时，事实上每个发电集团的组织模式一定是以集团化为特征，考虑到这五家集团既含有火电，又含有水电，既含有公众公司，又含有非独立电厂，甚至还有境外企业及少量的辅业企业，因此，五家发电集团的母公司采用的组织模式不应千篇一律、硬性规定，具体可在下述两种模式中进行选择。

1. 纯粹控股公司（Pure Holdings）

其设立目的是为了掌握子公司的股份、股票或其他有价证券，本身不再从事任何其他方面的业务活动，纯粹控股公司一般除拥有自己的办公楼外，不得拥有其他土地，不能从事任何工商业活动以及不得直接与公众进行交易活动。

这类公司随着社会主义资本经济的发展会大量出现，如中电国际就属于这类公司。就五家发电集团来说，不排除今后有些集团公司以纯粹控股公司的模式出现。

2. 营业控股公司（Operating Holdings）

这类公司除掌握子公司的股份外，本身也从事非金融性的生产经营活动，从事商业贸易活动，它们既控制着许多子公司，本身又从事某些产品的生产经营。如华能公司，有浙江长兴、白杨河、新店三个独立核算电厂，又控股若干子公司，就属于这类集团公司。严格来说，营业控股公司才是母公司的概念。

3. 集团化的组织体制

所谓集团就是建立在法人持股基础上，由以资本为纽带的集团公司与其控制的分公司、子公司、关联公司共同组成的企业联合体。

5 家发电集团和国网公司都将采用集团化的组织体制。

4. 与电源上市公司的关系

国电公司系统的22 家上市公司应在新组建的发电集团中均衡分配，原因如下：

（1）5 号文件提出的五家发电集团由国务院授权经营并实行计划单列，由于现有上市公司规模、所在地区、信息披露、股东性质等方面的限制和股权的分散化，上市公司不宜担当发电集团公司的角色，因此，集团公司和上市公司应该分开。

（2）上市公司可作为五家发电集团的核心企业，由集团公司持有上市公司中原国电公司系统持有的股份，最终通过上市公司联系资本市场，筹集资金，引入先进的治理结构。

（二）股份化和集团化同时构造，两个主体应该分开

国电公司系统的22 家上市公司应在新组建的发电集团中均衡分配，原因如下：

（1）5 号文件提出的五家发电集团由国务院授权经营并实行计划单列，现有上市公司规模、所在地区、信息披露、股东性质等方面的限制和股权的分散化，上市公司不宜担当发电集团公司的角色，因此，集团公司和上市公司应该分开。

（2）上市公司可作为五家发电集团的核心企业，由集团公司持有上市公司中原国电公司系统持有的股份，最终通过上市公司联系资本市场，筹集资金，引入先进的治理结构。

（三）集团和集团公司同时完成

集团是法人联合体，集团公司是法人，因此重要的是构造出集团公司的组织结构。（图3）

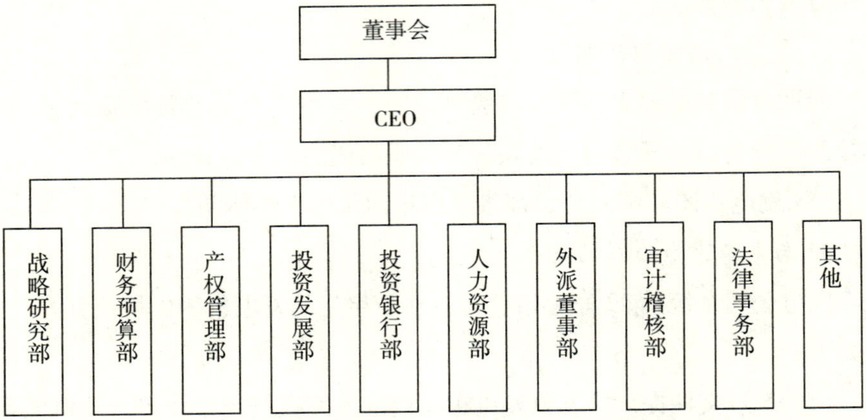

图3　电源和电网控股公司（集团公司）的一般组织结构图

九、电源重组的操作步骤

（1）确立核心企业。

（2）均分上市公司。

（3）组建集团公司。

（4）发电集团应在区域电网公司所在地建立其分公司。

作用有二：一是分流一部分重组下来的人员，减轻电网压力；二是今后将从以区域电力市场为主的角度出发，各发电集团均须在区域电力市场建立其分公司。

十、未来电源的发展规划问题

（1）涉及电源和电网关系的协调和规划，谁管？

（2）网内建厂，谁负责前期和规划？

第五部分　厂网分开后的电网重组

一、国电公司电网资源现状（图4）

注：上述分公司是指四个大区分公司和南电联分公司。

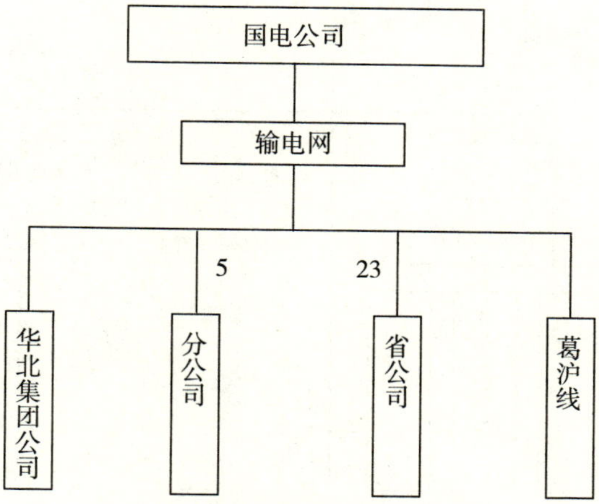

图4　国电公司电网组织结构图

二、重组目标

（1）按国有独资形式设立国网公司，由国务院授权作为管理电网资产的出资人代表，实行计划单列。国网公司应为营业控股公司。它直接经营的电网资产为：葛沪线、长万线、三峡送出线、华北—东北联络线、将要划拨的其他线路。

（2）设立有限公司或股份公司形式的五大区域电网公司。它们是：华北（包括山东）、东北（包括内蒙古东部）、华东（包括福建）、西北、华中（包括重庆和四川）。

（3）设立有限公司或股份公司形式的南方电网公司。股东构成为：国网公司（南电联、云、贵、桂）、广东、海南。

（4）把省公司改组为分公司或子公司。

（5）国家电网公司结构图。

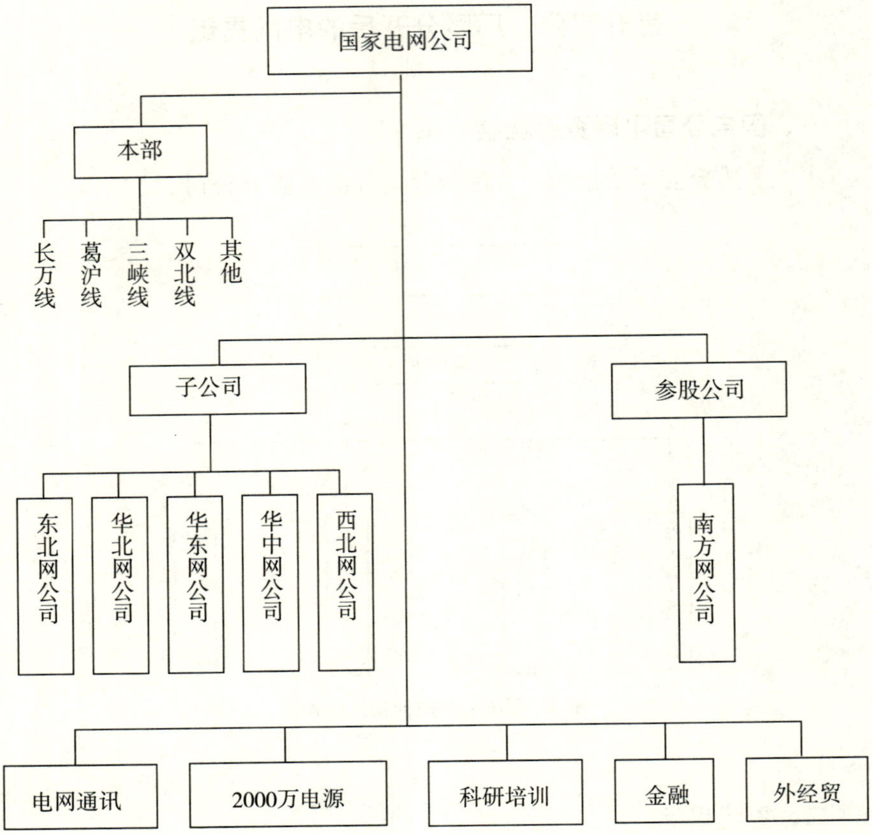

图5　国家电网公司结构图

按国有独资形式设立国网公司，由国务院授权作为管理电网资产的出资人代表，实行计划单列。

三、电网重组特点

（1）国网公司的五个特征：

①基础性；②安全性；③网络性；④规模性；⑤统一性。

（2）国网公司的五大功能：

①电网统一运营和管理功能；

②电网统一调度功能；

③电力市场组织与运作功能；

④全国联网构筑市场功能；

⑤全国电网统一规划与建设一盘棋的功能。

（3）自然垄断属性。

电力工业在国民经济中具有重要性、基础性和公用性三大特点，在发电和售电环节引入竞争机制，将输电和配电尤其是输电限制在有限竞争范围内。

国网公司组建的理论基础就在于电网经营领域是自然垄断行业，这一行业在较长时期都不可能是充分竞争领域，有限竞争论是国网公司产生和未来很长一段时间发展的重要理论基础。这决定了国网公司的自然垄断属性。

（4）中央电网调度与国网公司统一经营。

①国网公司管理国家调度中心。

②国网公司及其区网、省网公司统一经营各地的电力交易中心。

（5）应明确的问题。

①组建国网公司是长久之计，不是权宜之计。

A. 全国联网是中国电力改革史上的里程碑，不能放慢速度。

B. 电网发展的钱从哪来？卖电源投电网不行了，600 万千瓦容量的电源资产只能解决眼前，应探讨电源集团公司卖电源投电网的可能性。

C. 电网产业的特点决定了其发展必须有长远规划，而且不能出现大的起伏。

D. 跨区间联网的重任。

②只有厂网分开、输配分开，才能最终保住统一的国网体制。

A. 输配不分是过渡现象，最终要分开。

B. 输电网自然垄断地位不会动摇，这是全国一张大网的技术基础。

C. 电网越大越经济，电网越大越安全，这是全国一张大网的经济基础。

四、国网公司的法律形态和组织模式

（一）法律形态

1. 把国电公司改组为国网公司

从某种意义上说，在电力市场化改革方向上，无论是改革者还是被改革者，并无根本分歧。在改革思路上，是把国电公司改造成国网公司，还是将国电公司取消或分割后再成立一个新的电网公司？那种凭感情出发，认为把国电公司改组为电网公司的思路与解体国电公司而重新成立一个或若干电网公司截然不同，必须对国电公司进行“休克式改革”的看法，不符合中国改革主体明确的渐进式改革方略，且在实施步骤上后者显然比前者风险大，拆掉一个再搞一个付出的代价更大，会影响电力的安全和稳定。

国网公司应与国电公司之间具有继承性和续存性，是在原国电公司基础上改组而成的，这在法律上应严格界定，厂网分开后的国网公司是国电公司的续存公司，而不是一新设公司。这样做的好处，一是有利于本次改革的顺利推进，原国电公司在剥离出电源和辅业后，自然改组为国网公司，承接债权债务关系，平稳过渡；二是从国网公司发展的角度看，继承国电公司的业绩有利于其尽快股改和上市；三是从 1998 年国电公司成立以来的改革历史看，其具有连续性和继承性，容易被各方接受。

2. 撤销国电公司，新建国网公司

如果把国电公司改组为国网公司的目标不能实现，那么国电公司本部要清盘。清盘时，国网公司、省网公司、发电集团对原国电公司的资产、债务、权益具有分家继承性，分家要分彻底，如国电系统结存的资金、权益、负债及或有负债都要一次性结清和了结，否则国网公司继承的可能更多是风险和责任。

3. 结论

上述两种模式中，我们倾向于把国电公司改组为国网公司。

（二）国网公司的名称与选择

国网公司的名称有两个选择，一是继续叫“国电公司”，二是改称“国网公司”，但英文最好沿用 SP（State Power）。二者各有优劣。

1. 国电公司

（1）已为国内外所熟悉，现有无形资产可以得到充分利用。

（2）它标志着续存下来的国电公司是母体公司，改革和重组均具有强烈的继承性和主体性。

（3）便于处理原国电公司遗留的经济和法律等问题。

2. 国网公司

（1）标志国电公司战略性转型的完成和新生。

（2）电网概念明确，有利于品牌的确立和今后的融资上市。

（3）改革力度大，形象好。

3. 结论

中文名称二者皆宜，但英文最好沿用SP（State Power）。

（三）国网公司的组织模式

将电源剥离后的国电公司改组为国网公司，是原国电公司电网资产的出资人，法律上可暂为国有独资公司，其组织模式定位为营业控股公司，既从事电网产品经营，又从事电力通讯和其他网络的经营，同时还是资本运作主体，拥有大量子公司。因此，国网公司是以控股为主的，拥有跨区联络线的营业控股公司。

五、国网公司的经营范围和职能

（一）经营范围

在经营领域上，今后国网公司要形成有庞大的电力网、电讯网及其他基础管网，从事电网所有、电网经营和电网建设的现代大公司。

（二）职能

国网公司的职能范围有几点需要进一步明确：

（1）负责全国电网的安全运营管理。

（2）负责全国电网的调度。

（3）对各省网公司履行出资人的人事任命权、资产收益权和战略决策权三项权利。

六、区网公司的组建

（一）公司法律性质

（1）根据5号文件，区域电网公司要组建为有限责任公司，但这一规定执行起来难度大，涉及的地方电网资产基本都在县级农网，目前，这些农网公司普遍改组成立了有限公司，要将其重组到区域电网公司中来，必须打破原来格局。所以，区网公司的有限责任化应该分步完成，由于地方电网资产在各省是不平衡的，有的省股权大，有的则没有，它们要在区域公司中占有股权，就要考虑到各省间的平衡，但平衡十分困难，没有一两年不可能。

（2）由于国电系统电网资产质量高，县级农网资产质量普遍偏低，本次重组又采用不评估、不审计的做法，这就可能造成国有资产流失。

（3）结论：第一步，先成立独资公司，在资产清理、界定过程中逐步改组为有限责任公司和股份有限公司；不要为追求有限公司而搞有限公司，不应排除独资区域电网公司的形式。

（二）区网公司模式和职能

区域电网公司应为营业控股公司，它们既直接经营区网自留的调峰电源、省间联络线和大区电力交易中心，又作为省网子公司的出资人，控股省公司输配电网。

（三）区域电网公司的组建

由于5号文件要求区网公司搞有限责任公司制，因此，若一步到位地组建有限责任的区网公司，应考虑：

（1）与独资公司相比，有限公司的法律地位形成后将难再恢复到与国网公司一体化的总分结构。因此，强调区域电网公司的有限责任制用意也正在于固化这一模式。区域电网公司改组成有限公司或股份公司，最重要的是股东的选择。股东可有以下选择：

①让所辖省市形成的地方电网资产作价入股，但问题是地方供电资产多是农网，所有者多是县级单位，而且已经改制为有限责任农网公司。如果把省公司在县级供电公司的股份转换成区域电网公司的股份，其问题在于：一是县级农网资产质量不高，多为配电资产，这与区网公司高质量的输电网资产不可比；二是换股程序复杂，且跨过了大区内的省网公司，涉

及三个层次的股份同时置换，十分复杂；三是有700多个县是国电公司直属的，还有像江西等省也已把一些趸售县的资产全划给了国电公司，这样，现实中有些省市没有地方电力资产，就很难搞成由地方参股的有限公司。

地方政府的权益资产，如农网资产，可算作地方入股区域电网公司的股权，但无疑国网公司将是绝对大股东。

②通过引入战略投资人和产业基金，组建股份制公司，一方面可建成现代有限公司制度，另一方面还可筹资，对战略投资人和金融投资人来说，有盈利的电网是有吸引力的。

③另一个选择是由国网公司牵头，与5个所属区域电网公司相互交叉持股，组建由两个出资人构成的区网有限公司。大股东都是国网公司，如华东公司给华北公司出资，华北公司给西北公司出资，西北公司再给华东出资。

（2）就区网公司今后主要是从事输电网经营的公司性质且输电网在今后很长一段时间内将具有自然垄断属性来说，输电网应逐步开放，稳步推进。因此，区域电网的有限公司化必须由国网公司绝对控股，这样形成的有限责任公司进退皆宜，回旋余地大。

（3）建议把华东电网公司直接搞成股份有限公司，做上市准备，应对系统外广东或南方电网公司上市对国电系统的挑战；其他区域电网公司则可组建成有限公司。

七、省网公司的改组

（一）省网公司的有限责任公司制

省公司应保留现有全资子公司模式，只是其出资人从国网公司改为区域电网公司。省公司保留独立法人地位的好处是，目前的财税体制是以省为单位，电价平衡机制也是以省为单位。大区内经济较弱的省难以承受平均电价，电价空间又和省经济发展直接挂钩，因此保留省公司的子公司模式有利于调动各省积极性。

省公司的主要发展方向将是有限责任的子公司，其股东可为国网公司、大区电网公司及拥有当地省农网资产的省级国有资产经营机构，力争用有三个出资人以上的有限责任公司形式把省公司的子公司地位在法律上固定下来，实现真正的有限责任制。

国网公司对省公司的出资，同时以股东身份实现了其对省公司的重要决策权。

但须强调，省网公司的有限责任化一定要以不妨碍区域电力市场的形成为前提。

（二）省网公司经营范围

从经营范围上看，省公司应成为拥有22万伏网架资产和直接经营省内部分地方供电局的配电公司，同时拥有若干县级配电公司股权。

总之，从改革的稳定和最小代价的目标出发，省公司不宜一步就从子公司变为分公司。

八、国网、区网、省网公司三者关系

（一）国网和区网的关系

国网公司将对各大区域电网公司行使出资人职能。具体来说，出资人主要有三大职能：

（1）对各大区域网公司的高级经理人员有人事任命权。

（2）对各大区域网公司的经营收入具有资产收益权。

（3）对各大区域网公司具有重大经营战略的决策权。

（二）区网和省网的关系

在区网和省网公司之间，尽管5号文件提出可把省级公司改组为分公司或子公司，但我们认为，区域电网公司不宜一下把省级公司的法人地位取消而变为分公司。

（1）从目前我国省为实体的财政结缴关系看，保留省公司的子公司地位有利于调动地方的积极性。

（2）在一个较长时期内，从实践中看，二者之间的母子公司体制将是主流。从理论上看，改革的目标将可能是今后区域电网公司以跨省之间的联络线即输电网为主，而省公司则可能是直接经营省内的22万伏以上的输电网络，并以控股地区、市、县的配电网股权为主要业务。保留区网和省网之间的母子公司体制是当前最可行的选择，且不会为未来更大的改革和发展空间设障。

（3）从最终输配分开的目标模式看，不排除有些省公司变为分公司，届时，区网、省网公司作为输电网存在，地区和县、市公司作为配电网存在。

（三）国网和省网的关系

国网和省网之间同样存在母子公司关系。在母子公司关系上，法律规定有四种：

（1）A公司拥有B公司一半以上的普通股股本；

（2）A公司拥有相对控制B公司多数表决权的股本；

（3）A公司能实际控制B公司的董事会；

（4）B公司是A公司所拥有的子公司的子公司。

凡符合上述任一条件者，B公司即为A公司的子公司。

由于国网公司对大区电网公司行使出资人职能，法律上大区电网是国网公司的子公司，由于省网公司又是区网公司的子公司，事实上，按照上述第4条定义，省网公司也是国网公司的子公司。

因此，区域电网公司对省网公司的管理权取决于国网公司对其的授权。从体制转轨、平稳过渡的角度出发，建议在国网和省网公司之间保留一些重大的管理职能，如对于省网公司一把手的产生，区网公司可以有提名权，但最终的任命权在国网公司。

九、南方电网公司的重组与上市

（一）南方电网公司重组的内容

（1）南方电网的三方股东：国电系统（南电联分公司、云、贵、桂三省区)、广东省、海南省。

(2) 南方电网的经营范围:云、贵、桂、粤、琼五省区。

(3) 南方电网公司按各方现有电网净资产作价入股,并按比例参加董事会,组建股份制公司。

(4) 组建工作由控股方——广东负责。

(5) 南方电网公司实行计划单列,中央拥有人事任免权。

(二) 重组中的问题

(1) 本次电力改革不是把国电公司改组为南北两个国网公司,南方电网公司在组织形式、经营范围方面与五大区域网公司是一样的。在其持股股权上,国网公司是其“老子”之一,这个定位至关重要。目前那种国网公司和南方电网公司南北分治的提法有待商榷,对全国联网的发展也不利,它的定位只能是一个区域电网公司。

(2) 5 号文件只提到重组各方用地方电网资产入股,但并未明确是输配电网资产还是仅为输电网资产。如果是输配电网资产都包括,则产生的问题较多。

①打破地方财政利益格局在财税体制上十分复杂,推进难度大。如果五省各为主体并由广东控股,财税矛盾突出。

②今后云、贵、桂三省区内的输配电项目是否都要由南方电网公司审批,对此各省区会有疑虑。

③各方利益不同。目前广东一年所需电量 1000 多亿千瓦,但“西电东送”到广东的只有 300 亿~400 亿千瓦,因此,今后广东大权在握,既拥有市场,又是控股大股东,云、贵、桂三省区积极性不高。只从制造竞争主体出发而不考虑可行性和操作性是不行的。

结论:南方电网公司搞输配电合一模式难度大,应探讨其成为以 50 万伏网架为主的输电公司的模式。

(三) 南方电网公司重组的可行性

(1) 组建南方电网公司模式之一 [图 6 (1)]:

①国电南方分公司、云、贵、桂四方作为一个股东,由国网公司

代表。

②云、贵、桂三省区22万伏以上的输电网资产加上国电南方公司的50万伏网架资产作价入股，形成国网公司的股份，广东省也应以22万伏以上的输电网资产作价入股；或有关各方均以22万伏以上网架资产作为入股资产。

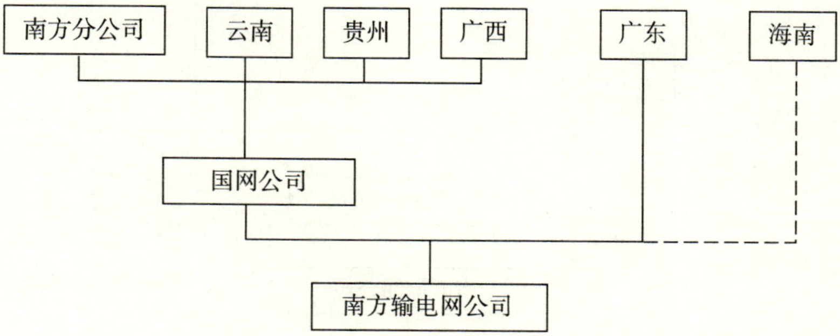

图6（1）　南方电网公司组建模式一

③有关各方投入南方电网公司的资产中均不应包括电源资产及辅业资产，要进入大家都进。

④南方电网公司初期采用有限责任公司模式，先期由国网公司和广东省两方组成，待与海南省联网后，形成三方股东的有限责任公司，并按出资比例确定董事长和总经理单位。

⑤在上述基础上，南方电网公司进行股改、融资，并形成上市公司。

⑥云、贵、桂三省区保留省公司的法人地位，今后以经营省区内22万伏以下的配电网资产为主，各自形成营业控股集团公司，并直接归属国网公司。

⑦时机成熟时，南方电网公司可以通过募集资金，逐步收购广东配电资产和国网公司拥有的三省区配电资产，并在母子公司体制下形成南方电网集团。

结论：按这一模式，广东可能控不了股。

（2）组建南方电网公司模式之二［图6（2）］：

①国电南方分公司、云、贵、桂四方作为一个股东，由国网公司代

表；广电公司的输配电资产由广东省代表。双方以全部输配电资产折价入股，组成由两个股东（暂不含海南）的南方电网公司（若含海南，则为三个股东）。

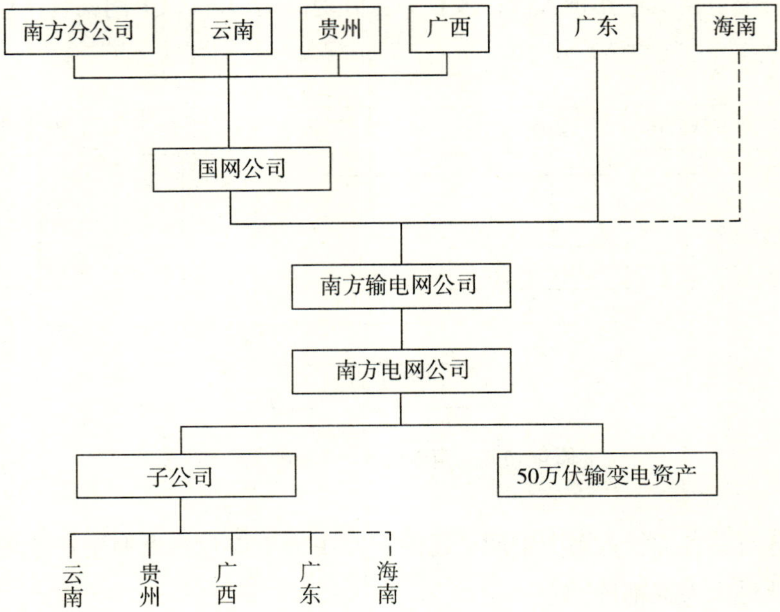

图6（2） 南方电网公司组建模式二

②南方电网公司为营业控股公司性质，下属云、贵、桂、粤、琼五个子公司。其中，南方电网公司本部直接经营50万伏网架的输电资产，五个省公司则经营22万伏以下的配电网资产。

③有关各方投入南方电网公司的资产中均不应包括电源资产及辅业资产，要进入大家都进。

④南方电网公司初期采用有限责任公司模式，先期由国网公司和广东省两方组成，待与海南省联网后，形成三方股东的有限责任公司，并按出资比例确定董事长和总经理单位。

⑤在上述基础上，南方电网公司进行股改、融资，并形成上市公司。

⑥云、贵、桂三省区保留省公司的法人地位，今后以经营省区内22万

伏以下的配电网资产为主，形成南方电网公司的子公司。

结论：广东配电资产大，结果是地方的配电资产控制国网的输电资产。

（四）南方电网公司组建与广东电力上市的矛盾

1. 广电公司的股改和上市

（1）广东省已将其电力资产厂网分开，形成了以经营发电资产为主的粤电公司和以经营电网资产为主的广电公司。

（2）近一年来，广东聘请摩根士丹利、中金公司等中介机构，一直在积极筹备广电公司的股改和上市。

2. 广电公司先上市再参与南方电网公司重组的思路不可行

面对这次重组，不排除广东省先争取广电公司上市，再以一个上市公司的法律地位参与南方电网公司组建的思路。需要指出的是，这一思路极不利于组建南方电网公司的其他各方。因此，广电公司独立上市的思路必须中止，应明确是南方电网公司先重组，然后再整体上市，以确保国网公司作为上市公司的资本运作主体和股东的权益。

3. 华东电网公司积极筹备改制上市

应看到，南方电网公司由于历史包袱轻，资产质量高，市场前景好，体制灵活，其上市必然会对国网公司的各方面形成较大冲击。因此，国网公司从现在就应积极应对这一挑战，选择某一区域电网公司如华东电网公司进行股改并作上市准备，以形成小比小、新比新的可比竞争格局。

（五）广东省降低电价的动态分析

（1）广东省从今年5月起，大幅度降低销售电价，调节投资方向，平均降低近8分钱。目前，全省电价都已控制在0.79元/度以内。

（2）广电推进上市计划，必须保持足够上市利润，唯一办法是压上网电价。

（3）这对云、贵、桂三省区的电价会有影响。

（4）“西电东送”南通道的联网和扩容项目都在建，已成覆水难收之势。

（5）要和广东签订送电合同，否则风险大。

十、电网调度和电力交易中心

（一）省电力交易中心的现实

目前，以四川、浙江等省为代表的电力交易中心，在探讨电力市场方面摸索了很多经验，在竞价上网方面发挥了积极的促进作用。因此，不宜一说组建区域电网公司就立即取消省公司的电力交易中心。

（二）区域电力市场形成的必然性

（1）新的重组方案目的是打破省间壁垒，重要的步骤之一就是建立大区的电力交易中心，市场的发展必然要从省的电力市场演变为大区市场，最终形成全国的电力市场。

（2）必须走出把电力市场和区域电网公司组织绑在一起的误区，认为谁为实体就由谁办市场是不正确的。电力市场的发展不受行政区划和企业组织边界的限制，市场最终会独立于区域，这样才更有利于形成更大范围的电力市场。因此，要把区域交易市场和管理组织体系分开。

（3）从发展看，最终目标是要建立区域电力交易中心。到那时，省交易中心变为区域交易中心的分支机构或派出机构，再跳出省公司，让区域公司来管，这有利于打破省间壁垒，实现公平竞争。

（三）现有体制下应在大区和省两个层面形成电力市场

现有体制下，电力市场在区网、省网都要有，不能一下全部过渡到区网。因为目前省间联络线还不强，市场一下扩大到大区，效果未必明显。所以，应从现实出发，逐步从省电力市场向大区市场过渡，在继续培育六个试点省电力交易中心的基础上，重点增设大区电力市场，在两个层面上培育电力市场并逐步向全国市场过渡。

（四）尽快筹组我国的电力交易所

本次改革将设立电监会，形成强有力的电力监管部门，同时竞价上网的市场竞争环境也将逐步形成，这意味着我国组建电力交易所的时机已经成熟。电力交易所的出现，将会极大推动我国电力市场的大发展，使电监会能够像证监会一样发挥其重要作用。

十一、财务公司重组

选择有二：

（1）维持现有模式，但须调整股权比例。

①中电财划归国网公司，区网公司和其他重组的发电集团、辅业集团不再成立新的财务公司。

②国电公司目前在中电财的股份占46%，下一步可将一部分股权适当分散给华能以外的另外四家独立发电集团及新组建的全国性化的电力辅助产业集团。

③坚持国网公司控股。

④重新调整中电财公司的各方持股比例，使各方股权比例基本平衡。

（2）增加若干个财务公司。

电源重组和辅业重组后，将会增加若干个挂靠中央企业工委的大型全国性的电源和辅业企业集团，这些集团应该获得较多的国家政策扶持，其中组建财务公司是最重要的金融政策支持，应尽量争取才是。加上华能集团已有财务公司，从平等竞争的地位出发，其他3～4家独立发电集团申请这一政策是完全可能的。而电力施工集团获得这一政策同样重要。

第六部分　新国资管理体系下电源集团和电网公司的组织模式

一、新国资管理体系——国资委的组建与国有资产管理体系的构造（图7）

（1）目前在国有资产管理上的彷徨：全民所有，无人所有。

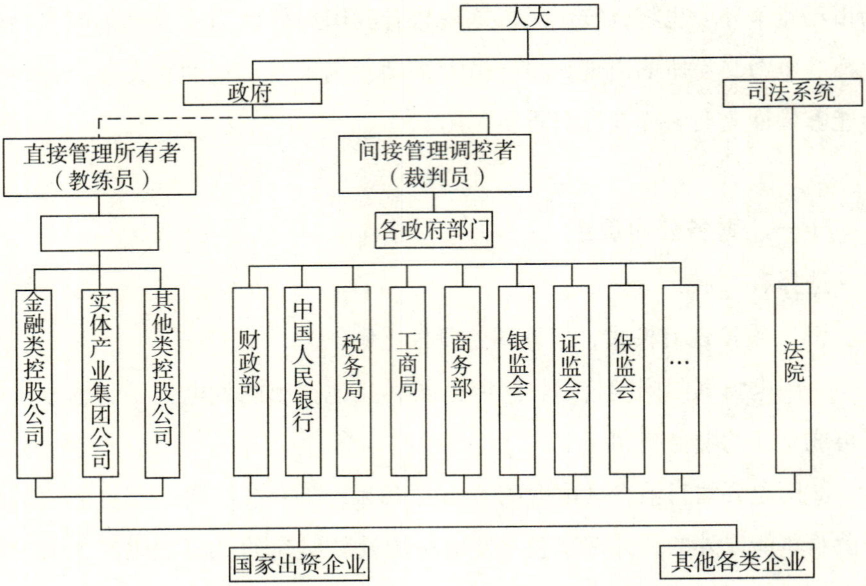

图7　国有资产管理体系图

（2）国资委的组建、三层国资管理体系的形成及五类国资经营公司。（图8）

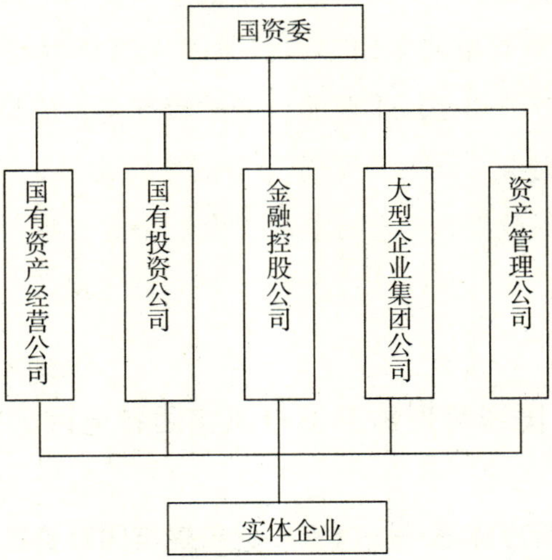

图8　三层国资管理体系及五类国资经营公司结构图

二、电源和电网集团公司的产权和治理结构

（一）电源的产权模式

1. 独资公司

分步实施，新组建的发电集团可以先搞成国有独资公司，待条件成熟时再逐步向有限公司模式过渡，最终再通过股份有限公司实现上市。

2. 有限责任公司

一步到位，可将新组建的发电集团搞成有限责任公司。根据《公司法》，组建有限责任公司至少要有两个股东，方式有两个：

（1）新组建的发电集团之间相互持股，从现实情况出发，这种相互持股方式只能是象征性的，而不是实质性的。

（2）从国电公司系统外寻找出资人（包括外资），这种方式虽然会带来股权结构乃至治理结构的实质性变化，却不能一蹴而就。

3. 结论：独资形态要保留

目前，采取国有独资公司的方式新组建发电集团是比较客观的选择。

（二）组建中央发电资产经营管理公司的可能性

组建中央发电资产经营管理公司，该公司为纯粹控股公司，持有包括五大电源集团的股份（图9）。该公司具有以下特征：

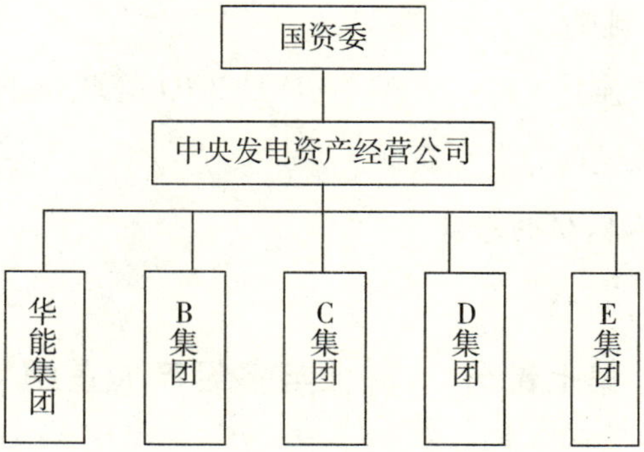

图9 中央发电资产经营管理公司结构图

（1）不叫总公司或集团公司，是一家纯粹控股公司；

（2）是联结国资委和五大电力集团的资本桥梁；

（3）协调五大电力集团之间的关系；

（4）有助于五大电力集团公司从独资形态向中外合资公司和公众公司转变。

（三）国网公司的产权模式

将电源剥离后的国电公司改组为国网公司，是原国电公司电网资产的出资人，法律上可暂为国有独资公司，其组织模式定位为营业控股公司，既从事电网产品经营，又从事电力通讯和其他网络的经营，同时还是资本运作主体，拥有大量子公司。因此，国网公司是以控股为主的，拥有跨区联络线的营业控股公司。

（四）电源和电网集团公司的治理结构

1. 董事会

董事会由1/3的内部执行董事、2/3的外部非执行董事（其中独立董事占1/3，职业非执行董事占1/3）组成。

2. 关于职业非执行董事

（1）一个职业非执行董事管3～4家公司。

（2）设立职业非执行董事的目的是防止内部人控制。

3. 关于CEO制度

弱化董事会，强化CEO、CFO、COO、CIO等职位的重要性，任命适当人才，不实行总经理分工负责制。

4. 职业经理人队伍的形成

第七部分　辅业与多经产业重组

一、辅业与多经产业重组的内容

（1）电网企业可拥有必要的电力科研机构。

（2）设计、修造、施工等单位进行公司化改造，进入市场。

（3）医疗教育单位实行属地化原则。

（4）三产和多经企业参加发电企业重组或交地方政府。

二、辅助产业重组

（一）指导思想

（1）确定哪些产业适合于搞专业化，哪些产业适合于走社会化。

（2）专业化产业往大集团方向走，在国家计划单列，人事归企业工委，财务关系归财政部。尽可能组建全国性集团，关注干部队伍的心态，不应简单下放地方和降格。

（3）社会化产业往分散化方向走，产权上搞民营化，行政上挂靠地方政府。

辅业资产重组不应全部是无偿量化给个人或职工兴办的集体多经企业，应采用多种方式实现民营化，如通过市场化方式出售转让、有偿或无偿量化给职工个人或个人出资的法人相结合的方式，既要避免资产流失，又要避免不公平所带来的社会和企业的不稳定。

（4）电网服务体系不能散，探讨有益于国网公司做大做强的重组模式。

（5）尽可能组建全国性大集团，并由大企业工委管。尽量上靠，升格组建，不要下移而降格组建。保持大家对本次重组的心理稳定和心理平衡，以达到职工队伍、干部队伍的相对稳定。

（6）对辅业不能只考虑其多余，而不考虑其有用。电力产业的核心竞争力和综合竞争力是相辅相成的。

（二）施工企业重组

1. 施工企业重组的五种思路

（1）按水电施工、火电施工和送变电施工组建三个全国性集团。

（2）组建一个大型施工集团公司作为控股公司，下设火电施工、水电施工和送变电施工三个子集团，形成母子公司结构，注册地在北京，挂靠企业工委。

（3）从有利于竞争出发，南方、北方各搞一个施工集团，每个集团中又含有火电施工、水电施工和送变电施工三个子集团。

（4）以中国水电建设工程公司为母体，将其辖的十几个工程局和各网省拥有的水电施工企业合并组建为一个全国性水电施工集团；火电和送变电则按南北方各组建一个综合施工集团。三个集团都交中央。

（5）以省为单位组建综合性施工集团，移交地方。

2. 施工企业重组思路的选择

综合比较，我们认为以第二方案为宜，即组建一个全国性的大型工程建设集团，直接挂靠在大企业工委，由国务院直接授权经营，下设水电施工、火电施工和送变电施工三个子集团。此方案还应把与施工相关的工程承包单位等专业公司吸收进来，参与重组。

实施这一方案应分两个步骤：第一步，先组建一个大型控股公司；第二步，酌情推进二次重组。

3. 需要配套的政策

（1）根据企业效益情况决定国家的扶持力度。中央政府给予税收政策的优惠和财政上的重点扶持。

（2）国电公司给予一定的分流费用，但要立足于以国家财政给钱为主、为先的原则。

（三）修造企业重组

1. 重组的几种思路

（1）交地方分省解决，走社会化、民营化之路。

（2）组建一个全国性的修造集团，可考虑由华电集团公司牵头，作为母公司筹建，交中央管理。

（3）从事电源修造的公司整合后分别归属五家发电集团；从事供电修造的公司可下放给地方，搞民营化。

2. 修造企业重组思路的选择

我们倾向于第一种思路，即交地方分省解决，走社会化、民营化之路。

3. 需要配套的政策

（1）各级电网公司给予一定资金补贴。

（2）五家发电集团给些有稳定收益电厂的股权，使修造公司成为电厂股东，保证一定回报和收益。

（3）由地方政府做主，以量化15年以上工资数额的企业资产为职工个人股份，给政策搞全员持股制。

（四）与电力行业相关的贸易公司的重组

这类公司包括物资、成套、外经、外贸、燃料等公司和监理公司等中介机构。可考虑以下两种重组思路：

（1）整合后或分别归属五家发电集团，或由发电集团和各级电网公司共同持股，搞法人持股公司。

（2）整合后形成大的电力综合商社，走集团化道路。

（3）可与发电集团一起参与重组，也可暂由电网公司代管。

（4）监理公司等中介机构可比照会计、律师模式与主管单位脱钩，搞合伙制。

（五）科研设计单位重组

科研设计单位的重组方向是事业单位企业化，进行规范的公司制和集团化改组，走股份制集团之路。

1. 重组的几种思路

（1）水规院、电规院及其下属单位分别改组为两家从事电力规划、设计的咨询集团。

（2）组建一家综合性的电力咨询集团公司，包括水规院、电规院及国电系统的有关设计院所，下设三家子公司，人事归企业工委。

（3）电科院跟国网公司走，改组为从事电网科研开发的集团公司。

2. 配套政策

（1）通过全员持股或期权制量化部分股份给科技人员。

（2）发挥各自庞大的三产组织和财产，为主辅分离创造条件。

（六）学校、医院的重组

（1）学校的重组可比照国务院关于教育体制改革的有关规定，纳入地方高校范围及事业单位管理序列。

（2）医院按属地化原则实现民营化、社会化。

三、多经产业重组

本次重组的多经产业是指与国电公司系统有资本纽带关系的多经企业。

（一）多经产业的特点

（1）全民支援集体的人员约有 30 万，这些人虽在多经产业中是主力，但都保留全民身份，重组中若这些人回流，一方面主业单位无法接收，另一方面骨干回流必然会带走业务，使相当一批效益不错的多经企业因此走入困境。

（2）有许多多经企业性质虽为集体，但实际是主业投资并控股的，不是纯集体资产，发电和供电单位都存在这种情况。

（3）人员多，不稳定，安置不好会有社会问题。

（4）电网企业中也拥有大量多经企业，无法让发电集团重组，也不宜交给地方，因为将失去主要的业务来源。

（二）重组方式

（1）用“带资分流”的办法，社会化分散解决。

那些与国电公司系统并无产权纽带的多经企业实际上资产已游离到国电公司系统外，仅在经营上依赖主业。对这部分非国有资产可考虑与下岗和转岗的职工安置相衔接，参照目前流行的改革做法，如代资分流，从根本上解决企业负担，最大限度地保持国电公司系统转型时期的稳定。

买断身份要慎重，石油石化行业的做法在大庆等地区带来企业的不稳定。本次电力重组应从稳定大局出发，不要在人员安置上出现较大麻烦，以免导致不稳定。

（2）对于网公司和省公司层面的多经企业，应以拍卖、出售等方式收回原始投资，切断资本纽带，搞职工持股制的民营化；切断主业和三产的资本纽带关系；地区电业局、供电局的多经单位应在保持稳定的条件下适时分离。

（3）进行再就业培训，给予补偿，交由社会就业机构重新安排。

（4）供电单位所属的多经企业，相当一部分为主业服务，可通过企业产权量化给个人的方式改组为民营公司，继续做主业的服务业务。

（5）国有多经地方化，集体多经民营化。

（6）发电单位所属的多经企业先辅随主走，再各自主辅分离。

四、辅业和多经产业分流人员的办法

电力职工统计 134 万人，电网、电源、辅业各占 1/3；多经产业 80 万人，其中全民身份的人员有 27 万人。

（一）“带资分流、买断身份”的问题

那些与国电公司系统并无产权纽带的多经企业实际上资产已游离到国电公司系统外，仅在经营上依赖主业。对这部分非国有资产可考虑与下岗和转岗的职工安置相衔接，参照目前流行的改革做法，如代资分流，从根本上解决企业负担，最大限度地保持国电公司系统转型时期的稳定。

买断身份要慎重，石油石化行业的做法在大庆等地区带来企业的不稳定。本次电力重组应从稳定大局出发，不要在人员安置上出现较大麻烦，以免导致不稳定。

大庆的问题：

（1）起因。2000 年，OPEC 对付美国限产，油价从 9 美元涨到 35 美元，三大石油涨价利润 1200 亿元，三家公司说服总理全留。

（2）上市改革。减员分流，按工龄 4500 元/年支付下岗人员工资，平均十几万元，为各行业之首。

（3）2001 年石油仍维持每桶 26 美元，利润保持，人员精减，效益好，平均处级 5 万 ~6 万元，科员 3 万 ~4 万元。

（4）退下来的人认为被骗下岗，同时社保基金每月多交 100 元，要求复岗。

（5）铁人广场静坐，近万人上北京，让党员做工作，党员退党，至今仍有静坐。

（6）大港、玉门全国学大庆。

（7）这一做法在法律上存在两个问题：一是违反劳动法和合同法，一般是 20 年合同，现提前终止，补偿定义为企业违约补偿；二是长期在国企工作，拿的低工资，无高福利如公费医疗、住房等，因此要历史补偿。

结论：主要是没处理好基础产业工人阶级队伍上岗和下岗的关系。

（二）创造“改制分流、带股分流”的新模式

（1）分流人员的改革方向不能变。

（2）把辅业和多经资产折股为补偿金，民营化，可带动就业，又可增值，比带资分流存银行好。

（3）分流人员与主业切断产权关系，保留业务关系，这是稳定的重要一环。

（4）培育为主业配套的中小企业。

第八部分　重组难点和亟待明确的若干问题

一、包括华能，是组建四家还是五家独立发电集团

我们认为，以组建五家独立发电集团为宜。

二、华能容量不足，要不要补充容量

（1）华能集团成立 20 年，容量达到 2400 万千瓦（包括其参控股公司的总容量）。方案中规定每家发电集团的容量在 4000 万千瓦左右，因此，应考虑划给华能一部分容量（如 1500 万千瓦），使之与其他四家相当。

（2）华能的容量中没有水电，可考虑给华能一个既有存量也可进行开

发的流域公司，如南方电网中的云南澜沧江和广西红水河，肯定要分在两个发电集团，可给华能一个。

三、厂网分开后，各自会不会亏损

（1）发电集团。

厂网分开后，发电集团的各种费用都会增加，如工资取高不取低，推动成本上升，又无涨价空间，同时，由于参加辅业的重组，发电集团将可能面临亏损。

（2）电网公司。

目前，由于无电网电价和利润，国电系统普遍是靠所属电厂利润补电网亏损，厂网分开后，电网会不会亏损，核心是必须有配套的合理电网电价政策。

四、流域开发机构问题

厂网分开后，流域开发机构会较困难，并全面亏损，应予重视。

五、按哪一年数据划分

计委提出按2000年的财务统计数字分家，而现在数字肯定发生变化，政策时点的不同会在分家时产生很大偏差，如何进行调整，电力改革领导小组应拿出具体意见。

六、组建国网公司后国电公司去向不明确，与国网公司续存、改组还是撤销、新建

七、电网公司可以拥有必要的调峰电厂，是否意味着也可不拥有

八、每个区域电力市场中20%的原则是可控容量还是权益容量

九、南方电网公司组建的不明确之处

（1）5号文件规定按各方现有电网净资产比例成立董事会，这里的"净资产"是指股东权益还是固定资产净值？

（2）国电南方公司云、贵、桂三省区发电资产是否也应参加电源重组？

（3）南方电网公司的输电和配电资产如何分开核算？

（4）粤电电力是一个先行重组的拥有1000万千瓦以上装机容量的发电集团，与南方电网的其他发电公司的容量相差甚大，远超过20%，所以，本次重组也应包括粤电电力。

（5）广东省也应执行69号文件，但2001年广东对自己的电网和电源进行了重大的资产重组，这一重组是否有违69号文件，是不是有效，南方电网公司的重组到底建立在什么基础和平台上？

如本次重组的财务时点是按照2000年决算的数据，那么2001年广东电力的资产整合和重组就应该退到2000年年底。

（6）目前广东自己搞的南方电网上市的准备没停，有违69号文件和本次改革纪要中要求三冻结的内容。

十、明确发电资产重组应在国电公司系统内进行，系统外国有发电资产不在本次重组范围

《五大电源集团组建初期竞争力比较与分析》

（二〇〇三年四月）

2002年电力体制改革后，五大发电集团分家形成了竞争格局，各自跑马圈地，投资如火如荼。2003年2月应华能集团之邀，我就5号文厂网分离之后的五大发电集团并存的现状进行了大量的数据整理和分析，最终提出了这份非常完整的《五大电源集团竞争力比较与分析》的咨询报告书。本书将此报告全文披露，让大家了解到当时五大发电集团的资产、装机容量、市场份额、职工人数等情况，使它成为人们今后分析五大集团成立之初“起跑线”状况的最重要、最权威的咨询报告。从这点来说，这份报告具有十分重要的历史和现实意义。

2003年2月，华能集团公司正式邀请我制作《五大电源集团竞争力比较与分析》的咨询报告。标准公司团队于2月前往华能集团进行调研，并于4月向华能集团提交了《五大电源集团竞争力比较与分析》咨询报告框架。同年7月，我应邀为华能集团高层领导作了题为《五大电源集团竞争力分析与对华能集团发展战略的建议》的报告。在此基础上，标准公司又进行了长达两个月的数据收集整理以及报告结论的充实完善，形成《五大电源集团竞争力比较与分析》咨询报告的正式文本，以供五大发电集团领导在制定未来发展战略时作为重要参考依据。

今天看来，这份报告展示的是五大发电集团出生时的起点，而现在回过头来比较十年来各自发展状况，可以更客观地对中国五大发电集团目前的竞争力和发展状况进行分析。从这个意义上说，这份报告无论是其历史价值还是现实价值，无论是其学术价值还是商业价值，都弥足珍贵。

第一部分　五大电源集团分家比较分析和电力行业现状

一、五大电源集团比较分析的前提

（1）按照2002年电力体制改革重组时的企业集团现状进行分析。数据资料以2001年底和截至2002年10月底前的有关统计为准，后期变化未考虑。

（2）依照国务院5号文件内容，划分了六大供电区域：东北（含蒙东）、华北（含山东）、华中（含四川、重庆）、华东（含福建）、西北及南方（广东、海南、云南、广西、贵州等）。

（3）从行业特性看，决定发电企业竞争力的主要因素有：所属区域电网、发电方式、燃料成本、发电机组性能、管理水平、地理位置和市场营销等静态和动态指标。

本文主要按照各集团资产分布（包括电源类型、企业组织形态、机组规模、在建项目）、市场份额（按照六大区域和各省市分析）和资产状况进行分析，在对包括主要财务指标、技术指标和上市公司基本情况等进行综合分析的基础上形成。

二、电力行业发展现状

（1）电力体制改革进入实质阶段，在厂网初步分开的前提下，从电网的角度看，人们开始在筹建全国电力市场的基础上考虑我国的电力改革，组建区域电网公司的工作已提上议事日程。东北电网公司已经挂牌，华东、华中区域电网公司也即将挂牌，区域电网公司下的省级电网公司继续以独立法人的形态发挥作用，我国多层次的电力市场正在形成之中。而从电源的角度看，五大电源集团脱离原国电公司各自独立运行，因此，将在发电环节形成市场竞争新格局。

（2）电力需求增长与GDP增长保持同步，近年来的电力消费弹性系数平均值为0.82，可以预计未来电力将保持6.5%以上的年增长率；需求结构中，工业生产需求占据绝对份额，是电力需求增长的主要拉动因素；但随着经济发展，第三产业和居民生活用电将成为推动电力需求增长的重要力量。

（3）电力需求增长的区域性不平衡与国民经济发展水平的地区差异相对应，尤其在经济较发达的珠江三角洲和长江三角洲等东部沿海地区用电增长对国民经济的拉动作用明显，但同时也暴露出电力供应日益不足的问题，这无疑会制约下一步以竞价上网为主旋律的电力改革进程。从相关比较分析可以看出，总体上，我国未来一个时期呈现电力负荷增长速度大于电量增长速度的态势，这与“九五”期间我国电力供应出现暂时过剩局面，从而压缩了当期电源项目建设规模有关。电力的市场化改革如电力市场改革只能在宽松的市场环境中推进，电力市场外部环境的制约由此决定了旧的行政审批电价仍将继续发挥作用。这是一个既无奈又不得不面对的现实。因此，五大电力集团的竞争力与目前的审批电价水平密切相关。

三、电力行业中电源竞争主体分析

从电力行业企业的资产规模、可控容量等分析来看，全国范围的电源企业呈三级梯队竞争格局。相对而言，五大电源集团还处于优势地位，但第二、第三梯队的快速发展必将对五大电力集团提出新的挑战。

第一梯队，国家级企业中的五大电源集团，即华能、大唐、国电公司、华电和中电投集团，平均可控装机容量3232万千瓦，占国电公司系统总可控容量的79.7%；权益装机容量2071万千瓦，占国电公司系统总容量的76.6%；可控资产占国电公司系统的80.9%。其优势明显，控制力强。

第二梯队，包括国家开发投资公司下属的国投电力公司、神华集团下属的国华电力公司、华润集团下属的华润电力控股有限公司等，三者的可控容量分别为1000万千瓦、600万千瓦、458万千瓦左右。另有三峡总公司在建规模及后续开发规模巨大。

第三梯队，主要是地方电力公司或地方政府控制的大型电力企业，包括上海申能集团、广州粤电电力集团、深圳能源集团和广州控股发展集团等。

另外，个别地区外资电厂建设规模逐步增加，目前，全国大中型中外合资电厂40个左右，总容量约2700万千瓦，占全部装机容量的8.5%，外商投资23亿美元，这将加剧电力行业的竞争性。

结论：尽管我国的电力工业存在上述三梯队的基本格局，但鉴于五大电力集团的主导和优势地位，本报告仅从五大电力集团之间的横向比较出发探讨它们之间的竞争力，并未涉及其他。

第二部分　五大电源集团竞争力比较分析

一、综合实力分析对比指标说明

首先，通过对国电公司重组后五大电力集团各自的资产指标，即可控容量、权益容量、可控资产、可控负债和人员状况进行对比，对五大电力集团现有存量资产进行分析。

其次，进一步考虑反映五大发电集团电力资产质量、市场份额及增长潜力和运营成本的分析，以期对五大电力集团竞争力有一个全面的综合评估。其具体包括：

（1）电力资产质量分析，一是从各发电集团所拥有的20万千瓦及以上机组容量占集团全资、控股发电容量的比例来衡量各集团的发电机组质量，该比例越高，表明各集团所拥有的高效、先进大机组越多、越具有规模效益；二是机组越新，容量越大，性能越好，越有利于竞价上网的竞争。

（2）市场份额是以各集团各区域和各省市可控容量和各地区平均发电设备小时数为基础，近似测算五家发电集团发电量占全国发电市场份额排名（占统调容量比例）。从该指标可以看出各集团的发电能力大小，相对以公司可控容量计算的发电能力更精确一些。

（3）增长潜力分析是对各集团公司各区域可控容量以及在建项目比重、资产状况以及在不同区域、省市区电源布局调整等因素进行分析。

（4）运营成本是从各集团公司人均容量（资产）状况、单位装机容量占用资产规模、平均上网电价和单位发电成本等不同角度来分析各公司在未来竞价上网中的竞争力。

再次，对五大电源集团的电源结构进行分析。此即从清洁能源发电和可持续发展角度对其火电、水电和其他类型机组构成以及在建项目进行分析。由于水电属于国家重点扶持的清洁能源发电项目，通过对其竞价上网电价和上网电量给予一定扶持，其在未来的“竞价上网”中将处于有利地位。

二、五大电源集团概况比较

（一）五大电源集团装机容量

1. 装机容量比较

表 1

2001 年 12 月 31 日　　　　单位：个、千人、万千瓦

内容 / 名称	企业	人数	权益容量				可控容量			
	户数	人数	容量	占国电公司系统比重（%）	均差	排名	容量	占国电公司系统比重（%）	均差	排名
华能集团	88	3. 7	1938	14. 1%	－133. 5	5	3797	18. 7%	564. 4	1
中电投集团	101	7. 4	2196	16%	124. 5	1	2989	14. 7%	－243. 6	5
大唐集团	93	7. 4	2096. 8	15. 3%	25. 3	3	3225	15. 9%	－7. 6	2
华电集团	116	7. 9	2091. 5	15. 3%	20. 1	2	3109	15. 3%	－123. 6	3
国电集团公司	118	7. 6	2035	14. 9%	－36. 5	4	3043	15%	－189. 6	4
五大集团合计	516	34	10357. 3	75. 6%			16163	79. 7%		
国电公司系统总计			13704. 4				20283			

2. 分析

（1）从国电公司系统总的权益容量和可控容量分布看，五大集团总的权益容量占国电公司系统的 75. 6%，而可控容量比重高达 79. 6%，明显处

于垄断地位。

（2）五大集团平均权益容量为 2071 万千瓦，平均可控容量为 3232 万千瓦。

（3）从反映市场竞争能力的主要可控容量看，华能集团的整体实力最强，其虽然权益装机容量是最小的，但可控装机容量是最大的，与权益容量差近 1860 万千瓦，这说明了未来发展和控制空间较大。

（4）排名其次是大唐集团，而华电集团、国电集团公司和中电投集团三者之间的差距不大，其中大唐集团接近平均可控容量。

3. 说明

（1）权益容量 = 全资项目总容量 + 控股项目总容量 × 控股比例 + 参股项目总容量 × 参股比例。

（2）可控容量 = 全资项目总容量 + 控股项目总容量 + 参股项目总容量 × 参股比例。

（二）五大电源集团资产状况

1. 权益资产和可控资产比较

表 2

2001 年 12 月 31 日　　　　单位：个、千人、亿元

内容/名称	企业		职工人数		权益资产			可控资产			
	户数	排名	人数	排名	金额	均差	排名	金额	占国电公司系统比重（%）	均差	排名
华能集团	88	5	3.7	5	573	74.8	1	1265	24.4%	426.3	1
中电投集团	101	3	7.4	3	555	56.8	2	769	14.8%	-69.7	2
大唐集团	93	4	7.3	4	441.5	-56.7	5	715	13.8%	-123.7	4
华电集团	116	2	7.9	1	449.5	-48.7	4	711.5	13.7%	-127.2	5
国电公司集团	118	1	7.6	2	472	-26.2	3	733	14.2%	-105.7	3
五大集团合计	516		34		2491			4193.5	80.9%		
国电公司系统总计								5181.2			

2. 分析

（1）从拥有的资产规模看，五大集团的权益资产平均为498.2亿元，可控资产平均为838.7亿元。其中可控资产占国电公司系统的81%，说明了五大集团的控制力大。

（2）华能集团在权益资产和可控资产方面均排名第一，而权益资产大，说明机组技术构成高。其次为中电投、国电公司、华电和大唐集团。

（3）从企业数量和职工人数看，五大集团平均为103.2户和6.8万人。其中，华能集团户数最少，人员最少，反映出人均可控容量比重突出。（2003年9月23日，原来归属于国网公司的13家发电企业正式移交给中国华能集团公司，这是国电体制改革实行厂网分开以来的最大一批发电资产移交。）

3. 说明

（1）权益资产 = 全资项目总资产 + 控股项目总资产 × 控股比例 + 对参股项目的权益出资。

（2）可控资产 = 全资项目总资产 + 控股项目总资产 + 对参股项目的权益出资。

三、五大电源集团电源类型比较

（一）火电

1. 火电资源状况

表3

单位：个、千人、万千瓦、亿元

内容 名称	企业		职工		权益容量		权益资产		可控容量		可控资产	
	户数	排名	人数	排名	容量	排名	金额	排名	容量	排名	金额	排名
华能集团	55	5	35	5	1550	4	484	1	3126	1	1130	1
中电投集团	69	4	62	4	1432	5	308	5	2062	5	485	5
大唐集团	74	3	70	2	1595	3	353	4	2534	2	603	2

（续表）

内容 名称	企业		职工		权益容量		权益资产		可控容量		可控资产	
	户数	排名	人数	排名	容量	排名	金额	排名	容量	排名	金额	排名
华电集团	84	1	70	1	1682	2	365	3	2504	4	573	4
国电公司集团	78	2	68	3	1699	1	368	2	2510	3	575	3
合计	360		305		7958		1878		12736		3366	

2. 分析

（1）火电作为我国发电的主要电源类型，长期以来发展良好。2001 年火力发电占发电总量的 81.2%。

（2）从火电资产和可控容量上可以看出，华能集团位居第一，而相对的企业数量和职工人数都是最少的，优势比较突出。

（3）大唐、华电和国电公司比较接近，而中电投相对较少。

（二）水电

1. 水电资源状况

表 4

单位：个、千人、万千瓦、亿元、%

内容 名称	企业		职工		权益容量			权益资产			可控容量			可控资产		
	户数	排名	人数	排名	容量	比重	排名	金额	比重	排名	容量	比重	排名	金额	比重	排名
华能集团	12	5	1	5	387	17	4	62	14	4	669	21	3	105	16	3
中电投集团	24	3	9	2	644	29	1	181	40	1	792	25	1	211	33	1
大唐集团	14	4	3	4	502	23	2	65	15	3	691	21	2	84	13	5
华电集团	32	1	9	1	410	18	3	85	19	2	605	19	4	139	22	2
国电公司集团	25	2	7	3	278	13	5	55	12	5	463	14	5	102	16	4
合计	107		29		2221			448			3220			641		

注：此处比重为占五大集团总计的比例。

2. 分析

（1）水电是可再生能源，我国可开发水电资源378吉瓦。由于水电项目建设周期相对较长，且一次性投资相比于火电较高，因此其在我国电源公司结构中的比例一直偏低。与五大集团火电总可控容量12736万千瓦相比，差距较大，占全部五大集团电源可控总容量的20%。

（2）水电权益容量中，中电投集团优势明显，占五大集团29%，其次为大唐集团23%，华电18%，华能17%，国电公司13%。

（3）水电占本集团电源可控容量比重分别为：中电投26%、大唐21%、华电19%、华能18%和国电公司15%，中电投优势突出。

（4）水电资产构成中，中电投的权益资产和可控资产在本集团中的比重都是最大的，其中权益资产占五大集团水电总权益资产的40%，可控资产占33%。排名其后的分别为（权益资产）华电、大唐、华能和国电。

（5）我国是水电资源异常丰富的国家，加之水电具有明显的低成本经营和环保优势，各发电集团正积极抢占水电资源，提高水力发电量和在电力结构中的比重。其中华能的澜沧江流域、大唐集团的红水河流域、华电集团的乌江流域和国电公司集团的大渡河流域具有较高的开发价值。

（三）其他类型电源

1. 其他类型电源资源状况

表5

单位：个、千人、万千瓦、亿元

内容 名称	企业		职工		权益容量		权益资产		可控容量		可控资产	
	户数	排名	人数	排名	容量	排名	金额	排名	容量	排名	金额	排名
华能集团	21	1	1	2	1	3	27	3	2	3	30	3
中电投集团	8	3	4	1	120	1	66	1	135	1	73	1
大唐集团	5	4	0.3	4	–		21	4	–	–	28	4
华电集团	–	–	–	–	–	–	–	–	–	–	–	–
国电公司集团	15	2	1	3	58	2	49	2	70	2	56	2
合计	49		6.3		179		163		207		187	

2. 分析

(1) 在优先利用我国丰富的水电、煤炭资源和新开发的天然气资源之外，积极发展核电、风能、太阳能等新能源，是各集团优化资源，提高科技含量，发展绿色电力，从而在竞价上网中占据电价优势的有力支撑。

(2) 从资产规模和可控容量看，其他类型的电源比重较轻，而且具有分布不平衡的特点，可比性不强。

(3) 从权益资产与权益容量的对比看，中电投具有一定的优势，而华能容量资产比过大。

四、五大电源集团按持股比例对所属单位分类对比

(一) 内部及全资电厂

1. 内部及全资电厂资产状况

表6

单位：个、千人、万千瓦、亿元

内容 名称	企业		职工		容量		资产	
	户名	排名	人数	排名	可控容量	排名	金额	排名
华能集团	17	5	5	5	109	5	37	5
中电投集团	33	4	43	3	541	4	123	4
大唐集团	34	3	40	4	703	3	233	1
华电集团	47	1	45	2	867	1	124	3
国电公司集团	44	2	50	1	854	2	135	2
合计	175		183		3074		652	

2. 分析

(1) 华能集团内部核算及全资电厂最少，无空壳及待报废机组，无人员分流负担，因而管理负担轻。

（2）国电公司集团人数最多，比华能多近10倍，但其可控容量要比华能高近8倍，资产高4倍左右。

（3）企业数量，华电比国电公司多3户，比华能多30户，其容量和资产与国电公司差距不大。

3. 说明

内部核算、全资单位：国电公司直属的内部核算、全资单位，以及国电公司内部核算单位和全资单位所属的内部核算、全资单位。

（二）控股及参股公司

1. 控股及参股公司状况

表7

单位：个、千人、万千瓦、亿元

内容/名称	企业		职工		权益容量		权益资产		可控容量		可控资产	
	户数	排名	人数	排名	容量	排名	金额	排名	容量	排名	金额	排名
华能集团	71	2	32	3	1829	1	536	1	3688	1	1228	1
中电投集团	68	4	32	3	1655	2	382	2	2448	3	596	3
大唐集团	59	5	33	2	1394	2	209	5	2522	2	482	5
华电集团	69	3	34	1	1225	4	326	4	2242	4	588	4
国电公司集团	74	1	25	5	1181	5	337	3	2189	5	598	2
合计	341		156		7284		1790		13089		3492	

2. 分析

（1）华能集团在容量及资产上均名列五大集团之首（除职工人数外）。

（2）从衡量企业竞争力的控参股容量指标看，华能的权益容量占94%，可控容量占97%，控制力强。

（3）其后依次排名为大唐、中电投、华电和国电公司集团，它们的控制力差距不大。

（4）除华能外，其余四集团均有少量未建立资本纽带的企业，由于其权益容量均未超过可控容量的50%，故纳入控参股类。

3. 说明

（1）控股单位：国电公司直接投资的控股单位，以及国电公司内部核算、全资和控股单位投资的控股单位，及其内部核算单位。

（2）参股单位：国电公司直接投资的参股单位，以及国电公司内部核算、全资和控股单位投资的参股单位。

（3）未建立资本纽带的单位：没有与国电公司及其所属单位建立资本纽带关系的单位。

（三）权益容量（资产）占可控容量（资产）的比重

1. 容量及资产比重

表8

单位：%

	容量比重	资产比重	控制力排名
华能集团	51	45	1
中电投集团	73	72	5
大唐集团	65	62	2
华电集团	67	63	3
国电公司集团	67	64	3
平均	64.6	61.2	

2. 分析

（1）权益容量（资产）占可控容量（资产）的比重说明了企业的控制力，数据越小则控制力越大。

（2）两个指标相比，华能集团均具有较强的优势，比五大集团平均容量比重小 13.6，平均资产比重小 16.2，控制力较强。

（3）大唐、华电和国电公司的比重接近，竞争激烈。

（4）中电投的两个指标均高于平均值，竞争力最弱。

五、五大集团机组规模构成比较

（一）机组构成对比表

表 9

单位：万千瓦

内容 名称	30 万千瓦以上机组				20 万～30 万千瓦机组		20 万千瓦以下机组		其他类型
	容量		比例		容量	占本集团比例	容量	占本集团比例	
	总量	均差	占本集团	均差					
华能集团	2710	828	71%	18%	440	12%	220	6%	
中电投集团	2378	496	55%	2%	648	15%	985	23%	
大唐集团	1285	－597	40%	－13%	412	13%	932.5	29%	
华电集团	1542	－340	50%	－3%	749	24%	794.5	26%	
国电公司集团	1493	－389	49%	－4%	662	22%	938	31%	
平均容量	2074				582		774		
平均占本集团比例	53%				17.2%		23%		

（二）分析（全国总容量为 10368.84 万千瓦）

（1）从全国来看，各等级机组的总容量分别为：30 万千瓦及以上的为 10368.84 万千瓦，占 63%；20 万千瓦等级的为 2911 万千瓦，占 18%；10 万千瓦等级的为 3126.4 万千瓦，占 19%。从中可以看出，30 万千瓦及以上等级机组所占比重较高，基本上都达到和超过本集团电源总装机一半以上（仅有大唐集团低于一半，仅 40%），这也是保障各大集团经济效益的基础。

（2）从表 9 中可以看出，华能 30 万千瓦及以上机组可控容量排名第一，达 2710 万千瓦，占集团总可控容量的 71%，具有良好的机组，竞争力突出。排名第二的中电投为 2378 万千瓦，占本集团的 55%。其次为华电、国电公司和大唐。

（3）20 万千瓦等级中，华电和国电公司达到集团总装机的 20% 以上，华能、大唐和中电投只有 12% ~15%，较 10 万千瓦等级少。

（4）相对而言，国电公司和大唐集团 10 万千瓦等级比重略多，分别占本集团的 31% 和 29%；机组小，出力不足，供电效率低，需逐步淘汰。排名其后的依次为华电、中电投，超过 20%。只有华能集团仅有 6%，也说明了华能集团的优质电源比重较高。

六、五大电源集团在建项目比较

（一）在建项目电源类型状况

表 10

单位：个、万千瓦、亿元

内容 名称	项目数量			可控容量			排名（可控容量）		
	火电	水电	小计	火电	水电	小计	火电	水电	总计
华能集团	6	4	10	494	465	959	2	1	1
中电投集团	11	5	16	257	225	482	4	3	4
大唐集团	8	2	10	533	422	955	1	2	2
华电集团	12	5	17	357	187	544	3	4	3
国电公司集团					330				
合计	37	16	53	1641	1629	2940			

（二）分析

（1）五大集团在建项目容量占可控容量的比重为 18%，总体呈现良好发展态势。

（2）华能集团机组构成新，大型电厂较多，潜力突出。排在其后的是大唐集团。

（3）大唐集团和华电集团的火电项目较水电项目为多，而华能和中电投的水火在建项目基本均等，从占据可控容量的比重而言，水电规模加快。

七、五大电源集团区域分布与市场占有率

总体特点：从区域资产分布看，五大电源集团都有自己的优势区域，而每个区域内均有两家比较接近的优势集团。

以下按照六大供电区域分布进行分析。

（一）东北区域

1. 东北区域电源资产分布状况

表 11

单位：个、千人、万千瓦、亿元、%

内容 / 名称	企业户数	职工人数	权益容量	权益资产	可控容量		可控容量		市场		区域统调容量
					容量	排名	资产	排名	份额	排名	
华能集团	15	13	287	126	571	2	279	1	18	1	3180
中电投集团	16	20	347	78	413	3	93	4	13	3	
大唐集团	11	9	169	45	228	5	66	5	7.2	5	
华电集团	11	19	370	88	573	1	168	2	18	1	
国电公司集团	18	13	188	58	337	4	94	3	10.6	4	
合计	71	74	1361	395	2122		700		66.8		

2. 分析

（1）东北地区以华能和华电为实力最突出者，并列第一；其次为中电投、国电公司集团和大唐集团。五大集团占据了东北地区 66.8% 的市场份额。

（2）东北地区的经济在最近一段时间低迷不振，相应对电力的需求也不足，区内的电力生产能力相对过剩，机组平均发电小时数比较低。未来区内发电企业的业绩增长，一方面要依靠区内经济增长对电力需求的带动，另一方面也要看网间互供的进一步推动。

（3）东北地区已经正式开始竞价上网的试点。（东北电网公司已经挂牌，跨区域电力公司作为国网公司的全资或控股子公司，将打破省与省之间的壁垒，开放区域电力市场，扩大省级电力市场间的电力交易规模。）

3. 辽宁省

（1）市场份额。

表 12

单位：万千瓦

	权益容量	可控容量	占统调比例	排名	
华能集团	90.9	283.2	19%	2	统调容量 3179.7
中电投集团	267.7	322.4	21.7%	1	
大唐集团	0	0	0	5	
华电集团		120	8.1%	3	
国电公司集团	49.1	115.1	7.7%	4	

（2）分析。

①华能的权益容量仅为 90.9 万千瓦，但可控容量达到 283.2 万千瓦，占华能集团东北可控容量的 49.6%。

②中电投在东北的电网主要也在辽宁，全部为火电项目，居五大集团之首，竞争优势明显，占统调容量的比例为 21.7%。

③国电公司电力的优势也比较突出，主要是主干水电厂，控制国电公司系统在东北电网 100% 的水电项目，这说明集团在东北的竞争力优势明显。

④华电在辽宁只有一个铁岭电厂，装机容量 120 万千瓦。

4. 吉林省

（1）市场份额。

表 13

单位：万千瓦、%

	权益容量	可控容量	占统调比例	排名	
华能集团	90.9	283.2	19.0%	2	统调容量 3179.7
中电投集团	267.7	322.4	21.7%	1	
大唐集团	0	0	0	5	
华电集团		120.0	8.1%	3	
国电公司集团	49.1	115.1	7.7%	4	

（2）分析。

①优势集团为华电，其东北地区的主要电源项目都在这里，占东北电网本集团可控容量的39%。

②大唐集团拥有全省一半以上的电源，有较强竞争力。

③华能在山西只有一个厂，市场份额小。

5. 黑龙江省

（1）市场份额。

表14

单位：万千瓦、%

	权益容量	可控容量	占统调比例	排名	
华能集团	22.9	29.3	13.4	3	统调容量219.3
中电投集团	0	0			
大唐集团	91.7	112.9	51.5	2	
华电集团	0	0			
国电公司集团	73.2	130.3	59.4	1	

（2）分析。

①国电公司可控容量突出，达453万千瓦（主要是黑龙江电力股份有限公司），具有一定的竞争力，其他各集团分别为：大唐116万千瓦，华能110万千瓦，国电公司电力92万千瓦。

②黑龙江三大发电投资主体：省公司、省电力开发公司、华能集团，分别占全省系统总装机容量的37%、13.1%和6.6%；大唐集团占10.8%。

6. 蒙东

（1）市场份额。

表 15

单位：万千瓦、%

	权益容量	可控容量	占统调比例	排名	
华能集团	73.4	110	10.3	3	统调容量 1068.4
中电投集团	0	0		5	
大唐集团	77	115	10.7	2	
华电集团	453	42.4		1	
国电公司集团	66	92	8.6	4	

（2）分析。

只有华能和中电投在蒙东有电源项目。

（二）华北区域

1. 华北区域电源资产分布状况

表 16

单位：个、千人、万千瓦、亿元、%

内容／名称	企业户数	职工人数	权益容量	权益资产	可控		可控		市场		区域统调容量
					容量	排名	资产	排名	份额	排名	
华能集团	22	13	459	165	990	1	404	1	15.7	1	6308
中电投集团	12	13	265	91	367	5	119	5	5.8	5	
大唐集团	23	18	461	89	984	2	217	2	15.6	2	
华电集团	20	13	449	93	849	3	168	3	13.5	3	
国电公司集团	17	15	287	75	460	4	128	4	7.3	4	
合计	94	72	1921	513	3650		1036		57.9		

2. 分析

（1）华能集团在华北市场上的份额与大唐集团非常接近，可控容量华能是 990 万千瓦，大唐是 984 万千瓦；可控资产则华能是 404 亿元，大唐是 217 亿元。

（2）从市场份额看，华电集团也有一定的竞争力，而中电投和国电公司相对较弱。

（3）华北地区经济发展水平较高，电力需求持续稳定增长，是北方重要的受电区域。目前火电机组被限制，而主要依靠蒙西、山西等地区的“西电东送”，发展较有潜力。

3. 北京市

（1）市场份额。

表 17

单位：万千瓦、%

<table>
<tr><th></th><th>权益容量</th><th>可控容量</th><th>占统调比例</th><th>排名</th><th></th></tr>
<tr><td>华能集团</td><td>23.2</td><td>77</td><td>3.7</td><td>1</td><td rowspan="5">统调容量
2073.4
（含天津）</td></tr>
<tr><td>中电投集团</td><td>0</td><td>0</td><td></td><td></td></tr>
<tr><td>大唐集团</td><td>0</td><td>0</td><td></td><td></td></tr>
<tr><td>华电集团</td><td></td><td>51</td><td>2.5</td><td>2</td></tr>
<tr><td>国电公司集团</td><td>0</td><td>0</td><td></td><td></td></tr>
</table>

（2）分析。

华能集团优势突出，可控容量 77 万千瓦；华电主要是水电和热电，容量较小，只有 51 万千瓦；国电公司、大唐和中电投在北京均没有电源项目。

4. 天津市

（1）市场份额。

表 18

单位：万千瓦、%

<table>
<tr><th></th><th>权益容量</th><th>可控容量</th><th>占统调比例</th><th>排名</th><th></th></tr>
<tr><td>华能集团</td><td>55.5</td><td>101.8</td><td>4.9</td><td>2</td><td rowspan="5">统调容量
2072.4
（京津地区）</td></tr>
<tr><td>中电投集团</td><td>0</td><td>0</td><td></td><td></td></tr>
<tr><td>大唐集团</td><td>31.9</td><td>120</td><td>5.8</td><td>1</td></tr>
<tr><td>华电集团</td><td>0</td><td>0</td><td></td><td></td></tr>
<tr><td>国电公司集团</td><td>23.6</td><td>27</td><td>1.3</td><td>3</td></tr>
</table>

（2）分析。

①大唐集团排名第一，可控容量 120 万千瓦，占统调容量的比例为 5.8%。

②华能排名第二，占统调容量的4.9%。

③国电公司在华北电网的电力主要集中在天津、河北、山西三省市，均为火电项目。

④中电投和华电在天津没有电源项目。

5. 河北省

（1）市场份额。

表19

单位：万千瓦、%

	权益容量	可控容量	占统调比例	排名	
华能集团	81.6	262	29.6	2	统调容量 885.2
中电投集团	0	0		5	
大唐集团	291.2	631	71.3	1	
华电集团		64	8.1	4	
国电公司集团	88	150	17	3	

（2）分析。

①大唐在河北的比重较大，占本集团华北电网可控容量的64.2%。

②华能资本控制力突出，以81.6万千瓦的权益控制了262万千瓦的电源，近30%的市场份额。

③国电公司集团、华电集团占统调容量的比例为17%和8.1%，而中电投在河北没有电源项目。

6. 山西省

（1）市场份额。

表 20

单位：万千瓦、%

	权益容量	可控容量	占统调比例	排名	
华能集团	12	22	1.4	4	统调容量 1601.6
中电投集团	264.6	367.2	22.9	1	
大唐集团	112.5	112.5	7.0	3	
华电集团				5	
国电公司集团	175.2	282.5	17.6	2	

（2）分析。

①由于山西电价水平较低，电源项目效益较低，优质资产集中在中电投集团属下的漳泽电力股份有限公司，中电投集团可控容量为 367.2 万千瓦，在山西占据绝对优势。

②国电公司可控容量为 282.5 万千瓦，占本集团华北电网可控容量的 61.5%，但竞争优势不明显。

③大唐、华能基本没有优势，华电在天津没有电源项目。

7. 山东省

（1）市场份额。

表 21

单位：万千瓦、%

	权益容量	可控容量	占统调比例	排名	
华能集团	281	521.5	29.8	2	统调容量 1748.6
中电投集团	0	0			
大唐集团	0	0			
华电集团		734	42.4	1	
国电公司集团	0	0			

（2）分析。

①华能在山东的可控容量高达本集团华北电网电源项目的 52.7%，占据山东近 30% 的市场份额，具有绝对优势。

②中电投、大唐、国电公司在山东没有电源项目进入，没有任何竞争

优势。

8. 蒙西

(1) 市场份额。

表22

单位：万千瓦、%

	权益容量	可控容量	占统调比例	排名
华能集团	5.6	5.6		2
中电投集团	0	0		
大唐集团	25.5	120		1
华电集团				
国电公司集团	0	0		

(2) 分析。

蒙西只有大唐的120万千瓦机组和华能仅有的5.6万千瓦。

(三) 华东区域

1. 华东区域电源资产分布状况

表23

单位：个、千人、万千瓦、亿元、%

内容 名称	企业户数	职工人数	权益容量	权益资产	可控		可控		市场		区域统调容量
					容量	排名	资产	排名	份额	排名	
华能集团	20	6	369	87	806	2	230	2	13.8	2	5851
中电投集团	22	11	601	145	960	1	259	1	16.4	1	
大唐集团	13	14	322	70	410	5	100	5	7	5	
华电集团	35	16	433	87	552	4	117	4	9.4	4	
国电公司集团	14	7	471	139	676	3	189	3	11.6	3	
合计	104	54	2196	528	3404		895		58.2		

2. 分析

（1）华东地区中电投和华能处于优势地位。中电投集团占16.4%的市场份额，可控资产规模为259亿元；华能集团占13.8%的市场份额，可控容量806万千瓦。较之后的国电公司、华电和大唐集团，二者竞争优势明显。

（2）华东地区是我国经济发展速度最快的区域之一，对电力需求的增长速度也非常快。但是区域内呈现不平衡，总体上江苏、浙江、上海的电力相对紧缺，而安徽相对过剩，省内火电机组的发电小时数不足。

（3）电监会已明确华东地区将成为竞价上网的试点区域，华东电网公司也即将挂牌，省间互供将为各大集团在华东地区的电力机组提供一定的发展空间。

3. 上海市

（1）市场份额。

表24

单位：万千瓦、%

	权益容量	可控容量	占统调比例	排名	
华能集团	147.2	276.6	23.4	2	统调容量1180.4
中电投集团	283.5	496.9	42.1	1	
大唐集团	0	0			
华电集团	0	0			
国电公司集团	97.8	205.8	17.4	3	

（2）分析。

①中电投在上海的经济效益良好，拥有上海电力股份158万千瓦，外高桥120万千瓦，优势突出。

②华能在上海有石洞口及华能国际股份公司上海分公司两个大型电厂，排名第二。

③国电公司集团占据了上海电源项目集中、效益最好的上海电力股份16.7%的股权及外高桥第二发电公司40%的股权，拥有可控容量205.8万

千瓦，占华东地区可控容量的30%，排名第三。

④大唐和华电在上海没有电源项目，没有竞争力。

4. 江苏省

（1）市场份额。

表25

单位：万千瓦、%

	权益容量	可控容量	占统调比例	排名	
华能集团	107.6	304.3	18.5	1	统调容量 1645.7
中电投集团	120.9	205.5	12.5	2	
大唐集团	55	85	5.2	5	
华电集团		223	8.1	4	
国电公司集团	160	160	9.7	3	

（2）分析。

①华能在江苏设有分公司，占据优势，可控容量占华能本集团在华东地区的37.7 %，排名第一，占统调容量的18.2%。

②中电投排名第二，占统调容量的比重为12.5%，拥有常熟发电有限公司120万千瓦的发电机组，效益良好（2000年实现利润3400万元）。

③国电公司集团拥有江苏省最大的火电项目——谏壁火电厂160万千瓦的可控容量，占本集团华东电网可控容量的24%。

④华电在江苏的电源项目大小结合，新老夹杂，可控容量223万千瓦，仅次于华能的304.3万千瓦，有一定的竞争力。

⑤大唐集团在江苏也是大小结合，新老夹杂，竞争力较弱。

5. 安徽省

（1）市场份额。

表 26

单位：万千瓦、%

	权益容量	可控容量	占统调比例	排名	
华能集团	0	0			统调容量 820. 1
中电投集团	131. 3	193	23. 5	2	
大唐集团	266. 3	324. 8	39. 6	1	
华电集团	0	0			
国电公司集团	0	0			

（2）分析。

①安徽电力相对过剩，省内火电机组的发电小时数不足。但如果竞价上网后，可以为安徽电力的发展提供一定的空间。

②大唐集团在安徽的机组新老结合，大小夹杂，虽然在安徽排名第一，但是总体在华东竞争力较弱。

③中电投排名第二，而华能、国电公司、华电均没有电源项目。

6. 浙江省

（1）市场份额。

表 27

单位：万千瓦、%

	权益容量	可控容量	占统调比例	排名	
华能集团	83. 2	85. 3	6. 2	3	统调容量 1366. 6
中电投集团	35. 2	35. 2	2. 6	4	
大唐集团	0	0		5	
华电集团		74	42. 4	1	
国电公司集团	212. 3	309. 5	22. 7	2	

（2）分析。

①国电公司集团在浙江所占比例较大，可控容量为 309. 5 万千瓦，占本集团华东电网可控容量的 45. 5%，拥有华东盈利能力最强的两个火电项目。

②华能在浙江没有大的电源项目，但下属（东南发电股份）电源资产较优，华能可利用其调整在浙江的电源项目。

③中电投主要是秦山第二核电有限公司120万千瓦，股份比例6%，秦山第三核电有限公司140万千瓦，股比20%，占统调容量的比重小，竞争力弱；华电在浙江杭州境内的空壳电厂进入集团，负担较重，没有竞争力。

④大唐集团在浙江没有电源项目。

7. 福建省

（1）市场份额。

表28

单位：万千瓦、%

	权益容量	可控容量	占统调比例	排名	
华能集团	31	140	16.7	2	统调容量 838.3
中电投集团	30	30	3.6	3	
大唐集团	0	0	-	5	
华电集团		255	30.4	1	
国电公司集团	0.7	1.2	0.1	4	

（2）分析。

①福建电力市场的国外投资者投资的后石发电厂、湄洲湾电厂装机容量较大，发电机组运行好，政府与其协议购电优先，有着优良的市场环境和最优惠的政策倾斜，外资电厂在福建市场上基本占据较大比重。

②华能福州分公司装机达到140万千瓦，具有一定的竞争优势。

③华电包揽了福建闽江流域的所有电源项目（除风电），可控容量排名第一，但除了棉花滩外，其余大多为小水电、小火电，难以形成规模效益。

④中电投全资的沙溪口水力发电厂为20万千瓦，占统调容量的比重较少，竞争力较弱。

⑤国电公司仅拥有两个风电项目，可控容量仅为1.2万千瓦，所占比

例很小。

（四）华中区域

1. 华中区域电源资产分布状况

表 29

单位：个、千人、万千瓦、亿元、%

内容 名称	企业户数	职工人数	权益容量	权益资产	可控		可控		市场		区域统调容量
					容量	排名	资产	排名	份额	排名	
华能集团	18	5	346	137	613	4	237	1	10.2	4	6002
中电投集团	41	27	499	84	706	3	119	4	11.8	3	
大唐集团	20	15	510	136	749	2	205	2	12.5	2	
华电集团	23	16	355	68	407	5	81	5	6.8	5	
国电公司集团	35	19	526	111	800	1	195	3	13.3	1	
合计	137	82	2236	536	3275		837		54.6		

2. 分析

（1）华中地区的经济在近年来有比较快的发展，电力需求也快速增长，总体占全国五大集团可控容量的比重达 20%。

（2）从发展情况看，其同样具有区域性不平衡，同时面临三峡等大型水电竞争。其中，河南相对紧缺，湖南相对过剩，湖南和湖北的水利资源已基本瓜分完毕。

（3）从电力发展长远规划看，华中地区扼守“西电东送”的中通路，是战略布局中的重要区域。

（4）五大集团中，国电公司、大唐、中电投和华能集团的竞争力接近，华电稍弱。其中，可控容量国电公司第一，超过华电近一倍；可控资产华能最多，但可控容量比国电公司少了 187 万千瓦。

3. 湖北省

（1）市场份额。

表 30

单位：万千瓦、%

	权益容量	可控容量	占统调比例	排名	
华能集团	106.7	192.7	13.5	1	统调容量 1430.8
中电投集团	0	0			
大唐集团	0	0			
华电集团		107	7.5	3	
国电公司集团	120.6	175.2	12.2	2	

（2）分析。

①华能的电源项目规模大，机组新，资产质量十分优良，盈利能力很强，优势明显，排名第一，可控容量 192.7 万千瓦，占统调容量的比例为 13.5%。

②国电公司在湖北的长源电力股份、清江流域等优质电源项目拥有可控容量 175.2 万千瓦，占华中电网集团可控容量的 22%，占据优势。

③华电可控容量 107 万千瓦，资产质量较差，市场份额仅有 7.5%，低于其他两个竞争者。

④大唐、中电投在湖北没有电源项目。

4. 湖南省

（1）市场份额。

表 31

单位：万千瓦、%

	权益容量	可控容量	占统调比例	排名	
华能集团	37.7	72.5	8.9	3	统调容量 818.1
中电投集团	154.8	242.2	29.6	2	
大唐集团	192.2	326.5	39.9	1	
华电集团	0	0			
国电公司集团	0	0			

（2）分析。

①大唐集团在湖南的比重达到本集团华中电网可控容量的43.4%，总可控容量达326.5万千瓦，排名第一，另有电厂在扩建，在湖南有一定的优势。

②中电投有一个沅水流域公司，超过了统调容量的10%。

③华能有华能国际公司岳阳电厂，市场份额较弱，仅有72.5万千瓦可控容量，占统调容量的比例为8.9%。

④华电、国电公司在湖南没有电源项目。

5. 河南省

（1）市场份额。

表32

单位：万千瓦、%

	权益容量	可控容量	占统调比例	排名	
华能集团	0	0			统调容量 1408.9
中电投集团	174.4	250.5	17.8	2	
大唐集团	318.1	422.9	30	1	
华电集团	0	0			
国电公司集团	0	0			

（2）分析。

①河南电力相对紧缺。

②大唐集团在河南的比重达到本集团华中电网可控容量的56.6%，拥有多家企业，电源资产质量较好，可控容量422.9万千瓦，占统调容量的比例为30 %，竞争力明显。

③中电投位居第二，占统调容量的比例为17.8%，有一定的竞争力。

④华电、华能和中电投在河南没有电源项目。

6. 江西省

（1）市场份额。

表 33

单位：万千瓦、%

	权益容量	可控容量	占统调比例	排名	
华能集团	54	78	12.2	3	统调容量 640.7
中电投集团	141	167.6	26.2	2	
大唐集团	0	0			
华电集团	0	0			
国电公司集团	208	295	46	1	

（2）分析。

①江西的电力基本呈供大于求的态势，市场压力较大。

②国电公司集团在华中地区的市场份额较大，其中主要在湖北、四川和江西三省，江西的可控容量为 295 万千瓦，占统调容量的比例为 46%，优势突出。

③中电投在江西占统调容量的比例为 26.2%，有一定的竞争力。

④华能在新建、新投产电厂包括井冈山电厂、九江 120 万千瓦、丰城发电公司 120 万千瓦等，面对市场现状有一定的压力。

⑤大唐、华电在江西没有电源项目。

7. 四川省

（1）市场份额。

表 34

单位：万千瓦、%

	权益容量	可控容量	占统调比例	排名	
华能集团	67.6	114.7	8	3	统调容量 1473.5
中电投集团	0	0			
大唐集团	0	0			
华电集团	305.3	20.8	2		
国电公司集团	197.2	329.4	22.9	1	

（2）分析。

①四川省是我国水电发展的重要区域之一，排解了二滩水电站的困难。

②国电公司排名第一，可控容量 329.4 万千瓦（不含大渡河流域的130 万千瓦），竞争优势明显。

③华电可控容量 305.3 万千瓦，占华中电网本集团可控容量的 42%；承担大渡河流域电源项目滚动开发任务，近期内电源建设任务较重（大渡河流域电源滚动开发等），但发展潜力巨大。

④华能可控容量有 114.7 万千瓦，市场份额相对较小，竞争力弱。

⑤大唐、中电投在四川没有电源项目。

8. 重庆市

（1）市场份额。

表 35

单位：万千瓦、%

	权益容量	可控容量	占统调比例	排名	
华能集团	80.5	154.9	58.1	1	统调容量 266.5
中电投集团	28.6	45.8	17.2	2	
大唐集团	0	0			
华电集团	0	0			
国电公司集团	0	0			

（2）分析。

①重庆作为直辖市，经济发展潜力较大，电力需求呈上升趋势，但电源项目主要集中在华能和中电投集团。

②华能优势明显，可控容量 154.9 万千瓦，占可控容量的 58.1 %，竞争力较强。

③中电投有一个发电上市公司即重庆九龙股份有限公司，占统调容量 10%。

④大唐、国电公司、华电在重庆均没有电源项目。

（五）西北区域

1. 西北区域电源资产分布状况

表 36

单位：个、千人、万千瓦、亿元、%

内容 / 名称	企业户数	职工人数	权益容量	权益资产	可控		可控		市场		区域统调容量
					容量	排名	资产	排名	份额	排名	
华能集团	2	0.8	78	22	120	5	33	5	4.2	5	2849
中电投集团	9	4	465	157	523	1	179	1	18.4	1	
大唐集团	20	16	207	47	251	4	59	3	8.8	4	
华电集团	8	5	186	46	274	3	68	2	9.6	3	
国电公司集团	17	10	247	27	388	2	45	4	13.6	2	
合计	56	35.8	1183	299	1556		384		54.6		

注：西北区域的发电资源，包括黄河上游梯级水电资源及陕北、宁夏和新疆的煤炭资源，西北地区具有向煤炭缺乏地区送电的条件，为发电公司在西北的电源盈利的一条途径。

2. 分析

（1）西北地区中五大集团的可控容量占全国的比重为 10%，主要的实力集团是中电投集团，其可控容量最大，超过了区域统调容量 20% 的上限，占据西北水电的绝对多数，规模最大。

（2）但是黄河流域梯级开发负担较重，目前黄河流域中公伯峡 150 万千瓦、青海省三江水电开发 16 万千瓦均为在建项目，后期资金投入将会很大。

（3）排名第二的国电公司，可控容量 388 万千瓦，占国电公司总可控容量的 12%，拥有西北地区 13.6% 的份额。

（4）华电（9.6%）、大唐（8.8%）的可控容量较权益容量大，有一定的控制力。

（5）西北地区得益于“西部开发”的政策优惠，同时属于“西电东送”的后方基地，随着经济快速增长的启动和发展，其对电力的需求相应也将快速增长。

（6）华能集团排在第五，与排在第一位的中电投差14.2个百分点（403万千瓦），与排在第四的大唐差4.6个百分点（131万千瓦），基本上没有竞争力。

3. 陕西省

（1）市场份额。

表37

单位：万千瓦、%

<table>
<tr><th></th><th>权益容量</th><th>可控容量</th><th>占统调比例</th><th>排名</th><th rowspan="6">统调容量
911.4</th></tr>
<tr><td>华能集团</td><td>0</td><td>0</td><td></td><td></td></tr>
<tr><td>中电投集团</td><td>0</td><td>0</td><td></td><td></td></tr>
<tr><td>大唐集团</td><td>114.3</td><td>125.7</td><td>13.8</td><td>2</td></tr>
<tr><td>华电集团</td><td></td><td>132</td><td>14.5</td><td>1</td></tr>
<tr><td>国电公司集团</td><td>0</td><td>0</td><td></td><td></td></tr>
</table>

（2）分析。

①陕西的煤炭资源丰富，也是“西电东送”的重要后方基地之一，各集团在陕西的布局对未来争夺“西电东送”北通道的优势有一定意义。

②目前华能在陕西设置了办事处，逐步进入西北；华电有蒲城发电公司，可控容量132万千瓦，其中在建66万千瓦；大唐集团125.7万千瓦，占本集团西北电网可控容量的50%；国电公司、中电投在陕西没有电源项目。

4. 甘肃省

（1）市场份额。

表 38

单位：万千瓦、%

	权益容量	可控容量	占统调比例	排名	
华能集团	78	120	18.7	2	统调容量 641.1
中电投集团	53.2	53.2	8.3	4	
大唐集团	93.1	125.8	19.6	1	
华电集团	0	0			
国电公司集团	57	103.8	16.2	3	

（2）分析。

①大唐的可控容量为 125.8 万千瓦，位居第一，加之连城发电有限公司的建成，可确立其在甘肃的主导地位。

②华能集团与大唐的差距不大，市场份额非常接近（18.7 %），主要拥有甘肃平凉发电有限责任公司 120 万千瓦。

③国电公司集团控制着部分风电、火电项目，可控容量为 103.8 万千瓦，排列第三。

④中电投集团的可控容量仅为 53.2 万千瓦，竞争力较弱。

⑤华电在甘肃没有电源项目。

5. 青海省

（1）市场份额。

表 39

单位：万千瓦、%

	权益容量	可控容量	占统调比例	排名	
华能集团	0	0			统调容量 525.8
中电投集团	382.8	439.3	83.6	1	
大唐集团	0	0			
华电集团	0	0			
国电公司集团	0	0			

（2）分析。

青海地区仅有中电投的电源项目，而且是其在西北的电源项目主要集中地，占据统调容量的83.6%；国电公司、华电、华能、大唐在青海均没有电源项目。

6. 宁夏

（1）市场份额。

表40

单位：万千瓦、%

<table>
<tr><th></th><th>权益容量</th><th>可控容量</th><th>占统调比例</th><th>排名</th><th rowspan="6">统调容量
366.6</th></tr>
<tr><td>华能集团</td><td>0</td><td>0</td><td></td><td></td></tr>
<tr><td>中电投集团</td><td>29.3</td><td>30.2</td><td>8.2</td><td>1</td></tr>
<tr><td>大唐集团</td><td>0</td><td>0</td><td></td><td></td></tr>
<tr><td>华电集团</td><td>0</td><td>0</td><td></td><td></td></tr>
<tr><td>国电公司集团</td><td>116</td><td>182</td><td>49.7</td><td></td></tr>
</table>

（2）分析。

国电公司集团控制着宁夏的所有火电项目，可控容量为182万千瓦，占统调容量的比例最高，为49.7%；华电、华能、大唐、中电投在宁夏均没有电源项目。

7. 新疆

（1）市场份额。

表41

单位：万千瓦、%

<table>
<tr><th></th><th>权益容量</th><th>可控容量</th><th>占统调比例</th><th>排名</th><th rowspan="6">统调容量
404</th></tr>
<tr><td>华能集团</td><td>0</td><td>0</td><td></td><td></td></tr>
<tr><td>中电投集团</td><td>0</td><td>0</td><td></td><td></td></tr>
<tr><td>大唐集团</td><td>0</td><td>0</td><td></td><td></td></tr>
<tr><td>华电集团</td><td></td><td>142</td><td>35.1</td><td>1</td></tr>
<tr><td>国电公司集团</td><td>74.1</td><td>102.5</td><td>25.4</td><td>2</td></tr>
</table>

（2）分析。

①华电在新疆的可控容量为142. 4 万千瓦，排名第一。

②国电公司集团控制着部分风电、火电项目，可控容量为102. 5 万千瓦，占统调容量的比例为25. 4 %。

③另有新疆建设兵团、油田等地方竞争力实力强劲，有一定的优势。

④华能、大唐在新疆没有电源项目。

（六）南方区域

1. 南方区域电源资产分布状况

表42

单位：个、千人、万千瓦、亿元、%

内容／名称	企业户数	职工人数	权益容量	权益资产	可控		可控		市场		区域统调容量
					容量	排名	资产	排名	份额	排名	
华能集团	11	0. 5	399	36	697	1	82	2	15. 7	1	4433
中电投集团	1		20		20	5			0. 4	5	
大唐集团	6	1	428	55	603	2	68	3	13. 6	2	
华电集团	19	10	299	68	454	3	110	1	10. 2	3	
国电公司集团	17	13	316	62	382	4	8	4	8. 6	4	
合计	54	24. 5	1462	221	2156		268		48. 5		

2. 分析

（1）南方地区的两大优势集团是华能集团和大唐集团。

（2）南方地区的经济增长主要依托广东省的经济带动，电力需求增长速度比较高，机组平均发电小时数保持在比较高的水平。

（3）本地区是“西电东送”的南通道，广东省内的电力需求增长主要依靠贵州、云南和广西地区的“西电东送”。

3. 广东省

（1）市场份额。

表 43

单位：万千瓦、%

	权益容量	可控容量	占统调比例	排名	
华能集团	70.1	125.3	7.0	1	统调容量 1786.1
中电投集团	19.7	19.7	1.1	2	
大唐集团	0	0			
华电集团	0	0			
国电公司集团	0	0			

（2）分析。

①在广东省，处于第二梯队的广州控股、粤电电力等集团对本地区的控制力较强。

②五大集团中，华能拥有 125.3 万千瓦可控容量，占统调容量的比例为 7 %，排名第一。

③中电投在广东仅有一个项目，可控容量仅为 19.7 万千瓦。

④国电公司、华电、大唐集团在广东没有电源项目。

4. 广西

（1）市场份额。

表 44

单位：万千瓦、%

	权益容量	可控容量	占统调比例	排名	
华能集团	0	0			统调容量 739.1
中电投集团	0	0			
大唐集团	427.8	603	81.6	1	
华电集团	0	0			
国电公司集团	56.7	70	9.5	2	

（2）分析。

①广西是大唐集团本区域电源集中地，含广西桂冠电力股份有限公司及红水河流域，占广西市场份额的81.6%，同时担负着以岩滩作为“母体”滚动开发龙滩的任务，红水河流域的开发利用能确保集团的长远利益，增强其竞争能力。

②国电公司集团在此拥有可控容量70万千瓦，占统调容量的比例为9.5%，有一定的份额。

③华电、华能和中电投在此均没有电源项目。

5. 云南省

（1）市场份额。

表45

单位：万千瓦、%

	权益容量	可控容量	占统调比例	排名	
华能集团	323.4	566.3	47.4	1	统调容量 1194.2
中电投集团	0	0			
大唐集团	0	0			
华电集团		69.3	5.8	3	
国电公司集团	155.1	198.3	16.6	2	

（2）分析。

①云南属于电力资源丰富的地区，总体供大于求。

②华能集团拥有566.3万千瓦的可控容量，占统调容量的比例为47.4%，占本集团在南方总可控容量的81%，优势突出；同时，华能集团承担着澜沧江流域的开发，负担较重，后期投入资金较大。

③国电公司在云南的可控容量为198.3万千瓦，排名第二，占据16.6%的市场份额，有一定的竞争力。

④华电在云南有五个电厂，可控容量为69.3万千瓦。

⑤大唐、中电投在云南没有电源项目。

6. 贵州省

（1）市场份额。

表 46

单位：万千瓦、%

<table>
<tr><th></th><th>权益容量</th><th>可控容量</th><th>占统调比例</th><th>排名</th><th rowspan="6">统调容量
1473.5</th></tr>
<tr><td>华能集团</td><td>0</td><td>0</td><td></td><td></td></tr>
<tr><td>中电投集团</td><td>0</td><td>0</td><td></td><td></td></tr>
<tr><td>大唐集团</td><td>0</td><td>0</td><td></td><td></td></tr>
<tr><td>华电集团</td><td></td><td>385</td><td>50.3</td><td>1</td></tr>
<tr><td>国电公司集团</td><td>103.9</td><td>113.9</td><td>16</td><td>2</td></tr>
</table>

（2）分析。

①华电基本控制了贵州省国电公司系统内 90% 以上的水电，以及约 54% 的火电，竞争优势明显。

②国电公司可控容量 114 万千瓦，占南方电网本集团可控容量的 30%，仅拥有合山与桂林虹源两个火电厂，同时还要承担南方与桂林两个退役电厂管理处，负担较重。

③大唐、华能、中电投均没有电源项目。

7. 海南省

（1）市场份额。

表 47

单位：万千瓦、%

<table>
<tr><th></th><th>权益容量</th><th>可控容量</th><th>占统调比例</th><th>排名</th><th rowspan="6"></th></tr>
<tr><td>华能集团</td><td>5.3</td><td>5.3</td><td></td><td>1</td></tr>
<tr><td>中电投集团</td><td></td><td></td><td></td><td></td></tr>
<tr><td>大唐集团</td><td></td><td></td><td></td><td></td></tr>
<tr><td>华电集团</td><td></td><td></td><td></td><td></td></tr>
<tr><td>国电公司集团</td><td></td><td></td><td></td><td></td></tr>
</table>

（2）分析。

在海南省，仅有华能具有5.3万千瓦的可控容量，其他四个集团在此均没有电源项目。

（七）各集团地区优势对比分析

依照各集团电源分布在六大区域占统调容量的比例排序如下：

（1）华能集团：依次为东北电网、南方电网、华北电网、华东电网、华中电网和西北电网。在五大集团中，东北、南方电网排第一，华北电网排第二，华东、西北电网排第三，华中电网排第四。其中，华北地区的可控容量最大，为989.8万千瓦，占集团总可控容量的26%。

（2）中电投集团：依次为西北电网、华东电网、东北电网、华中电网、华北电网、南方电网。在五大集团中，西北、华东电网排第一，华中、东北电网排第三，华北、南方电网排第五。其在辽宁、青海、陕西和上海市占据绝对优势。

（3）大唐集团：依次为华北电网、南方电网、华中电网、西北电网、华东电网和东北电网。在五大集团中，华北电网、南方电网、华中电网排第二，西北电网排第四，东北和华东电网排第五。可控容量华北地区最大，达983.5万千瓦。

（4）华电集团：依次为华北、东北、南方、华东、西北和华中。按2000年底可控容量分析，在五大集团中，东北电网排第一，华北、西北和南方电网排第三，华东电网排第四，华中电网排第五。集团的优质资产都集中在山东。其在黑龙江、福建、陕西、新疆和贵州的优势都超过其他发电集团。

（5）国电公司集团：在各区域分布较均衡，可控容量均未超过统调容量的20%，占统调容量的比例依次为西北、华中、华东、东北、南方和华北。在五大集团中，华中电网排第一，西北电网排第二，华东电网排第三，华北、东北和南方电网排第四。集团在东北、华东和华中区域的竞争优势较为明显。

八、五大电源集团财务指标对比

（一）综合财务状况

1. 综合指标

表48

单位：亿元

内容 / 名称	权益资产	可控资产	负债	资产负债率（权益）	净资产	利 润
华能集团	573	1265	361	（63%）	212	45
中电投集团	555	767	289	（52%）	266	15
大唐集团	442	715	288	（65%）	154	25
华电集团	450	712	252	（56%）	198	-0.5
国电公司集团	472	733	293	（62%）	179	19
合计	2492	4192	1483	（平均60%）	1009	18.5

注：华电利润将在厂网分开中拨过15亿元（200亿元资产）。

2. 分析

（1）从资产负债率分析看，五大集团的平均水平接近60%，相对来说大唐集团最高65%，净资产最低，财务负担较重。

（2）其次为华能集团，资产负债率为63 %，与五大发电集团平均资产负债率59%相比高出四个百分点。

（3）中电投52%最低，低于五大集团平均值八个百分点，公司利用财务杠杆扩大自身规模的潜力突出。

（二）人均容量（资产）状况

1. 人均可控容量和人均可控资产

表49

单位：千人、万千瓦、千瓦/人、亿、万

内容／名称	职工人数	人均可控容量			人均可控资产		
		可控容量	人均	排名	可控资产	人均	排名
华能集团	38	3797	1007	1	1265	335	1
中电投集团	74	2989	405	5	769	104	2
大唐集团	73	3225	440	2	715	98	4
华电集团	79	3109	392	3	712	90	5
国电公司集团	76	3043	398	4	733	96	3
平均	68	3233	528.4		839	144.6	

2. 分析

（1）从人均可控容量看，全国人均可控容量410千瓦/人，五大集团平均528.4千瓦/人。

（2）华能集团人均可控容量和资产远远高于其他集团，多2.5～3倍，优势突出。人均占有可控资产335万千瓦，比其他集团多3～3.5倍。

（3）其他四个集团的人均可控容量和资产比较接近，处于同一水平。

（4）人员与企业户数，五大集团平均水平为660人/户。

（三）单位装机容量占用资产规模

1. 单位装机资产与容量比重

表50

单位：元/千瓦

内容／名称	权益（资产/容量）			可控（资产/容量）		
	比值	均差	排名	比值	均差	排名
华能集团	2957	546	5	3332	768	5

（续表）

内容 名称	权益（资产/容量）			可控（资产/容量）		
	比值	均差	排名	比值	均差	排名
中电投集团	2526	115	4	2572	8	4
大唐集团	2106	-305	1	2216	-348	1
华电集团	2149	-262	2	2291	-273	2
国电公司集团	2319	-92	3	2409	-155	3
平均	2411			2564		

2. 分析

（1）从机组构成水平看，成本高的华能集团，其单位装机成本也比较高，达3000～3400元/千瓦，较五大集团平均成本的2411～2564元/千瓦高出500～800元/千瓦。

（2）另有中电投的装机成本也高于平均值。而国电公司集团和华电集团比平均成本低300元/千瓦左右。

（3）装机成本最低的是大唐集团，这与其10万千瓦等级机组比重高有关。

（四）五大集团单位平均发电成本

1. 单位发电成本及排名

表51

单位：元/千千瓦时

	单位成本	均　差	排名
华能集团	293.5	43.7	5
中电投集团	237.1	-12.7	2
大唐集团	202.8	-47	1
华电集团	251.6	1.8	3
国电公司集团	264	14.2	4
平均	249.8		

2. 分析

（1）华能集团的单位成本最高，超过平均成本近 44 元/千瓦。其机组新、大，技术构成高，财务费用管理成本高。

（2）国电公司超过了平均成本，而华电基本与平均成本接近。

（3）与单位装机容量占资产规模一样，大唐集团的单位成本最低。

（五）五大集团平均上网电价和区域分布

1. 平均上网电价及区域分布状况

表 52

单位：%，元/千千瓦

市场份额比重 名称	东北 电网	华北 电网	华东 电网	华中 电网	西北 电网	南方 电网	全国平均 上网电价
华能集团	15	26	21	16	5	18	277. 1
中电投集团	13. 8	12. 3	32. 1	23. 7	17. 5	0. 7	290. 4
大唐集团	7. 2	15. 6	7	12. 5	10. 3	13. 6	278. 6
华电集团	11	12. 1	7. 9	5. 1	8. 5	10. 2	270. 5
国电公司集团	11	7	12	13	16	9	319
平均电价	298. 9	254. 3	391. 8	269. 7	267. 9	259. 6	299. 7
国电公司系统 平均电价	295. 84						

2. 分析

（1）上网电价的竞争本质就是发电企业的成本竞争。国电公司系统平均电价较全国平均电价略低。

（2）从各集团区域分布市场份额中可以看出：

①国电集团的电价最高，高于全国平均电价和国电公司系统平均电价，这主要是因为其电源项目主要集中在电价较高的华东、东北等地。

②大唐集团主要集中在华北（15.6%）、南方（13.6%）、华中（12.5%）等相对电价水平较低的地区，平均电价较低。

③中电投集团主要集中在华东（32.1%）、华中（23.7%）、东北

(13.8%）等相对电价较高的地区。

④华能集团主要在华北（26%）、华东（21%）、南方（18%）、华中（16%）、东北（15%）等相对电价水平较高的地区，高于全国水平（但地方政府参股，可以得到政策上的优惠）。

⑤华电集团电价最低，平均270.5元/千瓦，这与其电力主要集中在南方、华北和西北地区有关。

（3）从当前影响电价水平变动的内外部环境看，主要有以下一些因素：

①大区电力市场加快竞价上网，发电企业压力大，有降价影响；

②与国外相比，中国公司电价绝对值属于较低的，有涨价影响；

③火电中煤炭作为主要发电燃料，煤炭成本占煤电成本的60%～70%。电煤双方博弈影响发电生产成本；

④人民币汇率和利率市场的变化，对投资资金需求会有影响；

⑤从环境保护的要求和企业深化改革的力度等方面看，环保投资和人力成本都有增加趋势；

⑥在电力体制改革基本完成、未来上网电价呈现长期下降趋势的情况下，各发电公司只有通过增加发电量来保持业绩的稳定和增长。而增加发电量的首要途径就是扩大公司的装机容量规模。

九、五大电源集团上市公司概况

（一）五大电源集团上市公司概况

表53

单位：亿股、%、元

集团	上市公司	股本规模	集团持股比例	每股收益	净资产收益率	上市地点
华能集团	华能国际	60	22.13	0.61	13.4	美、港、沪
	北海新力	1.88	40.14	–	–	深圳

（续表）

集团	上市公司	股本规模	集团持股比例	每股收益	净资产收益率	上市地点
中电投集团	漳泽电力	4.35	41.28	0.34	9.79	深圳
	九龙电力	1.67	26.48	0.45	9.63	上海
大唐集团	大唐电力	51.63	35.43	0.28	N.A.	香港、伦敦
	桂冠电力	6.75	53.68	0.37	10.04	上海
	华银电力	7.12	43.54	0.16	3.91	上海
华电集团	山东国电公司	52.56	53.56	0.262	9.13	香港
	龙电股份	11.21	34.24	0.25	9.75	上海
	国电公司南自	1.18	66.1	0.26	6.42	上海
国电公司集团	国电公司电力	14.02	74.9	0.67	12.91	上海
	长源电力	3.70	36.12	0.13	5.54	深圳

（二）分析

（1）总体上，五大电源集团均建立了自己的核心融资窗口。而电力行业上市公司总体盈利水平较好，平均每股盈利为0.4元，净资产收益率为9.2%，集团持股比例平均为55.5%。

（2）从上市公司综合实力看，国电公司电力和华能国际具有一定优势，每股收益和净资产收益率较高。华能国际的股比规模和净资产收益率最高，每股盈利水平也较高，达0.61元，但集团的持股比例最低。

（3）净资产收益率排名其后的分别是国电公司集团的国电公司电力、大唐发电的桂冠电力，均超过10%。

（4）五大电源集团依托上市公司的融资窗口对集团内的资产、资源进行整合，通过资产并购并获得上市公司融资能力，则与集团的资本扩张能力和成本控制能力关系密切。

第三部分　总体评价、分析及建议

一、综合实力浅析

通过对各集团公司的可控容量、权益容量、可控资产、可控负债和人员状况等指标及机组质量、发电市场份额及增长潜力、运营成本和电源结构等分析，可以看出，各集团之间并不是完全均衡，华能集团整体资产状况较好，中电投排在其后，大唐集团居中，而华电集团和国电公司集团位居后两位。

当然，在不同的供电区域和同一供电区域中不同省市、地区，五大电源集团的竞争力各有优势；且随着此次电力改革五大集团资产重组的到位以及区域联网、竞价上网等工作的推进，各集团的市场份额还会发生新的变化。因此，本报告仅是从五大电源集团在国电公司被拆分时的静态时点和按笔者划分的指标进行的主观分析与比较，并不排除有不准确、不全面、不客观之嫌，仅供参考。对此需要特别说明。

二、盈利能力和资本运作

（1）从电力行业发展的良好态势和金融市场的新变化来分析，各集团未来融资发展和资产并购的途径主要有：

①核心电力上市公司与集团内优质资产的置换与整合；②发电集团收购集团外资产并通过电力上市公司进行资源整合；③电力上市公司之间的股权重组和资产整合，包括纵向购并与横向联合；④电力上市公司的资产分布整合，即打破区域和行业的界限，并购上下游企业（如上游的煤、气资源企业，下游的高耗能企业）以及电力设备、电力环保等相关产业。通过经营领域的扩大，形成新的利润增长点，实现经营的多元化。（五大集团已经在2002年底以来通过不同途径在扩大规模、拓展融资途径等方面均有所作为，具体方案及对集团盈利能力的影响等分析略。）

（2）电力产业资本和金融资本的结合度：是指与财务公司、信托公司、基金公司、保险、租赁和证券机构等非银行金融机构的战略合作程度。事实上，这对发挥五大电源集团在未来竞争中的投融资能力和资本运作水平至关重要。但由于我能力所限且无法进行定量分析，在此仅提示在分析五大电源集团的竞争力时作为参考。

三、企业发展和管理水平

（1）组建方式——行政划拨重组及市场化发展。

（2）组织管理架构和管理队伍、人才储备——成熟的管理架构和良好的人才储备。

（3）集团公司核心控制力——未来发展模式，纯粹控股公司。

（4）市场营销对策——主营业务强化，产业链拓展，上下游联盟。

四、关注电力行业发展的内外部环境变化

（1）电力改革进程——竞价上网、全国联网。

（2）市场竞争主体发展变化——五大及其他梯队和外资等。

（3）国际化大型电力企业发展的压力——未来发展到 30～50 家中央企业。

（4）国资委、电监会等监管及与电网公司等相关企业和单位的关系。

（5）中央发电资产经营公司的可能性，其他等。

后 记

2002年，我曾和中国证券市场研究设计中心（联办）令我尊敬的李青原大姐共同畅想：45岁教书，50岁写书，60岁种树。因为那时她投资了一个高科技的“树苗”公司。尽管45岁以后我确实到了大学教书，50岁以后却没有立刻执行写书的计划。

我从1992年到2005年（教书之前）整整有13年的经历是任北京标准咨询有限公司董事长，这期间我做了240多个大公司股改、融资、上市及发展战略的咨询报告。所以，我始终认为写书这事对我来说并非难事，因为我有较多改革实践经验的积淀。然而人越是这样想，往往就越拖拉。

一直拖到2009年，我才开始着手整理自我1984年发表的第一篇论文算起近25年来的学术成果。我的研究领域主要包括三个方面，即国企和国资改革、资本市场探索以及电力体制改革。为此，我决定整理“刘纪鹏改革论著三部曲”，写成三本著作，分别取题为《大道无形——公司法人制度探索》、《路径选择——中国资本市场发展之路》、《大船掉头——我与国电公司的五年》，并冀图于在2009年全部出版。然而我的愿望仅实现了三分之二，出版了《大道无形》和《路径选择》，而第三部《大船掉头》则拖到了今天。

《大船掉头》是我付出精力最大、费时最长、访谈对象最多的一部书。事实上，我写这部书得到了国电系统和电监会很多朋友的关键性指导，没有他们出手相帮，我是绝不可能完成这部著作的。本来我想这部《大船掉头》也像前两部著作那样请电力界的领导和名人作序，但鉴于本书中人物的敏感性和观点的争议性，出于不要给他们“添麻烦”的考虑，我最终决定一不请他们作序，二不在此一一列出他们的大名以表示感谢，但在我心目中他们是最可敬可爱的电力人的杰出代表，我会永远感谢他们。

在写作这部书的过程中，协助我整理资料、参与写作的学生和助手也是最多的。如果从2005年第一稿算起，这本书历经八年，三易其稿。

第一稿的主要贡献者是黄烨丽、伍装；第二稿的主要贡献者是刘冰、何旭；第三稿的组织者是曾斌，参与人员有赵晓丹、沙玉兰、黄习文、孙航、韩卓然、李征、付宇、岳芳旭、张雷。在此一并向他们表示感谢。

还要感谢的是我的夫人刘妍与儿子帅帅，他们不仅在我写这部书的漫长过程中对我未能尽到“好丈夫”、“好爸爸”的职责给予了充分理解和鼓励，而且在生活上给予了我大量的关怀。尤其值得一提的是，这三部书的书名中，各有一字即《大道无形》的“大”字、《路径选择》的“选”字和《大船掉头》的“掉”字，本来是出版社提供的行书之字，但由于一是“选”和“掉”字不太理想，二是为表示对他们母子二人的感谢，故邀请其各写一字，即《路径选择》的“选”字由刘妍书写，《大船掉头》的“掉”字由帅帅书写。九岁的帅帅为写好这个“掉”字，苦练书法达半年之久，真诚希望他的书法训练能与我的这部《大船掉头》著作共勉共存。

还要感谢我的助手周立延、张秀清和秘书温欣，他们也做了大量辅助性工作。

最后，要感谢东方出版社的先生/女士，他们不仅对出版本书付出了很多艰辛的劳动，而且对本书及自序《〈大船掉头〉与中国梦》提出了许多中肯的修改意见。

刘纪鹏

2013年7月24日

于北京朝阳幸福一村

图书在版编目（CIP）数据

大船掉头 / 刘纪鹏 著. —修订本. —北京：东方出版社，2015.4
ISBN 978-7-5060-8135-1

Ⅰ.①大…　Ⅱ.①刘…　Ⅲ.①电力体制改革—研究—中国　Ⅳ.①F426.61

中国版本图书馆 CIP 数据核字（2015）第 075276 号

大船掉头：电改十八年反思与展望
(DACHUAN DIAOTOU：DIANGAI SHIBANIAN FANSI YU ZHANWANG)

作　　者：刘纪鹏
责任编辑：袁　园
出　　版：东方出版社
发　　行：人民东方出版传媒有限公司
地　　址：北京市东城区朝阳门内大街 166 号
邮政编码：100706
印　　刷：三河市金泰源印务有限公司
版　　次：2015 年 7 月第 1 版
印　　次：2015 年 7 月第 1 次印刷
印　　数：1—3000 册
开　　本：710 毫米 × 1000 毫米　1/16
印　　张：45.25
字　　数：655 千字
书　　号：ISBN 978-7-5060-8135-1
定　　价：82.00 元
发行电话：(010) 64258117　64258115　64258112